U0631965

HITLER MOVES EAST

东进

—— 1941—1943 年的苏德战争 ——

【德】保罗·卡雷尔 著

小小冰人 译

台海出版社

HITLER MOVES EAST 1941-1943 by Paul Carell

© 1963 by Paul Carell, Verlag Ullstein GmbH, Frankfurt/M.-Berlin Lizenzausgabe mit Genehmigung des Verlags Ullstein GmbH für Bertelsmann, Reinhard Mohn OHG, Gütersloh den Europäischen Buch- und Phonoklub, Sruttgart und die Buchgemeinschaft Donauland, Wien Umschlag- und Einbandgestaltung.

Simplified Chinese Translation © 2012 by Chongqing Foresight Information Inc. All Rights Reserved.

版贸渝核字（2012）第1028号

图书在版编目（CIP）数据

东进：1941—1943年的苏德战争 /（德）保罗·卡雷尔著；小小冰人译 . -- 北京：台海出版社，2018.8
书名原文：Hitler's War in Russia（Hitler Moves East 1941-1943/Scorched Earth）
ISBN 978-7-5168-2024-7

Ⅰ . ①东… Ⅱ . ①保… ②小… Ⅲ . ①苏联卫国战争 -史料 Ⅳ . ① K512.54
中国版本图书馆 CIP 数据核字 (2018) 第 154550 号

东进：1941—1943年的苏德战争

著　　者：[德]保罗·卡雷尔		译　　者：小小冰人	

责任编辑：高惠娟　　　　　　　　　　策划制作：指文文化
视觉设计：王　星　　　　　　　　　　责任印制：蔡　旭

出版发行：台海出版社
地　　址：北京市东城区景山东街 20 号　　　邮政编码：100009
电　　话：010 - 64041652（发行，邮购）
传　　真：010 - 84045799（总编室）
网　　址：www.taimeng.org.cn/thcbs/default.htm
E - mail：thcbs@126.com

经　　销：全国各地新华书店
印　　刷：重庆长虹印务有限公司
本书如有破损、缺页、装订错误，请与本社联系调换

开　　本：787mm×1092mm　　　　　　1/16
字　　数：727 千字　　　　　　　　　印　张：46
版　　次：2018 年 8 月第 1 版　　　　印　次：2018 年 8 月第 1 次印刷
书　　号：ISBN 978-7-5168-2024-7

定　　价：189.80 元

版权所有　翻印必究

"东线文库"总序

　　泛舟漫长的人类战争史长河，极目四望，迄今为止，尚未有哪场陆战能在规模上超过二战时期的苏德战争。这场战争挟装甲革命与重工业革命之双重风潮，以德、苏两大军事体系 20 年军改成果为孤注，以二战东线战场名扬后世。强强相撞，伏尸千里；猛士名将，层出不穷。在核恐怖强行关闭大国全面战争之门 70 年后的今天，回首望去，后人难免惊为绝唱。在面对那一串串数字和一页页档案时，甚至不免有传说时代巨灵互斫之苍茫。其与今人之距离，似有千年之遥，而非短短的 70 春秋。

　　但是，如果我们记得，即便是在核武器称雄的时代，热战也并未绝迹，常规军事力量依然是大国达成政治诉求的重要手段；而苏德战争的胜利者苏联，又正是冷战的主角之一，直到今天，苏系武器和苏式战法的影响仍具有全球意义。我们就会发现，这场战争又距离我们是如此之近。

　　要知道这场战争究竟离我们有多近，恰恰要先能望远——通过对战争史和军事学说发展史的长程回顾，来看清苏德战争的重大意义。

　　正如俾斯麦所言："愚人执着于自己的体验，我则师法他者的经验。"任何一个人、一个组织的直接体验总是有限的，但如能将别人的间接经验转化为自己的直接体验，方是智者之所为。更高明的智者又不仅仅满足于经验的积累，而是能够突破经验主义的局限，通过学说创新形成理论体系，从而在经验和逻辑、事实与推理之间建立强互动，实现真正的以史为鉴和鉴往知来。

　　无怪乎杜普伊会说："军事历史之所以对军事科学的发展至关重要，是因为军事科学不像大多数其他学科那样，可在实验室里验证它们的理论和假说。军事试验的种种形式，如野战演习、对抗演习和实兵检验等，都永远不会再现战争的基本成分：致命环境下对死亡的恐惧感。此类种种试验无疑是非常有益的，但是，这种益处也只能是在一定程度上的。"[1]但这绝不等于说战争无法研究，只能在战争中学战争。突破的关键即在于如何发挥好战争史研究的作用。所以杜普伊接着强调："像天文学一样，军事科学也是一门观测科学。正如天文学家把天体作为实验室（研究对象），而军人的真正的实验室则永远是军事历史。"[2]

从这个角度上讲，苏德战争无疑是一个巨型实验室，而且是一个直接当下，具有重大特殊意义的实验室。

回顾战争史册，不难发现，受技术手段的局限，战场的范围长期局限在指挥官的目力范围之内。故而，在这个时期，战争行为大致可以简化为两个层级，一为战略（strategy），一为战术（tactic）。

战术是赢得战斗的方法，战略则是赢得战争的方法。战之术可以直接构成战之略的实施手段。一般而言，战争规模越有限，战争结局越由战斗决定，战略与战术的边界便越模糊。甚至可以出现"一战定乾坤"的戏剧性结局。这又进一步引发出战局和会战两个概念。

所谓战局，就是英语中的Campaign，俄语的кампания，德语的Feldzug。Campaign的词源是campus，也就是营地。因为在罗马时代，受当时的技术条件限制，军队每年会有一个固定的季节性休战期，是为宿营时期。这样就可以很清晰地划分出以年度为单位的"战局"。相对不同的是德语Feldzug的词根有拖、拉、移动的意思，对弈中指移动棋子。已隐约可见机动战的独特传统。但三方对战局的理解、使用并无本质不同。

而会战（英语中的Battle，俄语的Битва，德语的Schlacht）则是战斗的放大。换言之，在早期西方军事学说体系中，战略对应战局，战术对应战斗，而"会战"则是战略与战术的交汇地带，战局与战斗的中间产物。在早期冷兵器战争时代，会战较为简单，很多时候就是一个放大的战术行动和缩小的战略行动。但是，随着技术的变革，社会结构、动员体系、战争规模的巨变，会战组织越来越复杂，越来越专业，逐渐成为一个独立于战略和战术之外的层级。拿破仑的战争艺术，归根结底其实就是会战的艺术。

但是，拿破仑并未发展出一套会战学说，也没有形成与之相表里的军事制度和军事教育体系，反而过于依赖自己的个人天赋，从而最终走向不归路。得风气之先的是普鲁士军队的改革派三杰（沙恩霍斯特、格奈瑟瑙、克劳塞维茨），收功者则是促成德意志统一的老毛奇。普德军事体系的发展壮大，正是研究透彻了拿破仑又超越了拿破仑，在战略和战术之间增加了一个新层级——Operation，从根本上改变了军事指挥和军事学术研究范式。所谓"Operation"，本有操作、经营、（外科）手术等多层含义，其实就是战略实施中的落实性操作。是因为战术已经无法直接构成战略的实施手段而增加的新环节。换言之，在德军军事体系中，Operation 是一个独立的、高度专业化的军事行动层级。

与之相表里，普德军事系统又形成了现代参谋制度，重新定义了参谋，并形成了以参谋军官为核心的现代军官团，和以参谋教育为核心的现代军校体系。总参谋部其实是一个集研究、教育、指挥为一体的复合结构。参谋总长管理陆军大学，而陆军大学的核心课程即为战争史研究，同时负责将相关研究兵棋化、实战化、条令化。这种新式参谋主要解决的就是 Operation Level 的问题，这与高级统帅思考战略问题，基层军官、士官思考战术问题正相等同。

普法战争后，普鲁士式总参谋部制度迅速在全球范围内扩散，举凡英法俄美意日等列强俱乐部成员国，无不效法。但是，这个制度的深层驱动力——Operation Level 的形成和相应学说创新，则长期为德军秘而不宣，即便是其亲传弟子，如保加利亚，如土耳其，如日本，均未得其门径窍奥，其敌手如法，如英，如俄，如美，亦均茫然不知其所以然。

最早领悟到德军作战层级独创性和重要性的军队，正是一战后涅槃重生的苏联红军。

苏军对德语的 Operation 进行了音译，是为 Операция，也就是日后中苏合作时期经苏联顾问之手传给我军的"战役"概念。换言之，所谓战役学，其实就是苏军版的 Operation 学说。而美军要到冷战期间才明白这一点，并正式修改其军事学说，在 Strategy 和 Tactic 之间增设 Operation 这个新层级。

与此同时，英美体系虽然在战役学层次反应迟钝，却看到了德、苏没有看到的另一个层次的变化——战争的巨变不仅发生在传统的战略、战术之间，更发生在战略之上。

随着战争本身的专业性日趋强化，军人集团在战争中的发言权无形中也被强化，而文官和文人战略家对战争的介入和管控力逐渐弱化。但正如克劳塞维茨强调指出的那样，战争是政治的延续[3]。因而，战争只是手段，不是目的。无论军事技术如何变化，这一个根本点不会变化。但现代战争的发展却导致了手段高于目的的客观现实，终于在一战中造成了莫大的灾难。战争的胜利不等于政治的胜利这一基本事实，迫使战争的胜利者开始反思固有战争理论的局限性，逐渐形成了"大战略"（Grand Strategy）的观念，这就在英美体系中形成了大战略（又称国家战略、总体战略、高级战略）、分类战略（包括军事战略、经济战略、外交战略、文化战略等）、战术的三级划分。大战略不再像传统战略那样执着于打赢战争，而是追求战争背后的终极目标——政治目的。因为此种战略在国家最高决策层面运作，所以美国学界又将大战略称为国家战略。用美国国防部的定义来说明，即："国家战略是平时和战时在使用武装力量的同时，发展和运用国家的政治、经济和心理力量，以实现国家目标的艺术和科学。"

冷战初期，美国以中央情报局、国家安全委员会、民营战略智库（如兰德公司）、常青藤联盟高校人才库相呼应的制度创新，其实就是建立在大战略学说领先基础上的国家安全体系创新[4]。而德军和苏军受传统"战略—战局"概念的束缚，均未看清这一层变化，故而在宏观战略指导上屡屡失误，只能仰赖希特勒、斯大林这样的战略怪才，以杰出个体的天赋弥补学说和制度的不足，等于又回到了拿破仑困境之中。

从这个角度上看二战，苏德战争可以说是两个走在战役学说创新前列的军事体系之间的超级碰撞。同为一战失败者的德、苏，都面对一战式的堑壕难题，且都嗅到了新时代的空气。德国的闪电战与苏军的大纵深战役，其实是两国改革派精英在同一场技术革命面前，对同一个问题所做出的不同解答。正是这种军事学说的得风气之先，令两国陆军在军改道路上走在列强前列。二战期间两国彗星撞地球般的碰撞，更进一步强化了胜利者的兼容并蓄。冷战期间，苏军的陆战体系建设，始终以这个伟大胜利为基石，不断深化。

在这个基础上再看冷战，就会发现，其对抗实质是美式三级体系（大战略、战略、战术）与苏式三级体系（战略、战役、战术）的对抗。胜负关键在于谁能先吸取对方之所长，弥补己方之所短。结果，苏联未能实现大战略的突破，建立独立自主的大战略学说、制度、教育体系。美国却在学科化的战略学、国际政治学和战争史研究的基础上，建立了自己的 Operation Level，并借力新一轮技术变革，对苏军进行创造性的再反制。这个连环反制竞争链条，一直延续到今天。虽然俄军已暂时被清扫出局，但这种反制的殷鉴得失却不会消失，值得所有国家的军人和战史研究者注目。而美国借助遏制、接触战略，最终兵不血刃地从内部搞垮苏联，亦非偶然。

正是这种独特的历史地位，决定了东线史的独特重要性，东线研究本身也因而成为另一部波澜壮阔的历史。

可以说，苏军对苏德战争最具切肤之痛，在战争期间就不断总结经验教训。二战后，这个传统被继承下来，形成了独特的苏军式研究。与此同时，美国在二战刚刚结束之际就开始利用其掌握的资料和德军将领，进行针对苏军的研究。众多德军名将被要求撰写关于东线作战的报告[5]。但是，无论是苏军的研究还是美军的研究，都是内部进行的闭门式研究。这些成果，要到很久之后，才能公之于世。而世人能够看到的苏德战争著述，则是另一个景象。

二战结束后的最初15年，是宣传品与回忆录互争雄长的15年。作为胜利者的苏联，以君临天下的优越感，刊行了一大批带有鲜明宣传色彩的出版物[6]。与之相对应，以古德里安、曼施坦因等亲身参与东线鏖战的德国军人为代表的另一个群体，则以回忆录的形式展开反击[7]。这些书籍因为是失败者痛定思痛的作品，著述者本人的军事素养和文笔俱佳，故而产生了远胜过苏联宣传史书的影响力，以至于很多世人竟将之视为信史。直到德国档案资料的不断披露，后人才逐渐意识到，这些名将回忆录因成书年代的特殊性，几乎只能依赖回忆者的主观记忆，而无法与精密的战史资料互相印证。同时，受大环境的影响，这些身为楚囚的德军将领大多谋求：一，尽量撇清自己的战争责任；二，推卸战败责任（最常用的手法就是将所有重大军事行动的败因统统归纳为希特勒的瞎指挥）；三，宣传自身价值（难免因之贬低苏联和苏军）。而这几个私心又迎合了美国的需求：一，尽快将西德纳入美国领导的反苏防务体系之中，故而必须让希特勒充分地去当替罪羊，以尽快假释相关军事人才；二，要尽量抹黑苏联和苏军，以治疗当时弥漫在北约体系内的苏联陆军恐惧症；三，通过揭批纳粹政体的危害性，间接突显美国制度的优越性。

此后朱可夫等苏军将领在后斯大林时代刊行的回忆录，一方面固然是苏联内部政治生态变化的产物，但另一方面也未尝不可说是对前述德系著述的回击。然而，德系回忆录的问题同样存在于苏系回忆录之中。两相对比，虽有互相校正之效，但分歧、疑问更多，几乎可以说是此亦一是非、彼亦一是非，俨然是在讲两场时空悬隔的战争。

结果就是，苏德战争的早期成果，因其严重的时代局限性，而未能形成真正的学术性突破，反而为后人的研究设置了大量障碍。

进入六十年代后，虽然各国关于东线的研究越来越多，出版物汗牛充栋，但摘取桂冠的仍然是当年的当事人一方。幸存的纳粹党要员保罗·卡尔·施密特（Paul Karl Schmidt）化名保罗·卡雷尔（Paul Carell），在已有研究的基础上，大量使用德方资料，并对苏联出版物进行了尽量全面的搜集使用，更对德国方面的幸存当事人进行了广泛的口述历史采访，在 1964 年、1970 年相继刊行了德军视角下的重量级东线战史力作——《东进：1941—1943 年的苏德战争》和《焦土：1943—1944 年的苏德战争》[8]。

进入 20 世纪 70 年代后，研究趋势开始发生分化。北约方面可以获得的德方档案资料越来越多，苏方亦可通过若干渠道获得相关资料。但是，苏联在公布己方史料时却依然如故，仅对内进行有限度的档案资料公布。换言之，苏联的研究者较之于北约各国的研究者，掌握的史料更为全面。但是，苏联方面却没有产生重量级的作品，已经开始出现军事学说的滞后与体制限制的短板。

结果，在这个十年内，最优秀的苏德战争著作之名被英国军人学者西顿（Albert Seaton）的《苏德战争》摘取[9]。此时西方阵营的二战研究、希特勒研究和德军研究均取得重大突破，在这个整体水涨的背景下，苏德战争研究自然随之船高。而西顿作为英军中公认的苏军及德军研究权威，本身即带有知己知彼的学术优势，同时又大力挖掘了德国方面的档案史料，从而得以对整个苏德战争进行全新的考订与解读。

继之而起者则有英国学者约翰·埃里克森（John Ericsson）与美国学者厄尔·齐姆克（Earl F. Ziemke）。

和西顿一样，埃里克森（1929 年 4 月 17 日—2002 年 2 月 10 日）也曾在英军中服役。不同之处则在于：

其一，埃里克森的研究主要是在退役后完成。他先是进入剑桥大学圣约翰学院深造，1956 年苏伊士运河危机爆发后作为苏格兰边民团的一名预备军官被重新征召入役。危机结束后，埃里克森重启研究工作，1958 年进入圣安德鲁大学担任讲师，开始研究苏联武装力量。1962 年，埃里克森首部著作《苏联统帅部：1918—1941 年》出版，同年在曼彻斯特大学出任高级讲师。1967 年进入爱丁堡大学高级防务研究所任职，1969 年成为教授，研究重心逐渐转向苏德战争。

其二，埃里克森得益于两大阵营关系的缓和，能够初步接触苏军资料，并借助和苏联同行的交流，校正之前过度依赖德方档案导致的缺失。而苏联方面的战史研究也取得了较大的进展，足以为这种校正提供参照系，而不像五六十年代时那样只能提供半宣传品性质的承旨之作。同时，埃里克森对轴心国阵营的史料挖掘也更全面、细致，远远超过了之前的同行。关于这一点，只要看一看其著述后面所附录的史料列目，即可看出苏德战争研究的史料学演进轨迹。

埃里克森为研究苏德战争，还曾专程前往波兰，拜会了苏军元帅罗科索夫斯基。这个非同凡响的努力成果，就是名动天下的"两条路"。

所谓"两条路"，就是 1975 年刊行的《通往斯大林格勒之路》与 1982 年刊行的《通往柏林之路》[10]。正是靠了这两部力作，以及大量苏军研究专著[11]，埃里克森在 1988—1996 年间成为爱丁堡大学防务研究中心主任。

厄尔·齐姆克（1922 年 12 月 16 日—2007 年 10 月 15 日）则兼有西顿和埃里克森的身影。出生于威斯康星州的齐姆克虽然在二战中参加的是对日作战，受的也是日语训练，却在冷战期间华丽转型，成为响当当的德军和苏军研究权威。曾在硫磺岛作战中因伤获得紫心勋章的齐姆克，战后先是在天津驻扎，随后复员回国，通过军人权利法案接受高等教育，1951 年在威斯康星大学获得学位。1951—1955 年，他在哥伦比亚的应用社会研究所工作，1955—1967 年进入美国陆军军史局成为一名官方历史学家，1967—1977 年在佐治亚大学担任全职教授。其所著《柏林战役》《苏维埃压路机》《从斯大林格勒到柏林：德国在东线的失败》《从莫斯科到斯大林格勒：东线的抉择》《德军东线北方战区作战报告，1940—1945 年》《红军，1918—1941 年：

从世界革命的先锋到美国的盟友》等书[12]，对苏德战争、德军研究和苏军研究均做出了里程碑般的贡献，与埃里克森堪称双峰并峙、二水分流。

当《通往柏林之路》刊行之时，全球苏德战争研究界人士无人敢想，仅仅数年之后，苏联和华约集团便不复存在。苏联档案开始爆炸性公布，苏德战争研究也开始进入一个前人无法想象的加速发展时代，甚至可以说是一个在剧烈地震、风暴中震荡前行的时代。在海量苏联史料的冲击下，传统研究纷纷土崩瓦解，军事界和史学界的诸多铁案、定论也纷纷根基动摇。埃里克森与齐姆克的著作虽然经受住了新史料的检验，但却未能再进一步形成新方法的再突破。更多的学者则汲汲于立足新史料，急求转型。连保罗·卡雷尔也奋余勇，在去世三年前的1993年刊行了《斯大林格勒：第6集团军的覆灭》。奈何宝刀已老，时过境迁，难以再掀起新的时代波澜了。

事实证明，机遇永远只向有准备、有行动力的人微笑，一如胜利天平总是倾斜于能率先看到明天的一方。风起云涌之间，新的王者在震荡中登顶，这位王者就是美国著名苏军研究权威——戴维·格兰茨（David Glantz）。

作为一名参加过越战的美军基层军官，格兰茨堪称兼具实战经验和学术积淀。1965年，格兰茨以少尉军衔进入美国陆军野战炮兵服役，并被部署到越南平隆省的美国陆军第2军的"火力支援与协调单元"（Fire Support Coordination Element，FSCE，相当于军属野战炮兵的指挥机构）。1969年，格兰茨返回美国，在陆军军事学院教授战争史课程。1973年7月1日，美军在陆军训练与条令司令部下开设陆军战斗研究中心（Combat Studies Institute，CSI），格兰茨开始参与该中心的苏军研究项目。1977—1979年他出任美国驻欧陆军司令部情报参谋办公室主任。1979年成为美国陆军战斗研究所首席研究员。1983年接掌美国陆军战争学院（United States Army War College）陆战中心苏联陆军作战研究处（Office of Soviet Army Operations at the Center for Land Warfare）。1986年，格兰茨返回利文沃思堡，组建并领导外国军事研究办公室（Foreign Military Studies Office，FMSO）。在这漫长的研究过程中，格兰茨不仅与美军的苏军研究同步前进，而且组织翻译了大量苏军史料和苏方战役研究成果[13]。

1993年，年过半百的格兰茨以上校军衔退役。两年后，格兰茨刊行了里程碑著作《巨人的碰撞》[14]。这部苏德战争新史，系格兰茨与另一位美国军人学者乔纳森·M. 豪斯（Jonathan M. House）合著，以美军的苏军研究为基石，兼顾苏方新史料，气势恢宏地重构了苏德战争的宏观景象。就在很多人将这本书看作格兰茨一生事功的收山之作的时候，格兰茨却老当益壮，让全球同行惊讶地发现，这本书根本不是终点线，而是格兰茨真正开始斩将搴旗、攻城略地的起跑线：

1998 年刊行《泥足巨人：苏德战争前夕的苏联军队》[15]《哈尔科夫：1942 年东线军事灾难的剖析》[16]。

1999 年刊行《朱可夫最大的败仗：红军 1942 年"火星"行动的惨败》[17]《库尔斯克会战》[18]。

2001 年刊行《巴巴罗萨：1941 年希特勒入侵俄罗斯》[19]《列宁格勒之围 1941—1944，900 天的恐怖》[20]。

2002 年刊行《列宁格勒会战 1941—1944》[21]。

2003 年刊行《斯大林格勒会战之前：巴巴罗萨，希特勒对俄罗斯的入侵》[22]《八月风暴：苏军在满洲的战略攻势》[23]《八月风暴：苏联在满洲的作战与战术行动》[24]。

2004 年与马克·里克曼斯波尔（Marc J. Rikmenspoel）刊行《屠戮之屋：东线战场手册》[25]。

2005 年刊行《巨人重生：苏德战争中的苏联军队 1941—1943》[26]。

2006 年刊行《席卷巴尔干的红色风暴：1944 年春苏军对罗马尼亚的攻势》[27]。

2009 年开始刊行《斯大林格勒三部曲第一部：兵临城下（1942.4—1942.8）》[28]和《斯大林格勒三部曲第二部：决战（1942.9—1942.11）》[29]。

2010 年刊行《巴巴罗萨脱轨：斯摩棱斯克会战·第一卷·1941 年 7 月 10 日—9 月 10 日》[30]。

2011 年刊行《斯大林格勒之后：红军的冬季攻势》[31]。

2012 年刊行《巴巴罗萨脱轨：斯摩棱斯克会战·第二卷·1941 年 7 月 10 日—9 月 10 日》[32]。

2014 年刊行《巴巴罗萨脱轨：斯摩棱斯克会战·第三卷·1941 年 7 月 10 日—9 月 10 日》[33]《斯大林格勒三部曲第三部：最后的较量（1942.12—1943.2）》[34]。

2015 年刊行《巴巴罗萨脱轨：斯摩棱斯克会战·第四卷·地图集》[35]。

2016 年刊行《白俄罗斯会战：红军被遗忘的战役 1943 年 10 月—1944 年 4 月》[36]。

这一连串著述列表，不仅数量惊人，质量亦惊人。盖格兰茨之苏德战史研究，除前述立足美军对苏研究成果、充分吸收新史料及前人研究成果这两大优势之外[37]，还有第三个重要优势，即立足战役层级，竭力从德军和苏军双方的军事学说视角，双管齐下，珠联璧合地对苏德战争中的重大战役进行深度还原。

其中，《泥足巨人》与《巨人重生》二书尤其值得国人注目。因为这两部著作不仅正本清源地再现了苏联红军的发展历程，而且将这个历程放在学说构造、国家建设、军事转型的大框架内进行了深入检讨，对我国今日的军事改革和军事转型研究均具有无可替代的重大意义。

严谨的史学研究和实战导向的军事研究在这里实现了完美结合。观其书，不仅可以重新认识那段历史，而且可以对美军专家眼中的苏军和东线战史背后的美军学术思想进行双向感悟。而格兰茨旋风业已在多个国家掀起重重波澜。闻风而起者越来越多，整个苏德战争研究正在进入新一轮的水涨阶段。

如道格拉斯·纳什（Douglas Nash）的《地狱之门：切卡瑟口袋之战》（2002）[38]，小乔治·尼普（George Nipe Jr.）的《在乌克兰的抉择：1943 年夏季东线德国装甲作战》（1996）[39]、《最后的胜利》（2000）[40] 以及《鲜血·钢铁·神话：党卫军第 2 装甲军与通往普罗霍罗夫卡之路》（2013）[41] 均深得作战研究之精髓，且能兼顾史学研究之严谨，从而将老话题写出新境界。

此外，旅居柏林多年的新西兰青年学者戴维·斯塔勒（David Stahel）于 2009 年刊行的《"巴巴罗萨"与德国在东线的失败》[42]，以及美国杜普伊研究所所长、阿登战役与库尔斯克战役模拟数据库的项目负责人克里斯托弗·劳伦斯（Christopher A. Lawrence）2015 年刊行的《库尔斯克：普罗霍罗夫卡之战》[43]，均堪称卓尔不群，又开新径。前者在格兰茨等人研究的基础上，重新回到德国视角，探讨了巴巴罗萨作战的复杂决策过程。整书约 40% 的内容是围绕决策与部署写作的，揭示了德国最高统帅部与参谋本部等各部门的战略、作战观念差异，以及战前一系列战术、技术、后勤条件对实战的影响，对"巴巴罗萨"作战——这一人类历史上最宏大的地面作战行动进行了精密的手术解剖。后者则将杜普伊父子的定量分析战史法这一独门秘籍发扬到极致，以 1662 页的篇幅和大量清晰、独特的态势图，深入厘清了普罗霍罗夫卡之战的地理、兵力、技战术和战役部署，堪称兼顾宏观、中观、微观的全景式经典研究。曾在英军中服役的高级军医普里特·巴塔（Prit Buttar）同样以半百之年作老当益壮之后发先至，近年来异军突起，先后刊行了《普鲁士战场：苏德战争1944—1945》（2010）、《巨人之间：第二次世界大战中的波罗的海战事》（2013）、《帝国的碰撞：1914年东线战争》（2014）、《日耳曼优先：1915年东线战场》（2015）、《俄罗斯的残息：1916—1917年的东线战场》（2016）[44]。这一系列著作兼顾了战争的中观与微观层面，既有战役层级的专业剖析，又能兼顾具体人、事、物的栩栩如生。且从二战东线研究追溯到一战东线研究，溯本追源，深入浅出，是近年来不可多得的佳作。

行文及此，不得不再特别指明一点：现代学术著述，重在"详人之所略，略人之所详"。绝不可因为看了后出杰作，就将之前的里程碑著作束之高阁。尤其对中国这样的后发国家而言，更不能限在"第六个包子"的思维误区中。所谓后发优势，无外乎是能更好地以史为鉴，以别人的筚路蓝缕为我们的经验教训。故而，发展是可以超越性布局的，研究却不能偷懒。最多是随着研究的深入，实现阅读、写作的加速度，这是可取的。但怀着投机取巧的心态，误以为后出者为胜，从而满足于只吃最后一个包子，结果必然是欲速不达，求新而不得新。

反观我国的苏德战史研究，恰处于此种状态。不仅新方法使用不多，新史料译介有限，即便是经典著述，亦乏人问津。更值得忧虑之处在于，基础学科不被重视，军事学说研究和严肃的战争史研究长期得不到非军事院校的重视，以致连很多基本概念都没有弄清。

以前述战局、战役、会战为例：

汉语	战局	战役	会战
英语	Campaign	Operation	Battle
俄语	кампания	Операция	Битва
德语	Feldzug	Operation	Schlacht

比如科贝特的经典著作 *The Campaign of Trafalgar*[45]，就用了"Campaign"而非"Battle"，原因就在于这本书包含了战略层级的博弈，而且占据了相当重要的篇

幅。这其实也正是科贝特极其自负的一点，即真正超越了具体海战的束缚，居高临下又细致入微地再现了特拉法尔加之战的前因后果，波澜壮阔。故而，严格来说，这本书应该译作"特拉法尔加战局"。

我国军事学术界自晚清以来就不甚重视严肃的战争史研究和精准的学说体系建立。国民党军队及其后身——今日的台军，长期只有一个"会战"概念，后来虽然引入了 Operation 层级，但真正能领悟其实质者甚少[46]，而且翻译为"作战"，过于具象，又易于引发误解。相反，大陆方面的军事学术界用"战役"来翻译苏军的 Операция，胜于台军用"作战"翻译 Operation。因为战役的"役"也正如战略、战术之"略"与"术"，带有抽象性，不会造成过于具象的刻板误解，而且战略、战役、战术的表述也更贯通流畅。但是，在对"战役"进行定义时，却长期没有立足战争史演变的实践，甚至形成如下翻译：

汉语	作战、行动	战役	会战
英语	Operation	Campaign Operation Battle	Battle Operation
俄语	—	Операция кампания	Битва
德语	Operation	Feldzug Operation	Schlacht Operation

但是，所谓"会战"是一个仅存在于国-台军的正规军语中的概念。在我军的严格军事学术用语中，并无此一概念。所以才会有"淮海战役"与"徐蚌会战"的不同表述。实质是长期以来用"战役"一词涵盖了 Campaign、Operation 和 Battle 三个概念，又没有认清苏俄军事体系中的 Операция 和英德军语中的 Operation 实为同一概念。其中虽有小异，实具大同。而且，这个概念虽然包含具体行动，却并非局限于此，而是一个抽象军事学说体系中的层级概念。而这个问题的校正、解决又绝非一个语言问题、翻译问题，而是一个思维问题、学说体系建设问题。

正因为国内对苏德战争的理解长期满足于宣传品、回忆录层级的此亦一是非、彼亦一是非，各种对苏军（其实也包括了对德军）的盲目崇拜和无知攻击才会同时并进、甚嚣尘上。

因此之故，近数年来，我多次向多个出版大社建议，出版一套"东线文库"，遴选经典，集中推出，以助力于中国战史研究发展和军事学术范式转型。其意义当不限于苏德战史研究和二战史研究范畴。然应之者众，行之者寡。直到今年六月中旬，因缘巧合认识了指文公司的罗应中，始知指文公司继推出卡雷尔的《东进：1941—1943年的苏德战争》《焦土：1943—1944年的苏德战争》，巴塔的《普鲁士战场：苏德战争1944—1945》和劳斯、霍特的回忆录《装甲司令：艾哈德·劳斯大将东线回忆录》《装甲作战：赫尔曼·霍特大将战争回忆录》之后，在其组织下，小小冰人等国内二战史资深翻译名家们，已经开始紧锣密鼓地翻译埃里克森的"两条路"，并以众筹方式推进格兰茨《斯大林格勒》三部曲之翻译。经过一番沟通，罗先生对"东线文库"提案深以为然，乃断然调整部署，决定启动这一经典战史译介计划，并与我方团队强强联合，以鄙人为总策划，共促盛举，以飨华语读者。罗先生并嘱我撰一总序，以为这一系列的译介工作开宗明义。对此，本人自责无旁贷，且深感与有荣焉。

是为序。

王鼎杰[*]

*王鼎杰，知名战略、战史学者，主张从世界史的角度看中国，从大战略的视野看历史。著有《复盘甲午：重走近代中日对抗十五局》《李鸿章时代》《当天朝遭遇帝国：大战略视野下的鸦片战争》。现居北京，从事智库工作，致力于战略思维传播和战争史研究范式革新。

1.［美］T. N. 杜普伊，《把握战争——军事历史与作战理论》，北京：军事科学出版社，2001。第 2 页。

2. 同上。

3.［德］克劳塞维茨，《战争论》，第 1 册，北京：商务印书馆，1995。第 43—44 页。

4. 这就是为什么很多优秀制度被一些后发国家移植后往往不见成效，甚至有反作用的根源。其原因并非文化的水土不服，而是忽视了制度背后的学说创新。

5. 战争结束后美国陆军战史部（Historical Division of the U. S. Army）即成立德国作战史分部［Operational History（German）Section］，监督被俘德军将领，包括蔡茨勒、劳斯、霍特等人，撰写东线作战的回忆录，劳斯与霍特将军均以"装甲作战"（Panzer Operation）为主标题的回忆录即诞生于这一时期。可参见：［奥］艾哈德·劳斯著，［美］史蒂文·H. 牛顿编译，邓敏译、赵国星审校，《装甲司令：艾哈德·劳斯大将东线回忆录》，西安：中国长安出版社，2015 年 11 月第一版。［德］赫尔曼·霍特著，赵国星译，《装甲作战：赫尔曼·霍特大将战争回忆录》，西安：中国长安出版社，2016 年 3 月第一版。

6. 如国内在五六十年代译介的《苏联伟大卫国战争史》、《苏联伟大卫国战争简史》、《斯大林的军事科学与苏联伟大卫国战争》、《苏军在伟大卫国战争中的辉煌胜利》等等。

7. 此类著作包括古德里安的自传《闪击英雄》、曼施坦因的自传《失去的胜利》、梅林津所写的《坦克战》、蒂佩尔斯基的《第二次世界大战史》等等。

8. Paul Carell, Hitler Moves East, 1941–1943, New York: Little, Brown; First Edition edition, 1964; Paul Carell, Scorched Earth, London: Harrap; First Edition edition, 1970.

9. Albert Seaton, The Russo–German War 1941–1945, Praeger Publishers; First Edition edition, 1971.

10. John Ericsson, The Road to Stalingrad: Stalin's war with Germany (Harper&Row,1975); John Ericsson, The Road to Berlin: Continuing the History of Stalin's War With Germany (Westview,1983).

11. John Ericsson,The Soviet High Command 1918–1941: A Military–Political History (Macmillan,1962); Panslavism (Historical Association, 1964); The Military–Technical Revolution (Pall Mall, 1966); Soviet Military Power (Royal United Services Institute, 1976); Soviet Military Power and Performance (Archon, 1979); The Soviet Ground Forces: An Operational Assessment (Westview Pr, 1986); Barbarossa: The Axis and the Allies (Edinburgh, 1994); The Eastern Front in Photographs: From Barbarossa to Stalingrad and Berlin (Carlton, 2001).

12. Earl F. Ziemke, Battle for Berlin: End of the Third Reich (Ballantine Books, 1972); The Soviet Juggernaut (Time Life, 1980); Stalingrad to Berlin: The German Defeat in the East (Military Bookshop, 1986); Moscow to Stalingrad: Decision in the East (Hippocrene, 1989); German Northern Theatre Of Operations 1940–45 (Naval & Military, 2003); The Red Army, 1918–1941: From Vanguard of World Revolution to US Ally (Frank Cass, 2004).

13. 这些翻译成果包括：Soviet Documents on the Use of War Experience, Ⅰ, Ⅱ, Ⅲ (Routledge,1997); The Battle for Kursk 1943: The Soviet General Staff Study (Frank Cass,1999); Belorussia 1944: TheSoviet General Staff Study (Routledge, 2004); The Battle for L'vov: The Soviet General Staff Study (Routledge,2007); Battle for the Ukraine: The Korsun'–Shevchenkovskii Operation (Routledge, 2007).

14. David M. Glantz &Jonathan M. House, When Titans Clashed: How the Red Army Stopped Hitler, University Press of Kansas; First Edition edition, 1995.

15. David M. Glantz, Stumbling Colossus: The Red Army on the Eve of World War (Kansas, 1998).

16. David M. Glantz, Kharkov 1942: Anatomy of a Military Disaster (Sarpedon, 1998).

17. David M. Glantz, Zhukov's Greatest Defeat: The Red Army's Epic Disaster in Operation Mars (Kansas, 1999).

18. David M. Glantz & Jonathan M House, The Battle of Kursk (Kansas, 1999).

19. David M. Glantz, Barbarossa: Hitler's Invasion of Russia 1941 (Stroud, 2001).

20. David M. Glantz, The Siege of Leningrad, 1941–1944: 900 Days of Terror (Brown, 2001).

21. David M. Glantz, The Battle for Leningrad. 1941–1944 (Kansas, 2002).

22. David M. Glantz, Before Stalingrad: Barbarossa, Hitler's Invasion of Russia 1941 (Tempus, 2003).

23. David M. Glantz, The Soviet Strategic Offensive in Manchuria, 1945: August Storm (Routledge，2003).

24. David M. Glantz, The Soviet Operational and Tactical Combat in Manchuria, 1945: August Storm (Routledge, 2003).

25. David M. Glantz & Marc J. Rikmenspoel, Slaughterhouse: The Handbook of the Eastern Front (Aberjona, 2004).

26. David M. Glantz, Colossus Reborn: The Red Army at War, 1941−1943 (Kansas, 2005).

27. David M. Glantz, Red Storm Over the Balkans: The Failed Soviet Invasion of Romania, Spring 1944 (Kansas, 2006).

28. David M. Glantz &Jonathan M. House, To the Gates of Stalingrad: Soviet−German Combat Operations, April−August 1942 (Kansas, 2009).

29. David M. Glantz &Jonathan M. House, Armageddon in Stalingrad: September−November 1942 (Kansas, 2009).

30. David M. Glantz, Barbarossa Derailed: The Battle for Smolensk,Volume 1, 10 July−10 September 1941 (Helion&Company, 2010).

31. David M. Glantz, After Stalingrad: The Red Army's Winter Offensive 1942−1943 (Helion&Company, 2011).

32. David M. Glantz, Barbarossa Derailed: The Battle for Smolensk,Volume 2, 10 July−10 September 1941 (Helion&Company, 2012).

33. David M. Glantz, Barbarossa Derailed: The Battle for Smolensk,Volume 3, 10 July−10 September 1941 (Helion&Company, 2014).

34. David M. Glantz&Jonathan M. House, Endgame at Stalingrad: December 1942−February 1943 (Kansas, 2014).

35. David M. Glantz, Barbarossa Derailed: The Battle for Smolensk,Volume 4, Atlas (Helion&Company, 2015).

36. David M. Glantz&Mary Elizabeth Glantz, The Battle for Belorussia: The Red Army's Forgotten Campaign of October 1943− April 1944 (Kansas, 2016).

37. 格兰茨的研究基石中，很重要的一块就是马尔科姆·马金托什（Malcolm Mackintosh）的研究成果。之所以正文中未将之与西顿等人并列，是因为马金托什主要研究苏军和苏联政策、外交，而没有进行专门的苏德战争研究。但其学术地位及对格兰茨的影响是不容忽视的。

38. Douglas Nash, Hell's Gate: The Battle of the Cherkassy Pocket, January−February 1944 (RZM, 2002).

39. George Nipe Jr., Decision in the Ukraine: German Panzer Operations on the Eastern Front, Summer 1943 (Stackpole, 1996).

40. George Nipe Jr., Last Victory in Russia: The SS−Panzerkorps and Manstein's Kharkov Counteroffensive, February−March 1943 (Schiffer, 2000).

41. George Nipe Jr., Blood, Steel, and Myth: The Ⅱ. SS−Panzer−Korps and the Road to Prochorowka (RZM, 2013).

42. David Stahel, Operation Barbarossa and Germany's Defeat in the East (Cambridge, 2009).

43. Christopher A. Lawrence, Kursk: The Battle of Prokhorovka (Aberdeen, 2015).

44. 普里特·巴塔先生的主要作品包括: Prit Buttar, Battleground Prussia: The Assault on Germany's Eastern Front 1944−45 (Ospery, 2010); Between Giants: The Battle of the Baltics in World War Ⅱ (Ospery, 2013); Collision of Empires: The War on the Eastern Front in 1914 (Ospery, 2014); Germany Ascendant: The Eastern Front 1915 (Ospery, 2015); Russia's Last Gasp, The Eastern Front, 1916−1917 (Ospery, 2016).

45. Julian Stafford Corbett, The Campaign of Trafalgar (Ulan Press, 2012).

46. 参阅: 滕昕云，《闪击战——迷思与真相》，台北: 老战友工作室 / 军事文粹部，2003。该书算是华语著作中第一部从德军视角强调 "作战层级" 重要性的著作。

译者序

保罗·卡雷尔的《东进》一书最初于1964年出版。

半个世纪后的今天发行这本书的中文版，意义何在？

国内近年来出版的二战类著作渐渐增多，如果留意的话，你也许会发现，关于二战中最重要的东线战场，全景式著作可谓凤毛麟角。局部战役的专著近年来逐渐涌现，尽管从整体而言，与汗牛充栋的西线战役著作相比，仍是为数寥寥。这其中的原因，固然有苏联相关资料秘不示众的缘故，但更主要的是西方作者对东线战役的轻视。而对热衷于战史研究的德国人来说，东线一直是他们最为关注的研究重点。遗憾的是，由于语言障碍和众所周知的原因，国内在这方面引进的书籍相当欠缺。

提及二战著作，有些作者的名字大概是无法回避的：戴维·格兰茨、安东尼·比弗、约翰·基根、H.P.维尔莫特、乔·巴歇尔等等。诚然，这些新锐作者带来了更多、更新的资料，但我们也发现，保罗·卡雷尔的作品并未因此而相形见绌，除去翔实的资料依然准确无误外，他的文字中还有一种后来者无法与之比拟的激情，这甚至使他的两本东线巨作很难在"战史"和"纪实"之间找到一个准确的定位。我个人更倾向于把他的作品定义为"偏战史类"的纪实性著作。换句话说，偏爱战史钻研的读者可以欣然接受，而希望了解当年那场战争来龙去脉的普通军事爱好者也能获得阅读快感。

决定军事的永远是政治，出于这个原因，我们所看见的大批军事书籍都不厌其烦地从政治角度耐心地为读者讲解这场战争的来龙去脉。这种做法当然没什么错，可我有时会想，是否有这样一部干脆利落、不拖泥带水的著作，从东线战事爆发的第一天一直讲述到纳粹德国败亡，纯军事角度，既没有让人晕头转向的图表和数据，也没有无数的旗帜和箭头把人彻底弄晕，当然，如果再能通俗一些的话，那就更好了。

保罗·卡雷尔的《东进》就是这样一部著作。细读此书，你或许会惊讶地发现，许多后来的著作都参阅了卡雷尔的这本书，例如安东尼·比弗的《斯大林格勒》，例如道格拉斯·纳什的《地狱之门》，而亨利·莫尔的《第二次世界大战的重大战役》，干脆把卡雷尔这本著作的第一章完整地抄袭了一遍。如果把《东进》比作一条大河，那么，从主河道上延伸出的无数支流便形成了一部部相应的著作，它们都从《东进》这一母体中汲取养分。甚至连大名鼎鼎的维基百科，许多相关条目的资料引述也都采用了保罗·卡雷尔的著作。

这么说毫不为过。今天对我们来说，布列斯特、明斯克、基辅、杰米扬斯克、捷列克河这些地名早已耳熟能详，但在半个世纪前，与西线战事相比，这些地名以及围绕这些地名所发生的戏剧性战事并不为太多局外人所知，卡雷尔的这部著作首创先河，将东线，这个二战最重要战场的血腥战事历程清晰而又详尽地介绍给广大读者。考虑到这本书出现的年代，就更能称其是一部佳作。西方媒体对这本书的评价用了这样一个描述：all time classic（永远的经典之作）。我想，这一评价应该是准确的，从20世纪60年代到21世纪的今天，这本书不仅一直在大卖特卖，而且许多著名出版社都先后推出过自己的版本，包括"地图版""彩色插图版"等等，这一点有力地证明了这本著作的经典性。

这位保罗·卡雷尔是何方神圣？

保罗·卡雷尔原名保罗·卡尔·施密特，是一名纳粹党员，也是一名党卫队成员（一级突击队大队长），更是纳粹外交部部长里宾特洛甫的得力干将，专事负责外交部的新闻与出版部。他当年的主要任务是主持外交部的每日新闻发布会。因此成了二战期间德国最重要、最具影响力的发言人之一。研究证据表明，他的影响力与奥托·迪特里希（纳粹党首席新闻发言人）以及汉斯·弗里切（宣传部国内新闻司司长）不相上下。另外，著名的《信号》杂志也是由施密特负责。

战后，施密特被拘禁了两年多，随后便化名保罗·卡雷尔，摇身变成了畅销书作者。《东进》和《焦土》使他成为战后德军视角东线战事编年史的领军人物，这两本著作首开先河，带动了东线德军战史研究的潮流。任何一个致力于东线战役研究的作者可能都无法回避这两部经典著作。

《东进》与《焦土》的成功，并不仅仅是卡雷尔战时职务接触到很多内部资料的缘故。当然，长期的宣传工作使卡雷尔转型为专职作家来得轻松自如，他的作品中也明显带有过去从事宣传任务的手法，但更为重要的是，卡雷尔参阅了大批战后出版物，包括众多将领的个人回忆录、战史、军史等，另外，他与许多德军将领私交甚厚，通过访谈获得了许多一手资料。这两本巨作从1941年6月22日爆发的"巴巴罗萨"起，一直到1944年"中央"集团军群覆灭终，大大小小的事件，林林总总的人物，全面而又详尽地展现了东线波澜壮阔的战争史诗，是战争史研究中不可多得的佳作。

当然，保罗·卡雷尔自身的经历以及他写作的资料来源，决定了他书中的观点偏向于德国一方，这原在情理之中。但我们也要看到，卡雷尔并未对作为敌人的苏联红军加以贬低和污蔑，相反，他对苏军的英勇和顽强大加赞扬，实际上，作为一名长期从事宣传工作的高级官员，他很清楚，贬低对手毫无意义，不仅会使自己的作品失去公正性，还会使己方的胜利和失败变得难以解释。另外，我们要看清的一点是，绝对的公正大概是不存在的，尽管许多作家在这方面进行了不懈的努力。

保罗·卡雷尔的写作手法后来也被许多军事作家借鉴：一本出色的军事著作中，高层将领的运筹帷幄固然必不可少，下级将士的浴血奋战同样不可或缺，而这两方面的结合构成了有血有肉的历史传奇。与安东尼·比弗、史蒂芬·安布罗斯的作品相比，卡雷尔的著作稍欠可读性，但与戴维·格兰茨相比，他的作品又显得不那么枯燥。准确地说，大概是一个中间型产物。但东线战事本身就充满了戏剧性的传奇色彩，例如，德军距离莫斯科咫尺之遥，斯大林格勒已被占领十分之九，高加索战线只欠最后一个营……从这个角度看，这段历史的确跌宕起伏，值得每一个军事爱好者反复玩味。另外，卡雷尔的书中也不乏一些细节性描述，例如地雷犬的出现、弗拉索夫的被俘、蓝色行动的泄密、对阿斯特拉罕的侦察等等，即便对东线战事了如指掌的读者，想必也能从这本书中获得新的收益。

这就是《东进》一书的价值所在。

N·N·冰人

目　录

目　录

第一部

莫斯科

1

突 袭

普拉图林森林——白色的"G"——3点15分——跨过布格河、桑河和梅梅尔——拉塞尼艾和利耶帕亚——突袭陶格夫匹尔斯——曼施泰因停步不前—伦德施泰德遇到困难—布列斯特要塞

他们跟随着他们的坦克及车辆已在黢黑的松林里待了两天。6月19—20日的夜里,他们驾驶着蒙上大灯的车辆抵达了这里。白天,他们静静地待着,不能发出任何声响,只有排长们的舱盖即将关闭时所发出的咯吱声。暮色降临后,他们才获准到小河中洗把澡,每次一个排。

萨奇军士带着第2连的士兵们快步经过时,排长韦德纳少尉正站在连部的帐篷外。"上士,这可是个度假的好地方。"他笑着说道。萨奇军士停住脚步做了个鬼脸,说:"我可不信这是个假期,少尉先生。"随后他压低了声音问道:"少尉先生,这究竟是怎么回事?我们要去打俄国人吗?或者,我们是在等待斯大林的许可,穿过俄国,以便利用波斯这条秘密途径靠近英国佬,把他们美丽的大英帝国打垮吗?"

韦德纳少尉对这个问题并不感到惊讶。他和萨奇都知道,自从他们的装甲训练营被改编为第17装甲师第39装甲团第3营,并被调至波兰中部,随后又开进普拉图林(Pratulin)的这片森林中后,各种各样的说法早已传得沸沸扬扬。他们所在的位置,距离构成边境线的布格河不到3英里,几乎就正对着巨大而又古老的布列斯特—立托夫斯克要塞,自1939年秋季波兰被瓜分后,那座要塞便被俄国人所占据。

驻扎在树林中的第39装甲团已进入全面戒备状态。另外,每辆坦克的炮塔上都绑缚了十罐汽油,身后的拖车上还携带着额外的三桶汽油。这种准备针对的是

长途行军，而不是一场速决战。"你不可能在坦克上绑着汽油罐投入战斗。"经验丰富的装甲兵们这样说道。

一个固执的士兵坚持认为这场即将到来的战争针对的是俄国人，于是，他们之间发生了一场争执。"俄国？胡说！我们所得到的已经足够了，为何嘛要开始另一场战争？俄国人没有危害到我们，他们是我们的盟友，他们还给我们输送粮食，而且，他们也是反英的。"大多数德军士兵都这么认为。因此，如果接下来他们既不投入战斗，也不借道波斯，那么，整件事就是一个庞大的声东击西的策略。

声东击西，可针对的是谁呢？当然，是为了糊弄英国人。东部进行的这场集结，很可能是为了隐瞒在欧洲另一端对英国发起的入侵行动。通过低声私语以及会心的眼神所传递的这一看法几乎无处不在。那些传播这种说法和对此深信不疑的人并不知道2月18日海军司令部在日志中所写的内容："作为军事史上规模最大的伪装行动，针对俄国的集结即将展开，它将被说成是为入侵英国所进行的最后准备而分散敌人注意力的举动。"

不过，还有另一个天真、美丽得令人震惊的说法，被军士们自信地传播着，这些老兵无所不知，他们甚至能听见青草生长的声音，他们知道连部的一切秘密，这些老兵不仅代表着各个部队的灵魂，同时也扮演着耳目的角色。他们在洗餐具、玩纸牌或是擦靴子时耐心地解释：斯大林已把乌克兰租借给了希特勒，因此，他们的调动纯粹是作为一支派驻军队。战争时期的人对任何说法都会相信。萨奇军士为和平而感到高兴，他对希特勒和斯大林于1939年8月缔结的条约深信不疑。与其他德国人一样，他相信这个条约，并将其看作是希特勒最伟大的外交成就。

韦德纳少尉靠近萨奇，"上士，您相信童话故事吗？"他问道。萨奇一脸困惑。韦德纳少尉看了看手表，"再耐心多等一个小时。"他意味深长地说了一句，随即走回了帐篷。

萨奇军士和他的少尉在普拉图林森林中进行这番交谈时，德国威廉大街的前总统官邸里发生了另一场不同的交谈。但这场对话中没有太多的神秘感，里宾特洛甫披露了一个大秘密。他告诉他那些最亲密的伙伴：明天清晨，德国国防军将发起对苏战争。

原来是这样！他们曾对此疑虑过，现在他们知道了。他们原本希望这只是一个纸面上的计划，但此刻木已成舟。他们所关注过的政治和外交时刻已经结束，现在轮到武力上场了。这一刻，各个大使、外交使节和公使都在暗自询问自己一个同样的问题：以事态发展的观点来看，外交部部长冯·里宾特洛甫还会留任吗？他还能留任吗？按照规则，难道他不应该辞职吗？

21个月前，他带着苏德友好条约从莫斯科返回，并向他们解释道："我们与斯大林签订的条约确保了我们的后方，从而避免了曾将德国带入灾难的两线作战。我认为这一结盟是我外交政策的最高成就。"

现在，双方将兵戎相见，他的最高成就被丢进了垃圾中。

里宾特洛甫感觉到四周一片沉默，他走到窗前，俯瞰着远处的公园，过去的德国总理俾斯麦亲王，曾在那里订立过宪法，他也曾将德俄结盟视为自己外交政策的最高成就。他转过身，大声强调道："元首得到的消息是，斯大林正在针对我们集结部队，以便在有利时刻对我们发起突袭。到目前为止，元首一直是正确的。他向我保证，德国军队将在8个星期内打败苏联。届时，我们的后方将得到确保，而不必单纯依赖斯大林的友善。"

8个星期。如果需要耗费更长的时间呢？不可能拖得太久，迄今为止元首一直正确无误。八个星期解决问题是有可能的，如果必要的话，就在两线作战。

情况就是这样，部队很快会得到通知。普拉图林茂密的松林中，炎热的白昼已暂告段落。空气中弥漫着令人愉快的松香气息和浓浓的汽油味。夜里21点10分，连部帐篷中轻声传出了一道给连里924号坦克的命令："今晚22点各连集合，装甲教导团第4连，在林中的空地集合。"无线电报务员韦斯特法尔将这一命令传给了第925号坦克，然后，一辆接一辆地传递下去。

全连列队时，夜色已经降临。冯·阿本德罗特中尉向上尉做了报告。上尉的目光从部下们身上扫过，军帽下他们的面孔模糊不清。这些士兵排成了一堵灰黑色的墙，这是一个看不清面目的装甲连。

"第4连！"施特赖特上尉叫道，"我将向你们宣读来自元首的命令。"布列斯特—立托夫斯克附近的这片树林中一片死寂。上尉打开悬挂在军装第二颗纽扣处的军用电筒，将手里的一张纸照亮。他略带嘶哑的、含着一丝激动的嗓音读道："东线的将士们……"

东线？他说的是东线吗？这是这个词第一次被使用。而不管怎样，这个词就这样出现了。

上尉继续读着："数月来我一直焦虑万分，但不得不保持着沉默，现在，我终于可以向你们开诚布公了，我的士兵们……"士兵们急切地聆听着，他们想知道到底是什么让他们的元首在几个月里忧心忡忡。"约有160个苏军师沿着我们的边境线排开，几个星期来，我们的边界不断遭到侵犯，不仅是在德国边界，还包括北部和罗马尼亚。"

接着，士兵们听到苏军巡逻队渗透进帝国的领土，只是经过长时间的交火后方被击退。然后，他们听到了结论："值此时刻，东线的将士们，军事集结正在进行中，其规模之大和数量之多都是历史上绝无仅有的。我们与芬兰军队结成了同盟，我们的同志们正与纳尔维克的胜利者们并肩守卫着北部的北冰洋……"

"守卫着东线的将士们，在罗马尼亚，在普鲁特河岸边，在多瑙河畔，一直到黑海之滨，德意志和罗马尼亚的士兵们并肩而立，团结在领袖安东内斯库的领导下。如果这条历史上最伟大的战线现在需要采取行动的话，那么其目的不仅仅是为了创造必要的条件以最终结束这场伟大的战争，或是为了保护此刻受到威胁的诸国，而且也是为了挽救整个欧洲的文明和文化。"

"德意志的将士们！你们即将投入战斗，这是一场艰苦卓绝而又至关重要的战斗。欧洲的命运、德意志帝国的未来、我们民族的生存，现在完全掌握在你们的手中。"

上尉站在那儿沉默了片刻，手电筒的光亮在他手中的纸张上闪烁着。随后，他轻轻地说道，仿佛这是他自己的话，而非来自进攻动员令的结尾："愿万能的上帝在这场战争中保佑我们大家！"

队伍解散后，人们发出了喊喊喳喳的议论。如此说来，他们将对俄国发动战争，这将是明晨的第一件事。这可真让人担心。士兵们快步跑回自己的坦克。

弗里茨·艾伯特中士从萨奇身边走过。"立即把额外的配给品分发给每部车辆。"他宣布道。他放下他那辆货车的尾挡板，打开一个大箱子，里面装着烈酒、香烟和巧克力。每人30根香烟，每四个人分享一瓶白兰地。酒类和香烟是部队的传统需求。

四下里一片紧张忙乱，帐篷被拆除，坦克进行着准备工作。忙完后，士兵们等待着。他们吸着烟，很少有人去碰那些白兰地。尽管配发了磺胺类药物，但腹部受伤的恐惧感依然困扰着他们。这将是个难以入眠的夜晚。

这一夜度时如年，时间像停滞了一般，一分一秒慢慢地流淌着。整个苏德边境上的情形完全一样。串起整个欧洲大陆的各个地方，从波罗的海到黑海，连绵930英里的战线上，德军士兵们彻夜未眠。在这930英里的战线上，三百万德军士兵等待着。他们隐蔽在森林中、草原上、玉米地里。在黑暗的笼罩下，他们等待着。

德军的攻击正面分成三个区域：北部、中央和南部。

"北方"集团军群由陆军元帅冯·莱布统率，辖两个集团军和一个装甲集群，他们将从东普鲁士跨过梅梅尔向前推进，其目标是歼灭波罗的海的苏军部队并夺取列宁格勒。冯·莱布集团军群的装甲先头部队是霍普纳大将的第4装甲集群，该集群下辖两个摩托化军，分别由曼施泰因和赖因哈特指挥。配属给该集团军群的空军力量是科勒尔大将的第1航空队。

"中央"集团军群由陆军元帅冯·博克率领，其作战区域从洛林特纳荒原一直延伸至布列斯特—立托夫斯克以南，战线长达250英里。"中央"集团军群是三个集团军群中最强大的一个，辖两个集团军和两个装甲集群，第2装甲集群由古德里安大将统率，第3装甲集群则由霍特大将指挥。凯塞林元帅第2航空队的大批斯图卡联队将为这支庞大的装甲部队提供额外的打击力量。"中央"集团军群的目标是在布列斯特—维尔纽斯—斯摩棱斯克这个三角形地带歼灭苏军强大的有生力量，包括其坦克和机械化部队。一旦德军装甲部队通过大胆的推进夺取斯摩棱斯克后，他们再决定是向北攻击前进还是直扑莫斯科。

南部，位于普里皮亚特沼泽与喀尔巴阡山脉之间的是陆军元帅冯·伦德施泰德率领的"南方"集团军群，辖3个集团军和1个装甲集群，其作战目的是将基尔波诺斯上将统率的苏军部队歼灭在加里西亚和第聂伯河近端的西乌克兰，确保第聂伯河渡口，并最终夺取基辅。勒尔大将的第4航空队将为他们提供全部的空中掩护。伦德施泰德元帅麾下的罗马尼亚军队以及德国第11集团军将作为预备队。在北部，德国的另一个盟友芬兰，也已做好了进攻的准备，7月11日，他们将加入德军向列宁格勒推进的行列。

德国人的进攻阵容清楚地表明，他们的兵力重点是"中央"集团军群所处地区。尽管这一地区的地形条件并不算有利，遍布着许多河流和沼泽，但德军在这里配属了两个装甲集群，以便能迅速取得决定性战果。

苏军情报部门显然未能发现对方的这一配置，他们的防御重点在南部，针对的是伦德施泰德元帅的"南方"集团军群。在那里，斯大林集中了64个师和14个坦克旅；而在中央地区，他只配属了45个师和15个坦克旅；在北部，苏军有30个师和8个坦克旅。

苏军统帅部判断，德国人的主攻将放在南部，他们针对的是苏联主要的农业和工业区。这就是苏军将其坦克主力排列于这一地区实施弹性防御的原因所在。不过，坦克主要是一种进攻性武器，苏军将强大的坦克力量集中于南部，也使得他们同时可以对德国重要的石油来源地罗马尼亚发起攻击。

因此，希特勒的进攻计划实际上是一场豪赌。该计划沿袭了德军在西线获胜的经验。当时，在法国完全措手不及的情况下，德军迅速突破了阿登山区不利的地形，插入到其极为虚弱的马其诺防线，从而使这场战役迅速结束。希特勒打算采用同样的办法对付苏联：他将在一个意想不到的地方投入他所有的部队撕开对方的防线，并在迅速取得突破后彻底击败对手，同时夺取莫斯科、列宁格勒以及罗斯托夫这样的重要城市，这一切都将在第一波攻势中实现。德军的第二波攻势将推进至希特勒划定的界限——阿斯特拉罕至阿尔汉格尔斯克一线。这就是"巴巴罗萨"计划。

凌晨3点，夏夜笼罩着布格河的河岸，四下里依然一片漆黑。黑夜的沉寂偶尔会被防毒面具罐的碰撞声所打破。河边传来了青蛙的叫声。6月21—22日的这个夜晚，埋伏在布格河边高高的草丛中的突击队或先遣支队里的士兵，永远也不会忘记河边青蛙所发出的哀怨的交配鸣叫声。

布格河近端9英里处，沃利卡·多布良斯卡（Volka Dobrynska）村外的158高地上，伫立着一座木制瞭望塔，过去的几个月里，这种瞭望塔在边境两侧出现得

▶ "巴巴罗萨"行动的起始位置。6月21日，东线德军以7个集团军、4个装甲集群和3个航空队准备发起进攻，总计300万名士兵、60万部车辆、75万匹马匹、3580辆装甲战车、7184门大炮和1830架飞机。另外，南还有罗马尼亚第3和第4集军。而苏军在前线地区部署了10个集团军，450万名士兵。

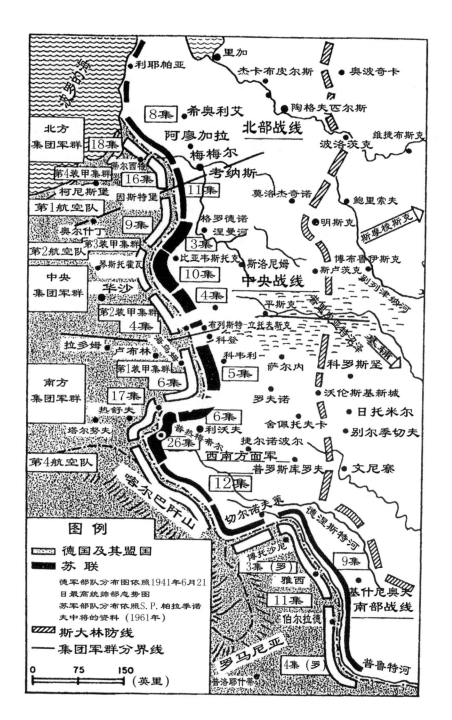

里加
利耶帕亚
杰卡布皮尔斯
奥波奇卡
波罗的海
8集
希奥利艾
陶格夫匹尔斯
北方
集团军群
18集
北部战线
阿廖加拉
维捷布斯克
梅梅尔
波洛茨克
第4装甲集群
希尔西特
16集
考纳斯
柯尼斯堡
第1航空队
因斯特堡
11集
莫洛杰奇诺
鲍里索夫
斯摩棱斯克
第2航空队
奥尔什丁
9集
明斯克
格罗德诺
涅曼河
第3装甲集群
琴斯托霍瓦
3集
博布鲁伊斯克
斯卢茨克
别列津纳河
中央
集团军群
比亚韦斯托克
斯洛尼姆
华沙
10集
中央战线
平斯克
普里皮亚特河
4集
第2装甲集群
拉多姆
布列斯特-立托夫斯克
4集
科登
基辅
南方
集团军群
卢布林
5集
科韦利
萨尔内
科罗斯坚
17集
6集
沃伦斯基新城
日托米尔
罗夫诺
热舒夫
舍佩托夫卡
别尔季切夫
塔尔努夫
6集
第4航空队
普热梅希尔
利沃夫
捷尔诺波尔
26集
西南方面军
普罗斯库罗夫
文尼察
12集
塔尔巴阡山
切尔诺夫策
德涅斯特河
博托沙尼
9集
3集(罗)
雅西
基什尼奥夫
11集
南部战线
伯尔拉德
罗马尼亚
4集(罗)
普鲁特河
普洛耶什蒂

图 例

德国及其盟国
苏 联
德军部队分布图依照1941年6月21
日最高统帅部态势图
苏军部队分布依照S.P.帕拉季诺
夫中将的资料(1961年)
斯大林防线
集团军群分界线

0   75   150
(英里)

— 7 —

很多。第2装甲集群的前进指挥部设在158高地山脚下的一片树林中，它是古德里安装甲部队的"大脑"。德军士兵们称该集群为"白色的G"，因为该集群所有的车辆上都涂着一个白色的大大的"G"字母，以此为他们的战术识别标记。"G"代表古德里安。只要朝车辆扫上一眼便能识别出"这是我们自己人"。法国战役期间，古德里安引入了这一构想。它被证明非常成功，因而克莱斯特大将也欣然采纳，他已下令让自己装甲集群内的车辆都涂上白色的"K"字母。

前一天夜里（6月20—21日），参谋人员秘密到达了这里。此刻，他们待在自己的帐篷或指挥车上，俯身于地图，书写着命令。没有任何信号从天线上发送出去，因为已经下达了严格的命令，保持无线电静默，以免让俄国人的监测站产生怀疑。电话的使用只有在绝对必要的情况下才会被批准。古德里安个人的指挥车——两辆无线电通讯车、几辆桶式车和几部摩托，都已经过精心伪装，停放在帐篷和其他车辆后。就在这时，一辆装甲指挥车驶了过来，古德里安跳下车，说道："先生们，早上好！"

时间刚好是凌晨3点10分。简单地交谈了几句后，古德里安跟着他的指挥车朝158高地上的瞭望塔驶去。他们腕表上闪着亮光的分针围绕着表盘走动着。

凌晨3点11分，参谋人员帐篷里的电话响了，作训处长拜尔莱因中校拿起听筒。电话另一端是第24装甲军①的作训处长布吕克尔，没有任何问候或客套，他直截了当地说道："拜尔莱因，科登的桥梁已被夺取。"

拜尔莱因看了一眼对面的装甲集群参谋长弗赖赫尔·冯·利本施泰因，点了点头，然后说道："很好，布吕克尔。祝您好运，再见。"说罢，他放下了听筒。

科登（Koden）的桥梁是装甲部队抢渡布格河，迅速扑向布列斯特的关键。行动开始的几分钟前，第3装甲师的一支突击队奉命突袭这座桥梁，消灭桥梁另一端的苏军守卫，并将桥上的炸药移除。这一袭击获得了成功。

古德里安的指挥部里长长地松了口气，尽管他们已做好相应的准备以防这一突袭未获成功。第4集团军也做好了在布列斯特上游和下游的布格河上搭桥的准

---

① 此时的第24军为摩托化军，直到1942年才改编为装甲军。

—— 8 ——

备。布列斯特北部大约50英里处的德罗西琴（Drohiczyn），第178工兵营经过一番艰难而又漫长的秘密行军后，悄悄地到达了预定地点，以便为第292和第78步兵师的重武器及装备搭建一座浮桥。

此刻是凌晨3点12分。每个人都在看着时间，每个人都觉得喉咙发紧，所有人的心都在怦怦地跳动着。此刻的沉寂令人难以忍受。

3点13分，现在更改事情的进程还来得及，尚未发生的事情没什么是不可以取消的。但随着分针在表盘上的移动，针对前方处在一片寂静和黑暗中的苏联的这场战争不可避免地逼近了。

拜尔莱因回想起1939年9月的情形。那时，他和古德里安将军就在布列斯特。那还是一年零九个月前的事。1939年9月22日，俄国人科利沃申将军率领的坦克旅作为友军到达了。一条分界线划过他们共同的战利品——被击败的波兰。布格河成了边界。根据希特勒与斯大林签署的协议，德军不得不撤过布格河，并将布列斯特及其堡垒交给苏联人。

协议得到了认真的遵守，一场联合阅兵也已举行，彼此还交换了旗帜。最后，双方举杯庆祝。没有伏特加，没有干杯庆祝的协议是不会被俄国人视为有效的。

科利沃申将军搜刮了在学校里学过，现在还记得的一点点德语，以便在祝酒时使用。但他这样做时，犯了个奇怪的小错误。他说："为永恒的右翼干杯"但他立即微笑着纠正了自己的错误："为我们两国永恒的友谊！"[1]

在场的每个人都情绪高昂地举起了手里的酒杯。那是21个月前。此刻，这一"友谊"最后的几分钟正一秒秒地流逝。曾被科利沃申将军匆匆加入的字母"r"，再次被删除，"右翼"将被6月22日的第一道灰色曙光所打破。

3点14分。沃利卡·多布良斯卡的木制瞭望塔幽灵般地映衬在天际中。第一道苍白的曙光出现在地平线上。死一般的沉寂依然笼罩着"中央"集团军群的整个区域。森林沉睡着，田野一片寂静。难道俄国人没有注意到树林和村庄里都已挤满了集结的部队吗？难道他们不知道德军正准备发起突袭吗？是的，此刻德军一

---

[1] 科利沃申的"友谊"一词里少了个"r"。

个师接着一个师的，沿着漫长的前线排列着。

仔细对过的手表上，指针跳到了3点15分。

就像是一个电闸猛地抛出了一道剧烈的闪光撕裂了夜空，各种口径的大炮同时喷吐出火舌。曳光弹的轨迹划过天空，目力所及之处，布格河前线已变成火焰和闪光的海洋。片刻后，隆隆的炮声像压路机那样席卷过沃利卡·多布良斯卡的木制瞭望塔，迫击炮连①射击时怪异的尖啸声也一并混杂在隆隆的炮声中。布格河对岸已变成一片火海，浓烟冲天，云层遮蔽着一轮镰刀状的弯月。

和平已不复存在，战争吐出了第一道恐怖的气息。

位于布列斯特要塞对面的是施利佩尔少将率领的德军第45步兵师，该师的前身是奥地利第4师。第130和第135步兵团即将对桥梁和要塞发起首轮攻击。在夜色的掩护下，构成第一波次的攻击部队小心翼翼地逼近了布格河。横跨河流的铁路桥像一个黑色的幽灵。凌晨两点钟时，一列货运列车喷吐着蒸汽，大灯雪亮，隆隆地驶过了这座桥梁。这是斯大林运送给他的盟友希特勒的最后一列运粮列车。

这是个巧妙的诡计，还是毫无戒备的信任达到了令人难以置信的程度？突击营和尖刀连的军官和士兵们暗自思忖着这个问题，此刻，他们趴在庄稼地和草丛中，隐蔽在铁路路基旁和西岛对面。他们不知道在过去的几个星期里有多少列火车驶过这座铁路桥，他们也不知道斯大林是多么认真地履行了苏德贸易协议。从1940年2月10日到1941年6月22日的这一时刻，斯大林交付给希特勒的粮食多达150万吨。苏联因此而成了德国主要的粮食供应国。但跨过布格河上的这座铁路桥被送往德国的物资不光是黑麦、燕麦和小麦。在16个月的蜜月期间，斯大林严格遵守了双方的合同，为德国送去100万吨石油、2700公斤铂金，还有大批锰矿石、铬矿石和棉花。

与认真履行合同的俄国人形成鲜明对比的是，德国从一开始就是个拖拖拉拉的供应国。但尽管如此，还是有价值4.67亿马克的货物被送至苏联，其中包括建造了一半的重巡洋舰"吕佐夫"号。到最后一列运粮火车于6月22日凌晨两点由东向西驶过布格河时，希特勒欠斯大林的债务已达2.39亿马克。6月22日凌晨埋伏在布列

---

① 这里说的迫击炮，实际上就是德军配备的150毫米6管火箭炮。

斯特铁路桥两侧的德军军官和士兵们对这些一无所知。在他们上方，铁路桥顶端的一座小木屋里，依然是一派和平的气氛和毫无戒心的常态。两名德国海关官员攀上火车，哨兵向俄国司机挥着手。就算有任何狐疑的目光从远处投来，他们也发现不了任何可疑或不正常之处。火车喷着气，慢慢地驶向德国一侧的泰雷斯波尔车站。

然后，这里也迎来了凌晨3点15分。

"开火！"地狱之舞开始了，地面震颤起来。

第4特种迫击炮团以其辖下的九个重炮连为这一地狱添加了特殊的音调。半个小时内，2880发火箭弹带着可怕的呼啸掠过布格河，落入布列斯特镇内和其要塞里。第98炮兵团的600毫米口径重型臼炮和210毫米火炮也朝着对岸开火了，炮弹落入要塞的壁垒内，准确地击中了苏军的炮兵阵地。遭到这样的轰击，要塞里还有可能剩下一砖一瓦吗？有可能。这将是诸多意想不到中的第一个。

第135步兵团第3连的聪佩少尉，看着手表上的秒针走完了3点15分前的最后几秒。炮声刚一响起，他便从铁路路基处的战壕里跃了出来。"我们上！"他朝突击队里的弟兄们喊道，"冲啊！"一顶顶钢盔从高高的草丛中升起。这些德军士兵像短跑运动员那样冲过了铁路桥，少尉冲在最前面。他们从被遗弃的德国海关小木屋旁经过，炮火声淹没了他们的靴子踏在厚重的桥梁木板上的撞击声。沿着桥梁两侧高耸的护栏，他们猫着腰朝桥对面冲去。在他们内心深处，始终有一种挥之不去的担心：这座桥会不会被炸掉？而它没被炸，苏军哨兵来得及做的仅仅是用手里的冲锋枪打了个点射，然后便中弹倒地。

就在这时，守桥卫兵的防空壕中，一挺机枪吼叫起来。这早在意料之中。二等兵霍尔泽的轻机枪朝着俄国人的阵地扫射起来。第87工兵营第1连的一个清障小组已配属给聪佩的突击队，他们像一群闪现的阴影般朝着目标冲去。伴随着沉闷的"砰"声，硝烟四起，一切都结束了。

少尉和工兵们冲过被炸得支离破碎的防空壕，随即从桥梁的左右两侧下到铁路路基处，架设好他们的机枪。俄国人已在桥梁的中墩上绑缚了炸药，德军士兵迅速将其拆除。聪佩用手电筒的光束检查着桥墩，以确保其他地方没有隐藏着另外的引爆装置。什么也没有，于是他将电筒上的一块绿色玻璃滑下，光束变成了绿色。他像车站站长那样，将电筒举过头顶朝德国一方挥舞着：桥梁已被占领！

随即，第一辆装甲侦察车迅速驶过这座桥梁。

普拉图林森林，第17和第18装甲师将从这里强渡布格河，但这里没有桥梁。4点15分，突击分队跃入他们的橡皮艇和冲锋舟，迅速朝对岸而去。步兵和摩托车部队携带着轻型反坦克炮和重机枪。河对岸的苏军守卫队用冲锋枪和轻机枪开火射击，但他们立即被打哑了。德军摩托车营的几个单位开始挖掘阵地。随即，可以被送入桥头堡的一切都被渡过河去。工兵们刚一下船便开始搭建浮桥。

可如果俄国人用坦克对桥头堡发起攻击会发生怎样的情况呢？德国人将如何对应？用驳船或搭建应急桥梁将坦克和重装备渡过河去的办法极其困难。

这就是一种有趣的新式武器首次出现在这里的原因——水下坦克，又被称为潜水坦克。它们在水下渡过河流，就像潜艇那样。到达对岸后，它们像普通坦克那样投入战斗，粉碎敌人沿河岸设置的阵地，并对敌人的反击实施拦截。

这是个神奇的计划。实际上，这个计划已经有一年多了，而且最初是为了不同的目的——入侵英国的海狮行动。希特勒决定渡海征服英伦三岛后不久，在水下使用坦克的计划便出台了。当初的设想是，这些坦克将在英格兰南部海岸卸载，在25英尺深的海水中，沿着海底驶向平坦的海滩。它们会像海神那样伴随着海浪出现，打垮部署在黑斯廷斯两侧的英军海岸防御部队，为德军的第一批登陆艇建立滩头阵地，进而朝内陆推进，对其造成破坏和恐慌。

这个构想立即被付诸实施。1940年7月，8个经验丰富的装甲团里组建了四支潜水坦克分队，并被派至位于波罗的海海岸的普特罗斯（Putlos）接受特殊训练。对坦克组员们来说，这是段奇特的经历。在三号和四号坦克中，他们几乎变成了U艇人。

作战任务需要这些坦克在水深25～30英尺的地方保持机动性，这就意味着它们必须能承受大约两个大气压的水压，并确保相应的密封性。这一点是通过一种特殊的黏合剂实现的。坦克炮塔与车身接缝的密封采用了非常简单的办法：一条加长的自行车内胎——可以由坦克内的装弹手充上气，使它膨胀起来。坦克炮上也安装了一个橡胶炮口罩，它可以在一秒钟内通过炮塔吹掉。

可是，这里存在着一个特殊问题：如何为坦克发动机和组员提供新鲜的空气。解决的办法是使用后来被U艇采用的"通气管"。这种特殊的软管大约50英尺长，顶端装有浮标，浮标上安装着一个特殊的抽吸装置，同时还装有天线。坦克的引导依靠的是一具陀螺罗盘的帮助。

1940年7月底，四个潜水坦克分队在叙尔特岛（Sylt）的赫努姆（Hörnum）进行了严格保密的训练。吕根岛（Rügen）上的一艘旧渡轮装载这些坦克出海，它们将通过起降斜板滑入海底，再设法回到海岸上。这些钢铁怪兽似乎并不太在乎海床的不平。试验非常成功。但随后，1940年10月中旬，海狮行动被永久性取消了，"U艇"坦克梦就此告终。四个潜水坦克分队中的三个被编入到一个常规坦克团——第18装甲团，另一个潜水坦克分队则被配属给第3装甲师的第6装甲团。

1941年春，陆军总司令部商讨"巴巴罗萨"行动时谈到了在布列斯特北面渡过布格河的问题，总参谋部的人想起了那些潜水坦克，随即进行了调查。第18装甲团接到了这一垂询后答道："哦，没错，那些老旧的潜水坦克还在我们手里。"随即，在布拉格附近修建潜水池的命令下达了，第18装甲团测试了这些老旧坦克的潜水能力。由于不需要它们在海底行动，仅仅是渡过一条河而已，于是50英尺长的橡胶通气管被换成了10英尺长的钢管。排气管上安装了单向阀。只用了很短的时间，这些潜水坦克便再次处于完好状态。1941年6月22日，它们经历了战火的严峻考验。

凌晨3点15分，第18装甲师防区内的50门各种口径的大炮开火了，以便为潜水坦克在河对岸开辟出一条通道。该师师长内林将军后来对此的描述是："蔚为壮观，但却毫无意义，因为俄国人很聪明，已经将部队撤离了边境，只留下少许边防部队进行了英勇的抵抗。"

4点45分，维尔辛中士驾驶着1号潜水坦克驶入布格河。步兵们惊异地看着他叫道："U艇表演！"河水淹没了坦克，只有为坦克组员及发动机提供新鲜空气的细长的钢管暴露在水面上，表明了维尔辛在水下的进展。水面上也出现了一些排气水泡，但很快便被水流冲刷掉。

一辆接着一辆，第18装甲团的整个第1营，在营长曼弗雷德·格拉夫·施特拉赫维茨①的带领下潜入了河中。

---

① 这里的曼弗雷德与著名的"装甲伯爵"海因茨·格拉夫·斯特拉赫维茨（Hyazinth Graf Strachwitz）并非同一人。

此刻，第一批潜水坦克已经像神秘的两栖动物那样爬上了对岸。伴随着轻微的"扑通"声，炮口上的橡胶盖被吹掉了，装弹手们放掉填塞在炮塔四周的自行车内胎里的空气。炮塔上的舱盖被推开，车长们探身而出，一条胳膊向空中连举三次，这个手势意味着"坦克前进"！

80辆坦克从河底渡过布格河，投入了战斗。

它们的出现在对岸的桥头堡处受到了"热烈的迎接"。敌人的装甲侦察车正在逼近。为首的德军坦克立即发出了开火的命令："炮塔，一点钟方向……穿甲弹……800码……敌装甲侦察车群……自由射击！"

这些钢铁怪兽开火了。几辆苏军的装甲侦察车起火燃烧，剩下的仓促后撤。"中央"集团军群的装甲先锋朝着明斯克和斯摩棱斯克的方向扑去。

布列斯特的南面亦是如此，科登的桥梁被成功夺取后，第24摩托化军在盖尔·冯·施韦彭堡男爵的率领下，正按照计划实着突袭。坦克冲过被完整夺取的桥梁，莫德尔中将第3装甲师的先头部队通过迅速搭建的应急桥梁渡过河去。车长们站在坦克炮塔里，查看着战场的状况：后撤中的苏联边防军的后卫部队、被攻克的苏军反坦克炮阵地、第一批被押送至后方的苏军俘虏……他们离当天的目标越来越近了——穆哈韦茨河（Mukhavets）上的科布林（Kobrin）。

布列斯特北面靠近德罗西琴处，第178工兵营逼近了第292步兵师作战区域内的布格河河段，以便尽快为第9军辖内各个师的重装备搭设一座浮桥，一切都按部就班地进行着。获得加强的第507和第509步兵团——第508团在右侧稍远处——在重炮的掩护下搭乘橡皮艇和冲锋舟冲过了布格河。不到半个小时，对岸苏军的守卫队便已被消灭，一个桥头堡被建立起来。第一轮炮击刚刚打响，工兵们便跳起身，将第一座浮桥推入水中。有那么一刻，苏军的机枪和步枪火力从对岸射来，但随即便沉默下来。9点，浮桥完成了，这是第4集团军战区内的第一座浮桥。重型装备隆隆地驶过摇晃着的浮桥。第78步兵师已排列成密集的队形，抓紧时间过河。

沿着500英里长的布格河，德军夺取河上桥梁所有的奇袭计划无一落空。同样，搭设应急桥梁抢渡的行动也都获得了成功，唯一的例外是在第62步兵师的防区内，该师隶属于第6集团军，而第6集团军则构成了"南方"集团军群的北翼。

6月22日，陆军元帅冯·伦德施泰德用第17和第6集团军在他的左翼发起了攻击，这两个集团军位于喀尔巴阡山的北侧。更南侧则是第11集团军和罗马尼亚集团军，这两个集团军仍处在待命状态，既是为了迷惑俄国人，也是为了保护罗马尼亚的油田。对黑海地区的进攻要到7月1日才启动。

"南方"集团军群的北翼，赖歇瑙第6集团军所在的布格河河段上，战役第一天的进展相当不错，尽管第62步兵团在搭建桥梁时遇到了一些困难。

冯·欧文少将的第56步兵师搭乘着第一波橡皮艇顺顺当当地渡过了布格河。德军炮火对早已侦察清楚的敌军阵地实施了准确的炮击，攻击部队几乎没有遭受什么伤亡。上午时，第192步兵团在海乌姆（Chelm）搭设起一座浮桥。炮兵迅速渡过河去。战役的第一天，第17军辖内的几个团已穿过苏军的边境防御工事，向前推进了9英里。

集团军群的南翼，构成苏德边境线的是桑河，冯·施蒂尔普纳格尔将军第17集团军辖内的几个师发现事情有点棘手。普热梅希尔（Przemyśl）北部的桑河河岸平坦得像块煎饼，没有树林，没有沟壑，没有可供步兵团隐蔽的任何掩护。这就是来自柏林的第257步兵师的几个突击营直到6月21到22的夜间才进入指定位置的原因。"不许发出任何声响"是团长所下达的命令，于是，武器被包在毛毯中，刺刀和防毒面具罐也用手头能找到的软质材料裹了起来。"幸亏还有青蛙的叫声。"阿利克少尉低声嘟囔着，它们的鸣叫声掩盖了几个连队朝河边移动时所发出的各种轻微声响。

3点15分，几个突击营准时从拉迪姆诺（Radymno）的两侧发起了攻击。铁路桥已被一次突然袭击所夺取。但在海关小木屋前，苏军展开了顽强的抵抗。阿利克少尉中弹身亡。他是师里第一个阵亡的人，也是长长的伤亡名单上的第一个。战友们把他放在那座海关小木屋旁。各种重型武器从他身边而过，隆隆地驶过了"他的"这座桥梁。

在南方，苏联的警报系统以惊人的速度和精度发挥了作用，只有最前沿的边防部队被打了个措手不及。德军第457步兵团不得不在河对岸一英里的地方，与维索科耶（Vysokoye）的苏军士官培训学校激战了近一整天。250名苏军士官学员打得顽强而又熟练，直到当天下午，他们的抵抗才被德军的炮火所击溃。第466步兵团的遭遇更为糟糕。该团辖下的几个营刚一过河，其侧翼就遭到苏军预备役第199师先头部队的攻击。斯图比安科（Stubienko）田地里高高的谷物在夏日的微风中海浪般地波动着。双方的士兵们都跳入到这片"海洋"里，潜伏其中，互不可见，相互追逐着。手榴弹、手枪和冲锋枪是彼此突然在黑麦地里相遇时所使用的武器。短兵相接，谁的手指将更快地扣动扳机？谁的工兵铲会先抢起来？散兵坑里冒出一支苏军士兵的冲锋枪，它的射击会击中目标吗？还是其会先被手榴弹解决掉？直到黄昏降临时，这场麦地里发生的血腥缠斗才告一段落。敌人后撤了。

硕大、鲜红的太阳缓缓地朝着地平线落去。绝望、痛苦或渐渐减弱的呼声仍从麦地里传出。"担架！担架！"医护兵们带着他们的担架匆匆进入田地，他们收集着这场血腥的丰收。当天的战斗对这个团来说，可真是场"大丰收"。

"北方"集团军群的作战区域内，进攻发起前只对不多的几片地带实施了炮火准备。凌晨三点过后不久，第一波次的步兵跟随着战斗工兵，沿着苏占立陶宛地区的边境线，从谷地里的战壕中静静地站起身来。在清晨薄雾的笼罩下，德军坦克像一群幽灵般地驶出了树林。

来自石勒苏益格—荷尔施泰因的第30步兵师，据守在梅梅尔（Memel）南侧的阵地中。第一天的行动，没有难题需要他们克服。先头部队的工兵排，在魏斯中尉的带领下，悄悄地靠近了边境线的铁丝网。几天来，他们对所有的细节情况都已观察清楚。俄国人在边境线的巡逻只是间歇性的，他们的防线在后方更远处——沿着某些高地。

"轻点，轻点……"

剪断铁丝网时发出了喀拉声，这造成了一些慌乱，"安静。"但仔细听听，对面并未出现什么动静。"继续进行，快点！"此刻，进攻的通道已被打开，第6连的士兵们猫着腰，迅速冲了过去。没有人开枪。两名苏军哨兵恐惧地盯着对准自己的枪口，举起了双手。

继续前进。

71高地和67高地上耸立着的瞭望塔映衬在黑色的天空中，俄国人在那里构设了坚固的阵地。德军士兵清楚这一点，所以在他们身后，第30炮兵团重炮群的炮手们等候在边境线的树林中。71高地的瞭望塔上，苏军的机枪响了。这是梅梅尔与杜比萨河（Dubysa）之间的第一声枪响。德军第47炮兵团第2营的重型榴弹炮立即予以还击，精心伪装的炮兵阵地位于第30步兵师各个团的后方，特拉佩嫩

（Trappenen）至瓦尔德海德（Waldheide）的公路上。炮弹的落点处，很长一段时间里不会再有杂草生长出来。

突击炮前进！魏斯的先头部队隐蔽在这些钢铁怪兽身后，朝着高地冲去。很快，他们便攻入苏军阵地，俄国人被打了个措手不及。大多数苏军士兵根本没有被配属到新工事中，尽管这些防御阵地只是部分完工。他们仍在露天宿营。他们是一支由蒙古人组成的建设营，被派来这里修建边境防御工事。但不管遭遇了什么，这些蒙古人还是以连或排为单位，利用这里的工事进行了顽强而又激烈的抵抗。

德军士兵开始意识到他们是些不太好惹的对手。这些敌人不仅勇敢，还诡计多端。他们是伪装和埋伏的高手，是第一流的步兵。伏击战一直是苏军步兵的强项。位于前方的守军被击溃并负伤后，会耐心等着第一个德国兵从他们身边冲过，然后他们便从身后重新投入战斗。苏军狙击手会端着配备了瞄准镜的半自动步枪待在他们的散兵坑中，等待猎物的出现。他们专门狙杀补给车辆的司机、军官以及骑乘摩托车的传令兵。

来自莱茵—威斯特法伦的第126步兵师，与那些来自石勒苏益格—荷尔施泰因的伙计们并肩战斗，他们也从顽强的苏军边防部队那里得到了惨痛的教训。第422步兵团的第2营伤亡惨重。苏军的一个机枪组隐藏在玉米地里，任由德军第一波次的攻击部队从身边经过。当天下午，洛马尔上尉带着他的营从后备阵地毫无戒备地前移时，玉米地里的俄国人突然开火了。阵亡者中包括第2营营长，他的副官也身负重伤。德军的一个连花了三个小时在玉米地里搜寻这四名苏军士兵。他们逼近离俄国人不到十英尺的地方时，对方仍在开火射击，他们不得不用手榴弹干掉了这个机枪组。

北翼，紧靠着波罗的海海岸梅梅尔境内的一个小拐角处，是赫尔佐格将军率领的第291步兵师。该师来自马祖里（Masurian），其战术标记是一只麋鹿的头——这是该师驻地的徽记。聪佩少尉在南方500英里外冲过布列斯特的铁路桥时，洛迈尔上校带领着第505步兵团的先头部队冲过了苏联边境的前沿碉堡线。在清晨薄雾的掩护下，大吃一惊的俄国人迅速后撤。但洛迈尔并未给他们任何喘息之机：他率部紧追不舍，当天黄昏时，他已到达拉脱维亚—立陶宛的边境。第二天早上，第505步兵团夺取了普里耶库莱（Priekule）。34个小时，洛迈尔和他的团已深入敌境44英里。

冯·曼施泰因将军第56装甲军的作战区域位于梅梅尔北部的森林区，那里没有可供大规模行动的空间。这就是第8装甲师和第290步兵师被指定为第一波次突击力量穿越边境的原因。敌碉堡构成的前线必须被突破，必须被快速突破。第56军①的行动计划是在第一天内突入敌纵深50英里，不停顿，也不管其他任何事，目标是通过突袭完整地夺取位于阿廖加拉（Ariogala），跨越杜比萨河谷的高架桥。如果这一行动失败，该军将停滞在一条又深又窄的河谷前，敌人将获得重组的时间。但最为重要的是，突袭陶格夫匹尔斯（Daugavpils）这一重要城市的一切构想都将不得不被放弃。

突破敌人的边境防线时，第290步兵师辖内的各个连遭受了严重的伤亡，特别是军官。第501步兵团第7连的魏因罗夫斯基少尉可能是这场战争爆发的第一分钟里，在东线北端被苏军边防部队打死的第一名德军士兵。子弹来自一个伪装得像一辆农用大车的碉堡。但苏军边防部队无力阻挡德军的进攻。501团第11连担任起突击任务，他们冲在第8装甲师先头部队的前方，冒着敌人的炮火清理掉路面上的树桩障碍物，穿过树林，冲过了一座小村庄。该连连长欣克曼中尉中弹身亡。西尔泽少尉向前冲去，他吼道："全连听我指挥！"他们到达了一条名叫"米图瓦"（Mituva）的小河。夺取了河上的桥梁后，按照指令建立起一座桥头堡。

不久，布兰登贝格尔将军的第8装甲师赶了上来，第56军军长曼施泰因将军搭乘着他的指挥坦克跟随着该师一同行动。"继续前进！"他催促着，"继续前进！别管你的侧翼，也别管是否有掩护，阿廖加拉的高架桥必须夺取，陶格夫匹尔斯也必须拿下。"

曼施泰因是个大胆而又精于计算的战略家，他很清楚，只有在进攻的最初几周内彻底打垮俄国人，这场被称为"巴巴罗萨"的战争赌博才有可能获胜。他知道他的前辈克劳塞维茨早已知道的事实：这个广袤的国家不可能被征服和占领。充其量有可能做到的是，通过突然袭击，对这个国家的军事和政治中心实施迅速而又猛烈的打击，推翻其政权，打垮这个国家的领导层，从而瘫痪其庞大的军事潜力。这是唯一有可能使战争获胜的办法，否则，这场战争在当年夏天就可能输掉。

---

① 第56军当时为摩托化军，下辖第8装甲师，第3和第290步兵师。1942年3月改编为装甲军。

但在1941年这场战事的最初八周里，除非能迅速攻占列宁格勒和莫斯科，并将苏军位于波罗的海和白俄罗斯的主力打垮并歼灭，否则这场战争就有可能输掉。因此，为了完成这一任务，各个摩托化军必须不顾一切地向前推进，将他们的打击重点对准敌人的神经中枢。在"北方"集团军群的作战区域内，这就意味着列宁格勒必须予以夺取。但要征服列宁格勒，首先要渡过道加瓦河①，对曼施泰因的第56军及其左侧的赖因哈特将军的第41摩托化军来说，这条河流是他们向前推进的一道障碍。为了渡过这条宽阔的河流从而避免发生危险的延误，位于陶格夫匹尔斯和杰卡布皮尔斯（Jekabpils）的桥梁必须完好地夺取。但这些桥梁位于边境线后方220英里处，情况就是如此。

当晚19点，第8装甲师师部收到其先头部队发来的信息："阿廖加拉的高架桥已被拿下。"曼施泰因点了点头，随即说道："继续前进！"

德军坦克向前涌去，士兵们搭乘着车辆，穿过热乎乎的尘埃继续向前推进。曼施泰因执行的这种装甲部队穿插突击的战术，任何一个战术家都不会认同。他的军队能出其不意地夺取陶格夫匹尔斯吗？他能在严密防守的敌方领土内长驱直入230英里，并通过一次突袭夺下道加瓦河上的桥梁吗？

波罗的海的这场坦克战绝不会是一场轻松的冒险，不是针对弱小对手的那种轻而易举的闪电战，这一点在战争爆发的四十八小时后清楚地显现出来。

俄国人也有坦克——大批坦克！在第4装甲集群左翼行动的第41摩托化军，率先发现了这个情况。

6月24日13点30分，赖因哈特将军赶到第1装甲师师部时带来了一个消息：赶往道加瓦河的途中，第6装甲师在拉塞尼艾（Raseiniai）东部遭遇到异常强大的敌坦克部队，并卷入到激烈的战斗中。一百多辆苏军超重型坦克从东面而来，迎战第41摩托化军，与兰德格拉夫将军的第6装甲师迎头相遇。当时没有人怀疑拉塞尼艾将成为军事史上的一个名字。这标志着德军北翼遭遇到的首次重大危机，对曼施泰因摩托化军的先头部队来说，前面的路还很漫长。

---

① "道加瓦河（Daugava）"是拉脱维亚语称谓，实际上就是西德维纳河。

因此，第1装甲师立即赶去增援第6装甲师。德军坦克沿着柔软的沙地或沼泽般的道路费力地前进着。当天所发生的都是些小规模冲突，第二天早上，警报传来。苏军以重型坦克为主导，发起一场坦克攻击，打垮了德军第113摩步团的第2营。无论是德军步兵的反坦克炮，还是坦克歼击车，或者是德军坦克的主炮，都无法洞穿苏军超重型坦克的装甲板。德军炮兵不得不把他们的炮管调低至水平状态，最终以直瞄火力遏制了敌人的进攻。德军坦克仅仅是凭借着更快的速度和更加娴熟的技术才得以与他们的对手交锋。德军的各个装甲连用尽浑身解数，特别是出色的开火纪律和高效的无线电通讯，这才成功地将敌人驱退了两英里。

这些外观丑陋、型号尚不为人所知的苏军坦克是"克里姆·伏罗希洛夫"系列的KV-1和KV-2型坦克，分别为43吨和52吨。

来自图林根的第1装甲师的一份记录中描述了这场坦克大战：

> 我们第一次在这里遇上了KV-1和KV-2，真是非同寻常！我们的各个装甲连在大约800码距离上开炮，但却依然无效。我们继续靠近敌人，可它们对我们的逼近毫不在乎。很快，我们靠近到离对方50至100码内。一场令人惊异的交火发生了，但没看见德军坦克获得任何战果。俄国人的坦克继续向前推进，所有的穿甲弹只是被它们弹开而已。因此，我们此刻面临着令人惊恐的状况：苏军坦克穿过第1装甲团的队列，径直扑向我们的步兵和腹地。我们的装甲团只得转过身来，隆隆地跟上这些KV-1和KV-2，以便跟它们保持一致。在这一过程中，我们用专用炮弹在非常近的距离上——30至60码——成功地击毁了几辆敌人的坦克。随即发起了一场反击，俄国人被赶了回去。随后，我们在沃希利斯基斯（Vosiliskis）建立起一道防线。防御战正在继续。

一连数天，德军第41摩托化军与苏军坦克第3军在杜比萨展开了一场决定性的激战，俄国人投入了400辆坦克，其中的大多数都是超重型坦克。费多尔·库兹涅佐夫上将[1]投入了他最精锐的坦克部队，其中包括坦克第1和第2师。

---

① 库兹涅佐夫当时为苏军西北方面军司令员，由于战绩不佳，很快被撤职。

苏军的这些重型坦克浑身上下包裹着80毫米厚的装甲板，某些得到加强的部位甚至厚达120毫米。这些坦克配备了76.2毫米或155毫米口径的主炮，外加四挺机枪。它们在开阔地上的行进速度约为每小时25英里。这种坦克最让人头痛的是它们的装甲板：一辆KV-2被七十多发炮弹击中，但没有一发炮弹能射穿它的装甲。由于反坦克炮对这些钢铁巨兽无能为力，德军不得不先设法打断它们的履带，使其动弹不得，然后再用大炮或高射炮解决它们，或者就是在近距离内用黏性炸弹类型的高爆炸药将其炸毁。

这场战役的决定性时刻发生在6月26日清晨。苏军发起了进攻。德军炮兵已占据各装甲团之间的高地，用大炮朝着苏军坦克实施平射。德军装甲团随即发起反击，8点38分，第1装甲团与第6装甲师的先头部队会合。苏军的坦克第3军被粉碎了。

德军的这两个装甲师，再加上第36摩托化步兵师和第269步兵师，歼灭了苏军部署在波罗的海诸国的坦克部队主力。苏军损失的坦克多达200辆，29辆由列宁格勒科尔皮诺工厂制造的KV-1及KV-2重型坦克被击毁在战场上。通往道加瓦河上杰卡布皮尔斯的道路已对第41摩托化军敞开。

洛迈尔上校在哪里？第18集团军和第291步兵师的指挥部里，这个问题成了每日必提的惯例。

6月24日的夜间，洛迈尔上校和他的第505步兵团距离利耶帕亚（Liepaja）7英里。6月25日，他试图以一次突然袭击夺取该镇。隶属于洛迈尔上校，由步兵和水手组成的一支海军突击队，在冯·迪斯特中校的带领下，穿过一片狭窄的地面朝敌人的防御工事冲去。但他们未能获得成功。申克中校带领海军第530炮兵支队的伙计所发起的一次果断的突击行动也没能取得任何成果。洛迈尔上校还没来得及将部队重组，师里的另外两个团也还没赶上来增援，利耶帕亚的守军便发起了一场反击。苏军部队在坦克的支援下展开了进攻，有些部队甚至冲到了德军的炮兵阵地前。6月27日，俄国人发起了一场大规模出击，他们在德军防线上撕开一个缺口，以几个战斗群的兵力突破至海岸公路，并在德军防线上占据了一个重要的位置。封闭突破口的行动进行得非常艰难。最终，大约在中午时刻，德军第505步兵团的几个营和一些步兵突击支队成功地突破了苏军的南部防御。第二天，德军的各个突击部队杀入镇内。

激烈的巷战持续了48小时。德军将重型步兵炮、野榴炮以及迫击炮调上来后，苏军设在布置了路障的建筑物内，经过巧妙伪装的机枪阵地才被摧毁。

利耶帕亚的防御工作组织得相当出色。苏军士兵训练有素，打起仗来带着狂热般的勇敢。他们认为牺牲自己是完全正常的，这样可以为上级争取时间，也可以为部队的重组或突围创造条件。无情地牺牲掉小股部队以挽救大部队，苏军军事思想的这一基本组成部分在利耶帕亚首次被显示出来。这种方式给实施进攻的德军造成了严重的伤亡：例如在利耶帕亚，两支海军部队的指挥官都被打死。

最终，在6月29日，利耶帕亚这一海军要塞被征服了。第18集团军的步兵获得了他们的第一次重大胜利。但这一胜利也带有惨痛的教训：利耶帕亚首次证明了只要有冷静、果断的领导带领，只要烦琐的指挥系统有足够的时间组织起防御，红军战士就有能力坚守他们的阵地。

与利耶帕亚这种自我牺牲式的防御形成鲜明对照的是，陶格夫匹尔斯的抵抗显得心不在焉、混乱、恐慌。

6月26日的晨光中，来自卢萨蒂亚的第8装甲师的先头部队沿着从考纳斯（Kaunas）直通列宁格勒的公路高速前进。发动机咆哮着，履带叮当作响。坦克车长站在敞开的炮塔中，望远镜贴在他们的眼睛上。过去的四天里，他们就这样隆隆地驶过了山丘，跨过了沼泽，击溃了他们所遇到的一切抵抗，一路向前，通过了树林、沙地、沼泽以及苏军的防线。他们穿过库兹涅佐夫的两个集团军，一口气向前推进了190英里。

他们距离陶格夫匹尔斯只有5英里了。然后，只有4英里了。这简直不可思议。

为首的那辆坦克上，车长的手伸向空中，然后向右落下，这个手势的意思是"靠到我右侧停下"。就在这支装甲先头部队停下时，一支奇怪的车队从他们身边超了过去，4辆被缴获的苏军卡车，司机都穿着苏军制服。站在炮塔上的车长们会意地笑了起来。他们知道这支神秘的车队是"勃兰登堡"团的人，这是德国军事情报局首脑卡纳里斯海军上将的一支特种部队。

卡车的防水帆布下坐着克纳克中尉和他的部下。他们的任务简单得近乎不可思议：冲入镇内，夺取道加瓦河上的桥梁，防止俄国人将其炸毁，并守住该桥，直到第8装甲师赶到为止。

克纳克他们的车辆从德军装甲先头部队身旁驶过。他们驶上一座小丘，下方就是河曲部和陶格夫匹尔斯镇。那里有两座桥梁。镇内的交通一如既往，车辆正从一座公路桥上过河。另一座大型铁路桥上，一列喷吐着蒸汽的火车正隆隆驶过。几辆卡车颠簸着朝镇内驶去。经过苏军的岗哨时，身穿苏军制服的司机还跟哨兵开起了玩笑。"德国人在哪里？"苏军士兵问道。"哦，离我们还远呢。"他们随即驶入镇郊。此刻是清晨7点前不久，他们汇入镇内的车流，超过镇内的电车，克纳克的车队向前驶去。那座公路桥就在他们前方。加大油门！前进！

第一辆卡车开了过去。可当第二辆卡车驶近时，桥上的一名苏军哨兵试图拦住它，但在机枪火力的打击下，他的这一尝试未能成功。突击队的排长叫道："小伙子们，下车，夺取桥梁！"

枪声惊动了桥梁另一端的苏军士兵，他们立即用机枪朝正在驶近的第一辆卡车开火。但克纳克已设法让他的部下们下了车。苏军哨兵不得不寻找着隐蔽。第2排朝着铁路桥冲去，制服哨兵后切断了导火索。但还是有部分炸药发生了爆炸，破坏了一小段桥梁。

镇外的高地上，布兰登贝格尔将军装甲先头部队的成员们密切关注着克纳克他们的行动。为首一辆坦克的车长看见了镇内枪口所发出的闪烁，他"砰"的一声关上了舱盖。"我们出发！"他对着麦克风喊道，这句话不太像军事用语。"我们出发！"他的驾驶员回应着，"坦克的舱盖关闭！炮塔转向12点方向！高爆弹！"他们冲入了镇内。

上午8点，曼施泰因将军接到了报告，"对陶格夫匹尔斯及其桥梁的突袭获得成功。公路桥完好无损。铁路桥由于爆炸而轻微受损，但尚能通行。"

沃尔弗拉姆·克纳克中尉和五名部下阵亡[①]，另外二十名部下全都负了伤。负责指挥守桥部队的苏军军官被俘。审讯时他交代说："我没有接到炸桥的命令，没有命令我可承担不起这一（炸桥的）责任。可我又找不到人问问（是否该炸桥）。"

---

① 克纳克中尉于1942年11月3日被追授了骑士铁十字勋章。

在这里，我们发现了苏军下级指挥官的一个致命性弱点，这个弱点我们以后还会多次遇到。但在战争中，没人关心其原因。最重要的是：曼施泰因成功了！一支装甲部队在没有友邻部队齐头并进的情况下获得了成功。诚然，陶格夫匹尔斯镇内发生了一些战斗，但陶格夫匹尔斯不是利耶帕亚。苏军指挥官下令实施了一些爆破，并纵火焚烧镇内所有的店铺，随后将部队撤出。俄国人的大炮对镇内进行了炮击。他们的轰炸机中队也出现在空中，固执地想在这大势已去的阶段用炸弹炸毁两座桥梁。德军的高射炮和第1航空队的飞行员们获得了大显身手的机会，他们牢牢地确保了陶格夫匹尔斯桥梁上的胜利。

可如果不加以利用，这一胜利又有什么用呢？宽阔的道加瓦河已被渡过，维尔纳①与列宁格勒之间重要的铁路枢纽也已落入德国人之手。第8装甲师和第3摩托化步兵师已在河对岸。接下来该怎么做？

是啊，接下来该做些什么呢？曼施泰因会继续前进吗？他会利用敌人无望的混乱，并认为敌人已无法组织起优势兵力或指挥有方的部队来对付德军坦克幽灵般的推进吗？或者，他是不是应该采用教科书上的办法，确保安全第一，停下来等步兵部队赶上来？这是个问题，这个问题将决定列宁格勒的命运。

人们也许认为，希特勒会选择一个大胆的方案。其实，仔细推敲的话，并没有什么选择可言，下一步行动必须遵循战争整体计划的逻辑。东方的这场战争建立在胆略和赌博上。希特勒打算通过快速突击粉碎一个庞大的帝国，以他所了解的情况，这个帝国单是在其西部领土上就有两百多个做好了战斗准备的师。这些师身后呢？乌拉尔以东是一片未知的领域，对其只有一些含糊的报告——大型的工业厂房、庞大的军火工业以及用之不竭的人力资源。因此，要想让这场军事豪赌获得胜利，只能像闪电击倒橡树那样。这道闪电必须迅速、强大，对苏维埃帝国的政治和军事心脏实施突如其来的一次打击，敌人将无法聚拢或部署其力量。这场战争的头几天已经提供了一个经验和警告：只要采用突袭瘫痪敌人的指挥系统，胜利就将是必然的；反之，只要敌人获得实施抵抗的时间，他们的士兵就会顽强地战斗到底。

---

① 就是维尔纽斯，维尔纳（Vilna）是较为老式的称谓。

因此，这一认识和"巴巴罗萨"行动的整体逻辑要求，大胆推进必须继续进行下去。曼施泰因清楚地意识了一点：决不能给敌人机会，从而使他们调集起预备队来对付德军已被发现并停步不前的先头部队。如果他允许敌人这样做的话，那么（也只有这样）深深插入敌境内的德军小股装甲部队暴露出的侧翼将招致致命的危险。只要德军的推进继续下去，库兹涅佐夫将不得不把他手上所拥有的一切投入到战斗中。

很久以前，古德里安将军曾制订下装甲战基本戒条："集中，不要分散！"曼施泰因如今添加了第二条："一支深入敌后的装甲部队，其安全靠的是持续不断的机动。"

当然，对曼施泰因这个军来说，在道加瓦河北岸的行动有风险，因为赖因哈特的第41摩托化军以及布施大将第16集团军的整个左翼仍在后方60英里处——但不冒险的话，根本不会发动这场战争，更别说获胜了。已有迹象表明，敌人对德军的装甲楔子并不太敏感——换句话说，他们没有收缩防线，而仅仅是集中起他们所能拼凑起来的部队来对付曼施泰因的渡河。但这并不是因为苏军最高统帅部打算允许德国人快速机动的装甲楔子插入其防线，而是因为他们完全不了解德军部队的准确位置。无论是库兹涅佐夫还是克里姆林宫的最高统帅部，他们都不掌握整体局势的清晰画面。德国人应该对这一状况加以利用。

可是，德军最高统帅部并未能吃透其自身战略的逻辑性。希特勒突然变得神经过敏起来——他为自己的胆量感到害怕。很明显，这个在很大程度上依靠大胆和鲁莽制订计划，并在实施中相当幸运的人，第一次将焦虑的手指指向了态势图上暴露出的侧翼。他对他那些将领的军事才能缺乏信心。对希特勒这一观点的反对意见未能占得上风。因此，曼施泰因接到了命令："停止前进。守住陶格夫匹尔斯的桥头堡。等待第16集团军左翼的到达。"

补给问题以及敌人的攻击成了这一停顿不可避免的理由，当然，要是让一个谨慎小心的总参人员来对形势做出评估，那么这道"停止"令完全正确，但如果以此为衡量标准，那么毫无疑问，曼施泰因压根儿就不该跨过道加瓦河，两个星期后，古德里安也不该跨越第聂伯河。其实，这一命令源自希特勒的焦虑，更多的是因为他无法确定自己首先应该夺取的是列宁格勒还是莫斯科。正是这种犹豫不决使得曼施泰因停下了脚步。这一停顿挽救了列宁格勒。犹如远处传来的隆隆雷声，战地指挥官们开始意识到，对于列宁格勒还是莫斯科，元首与最高统帅部之间发生了一场危机，这场危机导致了来年春季更大的错误，这些错误一个接着一个，成了钉在东线德军部队棺材上的钉子。

整整六天，曼施泰因的摩托化军停步不前。其中的三天，对集团军群而言，面前还有很长的一段路。注定要发生的事情发生了。从普斯科夫（Pskov）地区，从莫斯科，从明斯克，库兹涅佐夫搜刮了他能弄到手的一切预备队。他投入了手上的一切力量来对付曼施泰因的前伸阵地。终于，7月2日，继续向前推进的绿灯

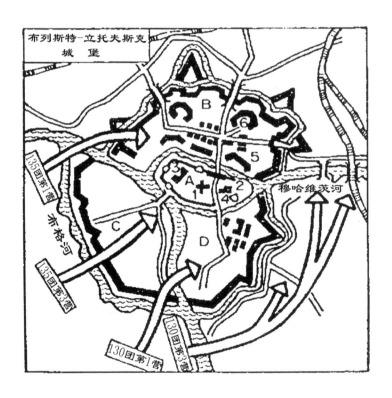

▲ 布列斯特—立托夫斯克城堡。该城堡遭到德军第130和第135步兵团的攻击。A: 中心岛; B: 北岛; C: 西岛; D: 南岛; 1: 古老的城堡教堂; 2: 军官食堂; 3: 兵营; 4: 兵营; 5: 福明据点; 6: 东部堡垒。

亮起，列宁格勒成为遥远的目标时，宝贵的时间已被浪费。这段时间被苏军最高统帅部用来稳定其惊慌失措的部队，并在"斯大林防线"上做好了防御准备，这条陈旧而又经常加以修缮的防线沿俄罗斯—爱沙尼亚的边境线延伸，位于佩普西湖①和谢别日（Sebezh）之间。第二轮攻击开始了。

这场战争的最初几天里，南部的行动进行得如何呢？

陆军元帅冯·伦德施泰德以及第1装甲集群的指挥官冯·克莱斯特大将，抽中了整个战役中最困难的一片区域。俄国人的南部防线保护着乌克兰产粮区，不仅组织起极为强大的力量，还做好了充分的防范。指挥苏军西南方面军的是基尔波诺斯上将，他把他的四个集团军分成两组，进行了纵深配置。精心伪装的碉堡线、重型野炮阵地以及巧妙布设的障碍物使德军跨越边境的行动付出了高昂的代价。

步兵上将冯·施蒂尔普纳格尔第17集团军麾下的各师，不得不设法在利沃夫（Lvov）和普热梅希尔的前方一点点突破碉堡构成的防线。赖歇瑙的第6集团军面对苏军顽强的抵抗渡过了斯特里河（Styr）。就在冯·克莱斯特的装甲集群在利沃夫东面成功达成突破，涂有白色"K"字母的各式车辆发起闪电攻势之际，基尔波诺斯将军立即设法阻止德军大规模行动的发展趋势和对苏军部队的合围。坦克部队迅速被调了上来，他随即发起强有力的反击，并与推进中的德军先头部队展开激战。

他将他那些重型KV-1和KV-2坦克投入了战斗，同时还包括超重型的"伏罗希洛夫"坦克②，这种坦克装有五个可旋转的炮塔。对付这些庞然大物，德军三号坦克上的37和50毫米主炮明显力不从心，只得被迫后撤。德国人不得不将高射炮和大炮前移，以此来打击敌人的坦克力量。但最危险的还是苏军的T-34，这种坦克具有高速和高机动性的特点。19英尺长，10英尺宽，8英尺高，配备着宽履带，硕大的炮塔的两侧向外倾斜，这种坦克重26吨，装有一门76.2毫米主炮。在斯特里河附近，第16装甲师辖内的步兵旅③首次遭遇了这种坦克。

---

① 佩普西湖（Peipus）也被称为"楚德湖"。

② 这里指的是T-35坦克。

③ 这里指的是第16摩托化步兵旅，第16装甲师除辖有一个装甲团外，还辖有一个摩步旅，该旅下辖两个摩步团。

第16装甲师的反坦克单位赶紧带着他们的37毫米反坦克炮赶了上来。进入阵地！射程100码！俄国人的坦克正在继续逼近。开炮！首发命中，第二炮也命中了，接着，更多的炮弹击中了那辆T-34。德军士兵数了一下：37毫米的反坦克炮弹击中了对方21、22、23次。但炮弹全被弹飞了。炮手们愤怒地喊叫起来，他们的指挥官脸色苍白。此刻的距离已不到20码。"对准炮塔座圈开炮！"德军少尉命令道。

炮弹再次命中。这辆T-34转身离开了，它的炮塔座圈被打坏，炮塔已无法转动——除此之外，这辆坦克毫发无损。德军反坦克炮手们长长地出了口气。"你能相信吗？"他们这样说道。从那时起，T-34便成了最令他们害怕的怪物。他们的37毫米反坦克炮，过去的表现一向非常出色，但从这之后却被轻蔑地称为"陆军的敲门器"。

第16装甲师师长胡贝少将，将战役最初几天的进展描述为"缓慢而稳定"。但"缓慢而稳定"却不是"巴巴罗萨"行动所预期的。基尔波诺斯将军位于加里西亚和西乌克兰的部队应该同样被德军以围歼战的方式迅速击败。

罗马尼亚与俄国的边境处，驻守着冯·朔贝特大将的第11集团军，6月22日，这里并未发生什么特别的事情。没有大规模炮击，也没有发起进攻。除了跨过普鲁特河（Prut，这条河构成了边界线）的小规模巡逻活动，以及苏军的几次空袭外，事态相当平静。希特勒在计划时间表里，故意对这一地区构设了一个延迟；这里的苏军部队将在7月初被赶入一个正在北部形成的包围圈。

因此，在决定命运的那一天，凌晨3点15分，普鲁特河笼罩在一层常见的薄雾下，正缓缓地向南流淌着。德军第198步兵师师长勒蒂希少将[1]趴在靠近斯库莱尼村（Sculeni）的河边，带着他的情报参谋和传令官查看着对岸的情况。俄国人的边境哨所一片寂静，突然，一声剧烈的爆炸打破了沉寂。第198步兵师的一支巡逻队划船渡过普鲁特河，炸毁了一座苏军的瞭望塔。这是东线南翼当天唯一的一起噪音事件。

直到6月22日夜间，第198步兵师才执行了一次武力侦察，渡过普鲁特河，以占

---

① 1941年6月1日，勒蒂希已晋升为中将。

领斯库莱尼村，从而控制住这一段的河流和边境线。第305步兵团占领了村子，并构成一个桥头堡。接下来的几天里，该桥头堡的据守遭受到敌军施加的强大压力。

日子一天天过去。集团军群北翼，第6和第17集团军战区内的延误意味着朔贝特的各个师不得不等待着。终于，7月1日，绿灯亮了。第198步兵师从其占据的桥头堡发动了进攻。24小时后，第30军辖内的其他师纷纷效仿：维特克少将率领的第170步兵师，另外还有罗马尼亚人的第13和第14师。集团军辖内的另外两个军，第54军和第11军，分别在第30军的左右两侧渡过了普鲁特河。

尽管很难期望在"巴巴罗萨"行动已打响八天后，这一区域的敌人仍会被打个措手不及，但第170步兵师还是在楚措拉村（Tutora）附近成功地夺取了渡过普鲁特河的木桥。通过一次大胆而又巧妙的行动，约尔丹少尉带他的排迅速穿过苏联边境线上的反坦克防线。通过沼泽地的800码长的堤道上，苏军士兵被肃清，俄国人的阵地也被白刃战所夺取。当天上午，40名苏军士兵的尸体倒在桥头和沼泽地的机枪旁，但约尔丹的排也付出了沉重的代价：24人阵亡或负伤。

第11集团军的进攻势头加剧了，他们的攻击方向是东北方，直扑德涅斯特河（Dniester）。但战斗态势并未像德军计划的那样发展；朔贝特无法将后撤中的苏军赶入一个陷阱，只能满足于将一股顽强抵御的敌军慢慢地逼退。

经过十天的激战，伦德施泰德的装甲部队只深入敌方领土内60英里。他们遭遇到敌人的优势兵力，被迫与来自四面八方的反击交火，还得小心保护自己的左侧和右侧、前方和后方。强大的敌军实施了顽强而又灵活的抵抗。基尔波诺斯上将成功地避开了德军在德涅斯特河北部实施合围的如意算盘，把他的部队从依然完好的前线撤了下来，带至莫吉廖夫（Mogilev）两侧经过加强的"斯大林"防线。因此，伦德施泰德元帅未能实现计划中的大规模突破。"南方"集团军群的计划时间表已被打乱，这会造成延误吗？

但是，中央战线上的行动却是一帆风顺。经过一场快速突破后，霍特和古德里安装甲集群麾下的装甲和摩托化师，按照计划在集团军群的两翼迅速推进，穿过苏军西方面军麾下各个惊慌失措的集团军，进入到实施大规模钳形攻势的位置。中央战线上，整场战役的决定性行动从一开始便已被确定：为这一行动准备了大约1600辆坦克，最终将获得成功，这个行动就是夺取莫斯科，霍普纳大将的第4装甲集群将予以配合，该集群目前仍在"北方"集团军群辖内作战。这个计划似乎正按部就班地进行着。德军的各个装甲师再次做出了闪电战的示范，就像昔日他们在波兰和西欧所做的那样。至少，从德军装甲先头部队所处的位置来看就是这样。但这里的德军步兵，与北部区域一样，多少有些不同的经历。布列斯特—立托夫斯克要塞就是个典型的例子。

6月22日时，德军第45步兵师并未想到他们会在边境处这个古老的要塞遭受到如此严重的伤亡。普拉夏上尉非常谨慎地准备了对布列斯特要塞心脏地区的进攻计划。第135步兵团的第3营，将夺取西岛和兵营区所在的中心地带。他们在沙盘上进行了仔细的研究。德国人根据航拍照片以及波兰战役期间的旧计划制作了一个模型，当初，布列斯特落入德军之手，后来才移交给俄国人。古德里安的参谋人员从一开始便认为该要塞只能由步兵来夺取，因为它已证明自己能对付坦克的攻击。

这座圆形的要塞，占地近两平方英里，护城河和河道支流环绕在其四周，要塞内部又被运河及人工水道细分为四个小型的岛屿。防弹掩体、狙击阵地、装备了反坦克炮和高射炮的装甲炮塔，这些设施建立在灌木丛后和树木下，都得到了良好的伪装。6月22日，布列斯特要塞内有苏军的五个团，其中包括两个炮兵团、一个侦察营、一个独立防空支队，另外还有补给和医疗营。

战争初期在别列津纳（Berezina）被俘的卡拉比切夫将军在审讯中表示，作为一名防御工事修建专家，他在1941年5月时得到指示，视察西部防线的情况。6月8日，他开始了自己的行程。

6月3日，苏军第4集团军曾进行过一次警报演习。关于这次演习的报告后来被德军缴获，报告中指出，榴弹炮（重型）第204团"各个连直到警报发出六个小时后才做好开火的准备"。对步兵第33团，报告中说："执勤军官根本不了解警报的相关条例，战地厨房无法正常运作。全团在没有掩护的状况下前进……"而对高射炮第246支队，报告指出："警报发出时，执勤军官无法做出决定。"任何一个看过这份报告的人，都不会再对布列斯特缺乏有组织的抵抗而感到惊异。但要塞内的抵抗还是让德国人大为吃惊。

凌晨3点15分炮击开始时，德军第135步兵团的第3营就位于西岛正对面，距离布格河30码。地面震颤着，空中充斥着火焰和硝烟。炮兵部队削弱要塞防御的一切细节都已被安排妥当：每隔四分钟，死亡的弹雨便向前递进100码。这是一个经过精心规划的炼狱。

经过这样的炮击，布列斯特要塞连一块石头也不会剩下。至少，那些趴在河边的德军士兵是这么认为的。这正是他们所希望的。因为，如果死神没能在要塞内有所收获的话，它肯定会降临在自己的头上。

第一个四分钟过去后——就像是一阵漫长的雷鸣——时间到了3点19分，第一波次的步兵跳起身，将橡皮艇拖入河中，跃身其内。在硝烟和雾色的笼罩下，他们像幽灵般地朝对岸划去。3点23分，第二波次的步兵跟了上去。他们到达了对岸，这一切就像是场演习。他们迅速爬上倾斜的河岸，随即趴在高高的草丛内，地狱就在他们的上方和前方。3点27分，第1排排长维尔特斯齐少尉站直了身子，右手的手枪上挂着一根枪绳，这样，如果必要的话，他就可以腾出两只手，从皮带上或是从挂在肩头的两个亚麻袋里掏出手榴弹。此刻，已经不需要下达命令了。士兵们弯着腰穿过花园，随即又经过了果树林和老旧的马厩。他们穿过沿着城墙修建的道路，此刻，他们即将通过被炸碎的大门进入要塞。但在这里，他们第一次大吃一惊。德军的炮击，甚至包括600毫米口径的巨型迫击炮弹，对要塞大型的砖石结构损坏甚微。它只是唤醒了要塞内的守军，并对他们发出了警报。这些苏军士兵衣衫不整地冲入了各自的阵地。

快到中午时，第135和第130步兵团辖内的几个营已经在一两个地方强行杀入到要塞中。但在北岛的东部堡垒以及中心岛屿上的军官食堂和兵营区，德军未能获得一寸土地的进展。苏军狙击手和装甲炮塔内的机枪挡住了他们。由于进攻者和防守者呈胶着状态，德军炮兵无法提供支援。当天下午，担任军预备队的第133步兵团被投入战斗，但却徒劳无效。随即又调来了一个突击炮连，用75毫米口径的火炮直接轰击苏军的掩体，还是无效。

到当晚为止，德军阵亡了21名军官以及290名军士和士兵，其中包括营长普拉夏上尉、第99炮兵团第1营营长克劳斯上尉以及他们的作战参谋。显然，这样打下去是不行的。德军将其作战部队从要塞内撤出，再次用大炮和轰炸机实施了猛烈的轰击。他们小心地避开了要塞内古老的教堂：七十余名第3营的士兵被困在教堂附近，进退不得。幸运的是，他们带有一部电台，能及时向师里汇报自己的位置。

布列斯特要塞的第三天到来了。

阳光穿透硝烟，洒落在一个古老、被炸毁的苏军高射炮阵地上。二等兵托伊希勒的机枪组位于一片废墟中，他们属于维尔特斯齐少尉的第1排。机枪射手的喉咙里发出一阵痛苦的呻吟，他的肺部被子弹射穿，已经奄奄一息。机枪组组长直挺挺地坐着，背靠着机枪的三脚架，阵亡了已有几个小时。二等兵托伊希勒被子弹击中了胸部，倒在子弹箱上。阳光洒在脸上，托伊希勒再次苏醒过来。他小心翼翼地翻滚到一侧，他能听见周遭痛苦的呻吟。每当有受伤的德军士兵坐起身或试图爬到隐蔽物后，他都能看见300码外的一个炮塔内发出枪口的闪烁。狙击手！就是他们干掉了托伊希勒的机枪组。

中午，第133步兵团第1营辖内一支强有力的突击分队从西岛杀到了教堂处。被困的德军获救了，二等兵托伊希勒也被找到，但救援部队并未能逼近要塞的军官食堂。

北岛的东部堡垒同样被苏军牢牢守住。6月29日，凯塞林元帅派出了一个"斯图卡"联队[①]来对付它。但1000磅的炸弹也没有取得效果。当天下午，德国空军投下了4000磅炸弹，要塞内的砖石结构被炸得粉碎。妇女和儿童走出了堡垒，身后跟着400名苏军士兵。但军官食堂仍被苏军顽强地坚守着，这座建筑不得不被一片片地炸毁。没有一个人投降。

6月30日，第45步兵师的作战报告中记录了战斗的结局，要塞终于被攻占。该师抓获了7000名苏军战俘，其中包括100名军官。德军的阵亡人数为482人，包括40名军官，负伤人数超过1000人，其中有许多人最终伤重不治。这一损失的大小可以通过德军部队在东线战场的阵亡总数来加以判断，截至6月30日，德军总计阵亡了8886人。因此，德军在布列斯特要塞的阵亡人数达到了5%以上。

换做任何一个国家，像布列斯特要塞这样的英勇防御都会得到铺天盖地的宣传。但守卫布列斯特的苏军战士，他们的勇气和英雄主义依然不为人知。截至斯大林死时，苏联政府对该要塞的英勇防御从未加以过理会。布列斯特要塞最终失陷，

---

① 原注：一个联队由三个大队组成，通常有93架飞机。

许多苏军士兵举手投降，在斯大林主义者看来，这是一种耻辱。因此，不存在什么"布列斯特的英雄"。苏联人的军事史中干脆删除了这一章，要塞指挥官们的名字也被彻底抹去。

但在1956年，斯大林去世的三年后，出现了一个令人关注的尝试——为布列斯特的守卫者恢复名誉。苏联作家谢尔盖·斯米尔诺夫出版了一本名为《寻找布列斯特—立托夫斯克的英雄》的著作。读者们发现，这位作者花了很大的工夫查找那些在布列斯特地狱中生还下来的英雄：他们都不为人知地活着，因为那场战斗的15年后，整个战争结束的10年后，他们仍被视为不可信任和不光彩的人。斯米尔诺夫写道：

> 在苏联，布列斯特要塞之战的生还者约有400人。德国人俘虏他们时，大多数人身负重伤。必须承认，我们并没有总是像我们应该做的那样对待他们。这不是什么秘密，人民公敌贝利亚及其走卒鼓励人们以一种不正确的态度对待那些曾当过战俘的人，完全不理会这些人成为战俘的原因以及他们是如何在囚禁生涯中熬过来的。这就是迄今为止我们尚未被告知布列斯特—立托夫斯克真相的原因。

真相是什么？

斯米尔诺夫在要塞的墙壁上发现了这一真相。石灰墙上用钉子刻着字，他读到："我们三个都是莫斯科人——伊凡诺夫、斯捷潘奇科夫和容加耶夫。我们正守卫着这座教堂，我们宣誓决不投降。1941年7月。"再往下，我们又看到："现在只剩我一个了，斯捷潘奇科夫和容加耶夫都已牺牲。德国人就在教堂里。我只剩下一颗手榴弹。他们别想活捉我。"

在另一个地方我们看到："事态很严峻，但我们没有丧失勇气。我们视死如归。1941年7月。"

西岛兵营的地下室里有一段题字："就要牺牲了，但我决不投降。永别了，祖国！"下面没有签名，而是一个日期：1941年7月20日。由此可以看出，要塞的地下掩体内，一些单独的群体一直抵抗到7月底。

1956年，全世界终于获知了守卫要塞的指挥官的名字。斯米尔诺夫写道：

从被发现的"一号作战令"中，我们知道了领导中央要塞防御战斗的指挥员的名字：团政委福明，大尉祖巴乔夫，上尉谢缅年科和中尉维诺格拉多夫。步兵第44团的团长是彼得·米哈伊洛维奇·加夫里洛夫少校。团政委福明、大尉祖巴乔夫、中尉维诺格拉多夫属于一个战斗群，该战斗群在6月25日突出了要塞，但却在华沙公路上遭到拦截，战斗群被歼灭，3名军官被俘。维诺格拉多夫活到了战争结束，斯米尔诺夫在沃洛格达（Vologda）找到了他，他在那里干着铁匠，1956年前一直默默无闻。据维诺格拉多夫说："福明政委在突围前换上了一件阵亡的普通士兵的军装，但在战俘营里被另一名士兵认出，遭到揭发后被德国人枪毙。祖巴乔夫死在战俘营里。而加夫里洛夫少校尽管身负重伤，但还是在战俘营里生还下来，敌人试图俘虏他时，他投出了一枚手榴弹，炸死了一个德国鬼子。"①

经过了漫长的等待，布列斯特要塞的这些英雄才被记录进苏联历史中。他们在那里赢得了自己的一席之地。他们的战斗方式，他们的毅力，他们的忠于职守，面对无望的困境时他们的勇气，这一切都是苏军士兵进行抵抗时士气和力量的典型特征。德军部队还将遭遇到更多这样的例子。

布列斯特要塞守卫者的顽强与忠诚给德国军队留下了深刻的印象。军事史上曾有过这种藐视死亡的先例，但很少。古德里安大将接到作战报告后，对陆军司令部派驻装甲集群的联络官冯·贝洛少校说："这些人应该获得无上的钦佩。"

---

① 这一段记述与斯米尔诺夫的所写的原文在细节上有些出入。国内的黑龙江出版社曾出版过斯米尔诺夫的这本著作，书名是《布列斯特要塞》。

元首兼武装部队最高统帅
元首大本营 1940年12月18日
国防军最高统帅部/国防军指挥参谋部/国防处（1组）　　　　1940年第33 408号令/绝密

第21号指令[①]
"巴巴罗萨"方案

结束对英作战前，国防军必须做好通过一次快速战役打垮苏联的准备（"巴巴罗萨"方案）。

……（略）

准备工作由最高统帅部遵照以下原则进行：

（Ⅰ）总体意图：

装甲部队通过大胆的纵深穿插歼灭位于苏联西部的苏军主力，并防止其有作战能力的部队撤入苏联的纵深地带。

通过快速追击形成这样一条战线：从这里起飞的苏联空军再也无法攻击到德意志帝国的领土。行动的最终目标是大致沿伏尔加河—阿尔汉格尔斯克一线建立起针对苏联亚洲部分的防线。必要时，苏联残存在乌拉尔的工业地区由空军予以摧毁。

（Ⅱ）潜在的盟友及其任务：

……（略）

（Ⅲ）作战行动的执行：

（A）陆军（呈报给我审批的计划）：

普里佩特沼泽将行动区域分为南北两部分，重心在该区域的北部。针对这一地区的设想是投入两个集团军群。

两个集团军群靠南的一个（位于整体战线的中央）的任务是，以异常强大的装甲和机械化部队从华沙周边及北部地区向前突击，粉碎白俄罗斯的敌军。以此创造条件使强大的快速机动部队向北转进，从而使其与从东普鲁士向列宁格勒前进的北方集团军群协作，歼灭波罗的海地区的敌军。只有在这一首要任务完成并夺取列宁

---

①　这里的"第21号指令"仅为部分内容。

格勒和喀琅施塔得后，才能发起夺取莫斯科这一重要交通和军备中心的进攻。

只有在苏联的抵抗崩溃得异常迅速时，才有理由同时对两个目标实施攻击。

部署在普里佩特沼泽南面的集团军群由卢布林地区向基辅这一大致方向推进时必须形成其重点，从而以强大的装甲部队快速突入苏军部队的侧翼和后方，将其歼灭于第聂伯河一线。

一旦普里佩特沼泽南北两方的战斗展开后，追击行动必须以以下目标为目的：

在南方，应尽快夺取顿涅茨盆地，它对战时经济非常重要。

在北方，应迅速攻占莫斯科。

夺取这座城市代表着政治和经济上的决定性胜利，此外，这还意味着消灭了敌人一个重要的铁路枢纽。

……（略）

（签名）：阿道夫·希特勒

2

斯大林寻找救星

第一场合围——斯大林为何会措手不及？——斯大林知道进攻日期——"红色乐队"和佐尔格博士——U-2的先兆——斯大林与希特勒玩牌——波塔图尔切夫将军被俘并受到审问

　　陆军元帅毛奇伯爵在八十多年前写道："任何一场大规模会战造成的物质和精神后果，影响极为深远，通常会形成一个被彻底改变的形势。"

　　军事专家们一致认为这一格言至今依然有效，当然也适用于1941年。斯大林是否读过毛奇的著作不得而知，但他的行为与这一理论相符合。他意识到中央战线的灾难正摆在他面前，因为他缺乏某些决定性的东西：一个勇敢的组织者，一个坚强、经验丰富的战地指挥官，一个能通过坚决的即兴发挥阻止古德里安和霍特横冲直撞的坦克所造成混乱的人。

　　这样的人在哪里？

　　斯大林认为他在远东找到了这样一个人。他毫不犹豫地委托这个人来挽救岌岌可危的中央防线。

　　就在维尔特斯齐少尉冲入布列斯特要塞，曼施泰因驶过陶格夫匹尔斯的桥梁，霍特的坦克扑向莫洛杰奇诺（Molodechno）这一历史悠久的缺口：拿破仑当年从莫斯科狼狈撤军后，曾在这里向全世界宣布，他的大军已不复存在，但他的身体前所未有地健康，这一刻，乌拉尔以东900英里处，新西伯利亚（Novosibirsk）的火车站上，站长和西伯利亚军区的军需官正沿着西伯利亚特快列车所停靠的站台奔跑着。他们正在寻找某个特殊的车厢。最后，他们找到了。

站长走到敞开的车窗前。"将军同志……"他对车厢内一位宽肩膀的人说道，"将军同志，国防部长请您离开火车，乘飞机继续您的旅程。"

"很好，很好。"这位将军说道。军需官赶紧走进车厢，把将军的行李拿下来。

1941年6月27日是个炎热的下午，站台上挤满了身穿军服的人群。站台外的车站广场上，一个大喇叭轰鸣着，传递出西伯利亚军区司令部下达的征兵启示。

这位将军在站长和军需官的陪同下，挤出了拥挤的人群，这些刚刚应征入伍的人正等待着火车将他们送至各自的驻地。这位将军的名字是安德烈·伊万诺维奇·叶廖缅科①，佩戴着劳动红旗勋章②。他从哈巴罗夫斯克赶来，就在一周前，还在那里担任红旗远东第1集团军司令。在苏联最高统帅部，他享有极高的声誉，被认为是一个极具个人勇气的指挥官，一个出色的战术家，同时也是一个绝对可靠的共产党员。他是红军中的老兵，托洛茨基老卫队中的一员，加入红军时他还是一名军士，随即经历了对抗白军的整个战役，在战斗中他被提升为军官。

6月22日，战争爆发的这一天，中午过后不久，远东方面军参谋长斯莫罗季诺夫将军情绪激动地打电话给叶廖缅科："安德烈·伊万诺维奇，德国人从清晨起就在炮击我们的城镇。战争爆发了！"

叶廖缅科在他的回忆录中描述了当时的情形：

> 作为一个毕生致力于军事的人，我经常会想到战争的可能性，特别是它爆发的方式。我一直相信，我们总是能及时辨别出敌人的意图，绝不会措手不及。但现在，听了斯莫罗季诺夫的介绍，我立即意识到，我们被打了个措手不及。我们完全没有料到，包括我们所有人——士兵、军官以及苏联人民。我们的情报机关造成了多么惨重的一次失败啊！

---

① 据叶廖缅科回忆录中文版所述，他接到铁木辛哥返回莫斯科的电报是6月19日，也就是苏德战争爆发前三天，似乎并不存在中央战线抵敌不住的原因。另外，在新西伯利亚火车站接他的是西伯利亚军区军事交通部部长。但由于叶廖缅科战后著有多部回忆录，其中是否有矛盾之处，未作相应的研究。

② 此处"劳动红旗勋章"疑为"红旗勋章"的笔误或英文版翻译之误。

但斯莫罗季诺夫没有给叶廖缅科沉思的时间，他给他下达了明确的命令。其中一项是：红旗远东第1集团军进入全面戒备状态。"是不是意味着这里也有受到攻击的威胁，由日本人发起的？"叶廖缅科吃惊地问道。

斯莫罗季诺夫让他放下心来，他解释说，戒备是一种预防措施。这里并没有迹象表明日本人将发动进攻。实际上，从第二条指令中可以看出，苏军最高统帅部对这一点的信心非常明确，上级要求叶廖缅科立即动身赶往莫斯科，接受新的命令。

叶廖缅科中将并不知道等待他的会是什么。他不知道斯大林从那些元帅和将军堆里选中了他这个来自远东军区的中将，去挽救中央防线。斯大林认为叶廖缅科就是他眼下急需的人物——一个即兴发挥大师，一个俄罗斯的隆美尔，一个熟悉大兵团作战指挥的人。他率领的远东第1集团军，由于出色的训练状况而荣获"劳动红旗勋章"。对摇摆不定的西部战线来说，他似乎是个显而易见的选择，一把新的"铁扫帚"。如果有什么人能挽救那里令人绝望的形势，那一定是以其铁腕手段及对斯大林毫不动摇的信仰而著称的叶廖缅科。

无疑，比亚韦斯托克（Białystok）前线的形势已经彻底令人绝望。苏军的三个步兵师：第12、第89和第103师，不仅没有抵抗德国人，反而在他们的政委挥舞着手枪，试图让他们投入战斗时，开枪打死了他。然后，这几个师便土崩瓦解了。这些士兵中的许多人为自己能成为俘虏而高兴。这种特殊事件令斯大林深感震惊，眼前的形势需要一个极其强悍的人。

6月22日当天，叶廖缅科搭乘西伯利亚特快离开了哈巴罗夫斯克。他焦急地计算着自己不得不耗费在路上的时间。这个被莫斯科选中，担任中央防线救星的人居然坐火车完成他的旅程！最后，显然有人想到了更好的办法，这就是他在新西伯利亚车站被带走的原因。

叶廖缅科驱车直奔西伯利亚军区司令部，但他们并没有来自前线的新消息可以提供给他。在这种形势下，一如既往，谣言满天飞，甚至蔓延到高级军官那里。他们说，德国人已遭到迎头痛击；巴甫洛夫将军的坦克已经从比亚韦斯托克那个著名的突出部向前挺进，为步兵们打开了通往华沙的道路。戈罗宾上尉最近刚刚从哥萨克第1集团军参谋部调至新西伯利亚，他眨着眼说道："我们的地图上涵盖了所有通往莱茵河的道路，每个师的位置都已标注在上面。"新西伯利亚一片乐观。6月

26日的公报宣布："敌人已经夺取了布列斯特。"但没人对这个消息给予太多的重视。布列斯特？这有什么可担心的？它肯定是在波兰的某个地方！

两个小时后，叶廖缅科登上了一架双引擎轰炸机，飞往莫斯科。飞行距离为1750英里，途中要经过四次停靠，以便加油、检修和休息。苏联是一个很大的国家，从新西伯利亚赶至西部战线，其距离大约为2200英里。但要从布列斯特—立托夫斯克赶至符拉迪沃斯托克的话，新西伯利亚则正好位于这二者之间。

6月28日，叶廖缅科乘坐轰炸机，在黑黢黢的"泰加（tayga）"①森林上方2600英尺处飞往鄂木斯克（Omsk），飞机越过布满一望无垠麦田的巨大的西伯利亚平原，越过斯维尔德洛夫斯克（Sverdlovsk）周围荒凉的工业设施，朝着乌拉尔而去。而此刻，叶廖缅科被派去对付的那个人，正站在他的装甲指挥车内，距离白俄罗斯首都明斯克仅仅50英里。

德国第2装甲集群司令官海因茨·古德里安大将，刚刚发出了一封电文给他的参谋长——上校冯·利本施泰因男爵："第29摩步师目前正在明斯克西南方110英里的斯洛尼姆（Slonim）—泽利瓦（Zelva）地区，沿一个宽广的正面应对苏军的突围企图，他们应尽快向明斯克—斯摩棱斯克推进！"

古德里安的命令到达装甲集群设在涅斯维日（Nieśwież）拉齐维乌家族一座古老的城堡的司令部时，拜尔莱因和古德里安的作训处长和参谋长利本施泰因，正俯身于地图，迅速描绘着最新的态势。当天早上，他们的司令部刚刚搬入这座城堡。两辆被击毁的苏军坦克仍停在桥梁旁，关于它们的故事已在装甲集群内被传遍了。

6月26到27日的夜间，第18装甲师师长内林将军四处寻找自己麾下装甲团团部的所在地。他乘坐着敞篷装甲车小心翼翼地驶近了城堡。德军的一辆三号坦克挡着通往桥梁的道路。在距离坦克大约40码处，内林命令自己的司机停车，然后他朝那辆坦克喊了起来。就在这时，他听见履带所发出的叮当声。内林将军站起身，用手电筒向后方照去。这一看，把他吓得愣住了：两辆苏军老式的T-26轻型坦克就停在他身后不远处，坦克上的机枪指向前方。

① 泰加（tayga）是个俄语称谓，最初是指西伯利亚的森林，现已成为形容北部山区树林的专业名词。

"赶紧离开！"内林低声对他的司机说道。司机松开离合器，汽车轰鸣着离开了。就在这时，德军的那辆三号坦克也注意到事情有些不对头，没用一秒钟，它的50毫米主炮便已射出了第一发炮弹，紧接着，第二发和第三发炮弹接踵而至。两辆苏军坦克上的机枪甚至连一颗子弹也没能射出。

此刻，这两辆被烧得漆黑的苏军坦克就停在涅斯维日的城堡外，成了一位将军奇特冒险的见证人。拉齐维乌家族的城堡内，三楼的墙壁上挂着另一件稀奇的纪念品：一张1912年举行的一次狩猎聚会的照片，中间的贵宾是德皇威廉二世。

利本施泰因和拜尔莱因立即将古德里安电文中的意图付诸实施。中央战线的战役已到了关键阶段，第一场重大胜利开始初现端倪：作为先头部队的第17装甲师从南面冲向明斯克，已经抵达该城。北面，霍特大将带领着他的第3装甲集群，构成了包围圈的北半弧，施通普夫将军的第20装甲师已于6月26日进入明斯克。霍特和古德里安的装甲集群取得了会师。这意味着第4和第9集团军围绕比亚韦斯托克突出部所形成的巨大的钳形攻势，缺口已被封闭。从比亚韦斯托克到新格鲁多克（Novogrodek），再到明斯克，苏军的四个集团军，包括23个师和6个独立旅，被囊括在这个已被封闭的包围圈中。四个集团军，近五十万人，这是东线战事打响后首次庞大的围歼，一场在军事史上也很罕见的歼灭战。古德里安对战略的把握使他没有陶醉于已获得的胜利中，也没有为捕获数十万俘虏而沾沾自喜。他知道聚歼被围的敌军，守住包围圈的侧翼，或者押解俘虏都不是装甲部队该做的事情，这一切应该交给步兵。快速部队应该利用他们所获得的机会继续前进，他们必须渡过别列津纳河（Berezina），然后再渡过第聂伯河。一直向前，直扑这场战役的第一个重要战略目标——斯摩棱斯克。

这就是古德里安想把博尔滕施坦恩少将的第29摩步师从防御作战中脱离出来的原因，目前该师位于包围圈南侧，一条名叫泽利维扬卡（Zelvyanka）的小河附近以及泽利瓦镇两侧。苏军试图在这里突围，因而该师被部署在此，而不是向北冲向斯摩棱斯克。第29摩托化步兵师（由于其战术徽标，而被称为"鹰师"）被深深地卷入进防御战中，绝望的苏军部队沿着巨大的突出部的边缘，在40英里的区域内展开了突围的尝试。俄国人想从这里强行杀出，撕开一个缺口突出包围圈。他们聚集在茂密的森林中，在坦克和大炮的支援下，一次又一次地对德军薄弱的防线发起了冲击。

叶兹奥尼特沙村（Yeziornitsa）的西南方，苏军组织了骑兵，径直冲向德军第5摩步团①机枪营和摩托车营的机枪火力，他们高呼着"乌拉"反复以营级和团级规模的兵力发起攻击。在泽利瓦镇附近，俄国人渗透进德军侦察营的前沿阵地中。德军第15和第71摩托化步兵团②[分别来自卡塞尔（Kassel）和埃尔富特（Erfurt）]不停地战斗着。第15摩步团辖内的几个营，面临的状况尤为艰难。第5连的阵地就位于泽利瓦镇外一英里处，这里挤满了苏军士兵。他们以连级规模，营级规模，团级规模一次次地冲击着德军阵地，并伴以令人不安的呼喊："乌拉！"。

眼前的场景令德军士兵感到难以想象。俄国人沿着一个宽广的正面发起攻击，他们组成了胳膊连着胳膊的密集队形，似乎无边无际。在他们身后是第二波次、第三波次乃至第四波次并肩行进的队伍。

"他们肯定是疯了！"第29摩步师的伙计们说道。他们困惑地盯着身着棕黄色军装的人墙，那些苏军士兵贴得很近，稳步小跑着向前逼来。他们的步枪上装着长长的刺刀，挺立在身前——这是一堵遍布着长矛的墙壁！

"乌拉！乌拉！"

"这简直是谋杀！"第1营营长施密特上尉叹息着。可战争又能是什么呢？想要粉碎这场庞大的进攻，而不仅仅是被迫趴在地上，他们就必须等待适当的时机。"等我的命令再开火！"他下达着指示。面前的人墙越来越近了。"乌拉！乌拉！"

伏在机枪后的德军士兵能听见自己的心怦怦直跳。这种感觉几乎令人无法承受。终于，射击令下达了："自由射击！"他们扣动了扳机。他们知道，如果不干掉那些进攻者，他们就会被对方杀掉。

"开火！"德军的机枪吼叫着，步枪和冲锋枪的射击声响成一片。第一波次的人墙坍塌了，第二排人墙倒在前一排人的身上，第三排人退了回去。广阔的田野上布满了棕褐色的尸体。

到了夜间，苏军士兵卷土重来。这次，他们还带来了一列装甲列车，这种苏

---

① 该团隶属于第12装甲师。
② 这两个团隶属于第29摩步师。

式武器在内战期间可能是管用的，但很难适应眼下的现代化战争。一个装甲火车头拖曳着后面的炮台和步兵武器，喷吐着浓烟，车上的各种武器一起射击着，这个庞然大物从泽利瓦镇方向而来。与此同时，两个骑兵中队从铁轨的左侧冲来，而在右侧，几辆T-26坦克朝着德军第2营营部扑去。

德军工兵立即炸毁了铁轨，随即，第14连的一门37毫米反坦克炮也被匆匆调了上来，朝着那列装甲列车开炮射击，就这样阻止了它的前进。苏军骑兵的冲锋也在第8连机枪火力的打击下崩溃了。这些德军士兵经历了迄今为止最为恐怖的事情——马匹的惨叫。马匹被撕裂的躯体痛苦地扭曲着，发出了悲惨的嘶叫。它们跌倒在一起，翻滚着，后腿瘫倒在地，前腿像发了疯的野兽那样在空中挥舞着。

"开火！"就此了结它们的痛苦，让这一切都结束吧！

对守在反坦克炮后的德军士兵来说，眼前的情形要轻松些。敌人的坦克不会惨叫，苏军T-26坦克也不是德制50毫米反坦克炮的对手。没有一辆苏军坦克得以突破德国人的防线。

可是，第29摩步师却无法按照古德里安大将的意图转身向北。

当天晚上（6月28日），叶廖缅科的轰炸机降落在苏联首都的一座军用机场上。将军驱车直奔国防人民委员部。国防部长①铁木辛哥元帅用这样一句话迎接了他："我们一直在等您！"没有更多的客套和礼仪，铁木辛哥开门见山。据叶廖缅科的回忆录记述，铁木辛哥走到中央战线的态势图前，说道："我们在西线的失败主要是因为各边境军区的指挥员不称职所致。"

叶廖缅科对此感到震惊。

铁木辛哥对西方面军司令员巴甫洛夫大将下了令人震惊的评判，他和他率领的苏联机械化部队主力驻扎在比亚韦斯托克，而战前，巴甫洛夫在红军中一直被称为"苏联的古德里安"。

铁木辛哥在地图上指出战争的第一周已经丢失的领土时，叶廖缅科被吓坏了。铁木辛哥的铅笔在地图上移动着，"德国人目前在叶尔加瓦（Jelgava）—陶

---

① 按照苏联的称谓，铁木辛哥是"苏联国防人民委员"。

格夫匹尔斯—明斯克—博布鲁伊斯克（Bobruysk）一线。白俄罗斯已经丢失，西方面军的四个集团军也被切断。敌人的目标显然是斯摩棱斯克，现在我们没剩下什么部队能保卫它了。"

铁木辛哥停了下来，据叶廖缅科回忆，屋内一片沉默。接着，元帅以冰冷、愤怒的语气说道："法西斯分子的危险在于他们的坦克策略。他们以大规模编队发起攻击。与我们不同，他们使用完整的坦克军独立行动，而我们的坦克旅却是为步兵提供支援，坦克都是零打碎敲地投入战斗。不过，敌人的坦克也不是不可战胜的，他们没有超重型坦克，至少迄今为止还没见到他们投入使用。我已下令将T-34投入战斗。所有可用的T-34都将由莫斯科的坦克训练团尽快提供给前线。"

叶廖缅科自己的话更加准确地描述了形势的戏剧性：

> 铁木辛哥元帅说道："好吧，那么，叶廖缅科同志，您现在清楚是什么景象了。""一幅悲惨的景象。"我回答道。过了片刻，铁木辛哥继续说道："巴甫洛夫将军和他的参谋长已被撤职。根据政府的决定，您被任命为西方面军司令员。"

"方面军的任务是什么？"叶廖缅科简明扼要地问道。铁木辛哥回答道："挡住敌人的进攻。"

这是一道明确的命令，也是一道严格的命令。这道命令关乎莫斯科的命运。

一个问题不可避免地出现了：斯大林为何没有参加这次会谈？在这样一个关键时刻，作为国家元首和最高统帅的斯大林有什么其他的事情使他无法出席这一会谈，亲自监督他所选中作为国家军事救星的将领的宣誓吗？但不光是叶廖缅科，战争的头两周里，没有一个莫斯科人听到斯大林的声音。进行全国范围广播，宣布德国入侵并呼吁人民奋起抗击的是莫洛托夫。但从1941年5月初以来，担任人民委员会主席（也就是政府首脑）的一直是斯大林。

"他在哪里？"莫斯科的市民们问道。他没有发表讲话，没有公开露面，甚至没有出面迎接6月27日抵达，为苏联提供经济和军事援助的英国军事代表团。四下里传播着最为疯狂的传言。难道他因为对希特勒的轻信而被推翻了吗？甚至有人说他逃跑了，已经逃到了土耳其或是波斯。不管怎样，没有任何关于他的消息。于是，6月28至29日夜间，叶廖缅科不得不在没有得到斯大林祝福的情况下开始了自己艰巨的任务。

与此同时，德军的补给车队排成漫长的队列，沿着中央战区炎热、多尘、布满了车辙印的道路向前而去。他们不停地前进。对凹凸不平而又多沙的路面来说，"道路"实在是属于用词不当。前进，不停地前进，赶往装甲先头部队等待着燃料及其组员们等待着香烟的地方。这些该死的俄国道路！这就是战争的动脉！一场闪电战不仅仅是战斗士气的问题，也与运输士气息息相关。道路状况决定了战争的速度，而这一速度也决定了装甲部队的战斗。只有那些体会过俄国道路状况的人才会对军需官们能否完成计划中的补给数量产生了怀疑。

古德里安装甲集群的作战区域内，渡过布格河后，只有两条状况良好的道路可供其使用——一条从布列斯特至博布鲁伊斯克，另一条从布列斯特至明斯克。使用这两条道路的不仅是装甲集群的27000部车辆，还包括紧随其后的步兵、司令部人员以及通信部队的60000部车辆。为了应对这一问题，并避免产生彻底的混乱，古德里安采用了三个优先通行等级。对拥有一号优先权的交通任务来说，道路必须被让开。拥有二号优先权的必须给一号优先权的车辆让路。只有在道路上没有一号或二号优先权的车队行驶时，三号优先权的车辆才能通过。不用说，这种安排引起了激烈的争吵和争夺。例如，赫尔曼·戈林的通讯团被列为三号优先通行权，因为当时该团的任务主要是运输和架设电线杆。帝国元帅非常生气，他命令通讯团团长去找古德里安商谈此事。戈林要求获得一号优先通行权。

古德里安听取了团长的抱怨，然后问道："请问电线杆会遭到射击吗？""当然不会，大将先生。"团长回答道。"所以啊……"古德里安对这位团长说道，"这就是你们还得使用三号优先权的原因。"事情就这样结束了，至少从官方层面是这样。但从个人层面来说，这件事的结局更具悲剧性。那位团长不敢向帝国元帅报告自己的失败，回去后开枪自杀了。

因此，只有很少的道路可被德军当作这场对苏战争中的主干道加以使用。要是苏军指挥部及时认识到这一事实的重要性，他们可能会给德国人的补给线造成比他们现在不得不面对的情况更为严重的危机。这里有一个关于第39装甲团第3营的例子。6月28日的夜间，装甲教导团那些经验丰富的老兵躺在明斯克附近的一片树林中，他们等待着燃料的运抵。一辆油罐车停了下来。送油来的二等兵皮翁特克受到了中士维利·博恩的取笑："运油兵，路途愉快吗？给我们三十罐燃料！"说着，他拧开了位于坦克装甲板后的加油盖。

可皮翁特克却不像是在开玩笑，他决定道："给你们十二罐，就这么多了。""这么点还不够灌满我的打火机。"博恩抱怨着。但他看了看皮翁特克的脸色，随即不吱声了。皮翁特克解释道："俄国人的战斗机，就是那些'老鼠'①，逮到了我们。五辆油罐车被击毁，所有的驾驶员都被打死了。在我们后方的俄国人四处突围，切断道路，给我们的整个补给造成了可怕的混乱。"

这就是装甲部队快速深入敌人密集防守的腹地的弊端，一个个完整的苏军师潜伏在树林中。这已经不是该团第一次陷入麻烦了。在斯洛尼姆发生的事情就很糟糕。当时他们已远远地推进至比亚韦斯托克—巴拉诺维奇（Baranovichi）铁路线的路基处。突然，他们听见身后的镇子里传出了激战声。原来，德军装甲先头部队经过时，苏军士兵埋伏起来，他们使用手上拥有的一切朝着德国人后续的高射炮兵、工兵和补给车队发起了袭击。

第39装甲团第9连的第1排和第2排转身返回。他们杀回到镇内。"把敌人清理干净！"这句话说起来很容易。就在这时，俄国人也对铁路路基处的德军装甲部队发起了袭击。斯洛尼姆陷入一片火海中。第39装甲团被切断，遭到了来自四面八方的袭击，士兵们不得不挖掘阵地实施全方位防御。

清晨昏暗的光线中，透过望远镜可以看见，苏军队伍出现在铁路路基的远处。德军坦克都已将车载电台调至接收状态，营长让大家做好准备的命令一次次地传达到每一辆坦克中。无线电操作员将电台的按键拨向右侧，以便让每一位车组成员都能听见营长的指令："看见红色照明弹再开火。让敌人靠近些，然后击中你们的火力打击他们的坦克。"这时，发动机的噪音越来越响。"我们的头儿肯定是睡着了。"坦克里的德军士兵说道，"敌人都要冲到我们面前了！"苏军队列中，为首的是坦克，紧随其后的则是货车、马拉大车、战地厨房以及弹药车。最前方的车辆

---

① 皮翁特克说的"老鼠"就是苏制伊-16战斗机。

距离德军防线已不到50码。终于，红色照明弹腾空而起。

一瞬间，德军坦克的炮火构成了一堵名副其实的火力与硝烟之墙，对面的车辆一辆接着一辆起火燃烧。苏军的队伍被打散了，他们的坦克转身逃入到长着高高作物的农田里。战斗一直持续到下午，斯洛尼姆镇才被清除干净，苏军突围的企图被粉碎了。这一幕发生在三天前——苏德战争打响的六天后。

此刻，冯·阿尼姆将军的第17装甲师正位于明斯克的南郊，士兵们看见了燃烧着的城市。远处的公路上，车辆来来往往，川流不息。无线电操作员韦斯特法尔把他的冲锋枪挎在肩头，又将望远镜塞进军装内，然后爬到自己的坦克上。接下来的三个小时将由他完成观察任务，然后，装弹手会接替他。这里距离莫斯科还有多远？这个国家究竟有多大？

从莫斯科到明斯克，确切的距离是420英里。而从莫斯科到巴甫洛夫将军的指挥部莫吉廖夫（Mogilev），距离305英里。叶廖缅科将军的回忆录出版前，普遍的看法是，库利克元帅按照斯大林的命令撤销了巴甫洛夫的职务，并把一支手枪放在他桌上，巴甫洛夫开枪自杀。但叶廖缅科提供了一个不同的说法。据他回忆，6月29日清晨他到达了巴甫洛夫的指挥部，巴甫洛夫正在帐篷里吃早饭。看见叶廖缅科的到来，巴甫洛夫显得很惊讶。他闷闷不乐地迎接了叶廖缅科，"什么风把你吹到这个糟糕透顶的地方来的？"说完，他指了指桌子，"来吧，坐下来，跟我一起吃点早饭。再跟我说说消息。"

但刚说了一半，巴甫洛夫的声音便低了下来。他感觉到叶廖缅科散发出冰冷冷的寒意。叶廖缅科一言未发，将撤职信递给巴甫洛夫作为自己的回答。巴甫洛夫看了看信，脸色因震惊而变得僵硬起来。"那么，我到哪里去呢？"他问道。

"根据人民委员的命令，您应该去莫斯科。"

巴甫洛夫点了点头。他微微弯了弯腰，说："难道您不想来杯茶吗？"

叶廖缅科摇了摇头，"我认为让自己尽快熟悉前线的情况更为重要。"

巴甫洛夫感觉到训斥的意味。他为自己辩护道："敌人的突然袭击让我的部队措手不及。我们没能组织起来投入战斗，部队中很大一部分不是在担任驻守任务就是在训练场上。士兵们都过着和平的日子。敌人就这样袭击了我们。他们只是驱车从我们当中穿过，把我们打垮了，现在他们夺取了博布鲁伊斯克和明斯克。我们没有得到警告。提醒边防部队的命令到达得太迟了。我们完全没有料到。"

措手不及，这是个不错的借口。否则，叶廖缅科不会为巴甫洛夫说些好话，他在自己的回忆录中写道："在这一点上，巴甫洛夫说的没错。今天我们知道了。要是提醒边防部队做好准备的命令到达得更早些，一切都将会变得不同。"

对军事历史学家们来说，这就提出了一个至关重要的问题：俄国人真的被德军的攻击打了个措手不及，他们完全没有戒备并在从事着无害和平的行动吗？他们真的猝不及防，以至于没能将他们称为处于劣势的部队（这一点直到今天还在许多方面保持着）撤至顿河和伏尔加河下游，以便将德军部队引诱至苏联的腹地并将其击败吗？真是这样吗？并非如此。

事实是，德军在6月22日的进攻使苏联边防部队遭受了彻底的战术奇袭。1000英里的边境线上，只有几座桥梁被俄国人及时炸毁。一些至关重要的桥梁，包括梅梅尔、涅曼河、布格河、桑河以及普鲁特河，甚至包括位于边境线后155英里，陶格夫匹尔斯镇内横跨道加瓦河的两座桥梁，都被德军突击队采用大胆或巧妙的方式完整夺取。这是否能证明俄国人确实是猝不及防呢？

但又该如何解释6月22日德军发起攻击的146个师，300万人，面对的却是苏军的139个师和29个独立旅，大约470万人呢？仅在白俄罗斯，苏联空军便驻扎了6000架飞机。诚然，它们中的很大一部分已经过时，但至少有1300至31500架飞机是最新式的。而德国空军在这场战争开始时，可用的作战飞机不超过1800架。

这似乎表明俄国人毕竟还是做好了防御的准备和配属。那么，他们在边境线上令人难以置信的处置失当又该作何解释呢？这个谜团的答案是什么？

1941年2月23日，苏联国防部长铁木辛哥签发了以下指令："尽管我们的中立政策是成功的，但全体苏联人民必须保持准备应对敌人进攻威胁的常态。"

1941年4月10日，苏联军事委员会命令西方面军进入秘密警戒状态。为什么？这是出于何种情况，何种消息，何种情报？

没错，自1941年1月起，送达莫斯科的情报已相当惊人。这一信息是由组织得相当出色的苏联情报机构提供的。一个名叫利奥波德·特雷伯的人，化名吉尔伯特，也被称为"大首长"，自由往来于巴黎和柏林间，在希特勒的控制范围内收集各种情报，通过苏联驻柏林的大使馆，这些情报被传递给莫斯科。

维克托·索科洛夫是苏联情报机关的一名少校，他化名肯特，在布鲁塞尔有一间自己的办公室，在那里，他从他那些消息灵通的共产主义联系人处获得宝贵的情报，他的情报网被称作"红色乐队"。

在瑞士进行活动的是苏联在欧洲最狡猾的特工——鲁道夫·勒斯勒尔，他被称作"露西"，也是"红色乐队"的成员之一，听从苏联顶级特工拉多的命令。

但苏联军事情报机构中最出色的人物在东京——理查德·佐尔格博士，德国驻日本大使馆的新闻助理[1]，他为苏联卫国战争所做出的贡献甚至超过一整个集团军。他给了斯大林确切的消息，日本人不会在满洲对苏联红军发动进攻。佐尔格的情报使斯大林得以将西伯利亚师从远东方面军调出，这些师后来被用于莫斯科、斯大林格勒和库尔斯克战役。

这些特工人员为苏联红军的情报机构提供了大量关于希特勒打算对苏联采取军事行动的情报。他们都预见到德国人的突然袭击。他们的报告中也许存在着一些空白，但这些空白也被西方列强驻外代表以英美情报机构取之不尽的庞大资讯予以了填补。

这里有一个证据，不仅说明了德国的入侵行动，甚至有准确的日期，这说明对俄国人而言，他们对德国的进攻并不感到意外。1941年4月25日，德国驻莫斯科的海军武官，用一条电报路线通过柏林的外交部向海军司令部报告说："关于德苏即将开战的传言愈演愈烈。英国大使馆声称6月22日为开战日期。"

这就表明在战争爆发的两个月前，莫斯科便已获悉了希特勒的进攻日期。那么斯大林呢？他知道吗？他当然知道，他对情报工作的重要性有着充分的认识，并亲自过问该部门的工作。

1937年3月，在共产党中央委员会中谈及秘密情报工作的任务时，他曾说："要赢得一场战役的胜利需要几个军的红军战士。但要破坏前线的一次胜利，只要有几个间谍在集团军指挥部里，甚至是在一个师部里就行，他们会窃取作战计划，并把它交给我们的对手。"

1939年的党代会上，他用下述意味深长的话再次谈到了这个问题："我们的军

---

[1] 佐尔格在日本的掩护身份是记者，而不是德国大使馆人员。

— 49 —

队和情报机构，他们锐利的目光已不再放在国内的敌人上，而是境外的敌人。"鉴于这些言论，说斯大林在1941年时没有注意到情报机构提供给他关于德国准备发动进攻的消息可信吗？他肯定得到了通知。毕竟，他有第一流的情报人员。从柏林到东京，从巴黎到日内瓦，他的情报提供者（他们中的许多人德高望重，根本不会遭到怀疑）身居高位，提供了许多极具价值的消息。

这些情报人员工作的彻底性在战争的最初几周里暴露出来。德军第221保安师在沃姆扎（Lomza）打开了哥萨克第1集团军司令部丢下的一只保险箱，他们在保险箱里发现了全套德国地图，德军的各个集团军群、集团军和师的驻地都被准确地标注在上面。信息非常完整，什么也不缺。

但相比之下，这只是微不足道的小意思罢了。还有些更为刺激的发现。

战争爆发以来，德国设在东普鲁士海滨度假地克兰茨（Cranz）的无线电监测机构，一直在截获无数未知的间谍发报机所发出的加密信息。德国人试图破解那些巧妙的数字密码，但却一直没能获得进展。最后，1942年11月，德国情报机构得到了"钥匙"。化名肯特的苏联顶级间谍维克托·索科洛夫在马赛被捕。为了搭救他的情妇玛格丽特·褒尔曹，他主动提出为德国人工作，并交代了密码的秘密。

密码被破译后，海军上将卡纳里斯所看见的内容，远比最悲观的人所担心的更为糟糕。例如，有一份7月2日发出的情报：战争爆发的十天后，亚历山大·拉多[1]从日内瓦向莫斯科报告说："Rdo.给主任。第34号。确信德军的行动计划为一号计划，目标莫斯科。两翼为牵制性行动。主攻方向为中央战线。拉多。"

三个多星期后的7月27日，拉多进一步详细了他的情报，以回复莫斯科的询问："Rdo.给主任。第92号。回复第1211号电文。如果一号计划的执行遭遇困难，将采用二号计划，主攻方向放在两翼。计划如有更改，我将在两天内获知。三号计

---

① 亚历山大·拉多的本名是拉多·山多尔，匈牙利人，在匈牙利语中，山多尔的意思就是亚历山大。他发给苏联的密电，署名不是拉多，而是多拉，这是他的代号。另外，勒斯勒尔的情报来源不仅仅是总参谋部，还包括德国空军和外交部，具体泄密人一直是谜。据说，战后，勒斯勒尔临终前将人名告诉给了一个挚友的儿子，嘱咐他二十年后才能公开，但勒斯勒尔去世后不久，那位知情人也因车祸而丧生。于是，这个问题成了二战秘密战中的一个谜。关于拉多的故事，可以参见国内1980年出版的《多拉报告》一书，但和许多秘密战回忆录一样，拉多在他的书中显然刻意隐瞒了许多东西。

划的目标是高加索，11月前不会予以考虑。拉多。"

不用说，柏林方面对一名苏联间谍在瑞士居然能发出如此准确的情报感到瞠目结舌，他们下了大力气来查获对方的情报来源——这个情报来源能"在两天内"获悉德国最高统帅部"对计划的更改"。但这个来源一直未被发现。直到今天，这依然是个谜。整个战争期间，亚历山大·拉多一直通过电台向莫斯科提供自己的情报。但有一件事是肯定的：拉多的主要联系人是化名露西的鲁道夫·勒斯勒尔——来自巴伐利亚，一名流亡的共产党员，在瑞士工作。根据对各种证据的深入研究，在英国军事历史学家利德尔·哈特编辑的《苏联军队》一书中，雷蒙德·L.加特霍夫指出，德军总参谋部内的一个匿名消息来源告知了这个间谍网德国入侵苏联的计划，甚至还提供了进攻的日期。

斯大林和苏军总参谋部还想得到些什么呢？希特勒的秘密已被披露给了克里姆林宫。因此，针对德军的突然袭击，莫斯科完全可以击退"巴巴罗萨"行动，并在最初的24小时内击败并粉碎希特勒的进攻。当然，前提是斯大林根据自己所掌握的情报做出正确的军事部署。可他为何没有这样做呢？

要解决苏德战争中这一关键性问题，我们不得不把注意力先转到另一个问题上。德国对苏联进行的谍报工作状况如何？德军高层对苏联的军事秘密了解多少？这个问题可以用两个字来回答：很少。德国情报机构在俄国展开的活动非常少，他们对苏联重要的军事秘密几乎一无所知，而对方却了解德国的一切。他们知道德国所有的武器情况，驻军情况，他们也知道德军各训练场的位置，以及军工厂的所在地。他们还知道德国生产坦克的准确数量，德军有多少个师他们也一清二楚。相比之下，德军高层在战争开始时估计苏联红军有200个师，可六个星期后，他们却发现俄国人至少有360个师。德军高层也不知道俄国人拥有超重型的KV坦克、T-34以及那种可怕的多管火箭炮——这种武器很快会得到"斯大林管风琴"的绰号。

当然，德国军事机构也曾开展过一些秘密情报工作，特别是在1933年后，试图了解苏联幕后的情况。但苏联政府对希特勒第三帝国的不信任感比他们对魏玛共和国的怀疑更大，因此，在苏联境内建立间谍组织毫无前途可言。另外，德国的情报机构对这一方向也不太热心，他们不愿承担风险，毕竟，在德军高层，没人设想过德国会跟苏联发生战争。

后来，希特勒要求加强对苏情报工作时，德国情报部门才发现，他们无法在这么短的时间里将工作组织起来。苏联这个共产主义帝国对边境实施了严格的控制，严密监视每一个旅客，实际上是针对任何一个陌生人，这使得建立间谍网的工作几乎是不可能完成的任务。如果偶尔派一名间谍从芬兰、土耳其或伊拉克迂回进入俄国，他也会在传递情报的问题上遇到几乎无法克服的困难。派人携带情报出境也是绝对做不到的，因为没有苏联公民会被允许出国旅行。寥寥无几的游客也会受到严密的监视。从边境地区发送情报的唯一办法是信鸽和电台，但这两种方式都太过危险，很少有人愿意承担这种风险。

但尽管如此，通过与德国驻苏使馆武官的工作相结合，一些有用的情报还是通过这种方式获得了。因此，在古德里安出版的一本名为《注意！坦克！》的书中，根据可靠的情报，他声称苏军拥有10000辆坦克。可这一观点使他遭到了德军高层的嘲笑。当时的陆军总参谋长贝克大将指责古德里安夸大其词，甚至造成了惊慌和泄气。其实，古德里安出于谨慎，已经将自己所得到的数字减少了几千辆。这一做法完全没有必要，因为事情很快便清楚了，战争爆发时，苏军拥有的坦克超过了17000辆。

1941年时，没人会想到这种可能性。1939—1940年间，芬兰和苏联的冬季战争给对苏联军事实力的评估造成了灾难性影响。弱小的芬兰面对苏联的入侵，进行了长期抵抗，这一事实成了苏联军队实力不济的佐证。时至今日，仍有一些严肃的评论者坚持认为斯大林故意使用过时的武器和三流部队来进行对芬作战，以此来虚张声势，欺瞒世人。当然，苏军高层也没有在那场战争中使用T–34或超重型的KV坦克〔尽管这些坦克是在芬兰家门口的科尔皮诺（Kolpino）制造的〕，也没有使用多管火箭炮。

芬兰元帅曼纳海姆在他的回忆录中指出，希特勒在1942年时曾告诉他，俄国的军事实力令他深感震惊。"如果有人在战前告诉我俄国人能调集起35000辆战车，我会宣布他精神错乱了。可到目前为止，他们投入到战斗中的战车真的有35000辆。"

尽管几乎无法突破苏联对传统间谍模式的防范，但为了窥探俄国高墙后的秘密，德军高层采用了另一种方法，二十年后，在我们这个时代，美国人也使用了同一办法，结果被发现，随即引发了一场严重的危机，这个方法就是：从高空实施空中侦察。采用高空高速飞机进入苏联领空进行间谍侦察，这个构想并非美国人的发明。在美国人使用以前，希特勒便已成功地采用了这个方法。这个有趣的插曲并未得到应有的宣扬，相关证据成了美国的机密档案。也许可以假定，对这些文件的研究引发了美国人对其U-2飞机的试验。关于德国空中侦察的机密文件被命名为"德国空军总司令直属的侦察小组"。

1940年10月，罗韦尔中校接到一个绝密命令，该命令由希特勒亲自下达："您将组织一个远距离侦察编队，从高空对苏联西部领土实施照相侦察。这一高度必须确保侦察活动不被俄国人发现。您必须在1941年6月15日前准备妥当。"

各飞机制造公司匆匆利用可用的机型开发出专用机种。这些飞机上配备了密封驾驶舱，引擎也为高空飞行进行了调整，同时还安装了照相设备和广角镜。当年冬末，"罗韦尔联队"开始了秘密飞行。第1中队的行动从东普鲁士的塞拉彭（Seerappen）展开，对白俄罗斯地区进行侦察。飞机采用的是He-111，配备了高空专用发动机。第2中队从因斯特堡（Insterburg）起飞，对波罗的海诸国进行侦察拍照，远至伊尔门湖（Lake Ilmen）。他们使用Do-215-B2，这种特殊的飞机由多尼尔公司制造，能飞至30000英尺的高度。黑海海岸北部地区的侦察拍照任务则由第3中队完成，他们配备的He-111和Do-215-B2从布加勒斯特起飞。从克拉科夫和布达佩斯起飞的高空侦察飞行研究中心的特殊中队，侦察范围为明斯克与基辅之间的地区。他们配备的是Ju-88B和Ju-86P，这两种飞机的飞行高度分别能达到33000和39000英尺，在当年，这是个骇人听闻的高度。

该计划进行得非常顺利，俄国人对此一无所知。只有一架飞机的引擎在6月20日的侦察行动中发生了故障，不得不迫降在明斯克地区，此时距离战争爆发仅有两天了。但机组人员在被俘前烧毁了机上的秘密设备。由于战争的爆发，这一事件很快便被遗忘了。

"罗韦尔联队"的远距离侦察飞行，几乎是战争第一阶段所需的重要情报的唯一来源。俄国西部的所有机场，包括前线附近精心伪装的战斗机基地，都被德国人的高空侦察机拍下。人眼无法看见的东西在特制胶片的拍摄下暴露无遗。部署在前沿阵地的苏军部队多得令人惊讶，另外，德国人还辨别出北部的森林中隐蔽着大批坦克部队。

这些情报可以让德军对苏军的防御能力展开狠狠地打击。一连数天，凯塞林元帅和他的航空军军长们坐在一起评估这些航拍照片并商讨行动计划。

困扰他们的只有一个问题——攻击时机！6月22日选定的进攻发起时间必须让步兵们有足够的亮度冲向他们的目标，这就是炮火准备订在凌晨3点15分展开的原因。可是，在中央战线上，3点15分时天色尚黑，空军无法展开行动。俄国人的战斗机和轰炸机编队，当然会被德军的炮击所惊醒，而第一波次德军飞机飞临苏军机场上空需要30或40分钟。不用说，甚至在二十年前，经验丰富的飞行员便能在黑暗中发现他们的目标，但问题是，空军不能太早越过边境，一旦被敌人发现，地面部队的进攻就会失去其突然性。最后，有人想出了办法——勒尔策将军，冯·里希特霍芬将军，还是莫尔德斯上校，没人记得究竟是谁了。这个办法就是，德军飞机在黑暗中通过高空飞行靠近苏军的机场，这跟远距离高空侦察机采用的办法如出一辙。

计划获得了通过。每个苏军战斗机机场都由三架德军轰炸机予以解决，派出的都是些夜间飞行经验丰富的飞行员。这些飞机在高空飞行着，利用杳无人烟的沼泽或森林，他们越过边界，悄悄地朝目标区的上空飞去，这样，他们就可以在6月22日凌晨3点15分，第一道曙光出现时准时到达苏军机场的上方。

与轰炸机同时起飞的还有罗韦尔的远距离侦察机，但他们的飞行高度更高些，机上携带着"勃兰登堡"团的人。这些人将用降落伞空投至铁路或公路交叉口附近，实施破坏活动或进行潜伏。

行动按计划顺利进行。苏军的机场上，战斗机整齐地排列在地面上。德军轰炸机一排接一排地给了轰炸和扫射。只有一个机场，德军轰炸机到达时，苏军的一个战斗机编队试图起飞迎战。但俄国人的动作慢了几分钟，就在这些飞机即将起飞时，德军的炸弹和炮弹已落在他们的队列中。苏军飞行员和他们的飞机一同被炸毁。战争刚刚开始，苏军的战斗机力量已被这场可怕的"空中珍珠港"彻底消灭。结果，战争的第一天，德国空军的斯图卡和轰炸机得以为地面部队打开前进的道路，使其免遭苏军战斗机的骚扰。他们深入到苏联境内约200英里的腹地，摧毁了俄国人的轰炸机基地。如果没有这一打击，战役关键的最初阶段，苏联空军将是一股危险的力量。任何质疑这一说法的人，只需要看看德国空军在最初四周所遭受的损失即可。6月22日至7月19日，尽管德国空军先发制人，但还是有1284架飞机被击落或击伤。由此看来，东线的空战绝不是易如反掌的。6月22日，东线的三个航空队飞行了2272架次，其中，有1766架次轰炸机和506架次的战斗机。七天后，他们的作战实力下降为960架飞机。直到7月3日，这一实力才重新突破千架大关。

很明显，突袭苏联空军对地面部队来说具有决定性意义。这就再次引发了一个问题：要是莫斯科知道希特勒的进攻迫在眉睫，这样的突然袭击有可能实现吗？一个奇怪的事实是，前线的苏军地面部队和空军睡得踏踏实实，无忧无虑，而在苏联腹地，所有的战争准备工作都已被认真执行，这又作何解释？只举一个例子，灯火管制工作安排得非常彻底，以至于整个俄国西部早已配备了蓝色的遮光灯泡和其他遮光材料。甚至在某些最小的村落里也发现了贴窗户的胶纸，这是为了防止窗户被爆炸的冲击波震碎。

部队的调动工作同样运作顺利。总之，整个苏联腹地的军事交通工作进行得非常出色。各个行业按照准备计划顺利地转换至全面战备状态。在边境地区，消灭一切可能的"国家敌人"的工作进行得有条不紊。早在1941年6月13至14日的夜间，也就是德国发起入侵的八天前，苏联国家安全机构便将波罗的海诸国"犯罪嫌疑人的家属"运至苏联的内地。几个小时里，大约有11000名爱沙尼亚人、15600名拉脱维亚人、34260名立陶宛人被押上火车，成批地运送至西伯利亚。所有的一切都很顺利。6月26日，身处莫斯科的美联社记者亨利·D.卡西迪，在发给美国报纸的第一篇重要报道中，描述了他在黑海搭乘一列军用火车赶赴苏联首都的旅程。他说："通过这次旅途，我得出一个印象，苏联有个不错的开局。"

不错的开局！那为何中央防区前线的开局却糟得一塌糊涂呢？糟糕得以至于古德里安大将在他的回忆录中指出："对俄国人进行了仔细地观察后，我确信，他们对我们的意图一无所知。"沿着德军装甲集群的整个前线，敌人被打了个措手不及。

这怎么可能呢？1956年，在莫斯科出版的回忆录中，叶廖缅科元帅提供了一个让人惊讶但又令人满意的回答，斯大林应单独为此负责，这就是叶廖缅科的结论。

作为国家领导的斯大林，认为他可以相信与德国签订的协议，而没有对表明法西斯会对我们国家发动进攻的迹象加以必要的注意。他认为德国即将发动进攻的消息是西方列强制造的谎言和离间，他怀疑他们是想破坏苏联与德国的关系，从而将我们拖

— 55 —

入战争中。这就是他没有批准前线部队采取紧急或决定性防御措施的原因，他担心这会被希特勒分子们当作进攻我国的借口。

所以，这大概就是斯大林面对苏军总参谋部的一再坚持，仍拒绝批准边防部队进入警戒状态并沿整个边境地区组织起有效防御措施的原因。斯大林不相信理查德·佐尔格，不相信"大首长"吉尔伯特，不相信"二首长"肯特，他也不相信露西，但他最不相信的是英国大使馆。

这听上去可信吗？当然可信。间谍和外交的历史记录中，特工人员针对某些重大秘密提供了过于准确的情报，结果却遭到既不热情也不信任的对待，这样的例子并不少见。有一个例子是关于艾利萨·巴兹纳的故事，他是英国驻安卡拉大使的男仆，亚美尼亚人，自1943年起，他从大使馆的保险箱里搞到了所有的绝密电报，并把它们卖给希特勒的情报机构。许阁森爵士的这位男仆称自己为"西塞罗"，他用最简单的办法搞到了那些绝密文件。吃早餐时，他的主人通常会把保险箱的钥匙丢在卧室的外套里。这个亚美尼亚男仆便拿起钥匙，去打扫大使先生的书房，他打开保险箱，将机密文件拍照后再锁上保险箱，然后把钥匙塞回大使的外套口袋。事情就这么简单。①但阿道夫·希特勒却不肯相信。他认为整件事是英国情报机关精心策划的一个阴谋，对此他深感恐惧。他会把这些报告从他的办公桌上扫落，并拒绝从清清楚楚摆在他面前的盟军计划中做出任何结论。

看来，斯大林对他的线人同样充满了深深的怀疑，随着每一份报告对德国入侵的确认越来越紧迫，这种怀疑也变得越来越强烈。作为制造对他人怀疑和玩弄阴谋诡计的大师，他成了自己阴谋论思维模式的受害者。"西方资本主义国家正试图操纵我来对抗希特勒。"他这样猜测着。带着独裁者常有的固执，他坚信希特勒不可能愚蠢到在彻底击败英国前入侵苏联。他认为德国在波兰沿着边境线集结兵力是虚张声势。也许这位苏联独裁者自己也受到了德国情报机构故意散布的

---

① 西塞罗的动机曾让德国人迷惑不解，因为他所说的理由自相矛盾。帝国保安总局第六处处长舒伦堡就认为，这是土耳其情报部门故意放风给德国，西塞罗是否在次要问题上说谎无关紧要。实际上，情报工作的职业性往往使相关人员将简单的问题复杂化。西塞罗的动机很简单，就是为了钱。

谣言的影响——在东线集结部队是为了欺骗英国人,转移对英伦三岛入侵计划的注意力。另外,像斯大林这样的人也很难相信,德国打算发起入侵行动,如此重要的秘密却被保守得如此糟糕,似乎全世界都已知道了。

这个观点被克里姆林宫权势最大的人物以及红军的秘密情报活动所证实。戴维·J.达林,在他的《苏联间谍》一书中写道:

> 1941年4月,一个名叫什科沃尔的捷克间谍证实了一份报告,该报告的大意是德国人正在苏联边境集结部队,位于波西米亚的斯柯达兵工厂已奉命停止履行苏联的订单。伊斯梅尔·艾哈迈多夫证实,斯大林在这份报告的空白处用红墨水写道:"这个情报是英国人的阴谋。查明它的出处,惩治罪魁祸首。"

斯大林的命令被执行了。苏联情报机构的少校艾哈迈多夫被派往柏林,为了找到罪魁祸首,他伪装成塔斯社的记者。战争爆发时,艾哈迈多夫还在那里。

很显然,关于希特勒意图侵略苏联的情报并不符合斯大林的想法。他的如意算盘是让资本主义者和法西斯们打个你死我活,然后他就可以做自己想做的事情了。这就是他要等待的。这就是他动员后方部队的原因。这也是他不想引起希特勒怀疑或把对方过早引入战争的原因。

出于这个原因,据叶廖缅科说,斯大林禁止对边防部队进行紧急动员或发出警报。但在苏联的内地,斯大林却允许总参谋部按照他们自己的判断行事。而苏军总参谋部同样拥有德国正计划入侵的秘密情报,于是,他们用火车调集了部队,并将其部署在腹地,但在1941年夏季,这些部队不是为了发起进攻,而是防御。

确实如此,当笔者问及陆军元帅冯·曼施泰因,在他看来,苏军部队的部署是进攻性的还是防御性的时,他表达了在自己回忆录中已经阐述过的观点:"考虑到苏联西部地区的部队兵力以及集结的大批坦克,都位于比亚韦斯托克地区和利沃夫附近,所以苏联要转入进攻是非常容易的。但另一方面,6月22日苏军部队的部署并不具备立即发起进攻的意图……对苏军的集结,最接近事实的描述可能是'为一切可能发生的事情所做的部署'。毫无疑问,1941年6月22日,苏军部队如此纵深的部署只能用作防御作战。但这种情况可以迅速改变。苏联红军能在很短的时间里为进攻行动进行重组。"

笔者问及霍特大将同一问题时，他重复了他对中央战线北翼装甲战的出色研究中所下的结论："战略上的出其不意是实现了。但一个不容忽视的事实是，俄国人在比亚韦斯托克突出部集结了数目惊人的部队，特别是机械化部队，似乎比防御作战所需要的数量多得多。"

两个观点都倾向于，斯大林确实没有打算在1941年的夏季发动进攻。苏联红军正处在部队装备和编制的转型期，尤其是他们的坦克集群。新式坦克和新式飞机正在交付部队。这很可能就是斯大林不想刺激希特勒的原因。

斯大林的这一态度反而坚定了希特勒的意图。实际上，或者可以这么说，这场战争及其残酷的悲剧源于20世纪两位独裁者所玩的政治扑克这一危险游戏的结局。

支持苏德战争背后这一政治机制论的一个公正的见证者是利德尔·哈特，西方军事历史学家中对此研究最深入的一个。《苏联军队》一书里，他在《苏德战役》这一论文中令人信服地阐述了这一观点。他认为斯大林的意图是趁德国与盟军作战之际，将他的势力范围扩展至中欧，也许，在一个适当的时候，敲诈捉襟见肘的希特勒，逼其做出更大的让步。

利德尔·哈特回忆，早在1940年，希特勒还在跟法国作战时，斯大林趁机占领了三个波罗的海国家——尽管苏德秘密协议中商定，立陶宛属于德国的势力范围。可以肯定，希特勒第一次意识到，斯大林趁他分身无暇时欺骗了他。

不久后，克里姆林宫给罗马尼亚下达了24小时最后通牒，勒索对方割让比萨拉比亚（Bessarabia），以此来靠近罗马尼亚的油田，而这些油田对德国来说至关重要，希特勒紧张起来。他调动部队进入罗马尼亚，并保证该国的完整性。

斯大林将此视为不友好的行为。苏联红军内部的宣传，反法西斯的声调越来越高。这些情况被报告给希特勒，他及时在东线加强了自己的部队。而俄国人对此做出的反应是将更多的部队调至他们的西部边境。

莫洛托夫被邀请至柏林。但对这个世界的瓜分，计划中这两位独裁者之间的广泛协议却未能达成——希特勒原准备用大英帝国的部分地盘酬谢苏联。希特勒以利己主义的方式看待这些事情，将之视为斯大林怀有敌意的迹象。他看到了两线作战的威胁，并被记录下这样的话语："我现在相信，俄国人不会等到我击败英国。"

三个星期后，1940年12月21日，他签署了"第21号训令——巴巴罗萨方案"，这里面包含了一句重要的话："如果俄国改变其对我们的态度，根据本指令，总司令必须明确提出各项措施作为预防措施。"

对斯大林来说，他已把德国人对莫洛托夫的承诺视为一种软弱的迹象；他觉得自己处于优势地位，并认为希特勒和他一样，不过是在搞政治讹诈罢了。尽管他得到了一些情报，但并未对希特勒的军事计划太过重视，或者说，至少他不相信希特勒有什么理由发动战争。这就是他尽力避免给对方提供这种理由的原因。

事实表明，斯大林的统帅部在遵循这一态度行事时是多么严格，多么细致，甚至可以说是担忧。时任工兵督察员的卡拉比切夫将军，1941年6月初视察布列斯特地区期间，被严格禁止去查看最前沿的防御工事。斯大林不希望在边防部队中制造战争气氛；他想避免一切会被人看作是战争准备的东西，无论是他自己的部队还是希特勒的情报机构。因此，尽管德国军队集结的迹象很明显，苏军边防部队却并未处在适当的作战位置上；远程火炮没有就位，以对付边境线以外的德军预备队，也没有实施重型火炮轰击的计划。斯大林这一灾难性的想法造成了可怕的后果。苏军坦克第4师的行动和被歼就是个突出的例子。

波塔图尔切夫少将生于1898年（也就是说1941年夏季时，他43岁）头发和胡子修剪得很像斯大林，他是战争中第一批被俘的苏军将领之一。波塔图尔切夫是苏军坦克第4师师长，驻扎在比亚韦斯托克，是苏军中央战线关键防御位置上的矛头。苏军高层对他很看重。他是一名党员，也是莫斯科地区一个农民的儿子。他曾在沙皇军队中当过下士，后来参加了红军，并逐渐擢升为将军，担任了师长。他的经历相当有趣："6月22日零点（俄国时间，德国夏季时间为凌晨1点），机械化第6军军长哈茨基列维奇少将把我召去……"1941年8月30日，波塔图尔切夫在德军第221保安师师部的口供中写道，"我一直等着，因为军长自己也被第10集团军司令戈卢别夫少将找去了。凌晨2点（德国夏季时间为凌晨3点）他回来了，对我说'德国和苏联开战了。''那我们的命令是什么？'我问道。他说'我们必须等待。'"

这种情况实在惊人。战争已迫在眉睫，苏军第10集团军的司令两个小时前便已知道了这个情况，可他却没有，或者说不能，下达除了"等待"之外的任何命令。

他们等了两个小时，直到德国时间的清晨5点。终于，第10集团军的第一道命令下达了。"警报！进入既设阵地！"既设阵地？这是什么意思？这是不是说应该按照多次演习过的那样发起反击？不会是那样。对坦克第4师来说，"既设阵地"位于比亚韦斯托克东面广袤的森林中。该师应该隐蔽在里面，并等待。

"一万零九百多人的师出发时，有500人不见了。医疗支队只有150人，缺了125人。全师30%的坦克无法正常使用，还有些坦克由于缺乏燃料不得不被留下。"

苏军在比亚韦斯托克防线上的主力部队就是这样投入战斗的。

但波塔图尔切夫的两个坦克团和一个步兵旅前进了没多久，军部便下达了新的指令：坦克和步兵要分头行动。步兵奉命据守纳雷夫河（Narev）渡口，坦克团则必须挡住德军从格罗德诺（Grodno）方向而来的推进。

这一命令暴露出苏军指挥部门的一片混乱。一个坦克师被拆散，零零碎碎地加以使用，而不是作为一个整体，从正面或侧翼对敌发起反击。苏军部队在边境地区的崩溃，波塔图尔切夫及其部队的命运就是个典型的例子。他们先是遭到了德军斯图卡俯冲轰炸机的打击。的确，他们并未损失太多的坦克，但部队发生了严重的动摇。尽管如此，波塔图尔切夫还是到达了指定位置。但接下来的事情使他犯了错误。推进中的德军装甲先头部队并未对他发起攻击，而是从他身边绕过，把他的部队切断了。波塔图尔切夫试图避免被围歼。他辖下的各个坦克连陷入了一片混乱，结果被德军装甲部队逮住，一个接一个地予以歼灭。他的步兵旅也遭遇了相同的命运。

截至6月29日，斯大林响当当的坦克第4师只剩下一堆破铜烂铁。现在的口令是"各自逃命"。他们试图逃入广阔的森林中。少的两三人，多的二三十人，步兵、炮兵以及坦克兵都朝着森林逃去。坦克第7和第8团残余的几辆坦克，白天躲藏起来，夜间，它们隆隆地朝着比亚沃维耶扎（Bialowieza）森林驶去。广袤的原始森林是他们唯一的希望。

6月30人，波塔图尔切夫将军和他的几名军官离开了他们的部下。他们打算徒步赶往明斯克，然后再设法转到斯摩棱斯克。波塔图尔切夫走得双脚作痛，另外，他也不想让人看见一个浑身脏透的将军在路上步履蹒跚，于是，他在一个农庄搞了些便衣换上。

不过，他还是在明斯克附近被德国人查获，并被关入了战俘营。他向警卫军官坦白了自己的身份。

3

目标：斯摩棱斯克

比亚沃维耶扎森林——别列津纳河上的桥梁——苏军的反击——令人大为震惊的T-34——罗加乔夫和维捷布斯克的激战——莫洛托夫鸡尾酒——渡过第聂伯河——霍特的坦克切断了通往莫斯科的公路——图林根步兵团进攻斯摩棱斯克——波茨坦掷弹兵攻打莫吉廖夫

波塔图尔切夫交代的情况令德军感到震惊：他们对该师的火力并不了解。苏军坦克第4师拥有355辆坦克和30辆装甲侦察车，坦克中包括21辆T-34和10辆配备了152毫米主炮，重达68吨的KV型坦克。师属炮兵团有24门122毫米和152毫米口径的大炮。一个舟桥营携带着搭设60码长浮桥的器材，可供60吨的坦克通行。

1941年夏季，东线的德军装甲师中，没一个有如此精良的装备。古德里安的整个装甲集群辖有五个装甲师和三个半摩托化师，总共只有850辆坦克。但从另一方面说，没一个德军装甲师被指挥得如此糟糕，也没有一个装甲师像波塔图尔切夫的坦克第4师那样被无谓地牺牲掉。在比亚沃维耶扎的森林中，德军与该师的残部进行了激战。

"该死的比亚沃维耶扎森林！"士兵们抱怨着。整个德国都知道这片可怕的原始森林，这是欧洲仅存的一片。巴伐利亚人、奥地利人，以及来自黑森、莱茵兰、图林根、波美拉尼亚的士兵们战斗在这片绿色的地狱中。

比亚沃维耶扎森林意味着埋伏。这是位于德军后方和侧翼的一个天然要塞。

这里有一个叫"旧别廖佐夫"的村子，还有一个更好记的名字——莫赫纳塔村。

苏军的哥萨克骑兵队伍驰骋过开阔地，他们迫切希望隐蔽到森林中。他们冲过德军第508步兵团的前沿阵地。马蹄"嘚嘚"作响，军刀闪着寒光。"乌拉！乌拉！"他们距离村子已不到100码。随即，德军第292炮兵团①第2营用直瞄火力粉碎了这一进攻。

来自符腾堡的第78步兵师（该师后来被改称为"第78突击师"②）奉命进入比亚沃维耶扎这片绿色地狱，梳理森林，将俄国人驱赶至第17步兵师设立在森林北部的拦截线。

俄国人是森林作战的老手。相比之下，当时的德军部队，对波兰东部和俄国西部这种渺无人烟的沼泽森林中的困难作战形式缺乏经验。德国陆军对森林作战的训练一直稍逊一筹，因为德国林业委员会一直用警惕的目光盯着他们的树林和种植园，军队对其加以使用时必须非常谨慎。至于原始森林，德国军队根本就没有训练的打算。而俄国人早已对这种类型的战斗非常熟悉。与德军步兵不同，他们不会在森林的前端或边缘占据阵地，而总是深入其中，最好是在沼泽地后方。而在环形阵地后，他们总是保持着战术预备队。对这种森林作战，苏联红军更喜欢采用近距离的短兵相接，就像他们接受过的训练那样。

这些苏军的防御阵地有一个特点，他们的散兵坑无法从前方被发现，其射界朝向后方，这样做的目的是等敌人从旁边经过后，他们便从背后开枪射击。

而德军士兵会为自己清理出一条射界，必要时会砍掉大批树木，当然，这种做法意味着他们很容易被从空中发现。相比之下，俄国人所干的更像印第安人红番。他们把灌木丛切割至齐腰高，向前方和两侧创建射界，这使他们获得了良好的隐蔽，同时也得到了清晰的射界。掌握这种战斗技巧前，德军士兵不得不付出沉重的代价。他们在比亚沃维耶扎森林中学到了代价高昂的教训。

6月29日，第78步兵师分成三队出发了，第215步兵团居右，第195步兵团在左，第238步兵团位于后方，构成梯次配置。在波佩列沃（Popelevo）村附近，与敌人发生了接触。这里的苏军部队是波塔图尔切夫被打散的坦克第4师的最后一股，再加上另外三股来自其他师、旅和炮兵支队的残部，现在重新构成了一个新的团，

---

① 508步兵团和292炮兵团都隶属于第292步兵师。

② 德军的作战序列里，只有两个突击师，除了第78师，还有一个"罗德岛"突击师。"突击师"是一个非常光荣的头衔。

由雅辛上校出色地带领着。这是一场短兵相接的白刃战——双方士兵用手榴弹、手枪和刺刀缠斗在一起。炮兵无法参与，因为敌我双方混杂得太过紧密。唯一可用的只有迫击炮。

6月29日下午，一场屠杀发生了。第215步兵团第3营，成功地从侧翼和后方对苏军发起了攻击。恐慌爆发开来，苏军士兵四散奔逃。雅辛上校战死在用树干制成的路障旁。波佩列沃再次沉寂下来。

第二天，第78步兵师的行动更加谨慎了。步兵连推进前，先由炮兵对每一片森林进行炮击。"步兵以排为单位，一个接一个地进入！"白色信号弹代表这里是德军部队；红色信号弹意味着敌人发起了进攻；绿色信号弹的意思是炮火前伸；而蓝色信号弹则表示敌人的坦克。没错，坦克！尽管是在森林中，俄国人还是部署了一些单独的坦克，以便为步兵提供支援。

到了晚上，第78步兵师终于通过了比亚沃维耶扎这片该死的森林，俄国人丢下了600具尸体。德军的几个团抓获了1140名俘虏。大约有3000名苏军士兵被推向第17步兵师的拦截线。比亚沃维耶扎森林两天的战斗中，第78步兵师阵亡了114人，另有125人负伤。

第197步兵师将师部设立在比亚沃维耶扎的一座波兰古城堡中。该师辖内的几个团奉命清理这片森林中最后一些残存的敌人，他们仍在几个地方坚守，这意味着对德军战线后方长期的威胁。

第29摩托化步兵师和"大德意志"步兵团，在森林东部的斯洛尼姆地区继续封闭着包围了苏军几个集团军的大口袋。这一针对敌人突围的企图，使他们卷入到激战中。第4和第9集团军麾下的各个师尚未赶到，以歼灭包围圈内的苏军部队。的确，他们已加快速度，沿着糟糕的道路进行强行军，身上沾满了汗水和尘土。但在他们赶到前，第29摩步师、霍特的第18摩步师以及第19装甲师必须牢牢地封闭住包围圈。这几个师急于摆脱"监狱看守"的任务，迫不及待地想挥师东进，直扑他们的重要战略目标——斯摩棱斯克。

"我们必须根除这些苏军不断突围的企图，我们得把他们赶出树林。"第29摩步师的作训处长弗朗茨中校对师长冯·博尔滕施坦恩少将建议道。师长同意了。

"托马斯上校报到！"图林根第71摩步团团长在师部报告道。地图已经过仔细研究，行动计划也已制定。此刻，"托马斯"战斗群动身进入泽利维扬卡地区的树林，该战斗群由第10装甲师的一部、反坦克兵、第71摩步团的两个营、两个炮兵支队和工兵组成。他们组成了两个楔形队伍，师长跟着他们一同行动。直到这时他们才发现了他们必须对付的敌人是何方神圣——苏军第4集团军中一股相当强大的力量，他们集结在泽利维扬卡，此刻正试图向东杀开一条血路，突出包围圈。他们打算向别列津纳河突围，希望能在那里守住新的阵地——叶廖缅科防线，这是他们通过电台获得的指令。

德军"清剿队"的兵力相差得太远。苏军的指挥官和政委非常果敢，没有受第一场战斗失败后随之而来的恐慌的影响，在他们的带领下，苏军士兵打得极为疯狂。他们达成了突破，切断了托马斯的战斗群，他们的坦克朝着德军第15摩步团第1营的后方冲去，试图重新夺回通往泽利瓦的铁路桥。

德军第29摩步师的参谋人员端着卡宾枪和冲锋枪趴在散兵坑里。在弗朗茨中校的指挥下，德军士兵用反坦克炮仓促构建了一道路障。俄国人被挡住了。终于，德军的其他步兵师赶到了。现在，第29摩托化步兵师可以转身向北，冲向具有决定性意义的新目标了。两个星期后，该师的大名将被众口相传。

别列津纳河，字面上的意思是"白桦树河"，是第聂伯河的一条右岸支流，

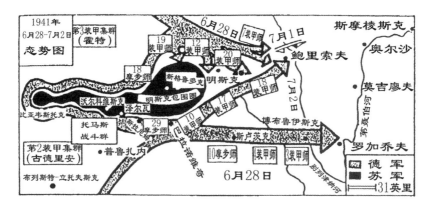

▲ 比亚韦斯托克—明斯克包围圈。比亚韦斯托克与明斯克之间，中央战线上第一场大规模歼灭战打响了。苏军4个集团军被德军快速部队所包围。

在俄国的历史上享有盛名。1812年11月，撤离莫斯科的拿破仑，正是在这里遭受到惨重的损失，他的大军就此走上了穷途末路。无疑，1941年6月29日的夜晚，叶廖缅科在明斯克地区接掌西方面军的指挥权时肯定也想起了这一历史先例，他下达了他的第一道命令："不惜一切代价守住别列津纳河渡口，必须将德国人挡在对岸。"

叶廖缅科下达这一命令时，尚未意识到苏军在中央战线上遭受损失的程度。他以为可以投入战斗的师已经不复存在。他赖以依靠的防御阵地早已被放弃。他想将德国人挡在别列津纳河，可古德里安麾下的装甲师所接到的进军令却已经提及了第聂伯河。他寄予希望的那些部队已遭遇没顶之灾，例如波塔图尔切夫的坦克第4师。

德军第18装甲师师长内林将军给笔者讲述了叶廖缅科的希望是如何化为泡影的。"6月29日的晚上。"内林回忆道，"第18装甲师的先头部队已抵达明斯克。霍特装甲集群的一部（第20装甲师）已于6月28日夺取了该城。第18装甲师奉命从南面经过明斯克，沿公路直扑别列津纳河上的鲍里索夫（Borisov），并在那里建立桥头堡。在当时看来，整个计划就像一场自杀行动，尽管事实并非如此，不过那时候很难预测。整个师完全依靠自己，推进60英里，直插敌人的腹地。"

6月30日清晨，内林带着部队出发了。前方的新道路，路况很好，这令坦克车长们感到高兴。但此刻，该师遭到了来自苏军加强防御阵地的抵抗。俄国人打得很顽强。显然，叶廖缅科的命令已经传达下来：要么守住，要么死！他需要时间来构建一道新的防线。这场与时间的赛跑能获胜吗？内林已下定决心要胜过叶廖缅科。就在师主力与敌军激战时，内林组织起一支突击队交由特格少校，这支突击队由第18装甲团第2营组成，搭乘在坦克上的是团属摩托车营的士兵，还有些侦察营的人，另外，跟随该突击队一同行动的还有泰歇尔特少校的炮兵营。

7月1日中午前，特格少校到达了鲍里索夫。城内的俄国人措手不及，但还是进行了激烈的抵抗。投入战斗的是鲍里索夫坦克训练学院的学员和士官，这是一支劲旅，他们完全明白别列津纳河上桥梁的重要性。他们进行了顽强的抵抗，但令人奇怪的是，他们没有炸桥。德军突击队遭受了严重的伤亡。叶廖缅科将所能调集起来的部队全部投入到鲍里索夫地区的战斗中。但此刻，德军第18装甲师的主力赶到了。中午过后不久，第52摩步团的两个营，在坦克的支援下，向苏军设在西岸的桥头堡发起了攻击。该团的第10连设法突破了敌人的防御。率领第1排的是布卡奇克中士，他冲到桥边，干掉了敌人设在斜坡上的两个机枪阵地。他的肩头也中了一枪，但他顾不上这些，带着自己的部下冲过桥去。桥对岸，苏军中尉还没来得及按下引爆器，他的爆破班便成了德军士兵的俘虏。

特格少校的坦克和摩托车营，跟着劳贝的高射炮连一同渡过了别列津纳河。第2连的88毫米高射炮守卫着桥梁，防止苏军发起攻击。第二天早上，天色刚刚放亮，苏军几个精锐营便搭乘着卡车，沿着公路朝鲍里索夫扑来，试图消灭德军的桥头堡。多尔少尉指挥他的88炮连将苏军的卡车击毁，面对苏军的狙击手、突击队以及坦克，德军付出了高昂的代价，这才守住了这座重要的桥梁。这条自拿破仑侵俄战争起就重要无比的河流已被德军征服，通往第聂伯河的道路敞开了。南面50英里处，莫德尔将军的第3装甲师也已在博布鲁伊斯克渡过了别列津纳河，而男爵冯·施韦彭堡将军辖下的第4装甲师也在南面渡过了该河，并朝着莫吉廖夫冲去。叶廖缅科输掉了别列津纳河上的这场赛跑。1941年7月2日，亚历山大·拉多在日内瓦给克里姆林宫发去电文："德国人的目标是莫斯科！"

第二天，铁木辛哥元帅亲自担任西方面军司令员，叶廖缅科成了他的副手。

然而，7月2日至3日的夜间，德军在鲍里索夫与博布鲁伊斯克之间的关键地段再次渡过了别列津纳河。第10装甲师辖下的第69和第86摩步团抢在拂晓前，在别列津诺（Berezino）建立起一个桥头堡，并牢牢地守住了它，尽管他们身后的木桥燃起了熊熊大火。

就在同一天，1941年7月3日，德国发起东线战事后的第十二天，德国陆军总参谋长哈尔德大将在他的日记中写道：

> 总的说来，除了微不足道的残部外，比亚韦斯托克突出部的敌军现在可以被视作已遭歼灭。"北方"集团军群的战线上，敌人的12~15个师同样可被视为已被全歼。
> "南方"集团军群的战线上，敌人也遭受到持续而又沉重的打击，现在基本已被瓦解。因此可以说，粉碎西德维纳河与第聂伯河前方的苏军部队的任务已经完成。也许可以毫不夸张地说，对苏联的战争在最初的两周内便已获得了胜利。当然，这并不意

味着这场战争已经结束。广袤的国土以及顽强的抵抗还会使我们的部队以各种可能的方式忙上好几周。

值得注意的是，这番文字并非希特勒所写，而是出自冷静、谨慎的陆军总参谋长哈尔德。德军的长驱直入以及苏联红军惊人的损失同样给他留下了深刻的印象。对一个从中欧角度考虑问题的军官来说，这番话一定是认为敌人已经彻底崩溃了。

而且，说实在的，"中央"集团军群司令，陆军元帅冯·博克于7月8日发布的每日训令也足以让所有人为之兴奋：

> 对比亚韦斯托克和明斯克的两场围歼战已经结束。集团军群对付的是俄国人32个步兵师、8个装甲师、6个摩托化或机械化旅以及3个骑兵师组成的四个集团军。这其中，22个步兵师、7个装甲师、6个摩托化或机械化旅以及3个骑兵师已被歼灭。

> 即便是那些成功逃离包围圈的敌军部队，其战斗力也已被严重削弱。敌人的伤亡异常惨重。截至昨日，俘虏和战利品的总数已达到以下数字：287704人被俘，其中包括数名师长和军长；2585辆坦克被摧毁或缴获，其中包括一些超重型坦克；1449门火炮和242架飞机被缴获。这个数字还要加上不计其数的轻武器、弹药以及各种车辆，另外还有大批食物和燃料储备。现在，我们必须对这一胜利加以利用。

怎么可能不对这一胜利加以利用呢？

但斯大林和他的元帅们对此却有不同的看法。对他们来说，30万人并不意味着世界末日。以其1938年的领土来看，苏联比德意志第三帝国大48倍。苏联有1.9亿人口，约有1600万符合兵役年龄的人可被动员起来。在乌拉尔山脉后已经建立起巨大的军工产业。即便在俄国西部遭受了严重的损失后，征召1000万士兵也不是什么难事，只要给苏联一点点时间。

苏军统帅部在1941年7月的奋战就是为了赢得时间。"争取时间！挡住德军坦克向东的推进！不惜一切代价构建起一道防线！"实际上，这正是铁木辛哥元帅给他的副手叶廖缅科所下达的命令。

铁木辛哥清楚地意识到，除非将已渡过别列津纳河的德国人挡在第聂伯河以及西德维纳河的下游，否则他们将从鲍里索夫和维捷布斯克（Vitebsk）直扑斯摩棱斯克。一旦斯摩棱斯克失陷，敌人离莫斯科就不到230英里了。如果莫斯科再丢失，那么苏联将失去其政治、精神和经济的中心。苏联的各个加盟共和国还会继续存在吗？他们会服从吗？他们会服从一个设立在偏远省会城市的中央政府吗？也许他们会服从，但也可能不会。显然，苏联的命运决定于莫斯科门前。胜利还是失败，将在苏联首都的门外决定。斯大林意识到这一点，并采取了相应的措施。

第18装甲师师部设在鲍里索夫桥头堡。7月3日，师里的空中侦察单位发来一条消息："在奥尔沙（Orsha）地区，一支强大的敌装甲部队正沿着鲍里索夫—奥尔沙—斯摩棱斯克公路的两侧推进，至少有100辆重型坦克，其中有一些超重型、迄今为止从未见过的型号。"听到这个消息，师部里一片震惊。

"他们从哪里冒出来的？"内林将军惊讶地问道："这些俄国人好像有九条命。"

其实，这是克列伊泽尔少将[①]指挥的"莫斯科"摩托化步兵第1师，叶廖缅科派他的部队来对付古德里安的装甲先头部队。这是一支精锐之师，是苏军统帅部的骄傲。

德军的空中侦察被证明完全准确。叶廖缅科在回忆录中写道："这个师配有大约100辆坦克，其中包括一些以前从未配备给中央防线的T-34。"

T-34！现在轮到中央战线体验这种神奇的武器了，战争爆发的最初四十八个小时里，它曾在南方战线出现过，但无论它出现在哪里，带去的都是惊恐和畏惧。

在鲍里索夫东面六英里的利普基（Lipki）村附近，内林将军的装甲先头部队与克列伊泽尔的"莫斯科"摩步师迎头相遇。来自开姆尼茨（Chemnitz，这座城市现在叫"卡尔·马克思城"[②]）的德军第18装甲师与来自马克思主义世界革命中心的精锐部队混战在一起。

---

① 这时的克列伊泽尔还是上校。
② 两德统一后，原东德的"卡尔·马克思城"又恢复了"开姆尼茨"的旧称。

第一辆T-34首次出现在视线中时，给德军装甲和反坦克部队造成了极大的恐慌。但在它身旁大约100英尺处，还出现了一个更加庞大的怪兽——一辆重达52吨的KV-2坦克。这两个庞然大物中间的T-26轻型坦克以及BT快速坦克很快便被德军的三号坦克打成了火团，但三号坦克的50毫米口径主炮对那两个钢铁巨兽无能为力。一辆三号坦克被对方直接命中，燃起了大火，其他德军坦克四散躲避。苏军这两辆坦克继续向前推进。

德军的3辆四号坦克匆匆赶到战场，这种坦克的绰号叫"短树桩"，配有75毫米短身管主炮。但这种德军当时最重型的坦克比起俄国人的T-34来还是轻了起码3吨，火炮的射程也短了许多。但德军坦克车长们很快便发现，T-34的组员们信心不足，火炮的射速非常慢。德军坦克避开对方的炮火，绕到T-34的侧面，将其团团围住，然后开炮打断了对方的履带。苏军的坦克组员跳出坦克试图逃生，但却被一辆三号坦克的机枪子弹扫倒。

与此同时，苏军那辆重达52吨，配备着152毫米主炮的KV-2坦克仍在与德军的两辆三号坦克交锋。德军坦克的一发炮弹一直钻进俄国坦克的传动装置中，然后就被卡住了。尽管如此，俄国人还是突然丢弃了他们的坦克，可能是因为引擎发生了故障。

这场混战暴露出俄国人所犯的错误。他们没有集中使用他们的T-34和超重型KV坦克，而是把它们单独安排到轻型和中型坦克编队中，用于支援步兵。这是一种严重过时的坦克战术，其结果就是占据优势的苏军坦克被德军装甲连一辆接一辆地干掉，尽管德国人起初被这些坦克惊呆了。克列伊泽尔将军在利普基附近发起的反击就这样土崩瓦解了。

内林将军和他的部下们目瞪口呆地查看着这些被击毁的钢铁巨兽。内林站在一辆KV坦克前沉思着，数着它被坦克炮弹击中的次数，总计11发炮弹，但没有一发炮弹穿透它的装甲板。

鲍里索夫西面，古德里安大将也在通往莫斯科的公路上第一次看见了俄国人的T-34坦克。3辆T-34被困在湿软的土地里，结果完好无损地落入德国人手中。古德里安对这款坦克出色而又目的明确的设计赞赏不已，威力强大的主炮给他留下了尤为深刻的印象。

"莫斯科"摩托化步兵第1师用它所有的力量继续抵抗着德军第18装甲师的推进。T-34和KV坦克依然是他们最具威胁的武器。德军步兵面对着东线战场上第一场严峻的考验。第101摩步团的作战日志清楚地表明了这一点,以下便是该团第2营的作战记录。

7月5日。苏军坦克对托洛钦(Tolochino)的近端发起了攻击。他们的一辆坦克被卡在森林里。芬戴森中士带着第6和第7连的伙计,用近战武器摧毁了它。10辆T-26坦克出现在我们防线前方的公路上。伊森贝克少尉带着一个反坦克排,用一门50毫米反坦克炮封锁了道路。苏军坦克糊里糊涂地向前驶来。伊森贝克跪在他的火炮旁,一发接一发地开炮射击。为首的T-26中弹起火,第二辆一头扎进了路边的壕沟里。敌人的第三辆坦克,履带被炸断,停在路边动弹不得,成了活靶子。下一个目标,开火!又有五辆坦克被击毁了。第九辆坦克在不到30码的距离上被击中了,像个火炬那样燃起了熊熊烈火。第十辆坦克躲在它身后,这才得以调转车头,沿着之字形路线仓促逃离了。

7月7日,重组后的苏军坦克再次发起了进攻。伊森贝克少尉指挥的那门反坦克炮被敌人击中,炮组成员非死即伤。一辆52吨的重型坦克像压路机那样从我们的反坦克障碍上碾过。但随后它被卡住了。尽管如此,它仍在用它的大口径火炮轰击着我们连的阵地。

第101摩步团直属连的克罗伊特尔少尉,带领着十来个人朝那辆钢铁巨兽逼近。一挺发射特制硬芯反坦克子弹的机枪为他们提供掩护,但子弹在敌坦克的装甲板上像豌豆那样弹飞了。

韦伯中士跳了起来,屈内下士紧跟在他身后,他们朝着敌人的坦克冲去,完全不顾对方的机枪火力。泥土和灰尘在他们面前飞溅,但他们设法到达了敌坦克机枪射界的死角。他们把一些手榴弹绑在一起,做成两个重型炸弹。韦伯先投出了炸弹,紧接着屈内也扔了出去。就在他们趴下身子的同时,一道闪光,一声巨响,弹片四散飞溅。屈内的上臂被撕了个大口子,但KV坦克的炮塔机构被炸坏,它再也不能转动它的火炮了。

就像捕杀史前巨兽的猎人,克罗伊特尔少尉的人端着冲锋枪和机枪,趴在那辆坦克的四周。少尉跳到了KV坦克上,蹲在硕大的炮塔上的炮管下面。

"手榴弹!"他叫道。列兵耶德尔曼摸出一枚长柄手榴弹丢给他。少尉接过手榴弹,拉燃导火索,把它塞进粗大的炮管中。随即,他跳下坦克,在地上翻滚着。他逃离得恰是时候,手榴弹的爆炸犹如一声霹雳,片刻后,炮膛内的一发炮弹殉爆了。这一爆炸肯定把后膛闭锁块炸到了炮塔内,因为炮塔的舱盖敞开了。克莱因下士急中生智,以娴熟的技巧在25英尺外将一捆炸药扔了进去。一道刺目的闪光,一声巨响,硕大的炮塔被炸飞到15英尺外的土地里。这只钢铁巨兽像个火炬那样燃烧了几个小时。黄昏时,营长佩珀上尉带着克劳斯少尉来查看我们连阵地时,它仍在焖烧。

"真是个铁棺材!"佩珀说道,"你看看……"他的话还没说完,一支苏军的半自动步枪响了两声,佩珀和克劳斯迅速趴下隐蔽。这次他们运气很好。但第二天,这位营长在赶去团部的路上阵亡了。子弹来自躲藏在树顶上的苏军狙击手,佩珀当场身亡,陪同在他身旁的克劳斯少尉身负重伤,几个小时后死在急救站里。敌狙击手是一名负了轻伤的俄国人,他隐蔽在树上,由于他拒绝投降,所以只比我们的上尉多活了15分钟。

这就是到目前为止的第101摩步团作战日志。同一天,1941年7月8日,在更北端的先诺(Senno)地区,西德维纳河与第聂伯河之间这一历史上著名的狭长地段,德军第17装甲师也初次遭遇了一辆T-34叶廖缅科已经调集了新锐的第20集团军,并将他们投入到奥尔沙与维捷布斯克之间这一具有战略重要性的狭长地段,以便从这一侧堵住通往斯摩棱斯克的道路,这也正是霍特和古德里安部队试图推进的道路。

拂晓时,第17装甲师的先头团展开了行动。他们穿过麦浪滚滚的农田,越过马铃薯地,驶进茁壮生长着的灌木丛。上午11点,冯·齐格勒少尉的先头排与敌人相遇。俄国人隐蔽在伪装良好的阵地上,在近距离内开火射击。第一轮射击打响后,德军第39装甲团辖下的三个营迅速散开成一个宽大的正面。反坦克炮单位迅速向前冲去,以保护装甲部队的侧翼。一场坦克战开始了,这场战斗就是在军事史上赢得了一席之地的,先诺之战。激烈的战斗从11点一直持续到夜幕降临。苏军的行动相当熟练,他们试图从侧翼或后方击溃德军。阳光火辣辣地照耀着作战双方,广阔的战场上散落着燃烧或闷燃着的坦克,既有苏军的,也有德军的。

17点，德军坦克通过无线电台收到了一个信号："注意节约弹药！"就在这时，无线电报务员韦斯特法尔在他的坦克里听到车长激动的喊声："敌重型坦克！炮塔十点钟方位，穿甲弹，开炮！"

"直接命中！"萨奇上士喊道。但俄国人似乎没有意识到已被炮弹命中，毫不在乎地继续向前驶来。第9连的两辆、三辆，然后是四辆坦克，在800～1000码的距离上包围了这辆T-34，朝着它开炮射击，但没给对方造成什么损害。随即，这辆T-34停了下来，炮塔转动着。伴随着一道闪光，它开炮了，一团泥土在第7连霍恩鲍根中士的坦克前40码的地方激起。霍恩鲍根赶紧让自己的坦克避开对方的射击线。T-34继续沿着乡村土路向前驶去，德军的一门37毫米反坦克炮就设在那里。

"开火！"

但这辆钢铁巨兽似乎把炮弹弹飞了。它那宽宽的履带上裹满了杂草和被碾碎的麦秸秆，发动机的声音越来越响。苏军坦克手驾驶着坦克全速行驶。这种结构坚固的坦克，操作起来并不那么轻松。所以，几乎每个驾驶员都会在他的脚边放一把锤子，如果变速器不顺畅的话，通常的做法就是用锤子敲打排挡杆，这是苏联式的临时处理法。不过，眼前的这辆坦克运作正常，它径直朝德军的反坦克炮扑来，炮手猛烈地开炮射击。只有20码了，10码，只有5码了！

坦克终于碾上了这门反坦克炮。炮手们一下子四散奔逃。这辆T-34像只巨兽一样压过那门火炮。然后它稍稍向右转动，继续向前行驶，越过德军防线，朝着后方的重炮阵地冲去。一直行驶到主战线后九英里处，它的这番旅程才告一段落，它陷在德军炮兵阵地前不远处的一片泥沼中动弹不得。师里的一门100毫米口径长身管火炮结果了它。

这场坦克大战一直持续到夜里。燃烧着的坦克怪异地停在麦地里。坦克内的弹药发生了殉爆，装满了燃料的油罐也爆炸了。医护兵在战场上奔波，寻找着惨叫着的伤员，并用毛毯或帐篷布把死者盖上。925号坦克闷燃着，组员们吃力地把他们的车长拉了出来——萨奇军士，他已经死了。十七天前站在普拉图林森林中的空地处，倾听元首命令的那些士兵中，许多人阵亡了，还有很多人负了伤。但第17装甲师控制着战场，谁控制着战场，谁就是胜利者。

1941年夏季，苏军的T-34坦克之所以没能成为决定性武器，有两个原因。一个原因是苏军错误的坦克战术，他们零打碎敲地使用这些T-34，把它们跟轻型坦克部队编在一起，或是用于支援步兵，而不是，按照德军的理论，集中使用它们，在指定的地段撕开敌人的防线，破坏对方的后方交通，深入敌人的腹地。俄国人无视现代坦克战的这一基本原则，古德里安总结的一个原则至今依然有效："集中，不要分散！"

俄国人的第二个错误是他们的作战技巧。T-34坦克在这方面有个致命的弱点。车组由四名成员组成——驾驶员、炮手、装弹手和报务员，他们缺少第五个人，也就是车长。T-34车组中，炮手也同时担任指挥车辆的工作，这一双重任务——既要操纵火炮，又要在射击间歇朝外观察，这就影响了效率和射击的速度。当时，T-34开一炮，德军的四号坦克可以开三炮。这样，德军坦克就能战胜

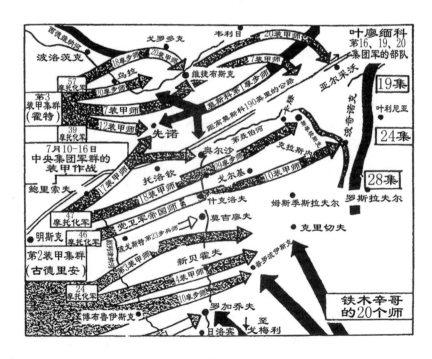

▲ 1941年7月10—11日，德军渡过第聂伯河，夺取了斯摩棱斯克，这是中央战线上的第一次决定性行动。

射程更远的T-34，尽管苏军坦克大量使用了45毫米的装甲板，但只要打击它们的履带或其他"薄弱点"就能获得成功。另外，苏军的坦克部队中，只有连长的座车才配备电台，这就使他们在战斗中的机动性远远不及他们的德国对手。

尽管如此，T-34在整场战争中依然是一种危险而又令人畏惧的武器。这种坦克如果在战争的最初几周里大规模投入，其影响是很难想象的。但另一方面，德军坦克的大规模使用给苏军步兵留下了深刻的印象，古德里安的对手，叶廖缅科将军坦率地承认了这一点，在回忆录中他写道：

> 德军以大批坦克部队发起进攻，步兵通常会搭乘在坦克上。我们的步兵对此毫无准备。伴随着"敌人的坦克来了"的叫声，我们的连、营、甚至是整个团四散奔逃，在反坦克炮或炮兵阵地后寻找隐蔽，结果给整个战斗序列造成了破坏，大批士兵聚在反坦克炮阵地周围。他们丧失了作战能力，他们的战斗准备也被削弱，所有的作战控制、联系与合作都变得不复可能。

叶廖缅科清楚地知道德军装甲部队优于自己部队的原因所在，他得出了必要的结论。因此他下达了严格的命令，必须打掉德国人的坦克。他的办法是集中炮火和飞机轰炸，更重要的是在近距离内用手榴弹和一种新式近战武器解决，这种武器直到今天仍以德军给它起的绰号而著称——莫洛托夫鸡尾酒。莫洛托夫鸡尾酒至今仍是国内革命行动者的最爱，它的由来有一段有趣的历史。

叶廖缅科无意间获悉，戈梅利（Gomel）的一个仓库里贮存着一批高度易燃的液体，被称为KS，这是一种汽油和磷的混合物，战争爆发前，苏军曾试验过这些东西，可能是为了迅速点燃敌人的仓库或其他重要设施。叶廖缅科急中生智，立即下令为前线提供10000瓶这种混合液体，并将其分发给前线部队，以对付德军的坦克。莫洛托夫鸡尾酒并不是一种神奇的武器，而属于一种即兴之作，一种绝望下的权宜之策。但这种武器却非常有效，这种混合液体一旦与空气发生接触，便会立即起火燃烧。第二个装满了汽油的瓶子会增添燃烧的效果。如果只有汽油的话，就必须在瓶口塞上布条，将其点燃后扔出，燃烧瓶才能生效。燃烧瓶在坦克上方或侧壁撞碎后，燃烧的混合液体会流入坦克的作战舱或发动机舱，引起坦克内的燃料起火。这些庞大的钢铁怪兽很容易被烧毁——可能是因为其金属外壳上通常覆盖着一层油脂或汽油什么的。

但是，不用说，燃烧瓶是无法阻止坦克大军的，尤其是当德军坦克（他们始终与步兵保持着密切配合）更加留意试图在近距离内发起袭击的敌军步兵后。如果俄国人想挡住德国人，阻止他们通过斯摩棱斯克扑向莫斯科的话，就必须调来更多的部队和更多的大炮。

于是，苏军统帅部从南方征调了第19集团军的部分部队赶至维捷布斯克地区。苏军步兵团一个接一个地跳下卡车，投入到阻挡霍特第7和第12装甲师的战斗中。叶廖缅科意识到，他正在慢慢地牺牲掉一批相当大的有生力量，包括六个步兵师和一个摩托化军。但他还能怎么做呢？他希望通过这种办法至少能延缓德军的先头部队。他需要的是时间。

但叶廖缅科的希望落空了。德军第7装甲师的侦察队俘虏了一名苏军高射炮部队的军官，在他身上发现了7月8日下达的命令，该命令显示，叶廖缅科打算让第19集团军的几个师在维捷布斯克北部下火车，并把他们部署在河流之间的狭长地带中。霍特大将立即采取了反制措施。他命令施通普夫中将的第20装甲师 [该师已于7月7日在乌拉（Ulla）渡过西德维纳河到达了北岸] 于7月9日沿该河河岸向维捷布斯克推进。与此同时，德军第7和第12装甲师，在西德维纳河南端的瓶颈地带牵制住叶廖缅科的部队。施通普夫的坦克，再加上被迅速调上来的措恩少将带领的第20摩步师，径直扑向敌人的后方，给正在下火车的苏军部队造成了极大的混乱。

此刻是7月10日的清晨，苏德战争爆发后的第19天，这也是具有戏剧性决定的一天。德军的闪电战仍在如火如荼地进行着。佩普西湖南面的普斯科夫已经陷落。赖因哈特将军第41摩托化军麾下的第1装甲师和第6装甲师的一部突破了"斯大林"防线，经过几场激烈的坦克战后，于7月4日夺取了奥斯特罗夫（Ostrov）。霍普纳大将第4装甲集群北端的这个摩托化军，以第36摩步师和第1装甲师一部为先锋，继续向前快速推进，4天后到达了通往列宁格勒途中重要的转折点。霍普纳命令他的部队向东北方前进，直扑列宁格勒。也许，列宁格勒会在斯摩棱斯克之前陷落，如果该城失守，位于波罗的海的苏联军队就将崩溃，莫斯科的北翼就将敞开。然后，一场比赛即将开始：谁会第一个冲进克里姆林宫呢，霍普纳，霍特还是古德里安？这种情况很有希望：也许霍普纳能再次重演1939年他在华沙取得的胜利，当时，对波兰的战役刚刚打响八天，他率领的第16摩托化军辖下的第1和第4装甲师便到达了波兰首都的西面和南面。

普斯科夫南面200英里便是维捷布斯克，这是西德维纳河上一个重要的铁路枢纽，也是通向斯摩棱斯克的门户。维捷布斯克失陷了，德军第20装甲师通过7月10日的突击夺取了该城。狂热的共青团员们在城内四处放火，整座城市燃起了熊熊大火。但霍特麾下的装甲师并不需要进城宿营过夜，他们只是经过这座燃烧着的城市，继续向前，朝着东方更远处，斯摩棱斯克的后方冲去。

古德里安的战区内也是这样，他的先头部队已在博布鲁伊斯克和鲍里索夫渡过了别列津纳河，现在正冲向第聂伯河，1941年战事中最重要的决定在7月10日这天做出了。

"利本施泰因，你的看法是什么？"每天晚上，古德里安从前线回到自己的司令部时都会这样问他的参谋长，"我们是应该继续前进，让装甲部队强渡第聂伯河呢，还是应该等步兵部队赶上来？"这个问题在第2装甲集群的司令部里已经讨论了几天，每次都会发生相同的争论。强行渡河这个工作，更适合步兵部队而不是装甲团，但是，步兵师赶到还需要两个星期。难道俄国人会允许位于别列津纳河或第聂伯河前的德国人悠闲地消磨两个星期吗？作训处长拜尔莱因中校列出了情报官提供的敌情文件，证据确凿无疑：空中侦察报告指出，强大的苏军摩托化部队正向第聂伯河前进，另一支新的苏军部队也正在戈梅利东北方集结。

苏军这些新部队的集结多少打消了一些德军统帅部的乐观情绪，就像哈尔德大将在7月3日所表述的那样，除非允许俄国人调集兵力加强第聂伯河防线，并迅速建立起防御阵地，否则，就必须采取迅速的行动。

在与上司的争论中，古德里安强烈主张在中央战线上继续推进，他的参谋人员一致赞同他的观点。时至今日，我们知道古德里安的焦虑是有道理的。据叶廖缅科的回忆录以及许多近期的苏联军事出版物所述，按照苏联国防委员会的决定，铁木辛哥重组了原来的西方面军，并亲自担任新组建的"西方"集团军群司令。在北面和南面，"前线"（旧军区相应的防区）也被改编为集团军群。西北方向由伏罗希洛夫元帅指挥，西南方向由布琼尼元帅指挥。[①]从7月10日起，铁木辛哥沿着第聂伯河收集了一个又一个师，到7月11日时，他的方面军再次拥有了31个步兵师、7个坦克师和4个摩托化师。另外，还必须加上第4集团军的残部（这些部队是从明斯克包围圈逃出来的）以及第16集团军的部分兵力，该集团军已从南方被调至中央防线。总之，第聂伯河上游排列了苏军42个做好战斗准备的师。

接下来的事情，古德里安过去曾谈到过，法国战役期间也曾发生过。策划进攻时，他的看法是，装甲部队的成功取决于快速而又坚决地穿插到敌防线后方。但这一观点并不被他的同僚所赞同，为此，他曾与伦德施泰德大将和哈尔德有过不少争执。等古德里安突破了马其诺防线，希望率领他的第19军直扑海峡沿岸以切断英法军队时，他不得不一次次放慢了向西推进的步伐。A集团军群司令部和元首大本营都对部队暴露无遗的侧翼担心不已，这就是他们在1940年5月15日和17日阻止古德里安快速推进的原因。

"您正在丢掉我们的胜利。"古德里安恳求他当时的上司冯·克莱斯特大将。古德里安想方设法一次次地让对方接受自己的意见，但在敦刻尔克他没能成功。在敦刻尔克，胜利真的被丢掉了。

"您正在丢掉我们的胜利。"自7月初起，每当第4集团军司令，陆军元帅汉斯·京特·冯·克鲁格指示他等待步兵部队赶至第聂伯河时，古德里安就在电话里这样喊道。

7月9日，冯·克鲁格元帅亲自赶到古德里安设在托洛钦的司令部。一场激烈的讨论随即展开。陆军元帅克鲁格的名字一语双关——"聪明的汉斯"，而"飞毛腿海因茨"则是部下们对古德里安的昵称，现在，这两人迎头相遇了。古德里安想抢渡第聂伯河，克鲁格不批准。古德里安强烈地为自己的计划辩解，克鲁格则保持着冷静。于是，古德里安说了个善意的谎言。他坚持说，他辖下的大部分

---

① 这一段英译版表述得有些混乱。1941年6月22日苏德战争爆发后，一些军区被改编为方面军，例如西部特别军区就变成了西方面军，而不是集团军群，尽管其在编制上等同于集团军群。英文中的Front既可指"前线"，也是苏军所称的"方面军"，一般以大小写区分。当时的苏军最高统帅部将整个战场划分为三个区域：西北方向总司令是伏罗希洛夫元帅，西方向总司令是铁木辛哥元帅，西南方向总司令则是布琼尼元帅。

装甲部队已经沿第聂伯河部署，做好了发起进攻抢渡该河的准备，这种部署不可能不冒风险地无限期保持下去。

"另外，我相信这一行动能获得成功。"古德里安恳求着克鲁格，"如果我们能迅速夺下莫斯科，我相信这场战争就能在今年年底前结束。"

如此大的决心和信心，就连轻易不露声色的克鲁格也被打动了。"您的行动总是处在千钧一发之际。"他说道。但他批准了古德里安的计划。

古德里安大将朝他的参谋人员点了点头，"先生们，我们要出发了。明天的第一件事情就是渡河！"明天就是7月10日。

好运总是眷顾勇敢的人，这也适用于古德里安：行动的进展证明了他的正确性。他的先头部队发现俄国人已经设防，并在罗加乔夫（Rogachev）、莫吉廖夫和奥尔沙以重兵守卫第聂伯河上重要的渡口。以突袭的方式夺取这些渡口的尝试失败了，而且代价高昂。但摩托化军的侦察队很快便在敌人设于第聂伯河西岸的据点间发现了一些薄弱点。这些防御薄弱的地段位于旧贝霍夫（Staryy Bykhov）、什克洛夫（Shklov）以及科佩西（Kopys）。

旧贝霍夫位于南面，在第24摩托化军的作战区域内；什克洛夫位于中间，是第46摩托化军的作战范围；科佩西则在北面，位于第47摩托化军的作战区域内。这几个地点是糟糕透顶的垃圾场，没有桥梁，甚至没人听说过它们。俄国人做梦也没想到德军会在这些地点发起进攻，战争最大的秘诀始终是攻击敌人意想不到的地方。

事实上，德军于7月10日和11日在这三个地点渡过了第聂伯河，并未遭遇太大的伤亡。在旧贝霍夫的上游和下游，第3和第4装甲师第一次尝试就渡过了该河。第3摩步团第1营和第10摩步师在索博洛沃（Soborovo）渡过了第聂伯河，建立起桥头堡，并击退了苏军发起的所有反击。在旧贝霍夫，第34摩托车营第2连，在罗德上尉的带领下，强渡第聂伯河，并在对岸建立起第一座桥头堡。第79工兵营立即开始搭建一座应急桥梁，以备在7月10至11日的夜间使用。[①]

而在科佩西，德军的渡河行动起初并未成功。面对敌人的空中打击和地面炮

---

① 第3摩步团属于第3装甲师；第34摩托车营和第79工兵营则隶属于第4装甲师。

火，第29摩托化步兵师不得不强行渡河。7月11日清晨5点15分，黑克尔中校的几个工兵连在自行火炮的掩护下，搭乘冲锋舟渡过河去，随即将步兵摆渡过河。45分钟内，德军的四个突击营已到达对岸。他们冒着敌人的炮火开始挖掘战壕。

德军第10装甲师在什克洛夫渡过了第聂伯河，"大德意志"步兵团与"斯大林的学生"迎头相遇，这是由苏联军校学员组成的一支精锐部队。黑纳特中尉带领着"大德意志"步兵团第1营的机枪连，终于为全团争取到必要的空间，从而将苏军击退到树林里。工兵们以破纪录的速度搭建起桥梁，德军的重型武器终于得以渡河。

对于奥尔沙、莫吉廖夫和罗加乔夫这些重兵据守的城镇，古德里安的装甲师只是绕过它们，向着更东面扑去。他们的目标是斯摩棱斯克。

古德里安感到时间紧迫，因为铁木辛哥元帅已在南面的戈梅利地区调集了20个师的重兵。他试图从侧翼对古德里安的部队发起攻击，以此来挽救斯摩棱斯克。德军部队遭遇到的顽强防御战证明了形势的严重性，但是，铁木辛哥的计划破产了。这一成绩主要应归功于费尔特将军的第1骑兵师，该师朝着铁木辛哥的攻击部队扑去。他们与第10摩步师以及第4装甲师的一部一起，掩护了第2装甲集群的侧翼。

第1骑兵师所采取的这一关键行动值得大书特书。整个二战期间，直到1944年，作为德军唯一一支主要的骑兵部队，费尔特将军辖下的骑兵旅沿着无法逾越的普里皮亚特沼泽的边缘进军，穿过了坦克部队无法通行的道路。布满了马道、灌木丛以及沼泽的道路，为敌人的埋伏和陷阱提供了理想的地形。但第1骑兵师在这样的道路上应付自如，他们保护着古德里安的侧翼，并与伦德施泰德元帅在大沼泽南部行动的部队保持着有效的联系。该师成功地击退了苏军对古德里安装甲集群侧翼的攻击，从而使该集群顺利地冲向斯摩棱斯克。

现在，打击一个接着一个。7月15日的夜里，德军第7装甲师（该师隶属于霍特将军的第3装甲集群）绕过斯摩棱斯克向北而去，在空军的强力支援下，切断了斯摩棱斯克通向莫斯科的公路和铁路线。这座城市就此断绝了补给和援兵，一个新的包围圈已经形成，15个苏军师被囊括其中。

苏军最高统帅部希望不惜一切代价守住斯摩棱斯克。斯摩棱斯克有点像斯大林格勒：不仅是一个象征，也是个重要的战略要地。斯摩棱斯克是通向莫斯科的关键之门，是第聂伯河上游的一座堡垒，也是俄国最古老的居民地之一。1812年8月16

和17日，拿破仑就是在这里赢得了胜利，从而使他踏上了进军莫斯科的征途。三个月后，1812年的11月16和17日，也是在这里，沙皇将领库图佐夫击败了法国大军。这就能解释苏军士兵坚守斯摩棱斯克时强烈的爱国主义情感了。冯·博尔滕施坦恩将军第29摩步师的士兵们很快就将体会到这一点。

这些日子，对第71和第15步兵团、第29炮兵团、工兵、摩托车营，尤其是亨茨少尉的第2连（他在斯摩棱斯克东面的第聂伯大桥上坚持了整整六天，最终通过突袭夺取了该城）来说，将永远也不会忘记。

据叶廖缅科将军报告，守卫斯摩棱斯克的指挥员已下令实施"全面防御"。街道上设置了路障，混凝土碉堡也已构设起来。每一座房屋，每一个地窖都是抵抗的中心。武装起来的工人和职员，跟随着警察和军人，被分配到各个巷战小分队里。他们奉命与自己守卫的建筑物共存亡。守卫斯摩棱斯克的军事骨干，由苏军步兵第34军的步兵团提供。

但斯摩棱斯克还是失陷了，而且失陷得很快。图林根第71步兵团的进攻与俄国人的防御相比，更加英勇，也更加巧妙。7月15日清晨7点，托马斯上校带着他的团投入了战斗。在斯摩棱斯克西南方9英里处，他们通过一条乡间土路绕过敌人的防线，随即从南面发起了进攻。11点，他的第2营对科纽霍沃山（Konyukhovo）上的几个苏军连队发起了猛攻。据俘虏交代，该城南面的出入口同样戒备森严。于是，托马斯再次把他的团带向右侧，从东南方发起了攻击。城内的守军在17点发现德军先头部队时，已经太晚了。傍晚时刻，第71步兵团的突击队已经出现在南郊的街道上。

第二天凌晨4点，德军第71和第15步兵团联合发起了主攻。重型火炮、88口径高射炮、迫击炮、自行火炮以及喷火坦克为步兵们清理出前进的道路。该城的北部是一片工业区，苏联警察和工人组成的防御部队打得非常顽强。每一所房屋，每一座地窖的夺取都得用上手枪、手榴弹和刺刀。7月16日夜里8点，德国人到达了该城的北部边缘。斯摩棱斯克落入了德军之手。

由此，苏德战争爆发后的第25天，"巴巴罗萨"行动的第一个战略目标已经达成："中央"集团军群的先头部队已到达亚尔采沃（Yarzevo）—斯摩棱斯克—叶利尼亚（Yelnya）—罗斯拉夫尔（Roslavl）地区。他们已经推进了440英里，距离莫斯科还有220英里。

现在只有莫吉廖夫远远地落在德军战线后，而且，激烈的战斗仍在那里持续。这座城市是白俄罗斯苏维埃社会主义共和国莫吉廖夫州的首府，坐落在第聂伯河上游，城内有十万名居民和一个大型铁路维修站，这里是俄罗斯西部丝绸业的中心，古时候，能在这里看见俄罗斯帝国全体天主教徒的大主教。现在，这座城市由苏军第13集团军的三个师顽强守卫着，带领他们的是格拉西缅科中将。

7月20日，该城位于第聂伯河以西的部分被德军第7军辖内的4个师所包围。

当天14点，来自柏林—勃兰登堡的德军第23步兵师，在黑尔米希少将的指挥下，以两个团的兵力发起了进攻。第9步兵团来自波茨坦，继承了波茨坦老近卫步兵团的传统，他们成功地渡过了第聂伯河，但却被压制在一个小小的桥头堡处。第68步兵团也没能突破苏军的防御，而第67步兵团在第二天同样未获得进展。

由于正面进攻在该城边缘受阻，于是黑尔米希试图逆流而上，从东南方打击连接莫吉廖夫和卢波洛沃（Lupolovo）的桥梁。他成功了。经过一场激烈的夜战，第9步兵团设法将掘壕据守的敌军赶了出去。

但德军的损失也很惨重。施罗特克中尉带领的第67步兵团第11连，几乎全军覆没。在一个果园里，该连的侧翼遭到敌军火力的打击。连里的军官悉数阵亡，全连损失了三分之二的作战力量。与此同时，在第聂伯河西岸，勃兰特少尉带领着第67步兵团第10连，在岸堤的掩护下，设法逼近了公路桥。他和他的部下在来往的苏军车辆间躲闪着，但他们冲过了这座桥梁，并与被压制在东岸的第9步兵团取得了联系。

面对苏军猛烈的进攻，勃兰特他们牢牢地控制着公路桥和桥头堡，他们不仅要应付突然间加剧的炮击，还要对付更为危险的狙击手——只要有谁敢把头探出掩体，对方的子弹便会要了他的命。就在汉尼希少校带领着第9步兵团第1营冲入城市的东半部时，他们一头撞上了苏军的机枪火力。少校倒在桥上，身负重伤，他命令部下们继续压上。随即，他被苏军狙击手击毙。

7月26日清晨，在弥漫于第聂伯河河谷的薄雾的掩护下，俄国人成功地炸断了通入城市东半部的200码长的木桥，并将部分桥梁彻底摧毁。通过这种办法，苏军士兵烧毁了他们的桥梁。他们坚守在已被突破的阵地里，一直打到最后一颗子弹。

最终，他们陷入第78、第15、第23和第7步兵师的重重包围中，这些守军被压迫得喘不过气来。其中有些人试图搭乘卡车逃至城西，但立即被击毙。

木桥很快便被修复，第23步兵师跨过桥梁来到了城东。第15步兵师占领了莫吉廖夫，一种气味奇特的棕色液体沿着市内的主街道流淌着：俄国人射穿了一座大啤酒厂里硕大的木桶，啤酒汩汩地流入第聂伯河。决不能留给征服者享用。

第23和第15步兵师抓获了12000名俘虏。出人意料的是，其中有一些军官。一般说来，苏军军官会奋勇战死或是杀开血路逃生。德军方面，光是第23步兵师就有264人阵亡，83人失踪，1088人负伤。对征服一个远远落在前线后方的城市来说，这是个沉重的代价。

4

莫斯科还是基辅？

叶利尼亚突出部的地狱——来自毛尔森林的拜访——希特勒不想夺取莫斯科——古德里安飞去会见希特勒——希特勒大本营内戏剧性的争辩——"我的将领们不懂战时经济。"

　　东线，没有一个将军，没有一个军官，也没有一个士兵对斯摩棱斯克战役后进一步的行动方向或下一个目标有任何怀疑。当然是莫斯科，莫斯科是苏维埃帝国的心脏和大脑。任何人只要看看战前的苏联地图就会发现，几乎所有的道路都通向莫斯科。这个知识界和政界人物云集的首都同时也是个重要的交通枢纽，是红色帝国的心脏。这似乎是个合理的假设，如果这颗心脏被刺穿，整个幅员辽阔的国家就将崩溃。这就是陆军总司令冯·勃劳希契元帅的观点。他的看法得到了总参谋长哈尔德的赞同，古德里安、霍特、博克以及东线其他的司令官也都表示赞成。他们都同意现代战略学之父克劳塞维茨的看法，他曾评述过拿破仑的莫斯科战役，尽管拿破仑输掉了征俄战争，但他的目标是合理和正确的。战争的目标是敌人的国土、他们的首都以及他们的政治权力中心。不过，克劳塞维茨指出，"庞大的俄罗斯帝国不是一个能被真正征服（也就是说，被占领）的国家。一场延伸进这个国家心脏的巨变是必要的。只有对莫斯科进行一次有力的打击，波拿巴才有希望……"实际上，只有这样他才有希望动摇俄罗斯帝国，促使这个国家发生内乱，造成纷争，并扫除其政权。拿破仑失败的原因在于他兵力不足、俄国人成功实施了故意撤离的战略以及俄国人民与沙皇之间坚定、不可动摇的关系。

德国的将领们仔细研究过他们的克劳塞维茨，所有的一切不是按照他的格言制定的吗？俄国人没有撤入他们广袤的腹地，而是守在原地实施抵抗。德国军队已被证明比他们更优秀。俄国老百姓似乎很讨厌布尔什维克主义，在俄国西部的许多地方，入侵者已被赞誉为解放者。怎么可能出差错呢？没有。好吧，那么，到莫斯科去。

但希特勒却不愿宣布莫斯科为战役第二阶段的战略目标，他突然间避开了斯大林的首都。他是害怕自己遭遇拿破仑的命运吗？他不相信传统的战略思想吗？还是他弄不明白莫斯科和俄国？

不管是出于什么原因，他都不想挥师莫斯科。就在斯摩棱斯克的德军已做好冲向莫斯科的一切准备，就在一场伟大的胜利似乎已近在咫尺，就在所有人都等待着"装甲部队前进！目标克里姆林宫！"的命令下达之际，希特勒突然中止了这些计划。

等待了并经历了激烈争论的五周后，8月22日，陆军总司令部和"中央"集团军群的将领们目瞪口呆地读到了希特勒于8月21日签署的命令："冬季到来前要实现的最重要的目标不是占领莫斯科，而是夺取克里木……"

8月22日临近午夜时，第2装甲集群设在普鲁德基（Prudki）的司令部里的电话响了起来。电话是从鲍里索夫打来的：集团军群司令部在找古德里安。陆军元帅冯·博克在电话里说道："古德里安，请您明天早上过来一趟好吗？毛尔森林有人过来拜访。"

古德里安思绪如飞。一次高级别的访问？木已成舟了吗？会不会在最后时刻，进攻莫斯科的行动又得到了批准？但古德里安感觉到陆军元帅的心情不是太好，于是他语调轻快地问道："元帅先生，您想让我几点到您那里报到？""我们就说好10点吧！"博克答道，随即挂掉了电话。

一次来自毛尔森林的拜访。"毛尔"是东普鲁士一片森林的名字，靠近元首大本营，陆军总司令部和陆军总参谋部战时指挥部就设在那里。会不会是希特勒亲自来访？

古德里安立即询问他的参谋长和作训处长是否还没睡。两分钟后，他和利本施泰因以及拜尔莱因已坐在指挥车的地图桌前。巨大的态势图标明了过去几周里所有的战斗，黑色和红色的箭头，小小的旗帜和数字，实线、虚线和弧线，甚至还有些奇形怪状的圆圈。所有的标识画得都很整齐，但它们代表的是血腥、恐惧和死亡。不过，地图上并未标出代价，没有标出大批人员不得不被牺牲掉，从而使这个箭头得以跨越克鲁格洛夫卡（Kruglovka）村。

古德里安和他的参谋人员在波奇诺克（Pochinok）西面的普鲁德基至少已停留了四个星期。7月中旬，德军的摩托化师已经夺取了著名的杰斯纳河（Desna）河曲部以及叶利尼亚（Yelnya）小镇。从那时起，他们就只有一个念头——莫斯科。他们已经到达出发位置，尽管他们疲惫不堪。装甲团的实力大为缩减，补给车队也遭遇了很大的损失，但他们按计划完成了他们的任务。目前正进行一次短暂的停顿，组建起一个新的补给基地，然后，他们将再次踏上征途，完成这场战役的最后冲刺，直捣苏联的心脏。这就是他们在等待的命令。

8月4日，古德里安和霍特曾与希特勒有过一次会晤，同样是在博克元帅设在鲍里索夫的司令部。他们向希特勒汇报说，装甲部队已做好在8月15~20日间再次出发，进攻莫斯科的准备。古德里安又说道："我的元首，我们将夺取它！"但希特勒却表现出一种奇怪的保留态度。他确认了自己另有想法的事实，他想先夺下列宁格勒，也许还包括乌克兰。将领们惊讶地聆听着，他们摇头，反应冷淡。希特勒感觉到他们的反对，于是便把这个问题放开来让大家讨论，并未做出决定。从那时起，他一直在犹豫。在此期间，战地的将领们都希望他也许会最终做出进攻莫斯科的决定。实际上，他们已经相当慎重地为这一进攻做好了准备。自8月初以来，盖尔将军第9军辖内的步兵师（第137和第263步兵师）一直坚守着前线。8月18至19日的夜间，装甲和摩托化部队接替了他们。所有的一切都已整装待发。停步不前和据守阵地只会意味着损失。

"从292步兵师位于叶利尼亚突出部的最前沿到莫斯科有多远？"古德里安问道。拜尔莱因中校并不需要计算，他立即回答道："距离莫斯科城郊185英里。"

185英里。古德里安瞥了一眼作战态势图。叶利尼亚突出部像一块从前线伸出的跳板。其顶端就是所谓的"墓地角落"。过去的几个星期，那里的战斗比东线任何一处都更为惨烈。

这一点被第46摩托化军军部于1941年8月10日签发的日训令所证实，该训令在各个连队里宣读：

　　　　叶利尼亚东北部防线经历了一场激烈的防御战后，党卫军"帝国"师辖下的"兰格马克"摩托车营第1连，小队长弗尔斯特的排（他们的任务是掩护连队的左翼）被发现如下的情况：排长弗尔斯特，手指上套着最后一枚手榴弹的拉环，头部中弹身亡；他的副手，分队长克莱贝尔，机枪仍抵在他的肩头，枪膛内还有一发子弹，头部中弹身亡；排里的三号人物，突击队员奥尔德波尔苏伊斯，仍跪在他的摩托车旁，一只手抓着握把，他是在接到最后一份急件正准备出发时被打死的；驾驶员、突击队员施文克，阵亡在他的散兵坑里。至于敌人，只发现了他们的尸体，倒在手榴弹的爆炸范围内，在德军防御阵地前呈半圆形。这是德军都采用了哪些防御手段的一个例子。

　　这就是叶利尼亚—斯摩棱斯克以东47英里，杰斯纳河上一处荒凉的所在。这个地方以其肆虐了五个星期的激战而著称。苏军在叶利尼亚的顽强抵抗并非偶然，因为"叶利尼亚高地"被"中央"集团军群按照"巴巴罗萨"行动指令部署时作为第一阶段战略目标也不是偶然的。原因何在？因为对希望夺取莫斯科和试图保卫莫斯科的双方来说，叶利尼亚不仅是一个道路枢纽，其高地也代表着一个重要的战略位置。

　　德国人知道这一点，当然，俄国人也知道。铁木辛哥无情地驱使俄国老百姓从事修建工事的工作，以便在叶利尼亚南端的杰斯纳河地区构成一处强大的坦克障碍。莫斯科设法将搜刮到的所有部队都直接投入到叶利尼亚地区。杰斯纳河将成为最新的防线。德军的空中侦察发现了俄国人的意图。因此，明智的做法是抢在苏军加强他们的防御阵地前，迅速发起进攻。沙尔中将的第10装甲师和豪塞尔将军的武装党卫军"帝国"摩托化师被赋予了夺取叶利尼亚及其后方地区的任务。

　　这个任务听上去很简单，但对古德里安的装甲师来说恰恰相反。截至当时，他的部队已向前一路推进了600英里，驶过满是尘土的荒原，越过没有路面的道路，穿过原始森林。炮兵火力也因为多次大型和中型战斗的损失而被严重削弱。如果是新锐部队，凭借着更强的装甲和炮火支援，叶利尼亚高地不在话下。但在目前的状况下，这个任务还是相当艰难的。

　　时任第10装甲师师长的沙尔将军，对笔者描述了这一战斗。他说，渡过第聂

— 86 —

伯河后，俄国人不再继续坚守或公开战斗，而是越来越多地使用了后来被许多游击队采用的战术。沙尔将军引用了下面这个例子：

在戈罗季谢（Gorodishche）和戈尔基（Gorki）之间，我们师的先头部队进入了一片茂密的森林。师主力在夜间从同一地点穿过，但尾随其后的炮兵部队突然遭到从两侧袭来的迫击炮火力打击，敌步兵也在近距离内发起了攻击。幸运的是，党卫军"帝国"师的一个摩托车营就在附近宿营。他们对袭击者发起攻击，解救了我们的炮兵部队。

比这种小规模交火更为严重的状况是装甲车辆的磨损和损坏。糟糕的道路、炎热和灰尘是比红军更加危险的敌人。坦克笼罩在厚厚的尘土中。灰尘和沙砾磨损了发动机。过滤器不断被污垢所堵塞。油耗变得奇高无比，补给极为困难。发动机过热，活塞都被卡住了。就这样，第10装甲师在赶往叶利尼亚的途中损失了大批重型的四号坦克。它们不是被俄国人击败的，而是输给了尘土。维修单位和技术人员忙得焦头烂额，但他们缺乏配件。由于补给工作不到位，坦克和车辆的配件无法送到。我们距离部队补给仓库的距离实在太远，每一支弹药或补给物资车队会在路上损失掉三分之一，不是车辆出了故障就是遭遇了敌人的伏击。超负荷运作的不光是机器，也包括人员。例如，曾发生过这样的情况，一支行军途中的部队，经过短暂的休息后，居然无法再次出发了，因为军官和士兵们都昏睡过去。

遭遇到这些情况的并不仅仅是第10装甲师，整个中央战线上都一样，霍特所遇到的困难跟古德里安一样多。在一封发给陆军元帅冯·博克的信中，霍特写道："装甲战斗车辆的损失，现在已达到我们标准配备的60%～70%。"尽管如此，部队还是完成了他们的任务。7月19日，第10装甲师夺取了叶利尼亚。

冒着猛烈的炮火，德军第69摩步团攻克了宽阔的反坦克壕，这些围绕在镇子四周的反坦克壕是俄国老百姓夜以继日赶工完成的。该师的损失也很惨重，但他们还是一码一码地向前推进。到了晚上，该师已穿过叶利尼亚，在该镇的远端挖掘阵地据守。罗科索夫斯基中将指挥着仓促调集的预备队，驱使他们朝着德军阵地扑来。但第10装甲师牢牢地守住了他们的防线。7月20日，党卫军"帝国"师占据了他们左侧的高地。第10装甲师太需要喘口气了。

叶利尼亚突出部从德军防线上向东伸出很长一段距离，这也是最突出的一个矛头。在其南端，战线向后收缩，直到基辅；在其北端，斯摩棱斯克方向上有一个弯曲，由此形成了一个大大的半圆，直达列宁格勒。在地图上明显能看出，叶利尼亚突出部就是一个桥头堡，是发起对莫斯科进攻的战略出发地。苏军也明白这一点，因而下定决心要消灭这个突出部。从7月底到9月初，"中央"集团军群在这里进行了第一场大规模防御战。在这几周里，九个德军师经历了叶利尼亚的地狱之旅——第10装甲师，党卫军"帝国"师，第268、第292、第263、第137、第87、第15和第78步兵师，另外还包括获得加强的"大德意志"步兵团。

苏军最高统帅部命令铁木辛哥掌握住一切可用的预备队。四个集团军的部分兵力被派到他的防线参战。铁木辛哥投入了九个步兵师和三支坦克部队进攻叶利尼亚突出部，而德军在这里的兵力从未超过四个师。这是一场经验和纪律之战，更为重要的是实力大减的德军营和连所表现出的坚定的毅力，在这场可怕的战斗中，这一点被证明是决定性的。

以下记录来自"大德意志"摩托化步兵团的防区，该团通常被称作"GD"团。

GD团第1营第4连（机枪连）的黑纳特中尉待在散兵坑里，用堑壕望远镜查看着情况。他的位置处在叶利尼亚突出部克鲁格洛夫卡村平交道口的前方。俄国人的大炮已不停地轰击了三个小时。所有的电话线都被炸断，传令兵和维修组根本无法离开他们的掩体。此刻，敌人的炮击加剧了，但弹幕已越过该营的防区。

敌人在进行炮火延伸，这就意味着他们即将发起冲锋，黑纳特中尉这样想到。没错，他们已出现在他的望远镜中。他惊讶地瞪大了眼睛：苏军士兵排成密集队形发起了冲锋，骑着马的军官位于这群身穿褐棕色军装的士兵的前方、后方以及左右两侧，就像是羊群四周的牧羊犬。俄国人弯着腰，拉着安装在两轮架上的"马克西姆"水冷式重机枪。他们的步兵炮和反坦克炮也被迅速带入阵地中，包括76.2毫米的野炮，这种火炮被德军士兵称为"噗-砰"，因为它平射时，你还没听见火炮的射击声，炮弹已经到了。

此刻，德军的大炮应该实施大规模炮击。但他们的火炮只是零星地射击着。战争开始以来，这还是德军第一次遇到弹药短缺的情况，因为补给实在跟不上。这是对某些情况即将发生的初次警告。

俄国人跳进一条凹陷的小溪中，从视线里消失了。片刻后，他们上到对岸，在他们前方的军官已经下了马。

勒瑟特中尉的第2连据守在第4连的右侧，他们探头向散兵坑外望去。俄国人距离他们还有700码。很快，只有600码了。"黑纳特中尉他们的机枪为何不开火？"士兵问施塔德勒中士。"他肯定有他的理由。"中士咕哝着说道。

黑纳特确实有他的理由。他用望远镜查看着情况，现在，他甚至能看清楚俄国人的面孔。但他还是没有下达开火的命令。他越早下达命令，敌人就会越早地趴在地上，转为在火力的掩护下匍匐向前。经验告诉他，第一波火力打击必须将俄国人的进攻彻底粉碎。苏军步兵的冲锋非常顽强，几乎可以说是对炮火迟钝、麻木。就算有十挺机枪把他们一波波地刈倒，俄国人还是会继续向前，他们会高呼着"乌拉"被击毙。

他们为什么要这样做？被俘苏军军官和军士的交代提供了答案。在红军中，指挥员对进攻的失败负有个人责任。因此，他会驱使自己的部下按照他的命令一次次发起进攻。这并不是说他对部下的伤亡漠不关心，但在苏联红军中，对个人的考虑远不及西方国家军队中那么重要。前伸的阵地、据点、被围的部队会被毫不犹豫地牺牲掉，如果这种牺牲能换来战略优势的话。苏军士兵参军的第一天就被告知：战斗意味着短兵相接。所以，他们会寻求贴身近战。他们对此训练有素，拼刺刀是新兵训练的主要内容。这种可怕的打法，俄国人是老手。他们也曾接受过将武器抵在髋部射击的训练。至于工兵铲和枪托的运用，他们和德军突击连同样熟练。1943年版的苏军战地手册中指出："只有以勇猛的决心发起进攻，在近战中消灭敌人，才能确保胜利。"俄国人就是带着这种精神发起了他们的冲锋。

黑纳特中尉守在克鲁格洛夫卡的铁路路基处，看着敌人向前涌来。他们只有500码了，终于，黑纳特站起身叫道："开火！"犹如霹雳一般，突突作响的风暴爆发了。最前方的苏军士兵倒了下去。第二波次的俄国人跨过第一波次的死者和伤者，继续向前冲来，射击、跳跃、单发的精确射击，苏军士兵都是些出色的射手。

如果第2连的伙计们想要开火的话，就必须把头伸到战壕外。如果他们不想被俄国人打死的话，就必须开枪射击。但只要他们把头伸出去，苏军狙击手便会用安装着瞄准镜的性能优良的半自动步枪射击。第2连的阵地上，越来越多的武器陷入了沉默。

但在最后50码处，苏军被击败了。夜幕降临时，苏军的大炮再度开火。仍在开阔地的苏军士兵无遮无掩，许多人被他们自己的炮火所击毙。

午夜时刻，炮击停止了。黑纳特和勒瑟特的部下们爬出散兵坑。战斗打响时，他们的每个散兵坑里有两名士兵，但现在，大多数散兵坑里只剩下一个人。他们呼叫着担架员来把伤员和在他们身边阵亡的战友抬走。

拂晓时，战斗再次打响。激战持续了五天。第1营的阵地前倒毙着数百具苏军士兵的尸体。施塔德勒中士右侧20码的一挺机枪沉默下来：最后一名射手腹部中弹，天晓得怎么搞的，可能是一发跳弹。施塔德勒中士随即听见了尖锐的手枪击发声，机枪手用这种方式结束了自己腹部受伤所要经历的漫长而又痛苦的折磨。十分钟后，两名苏军士兵跳进了那个散兵坑。施塔德勒站起身，把三颗手榴弹放在身前。他拉动导火索，将第一颗手榴弹扔了出去，太近了。第二颗手榴弹击中了散兵坑的边缘，一时间弹片四溅。第三颗手榴弹准准地落入散兵坑内，坑里的机枪弹药像烟花那样炸开了。

7月27日的第六晚，克鲁格洛夫卡铁路路基处的阵地被放弃了。第2连后撤了大约800码，到达了树林的边缘。俄国人紧追不放。同样的事情又重新开始了。8月18日，GD团被第263步兵师接替。第463步兵团第2营在十天里击退了苏军的37次进攻。8月25日，第263步兵师侦察营加入到邻近的第483步兵团第2营中，立即对敌发起反击，攻入到争夺激烈的"噗-砰"岭上敌军的阵地内。战斗中，侦察营营长奥施勒上尉阵亡，他由此成为德国国防军中第一个获得金质德意志奖章的人。8月29日，第15步兵师辖内的连队进入了血淋淋战壕中。战斗持续着。光是在叶利尼亚北部地段，铁木辛哥就付出了三个师的代价。一名在斯塔姆亚特卡（Stamyatka）负责急救站工作的苏联军医被德军俘虏后交代，第263步兵师的防线上，一个星期里他救治了4000名伤员。

1941年8月22日，古德里安指挥车内摊开的作战态势图上，这些士兵的悲惨遭遇并未被记录其上。地图上所显示的是代表着第15、第292和第268步兵师师部的三角形旗帜，以及代表着团部的黑色方形旗帜。德军防线前，已查明番号的苏军师也被列在地图上。到8月22日为止，对方的兵力为9个步兵师和2个坦克师。

但古德里安这个不断前进，并将自己的部下投入战场的人，知道他的参谋人员列出的那些条目后所代表的含义。"把地图放好，明天早上我要带着它去鲍里索夫。"古德里安说道，"先生们，晚安。"

那么，在此期间，中央战线上的另一个装甲集群（位于公路东北方的霍特装甲集群）进展如何呢？

在叶廖缅科将军的回忆录中，我们读到了一段坦率的陈述：

> 重新夺回斯摩棱斯克被证明是不可能做到的。因此，最高统帅部在7月底做出决定，命令被霍特部队包围在斯摩棱斯克北部的第20和第16集团军突出包围圈。这些集团军辖下的各师，当时的兵力已不到2000人。整个第20集团军只剩下65辆坦克和9架飞机。

这就是对霍特取得的胜利的评判。与斯摩棱斯克—莫斯科公路南侧的古德里安一样，霍特命令他的师继续前进。他已到达沃皮河（Vop），在这里，他那支疲惫的部队扑向"斯大林"防线，这条防线已在极短的一段时间里得到了加强。霍特将部分摩托化部队以及尾随在他身后的步兵师投入到对叶廖缅科打算用于重夺斯摩棱斯克的15个师的包围中。

叶廖缅科拼死抵抗。他不得不坚守住自己的阵地，在没有补给的情况下继续战斗。苏军最高统帅部无情的命令束缚着他。擅自后撤的指挥员将不得不面对军事法庭，放弃阵地的士兵会被枪毙。苏军最高统帅部决心不惜一切代价夺回斯摩棱斯克。就是在那里，德国风暴将被打破。这将是斯大林格勒的预演。

莫斯科的决心被事实所证实，按照斯大林的亲自指示，一种严格保密的新式武器首次被投入到这里，尽管这种武器尚未大规模生产，因此也无法预计它是否能发挥决定性的作用。关于这个情节，叶廖缅科的记述非常有趣：

> 大概是7月中旬，我接到了总部的电话留言："目的是把'埃雷斯'部署到打击法西斯分子的战斗中，将给您派去一个配备了这种新式武器的营。测试这种武器，并报告您的结论。"

"埃雷斯"是第一批火箭炮连的名称，就连叶廖缅科对此也毫不知情。

（叶廖缅科的报告）我们在鲁德尼亚（Rudnya）附近测试了这种新式武器。闪烁的火箭弹带着可怕的呼啸穿过空中。它们像拖着红色尾巴的彗星那样飞行，然后，伴随着雷鸣般的声响炸开。26秒内，320枚火箭弹同时爆炸的效果超出了所有人的预料。德国人惊慌失措，抱头鼠窜。应当承认，我们的部队同样也撤了下来，出于保密的原因，我们事先没有告诉他们将使用这种新式武器。

这场意外的受害者是霍特第12装甲师的一部。最初，这种武器对部队的影响确实非常可怕。德国士兵把这种火箭炮叫作"斯大林管风琴"，俄国人则称之为"喀秋莎"。幸运的是，叶廖缅科只有一支火箭炮部队。因此，喀秋莎在鲁德尼亚的出现并能扭转战场的态势，但这是对苏联技术能力的又一次提醒。这说服了德军统帅部里的乐观派务必要谨慎，或者换句话说，切勿操之过急。

8月23日10点前不久，古德里安搭乘的"鹳"式轻型飞机降落在鲍里索夫机场，他随即驱车赶往集团军群司令部。第4、第9和第2集团军的司令官们也都刚刚到达——陆军元帅冯·克鲁格、大将施特劳斯、大将冯·魏克斯男爵。来自毛尔森林的访客随时可能到达：他就是陆军总参谋长，哈尔德大将。

11点，哈尔德抵达了。他看上去病恹恹的，似乎很沮丧。大家很快就明白了其中的原因。哈尔德宣布："元首已经决定，首先要夺取的目标既不是他先前设想的列宁格勒，也不是陆军总参谋部提出的莫斯科，而是乌克兰和克里木。"

在场所有人都惊呆了。古德里安像木桩那样站立着，"这不可能是真的。"

哈尔德无奈地看着他，"这是真的。我们花了5个星期争论向莫斯科进军的事宜。8月18日，我们提交了一份进攻计划，这里是一份答复。"说着，他掏出一份文件读了起来。

元首指令，1941年8月21日。

陆军于8月18日呈交给我的关于继续东线战事的建议并不符合我的意图。因此，我命令如下：

（1）冬季来临前，要实现的最重要的目标并非攻占莫斯科，而是夺取克里木以及顿涅茨的工业和产煤区，并切断俄国人从高加索地区获得的石油供应；北面的目标是隔离列宁格勒，并与芬兰人会合。

命令继续着，在第2项中列出了"南方"和"中央"集团军群的战略目标，在第3项中包含了给"中央"集团军群的指令，通过提供足够的兵力参与歼灭苏军第5集团军的行动。最后，这份指令解释了希特勒结束乌克兰战事后继续行动的计划。具体如下：

（4）夺取克里木半岛对确保我们从罗马尼亚获得石油供应至关重要。出于这个原因，应采取一切可用之手段，包括快速部队的投入，赶在敌人来得及调集其新锐部队前，迅速渡过第聂伯河，直扑克里木。

（5）只有紧紧地封锁列宁格勒、与芬兰人会合并歼灭俄国人的第5集团军，才能为进攻铁木辛哥集团军群的成功前景提供先决条件和可用兵力，并将其击败，这符合8月12日第34号指令的补充命令。

阿道夫·希特勒

这就是决定。这也是将军们一直担心并希望永远不会发生的。但现在，它被签发下来。

普遍的看法是，希特勒转身离开莫斯科是夏季战役的一个关键错误。这种观点不能说错，但笔者并不认为希特勒决定转向基辅，结果丧失了时间，是后来在莫斯科门前造成灾难的唯一原因。客观地考虑希特勒的决定，在许多方面实际上是正确和合理的。夏季战役已清楚地暴露出一个问题：装甲和步兵部队不同的前进速度已不可避免地将军队分成了两个相互连接的部分，他们不仅分别前进，打仗也是各打各的。这就暴露出一个严重的弱点，敌人一旦弄明白德军的作战模式，很可能会对这一弱点加以充分的利用。各种经过证实的斯大林的谈话表明，截至1941年7月底前，他已了解德国人的手法。另外，苏联广阔地域的破坏性影响以及严重的耗损也导致不需要进一步的理由。另一个事实是，"北方"和"南方"集团军群的进展较为缓慢，这使得"中央"集团军群的两翼一直处于暴露状态。对此，必须采取措施以掩护其侧翼。此外，在合围战中获得的经验也表明，在以后围歼苏军部队的战斗中，装甲和步兵部队不应该相距太远，而应采取更加密切的配合。根据目前已知的苏军坦克部队实力和取之不尽的兵员储备来看，希特勒的谨慎还是合理的。

但是（这一点很重要）这一谨慎的战略已为时太晚。德军在中央战线上插入苏联腹地已然太深。如果彻底放弃夺取苏联首都这一闪电战的构思，敌人就将获得重整旗鼓的时间，那么可以肯定，这场战役，乃至整个战争都将输掉。由此看来，希特勒的决定是对叶利尼亚——斯摩棱斯克战役打破了德军闪电战气势的一种承认。如果将领们接受这一观点，就意味着"巴巴罗萨"行动的基础已经失效。这一观点正是陆军总参谋长哈尔德以及各战地指挥官，特别是古德里安，竭力反对的。

"我们能否做点什么来反对这一决定？"博克问道。哈尔德摇了摇头，"这一决定无法改变。"

"我们必须反对这一决定。"古德里安坚持道，"如果先攻打基辅，那我们在到达莫斯科前将不可避免地卷入到一场冬季战役中。道路和补给的困难性将是我根本不敢想象的。我怀疑我们的坦克能否应付这一状况。我的部队，尤其是第24摩托化军，自打战争开始后，还没有休息过一天。"

陆军元帅冯·博克对此表示赞同。这引发了一场激烈的辩论。最后做出决定，由古德里安陪同哈尔德返回元首大本营，要求与元首当面会晤，设法改变希特勒的决定。下午晚些时候，飞机朝着东普鲁士的腊斯登堡飞去。古德里安向博克道别时，陆军元帅引述了被认为是1521年4月17日，马丁·路德动身去向皇帝证明他的教义时，沃尔姆斯（Worms）主教官卫队长对他说的话："小和尚，小和尚，你此去前路漫漫啊！"

Ju-88隆隆地飞行在已被收割过的广阔的玉米地上空。古德里安研究着地图，做着笔记。黄昏时，他们在东普鲁士勒岑（Lötzen）附近元首大本营的机场着陆。他们驱车赶往"狼穴"，营地里的混凝土小屋隐蔽在高高的橡树下，这里是希特勒和国防军最高统帅部的所在地。哨兵敬礼后升起了路障，让他们的车辆通过。他们沿着一条沥青铺就的道路向前驶去。新闻处就位于道路左侧的一排房屋中，低矮的灰色小屋散布在道路两侧，屋顶上都已种植了灌木丛。他们驶过茶室和食堂。左侧是凯特尔的房屋，右侧，道路的尽头是一个小小凹陷，元首小屋就在这里，环绕着双重栅栏，站立着双岗。需要一种特殊的黄色通行证才能进入希特勒大本营的密室中。

希特勒的小屋与其他房屋极其相似，阴暗而又简朴，几件简单的橡木家具，墙上挂着几幅画。他在这里俯身于地图、报告、照片、报表以及备忘录上，就这样度过漫漫长夜。

两个小时后，古德里安站在元首小屋的地图室里，汇报了自己指挥的装甲集群的状况。以下的记述来自拜尔莱因将军所提供的信息，古德里安把他与希特勒的会谈详情告诉给拜尔莱因，以便记录到装甲集群的作战日志中，古德里安自己也做了记录。

希特勒并不知道古德里安此行的目的。另外，陆军元帅冯·勃劳希契明令禁止古德里安提及莫斯科的话题。于是，他谈起了自己的装甲部队——关于引擎的损坏，关于补给的短缺，关于俄国人的抵抗，关于部队的损失等。他所描绘的这幅画面并不悲观，但却很现实。正如他希望的那样，希特勒自己给了他提示。"您认为您的部队还有能力担负一次重要的任务吗？"希特勒问道。

在场的每个人都盯着古德里安。他回答道："如果部队有一个重要的目标，其重要性能激励他们每一个人的话，那么他们是有这个能力的。"

希特勒："当然，您指的是莫斯科。"

古德里安："是的，我的元首。您能批准我谈谈理由吗？"

希特勒："古德里安，畅所欲言好了，您怎么想的就怎么说。"

关键时刻到来了。

古德里安："我的元首，莫斯科与巴黎或华沙不同，莫斯科不仅仅是苏联的头颅和心脏，它也是苏联的通讯中心，在政治上是苏联的大脑，也是重要的工业区。最为重要的是，它还是整个赤色帝国交通系统的枢纽。莫斯科陷落将决定这场战争的成败。"

希特勒静静地听着，古德里安继续说道："斯大林明白这一点。他知道莫斯科的陷落将意味着他最终的失败。正因为他明白这一点，所以他会把他全部的军事力量部署在莫斯科门前。他已经拼凑了他剩下的一切兵力。这几周来，我们在叶利尼亚已看见了这一点。我们将在莫斯科城外遭遇到俄国军事实力的核心力量。如果我们想歼灭苏联的主要军事力量，那就是在这里，这里就是我们的战场。如果我们能集结我们的力量，就能将其一举歼灭。"

希特勒依然静静地听着，此刻的古德里安已是慷慨激昂："一旦我们在莫斯科门前击败苏军并进入莫斯科，一旦我们消灭苏联主要的交通枢纽，波罗的海地区和乌克兰工业区将落入我们之手，这比放着莫斯科不打，转而进攻另外两个要容易得多。否则，敌人会调集预备力量（主要是从西伯利亚）运至北面或南面。"古德里安谈罢了自己的观点。地图室内一片寂静。凯特尔靠在地图桌旁，约德尔做着笔记，豪辛格仔细地聆听着。

夜晚的凉风从敞开的窗户吹入，纱窗将希特勒所厌恶的蚊子和苍蝇阻挡在外。大群的蚊蝇盘旋在院落外的小湖泊和池塘上。工兵部队曾对它们多次清剿过，他们往元首小屋附近的一个积水潭喷洒汽油。一连数天，这里充斥着汽油味，但蚊蝇们却未被杀死。[①]

古德里安大步走到地图前，指着叶利尼亚突出部说道："我的元首，直到今天我一直控制着这个通向莫斯科的桥头堡。部署计划和行动命令都已准备就绪，向莫斯科推进的路线安排和运输计划也已制定。在许多地方，士兵们甚至已经画好了路牌——距离莫斯科多少多少公里。如果您下达命令，装甲部队今晚就可以出发，突破铁木辛哥布设在叶利尼亚的大批部队。我只要用电话给我的司令部发个暗语即可。让我们向莫斯科进军吧！我们将夺取它！"

在普鲁士和德国陆军悠久的历史中，从未出现过一位将领和他的最高统帅之间所发生的这一幕，这一幕充满了激动人心的戏剧性场面。这可能也是希特勒最后一次如此长久、如此耐心地倾听一位不同意他观点的将领的意见。他看了看古德里安，随即站起身来，几步走到地图前。他站在德国国防军最高统帅部作战局局长约

---

① 工兵们杀死的是青蛙，希特勒为此大为光火，认为这是破坏大自然。结果党卫队的人不得不到其他地方逮来青蛙重新放到这个水塘里。

德尔旁边，把手放在乌克兰上，开始了一场为自己的观点展开辩护的演讲。

希特勒以尖锐的声调说道："我的将军们都读过克劳塞维茨，可他们对战时经济一无所知。另外，我也读过克劳塞维茨，我还记得他的格言，'首先必须在战场上粉碎敌人的军队，然后必须占领其首都。'但这不是重点。我们需要乌克兰的粮食。顿涅茨的工业区必须为我们服务，而不是为斯大林。俄国人从高加索地区获得的石油供应必须予以切断，这样，他们的军事力量就将消亡。最重要的是，我们必须获得克里木的控制权，以消除敌人以此为航空母舰对罗马尼亚油田采取行动的危险。"

古德里安觉得血往上涌。战时经济不是战略。战争意味着粉碎敌人的军事力量，而不是黑麦、鸡蛋、黄油、煤炭和石油。这是殖民主义者的做法，而不是克劳塞维茨。

但古德里安保持着沉默。作为一名战地指挥官，面对一个掌握着政治和军事最高权力的人，还能说些什么呢？政客已做出决定，军人们对此无能为力。

午夜时刻，这一历史性的会晤结束了。古德里安向未被希特勒邀请出席会谈的哈尔汇报时，这位陆军总参谋长失去了控制，语无伦次地喊叫道："您怎么没把您接到的命令丢到他脸上去？"

古德里安惊讶地问道："您为何不这样做？"

"因为我们这样做没有意义。"哈尔德回答道，"他会很高兴地把我们开掉，但我们得坚持住。"

半个小时后，第2装甲集群位于普鲁德基的司令部里的电话响了起来。正在值班的作训处长拿起了听筒，古德里安疲惫的声音通过电话线传了过来："拜尔莱因，我们所准备的事情不会来了。另一件事情正在进行，您明白吗？"

"大将先生，我明白！"

5

斯大林的重大错误

罗斯拉夫尔和克林奇的歼灭战——斯大林信赖他的情报机构——装甲部队向南
推进——叶廖缅科预计对莫斯科的进攻

拜尔莱因非常清楚古德里安的意思。"中央"集团军群白天下达的第一道指令
已揭示出新的计划：第2装甲集群的部分兵力将挥师向南，进入乌克兰。

第2装甲集群的参谋长，上校冯·利本施泰因男爵接到古德里安的电话后，立
即将参谋人员召集起来。他了解古德里安。等他从腊斯登堡回来，肯定希望看见一
份准备好的行动大纲。

对希特勒转向乌克兰而不是进攻莫斯科的决定，第2装甲集群司令部里每个人
都深感沮丧。没人理解这一决定，所有人都认为这是个错误。参谋人员训练有素的
头脑对此极为抗拒，因为它违反了克劳塞维茨的基本战略原则：不被诱离某个重要
的目标，始终坚持某个行动计划的基本框架，集中力量打击敌人的最强点。

就在莫斯科已近在咫尺，几乎不到200英里，而且所有人都预测这座城市必将
落入古德里安和霍特此刻已重新得到恢复的装甲部队之手的非常时刻，德军转身离
开了莫斯科，这一做法很快便被视作严重的判断错误。

新的行动指令非常明确。对古德里安麾下的两个军来说，他们的任务是"向南
直插苏军第5集团军的后方，该集团军是布琼尼元帅西南方面军的核心力量，在基
辅两侧的第聂伯河对岸守卫着乌克兰。"古德里安的第一个目标是基辅—莫斯科铁
路线上的科诺托普（Konotop），那是一个大型铁路枢纽。下一步将视情况而定，

主要看"南方"集团军群所取得的进展。

8月24日，古德里安赶到了舒米亚奇（Shumyachiy），这是莫斯科公路上的一个小村落，利本施泰因已将装甲集群的司令部设立于此，此时的古德里安再度充满了热情。他问候了利本施泰因、拜尔莱因和情报参谋冯·霍伊杜克少校，几个人都显得很失望。随即，古德里安跟着他们走向自己的指挥车。

"我知道你们是怎么想的。"古德里安平静地说道，"他为何没有成功？他为何屈服？"他并未等待其他人做出回答。"先生们，我什么也做不了。"古德里安继续说道，"我不得不让步，我在那里孤掌难鸣。陆军总司令冯·勃劳希契元帅和陆军总参谋长都没有陪我去见元首。我所面对的是国防军最高统帅部的一堵硬墙。元首每说一句话，在场的人无不点头称是，没有人支持我的意见。显然，对这一奇怪的决定，元首早已向他们阐述了他的观点。我也凭着三寸不烂之舌据理力争了，但却毫无效果。现在，我们不能为原计划被取消而垂头丧气，必须将全部精力投入到新的任务中。那些进攻莫斯科的来之不易的出发阵地〔罗斯拉夫尔、克里切夫（Krichev）和戈梅利〕将成为我们进军乌克兰的跳板。"

古德里安说的没错。8月初，他的装甲集群围绕着罗斯拉夫尔和克里切夫进行了战斗，结果俘虏了约54000名苏军士兵，现在证明，这一宝贵的先决条件同样是新的作战行动所需要的。让我们回顾一下过去的三个星期里所发生的事情。

8月1日，古德里安展开了针对罗斯拉夫尔的行动。他的计划是一场典型的合围战，投入两个步兵军和一个摩托化军。大多数步兵师对敌发起正面进攻，以牵制住对方。第292步兵师担当起第9军的打击力量，在大炮和火箭炮的强力支援下，向南推进至俄国人的后方。德军第3和第4装甲师从西南翼实施一次快速的侧翼包抄机动，首先向东，然后向北越过罗斯拉夫尔—莫斯科公路，与第292步兵师在莫斯科公路上封闭包围圈。这个计划奏效了。罗斯拉夫尔成了一场真正的围歼战，尽管规模并不大。

第197步兵师炮兵联络官屈佩斯上尉的战时日记，第7军的作战报告，以及某步兵营的每日作战记录（这些记录都得以保存下来）提供了一幅令人印象深刻的战斗画面。

H时（进攻发起时间）为清晨4点30分，德军在没有炮火准备的情况下，沿着

第7军的整条防线发起了攻击。步兵团的先头部队向前冲去，他们从炮兵指挥官的通讯组身旁经过，这个通讯组在马卡尔德中校的带领下，凌晨3点时便已趴在最前沿查看苏军的阵地。俄国人那一侧一切都很平静。突然，清晨的宁静被前进中的步兵所射出的第一枪打破了。看来是紧张的手指不小心扣动了扳机。苏军哨兵被惊动了。随即，俄国人的机枪扫射起来，迫击炮嗵嗵作响。第197步兵师师长迈尔·拉宾根少将驾驶着他的吉普车赶到了前线。远处的沙什基（Shashki）村里，魏希哈特少校带领的第332步兵团第3营已经冲入苏军的阵地。这是一场刺刀、工兵铲和手枪的混战，30分钟后，白色信号弹腾空而起，"我们占领了这里！"

"炮兵前进！"前进观察员用电台报告道。片刻后，布里德上尉带领着第229炮兵团第2营向前而去。他的汽车尽可能地向村边靠近。就在这时，一道闪光，紧接着便是一声巨响——地雷！

布里德的左前轮被炸得飞入空中。紧跟在他身后的观测员的车辆试图离开道路，结果遭到了同样的命运。作为对"工兵前进"这一信号的回应，第229工兵营开始排除地雷。与此同时，第2营的大炮已经进入阵地，开始用炮火为步兵提供支援。最先被抓获的几名俘虏被押来接受审问。一名矮小的乌克兰人被发现会说德语，看上去还比较可靠。翻译小组为他提供了一套丹宁布制服和一个白色袖章，袖章上写着"德国国防军"。

8月2日清晨4点，德军步兵再次投入了战斗。他们的目标是斯摩棱斯克通往罗斯拉夫尔的主干道。对第347步兵团来说，这是尤为艰难的一天。该团辖内的几个营在一片茂密而又遍布沼泽的林地前陷入了艰难的地形中，只能以惨重的损失为代价，一英寸接着一英寸地向前挪动。俄国人再次证明了他们对森林作战的精通。他们凭借着敏锐的直觉在无法通行的灌木丛中移动。他们的阵地不是位于森林边缘，而是在其深处，而且伪装得非常出色。他们的战壕和散兵坑构建得狡猾而又恶毒，只提供面向后方的射界。在其前方或上方，根本无从发现他们的阵地。德军士兵毫无戒备地从他们身旁经过，结果被身后射来的子弹所击毙。

俄国人也很擅长于渗透进敌人的阵地中。他们分头行事，靠模仿动物的叫声在茂密的森林中相互联络，一个接一个摸过德军的阵地后，他们便重新聚集起来，再次形成突击队。德军第347步兵团团部人员就是苏军这一战术的受害者。

凌晨2点，有人喊了起来："准备战斗！"随即便是轻武器的射击。俄国人已经冲到第347步兵团团部外，他们包围了这里。苏军士兵挺着上了刺刀的步枪闯入军官寝室。团副官、值班军官以及团军医被刺倒在他们所待的护林员小屋的门前。一些军士和团部人员还没来得及拿起他们的手枪或卡宾枪，便已被对方击毙。团长布雷讷隐蔽在一个柴堆后，用冲锋枪抵御了整整两个小时，最后被德军的一支炮兵部队所救。

在此期间，德军第332步兵团已到达罗斯拉夫尔通向斯摩棱斯克的主干道。韦德中尉带着他的第10连封锁了道路，随即冲向格林基（Glinki）村。罗斯拉夫尔的苏军意识到他们正处在遭到包围的危险中，于是搭乘卡车离开镇子，试图从第10连的阵地上冲过。他们雨点般地投掷着手榴弹，机枪和冲锋枪疯狂地扫射着。但第10连牢牢地坚守着阵地。到了中午，第10连再也抵挡不住苏军的冲击，格林基村重新落入到俄国人的手中。

现在应该立即发起反击。韦德中尉拼凑了手头所有可用的人（后勤人员、鞋匠、面包师）将苏军赶出了村子。但当天下午，俄国人卷土重来，又一次杀回格林基村。德军随即再次发起反击。一座房屋接着一座房屋被火焰喷射器和手榴弹重新夺回。整个村子几经易手。

8月3日，星期日，第197步兵师发现自己处境困难，因为其辖下的第347步兵团落在后方很远处。俄国人试图从第347步兵团和第321步兵团之间的结合部突围而出。苏军士兵的每一支武器都在开火射击。更糟糕的是，此刻开始下雨了。道路变得一片泥泞。16点，韦德中尉在格林基村外阵亡。德军第321步兵团拼死战斗，有几股部队被敌人包围，不得不实施全方位防御。

第7军的右翼，战况较为顺利。上午11点时，第78步兵师的主力已到达克里切夫—罗斯拉夫尔公路。步兵们心驰神往地看着第4装甲师出发，对罗斯拉夫尔实施侧翼攻击。

与此同时，在最左翼，第292步兵师的作战区域内，第509和第507步兵团沿着柔软、泥泞的道路奋力向南。第507步兵团构成了部队的左翼，该团的先头连中，连长身边是一个裤缝上镶嵌着红色条纹的将军，他就是古德里安大将。

接到第292步兵师前进困难的报告后（这些困难可能会影响整体计划）古德

里安想出了办法：作为一名普通士兵加入到行军中。在他看来，这似乎是世界上最天经地义的事情。他后来告诉他的参谋人员："就这样，不用我多说废话，他们便继续前进了。"

"飞毛腿海因茨当上步兵啦！"士兵们相互传播着这一消息，他们开始振作起来。就在队伍最前方的自行火炮，停在当天的目标莫斯科公路几英里外时，古德里安立即出现在车辆旁，问道："出问题了吗？"

"公路上有坦克，大将先生！"火炮瞄准手报告道。古德里安举起望远镜看了看，"发射一枚白色信号弹！"白色信号弹从信号枪中蹿入半空。远处的公路上做出了答复：也是一发白色信号弹。这就意味着第4装甲师的第35装甲团已经占据了莫斯科公路。上午10点45分，第23步兵师渗透进罗斯拉夫尔的北部。

8月4日，格林基村再次丢失。德军的斯图卡对俄国人的据点实施了攻击。苏军坦克对德军第197步兵师的左右两翼发起了攻击，该师调集起所有可用的火炮实施打击，俄国人的进攻被打垮。格林基村被重新夺了回来。苏军士兵动摇了，随即撤走。他们匆匆进行了重组，试图沿莫斯科公路发起绝望的突围行动。

8月5日，一股强大的苏军坦克部队试图从卡扎基（Kazaki）杀开血路，突出包围圈，这里是德军第292步兵师的防区。该师麾下的几个团被拉伸得太过漫长，而且都卷入到激烈的防御战中，因而无法封闭包围圈的缺口。俄国人的后勤机构、步兵、炮兵蜂拥而出。古德里安立即驱车赶往缺口处。他亲自调动了一个装甲连来对付正涌出包围圈的苏军部队；他还从装甲部队、自行火炮以及炮兵单位里抽调人手，组成了一个战斗群。在第7军炮兵指挥官马丁内克将军的带领下，该战斗群终于封闭了包围圈的缺口。俄国人仍在不断涌来，但迎接他们的是灭顶之灾。

8月8日，一切都结束了。38000名苏军士兵被俘。战利品中包括200辆坦克，还有大批火炮和车辆。卡恰洛夫中将的第28集团军被歼灭。但这还不是最主要的，布良斯克方向25英里处以及南面已没有敌军存在，通向莫斯科的一扇大门已然敞开。但古德里安希望谨慎从事，为了在奔向斯大林的首都时确保自己侧翼的绝对安全，他必须首先消除来自右侧，克里切夫的威胁。

第24摩托化军军长是精明而又果断的男爵冯·施韦彭堡将军，他麾下的师刚刚封闭了罗斯拉夫尔的陷阱，他的装甲部队随即又奉命发起了一个大胆的行动，以一个包围动作对铁木辛哥位于克里切夫地区的部队实施攻击。8月14日，这一行动圆满结束。苏军的三个师被歼灭，16000人成了俘虏，大批火炮和各种武器装备被缴获。古德里安通过这一重击，粉碎了铁木辛哥插在莫斯科大门上的门闩。

古德里安取得的成功激起了德国国防军最高统帅部的兴趣，他们在第二天提出要求：铁木辛哥位于戈梅利地区的大批军队也应该遭到攻击，以此来缓解冯·魏克斯男爵第2集团军的压力。古德里安必须调拨一个装甲师给第2集团军使用。但古德里安的答复是："如果确实要这样做的话，必须使用整个摩托化军。单独一个师对距离这么远的作战行动来说是不够的。"他确信自己说服了对方。

8月15日，第24摩托化军再次出发，这次是向南，第3和第4装甲师为先锋，第10摩托化步兵师尾随其后。待部队成功突破敌人的防线后，位于右翼的师将对戈梅利展开攻击。只用一个师，完全符合国防军最高统帅部的命令。这是对上级命令的一个高明的解释，而且确保了胜利。古德里安充分地利用了这一点。

8月16日，第3装甲师夺取了姆格林（Mglin）这一交通枢纽；17日，该师又攻占了铁路枢纽乌涅恰（Unecha），从而切断了戈梅利—布良斯克—莫斯科铁路线。8月21日，古德里安的两个摩托化军到达了重要的出发阵地：斯塔罗杜布（Starodub）和波切普（Pochep）。至此，所有的行动都是为进攻莫斯科所做的铺垫。也就是在这一天，希特勒取消了所有针对苏联首都的计划，并下令进军乌克兰。

这是一个戏剧性的转折。对克里姆林宫而言，其重要性甚至更大些。

8月10日，斯大林收到了一份来自瑞士的报告，该报告出自他的顶尖级特工拉多。拉多声称有确切的情报表明，德军统帅部打算让"中央"集团军群穿过布良斯克进攻莫斯科。这一情报显然是可靠的，这正是德国陆军总司令部的计划。

叶廖缅科将军的回忆录中描述了这份报告给莫斯科带来的影响。8月12日，他按照铁木辛哥的指示再次来到莫斯科，他将接受新的任命。叶廖缅科写道：

> 我在夜里到达莫斯科，并立即在最高统帅部受到接见，在场的有斯大林和总参谋长沙波什尼科夫元帅。沙波什尼科夫简要地介绍了各条战线上的情况。根据侦察结果和其他方面的信息（无疑是拉多），他的结论是，中央战线上的德军即将从莫吉廖夫—戈梅利地区发起一次进攻，取道布良斯克直扑莫斯科。

沙波什尼科夫元帅介绍完毕后，斯大林在自己的地图上向我指示了敌人的主要突击防线，并解释说，必须尽快在布良斯克地区组建一个新的、强大的方面军，以掩护莫斯科。同时，为了保卫乌克兰，必须建立一支新的打击力量。

斯大林随后问叶廖缅科，他想去哪里担任职务。关于这个问题的回答，生动有趣地揭示了苏军总参谋部的做法以及斯大林对待他的将领们的方式。以下是叶廖缅科的记述：

我回答道："我准备去您派我去的任何地方。"斯大林凝视着我，脸上闪过一丝不满的神色。他简短地问道："到底去哪里？""去情况最严重的地方。"我迅速回答道。

"不管是克里木还是布良斯克，情况都同样严重和复杂。"斯大林说道。

我说道："斯大林同志，派我去敌人将使用坦克部队发动进攻的地方吧。我认为，在那里我能起到更大的作用。我了解德国人坦克战的特点和战术。"

"很好。"斯大林满意地说道，"明天一早您就离开，立即开始组建布良斯克方面军。你们的主要任务是从西南面掩护莫斯科战略地区。进攻布良斯克的任务已被交给古德里安的坦克集群，他会以他全部的力量发起进攻，设法达成突破后直扑莫斯科。您会遇到您的老朋友所带领的摩托化部队，他们的伎俩您在中央战线就已熟悉了。"

如果还记得战争最初的几个星期里，苏军统帅部对德国人的意图掌握得是多么糟糕，那么此刻，斯大林阐述德国"中央"集团军群计划时的把握性则令人惊讶。

当然，即便没有秘密情报，莫斯科处在德军进攻计划覆盖范围内的事实也是显而易见的。但德国人的进攻计划同样有可能构思一个北面的攻势。实际上，德军最高统帅部8月10日或12日的第34号指令①中设想了这种可能性。另一方面，古德里安也不愿意通过布良斯克发起攻击，而是希望从罗斯拉夫尔地区出发，沿莫斯科公路

―――――――――

① 第34号指令发布于7月30日。

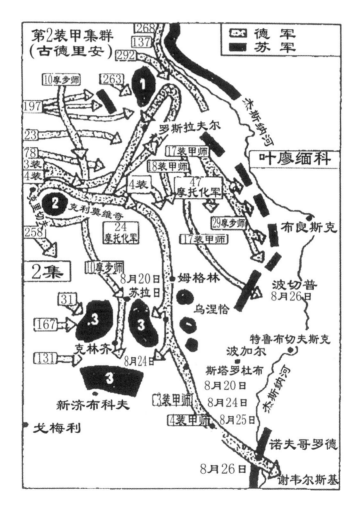

▲ 古德里安冲向南方。通过一次大胆的行动,第2装甲集群和第2集团军的坦克和步兵部队在罗斯拉夫尔(1)、克里切夫(2)和戈梅利(3)地区粉碎了苏军部队,强渡杰斯纳河,从而发起了对基辅的钳形攻势。

的两侧直扑莫斯科。但陆军总参谋长哈尔德大将于8月18日提交给希特勒的作战计划中却包括了布良斯克地区，并与斯大林在8月12日告诉叶廖缅科的情况完全一致。

斯大林相信"布良斯克—莫斯科"行动。他也相信亚历山大·拉多，直到希特勒推翻最高统帅部的计划，并命令古德里安的装甲集群转身向南后很久，斯大林仍相信他。

苏军统帅部固执地认为莫斯科是德军进攻的目标，德军俘虏交代的情况以及苏军空中侦察的惊人发现都被否决了。

叶廖缅科写道：

> 8月底时我们抓获了一些俘虏，他们在审讯中交代，德军第3坦克师已到达斯塔罗杜布，即将向南进军，从而与克莱斯特的坦克集群会合。据这些俘虏交代，第4坦克师将继续在右侧行动，与第3坦克师齐头并进。8月25日，我们的空中侦察也证实了这一情况，他们发现德军一支庞大的摩托化部队正向南推进。

俘虏交代的情况是准确的。他们肯定都是些消息灵通的士兵，从而把这些危险的情报提供给了敌人。千真万确的是，古德里安已在8月25日命令第3、第4装甲师以及第10摩步师在诺夫哥罗德-谢韦尔斯基（Novgorod Severskiy）和科罗普（Korop）渡过杰斯纳河。第17装甲师和第29摩步师针对叶廖缅科位于布良斯克的部队提供侧翼掩护。

但苏军总参谋部和叶廖缅科都相信德军将发起一场针对莫斯科的攻势。他们认为古德里安向南进军是一次大规模的侧翼包抄。叶廖缅科指出："根据敌人的行动我得出的结论是，敌人强有力的先头部队，在强大的坦克部队的支持下，进行了积极的侦察和机动，其目的是为了打击我们布良斯克方面军的侧翼。"

这是一个致命的错误。古德里安的装甲师向南挺进不是为了包抄莫斯科，第29摩步师和第17装甲师沿着通向布良斯克的公路和铁路，在危险、遍布埋伏的森林中对叶廖缅科的阵地实施攻击，其目的并非为了布良斯克。他们掩护着古德里安冲向杰斯纳河的行动，这一行动将在基辅，苏军的防线后，封闭包围圈。这些掩护侧翼的战斗代价极其高昂。这里发生的激烈战事与波切普这个名字紧紧地联系在一起。德军第167步兵师在此卷入了激烈的防御战，一天内，该师辖下的第331步兵团儿乎将整个第3连消耗殆尽。

与此同时，德军第3装甲师（来自柏林的"熊"师）冲向杰斯纳河上游河段的进展非常快，这是一条宽阔的沼泽性河段，过去的几个星期里，铁木辛哥强迫当地的老百姓在这里疯狂地构建起防御阵地。白天，德军前进或是战斗，夜里，他们蜷缩在坦克和卡车里，就睡在路边。他们的目标不是莫斯科，而是北乌克兰的城镇。

但苏联最高统帅部却对此视而不见。斯大林不仅把他的部队部署在错误的方向，还做出了更为糟糕的决定。他解散了中央方面军及其辖内的第21和第3集团军（该方面军形成了阻挡德军侵入北乌克兰的屏障）并将方面军辖内的各个师配属给叶廖缅科的布良斯克方面军，以保卫莫斯科。叶廖缅科苦涩地说道："最高统帅部再次通知我们，古德里安的打击目标是布良斯克方面军的右翼，换句话说，就是莫斯科。8月24日，沙波什尼科夫同志告诉我，敌人的进攻预计就在未来的两天内。"

他们徒劳地等待着。叶廖缅科继续写道：

> 但是，这一预料并未成为现实。敌人向南进攻，只是从我们的右翼掠过。当时，无论是最高统帅部还是战场上的指挥员，都未获得任何表明德国"中央"集团军群已经更改了进攻方向并转身向南的证据。总参谋部的这一严重错误使我们在南方遭遇了极为困难的局面。

通过各自致命的错误，希特勒和斯大林似乎在比着劲儿来挫败他们战地指挥官的努力。但到目前为止，只有斯大林的错误正变得越来越明显。

8月25日，这是炎热的一天，士兵们汗流浃背。崎岖道路上细细的灰尘形成了厚厚的尘埃，笼罩着行进中的队伍，停留在士兵们的脸上，并钻进军装，黏在他们的皮肤上。尘埃覆盖着坦克、装甲车、摩托车和吉普车，足足有一英寸厚。这种灰尘很可怕，细如面粉，根本不可能将其摒弃在外。

第3装甲师从斯塔罗杜布沿着公路向南推进，已经行进了五个小时。师长莫德尔中将坐在他的吉普车内，行驶在师部车队的最前方，师部的车队包括一辆装甲侦察车、一辆无线电通讯车、几辆传令兵的摩托车以及参谋人员乘坐的几辆吉普。每当车队驶过，卷起更为浓密的尘埃时，走在路边的步兵们便大声咒骂起来。

莫德尔的吉普车一路向前，朝着道路左边一座陈旧的风车房驶去。吉普车驶过溪流上的一座小桥，开到一片留茬地中。几张地图被取了出来，就在这片光秃秃的土地上，师部参谋会议召开了。无线电通讯车升起了高高的天线。骑着摩托车的传令兵们轰鸣着来来往往。莫德尔的司机拎着两个军用水桶走到小溪边，打了些洗脸水。莫德尔擦拭着他的单片眼镜。眼镜擦亮后，莫德尔重新戴上，这时，第6装甲团团长冯·莱温斯基中校赶来汇报情况。一张比例为1：50000的苏联地图被摊放在一个手榴弹箱上。

"这座风车房在哪里？""在这里，长官！"莫德尔的铅笔尖从风车房所在的小山向右划到参谋人员所持的另一幅地图上。铅笔线停在诺夫哥罗德–谢韦尔斯基这座小镇上。"有多远？"

情报官已经把他的两脚规放在了地图上，"22英里，将军先生！"

无线电报务员拿来了先头部队发来的报告，"在诺夫哥罗德遭遇到顽强的抵抗。敌人设在杰斯纳河西岸的桥头堡掩护着河上的两座桥梁。"

"俄国人想守住杰斯纳河防线。"莫德尔点点头说道。

他们当然想这样做，而且有一个很好的理由。杰斯纳河河谷是一个出色的天然屏障，宽度为600~1000码。要渡过该河及其沼泽化的岸堤，巨大的桥梁是必不可少的。位于诺夫哥罗德–谢韦尔斯基的大型公路桥长达800码，较小的人行桥也短不了多少。根据德国空军的侦察，这两座木桥到目前为止尚未被炸毁。但苏军派出了强有力的部队实施守卫。

"莱温斯基，我们必须完好地夺下这些桥梁中的一座。"莫德尔对他的装甲团团长说道，"否则，我们得花上几天，甚至几个星期才能渡过这条该死的河流。"莱温斯基点了点头，"我们会尽力而为的，将军先生！"他敬了个礼，转身离开了。

"我们走吧。"莫德尔对他的参谋人员说道。行军道路上挤满了车辆，于是师部人员的车队驶上了一条深深的沙土所构成的森林小径。穿过茂密的树林，他们的车辆深入到敌方区域内30英里。他们随时会遭到敌人的火力打击。但如果一个人考虑这种可能性，那他根本就无法获得进展。

前方传来了战斗的声响。装甲先头部队已经与俄国人发生接触。德军的摩托车部队与苏军的机枪交火了。炮兵部队将一个重炮连带入阵地。透过望远镜，莫德尔看见诺夫哥罗德–谢韦尔斯基镇内美丽的教堂和修道院的塔楼伫立在河西岸的高处。这些高耸的建筑物再过去，便是杰斯纳河河谷和两座桥梁。

苏军设在镇内的大炮开火了，精确的火力来自其152毫米重炮连。自沙皇时代起大炮就是俄国人最喜欢的武器。斯大林在后来的一道日训令中说："大炮是战争之神！"迫击炮连发射时所发出的"扑通"声夹杂在其他的噪音中。莫德尔的一只手被弹片炸伤，他在伤口上抹了点药膏，这就算治疗了。但一发炮弹击中了第75炮兵团团长里斯上校，在被送往急救站的途中，上校伤重不治。

苏军的飞机也发起了低空攻击。"高射炮开火！"

此刻，敌人的大炮已经发现了目标。是该转移阵地的时候了。

当天黄昏时，第6装甲团和摩托车营发起了进攻。但宽阔的反坦克壕以及遍布在壕沟内的树干阻挡住了坦克的前进。应该同时从西北方对苏军发起攻击的德军步兵也被困在了沙土路的某处。

一切都停顿下来！德军的进攻不得不被推迟到第二天早上。

清晨5点，所有的一切再次爆发开来。德军炮兵使用重型火炮对反坦克障碍物实施平射。工兵们炸开了通道。前进！在某些地段，苏军士兵拼死抵抗，打得非常顽强。但在其他一些地段，他们的防御就显得心不在焉，不那么称职了。第一批苏军士兵开始投降，大约有35～45人，他们以前基本上没服过兵役，也没接受过几天训练，当然无法阻挡住德军的全力进攻，在他们身后甚至没有政委。德军的坦克、自行火炮以及摩托车部队从苏军防线的薄弱点蜂拥而入。

清晨7点，第2连连长福佩尔中尉带着他的几辆坦克和第394摩步团第1连的几辆装甲车，夺取了诺夫哥罗德–谢韦尔斯基镇北部的一处阵地。他的任务是为施特克少尉率领的工兵突击队提供支援，这支突击队将对那座800码长的木制公路桥发起突袭。第6装甲团的布赫特科里赫中尉带着他的坦克加入了这支突击队，他是莫德尔的夺桥专家。快到8点钟时，南面传来了一声巨响和腾起的浓烟，苏军炸毁了那座较小的人行桥。

现在，所有的一切都取决于施特克和布赫特科里赫的行动了。

施特克和他的部下搭乘着装甲车，毫不理会左右四周所发生的事情，穿过苏军的队列向前冲去。他们冲过没膝深的沙地，在厚厚的尘埃的掩护下，混进了后撤中的苏军车队。突击队穿过镇子的北部，进入河谷，朝着那座大型公路桥扑去。

"桥还在！"布赫特科里赫叫了起来。司机、通讯员，所有人一齐开火了。

"桥上有反坦克炮！冲过去！"中尉命令道。苏军士兵四散奔逃。施特克少尉带着他的部下跳下装甲车，朝着大桥扑去。他们打垮了守桥的苏军士兵。桥上，沿着栏杆排满了引爆桥梁的电线。他们扯断了电线，又把炸药箱推入河中。悬挂在桥梁两侧的椽子上的汽油桶晃荡着，他们割断了绳索，汽油桶落入河中，水花四溅。他们向前冲去，施特克始终冲在最前面。紧跟在他身后的是中士海尔耶斯和施特鲁肯。下士弗恩和二等兵拜勒拖着机枪。他们不时地蹲下身子，一会儿在左侧，一会在右侧，在大水桶和沙箱后隐蔽着。

突然，施特克少尉站了起来。中士甚至没来得及发出警告，少尉就已经看见了：桥中央扔着一枚苏制重型航空炸弹，已经安装好了定时引信。施特克冷静地拧开了雷管。这是一场与死神的赛跑。他能成功吗？他成功了！他们五个用力抬起这枚已经无害的炸弹，把它移到路边。

他们继续向前冲去。只有此刻他们才意识到800码意味着什么。桥梁的另一端似乎遥不可及。最后，他们终于到达了另一端，并发射了一发跟装甲先头部队商量好的信号弹——大桥已被占领。

与此同时，布赫特科里赫驾驶着坦克，小心翼翼地驶下岸堤，开上了桥梁。福佩尔中尉带着其他的坦克，在岸堤的高处提供掩护。

进展很顺利。俄国人明白过来桥梁已被德军占领后，他们派出了爆破组，一大帮人，约有三四十个，携带着汽油桶、炸药以及"莫洛托夫"鸡尾酒。他们冲上桥梁，爬到了横梁上。

布赫特科里赫从另一端冷静地用坦克上的机枪对着他们开火射击。几个汽油桶爆炸了。但无论火焰蔓延到哪里，德军的工兵组便会立即冲过去将其扑灭。苏军炮兵疯狂地开炮射击，企图将桥梁和桥梁上的占领者炸个粉碎。但这并未成功。施特克的部下爬到桥梁的铺板下，拆除了一组炸药——包裹在绿色橡胶袋里的高爆炸药。只要有一发炮弹在旁边炸开，就足以将这些炸药触发。

半个小时后，德军的坦克、摩托车以及自行火炮隆隆地驶过了这座桥梁。令人担心不已的杰斯纳河阵地，通往乌克兰的大门，砰然打开了。为数不多的士兵和几名行事果断的军官决定了乌克兰战役的第一幕。苏联的产粮区向古德里安的坦克敞开了大门：在夏末阳光的照耀下，他们隆隆地向南而去。

施特克少尉刚刚从医护兵那里拿到些膏药涂抹在自己负伤的左手上时，莫德尔将军的装甲指挥车驶过了大桥。

施特克少尉向将军作了汇报。莫德尔欣喜不已，"施特克，这座桥抵得上一个师！"就在这时，苏军炮手再次对着桥梁开炮了。但他们的准头太差，炮弹全都落进了河里。将军驱车驶下岸堤。第6装甲团第1营的坦克进入了桥头堡，第394摩步团第2连紧随其后。前方的激战声越来越激烈，迫击炮的"扑通"声，机枪的"咯咯"声，穿插着福佩尔中尉第2连50毫米坦克炮的吼叫。俄国人调集了他们能找到的一切兵力，在坦克和大炮的支援下，朝着德军目前还很弱小的桥头堡扑来。他们试图将其歼灭，并重新夺回诺夫哥罗德–谢韦尔斯基的桥梁——至少要把它炸毁。[1]

莫德尔将军知道这座桥意味着什么，他不需要古德里安通过电话给他的提醒："不惜一切代价守住桥梁！"这座桥梁是他们从北面迅速插入布琼尼元帅西南方面军后方的机会。如果伦德施泰德元帅"南方"集团军群麾下的克莱斯特装甲集群进一步向南，强渡下第聂伯河，然后转身向北，一个最为庞大的包围圈便将形成，其规模之大，远远超出了任何一位战略家最为大胆的梦想。

---

[1] 施特克的夺桥行动为他赢得了一枚骑士铁十字勋章。

6

基辅之战

伦德施泰德在南翼卷入激战——克莱斯特的坦克在乌曼获胜——布琼尼元帅试图
溜出绞索——斯大林命令：不许后退一步！——古德里安和克莱斯特封闭了包围
圈：665000名俘虏

可是，冯·克莱斯特大将在哪里？陆军元帅冯·伦德施泰德面前的战况如
何？涂着白色"K"字母的坦克和车辆（"南方"集团军群的打击力量）在哪里？
中央战线在比亚韦斯托克、明斯克、斯摩棱斯克、罗斯拉夫尔以及戈梅利展开一
次次庞大的歼灭战时，南部战线究竟发生了什么情况？

基辅对"南方"集团军群来说，其意义就如同"中央"集团军群的斯摩棱斯
克。这个乌克兰的首都位于下第聂伯河的右岸，这里的河面约有700码宽，只有歼
灭西岸的苏军，这座城市才能落入德军之手，与比亚韦斯托克—明斯克地区的歼灭
战结束后，斯摩棱斯克便被德军夺取完全一样。

可是，对伦德施泰德的"南方"集团军群来说，计划进行得并不像中央战线
那么顺利，出现了几次糟糕的意外。这是因为出于政治原因，位于喀尔巴阡山脉的
250英里罗马尼亚边境线上，最初并未采取作战行动，南线攻势的整个重量不得不
由"南方"集团军群的左翼，也就是北翼承担。冯·施蒂尔普纳格尔将军的第17集
团军和陆军元帅冯·赖歇瑙的第6集团军沿着边境突破了苏军的防线，穿过敌人的
阵地向东南方疾驰，然后以克莱斯特的装甲集群为主导，转身向南包围苏军部队，
克莱斯特的装甲集群扮演了铁钳的角色。或者，更确切地说，充当的是铁钳的半
边。因为"南方"集团军群与"中央"集团军群不同，伦德施泰德手上只有一个装

甲集群。铁钳的另一半非常短，由冯·朔贝特大将的第11集团军提供，该集团军位于罗马尼亚的南部。第11集团军将渡过普鲁特河和德涅斯特河一路向东，赶往克莱斯特装甲部队的方向，从而在拥有一百万的布琼尼部队后方封闭包围圈。

这是个很好的计划，但伦德施泰德面对的敌人并非傻瓜。另外，更要命的是，苏军的实力比他强两倍。对付克莱斯特的600辆坦克，布琼尼可以调集2400辆战车（其中包括一些庞大的KV怪兽）。他手上甚至还有完全配备了更为可怕的T-34的坦克旅。

6月22日，南线的德军部队同样成功地渡过边境线上的河流，并突破了苏军沿边境设置的筑垒地域。但在北翼迅速达成突破的计划并未实现。征服像乌克兰这么庞大、防御这么严密的地区，单靠一个装甲集群作为打击力量，无疑是个错误的计划。中央战线快速获得成功，依靠的是革命性的战术技能。两个强大的装甲集群，通过大胆的领导，合围并歼灭了苏军防御部队的主力。但在南线和北线，由于缺乏双管齐下的攻势，因而不太可能实现预期的目标。根本没有足够的装甲部队来执行希特勒沿着整个东方战线进行大规模行动的构想。南方战线未能达到预期目的不是因为指挥官们缺乏技能，也不是因为缺乏勇气，更不是因为部队缺乏持久力，纯粹是出于装甲部队太少这一事实——这么少的装甲力量却要承担起整个"巴巴罗萨"行动。

经历了8天的激战后，6月30日，苏军防线开始动摇。伦德施泰德的北翼部队向前冲去。但此刻，部队再次被苏军新的阵地所阻——迄今为止不为人所知的"斯大林"防线。暴雨将道路变成了泥潭，德军坦克挣扎着向前，士兵们在村子里收集了大批秸秆铺在泥泞的路面上。就连步兵也跟他们的车辆一同被困在了路上，进展极为缓慢。

7月7日清晨，克莱斯特的装甲集群在沃伦斯基新城（Zvyagel）的两侧成功突破了"斯大林"防线。克吕威尔少将所率的第11装甲师越过苏军的碉堡和工事线后全面深入，当晚19点，该师通过一次大胆的突袭夺取了别尔季切夫（Berdichev）镇。苏军开始后撤。但并非全面后撤。德军第16摩托化步兵师便被困在柳班（Lyuban）附近的碉堡线前。苏军甚至动用坦克发起了反击。胡贝将军的第16装甲师在旧康斯坦丁诺夫（Starokonstantinov）同样遭遇到顽强的抵抗。部队耗尽了弹药。德军运输机不得不为装甲部队运来补给物资。第4航空队的轰炸机、斯图卡以及战斗轰炸机赶来提供支援，并粉碎了苏军坦克部队的集结。第16

装甲师的"霍费尔"战斗群进一步向东猛冲，追上了苏军一个后撤中的炮兵团。第64摩步团第1营，在旧拜久姆（Stara Bayzymy）经历了代价高昂的近战。两个小时内，第1连连续阵亡了3名连长。

最后，在210毫米口径迫击炮的支援下，第16装甲师的主力于7月9日在柳班突破了"斯大林"防线。胡贝将军长长地松了口气：此刻他距离第聂伯河还有125英里。

这几个星期里，唯一令人感到高兴的是大量的鸡蛋。7月初，该师缴获了苏军一个庞大的食品仓库，里面贮存着上百万只鸡蛋。军需官们立即补充了自己的库存。很长一段时间里，伙食军士唯一烦恼的是如何发明烹饪鸡蛋的新花样。

师里、军里乃至集团军群里的军官们所烦恼的事情各不相同。所有人都认为斯大林派来守卫乌克兰的部队已到了崩溃点，很快就将土崩瓦解。这一刻他们被击败，下一刻又恢复过来。他们坚守着各自的阵地。他们后撤，片刻后，他们再次展开顽强的战斗。别尔季切夫镇周围爆发了激烈的战斗。俄国人投入了他们手上所有的大炮。德军的大炮彻底被苏军炮火所压制。完全是依靠最大的努力，克吕威尔才

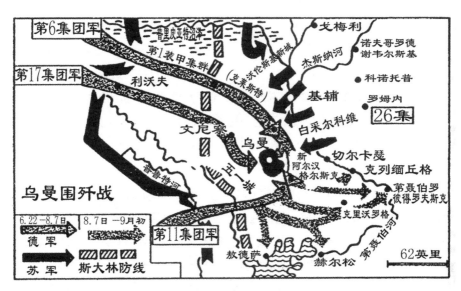

▲ 乌曼合围战仅凭一股铁钳完成，靠的是流畅的机动。克莱斯特的装甲部队绕过苏军的25个师，迫使这些敌人不得不面对德国第6、第17和第11集团军辖下的大批步兵。苏军的3个集团军被歼灭。

以其获得加强的第11装甲师压倒了对方。整个南部战线的情况基本相似，俄国人非常顽强。伦德施泰德没能成功地聚歼基尔波诺斯将军的部队。

战斗持续了二十多天，南线德军尚未取得决定性胜利。元首大本营对此感到急躁。对希特勒来说，进展太过缓慢。他忽然计上心来，觉得"小型包围圈"是个更好的计划。因此，他要求克莱斯特的装甲集群分成三个单独的战斗群行事，以构成一个个较小的包围圈。一个战斗群将与从南面而来的第11集团军会合，在文尼察（Vinnitsa）附近形成一个小型包围圈。

另一个战斗群将向东南方推进，以切断试图从文尼察地区撤出的任何敌军。第三个战斗群将与第6集团军一同直扑基辅，并在第聂伯河东岸获得一个桥头堡。

陆军元帅冯·伦德施泰德坚决反对将他唯一的一个装甲集群以这种方式分割使用。他认为这违背了装甲战的精神，是一个不可饶恕的错误。"零敲碎打在任何地方都不会取得成果。"他用电话告诉元首大本营。希特勒的态度软化了。

在第聂伯河西岸，克莱斯特的装甲集群掠过基辅，集中力量向东南方推进，由此创造了必要的条件，无论是针对文尼察划一个较小的弧形还是针对乌曼（Uman）形成一个较大的弧形包围圈。

所有的一切都是为了在基辅南部构成一个较小或较大的包围圈。所有因素都已被仔细考虑过，除了一个——布琼尼。这个蓄着大胡子的元帅已在7月10日被任命为"西南方向总指挥部"总司令，现在，他打出了自己的最后一张王牌。在装甲部队无法通行的普里皮亚特沼泽，他派出了波塔波夫少将的第5集团军，对赖歇瑙第6集团军的北翼实施攻击。这一战术，就像"中央"集团军群的作战地区那样，造成了赖歇瑙左翼部队被卷入严重而又关键的防御战中。但与中央战线一样，这里的战斗也都顺利结束。

7月16日，克莱斯特的坦克到达了白采尔科维（Belaya Tserkov）的重要中心。第一场大型围歼战已经形成。伦德施泰德希望的是一次大规模侧翼包抄行动和一个大型包围圈。但希特勒命令采用较小的包围圈，这次他是正确的。苏军突围时的天气状况对装甲部队的机动非常有利。克莱斯特准确地击中了后撤中的敌军。8月1日，他到达了新阿尔汉格尔斯克（Novo Arkhangelsk），并立即转而进攻五一城（Pervomaysk），然后他转身向西，与第17和第11集团军麾下的步兵师会合，封闭了包围乌曼地区苏军部队的铁环。

　　与比亚韦斯托克、明斯克、斯摩棱斯克包围圈相比，这次的合围并不太大。但尽管如此，苏军还是有三个集团军被歼灭——第6、第12和第18集团军。第6和第12集团军的司令员投降。但这场扭转了前线态势，在极度困难的条件下所进行的堪称经典的合围战却"只"俘获了103000名敌军。尽管德军第1和第4山地师以及来自柏林的第257步兵师多次努力，试图封闭包围圈，还是有大批敌军成功地突围而出。第257步兵师里，维斯纳少校的第1炮兵营用准确的炮火轰击了一支支试图冲出包围圈的苏军部队，就像是在训练场打靶那样。这场战斗的规模可以用一个数字来反映：第94山地炮兵团①第9连的四门火炮，在为期四天的乌曼战役中发射了1150发炮弹。这个数字超出了该连在整个法国战役期间发射炮弹的总数。敌人被摧毁和被缴获的武器数量证明了这场战斗的激烈程度：850门大炮，317辆坦克，242门反坦克炮和高射炮被苏军遗弃在战场上。

　　但是，乌曼战役的意义远远超过了这些数字。"南方"集团军群赢得这一胜利的战略影响远远大于俘虏数量所做出的暗示。

　　向东进入苏联克里沃罗格（Krivoy Rog）这一铁矿石区、黑海的敖德萨港以及尼古拉耶夫的道路敞开了。最为重要的是，克莱斯特的装甲部队现在可以直抵下第聂伯河，获得从切尔卡瑟（Cherkassy）至扎波罗热（Zaporozhye）这一第聂伯河河曲部的西岸阵地。此外，这一机动还提供了围绕着基辅进行一场更大的歼灭战的机会，希特勒对这个机会痴迷不已，甚至为此中止了"中央"集团军群进攻莫斯科的行动，并腾出古德里安的装甲部队转身向南，直扑基辅。此刻，这两支强大的装甲铁钳正在进行着一场新的、庞大的合围战，打击目标是苏军西南方面军及其所属的一百万兵力。

　　8月29日，古德里安乘坐"鹳"式侦察机从诺夫哥罗德–谢韦尔斯基起飞，在苏军防线上空划了个大胆的弧线。他飞过苏军防线，从上空查看了叶廖缅科正在攻击德军桥头堡的部队，他降低机身，倾斜着掠过杰斯纳河，返回位于乌涅恰的装甲集群司令部。时间刚好不到18点。

---

① 第94山地炮兵团隶属于第4山地师。

— 117 —

古德里安一直关注着他辖下的第3和第4装甲师，这两个师正在设法扩大他们的桥头堡，以便继续他们向南的推进。但部队被牵制住了。他也去看过第46摩托化军①的情况，该军辖内的第10摩步师以及第17和第18装甲师正忙着击退苏军对其侧翼的猛烈攻击。这里的状况不容太过乐观。对这些士兵的要求太多了。他们既缺少坦克，又缺乏睡眠。

拜尔莱因中校坐在古德里安身旁，作战态势图摊放在他的膝盖上。地图上粗粗的红色箭头和弧线表明德军先头部队以及侧翼所面对的强大的苏军部队。"叶廖缅科拼尽全力想消灭我们的桥头堡。"古德里安喃喃地说道，"如果他成功地把我们拖延得更久些，如果苏军统帅部发觉了我们对布琼尼大军的意图，我们统帅部这一宏伟的计划就将失败。"

拜尔莱因证实了他上司的焦虑，"昨天我给第2集团军打了电话，冯·魏克斯男爵似乎对此同样感到担忧。他的作训处长法伊尔阿本德中校，接到远距离侦察报告说，苏军正从基辅下游的第聂伯河前线撤离。与此同时，他们还发现顿涅茨地区正在修建工事。"

"嗯，您看看……"古德里安更加激动了，"布琼尼已在乌曼战役中学到了教训，他正试图溜出我们的绞索。现在，所有的一切都取决于谁的速度更快。"

其实，古德里安和魏克斯大可不必为此而担忧。确实，布琼尼已意识到从南面和北面而来的德军对他位于基辅附近，第聂伯河河曲部的大军形成了威胁。他曾计划后撤，并在顿涅茨地区构设新的防线。但斯大林不接受撤退的建议，相反，他往已经塞得满满当当的河曲部又填进了28支重要的部队。从著名的哈尔科夫坦克厂装配线上下来的一切都被投入到第聂伯河河曲部——现代化的T–34、T–28、超重型自行火炮、重型火炮以及火箭炮。

"坚持住！不许后退一步！必要的话就牺牲！"这就是斯大林的命令。布琼尼的部队服从了。伦德施泰德集团军群北翼的部队很快就发现了这一点。来自弗兰科尼亚（Franconia）和苏台德地区的德军第98步兵师，在争夺科罗斯坚（Korosten）

---

① 此处疑为笔误，应为第47摩托化军。

这一重要地点的11天激战中，损失了78名军官和2300名士兵。古德里安与叶廖缅科在杰斯纳河上的激战也持续了8天。这是一场可怕的战斗，每一寸土地都要经过激烈的争夺。古德里安对此的描述是，"一场血腥的拳赛"。但接下来，一起偶然事件被一次大胆的行动所利用，战斗态势变得对布琼尼不利起来。

9月3日下午，第24摩托化军的情报参谋把一捆烧焦的文件放在军长冯·施韦彭堡将军的桌上。这些文件来自一架被击落的苏军传送快件的飞机。施韦彭堡阅读着译文，研究着地图，兴奋不已。文件清楚地表明，苏军第13和第21集团军之间存在着一个薄弱环节。施韦彭堡立即派出第3装甲师对这一缺口实施打击。随即，古德里安通过电话获悉了此事。

第二天早上，古德里安赶到施韦彭堡的军部。48英里的路程花了他四个半小时：一场小雨就让道路变成了这样的状况。但在施韦彭堡军部里获悉的消息令他感到高兴。莫德尔将军的第3装甲师实际上已经杀入苏军防线上的缺口。他的坦克撕开了苏军两个集团军的侧翼。就像洪水决堤那样，德军的步兵团和炮兵营此刻正蜂拥而过，朝着南面扑去。

古德里安立即驱车追上莫德尔，"莫德尔，这是我们的一个机会！"其实不需要他多说什么了。莫德尔的部队已竞相冲往谢伊姆河（Seym），并迅速朝着科诺托普而去。3天后的9月7日，第3装甲师的先头营在弗兰克少校的带领下，成功渡过谢伊姆河，并建立起一个桥头堡。

9月9日，德军第4装甲师同样也渡过了该河。斯图卡飞机为经验丰富的第35装甲团和第12、第33摩步团提供支援，在苏军第40集团军进攻桥头堡的部队中炸开一条血路。俄国人开始后退。

就在莫德尔麾下的第6装甲团仍在科诺托普城外时，东普鲁士的"狼穴"以及博克元帅设在斯摩棱斯克的司令部都目不转睛地注视着古德里安的猛冲。现在重要的是，南面的克莱斯特大将应该在正确的时刻下达出发令。

弗兰克少校已经冲过了科诺托普。

集团军群立即给古德里安打电话："最终命令——冲向罗姆内（Romny）！主攻放在右侧。"这就意味着合围布琼尼部队的包围圈将在罗姆内地区封闭，古德里安和克莱斯特的坦克将在那里会合。

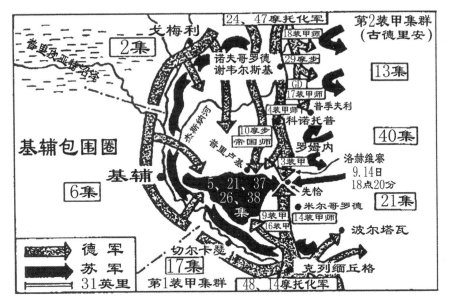

基辅战役是由两股装甲铁钳所实施的一场典型的钳形攻势。古德里安从北面杀至，克莱斯特则从南面赶来。趁苏军在第聂伯河河曲部实施激烈的防御作战之际，德军的快速部队在他们身后封闭了包围圈。

　　1708年12月期间，罗姆内是瑞典国王查理十二的大本营，距离波尔塔瓦（Poltava）93英里，1709年，沙皇彼得大帝就是在波尔塔瓦彻底击败了瑞典军队。这场战役对瑞典这个北欧帝国来说是一个致命的打击，并标志着俄国作为历史上一个现代化强国开始出现。现在，这个时代再次在罗姆内走到了尽头吗？

　　所有的一切都进行得准确而又顺利。古德里安的坦克在科诺托普实现了决定性突破。此时大雨倾盆，但胜利使将士们获得了新的力量。第3装甲师的先头部队正冲向罗姆内。他们远远地包抄到敌人的后方。可是，克莱斯特在哪里？这只庞大的铁钳的另一半在哪里？他一直明智地控制着自己的部队，这样，敌人就不会过早地意识到灾难即将降临到他们头上。

　　9月10日夜里，克莱斯特麾下的第48摩托化军，在肯普夫将军的带领下，在克列缅丘格（Kremenchug）附近到达了第聂伯河西岸，苏军第17集团军在这里据守着一个小小的桥头堡。这里的路面和道路同样被夏末的暴雨变成了一片泥潭。尽管如此，9月11日中午，德军还是在河上构建起一座临时桥梁。第16装甲师的一部渡过河去。整个夜里，这个来自莱茵兰—威斯特法伦的装甲师冒着漆黑和大雨，朝着河对岸飞奔。第二天早上9点，胡贝的坦克投入了战斗，面对敌人的顽强抵抗和没膝深的泥泞，该师在12个小时里前进了43英里。胡比基将军率领着来自维也纳的第9装甲师尾随其后。

9月13日，第16装甲师猛攻卢布内（Lubny）。守卫该城的是苏军防空部队以及工人组成的民兵，另外还有NKVD部队，他们是斯大林的秘密警察。第16装甲师工兵营第3连，通过突袭夺取了苏拉河（Sula）上的一座桥梁。利用"步行斯图卡"（呼啸的烟雾发射迫击炮①）迷惑、蒙蔽了俄国人，并通过一次英勇的攻击夺取了镇郊。紧跟在他们身后的是第64摩步团第2营。野蛮的巷战开始了。苏军战地指挥员将城内的平民召集起来，发放了武器。子弹从屋顶，从地窖的窗户里射出。街垒后的守军配发了"莫洛托夫"鸡尾酒，以此来阻止德军的坦克。可怕的战斗持续了整整一天。

9月14日，星期日，第79摩步团投入了战斗。当天下午，卢布内落入德军手中。到当天晚上，第16装甲师师属侦察营距离第3装甲师的先头部队还有60英里。

与此同时，俄国人也意识到了自己的危险。德军第2和第4航空队的空中侦察指出，各种类型的敌军队列正从抵御古德里安和克莱斯特的第聂伯河前线撤出，朝着包围圈的缺口处而去。这个缺口必须立即封闭，否则，大批敌军就将逃之夭夭。

作为来自北面的打击力量，古德里安的部队已夺取罗姆内和普里罗基（Priluki）。莫德尔麾下的一个团，在泥泞的道路上挣扎着冲向洛赫维察（Lokhvitsa），师里的其余部队仍被困在后方漫长的泥潭里。第3装甲师的参谋长蓬姆陶少校对此焦急万分。

两个装甲集群之间的距离仍有30英里，一个30英里宽的缺口。苏军侦察机在缺口的上方盘旋，指引着补给车队穿过德军的防线。仓促集结起来的坦克群向前冲去，以便为部队清理出道路。赶至先头营营部视察情况的施韦彭堡将军发现自己正处在一支苏军部队的攻击下，这股苏军试图突出德国人的包围圈。该营部立即进行防御，并向第6装甲团第2营发出了求救信号。但此刻该营仍在12英里外。在这千钧

---

① 所谓的烟雾发射迫击炮就是德军配备的40式多管火箭发射箱，这种武器最初是作为一种秘密武器，对外掩人耳目的称谓就是烟雾发射器。

一发之际，福佩尔中尉的第2连成功地救出了这位几乎必死无疑的第24摩托化军军长。德军的攻势继续向南。

12点，洛赫维察附近泥泞的道路上。"瓦特曼中尉到团长处报到！"命令沿着队伍被传递下来。瓦特曼指挥着一个装甲连，他涉过泥潭来到第6装甲团新任团长①蒙策尔中校的指挥车旁。15分钟后，坦克的引擎发动了，第394摩步团第1连第3排的装甲车，在施罗德中士的带领下，向右而去，为坦克队伍担任先锋。坦克手们拆除了车辆上的伪装：瓦特曼中尉奉命组织起一个强有力的战斗群，向南侦察前进。他得到的命令是：穿过敌人的防线，设法与克莱斯特装甲集群的先头部队会合。

13点，该战斗群在洛赫维察附近驶过德军的前哨阵地。空军的斯图卡护送了他们一段路程。明媚的阳光从晴空中播洒下来。起伏的地面一直延伸至遥远的地平线。前方出现了一片树林黑色的轮廓，他们必须穿过这片树林。突然，一支仓促后撤的苏军队伍横穿过他们的路径——补给车辆、重型火炮、工兵营、机场地勤人员、骑兵部队、后勤行政机关、燃料补给车等等。这支车队由拖车和马匹牵引，携带着许多汽油和机油桶。

"一点钟方向，高爆弹，开炮！"敌人的燃料车像火炬那样燃烧起来。马匹四散奔逃。苏军士兵逃入树林中，躲进了一个村落的茅草屋后。道路上一片混乱。

德军战斗群继续前进。他们的任务不是跟苏军交战，而是设法与"南方"集团军群的先头部队取得联系。他们仍与师里保持着联系。师部里，蓬姆陶少校坐在报务员身边，一字不漏地监听着该战斗群对敌军部署、地形以及桥梁的汇报。蓬姆陶读到了这样一条信息："遭遇敌人的顽强抵抗！"随后便是沉默。发生了什么情况？

此刻，从瓦特曼的坦克望去，情况就是这样。被遗弃的马拉大车和拖车停在道路上，机枪和反坦克炮火力从向日葵地里射出。瓦特曼停下自己的坦克，用望远镜查看着情况。附近山头上的一具风车引起了他的注意。这具风车的动作非常奇怪，一会儿往一个方向转动，过了一会儿又往另一个方向转动。然后就停了下来。瓦特曼轻轻吹了声口哨，显然，敌人的观察哨就设在那里，以此来指引他们的行动。"坦克前

---

① 第6装甲团前任团长莱温斯基中校被调至第5装甲旅担任旅长，但时间为1941年10月。

进！"片刻后，50毫米的坦克炮弹炸毁了那座风车，它再也无法转动了。前进！

蓬姆陶少校的报务员戴着耳机，在记录纸上写道："16点02分，到达卢卡（Luka），正由完好的桥梁渡过苏拉河。"蓬姆陶笑了，这是个好消息。瓦特曼的战斗群继续向前，穿过布满了深深车辙印、沼泽和疏林的可怕地形。无论他朝哪个方向望去，都能看见苏军的队列。

瓦特曼的战斗群已前进了30英里，这一天即将结束。突然，无线电联络中断了。南面，一个城镇的轮廓清晰地投映在夜空中。无疑，那就是卢布内，第16装甲师的作战区域。他们能听见那里传来的激战声。显然他们已靠近了南部战区的战线，可敌人在哪里？他会正面接敌还是被敌人一头撞上他的侧翼？

装甲侦察车伴随着坦克小心翼翼地穿过一片广阔的麦田，地里堆放着割下的麦秸秆。他们以一堆堆的麦秸秆为掩护向前推进。突然，一架飞机出现在上空。"快看，是德国侦察机！""发射白色信号弹！"瓦特曼命令道。伴随着嘶嘶声，一发信号弹从坦克炮塔上腾空而起。白色信号弹的意思始终是表明：这里是德国军队。这是一个令人紧张的时刻。没错，飞机看见了信号弹，开始降低高度，它转了一圈，接着又转了一圈。"他要着陆！"话音未落，这架侦察机已经停在麦田的秸秆堆间，就在敌人的防线中间。接下来便是无数的欢声笑语。

今天已经没人知道这三位果敢的飞行员究竟是谁。他们向瓦特曼中尉通报了前线的态势：他们距离克莱斯特的第16装甲师已不到6英里。过了一会儿，这架侦察机再次起飞。瓦特曼的部下们看着它低低地飞过一条宽阔的沟谷，投下了一个信息桶。

"坦克前进！"他们向前冲去，穿过沟谷到达了对岸。

身穿原野灰军装的步兵排成战斗队形，正在攀登山坡。"发射白色信号弹！"这个命令是瓦特曼当天第二次下达。白色信号弹升空后，对方立即做出了回应——也是白色的信号弹。对面的士兵们挥舞着武器，兴奋地欢呼起来。他们是林申中尉率领的第16装甲师工兵营第2连的士兵。在这一热烈的场面中，两位军官握手相庆。这一握手意味着基辅东面130英里处的缺口已被封闭，尽管到目前为止这还只是象征性的。

莫德尔的师部里，无线电报务员突然间再次激动起来。"通讯联系恢复了！"他喊道。然后，他仔细聆听起来。五分钟后，参谋长指示他的绘图员在一小块蓝色的湖泊旁写下了如下条目："1941年9月14日18点20分，第1和第2装甲集群会师。"

在一片果园外，分别喷涂着白色"G"和白色"K"字母的两个装甲团的坦克和装甲车并排而立，他们在树木和篱笆的掩护下伪装得非常好。炮火的闪烁照亮了天际，迫击炮的齐射轰鸣着。这场军事史上最伟大的围歼战，最后一幕的帷幕正在拉开。

第二天，德军第9装甲师以其辖下的第33装甲团，夺取了米尔哥罗德（Mirgorod）后沿着苏拉河东面的道路向北推进，在先恰（Sencha）的一座桥梁上与第3装甲师的先头部队会师。至此，德军的铁钳完全合拢，包围圈在敌人身后50英里处封闭了。

被围的苏军部队展开了更为激烈的拼杀，另外还有包围圈外，苏军最高统帅部派来营救布琼尼大军的解围部队。德军防线上出现了一些紧急情况，特别是沿着古德里安延伸的东翼。9月18日，罗姆内附近，苏军四个师对德军第10摩步师和几个高炮连发起了侧翼攻击，距离古德里安设在镇监狱瞭望塔上的观察哨不到900码，德军费了九牛二虎之力才将其挡住。

但苏军的这些努力纯属徒劳，他们的攻击没能集中在一个点上。他们确实给德国人造成了一些危急状况，但却未能扭转乾坤。古德里安155英里长的侧翼上，俄国人甚至没能成功地在任何一处达成突破。

9月19日，第6集团军的步兵，更具体地说，第29军麾下的步兵师，夺取了基辅。到9月26日，这场大会战结束了。苏军的五个集团军被彻底歼灭，两个集团军遭到重创。阵亡、负伤、溃散或被俘的苏军士兵达到了一百万人。布琼尼元帅（这位斯大林的老战友，曾在沙皇军队中当过中士）按照高层的命令，乘飞机逃离了包围圈。斯大林不想让这位革命时期的英雄落入德国人之手或阵亡。布琼尼的指挥权再度由基尔波诺斯上将接掌，他和他的参谋长图皮科夫中将[1]在突围行动中阵亡。

这场战役的统计数据如下：665000名俘虏，3718门大炮，884辆战车以及大批作战物资被缴获。单是肯普夫将军的第48摩托化军，麾下的三个师在这场庞大的歼灭战中便抓获了109097名俘虏，超过了第一次世界大战坦能堡战役中的俘敌总数。

从数字上看，这场战役的规模是历史上前所未有的。苏军的五个集团军被歼灭。

---

[1] 西南方面军参谋长图皮科夫为少将。

德军获胜的原因在于上级出色的作战指导、部队大胆的机动以及士兵们的顽强。

对斯大林来说，这是一场巨大的失败。苏军第5集团军司令员，40岁的波塔波夫少将被莫德尔的部下俘获①，古德里安问他为何不及时撤离第聂伯河河曲部时，这位将军回答道："方面军下达了撤离的命令，实际上，我们也确实向东后撤了，但上级（这就意味着是斯大林）随即又指示我们按照所提出的口号：'守住，坚持到底，不惜牺牲！'返回阵地继续抵抗。"

波塔波夫说的是实情。布琼尼于9月9日下达了准备后撤的命令，但需要斯大林批准他放弃基辅和第聂伯河河曲部的决定。这位独裁者大发雷霆，并下达了著名的"不许后退"令。

不许后退！这道命令牺牲了一百万苏军士兵，同时还搭上了整个乌克兰。现在，通往克里木和顿涅茨盆地的道路敞开了。斯大林的错误和顽固导致了可怕的、几乎是致命的后果！不过，现在回想起来，也许正是这一错误造成了俄国的胜利。战役的快速进展，对已实现的战略突然性的迷信，以及德国军队不可战胜的神话，这一切使希特勒产生了极大的骄傲，进而犯下了一连串致命的错误。

基辅战役胜利后，希特勒犯下的第一个大错是他所下的结论，他认为俄国人在南方已不再有能力构建一道牢固的防线。因而他下令："冬季到来前务必到达顿涅茨盆地和顿河流域。对苏联工业中心的打击必须迅速达成。"

希特勒急于尽快获得苏联的工业中心，以便利用其为德国的战争效力。

但是，如果斯大林的力量在夏季战役的粉碎性打击下已摇摇欲坠，为何不狠狠地打击其政治中心呢？为何不对敌军低落的士气加以利用，通过攻占莫斯科对其加以致命一击呢？为何不通过最后的猛攻将这个晕头转向、摇摇欲坠的庞然大物彻底打垮呢？

因此，基辅战役的最后一天，希特勒下令展开莫斯科战役。行动代号"台风"，进攻日期为10月2日，目标是莫斯科。东线的将士们屏息聆听着元首大本营下达的每日命令："今年最后一次大决战意味着彻底歼灭敌人！"

---

① 1945年，波塔波夫将军走出德国战俘营后，很快便回到苏军部队任职，甚至再度担任了第5集团军司令员。

▲ 德军士兵冲向集结于德国边境的160个苏军师。希特勒告诉他们，欧洲的命运掌握在他们的手中。

▲ 行动按计划进行。伦贝格（利沃夫）燃起了大火，落入到德军手中。

▲ 格罗德诺失陷。

▲ 德军进入苏联领土，不断穿过燃烧着的村庄。

▲ 1941年7月9日，米罗波夫北面。"阿道夫·希特勒·警卫旗队"师第3营第11连，在阿尔伯特·弗莱伊特的带领下，向着"斯大林"防线前进。

▲ 德军士兵知道自己为何而战,这使他们克服了苏联境内艰难的地形。

▲ 德军士兵还必须对付斯大林下令进行的游击战。照片中,德军的一支战斗侦察队穿过乡间土路,搜寻被打垮的一个苏军炮兵连的成员。

▲ 东线的伤亡人数不断上升。图中为第1山地师第98山地猎兵团的阵亡士兵。

▲ 一辆挎斗摩托车的乘员挣扎着把他们的车辆从树林中松软道路的泥沼中推出。

▲ 1941年7月，党卫军"骷髅"师的一部在北部战线推进。

▲ 苏军士兵拼死抵抗着德国人的推进。照片中，他们炸毁了斯特里河上的一座木桥。

▲ 一辆被击毁的苏制KV-2坦克。

▲ 被俘的苏军战俘。

▲ 1941年夏季，党卫军"骷髅"师驶过一座俄国的村庄。

▲ 这十张照片反映了黑海上的一次战斗。德军的一艘鱼雷艇遭遇到一艘苏军的巡逻艇，俄国人发出信号，示意自己愿意投降。就在德军鱼雷艇靠过去时，一名苏军士兵朝德军鱼雷艇投掷出手榴弹。德国水手立即开火，将苏军巡逻艇击沉。幸存者被德国士兵救上船，随后被送上岸。

▲ 组织能力和纪律是取得军事胜利所必需的先决条件, 正如照片中表现的那样: 两支队伍在一个交叉路口相遇。

▲ 坦克战的规模前所未见, 德军很快便证明自己的装甲部队和战术比苏联红军更高明。照片中, 德军坦克列队发起了进攻。

▲ 南方战线，第1山地师第98山地猎兵团的士兵们击毁了一辆苏军坦克。

▲ 1941年7月，伊尔门湖附近的党卫军"骷髅"师士兵。

▲ 一直向前……1941年8月，党卫军"骷髅"师的士兵在拉多加湖地区。

▲ 列宁格勒门前——这里曾经是苏军的防御阵地, 但现在却被德国士兵用作发起下一次进攻的集结地。

▲ 德军装甲部队紧追逃窜的敌人。被直接命中的苏军坦克冒起了浓烟。

▲ 俄国前线，罗马尼亚士兵们与德军并肩奋战。照片中是渡过普鲁特河的一支罗马尼亚炮兵部队。

▲ 搜寻一座被苏军仓促放弃的村落。一辆突击炮卫着村中的街道，与此同时，德军步兵正在逐屋搜查。

▲ 照片中的KV坦克是战争爆发最初的几个月中，被德军击毁或缴获的18000辆苏制坦克中的一部分。

▲ 前进途中——德军夺取了列宁格勒郊区的数个地段。照片中的小火车站已落入德军手中。这支德国步兵部队短暂停歇,很快将继续他们的推进。

▲ 东线中央战区的推进——照片中的这群德军步兵刚刚离开他们的前沿战壕，进入到开阔地中。

▲ 面对猛烈的防御火力，房屋的残垣断壁为前进中的德国步兵提供了掩护。俄国人投入了手上的一切武器，包括重型火炮，以阻止德军穿过地峡进入半岛。成功突破的数天后，德国和罗马尼亚士兵到达了克里木首府辛菲罗波尔，并向着重要的港口城市塞瓦斯托波尔前进。

7

台 风

就在科尔维尔打算关上他老板的卧室房门时，听见对方发出了愤怒的叫声。他转过身，丘吉尔先生坐在床上，身边摊满了早上的各类报纸。在他面前摆放着一份《每日快报》。

丘吉尔生气地把手按在报纸上，"看看这个！"他指着发自莫斯科的一篇报道。丘吉尔的这位秘书读完后，一时间也说不出话来。报道指出，9月28日被派往莫斯科的一个英美混合代表团，是为了与正跟德国交战的苏联签署一份军事和经济援助协议，而代表团里的比弗布鲁克勋爵却指示同行的另一个人，花了一大笔可观的费用购买鱼子酱——说是替丘吉尔买的。

"真是个肮脏的伎俩！"丘吉尔怒斥着。科尔维尔知道，丘吉尔从未提过这种要求。

毕竟，英国在1941年9月时还有更严重的事情需要担心。在北非，隆美尔包围了托布鲁克（Tobruk），他向着东面的哈法雅隘口（Halfaya Pass）冲去，对开罗形成了威胁。

但这还不是最糟糕的。希特勒的潜艇战使英国人的日子极为艰难。德国人大批使用和部署较大型的U艇，这一新战术再次抵消了英国在夏季所获得的防御优势。大西洋上的激战有增无减地肆虐着。单是1941年9月，邓尼茨的"狼群"便击沉了

683400吨位，从而使战争爆发以来德军击沉的总吨位数上升至1370万吨，这个数字超过了英国商船队总吨位数的一半，而新建造的船只吨位数尚不及这个数字的十分之一。英国的物资供应处在一个危急的时刻。大多数英国人觉得，如果他们的周日早餐能得到一个鸡蛋，那就够幸运了。而此刻，比弗布鲁克勋爵却通过一份畅销报纸宣布，每天呼吁国民们付出汗水和泪水的首相大人，即将从莫斯科获得数以磅计的鱼子酱馈赠，这东西是奢华生活的象征。

丘吉尔躺在床上口述了一份措辞愤怒的电文，由外交部转发给他那位身在莫斯科的爵爷。就在比弗布鲁克勋爵与莫洛托夫和哈里曼会谈时，一名大使馆秘书将这份电文交给了他。

在莫斯科采访勋爵的新闻记者被召来问罪，勋爵大发雷霆，但却没有任何成效。记者非常顽固。他得到了这个故事，并坚称它是真实的，为什么不能报道此事？难道这不符合勋爵的原则吗？比弗布鲁克勋爵只得认输。丘吉尔没能得到任何鱼子酱。

这件事发生在1941年9月30日的莫斯科，当天，斯大林首都的命运似乎已被无数的行动和进军令所决定。因为就在这一天，陆军元帅冯·博克的"中央"集团军群已全军出动，赶去攻占莫斯科。

莫斯科居民对这一切并不怀疑，因为德军针对苏联首都的闪电战已于7月中旬停在斯摩棱斯克的叶利尼亚突出部后方以及沃皮河一带，莫斯科的市民早已习惯了敌人已不到200英里这一事实。200英里，这似乎是个非常合理的距离。莫斯科已然幸免，战争转向了南方。诚然，基辅那里出了点问题，但苏联最高统帅部9月30日发布的公报中简洁地指出："我们的部队正沿着整条防线进行着激烈的防御战。"公报中还附加了一个梦幻般的数字：过去的六天里，约有560架德军飞机被击落。看上去似乎德军已在空中被击败，地面上也无法取得任何进展。

"列宁格勒的情况，公报上是怎么说的？"9月30日上午，在莫斯科城北面帮着挖掘反坦克壕的伊万·伊万诺维奇回到家里时问他的父亲。"什么也没提。"卡卢加大街5号的看门人说道，"电台里那些谎话连篇的家伙是怎么说南方的形势的，就是爷爷住的那里？""他们说我们的西南方面军击毁了敌人的许多坦克，并已按计划转入新的防御阵地。""城外的情况呢？那里的形势怎样？他们在电台里说了吗？""说了。"伊万的父亲自豪地点着头，"在维捷布斯克附近，我们的游击队炸死了许多法西斯分子，他们还破坏了道路。希特勒分子们再也前进不了了。"

伊万·伊万诺维奇点了点头。他走进厨房想找一块面包充饥。他的父亲听见了他的抱怨声，面包片对他的儿子来说似乎不够大。"锅里还有些白菜汤。"他喊道。

9月30日上午，就在伊万·伊万诺维奇·克雷连科夫在莫斯科卡卢加大街的地下室里喝着淡而无味的白菜汤时，大约300英里外的北乌克兰格卢霍夫（Glukhov）附近，第3摩托化步兵团第1连连长洛泽少尉在他的装甲车上举起了手，"前进！"第3装甲师的先头部队在格卢霍夫挥师向东时，第4装甲师和第10摩托化步兵师尾随其后，整个第24摩托化军投入了行动。在其左侧是莱默森将军第47摩托化军及其所辖的第17、第18装甲师和第29摩步师。在其身后是肯普夫将军的第48摩托化军[①]，另外还有两个共辖六个师的步兵军，第1骑兵师紧随其后担任侧翼掩护。就这样，第2装甲集群再次转身向北，以一个宽阔的楔形对准了莫斯科。"台风"行动开始了，正如希特勒所说的那样，"这是今年歼灭敌人的最后一战"。

古德里安大将得到了提前三天行动的许可，这使他可以在正确的时间和正确的地点为这场伟大的攻势发挥自己的作用。这是个大胆而又经过精心计算的计划，旨在智取莫斯科门前斯大林的防御部队。这可能是整个战争中最出色、最精细的作战计划，此刻，它正像钟表那样运行着。

这场现代版的坎尼会战打算分为两个阶段展开。第一阶段将以位于斯摩棱斯克—莫斯科公路南北两侧的第4和第9集团军突破苏军西方面军的防线为开始，两个装甲集群随即冲过被打开的缺口——第3装甲集群形成钳形攻势的北部颌口，第4装甲集群则构成南部颌口。两支装甲大军将在维亚济马（Vyazma）附近的公路上封闭包围圈，从而将城外实施防御的苏军部队合围。与此同时，古德里安的装甲集群将从西南方向，由北乌克兰的格卢霍夫地区对奥廖尔（Orel）发起攻击。待深深地插入到叶廖缅科部队的后方后，古德里安的装甲部队就扑向布良斯克，苏军的三个集团军将被合围。战役第二阶段的构想是，三个装甲集群沿着宽大的正面追逐逃窜的敌军，随即扑向莫斯科，夺取或包围该城。

---

① 肯普夫的第48摩托化军已由第1装甲集群转隶第2装甲集群。

陆军元帅冯·博克投入这场战役的力量相当强大：三个步兵集团军（第9、第4和第2集团军），中央战线上的两个装甲集群（古德里安的第2和霍特的第3装甲集群），现在又增加了霍普纳将军的第4装甲集群，（该集群从列宁格勒防线被调了下来，现在负责担当起沿斯摩棱斯克—莫斯科公路的右侧钳口，其辖下的第56摩托化军将为霍特装甲集群的左翼提供加强）这样，德军就为此次战役调集了14个装甲师，8个摩托化师，2个摩托化旅以及46个步兵师。这次战役还得到了两个航空队的鼎力相助。强大的防空部队也已被分配到各集团军中。

所有的一切都得到了精心的筹划，只有天气是无法预料的。目前的气候能维持多久？秋季的泥泞会在部队到达莫斯科前来临吗？毛奇曾在1864年写道："军事行动不能依据天气，但可以根据季节来进行。"但战役可以利用的最佳季节已经过去，冬季即将到来。尽管如此，希特勒还是冒险赌了一把。9月30日上午，坦克炮和反坦克炮的轰鸣揭开了维亚济马和布良斯克的战斗，第二次世界大战中的坎尼会战，军事史上最完美的合围战就此开始。

冯·曼陀菲尔上校指挥的第3摩托化步兵团里，第3连被调上来加强第1连的实力，他们坐在第1连装甲运兵车的车顶上。是啊，既然可以坐车，为何要走路呢？

洛泽少尉坐在第1连的指挥车里，行进在队伍最前方。"小心狗，艾克迈尔。"他对自己的驾驶员说道。"长官，狗？"二等兵艾克迈尔惊奇地问道。"少尉先生，什么狗？"机枪手奥斯塔莱克也疑惑地看着他的少尉。洛泽少尉耸了耸肩，"昨天，团里抓到三名苏军俘虏，每人带着一条狗。经过审讯，他们交代自己属于莫斯科的一个特殊单位，专门用狗绑上炸药来对付我们的坦克。"奥斯塔莱克咯咯地笑了起来，"这是我这么久以来听到的最为疯狂的故事。"洛泽举起手为自己辩解道："要不是团长亲自提醒佩施克上尉和我，我才不会提这个呢。反正，别怪我没告诉你。"

车辆穿过一片开阔地。就在这时，左侧传来了苏军机枪的吼叫：俄国人的第一道防线就设在一个村落旁。37毫米反坦克炮的轰鸣夹杂在机枪的咯咯声中。第3连的步兵已跳下装甲车，跟随着战车步行前进。手榴弹被投掷到村子的棚屋中，一辆装甲车隆隆地碾过木制篱笆。德军士兵继续前进。村内的教堂附近，房屋间出现了更多的苏军阵地，都经过精心的伪装。德军士兵们小心翼翼地向前推进着。

德雷格中士用机枪压制着战壕里的苏军士兵。突然，艾克迈尔叫道："一条狗！"一只杜宾犬冲了过来，它的背上驮着个奇怪的鞍状物。奥斯塔莱克还没来得及转过机枪，30码外的装甲车上，佩施克上尉已抓过自己的卡宾枪开火了。那条狗再次跳跃起来，然后就倒在地上不动了。

就在米利尔下士高叫着"当心，这里还有一只"时，一条漂亮的牧羊犬快步跑了过来。奥斯塔莱克的机枪开火了，但打高了。这只牧羊犬转过身，似乎想往回跑。就在这时，一个俄国人的声音喊了起来，这只牧羊犬再次朝着洛泽的装甲车冲来。所有人都开火了，但只有塞丁格下士的子弹击中了它，塞丁格用的是一支缴获来的苏制半自动步枪，射速很快。

"米利尔，用电台发出警告。"洛泽少尉命令道。于是，所有的车辆都接到了这个消息："多拉101报告各位，小心敌人的地雷犬……"

地雷犬，这个不假思索创造出来的新名词，指的是一种新颖而又颇具争议的苏式武器。这些狗的背上驮着两个亚麻布制成的鞍囊，里面装满了高爆炸药或是反坦克地雷。一根四英寸长的木杆充当机械式雷管。这些狗经过训练，它们会钻进坦克的下部。一旦木杆弯曲或折断，炸药便会发生爆炸。

德军第3装甲师遭遇"莫斯科步兵连"这些"四条腿的地雷"时较为幸运。第7装甲师的作战区域内，俄国人的这种武器同样未获成功。但两天后，内林将军的第18装甲师就运气欠佳了。德军坦克在卡拉切夫（Karachev）东郊冲过了苏军的阵地和反坦克支撑点，摩托化步兵杀入镇内。第18装甲团第9连穿过镇子的北郊，随即进入一片广阔的玉米地中。为数不多的几门苏军反坦克炮被打哑了，这里已没有射击声。

坦克车长们靠着他们的炮塔，他们的连长刚刚发出了信号："向我靠拢，停车，关闭引擎！"炮塔上的舱盖打开了。就在这时，两只牧羊犬穿过玉米地，背上驮着的鞍状物清晰可见。"这到底是什么东西？"无线电报务员好奇地问道。"我想是送信的狗，要么就是医疗部队的狗。"炮手猜测着。

第一条狗径直朝着为首的坦克冲去，它一头钻进坦克的履带下。一道闪光，一声巨响，泥土喷泉般地四散飞溅，硝烟弥漫，火光炫目。沃格尔中士第一个反应过来，"狗。"他喊道："那些狗干的！"炮手已拔出了8毫米口径的手枪，朝着第二

— 155 —

只狗开枪射击，但他没有射中。他又开了一枪，还是没击中。就在这时，第914号坦克上的机枪吼叫起来。那条狗被击中了，跌倒在地上。德军士兵们凑过去看时，它还活着，于是，一颗手枪子弹结束了它的痛苦。

苏联方面的著作对"地雷犬"这种残忍的武器闭口不谈。但他们对这种武器的使用是毫无疑问的，特别是因为其他部队的作战日志中也提到了这一情况，例如第1和第7装甲师。根据第3装甲师俘虏的"地雷犬"训练员交代，"莫斯科"轻步兵连有108条地雷犬。他们用拖拉机训练这些狗，只有在引擎启动的过程中，狗钻进拖拉机下才能得到食物，要是它们做不到这一点就得挨饿。它们投入战斗时也是处在饥饿状态，俄国人希望饥饿能驱使它们钻进坦克的下部。实际上，它们等到的是死亡，而不是食物。对这种新武器的运用，"莫斯科"轻步兵连并不太成功。只有极少数的狗可以被训练得在面对真正的坦克的轰鸣时还能站得住脚，大概，这就是地雷犬在战争后期，除了偶尔会有游击队使用外，很少被投入作战的原因。

让我们回到战斗的话题上。大家可能会认为，古德里安对布良斯克侧翼的攻击会遭遇到一个经过精心准备的对手，并因此而遇到顽强的抵抗。毕竟，叶廖缅科将军早在8月12日，与斯大林的谈话结束后便开始组建他的方面军，德军的进攻似乎迫在眉睫，从那时起，他一直在加强自己的力量。

时至今日，叶廖缅科元帅在他的回忆录中仍坚持认为，古德里安在八月底时没能突破他的防线，继而转向南方，直扑基辅，从根本上说是一种退而求其次的选择。对古德里安这只狐狸来说，莫斯科的葡萄挂得太高了：这就是他转向基辅的原因。奇怪的是，6个星期后的现在，他们却近在咫尺了。大胆而又满不在乎的古德里安直奔布良斯克这一重要的铁路和公路枢纽来对付他们。

即便是古德里安挥师进入乌克兰的8月份，布良斯克城始终带着一种神秘和凶险威胁着他的侧翼。从俘虏的交代中得知，叶廖缅科将军和他的参谋人员带着一些特殊的单位以及残缺不全的部队就驻在该城。这座城市被认为是苏军保卫莫斯科的关键地点，它位于茂密的森林内，还得到了沼泽性低地的保护。苏军从这里多次发起了针对古德里安暴露的侧翼的攻击。此刻，对莫斯科的决定性打击在罗斯拉夫尔—斯摩棱斯克地区开始形成时，布良斯克以及邻近地区的苏军部队再次对古德里安的侧翼构成了严重的威胁。作为进攻莫斯科的先决条件，消除这一威胁与歼灭维亚济马地区苏军强大的掩护部队同样重要。

这就是在维亚济马和布良斯克展开两场战役的战术含义。

出乎所有人意料的是，古德里安对叶廖缅科防线的进攻，第一次尝试便取得了成功。德军在苏军第13集团军的防区上达成了突破。

秋季的天气非常好，第2装甲集群作战区域内的道路依然干燥。作为第24摩托化军矛头的第4装甲师，一路高歌猛进，就像有魔鬼在身后追逐他们似的。古德里安追赶着他的先头部队，先头部队在冯·容根费尔德少校的率领下，已到达德米特洛夫斯克—奥尔洛夫斯基（Dmitrovsk-Orlovskiy），随即会见了军长施韦彭堡男爵和第4装甲师师长冯·朗格曼·埃伦坎普男爵。现在最大的问题是：是该继续前进，以便彻底打垮已陷入混乱的苏军第13集团军呢，还是让部队停下，花点时间进行重组并补充燃料？两位将军提出了谨慎的建议：他们都已接到报告，燃料不足，士兵们也已疲惫不堪。

过了一会儿，在谢夫斯克（Sevsk）一座装有风车的山丘附近，古德里安见到了该师装甲旅旅长埃贝巴赫上校。"埃贝巴赫，我听说您被迫停止前进了。"古德里安说道。"大将先生，停止前进？"埃贝巴赫惊异地问道，随即他又冷冷地补充道："我们的进展非常顺利，现在停步将是个错误！""可是，埃贝巴赫，燃料怎么办呢？我听说你们已经没油了。"埃贝巴赫笑了起来："营里没报告过汽油短缺，我们还有油！"了解自己部下的古德里安也跟着笑了起来。"好吧，那就继续前进！"他说道。

当天，第4装甲师的坦克一路向前，推进了80英里。苏军第13集团军被彻底击退。曾被叶廖缅科认为不可能的事情发生了：布良斯克方面军后方12英里处的奥廖尔城，被埃贝巴赫的坦克于10月3日中午攻占了。这完全出乎城外守军的意料，他们没开一枪。德军坦克遇到的第一部车辆是挤满了乘客的电车，车上的乘客显然认为这是正向城内开进的苏军部队，他们朝着德军坦克高兴地挥着手。

对叶廖缅科的布良斯克方面军来说，事态严峻了。德军第47摩托化军辖下的第17和第18装甲师冲向卡拉切夫，并在叶廖缅科指挥部的后方切断了布良斯克—奥廖尔公路。10月5日，第18装甲师夺取了卡拉切夫。陷阱关闭了！叶廖缅科看到一场灾难即将发生，于是他打电话给克里姆林宫，要求准许他突围。但苏军总参谋长沙波什尼科夫阻止了他，并劝他再等等。

叶廖缅科等待着。

但古德里安的装甲部队却没有停步不前。

获得加强的第39装甲团，其先头部队在格拉德尔少校的率领下，从卡拉切夫扑向布良斯克，也就是说，从叶廖缅科指挥部后方30英里处冲来。10月6日，冯·阿尼姆将军第17装甲师的战果甚至连最乐观的人也认为不大可能：他们通过奇袭夺取了布良斯克以及杰斯纳河上的桥梁。布良斯克失陷了。这座挤满了部队、重型火炮以及警察单位的城市就这样轻而易举地易手了。仓库里堆放着10万瓶已派不上用场的"莫洛托夫"鸡尾酒，苏军下达的死守每一座房屋的严格命令也已失效。俄国欧洲部分最重要的铁路枢纽之一已落入德国人之手。古德里安的第2装甲集群与由西而来的第2集团军完成了会师。围绕着卡拉切夫及其北部，第18装甲师以及配属给它的"大德意志"摩托化步兵团提供着掩护。往南，多布里克（Dobrik）两侧，第29摩托化步兵师掩护着第47摩托化军的侧翼。陷阱在苏军三个集团军（第3、第13和第50集团军）的后方封闭了。时间是10月6日。

第二天夜里下起了第一场雪。没用几个小时，广阔的地面便被白雪所覆盖。到了早上，积雪再次融化，道路变成了深不见底的大泥潭，高速公路也成了车辆的紧急制动器。"泥将军"出手了！但它已来不及挽救斯大林位于维亚济马—布良斯克地区的军队。所有步兵师都被派去清理道路，他们使出浑身解数，以便让部队继续前进。

更北面，沿着斯摩棱斯克—莫斯科公路，德军的攻势同样成功地展开。霍普纳第4装甲集群辖内的三个摩托化军（第40、第46和第57军）紧跟着第2装甲师，在罗斯拉夫尔公路南侧穿过苏军的防线。他们散开后，其左翼向北，朝着公路方向而去。

10月6日时，德军第10装甲师的先头部队距离维亚济马东南部仅有11英里，并与后撤中的苏军部队发生战斗。维亚济马战役已到达高潮。夜里，苏军进行了一连串突围尝试。夜幕降临时，整片广袤的森林地区似乎苏醒过来。到处都在开枪射击。弹药被炸毁。草堆燃烧起来。信号弹怪诞地将战场照亮了几秒钟。这片地区挤满了与部队走散的红军士兵。德军第40摩托化军的前哨指挥部不得不为了自己的生

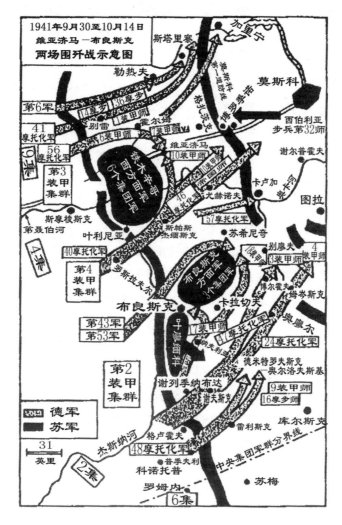

1941年9月30至10月14日
维亚济马一布良斯克
两场围歼战示意图

加里宁

斯塔里察

莫斯科

勒热夫

莫斯科
第一道防线

第6军

14摩步 36摩步

41摩托化军

别雷

6装甲师

装甲师

霍尔姆

柳比泽克

博罗季诺

西伯利亚
步兵第32师

56摩托化军

第3装甲集群

铁木辛哥
西方面军
6个集团军

维亚济马

10装甲师

谢尔普霍夫

卡卢加

奥卡河

图拉

斯摩棱斯克

第聂伯河

叶利尼亚

斯帕斯
杰缅斯克

46摩托化军

装甲师

尤赫诺夫

57摩托化军

苏希尼奇

4集

40摩托化军

罗斯拉夫尔

布良斯克
方面军
3个集团军

别廖夫

18装甲师

3装甲师

4装甲师

第4装甲集群

博尔霍夫

姆岑斯克

布良斯克

卡拉切夫

奥廖尔

第43军
第53军

叶廖缅科

17装甲师

纳夫利亚

摩托化军

24摩托化军

第2装甲集群

谢列季纳布达

谢夫斯克

德米特罗夫斯克
奥尔洛夫斯基

9装甲师

16摩步

德军
苏军

31
英里

2集

杰斯纳河

格卢霍夫

48摩托化军

雷利斯克

库尔斯克

中央集团军群分界线

普季夫利

科诺托普

罗姆内

6集

苏梅

▲ 维亚济马和布良斯克两场战役都是完美的钳形合围。铁钳的颌口由三个装甲集群的快速部队构成,三个集团军的步兵师予以配合。保卫首都的苏军部队遭到包围和歼灭,通往莫斯科的道路畅通了。

— 159 —

存而战。前线在哪里？究竟是谁包围了谁？就在漫长的黑夜即将结束时，苏军的一个骑兵中队试图在10月7日清晨的微光中突出重围。跟在他们身后的是搭载着红军女战士的一支卡车车队。德军第2装甲师的机枪阵地挫败了苏军的突围企图。眼前出现了一幅惨烈而又令人作呕的画面：在机枪火力的猛烈打击下，马匹和骑士摔倒在地，奄奄一息。

10月7日上午，菲舍尔将军第10装甲师的先头部队穿过泥泞进入维亚济马郊区，在燃烧的城内消灭了苏军的抵抗。越过城市的北部边缘，第69摩步团第2营的士兵们钻进了被苏军士兵遗弃的散兵坑。施图默将军第40摩托化军的先头部队，在第2装甲师和第258步兵师的跟随下，完成了战役第一阶段的目标。

在他们南面的是冯·菲廷霍夫将军指挥的第46摩托化军，该军下辖第11、第15装甲师①和第252步兵师。在他们身后的是孔岑将军的第57摩托化军，下辖第20装甲师、党卫军"帝国"摩步师以及第3摩步师。

霍特麾下的两个摩托化军（第56和第41军）以及第6步兵军，在霍尔姆（Kholm）西面的高地上达成突破，但在莫斯科公路的北部遭遇到苏军几个掘壕据守的步兵师以及坦克旅的顽强抵抗。由于地形极其不利，霍特大将把第56摩托化军的坦克（大多是三号坦克）拨给了临时组建的"科尔"装甲旅，该旅经过激战后在沃皮河突破了苏军的阵地，沿着一条由树枝和木板铺成的"束柴"路向前推进。在其身后，第41摩托化军以辖下的第1装甲师和第36摩步师对瑟乔夫卡（Sychevka）发起进攻，从而提供了北翼的掩护。

与此同时，第6和第7装甲师在霍尔姆到达了完好无损的第聂伯河桥梁，随即向维亚济马冲去。10月6日的夜间，身经百战的第7装甲师（法国战役期间，隆美尔的老部队）已在敌人的后方到达了莫斯科公路，这是他们在15个星期里第三次面朝西方。10月7日，霍特与霍普纳的装甲部队在维亚济马会师。网住苏军6个集团军，55个师的包围圈封闭了。

与此同时，随着对维亚济马的突破，冯·曼陀菲尔的战斗群通过突袭，到达并

---

① 此处的"第15装甲师"为笔误，应为第5装甲师，因为此刻的第15装甲师在非洲。

切断了莫斯科公路。陆军总司令勃劳希契元帅随即给该师发去贺电："第7装甲师迅速推进至维亚济马，在这场战争中第三次为包围敌军做出重大贡献，对他们的辉煌战绩，我谨此向你们表示特别嘉奖。"

在布良斯克亦是如此，古德里安的两个军将叶廖缅科的3个集团军，26个师困在包围圈的北部和南部。对德军步兵来说，接下来是一段艰难的日子，他们要对付苏军突出包围圈、撕裂包围圈的激烈拼搏，要消灭个别顽强抵御的据点，另外还要处理战俘事宜，战役临近结束时，苏军士兵开始整团整团地投降。战斗一直持续到10月17日。当然，部分被围的苏军部队成功地突围而出，特别是从布良斯克包围圈的南部。成功逃脱的苏军中包括叶廖缅科将军和他的参谋人员。叶廖缅科身负重伤，不得不被飞机送走。

这场伟大的战役结束了。"台风"行动的第一幕已告一段落。苏军被俘663000人，1242辆坦克和5412门大炮被摧毁或被缴获。

基辅战役中，布琼尼的6个集团军在南方遭到歼灭，被俘人数超过665000人。事隔仅三个星期，苏军又有9个集团军，70～80个师和旅在中央战线上被歼。

这些被歼灭的部队是准备用于保卫莫斯科的力量。现在，他们排着漫长而又可怜的队伍，跋涉过泥泞的道路，朝着战俘营而去。莫斯科失去了她的盾与剑，防线上被撕开一个大缺口。德国"中央"集团军群麾下的大多数装甲和摩托化部队得以腾出手来对付斯大林的首都。"台风"行动的第二阶段现在可以开始了——追赶敌人进入城市。德军的坦克将在红场集合。

他们挥师向前，或者说，他们在泥泞中挣扎着向前。一路上，一个个连队必须把他们被困住的车辆拉出泥潭。摩托车手们用木板为他们的车辆制作了垫木，并将其带在身后。

指挥着第18装甲师补给单位的福格特少校对这种状况深感绝望。俄国人是如何年复一年地对付这种泥泞的道路的呢？他找到了答案。他弄到一些当地农民使用的那种小而结实的马匹，另外还有他们轻巧的农用大车，以此来为师里运送补给物资，每辆大车可运送几英担的货物。这一做法获得了成功。摩托化车队被困在泥泞中时，这种小小的农用大车却得以顺利通行。莫斯科这一最高战利品刺激着德军将士们付出了最大的努力。

莫斯科西南方100英里处的卡卢加（Kaluga）于10月13日陷落。10月14日，艾辛格率领的第1装甲师先头部队攻克了莫斯科西北方93英里处的加里宁（Kalinin），切断了列宁格勒—莫斯科铁路线，并完好地夺取了伏尔加河上的大桥，这是二战期间唯一的一次。随即，德军在东岸建立起一个小型桥头堡，由第1装甲师和第900摩托化教导旅据守，掩护着大桥。由此，190英里长，掩护着莫斯科的第一道防线的基石已然坍塌。但是，这道防线的核心，莫斯科郊外60英里横跨公路的屏障，位于博罗季诺（Borodino）和莫扎伊斯克（Mozhaysk）之间。10月14日，党卫军"帝国"师到达了距离莫斯科62英里的博罗季诺。这是个具有历史意义的地点。1812年，拿破仑在这里走上了失败的边缘。1941年，斯大林打算在这里遏止希特勒的推进。为了做到这一点，他仓促调来了他最好的部队——西伯利亚的精锐之师，来自符拉迪沃斯托克（Vladivostok）的西伯利亚步兵第32师，该师辖有三个步兵团和两个新配备了T-34和KV-2的坦克旅。斯大林开始从远东前线调集部队。他能承受得起这样做的代价。他知道日本人不会发起进攻。毕竟日本正计划在太平洋上对美国实施袭击。斯大林从他的间谍，德国驻东京大使的顾问，佐尔格博士，那里获得了可靠的情报。对斯大林来说，佐尔格的价值超过了一个集团军。

在博罗季诺，党卫军"帝国"师的几个团，第10装甲师的"豪恩席尔德"旅及第7装甲团，另外还有第10装甲师辖内的第90摩托化炮兵团的一个营以及师属摩托车营第一次遭遇了西伯利亚人——这些身材高大魁梧的家伙穿着长长的大衣，头上戴着毛皮帽，脚上穿着高筒毛皮靴。他们配备了大量高射炮和反坦克炮，甚至还有许多危险的76.2毫米多用途火炮，德军士兵称之为"噗-砰"。这些西伯利亚士兵打起仗来面无表情，没有丝毫的恐慌。他们牢牢地守卫着自己的阵地，杀敌或者被杀。这是一场可怕的战斗。

苏军投入了他们的多管火箭炮——喀秋莎，德军士兵称之为"斯大林管风琴"，这种武器凭借着其高爆碎片效果，总是能造成严重的破坏。在博罗季诺，苏军的T-34坦克第一次以大规模编队的方式投入战斗。由于德军并不总是有88毫米高射炮可用，步兵们不得不用高爆炸药对付这些T-34坦克。战斗结果不止一次出现前途未卜的局面。党卫军"帝国"师遭受的伤亡极为惨重，它的第3团不得不被解散，幸存人员被并入"德意志"团和"元首"团。装甲集群防区内所有可用的大炮都被集中起来，交由第128炮兵指挥部的魏德林上校指挥[1]，他得到的命令是集中炮火在苏军防线上为武装党卫军的士兵们打开一个缺口，这些党卫军士兵带着视死如归的勇气向前冲去。首先，火焰喷射器连使用了他们带有遥控电击发的装备，然后突破敌人的雷区，接着是铁丝网，接着又是碉堡群。经验丰富的突击小组冒着敌人高射炮、反坦克炮以及迫击炮所组成的密集火力向前冲去，并在近战中击退了苏军坦克发起的反击。地狱之门敞开了。苏军的低空轰炸机在头顶上轰鸣着。德军第8航空军的战斗机在滚滚浓烟中来回穿梭。

急救站里忙碌不堪。党卫军"帝国"师师长，武装党卫军上将豪塞尔身负重伤。一排排伤员躺在地上——装甲兵穿着他们的黑色制服，步兵们的军装早已破旧不堪，武装党卫军的士兵们穿着斑点迷彩服。死者、重伤者、烧伤者，或是在肉搏中被打死的人遍地都是。愤怒使双方士兵都杀红了眼，每一处阵地都要经过反复的争夺。

西伯利亚士兵顽强据守的阵地终于被撕开了一个缺口。"帝国"师辖下的"德意志"团和"元首"团冲了过去。此刻根本无暇开枪射击，工兵铲和枪托成了他们的交手武器。几个西伯利亚连队遭到来自身后的袭击，他们隐蔽在高射炮、反坦克炮以及机枪阵地的凶墙后顽强抵抗，结果在激烈的白刃战中被打垮。德军第10装甲师的步兵团也参与进类似的战斗中。他们所在的战场，正是130年前拿破仑为之奋战过的。他们冲击着被顽强防守、具有历史意义的谢苗诺夫斯科耶（Semenovskoye）陡坡。西伯利亚的士兵们徒劳地抵抗着。

西伯利亚步兵第32师在博罗季诺的高地上全军覆没。莫斯科公路上，保卫着莫斯科的第一道防线已被德军打开。第10装甲师和党卫军"帝国"师穿过积雪覆盖的田野，朝着莫斯科冲去。苏军防御部队的最后抵抗被打垮了。1941年10月19日，莫扎伊斯克（Mozhaysk）失陷，它就在莫斯科的大门外！公路路程只有60英里。这条公路从莫扎伊斯克直通苏联首都。

---

[1] 魏德林指挥的是配属给第40摩托化军的Arko 128，也就是第128炮兵指挥部。

"莫扎伊斯克失守了！"消息传遍了莫斯科的大街小巷，"莫扎伊斯克丢了，德国鬼子来了！"

就在室外温度下降到零下30摄氏度时，克里姆林宫的烟囱里冒起了浓烟。他们正在烧毁无法带走的机密文件。

莫斯科的市民被惊呆了。就在两个星期前，由于美国承诺会提供援助，他们还对胜利充满了信心。10月2日，丘吉尔的代表比弗布鲁克勋爵，罗斯福的代表哈里曼先生，来到克里姆林宫签署了为苏联提供武器的协议。尽管美利坚合众国仍保持着中立立场，并未参战，但还是宣布三大国决心通力合作，以赢得对德国这个世界公敌的胜利。首次协议为期十个月，从10月1日开始，英美两国承诺并将交付以下物资：3000架飞机，这个数字比德国空军9月30日在东线的作战飞机总数多了2000架；4000辆坦克，这个数字是德军三个装甲集群在9月30日手头可用坦克总数量的三倍；另外还有30000辆汽车。

但这些物资能否及时交付呢？希特勒会不会再次赢得与西方列强的赛跑呢，就像他在1939年前赢了克里姆林宫那样？

10月10日，莫斯科国际饭店为各国外交人员和新闻记者举办了一场晚宴。菜单上有俄式薄煎饼、鱼子酱、蔬菜汤、烤牛肉、奶油土豆、蒸胡萝卜、巧克力布丁以及摩卡。大家为斯大林和莫斯科的防御而干杯，也为了胜利而干杯。就在当天，铁木辛哥被免去了他的指挥职务，接替他的是当时尚不为世人所知的G.K.朱可夫将军。朱可夫出任西方面军司令员[1]，他的参谋长是V.D.索科洛夫斯基中将，军事委员会委员N.A.布尔加宁成了方面军的政治领导。

五天后，10月15日12点50分，外交部部长莫洛托夫会见了美国大使斯坦哈特，并告诉他，整个苏联政府，除斯大林外，都已离开莫斯科，外交使团也将被疏散至莫斯科东面525英里的古比雪夫（Kuybyshev）。每个人携带的行李只限于他/她随身所能携带的。

---

[1] 朱可夫接替的是西方面军司令员科涅夫，科涅夫因打了败仗险些被送上军事法庭，经朱可夫求情后，科涅夫担任西方面军副司令员。

这一消息传遍了整个城市，特别是当人们获知列宁的水晶棺将从红场的陵墓中转移时，恐慌弥漫开来。"德国人来了！"

那些住在莫斯科，靠近莫扎伊斯克公路的人们纷纷竖起耳朵，留意聆听着任何类似坦克的声响。他们已经往这里来了吗？当时在莫斯科，任何事情都被认为是有可能发生的。

整座城市变得紧张起来。如果压力变得过大，一切都将失去控制。1941年10月19日，莫斯科的神经已达到临界点。各种耸人听闻的传言满天飞。政府已经逃离，外交使团已离开莫斯科，列宁这位革命之父的水晶棺已被转移到一个不为人所知地方。这些故事和传言都有个附言："德国人已兵临城下。"他们还会悄悄加上一句："他们的坦克随时会出现在这里！"这种情况的可能性对莫斯科市民造成了最为惊人的影响。人们突然间失去了对斯大林的秘密警察、民兵以及安全部队的恐惧。面包店外排队购买面包的队列爆发出愤怒的吼声："我们受够了战争，赶紧结束它！"

此刻，第一家受到冲击的商店位于花园街（Sadovaya Street）。一辆满载着罐头食品的货车被洗劫一空，翻倒在地后又被纵火焚烧。叛乱潜伏在潮湿阴冷的街道上，蜷伏于冰冷的公寓中，与饥饿的市民分享着餐桌。斯大林的政权摇摇欲坠。他的肖像被从墙上取下；党员证被烧毁。粗糙的传单被仓促印刷出来，当天早上突然间出现在市民们的信箱里。"共党分子的死期到了！"传单上宣布道。另外，上面还充斥着反犹口号。收到传单的人惊恐地盯着这些煽动性文字。莫斯科，这座母亲之城，已然混乱一片。苏联的首都出了问题，但是，天并没有塌下来。

苏联历史学家A.M.萨姆索诺夫在他的《莫斯科保卫战》一书中描述了这一状况，他写道：

> 市内弥漫着一股恐慌情绪。工业企业、各政府部门、机关、事业单位的撤离加速了。当时，公众中也出现了一些零星的骚乱事件。有人散布着恐慌情绪，也有人离开了自己的工作岗位，匆匆逃出城去。同时还有叛徒在利用这种状况，以便窃取社会主义财产，他们企图破坏苏联的政权。

克里姆林宫的独裁者对此采取了强硬措施。10月20日，他宣布莫斯科进入紧急状态，苏联首都实施戒严，前线纪律开始接管城市生活。

萨姆索诺夫写道："该命令规定，所有破坏公共秩序的敌对分子都将被立即交付军事法庭，所有破坏分子、间谍以及煽动叛乱者都将被立即枪决。"他们真这样做了。首都成了前线，城内的居民实际上已被纳入到军队中。早在7月11日，根据国防委员会的命令，城内已有10万名居民被招募进民防师，并被部署在城市的西郊。在随后而来的冬季战役中，中央战线上的德军在所有重要的防御地段都遭遇到了这些民兵。这些人打起仗来通常都很狂热，在谢利格尔湖（Lake Seliger），在勒热夫（Rzhev），在多罗戈布日（Dorogobuzh）城外，在小雅罗斯拉夫韦茨（Maloyaroslavets）莫不如此。从10月1日起，市民名单再次被仔细梳理，又有10万名莫斯科人应征入伍。他们接受了110个小时，即20天的训练，然后便被派上了前线。

10月13至17日间，莫斯科市进一步组建了25个独立工人营，这些工人既要从事劳动生产，同时也服兵役。他们的人数为11700人，相当于一个师，主要被部署在莫斯科—伏尔加运河的东岸。与此同时，由有过服役经验的预备役人员组建起莫斯科步兵第1师和第2师，再加上25个民兵营，总计18000人，构成了维持市内秩序的力量。这是一座真正实行了全面动员的首都。

每一个男人、每一个妇女都被纳入到这架军事机器中。大约有40000名不满十七岁的孩童被动员起来，为莫斯科的第二道防线挖掘工事，并接受军事指挥。另外还要加上50万名妇女和老人，他们实行三班倒，不分白天和黑夜，在恶劣的条件下修建了60英里长的反坦克壕沟，177英里的铁丝网以及5010英里的步兵战壕。

然而，到10月底，无论是狂热的党员抑或军事法庭的处决，都已无法阻止这座城市的逐步瓦解。撤离人员的公寓被洗劫一空，或者就是被逃兵所占据。伤员、从劳动队逃出来的青少年以及小孩子们在街头游荡。安全部队不得不反复梳理地下隧道、车站以及遭到轰炸的地区。莫斯科似乎已经完蛋了。孟德尔曼描述了这一严酷但却毫无争议的事实，他是个犹太人，是一所村办学校的校长，从波兰逃来莫斯科。他的著作《莫斯科城下》在以色列首度发行后，被翻译成几乎所有西方世界的语言，这是一本小说，但却是基于作者的亲身经历。

在这本书中，我们看到了以下场景，这在1941年10月底的莫斯科司空见惯：

两名伤兵歪歪倒倒地从一条小巷子里走了出来。其中的一个身材高大而又瘦削，一条胳膊上打着石膏；另一名伤兵又矮又胖，熟练地操纵着拐杖，他的膝部负了伤。他们走到空荡荡的大街中央，喊了起来："德国人的坦克就在卡卢加大街和普索什纳亚！他们已经进城了！他们来了！俄罗斯人，赶紧逃命呀！"3名士兵和3名NKVD人员组成的一支武装巡逻队靠近了门道处，随即又退到了花园街。他们没有说话，只是默默地相互注视着……突然，商店锁上了大门，铁栅栏呼的一声关了起来。房门打开了，好奇的观众聚集在门前。

两名伤兵停在一个角落，身材消瘦的那个用他那条未负伤的胳膊指着什么，喊道：

"他们就在那里，德国人！"

巡逻队消失进一个黑黢黢的门道，过了一会儿，六个人又出现了，他们光着脑袋，手里也没拿武器，大衣上的各种徽标已被去除。

"这些老鼠正在逃离沉船！"一个妇女尖叫起来。

"让他们滚蛋吧！他们会被抓住的！"

慢慢地，人群形成了一长列队伍。走在最前面的是两名伤兵，几个妇女跟在他们身后，再往后便是大批的人群。

一些十四五岁的男孩（这些孩子在工厂里干活）从路边跑了过来，嬉笑着加入到成人的行列中。突然，一个人展开一块白布，像旗帜那样在头顶上挥舞起来。白布的中央画着一个黑色的反万字。

人群朝后退去，牢牢地站立在原地。

"打倒共产党！"挥着旗子的那个人喊道，"打倒犹太佬！"

莫斯科灰暗的天空下，一片沉寂。天空像一片令人僵硬的恐惧般高悬在人们头上。

"战争结束了！"

"感谢你们，圣母，圣母玛利亚！"

治安巡逻队的冲锋枪结束了这场荒诞剧。德国人并未到来。他们为什么没来呢？毕竟，已经有人看见他们跨过公路，踏上了通往莫斯科的莫扎伊斯克公路，那里距离莫斯科只有大约半小时的车程了。他们在哪里？

瓦格纳中校在一个手榴弹弹箱上摊开了他的地图。德军第19装甲师工兵营的军官们站立在他们指挥官的身边。"这里……"瓦格纳指着地图上的一个位置，"这里就是小雅罗斯拉夫韦茨，前方12英里处。我们的坦克明天就将到达那里。这里，波多利斯克（Podolsk），距离莫斯科21英里，是我们师下个星期的目标。"

　　瓦格纳从地图上抬起头来，"这就是我们必须突破前方这片该死的碉堡防线，打通道路的原因。坦克无法在烂糊糊的地面上行进，在道路南面推进的步兵也需要补给。"

　　日期是10月16日，地点是伊林斯科耶（Ilyinskoye）郊外，这里是莫斯科门前第一道防线的核心。守卫在这里的是波多利斯克军校的学员。来自下萨克森州的第19装甲师被挡在了这些碉堡前，据守阵地的军校学员都是些年轻而又狂热的共产党员。德军的斯图卡俯冲轰炸机一直未能摧毁这些碉堡。德军的炮兵也没有获得更大的成功。因此，瓦格纳的工兵被派了上来。

　　一支德军突击队携带着两具火焰喷射器和高爆炸药，小心翼翼地摸入了苏军防线前平坦的沼泽性地形中。炸弹和炮弹形成的弹坑提供了有效的掩护。德军炮兵随即对苏军阵地展开猛烈的压制性炮击。在炮火的掩护下，德军工兵悄悄地朝着俄国人的混凝土碉堡摸近。

　　炮弹的落点离他们非常靠近。带领着一个工兵排的特里普中士紧紧地贴在弹坑里。他举起信号枪，一发白色信号弹腾空而起，这是个事先商定好的信号，意思是：已到达目标。德军的炮击突然停息下来。

　　"上！"德军火焰喷射器手站起身，对着中间和右侧的两座碉堡喷吐出炎热燃烧着的汽油。火焰呼啸着钻入碉堡的射击孔，黑色的浓烟掩盖了一切。俄国人再也无法用轻武器开火或投掷手榴弹了。左侧碉堡的射孔被冲锋枪火力所压制，借此机会，二等兵沃格尔爬上碉堡顶，从上方将一包炸药扔进射孔内，随即跳离碉堡。伴随着一声巨响，一团火焰蹿出，接着便是黑色的浓烟。

　　第二个障碍也被同样的方法解决了。但随即，从连接碉堡的混凝土通道处突然射来了机枪火力。右侧的火焰喷射器小组被打倒了。特里普从左侧冲过交通壕，端起他的冲锋枪开火射击。苏军士兵举手投降，只有他们的政委仍在一颗接一颗地往外扔手榴弹，直到他被子弹击中。

工兵们又发射了一发信号弹，还是白色的。后方的步兵们欢呼起来："他们成功了！"伊林斯科耶的障碍已被突破。

托马勒中校率领着第27装甲团，连同第19炮兵团第2营，以及一个88毫米高射炮连出发了，沿着清理出的道路向小雅罗斯拉夫韦茨而去。打头阵的是冯·韦特恩中尉率领的第1连。第74摩步团的连队沿着公里两侧向前推进着。

距离莫斯科还有60英里。

渡过普罗特瓦河（Protva）没有遇到什么困难，他们继续前进。他们的目标是伊斯季亚河（Istya）上的韦拉布伊（Verabyi）。

桥梁完好无损。苏军的一门反坦克炮奋力保卫着渡口。"所有武器，开火！抓紧时间上桥！"冯·韦特恩用电台通知他的车长们。朗格少尉指挥着为首的坦克。驾驶员库尔特·维格曼从耳机中听到了命令，不需要朗格下达指令，他操纵着坦克向前驶去。

就在他们刚刚清理完桥梁之际，左侧陡峭的河岸上，苏军的一门反坦克炮逮住了他们。随着一声巨响，德军为首的坦克冒出了滚滚浓烟。"咱们得赶紧出去！"朗格少尉下达了命令。他们设法爬出被击中的坦克，跳进了壕沟里。然后他们看见第二辆坦克也被直接命中，坦克爆炸起火，只有车长逃了出来。但第三辆坦克成功渡过桥去，炮塔转动到十点钟方向后开炮射击。苏军的反坦克炮被直接命中。不顾来自森林边缘的苏军炮火，德军的一辆拖车拖曳着一门88毫米高射炮驶过桥去，进入阵地后，立即对着俄国人的炮兵连开火射击。到目前为止，德军的进展都还顺利。

面对着俄国人的顽强抵抗，韦特恩的第1连建立起一个桥头堡。苏军部队由军校学员组成，这些人打起仗来带着令人难以置信的勇敢，他们一次次地对德军坦克发起近距离攻击。

托马勒中校让他手上第27装甲团的所有部队都渡过河去。此刻，他已领先自己的师主力25英里，伊斯季亚河上的桥头堡必须守住，直到大部队上来为止。托马勒的战斗群成功地做到了这一点。黄昏时，苏军在过去几天里仓促修建，但却部署了反坦克炮和大炮的阵地被德军攻陷了。

第19装甲师师长冯·克诺贝尔斯多夫中将驱车赶上了他的先头部队："我们绝

不能给俄国人时间来构建另一道防线，继续前进，新的目标是纳拉河（Nara）。"

纳拉河代表着莫斯科城外的第二道，大概也是最后一道防线。

此时，天上下着雨，温度很低。道路变得越来越泥泞。坦克的前进停顿下来。伴随着越来越频繁的喊声："俄国坦克！"配备着宽履带的T-34迅速从山丘上冲下。在泥泞和雪地中，这种坦克的表现非常出色，给德军造成了大量伤亡。通常只有88毫米高射炮才能在关键时刻挽救形势。但尽管如此，第19装甲师的摩托车单位和坦克还是到达了纳拉河。工兵营在夜间以创纪录的速度搭建起一座浮桥后，德军先头部队冒着苏军猛烈的迫击炮火力，在公路北面渡过了纳拉河。有没有可能将缺口扩大成一个崩溃的堤坝呢？

德军坦克通过奇袭夺取了纳拉河东岸的一处高地。"成功了！"士兵们相互传递着这一消息。第20装甲师辖下的第59摩步团，目前暂时隶属于第19装甲师，他们也迅速渡过河去。现在的一切都取决于能否到达公路上，以及是否能粉碎戈尔基与尼科利斯科耶（Nikolskoye）之间的苏军防御。如果能做到这一点，通往克里姆林宫的道路就将敞开。

德军第98步兵师不顾道路的泥泞，通过强行军赶了上来。在杰奇诺（Detchino），该师杀过苏军巧妙构设的阵地和碉堡，这些防线呈纵深配置，由蒙古和西伯利亚士兵据守。这些人宁死不做俘虏，因为他们被告知，一旦落到德国人手中，他们会先被割掉耳朵，然后再被枪毙。激烈的战斗一连持续了五天。德军部队遭受了严重的伤亡，第282、289、290步兵团严重减员，许多营长和连长阵亡或负伤，工兵营也损失了100人。但莫斯科这个宏伟的目标刺激着德军士兵们继续向前。确实，马匹都已完蛋，炮兵和步兵们因此而深受影响。现在，激烈的战斗还因雨水、寒冷和虱子而愈发困难，而且，到目前为止，部队还没有得到冬装。但是，拿下这决定性一战的念头促使着他们继续向前跋涉。他们投入了体内最后一盎司力量。

10月23日，第290步兵团在公路南侧的塔鲁季诺（Tarutino）渡过了纳拉河。该师立即转身向北，以支援第19装甲师清理出莫斯科公路。

第289步兵团辖下的第1和第2营，在冯·博泽中校和施特勒莱因上尉的分别带领下，冲上了戈尔基城外树林茂密的山丘。俄国人立即发起反击，将第289团逐出。接下来的一天里，战斗持续着。每一寸土地都要经过艰难的白刃战才能获得。

最后，德军距离公路仍有200码距离。

第282步兵团第1营代理营长埃默特中尉，亲自带领着他的第1连发起了冲锋。该连连长鲍尔少尉在进攻中阵亡，他左右的士兵也纷纷倒地。德军士兵费了九牛二虎之力才冲入戈尔基市内，并牢牢地据守住既得阵地，苏军士兵向后退去。确实，德军士兵只占领了城市的南部，但至少他们已到达莫斯科门前最后一道防线的后方。戈尔基距离莫斯科仅有40英里了。

"40英里，这一距离就像从纽伦堡到巴恩贝格。"第198步兵师反坦克营的弗赖少尉这样说道。但他只向前又前进了三英里。他的墓地就在戈尔基城外的库索列沃（Kusolevo）。

针对莫斯科的进攻基本上是一场与道路的搏斗。整个夏季，这些道路是运送物资重要的交通动脉。但现在的冬季泥泞期间，连乡间小路都不可得，更别说粗糙坚实的路面了，不仅仅是补给物资的运输，实际上，坦克和步兵的一切行动都取决于道路状况。对进攻者来说，这是一个严重的障碍，但对防御者而言却是幸事。一个由碉堡和阵地守卫的那些交叉路口，由于道路状况恶劣，无法绕过去直接进攻，只能通过正面攻击予以夺取。这样一来，交叉路口便成了通向莫斯科途中的战场。

纳拉河上的戈尔基就是这样一个交叉路口，斯摩棱斯克—卡卢加—莫斯科铁路线上的纳罗明斯克（Naro Fominsk）也是，而莫斯科公路与著名的邮政驿道之间的克里姆斯科耶（Krimskoye）则是另一个路口。

另一些关键的地点是兹韦尼哥罗德（Zvenigorod）、伊斯特拉（Istra）、德米特罗夫（Dmitrov）、图拉（Tula）以及加里宁，这些地点围绕着斯大林的首都，形成了一个巨大的半圆形。

这些地点代表着苏军守卫莫斯科的第二道防线上的重要据点：在它们身后，无数的交通线一直延伸进苏联的首都，莫斯科就像是一只位于网中央的蜘蛛。

六十多个德军师参与到代价高昂的莫斯科战役中。平均每个师以5000～10000人计算，六十多个师就意味着60倍的力量。每个师都应该被单独提及，但我们只试着探寻少数部队的遭遇：他们走上了一条可怕、残酷的道路，其命运中充满了人类和军事的戏剧性事件。他们距离目标已如此靠近，莫斯科似乎已近在咫尺。他们看见了克里姆林宫的尖塔；他们就站在郊外的巴士站旁。1941年12月初，一支德军部队距离莫斯科已不到5英里，他们的坦克就停在离克里姆林宫9～18英里处。

德军第78步兵师从维亚济马出发，沿着布满弹坑和水坑的道路朝莫斯科进发。天上下着雨，然后，像是要换换花样似的，又下起雪来。士兵们饥肠辘辘，他们的战地厨房车被困在后方的泥泞中。他们身上脏兮兮的军装也湿透了。现在再也无法像炎热的夏季那样乘胜追击了。那是多久前的事？这似乎是许久以前的事情了。他们的行军经历了夏季，也经历了秋季。现在，他们正在经历布满雨雪的泥泞冬季。

就在第78步兵师排成长长的队伍，沿着道路右侧向前推进时，第87步兵师的队伍正在他们的左侧前进。道路的中间保持着畅通，以便让相反方向的车辆通行。

公路的南面，尤赫诺夫（Yukhnov）与格扎茨克（Gzhatsk）之间，德军第197步兵师正沿着一条糟糕的道路奋力向东。10月19日，星期日，雨雪交加，该师辖内的步兵团，步行里程已达到了930英里。930英里！

第229炮兵团第1营营长屈佩斯上尉对部队的进展深感不耐。他们所在的道路上布满了车辙印和深深的泥泞，以至于他的火炮车辆根本无法取得太大的进展。得到上司吕德尔中校的批准后，他率队转身走上了从尤赫诺夫到格扎茨克的横向道路，以便能赶到公路上去。他认为，这里的路况能让他的部队获得更快、更轻松的进展。

这些炮兵确实踏上了赶往莫斯科的公路，但公路上的情形是他们始料未及的。一个泥潭接着一个泥潭，另外还有许多深深的弹坑，公路被车辆堵得水泄不通。他这个靠马匹牵引的车队在这里毫无希望。从格扎茨克至莫扎伊斯克这一区域的公路上，拥堵了2000～3000部车辆。

看到这一幕，第197步兵师的炮兵们赶紧再次掉头，重新返回到泥泞中。他们的前进速度从夏季平均每天28英里下降至现在有时候每天甚至不超过3英里。战斗、行军、污秽、饥饿、虱子缠身把他们折腾得筋疲力尽，到了夜间，这些士兵在当地的小村庄里宿营，挤在穷苦农民们棚屋的灶台前。可怜的马匹在屋外挤成一团，咀嚼着低矮屋檐上陈旧的干草。士兵们在屋里烘烤着他们湿透了的军装。如果有人问起："我们究竟是在哪里？"普通士兵的回答是："我们在欧洲的屁眼里！"

第二天早上，他们将再次踏上征途，沿着摩托化部队留下的轨迹，不停地跋涉。一路向前，赶往莫斯科。

到10月份的中下旬，从卡卢加到加里宁这一宽广的正面，莫斯科的第一道防线已是千疮百孔。德军部队沿着三条主要的道路，朝着莫斯科的第二道，也是最后一道防线扑去。这三条道路是：从小雅罗斯拉夫韦茨至莫斯科；从纳罗福明斯克至莫斯科；从莫扎伊斯克至莫斯科。苏军的第二道防线由南向北，从图拉一直延伸至谢尔普霍夫（Serpukhov），从那里沿着纳拉河，穿过纳罗福明斯克到达莫斯科公路的纳拉湖区，然后沿莫斯科峡谷穿过兹韦尼哥罗德、伊斯特拉、伊斯特拉水库以及克林（Klin），直达加里宁东南方的"莫斯科海"。

这道防线其实并不是一条"线"，而是一个具有相当纵深的防御体系。此外，向西的所有路口和铁路车站，甚至包括防御的外围，都已得到大力强化。向后，也就是朝莫斯科方向，反坦克壕和防御阵地一直延伸至莫斯科的边缘。从这里到红场，遍布着铁丝网、路障、反坦克壕以及半埋的坦克车。

到10月底时，莫斯科的命运似乎已被决定。北面，霍特第3装甲集群（现已更名为第3装甲集团军，由赖因哈特将军指挥）的作战区域内，来自图林根—黑森州的第1装甲师，在加里宁以东方向成功地渡过了伏尔加河。"海德布兰德"战斗群，连同附属给它的第900摩托化教导旅，沿着托尔若克（Torzhok）公路前进，一直到达梅德诺耶（Mednoye），并封锁了通向北方的公路和铁路。可是，几天后，与苏军新锐援兵，来自西伯利亚的坦克部队激战后，该战斗群不得不再次退回到加里宁郊外。通过凶猛的反击，俄国人试图重新夺回伏尔加河上游这一莫斯科防线上的基石。但他们的努力是徒劳的。德军第6装甲师的一部、第14和第36摩步师的一部、后来还有第129步兵师，这些部队成功地守住了重要的桥头堡。第41摩托化军加强了对这个桥头堡的控制，该军的军长现在由莫德尔将军担任[①]。

但是，德军攻势的重点是沿着莫斯科公路的两侧。施图默将军第40摩托化军

① 施蒂尔普纳格尔因为旗帜鲜明地反对党卫队特别行动队在占领区的屠杀行为而被调至法国担任军事总督，霍特大将接替他出任第17集团军司令，而第3装甲集群的指挥权则交由赖因哈特将军。赖因哈特将军所遗第41摩托化军军长一职由莫德尔接任。另，第3和第4装甲集群到1942年1月才更名为装甲集团军。

的作战区域内，战斗最为激烈。该军辖内的第10装甲师已经攻占了舍尔科夫卡（Shelkovka，这是一个重要而又得到严密防守的交通路口）并渡过莫斯科河，进入了鲁扎（Ruza）的北部地区。该军的任务是以麾下的党卫军"帝国"师和第10装甲师，从西北方对莫斯科实施打击。第10装甲师已下定决心，要第一个冲入莫斯科的红场。

他们停在莫斯科城外49英里处，不是被俄国人，而是为泥泞所阻。菲舍尔将军的第10装甲师不得不通过一条9英里的束柴路获得补给。他的车辆、大炮和坦克停在这条木柴铺砌的道路的两侧动弹不得。步兵、工兵、反坦克兵以及摩托车手们盘踞在村庄和树林中。坦克没有燃料，大炮每天只获得十来发炮弹。同时，俄国人还不断地用他们的T-34发起进攻，这种坦克在烂泥地里仍能行驶。第10装甲师陷入了困境，正慢慢地流血而死。直到今天，该师的生还者仍能记起并诅咒普罗科夫斯科耶（Prokovskoye）和斯基尔米诺沃（Skirminovo）村。

德军士兵们坐在农民的棚屋里，绝望地祈祷着地面赶紧冻结，这样他们便可以再次前进。但当年的霜冻来得特别晚。在此期间，第10装甲师的力量正在一点点地消耗殆尽。菲舍尔少将向他的军长汇报自己的作战力量时，施图默将军被吓坏了，他惊呼道："天哪，你的可用兵力还不及一个加强巡逻队！"

第40摩托化军南面30英里处，德军第78步兵师同样在敌军防线上插入了一个20英里深的楔子，他们从鲁扎出发，沿着兹韦尼哥罗德—莫斯科公路前进，想以此来接近莫斯科第二道防线上的主要防御工事。在艰难的森林作战和针对加强路障的战斗中，第195和第215步兵团克服了难以想象的困难。他们成功地夺取了洛科季亚（Lokotnya）西面的筑垒地域，距离莫斯科已不到40英里。

但随后，泥泞接管了一切，德军在这一方向的进攻也陷入停顿，不得不等待着霜冻的到来。

公路的南面，克鲁格第4集团军的作战区域内，起初的攻势进展得相当顺利。第7和第292步兵师夺取了克留科沃（Kryukovo）地区，就在莫斯科第二道防线的外侧。他们对守军发起了进攻，结果却陷入泥泞中。沿纳拉河进攻苏军主阵地的行动不得不被取消了。

难道是大自然在跟德国军队作对吗？难道德军就没能获得任何进展吗？当然不

是，德军的某些行动取得了成功。第258步兵师和第3摩托化步兵师就是其中的幸运儿。第258步兵师获得了成功，第479步兵团第2营在吕布克少校的带领下，于10月22日通过一个大胆的突击，在罗斯拉夫尔—莫斯科这条主干道上夺取了纳罗福明斯克，从而突破了莫斯科的第二道防线。他们距离那座城市只有43英里之遥。

10月22日，第3摩步师辖下的第29摩步团在纳罗福明斯克南面渡过了纳拉河，并获得了一个七英里宽的桥头堡。"我们又前进了！"士兵们相互叫喊着。没错，他们又向前推进了。第29团的姊妹团（第8摩步团）不仅击退了苏军所有的反扑，还立即发起反击，歼灭了一股强大的敌军。他们抓获了1700名俘虏，其中包括52名军官。这些俘虏大多来自莫斯科临时组建的民防营，或者就是民兵，还有些乌克兰人。他们中的许多人叫嚷着："战争输掉了！"后来，他们又揭发了队伍中的政治委员，这些政委们早已把肩上的军衔标记扯去了。

再往南20英里，德军第98步兵师同样成功地跨越了莫斯科第二道防线的主障碍——获得加强的纳拉河。该师在河东岸转身向北，与第19装甲师相配合，以便在戈尔基夺取一座大型铁路桥，这座桥位于通往波多利斯克和莫斯科的公路上。

就像前面说过的那样，来自下萨克森州的第19装甲师已在戈尔基的北部渡了纳拉河，该师辖下的第27装甲团成功地击退了苏军的反击。随着纳罗福明斯克的失陷，以及德军在戈尔基的上游和下游渡过纳拉河，莫斯科西南方的最后壁垒已在三个地方被突破。50万苏联妇女、老人和儿童用汗水、鲜血和泪水铸就的，用于阻挡德军大潮的堤坝已是千疮百孔。

大坝会决堤吗？莫斯科人担心会！

他们等待着德军坦克的到来，对德国坦克来说，除了衣衫褴褛、饥肠辘辘的当地民防部队外，已经没有什么能阻止他们的前进了。可就在这时，天气赶来救助俄国人了。雨水将道路变得泥泞一片，根本无法通行。陆军元帅冯·博克不得不承认泥泞获胜了。他下令部队停止前进，等待地面冻结，这样，他们的车辆便可以再次上路。如果他们拥有5000部安装有T-34那样的宽履带车辆，莫斯科早就沦陷了。

可是，古德里安这位"中央"集团军群出色的开路先锋在哪里？他那支百战不殆的装甲大军的先头部队身处何方？

古德里安的装甲集群同样被升级为装甲集团军，现在被称作第2装甲集团军，同时，集团军的实力被增强至12.5个师①。该集团军构成了"中央"集团军群的南翼，其任务是冲向图拉，从南面包围莫斯科。德军最高统帅部再次根据古德里安的闪击能力制定了计划，并设想从西南方对苏联首都施以绞杀。开始时，一切进行得都很顺利。

9月30日，第24摩托化军出发，以第3和第4装甲师为先锋，向东北方而去。翌日，他们到达了谢夫斯克。这一天，第24摩托化军先头部队推进了不下80英里。10月3日，第4装甲师的一次奇袭使得奥廖尔突然间陷落了。到10月5日，奥廖尔北部，奥卡河（Oka）对岸的桥头堡已被扩大。

在此期间，身后的第3装甲师已离开主干道，以便挥师向北。经过一番夜间行军并穿越了一场飓风般的暴风雪后，该师渡过了措恩河（Tson）。他们不停地向北推进。博尔霍夫（Bolkhov）陷落了——800名苏军士兵被俘。到10月中旬，第3装甲师的一部和第4装甲师以及"大德意志"团已准备在姆岑斯克（Mtsensk）西北面强渡祖沙河（Suzha）。10月23日，德军渡过该河，并击败了苏军的顽强阻击。随后，切尔尼（Chern）也被攻占，这里距离图拉仅有56英里。但就在这时，泥泞同样开始接掌一切。

通往图拉的道路已无法通行重型车辆。路面破裂了，深深的孔洞里灌满了积水和泥浆，很快便将道路变成了一个大泥潭。补给车队无法通行，燃料无法运抵。德军的推进放缓了。这反过来给了苏军后卫部队时间，他们沿着后撤路线炸毁桥梁，并在道路两侧布设地雷。德军在这里同样用圆木和树干铺设了数英里的束柴路，以便让后勤单位为先头部队提供补给。

但古德里安拒绝被大自然所击败，并做出了一个独特的决定：他把第24摩托化军的所有坦克凑到一起，再加上第75炮兵团和第3摩步团的一部，另外还有"大德意志"步兵团，组成一支快速先头部队，将其交给能干的埃贝巴赫上校，同时指示他们，不顾一切向前推进，夺取图拉。

---

① 第2装甲集团军辖内包括"大德意志"步兵团，所以是半个师。

埃贝巴赫的这支队伍挣扎着向前，穿过泥泞，穿过俄国人的阻截。无论在何处遭遇到抵抗，只要俄国人试图拦阻他们的前进，德军的斯图卡俯冲轰炸机便会呼啸而至，朝着敌人的阵地扑下，紧接着便是埃贝巴赫的坦克和掷弹兵们的攻击。姆岑斯克陷落了，切尔尼失守了。10月29日，德军先头部队距离图拉这个拥有三十万居民的工业中心已不到三英里。

图拉，莫斯科最后一道防线上南部的基石，苏军加强了这里的防御，部署了大批反坦克炮和高射炮。他们的理由是显而易见的：一旦古德里安穿过图拉，莫斯科就在他西面，斯大林的首都将被套在一个绞索中。图拉是个老银矿区，距离苏联首都100英里，因而在某种意义上被认为是莫斯科的一个郊区。俄国人明白这一点，古德里安也清楚，埃贝巴赫同样知道。图拉必须被夺取，图拉就是半个莫斯科，图拉是一个象征。图拉城内甚至有他们自己的克里姆林宫。

"大德意志"步兵团第2连只剩下60名士兵。150人只剩下60人。但冯·奥彭少尉已开始鼓励部下们攻入城去。"前进，弟兄们！"他把钢盔推到后脑勺上，"前进！"

"大德意志"团第2连就这样成了古德里安装甲集团军的先锋队。这确实是个鼓舞人心的想法。对该连来说，事情似乎进展顺利。十月夜晚的阴霾中，图拉城就在他们眼前。爆炸造成的尘埃笼罩着这座城市。"大德意志"团的士兵们设法穿过一道敌军据守的低堑车道，他们握着手枪和手榴弹，一个接一个地将手榴弹投了出去。

俄国人捡起投来的手榴弹，又扔了回来。

"延迟投掷，让它们在空中爆炸！"一名中士叫嚷着。这个办法奏效了。他们冲到了城市南郊的一片工业区。俄国人向后退去。但埃贝巴赫不愿太过冒险。"所有人停止前进！"他通过无线电下达了命令。然后他亲自赶到前沿阵地，安慰对此抱怨不已的连队："明天早上我们将拿下这座城市。"明天早上，清晨5点30分。

第二天清晨，埃贝巴赫上校准时来到前沿阵地，并亲自做了一次侦察。他猫着腰从一座房屋跑至另一座房屋，穿过一片小型的工业区，并跟第2和第3连的伙计们说着话。

"就在那里，那堆木头后面就是俄国人的前哨。"冯·奥彭少尉报告道，"还有那座红砖建筑，可能是个兵营，里面满是反坦克炮、迫击炮，还有狙击手！"

埃贝巴赫点了点头。"大德意志"步兵团团长赫恩莱因上校也来到了前沿。他看了看手表，说道："5点30分。"一切夸大其词的话语或是空洞的客套都已毫无必要，实际上，他们正荒谬地身处这群紧贴着墙壁和门柱的士兵中，这些士兵已经有好几天没有刮胡子，军装和靴子上蒙着一层灰尘，他们的口袋里鼓鼓囊囊地塞满了手榴弹，钢盔被推到后脑勺，香烟被拢在手心里，以免被俄国人发现烟头的闪烁。

少尉掐灭了烟头，从枪套里拔出8毫米口径的手枪①，扳起了机头。"我们上！"他用低沉的声音下达了命令。有人在一旁清了清喉咙，然后便传来防毒面具罐碰撞所发出的叮当声。他们出发了。第2连的士兵们穿过他们所在房屋的花园。第4连（机枪连）的一个排在右侧跟他们会合。

冯·奥彭朝他们望去，仿佛是在寻找他的朋友哈纳特中尉。但其实不是，毕竟，他们安葬他时，他就在现场。那还是10月17日的事，就在卡拉切夫附近的一条林间小溪旁。

第4连连长黑纳特中尉是"大德意志"步兵团里第一个获得骑士铁十字勋章的人。他在10月14日的夜战中阵亡时年仅27岁，一名隐藏在树上的苏军狙击手击中了他的腹部。黑纳特是柏林警卫团学校出来的典型士兵。在叶利尼亚突出部，面对苏军两个师的不断进攻，他的机枪连、一个步兵连以及"大德意志"团里的另外几支队伍牢牢地守卫着自己的阵地。冒着持续不断的炮火，他冷静而又沉着地下达着命令，尽管他的胳膊和双腿已三次负伤。

10月14日夜里，黑纳特阵亡的消息传遍全营时，老兵们称之为"行尸走肉"的现象发生了。俄国人的枪林弹雨突然间变得不再那么可怕。战争是如此残酷，所以不加选择地杀害了像黑纳特以及戴杰斯中尉、伦佩少尉、鲍曼少尉、埃尔曼少尉、施奈德中士和约纳松中士这样的优秀战友，这种想法使活着的每个人都变得听天由命起来。他们凶猛而又顽强地投入了战斗。敌人的进攻被击退了，"大德意志"步

---

① 实际上，德军标准配备的P08和P38均为9毫米口径。

—— 178 ——

兵团遭受威胁的侧翼再次安定下来。

此刻，奥彭少尉带着他的突击组逼近了木柴堆。左侧，道路的方向传来了坦克发动机的声响。炮兵前进观测员跟随着机枪排一同前进。右侧的梯次配置中，第3营长长的队伍出现在拂晓的微光中。

俄国人的第一挺马克西姆重机枪开火了。德军士兵们纷纷隐蔽起来。突然间，战火的大门敞开了：大炮、迫击炮、"噗-砰"炮、步枪的火力扑面而来。前进的每一码都成了对勇气的考验。一个个突击队都隐蔽在房屋的后面。

别慌！第一名士兵冲了出去，接着又是一个。其他人也跟着冲了上去。他们随即隐蔽在下一座房屋后。冲在最前面的是一些不怕死的家伙以及经验丰富的老兵。他们从一个拐角冲到下一个拐角。终于，他们到达了厂区的最后一座房屋处。在他们前方是200码的开阔地，然后是一条宽阔的反坦克壕。再过去300码又是一座巨大的新建红砖建筑。

这些德军士兵一个接一个冲过这片开阔地，随即扑入反坦克壕中。俄国人从那座红砖建筑里不停地射击着。要是他们能冲到那座建筑该有多好！但他们的坦克无法通过这条壕沟。而炮兵前进观测员的电话线已被炮弹炸断，因而无法呼叫炮火轰击俄国人盘踞的那座建筑。

第2连残余的兵力被压制在反坦克壕中。左侧稍远处的第3连正位于道路远端，一片砖瓦厂的前方。这时，苏军狙击手探出头来，用他们的半自动步枪开火射击。被打死的德军士兵越来越多，呼叫担架员的喊声此起彼伏。最后，尽管弹药严重缺乏，但德军炮兵还是调集了几门榴弹炮对着砖瓦厂来了几轮齐射。第3连发起冲锋，夺取了砖瓦厂。但他们立即遭到来自城市边缘第一片公寓街区凶猛的机枪和迫击炮火力的打击，不得不隐蔽起来。

"大德意志"步兵团的第3营同样未能取得任何进展。"要是能赶到那座棚屋，我们就能从侧翼打垮那座该死的砖建筑！"维歇曼中士自言自语着。他那重机枪小组里的三名成员都点了点头。

"我们上！"维歇曼说道。他跳起身，穿过开阔地朝着棚屋冲去。三十码，五十码。俄国人开火了。重机枪组气喘吁吁地跟在他们的中士身后。又跑出去几步，维歇曼的身子突然蜷曲下来，子弹击中了他的腹部。后来他死在被送往战地医

— 179 —

院的途中。但他的重机枪小组成功了。他们架起机枪，朝着那座红砖建筑的窗口喷泻出弹雨。

第2连成功地向前推进了50码，但随即又被压制住。10月30日的太阳升起时，德军对图拉的攻击明显陷入了僵局。从南面对莫斯科的进攻失去了冲劲。这一方向没有足够的装甲部队，没有足够的大炮，也没有足够的掷弹兵营。

第24摩托化军辖内的其他部队同样未能取得进展。面对苏军重型反坦克障碍，埃贝巴赫的坦克停在了公路上。第3装甲师辖内的第3摩步团第1连的装甲战车以及弗兰克少校率领的反坦克兵，与苏军的T-34展开了激战。这场对决一直持续到深夜。

因此，1941年10月29日，率领着第24摩托化军先头部队的埃贝巴赫上校停在了距离图拉不到三公里的地方。面对守军强大的反坦克炮和高射炮，突袭夺取这座重镇的企图失败了，德军遭受了惨重的伤亡。10月30日，第3、第4装甲师以及"大德意志"步兵团准备得更为精心的一次进攻同样未能获得任何值得一提的进展。第3装甲师在布赖特少将的带领下，经过激烈而又代价高昂的战斗后，确实获得了一点点进展。但到当天结束时，部队已筋疲力尽，再加上令人震惊的道路状况，为他们提供补给的工作变得极为困难。德国空军还尝试了空投的办法，他们用飞机将弹药和汽油桶从15～30英尺的高度空投到地面，但这只是杯水车薪，而且许多汽油桶撞击在坚硬的地面上便破裂了。面对苏军部署在图拉四周密集的防空火力，德国空军的攻击也宣告失败。10月31日，位于图拉城下的德军第3装甲师只剩下40辆坦克，他们原来有150辆。布赖特第3装甲师的进攻再次在图拉的南郊停顿下来。

俄国人不顾一切地保卫着图拉。他们投入了所有可用的部队和辅助单位以阻止古德里安的前进。另外，苏军还首次将大规模部署的"喀秋莎"火箭炮部队投入到战斗中。

疲惫不堪的德军再也无法坚持下去。他们筋疲力尽，饥肠辘辘，其窘境令人难以置信。海因里希将军第43步兵军的先头部队，据将军自己向古德里安大将汇报，过去的八天里没有得到面包供应。第24摩托化军的炮兵不得不对炮弹实施配给，因为泥泞道路作梗，他们几乎没得到任何弹药补给。德军又冷又饿，既没有燃料，弹药几乎也已消耗殆尽。图拉得以幸免并非出自苏军防御部队的力量，而是因为德国人补给的崩溃。

盎格鲁–撒克逊战争史最权威的历史学家之一——J.F.C.富勒将军，在他关于第二次世界大战的著作中也确认了这一点。他写道："几乎可以肯定，不是因为俄国人的抵抗，尽管他们很顽强，或是气候对德国空军的影响挽救了莫斯科，事实是，德军前线的车辆陷入了泥泞中。"

对第2装甲集团军的步兵们来说，情况也好不到哪里去。第112步兵师的一份战时日志上这样写道：

1941年10月22日，前进开始了，这是第112步兵师经历过的最为艰难的跋涉。尽管本师应对恶劣的道路状况有许多经验，但现在的要求大大超过了过去已知的一切。彻底湿透了的森林小径、沼泽地带以及开阔地的黏土实在难以言述。1941年10月26日，师前卫部队抵达乌特基诺（Utkino）附近的奥卡河时，情形如下：所有机动车辆都无可救药地陷入了停顿。车辆无法前进，不是因为陷入了沼泽或湿软的道路，而是因为缺乏燃料。步兵团被拉伸成漫长的队列：重型车辆无法跟上，不得不靠人推行。对炮兵们来说，情况更为糟糕，他们不得不把大炮丢下。食物、马匹的饲料以及车辆的燃料，这些正常的补给现在根本谈不上。师里据此做出了决定，将全师的机动车辆集中起来，再加上反坦克营，全部的14个步兵连，第121侦察营的重装连①，第112通讯营的信号部队，交由维尔德哈根少校指挥，他在尼济纳（Nizina）把这些部队逐渐收拢，然后便转向奥廖尔，直到12月初他们才归建。10月26至30日，全师停顿在奥卡河西岸，以便将部队重组，在此期间还在伊格纳特耶沃（Ignatyevo）搭建了一座渡过奥卡河的桥梁。

部队渐渐学会了以这里的土地为生，从而克服了补给困难的问题。沿着前进的道路，找到了大量喂马的燕麦，当然，尾随在后的部队在满足自身要求的问题上，比前方的部队更为困难。战地厨房除了肉、土豆、偶尔的白菜外，还使用了当地种植的

---

① 此处疑似第120侦察营的笔误。

扁豆。最大的问题是面包。当地的俄国面包太难消化,会造成肠胃不适。为此,一些营里设立起所谓的"精烘焙"组,跟随着先头部队一同前进。他们征用了能搞到的面粉,自己烘制面包。面包的质量逐渐得到了改善。第一场霜冻来临后,奥卡河东岸的道路状况稍稍得到了些改善,但另一方面,道路上交错着深深的沟渠,马匹为此疲惫不堪,这成了行军中最大的困难。

1941年11月5日,本师终于抵达了普拉夫斯卡(Plavsk)——图拉公路,师部人员都骑在马背上。考虑到极为困难的道路和气候条件,这场行军是一次了不起的壮举,在给第2装甲集团军的表彰中,古德里安大将特地提到了这一点。

装甲集团军的摩托化和装甲部队几乎都已困在后面湿软的路面上,所以,继续前进的任务完全交给了步兵师。

只有等严寒天气来临后,摩托化部队才能恢复他们的前进。

这份记录描述了1941年10月底,中央战线上步兵师的典型状况。

10月31日午夜前不久,德军医护兵在图拉城郊的第一片建筑物外收容了伤员和阵亡者。各个排长隐蔽在墙角处、地窖中以及瓦砾堆后。四下里,三五成群的步枪手和机枪手仍坚守着阵地,他们组织起警戒哨。"坚持住!"命令下达了,"坚持到进攻恢复为止!"没人想到,这一等就是三个星期。

莫斯科防线的最北端是加里宁,第41摩托化军渡过伏尔加河建立的桥头堡处,赖因哈特第3装甲集团军麾下的各个师以及战斗群同样陷入了困境。1941年10月18日,苏军第29集团军的马斯连尼科夫中将一次次地驱使着他麾下的西伯利亚营,在大批火炮、迫击炮、坦克的支援下,向得到加强的德军第1装甲师最靠前的部队冲来。第1装甲师渡过伏尔加河后,沿着通向托尔若克的道路向北而行。10月19日,"海德布兰德"战斗群(获得加强的第1摩步旅)被迫放弃了位于梅德诺耶、一座已被部分破坏的铁路桥。目前,马斯连尼科夫正试图重新夺回加里宁附近重要的铁路和公路枢纽。

苏军中的政治委员在进攻部队的身后设立了督战队,威胁说,如果后撤将就地正法。

加里宁的西北郊,战斗同样激烈。苏军一次次地渡过伏尔加河,不是为了重新夺回铁路桥，就是意在切断第41摩托化军的补给线以及从斯塔里察（Staritsa）和洛托希诺（Latoshino）通往伏尔加河桥头堡的道路。德军仓促调整着最后一点预备队的位置，这才多次挽救了形势。这是一场激烈的较量。冯·里希特霍芬将军的第8航空军，多次投入大批斯图卡俯冲轰炸机，对密集的苏军坦克和迫击炮连队发起攻击，这才使地面上的德军部队转危为安。

第129步兵师和第36摩步师（后者得到了一个摩托化教导旅的加强）在加里宁的北部和东南部实施防御。在他们中间，第1装甲师在西北部守卫着伏尔加河上的两座桥梁。该师辖下的第73炮兵团（团里的炮兵大多来自魏玛、埃尔福特以及汉堡–万茨贝克）位于伏尔加河南岸，为艰苦奋战的作战部队提供炮火支援，他们和配属给他们的几个陆军独立炮兵营，用炮火压制着城市北郊苏军的炮兵。

在伏尔加河上游，莫德尔将军麾下的各师守卫着自己的阵地，但这些部队此刻太过虚弱，无法按计划继续向北进攻，以便与正在穿越瓦尔代丘陵（Valday）的"北方"集团军群的部队会合。部队已被战斗折腾得疲惫不堪，第1和第11装甲团麾下的各营，以及第101师的特种装甲营都已严重减员，步兵和摩托化步兵们还发现，他们丢失的重型武器再也无法得到补充。就这样，泥泞在加里宁同样获得了胜利。"中央"集团军群的攻势逐渐停顿下来。第3装甲集团军的部队同样得到了停止前进的命令，以便让第9集团军的步兵再次赶上来。

"坚持到霜冻来临！"他们坚持着。伏尔加河上公路桥南坡，教堂后的士兵公墓里，木制十字架越来越多。10月20日，第1装甲师里第一个获得骑士铁十字勋章橡叶饰的人，少校约瑟夫·埃欣格博士长眠于此。作为一个土生土长的施蒂利亚人，他指挥着第113摩托化步兵团的一个营，在10月14日的一次大胆突袭中，完好地夺取了伏尔加河上的两座桥梁。

这就是1941年11月初，图拉和加里宁的情况。整个"中央"集团军群600英里的战线上，情形都一样。

对莫斯科发起正面进攻的部队——第4装甲集群和第4集团军，情况也不容乐观。一个步兵师的战时日志对10月下旬这一地区的行动做了典型的描述。

10月25日，第78步兵师辖下的第195步兵团，在鲁扎接到了做好准备夺取兹韦尼哥罗德的命令，这是莫斯科第二道防线上的一个重要据点。就在第2营从沃龙佐沃（Vorontsovo）周围的树林里出现时，遭到了来自帕诺沃（Panovo）两侧高地上猛烈火力的打击。经过迅速重组，该营发起了攻击，他们击毁了三门火炮，缴获了一挺四联装机枪和三门多管火箭炮，并在夜幕降临时夺取了帕诺沃。夜里，该营进入到茂密的森林中，继续向克里沃舍伊诺（Krivosheino）挺进。10月27日，全团从克里沃舍伊诺出发，穿过阿帕尔奇诺（Apalchino）赶往洛科季亚。目前，该团已逼近了敌人壁垒森严的碉堡线，毫无疑问，这是为了掩护鲁扎—兹韦尼哥罗德—莫斯科公路。俄国人进行了顽强的抵抗。激战接踵而至。坦克也出现在战场上。但不管怎样，德军在晚上成功地夺取了阿帕尔济诺和克柳巴基诺（Kolyubakino）。

10月27到28日的夜间，苏军以坦克和步兵从南面发起了进攻，两个村子随即卷入激战中。第195步兵团辖内所有的营，以及配属给他们的突击炮，全都被迫投入到战斗中。鉴于南翼的形势，特别是右翼第7军当时的状况，所有进一步前进的行动不得不被取消。但是，占有洛科季亚及其控制的高地，便可以将其作为恢复进攻时的出发地，这一点至关重要，因此，德军奉命夺取这座村子。这一尝试导致了10月29日针对洛科季亚西面树林里的敌军阵地的苦战。夺取这座村子是不可能的，进一步的攻击行动因而被取消。全师进行了重组，以便守卫从奥沙科沃（Osakovo）经克柳巴基诺到阿帕尔济诺的防线。第9军防区内的敌人也已被证明极为强大。与其他地区一样，这里的德国军队不得不等待泥泞季节的结束。

德军的各个师就这样陷入道路的泥泞和融雪中。他们的补给线不仅被拉伸到惊人的长度，而且几乎无法正常运作。快速推进的德军师，早已习惯于"闪击战"，现在却变得笨拙而又缓慢，几乎就像1812年间的拿破仑大军。为了解决问题，他们所做的第一件事便是采用当地的大车来运送补给物资。接着，他们将实力被削弱的部队重组为规模较小但却更为有力的单位。因此，第41摩托化军的坦克被编成"作战部队"，而不再是过去那种每个团辖两到三个营，八到十二个连的编制。各个营八个步兵连的残部被重新编入三个连队中。侦察营和摩托车营被合并成新的营，装甲侦察车单位也被合并进一个单独的连队中，归师部直属。通过这种方式，野战部队试图以其即兴性、创造性和纯粹的勇气来克服自己所面对的困难。所有人都希望最高统帅部能采取新的措施，以应对前线业已变化的形势。但元首大本营距离前线太过遥远，有数百英里之遥，位于东普鲁士的腊斯登堡。

而另一方面，苏军最高统帅部充分利用了战争发生在莫斯科门前的这一事实。他们还享受着所谓"内线作战"的优势。从政府所在地，斯大林可以通过郊区火车，甚至是步行，将从东部地区调来的新部队以及刚刚从装配线上驶下的坦克派遣到他所希望的任何地方，他们从前线的一个地点被迅速调至另一个地点，从而将部队一次次地集中起来，投入到关键地点或重要地段的战斗中。结果，只要德军战斗群在任何地方突破了苏军的防线，他们立即会发现，自己正面对着苏军的优势兵力以及强大的坦克预备队。不过，大多数苏军部队的士气并不太高。除了远东和西伯利亚的近卫师以及几个骑兵师外，在莫斯科门前作战的苏军部队并不像苏联军事历史学家们所描绘的那样坚定不移。

下面的这段文字来自一名苏军少尉的日记，考虑到他的父母或孩子，他的名字将不予公开。11月12日，他在图拉地区阵亡。下面这段文字写于10月31日：

> 30—31日的夜间，我们在戈尔巴乔沃（Gorbachevo）—普拉夫斯卡地区越过了奥廖尔—图拉公路，并到达了费奥多罗夫卡村（Fedorovka）。跨越这条道路前，部队里开小差的士兵达到了令人难以置信的比例。副连长阿拉波特谢夫中尉和另外几个人牵过几位军官的马匹，包括我那匹，骑回到酒厂。多好的一名军官啊！我患了流感，身体极为虚弱，头晕，太阳穴隐隐作痛。我们营有80%的人当了逃兵，包括第3排里一些看似很可靠的家伙。进入村庄后，他们丢掉自己的武器和装备，脱掉军装，换上破衣烂衫。集体农庄的村落里实施了强行清算，所有的马匹、马具以及大车都被平分。老百姓还分掉了仓库里的粮食以及储备的种子。许多人都在谈论，反正仗打输了，这里很快就没有什么集体农庄了。

这就是当时的情形。但这就像一场拳击比赛，双方的出拳都已气力不济。德军前线部队疲惫不堪，补给不善，已没有力量对苏联这个摇摇欲坠的巨人加以致命的一击了。"如果霜冻能到来！"他们抱怨着，"如果道路能够再次得以使用！"如果……

11月6到7日的夜间，霜冻降临了。沿着"中央"集团军群的整个前线，冬季突然间到来了。这是一场温和而又颇受欢迎的霜冻，它能使道路再次被冻结，从而为车辆所用。沿途的部队长长地松了口气。确实，他们没有冬装，许多人还穿着夏季军装，但至少，可怕的泥泞结束了。

他们从冻结的路面上将大炮拖了出来，结果，到处都是破裂的车轮和车轴。可这又有什么关系呢？补给物资再次运了上来，士兵们的慰问品、香烟、信件、烈酒和备件等。坦克隆隆地驶出了临时维修站。弹药再次被交付给前方部队。战争机器又一次慢慢地转动起来。随之而来的一个希望浮现了，莫斯科也许还是可以夺取的。

毫无疑问，如果还想夺取莫斯科的话，这一最后的冲刺就应该立即展开。陆军总司令部要求采取紧急行动。"中央"集团军群司令，陆军元帅冯·博克，同样急于获得恢复行动的决定。但他麾下的各集团军焦头烂额，都需要些时间来恢复。因此，对后勤补给部队来说，最初的几天忙得不可开交。他们用卡车、雪橇以及农用大车将恢复作战行动所需的物资运送至前线。在这些千方百计为前线所做的事情中，也发生了几件奇怪的事情，结果在前线部队中引起了极大的愤慨。例如，身处法国的某个后勤机构，毫无疑问是出于善意，想给东线的将士们送上一些特殊的待遇，同时也可以促进法国的葡萄酒业务。结果，满载着法国产瓶装葡萄酒的两列货运列车从巴黎发出。火车上装满了葡萄酒而不是前线急需的弹药！天知道是谁批准了这样的运输计划。反正，当这些葡萄酒运抵第4集团军所在的尤赫诺夫时，当地的温度为零下25摄氏度。卸货小组在车厢内发现了大块的红色冰块，其间还混杂着玻璃碎片。"冻住的葡萄酒，而不是冬装！"士兵们大骂起来。第4集团军参谋长布卢门特里特将军曾表示，他从未见过士兵们在面对这种糟糕透顶的失礼时会如此愤怒。

11月12日，温度计显示为零下15摄氏度。11月13日，温度下降至零下20摄氏度。对奥尔沙的机场而言，这是热闹的一天。哈尔德的飞机从腊斯登堡飞来，集团军群参谋人员以及各集团军司令的飞机也逐一飞抵：陆军总参谋长哈尔德大将召集了东线三个集团军群以及所有集团军的参谋长，召开一次秘密会议。

会议的主题是：该怎么做？部队是否应该掘壕据守，度过冬季，等待来年春季再行动？还是不顾冬季的来临，继续其攻势（主要是对莫斯科的进攻）。

奥尔沙会议在战争史上具有特殊的意义。它可能对一个直到今天还引起广泛争议的问题提供了答案：是谁对恢复命运多舛的冬季攻势负有最终的责任？

是希特勒吗？是陆军总参谋部吗？或者，按照最新、最耸人听闻的说法，是斯大林的诡计，他把假情报交给德国情报机构，诱使希特勒恢复进攻，从而落入了陷阱。这是个很有意思的说法，而且其来源无法被轻易摒弃。

在《苏联元帅的说法》一书中，基里尔·加里诺夫这位1949年从柏林移居西方的苏联总参谋部军官（战争期间他曾在苏联最高统帅部工作），引用了一段来自朱可夫的有趣的说法——当然，这个说法没有确切的出处。据加里诺夫说，朱可夫元帅在1949年曾说过这样一番后，显然是在一次演讲中：

"德国人估计，被他们歼灭的苏军部队总数达到了330个师。他们认为我们手上已没有可用的预备队，并据此认为在莫斯科只会遇到由工人仓促组建的民兵队伍。这就是希特勒孤注一掷，发起对我们首都的最终攻击的根本原因。"

"在这里，我可以透露一个重要的细节，迄今为止这一直是个秘密。据称被歼灭的330个师的报告是我们故意抛出的，通过一个中立国家的武官交给了德国，我们知道这位武官与德国情报机构有联系。我们的目的是帮助希特勒反对他的总参谋部。据我们所知，德国的那些将领都建议部队应该像1914年那样，就地掘壕据守，以便过冬。"

"可是，对我们有利的是，德国人不应该放弃他们对莫斯科的意图，而应该继续前进至平坦的森林地带，我们在那里能给他们造成最终的失败。"

"斯大林同志完全支持我的这个看法，他甚至准备冒上首都失陷的风险。因此，一连四天，我们在莫斯科郊外只投入了民兵部队参与战斗。德国人由此得出结论，我们只剩下这些民兵部队来对抗他们经验丰富、屡战屡胜的部队了。"

鉴于作者的职位，这个说法无法被轻易否决。其可能性相当重要，也相当令人不安，值得仔细研究。恢复对莫斯科的进攻的决定是11月13日在奥尔沙做出的。关

---

① 布卢门特里特当时的军衔应为上校。

于奥尔沙会议，许多可靠的会议报告至今尚存，包括来自布卢门特里特少将①的一份，当时他是克鲁格第4集团军的参谋长，这次会议他也亲自参加了。

据布卢门特里特说，哈尔德评述了从拉多加湖至亚速海，1250英里战线上的整体形势。在报告结束时他提出了一个问题：进攻是应该继续下去，还是应该就地转入防御？陆军元帅冯·伦德施泰德的代表，步兵上将佐登施泰因，代表"南方"集团军群发言，要求停止进攻，就地转入防御。毕竟，伦德施泰德的部队位于顿河下游罗斯托夫（Rostov）的城外，与"中央"集团军群位于莫斯科门前的战线相比，他们在东面220英里处。

陆军元帅冯·莱布的参谋长布伦内克中将在会谈中指出，由于整个装甲集群被剥离，"北方"集团军群的实力严重受损，所有的进攻行动难以为继。实际上，他们早已转入了防御。

"中央"集团军群不赞同这种看法。他们要求继续进行对莫斯科的攻击。冯·格赖芬贝格少将支持他上司的观点——夺取莫斯科，无论从军事上还是心理上，都是必要的。当然，也存在着他们无法攻占该城的危险，但这总比趴在距离诱人的目标仅有30英里的冰天雪地里要强得多。

博克的观点与德军最高统帅部的看法一致。元首大本营认为，俄国人已到了山穷水尽的地步，最后的努力将足以把他们彻底击败。但这种乐观并不为博克及其参谋人员所认同，无论是参谋长格赖芬贝格还是作训处长冯·特雷斯科中校；他们了解部队的状况，并意识到，严冬到来前只剩下很少的时间了。但博克还是认为，与在露天里度过严冬相比，进攻是个更好的选择，一个冬季可能会给斯大林充裕的时间卷土重来。

哈尔德对"中央"集团军群的观点感到满意，实际上，这也是陆军总司令冯·勃劳希契元帅的看法。他们都赞同恢复进攻，因为他们认为，这是胜利地结束这场战争的唯一机会。

作战命令早已揣在哈尔德的口袋里，现在他掏了出来。作战目标被雄心勃勃地列了出来。古德里安的第2装甲集团军将夺取图拉这一交通枢纽及其设施完备的机场，然后他们将从莫斯科的东南方穿过科洛姆纳（Kolomna），直扑伏尔加河上的下诺夫哥罗德（Nizhniy Novgorod），这座古城现在被称为高尔基，位于莫斯科后方250英里处。

北面，第9集团军将与第3装甲集团军一同向东运动，渡过伏尔加—莫斯科运河，作为钳形攻势的左颚，直扑莫斯科。

中央战线上，第4集团军在右，第4装甲集群居左，对莫斯科发起正面进攻。

行动开始日期目前尚未确定。陆军元帅冯·博克倾向于立即开始，但部队的补给情况要求这一行动延迟几天开始。

这份记录显示，尽管出于某些原因，德军最高统帅部对1941年最后一次大规模攻势能否奏效有着某种程度的担心，但他们并非纯粹因为希特勒的压力才恢复了对莫斯科的进攻，就像朱可夫声称的那样。陆军元帅冯·博克，不管他的理由是什么，都是这一新攻势的坚定拥护者。无论何时，无论是战争的哪一个阶段，莫斯科一直是他梦寐以求的目标。在这一点上，他发现自己与陆军总司令部的观点完全一致，后者曾多次宣布，莫斯科将是最为重要的目标。赶在年底前到达莫斯科的焦虑感是完全可以理解的。

这也是整体战略态势所要求的。

"中央"集团军群能沿着上千英里的战线挖掘战壕吗？战线后方，他们只有一个步兵师充当预备队，难道把空荡荡的腹地交给游击队控制吗？难道应该把主动权拱手让给俄国人，任由他们持续发起局部进攻吗？难道德军部队就这样眼睁睁地看着斯大林将莫斯科作为理想的集结地，任由他从自己广袤帝国的任何地点调集新锐部队，投入到对德军薄弱而又冰冷的防线的进攻中吗？这些方案肯定是错误的。

但这里还有另一个需要加以考虑的重要因素。陆军总司令冯·勃劳希契元帅，他的总参谋长，特别是陆军元帅冯·博克以及古德里安大将，自打斯摩棱斯克战役后就一直催促希特勒批准他们进攻莫斯科的行动。他们抵制他先进行列宁格勒战役，以清除进攻莫斯科的侧翼威胁的计划。他们也反对他的基辅战役，并不断地恳求、劝说、警告他，莫斯科这座城市必须作为最主要的军事目标。

但是，希特勒从一开始就反对总参谋部的看法，他不觉得夺取莫斯科是重中之重。他坚持认为，战役的进程将显示莫斯科是否可以被夺取。"等我们在北面夺取了列宁格勒和芬兰湾，在南面拥有了乌克兰的粮食和顿涅茨的工业区，俄国就将被击败，"这就是他的观点。奇怪而又与他通常习惯相反的是，最终他偏离了自己最为钟情的目标——列宁格勒。

不管怎么说，莫斯科都不是他趋之若鹜的目标。这是，而且一直是他的总参谋部心神向往的目标。现在，他向他的将领们让步了。难道勃劳希契、哈尔德、冯·博克以及古德里安能跑去对他说"对不起，我们现在无法夺取这座城市，因为地形不利以及冬季严寒，我们将在距离目标20到30英里处挖掘阵地据守"吗？

不，他们希望能继续进攻。他们希望能攻占莫斯科。他们相信自己能做到这一点，无论俄国人是否已被歼灭了330个师。

朱可夫错误地以为希特勒无视其最高统帅部的意愿，坚持下令恢复对莫斯科的冬季攻势。他因此而炮制了耸人听闻的说法，认为希特勒反对厌战的最高统帅部，并被苏军损失的虚假数字所迷惑，从而使"中央"集团军群落入了毁灭的陷阱，12就像库图佐夫公爵对付拿破仑那样。

8

向莫斯科的最后冲刺

等待的日子结束了——穆西诺的骑兵冲锋——伏尔加运河上——距离莫斯科不到
5英里——克里姆林宫的恐慌——斯大林电告前线——零下40摄氏度——公路之
战——冰雪中的人员、马匹和坦克——所有的一切都停顿了

"1941年秋季攻势"的D日定在11月19日。为了这场最后的艰苦之战，部队做
好了他们所能做的一切准备。全力以赴的决心反映在第4装甲集群宣布进攻开始的
日训令中。这道训令代表了许多人的心声。

> 致第4装甲集群所有指挥官：
>
> 等待的日子结束了。我们将再度发起进攻。莫斯科门前，俄国人最后的防御仍有
> 待于我们去粉碎。我们必须遏制布尔什维克在欧洲实施抵抗的心脏，从而在年内结束
> 这场战争。
>
> 本装甲集群幸运地得以参与这场决定性的打击。出于这个原因，我们必须投入每
> 一盎司的力量、每一盎司的战斗意志以及每一盎司的歼敌决心。

莫斯科战役的关键地点之一位于第4装甲集群的作战区域内，舍尔科夫卡和多
罗霍沃（Dorokhovo）之间。在那里，古老的驿道（拿破仑曾用过这条具有历史
意义的道路），现代化的公路，斯摩棱斯克—莫斯科铁路线，与从加里宁至图拉
的南北向路线相交。无论是谁，只要能占据舍尔科夫卡、多罗霍沃以及城外的高
地，就能控制住这个重要的交通中心。

德军第10装甲师在10月底便已攻占了舍尔科夫卡，但俄国人仍坚守着城外的高地。就在来自慕尼黑的第7步兵师刚刚接防时（该师辖内还包括第一支志愿者部队："番号为第638步兵团的法兰西团"）苏军的第一次反击接踵而至，随即便展开了一连串极其猛烈的交战。

斯大林从（外）蒙古调来了他的摩托化步兵第82师，以重新夺回舍尔科夫卡。这支蒙古精锐部队的进攻得到了两个坦克旅的有力支持，其他一些新锐部队也被投入到战斗中，另外还有多管火箭炮以及集团军直属炮兵的支援。德军的88毫米高射炮现在被用于打击地面目标，但却无法同时出现在每一个地点。来自慕尼黑的这些伙计只能无助地抵抗着蜂拥而至的T-34坦克，结果，第7步兵师遭受惨重的伤亡后，不得不放弃了十字路口。实际上，苏军再次控制了舍尔科夫卡—多罗霍沃地区，其影响极为深远。

位于鲁扎地区，第40摩托化军辖内所有的部队都发现，他们唯一的补给路线被切断了。第10装甲师在普罗科夫斯科耶和斯基尔米诺沃之间的道路上进行着代价高昂的战斗，他们没有燃料，没有食物，弹药也消耗殆尽，他们甚至无法将伤员撤离前线。现在急需党卫军"帝国"师为第10装甲师提供支援，但他们却被挡在莫扎伊斯克，无法赶到他们的目的地。

第40摩托化军军部的情报参谋坎迪奇上尉描述了在这种危险态势下清理出一条通道的过程，他的原始报告至今尚存：

"当晚，我接到军参谋长冯·库罗夫斯基上校的命令，第二日凌晨4点对前方的十字路口实施侦察，并尽快做出党卫军'帝国'师摩托车营是否能前进的报告。凌晨4点，我从我们位于鲁扎的军部出发了，下士舒策和米歇尔森驾驶着一辆三轮挎斗摩托陪同我一起行动。由于没有装甲车可用，我只能驾驶一辆参谋用车进行这次侦察。从这里一直到位于旧鲁萨（Staraya Russa）的莫斯科桥，一切都很平静，通往马克耶哈（Makeykha）的道路处在敌人零星炮火的骚扰下，而马克耶哈则是敌人反复实施突然性炮击的目标。凌晨5点15分，我找到第440通讯营维修组的一名军士，以便朝十字路口方向拉一根电话线。5点40分，恢复了与指挥第637迫击炮营的格鲁扎上尉的通讯，他们位于马克耶哈南面两英里处。"

"我发现迫击炮组正处于困境，他们在炮位四周挖掘了散兵坑，准备在敌人进攻时保卫自己的迫击炮。打电话向参谋长汇报后，我于6点动身，赶往第267步兵师新调上来的一个步兵营的营部，他们在十字路口北面一英里处，电话线已经铺设到他们那里。此刻，德军重新夺回十字路口的反击战正如火如荼地进行着。激战声越来越激烈，整个战场笼罩在猛烈的炮火下，道路不停地遭到苏军机枪的扫射。随着步兵们的前进，电话线也在不断地延伸扩展，这使我在7点30分时得以向参谋长报告，十字路口的敌人已被肃清。8点，我汇报说，党卫军'帝国'师摩托车营的先头部队已经赶到，他们越过交叉路口，只付出了较为轻微的伤亡。"

11月初，法尔姆巴赫尔将军的第7军以其来自巴伐利亚的第7步兵师、来自中莱茵－萨尔的第197步兵师以及来自下萨克森州的第267步兵师投入了战斗，旨在最终将俄国人逐出他们所盘踞的高地，并使十字路口可以为即将到来的攻势所用。这次进攻得到了来自西里西亚第5装甲师第31装甲团第2营的支援。

德军的推进相当迅速，坦克冲入了蒙古旅的阵地。但那些草原之子并未屈服：他们用"莫洛托夫"鸡尾酒对德军坦克发起了攻击。跟在坦克身后的德军步兵团不得不用刺刀一个阵地接着一个阵地地予以夺取。无论他们在何处取得了突破，都会立即遭到火箭弹的轰击。双方的损失都很惨重。

但是，经过两天的激战后，俄国人的的确确被逐出了这一区域。来往的车辆再次涌过舍尔科夫卡的十字路口，第4装甲集群右翼的补给路线又一次敞开了。

11月15至19日间，"中央"集团军群辖内的各师一个接一个，认真按照时间的规定投入到对莫斯科的最后突击中。军官们下到部队基层，以掌握最危险的状况。古德里安大将在回忆录中写道，他向麾下的各位军长解释说，不能再浪费时间了。他恳求他们尽其所能，确保达成目标。11月17日下达给部队指挥官的日训令中，霍普纳大将同样试图激励自己的部队付出最后的努力：

激励你的部队；恢复他们的斗志；告诉他们，目标意味着这场艰难战争的光荣结局以及他们应该得到的休息。充满活力并满怀胜利信心地率领他们！万军之主耶和华将赐予你成功！

将这道日训令刊登在这里并非因为其夸张的话语，这在战争中是司空见惯的：

这份文件的意义在于 一个完全不同的层面。它揭示出，像霍普纳这么杰出的军事领导者（这个极具个人勇气的人后来作为密谋反对希特勒的成员之一，死在绞刑架上）在1941年11月17日时依然坚信，莫斯科是可以攻占的。

11月16日，霍普纳麾下的第5军对莫斯科西北方，通往加里宁路上的克林镇发起了进攻。在其左侧，第3装甲集群辖内的第56摩托化军也计划向前推进。

11月17日，克林西南方，穆西诺（Musino）附近的黎明被打破了。这是一个灰暗而又朦胧的清晨。快到9点时，太阳像个硕大的红色圆盘似的出现在雾色中。某重炮连的观察哨设在一座山丘上。前方两英里处，一片宽阔的树林带的边缘隐约可见。地面上的一切都覆盖在闪亮的积雪下，气候很冷，所有人都在等待着进攻令的下达。

10点，望远镜里出现了一群骑兵，他们冲出树林的边缘，驰骋着消失在一座山丘后。

"俄国坦克！"有人叫了起来。3辆T-34驶过冰冻的地面向前逼近。德军设在村边的反坦克炮开火了。奇怪的是，这些坦克没有步兵的陪伴，这是怎么回事？就在炮兵观测员苦思冥想这其中的奥秘时，又有人喊了起来："注意！树林右侧，骑兵！"苏军的骑兵就在那里。马匹小跑着一路逼近。最前方的是侦察队，然后是四五十名骑兵组成的前哨部队。此刻，这一数字已增加至一两百人。片刻后，他们沿着一个宽大的正面冲出了树林，一个中队挨着一个中队。他们形成了一条漫长的前线，齐头并进。在他们身后，又是另一条骑兵构成的散兵线。这简直就像个荒诞的梦。军官们的马刀伸向空中，在阳光的照耀下闪着寒光。他们正飞快地向前逼近。

"团级兵力的骑兵冲锋，前锋位于2500码外！"炮兵观测员用电话汇报情况时，声音听上去有些哽咽。他趴在一个散兵坑里，地上铺着一块帐篷布。第一场降雪过后，他的战壕镜便用白垩粉涂成了白色。洁白的积雪覆盖着穆西诺的田野和山丘，在这片白色的笼罩下，炮兵观测员的战壕镜根本无法被发现。积雪洁白而又明净，但骑兵队伍已冲出了树林。马蹄搅动着积雪和泥土：马镫挨着马镫，骑手们趴在马脖子后，他们的马刀架在肩头。

炮兵观察哨旁边的机枪组，架设在胸墙上的机枪已做好了开火的准备。炮兵们脱掉手套，转动螺栓将大炮压低。炮兵指挥官的眼睛贴在望远镜上。"2000码！"他们听见炮兵观测员在电话里喊道。随后，这位观测员向他的炮连下达了射击指令。

几乎就在一秒钟内，穆西诺的雪原上卷起了一股噩梦般的景象，即便是最丰富的想象力也无法创造。第106步兵师辖下的第107炮兵团第3连在近距离内开炮了。随着炮弹的出膛，冲锋的骑兵队伍里出现了爆炸。村边的反坦克炮用高爆弹开炮射击，他们刚刚遭到了T-34的攻击，现在也瞄准了前方的苏军队伍。马匹摔倒在地。骑手被抛入空中。爆炸的闪烁，黑色的硝烟，喷泉般的泥土和火焰。

苏军的骑兵团继续向前冲锋。他们的纪律极为严明。他们甚至以他们的右翼为轴心，队伍旋转着朝村子扑去。但此刻，一轮接一轮的重炮齐射在他们的队伍中炸开。爆炸产生的弹片在地面上飞起25英尺高，弹片的杀伤力令人震惊。骑手们在马鞍上被撕成碎片，马匹也摔倒在地。

但可怕的景象并未就此结束。树林里冲出了苏军的第二个骑兵团，他们策马冲了上来。这些苏军的军官和士兵肯定目睹了他们姊妹团的惨剧，但还是义无反顾地冲向等待着自己的厄运。

被包围的德军炮兵连又粉碎了苏军骑兵的第二波次，速度甚至更快。只有一小群骑兵，大约三十来人，骑着体型较小、速度飞快的哥萨克马穿过了炮火组成的死亡之墙。上千人的队伍只冲出来三十人！他们朝着炮兵观察哨所在的高地扑去，但却在机枪火力的打击下无一幸免。

2000匹马和它们的主人，蒙古骑兵第44师的两个团，倒在血迹斑斑的雪地上，有的被撕成了碎片，有的被践踏致伤、致死。田野里散落着一些生还的马匹，它们小跑着奔进村庄或树林。负了轻伤的骑兵试着隐蔽、跛行或踉跄逃离。就在这时，德纳少将下达了立即发起反击的命令。

村外，高地后出现了德军第240步兵团的散兵线。他们以班和排为单位，踏过积雪覆盖的地面，朝着树林而去。

此刻没有任何枪炮声。德军士兵们忍住恶心经过了蒙古骑兵第44师的墓地，这里就是二战中最后一次大规模骑兵冲锋的战场。他们重新夺回斯帕斯·布卢迪村（Spas Bludi）时发现，第240步兵团那些负伤被俘的战友都已被苏军杀掉。

苏军的骑兵突击从军事角度看毫无意义，牺牲了两个团的兵力，却未能伤及对手的一根头发：德军方面甚至没有一个人负伤。但这场突击表明，苏军指挥层为了挡住德军攻入苏联首都的道路，下定了多么无情的决心，而他们为了守住莫斯科的奋战又是多么的顽强。

另一个例子是在前面提到过的那名年轻的苏军少尉的日记中发现的，他是莫斯科南部战线上的一名迫击炮排排长。他在11月17日所写的日记如下：

> 营里接到了明确的命令，夺取法西斯分子设在乔普洛耶（Teploye）村外高地上的阵地。可是，敌人的火力太过猛烈，我们无法前进一步。克雷沃拉波夫向团里报告，没有炮火支援我们无法获得进展。团里的答复是：你们必须在20分钟内夺取该阵地，否则，军官们将受到军法审判。命令重复了六次，我们也进攻了六次。营长牺牲了，副官塔罗洛夫、政委伊瓦先科夫也都阵亡了。全营只剩下二十条枪。

斯大林就是这样让他的士兵们战斗的。为了保卫首都，他投入了手里的一切。国内剩余的人员和物资储备都被他动员起来，投入到莫斯科保卫战中。斯大林知道莫斯科象征着什么，也知道它的失陷将意味着什么。他对罗斯福总统的代表哈里·霍普金斯承认了这一点，当时他这样说道："如果莫斯科失陷，红军将不得不放弃伏尔加河西部的整个俄罗斯。"没有什么比他向罗斯福提出的请求更能说明他绝望的心情了，据霍普金斯报告说："如果美国军队出现在俄国前线的某些地段，他斯大林，会对此表示欢迎，而且，他愿意将苏军置于美军不受限制的指挥下。"

斯大林的传记作者艾萨克·多伊彻非常准确地指出："这是被第二次世界大战史记录下来的，斯大林最为坦率的言论之一。"确实，它所显示的完全是斯大林对自己处境的一种绝望。

罗斯福没有向俄国前线派遣美国军队，斯大林不得不用他在国内所能搜刮到的一切勉力应付。并不是所有的部队都愿意投入到战斗中。许多步兵团经历过夏季战役炽热的战火。某些师投入战斗仅仅是因为所受到的威胁：如果他们胆敢后撤，安全部队的子弹将把他们扫倒。

但另一方面，斯大林从远东地区调来的蒙古和西伯利亚师却是朝气蓬勃，满怀斗志。多亏了这些部队，莫斯科才最终得以挽救。当然，斯大林可以从容地从他5600英里的海防线（从白令海峡到符拉迪沃斯托克）以及1900英里的陆地防线（从符拉迪沃斯托克到外蒙古）上抽调兵力，而完全不必担心日本关东军会跨过苏联的东部边境，帮助其德国盟友，在俄国人的背后捅上一刀。他能这样做是因为他从他的间谍大师佐尔格博士那里获知，德国的盟友日本，正准备在珍珠港偷袭美国人，以便为自己夺得太平洋上的岛屿。正是这个决定挽救了苏联。日本将会为这一服务从斯大林那里获得一份可怜的奖励。

来自西伯利亚的精锐之师出现在莫斯科门前具有决定性意义，尽管朱可夫元帅对这一事实颇有微词，生怕西伯利亚的战略预备队分享他的荣誉。据基里尔·加里诺夫说，朱可夫曾宣布："西伯利亚部队的增援对我们非常有用。但参战部队中，西伯利亚人的比例不超过5%。他们发挥了决定性作用的说法是荒唐可笑的。"

而苏联的军事史则反驳了这位元帅的说法。萨姆索诺夫在他的《莫斯科保卫战》一书中写道："泥泞期间，最高统帅部在莫斯科地区集中了强有力的战略预备队；这些部队调自纵深腹地，来自西伯利亚和中亚地区，就此组成了新的作战部队。"

这些预备队的数量如此众多，据萨姆索诺夫说，德军中央战线在11月恢复进攻时，苏军在莫斯科的防御部队，首次在数量上超过了德国人。萨姆索诺夫给出了双方步兵师的比例，1：1.2，苏军占优。而德军步兵师由于不断的行军和激烈的战斗，其战斗力已损失了30%～50%，而他们的装甲部队纯粹只剩下个空壳，实力勉强只有原先的三分之一，如果能明白这一点，就能理解11月18日至12月5日期间，苏联军事史专家所谓的"莫斯科奇迹"究竟是怎么回事。

苏军骑兵在穆西诺的冲锋，对位于第4装甲集群左翼的第5军来说是一场血腥的序幕，该军正冲向莫斯科西北方的重要动脉：加里宁—克林—莫斯科公路。步兵上将劳夫将在这条道路和莫斯科—伏尔加运河之间扑向苏联的首都。

最初几天的暖冬气候中，法伊尔中将的第2装甲师迅速攻击并充满自信地渡过了拉马河（Lama）。俄国人的防御崩溃了。该师从南面绕过克林，而第3装甲集群辖下的第56摩托化军则从西北方向该城扑去。第一批数量微薄的冬装运抵了前线——每个炮组分得一件大衣。一件大衣！这是11月19日，当天的天气突变。温度下降到零下二十多摄氏度。不仅下起雪来，甚至在白天都有冻雾形成。俄罗斯的严冬到来了，比过去几年都要早，但并不像通常所说的那么提前。

11月23日，德克尔中校的战斗群，作为第5军的先头部队，在第3装甲团的增援下，从西面进攻索尔涅奇诺戈尔斯克（Solnechnogorsk）。罗特上校率领的第2摩托化步兵旅，以辖下的第304摩步团从西北方对该城发起攻击。苏军顽强的防御被攻破，二十多辆敌军坦克被击毁。运河上的桥梁完好无损。德军的推进再次得以恢复。法伊尔将军所率的，来自维也纳的第2装甲师已踏上一条状况良好的道路，距离莫斯科仅37英里。

11月25日，罗特上校夺取了索尔涅奇诺戈尔斯克东南方的佩什基（Peshki），距离莫斯科又靠近了六英里。站在一座山丘上，上校用望远镜看见有三辆坦克正在靠近。"这是什么型号的坦克？"他问他的传令官。"不知道，上校先生！"对方回答道。

战斗随即打响。第3装甲团第1营的先头部队从后方起伏的路面上出现了，他们出其不意地用75毫米主炮对着敌人的坦克开炮射击。两辆苏军坦克被击中，第三辆逃走了。罗特上校查看敌坦克残骸时惊异地发现，这是英国的MARK Ⅲ型坦克，这种坦克能有效地抵御德军的37毫米反坦克炮。原先的英文字母用俄语翻译后，被漆在坦克的两侧。这是战场上出现的第一款英国援助斯大林的武器。

第5军麾下的部队同样沿状况良好的道路的两侧，向着南面的莫斯科以及东南方的莫斯科—伏尔加运河前进。这些部队是第106、第35和第23步兵师。这条运河是莫斯科北面最后一道天然屏障，如果第4装甲集群和第3装甲集群克服了这道天堑，他们的前方就将是一马平川。来自波茨坦的第23步兵师以其第9步兵团为先锋，通过伊克沙（Iksha）冲向运河。师里的另一个步兵团，第67步兵团，以及第23侦察营，也同样杀向红波利亚纳（Krasnaya Polyana）东北方的运河。南面，获得加强的第2摩托化步兵旅穿过红波利亚纳，于12月1日夺取了卡秋什基（Katyushki）。这个村落几经易手。第38装甲工兵营第2连的巡逻队，朝着洛布尼亚（Lobnya）火车站方向搜索前进。这一幕看起来就像是"闪电战"再一次如火如荼地展开了。

俄国人起初被弄糊涂了。而且，在这样的情况下，总是会出现许多机会。以下的事例便说明了这种情形。第62装甲工兵营的摩托车巡逻队（他们原本在第2装甲师麾下行动，但11月30日，霍普纳亲自把他们调到前方，超过了第2装甲师大部分先头部队，以进攻洛布尼亚的火车站及其南部地区）他们的车辆怒吼着向前冲去，并未遭遇到任何抵抗，一路冲到了希姆基（Khimki），这是莫斯科的一个小河湾，距离首都市郊仅有五英里。他们在莫斯科市民中散布了惊慌和恐惧后撤了回去。这是这支摩托车和工兵部队距离斯大林老巢最为靠近的一次。但在第2装甲师右翼攻击前进的第106步兵师辖下的部队，几乎冲到了克里姆林宫——第240步兵团的一个战斗群，在52高炮团一个作战支队的加强下，到达了卢内沃（Lunevo）。直到今天，俄方资料仍带着一丝惊惧描述这些事件："德国人已到达希姆基"的消息传来后，克里姆林宫一片惊慌，而同样的恐慌还是发生在二十多年前。

克里姆林宫内的统帅部大本营实际上已陷入了自11月27日以来最为严重的惊慌中。斯大林皱着眉头，在地图桌旁来回踱步。前方传来了灾难性的消息："德军第3装甲集群的部队已在亚赫罗马（Yakhroma，就位于莫斯科北面43英里处）渡过了莫斯科—伏尔加运河，，并在运河东岸建立起一个桥头堡。存在着敌人从北面攻入莫斯科的危险。"由于苏军在运河后方没有其他的防御，因而"从北面攻入莫斯科的危险"这句话无异于承认了这一事实。除非能阻止德军主力渡河到达东岸，否则，莫斯科就将失陷。

究竟发生了什么事？

沙尔将军率领身经百战的第56摩托化军（战争开始时，该军是曼施泰因的打击力量）以其辖下的第6、第7装甲师以及第14摩步师在第5军的左侧行动。11月24日，该军夺取了克林，很快又攻占了罗加切沃（Rogachevo）；他们从苏军第30和第16集团军之间的缝隙钻过，一直冲到莫斯科—伏尔加运河，并立即在河对岸建立起一个桥头堡。哈索·冯·曼陀菲尔上校带领着获得加强的第6摩步团以及第25装甲团的一部，在莫斯科北面43英里处，通过大胆的突袭夺取了位于亚赫罗马的运河大桥，他们冲过河去，挖掘战壕，建立起桥头堡的全方位防御。苏军的一列装甲列车出现在战场上，立即遭到奥尔洛夫中尉带领的第25装甲团坦克连的攻击，这位中尉曾荣获过骑士铁十字勋章，装甲列车随即被摧毁。俄国人一片混乱，莫斯科最大的供电站被德军完好地夺取。曼陀菲尔因而占据了莫斯科前线的最东端，除了为第3装甲集群在运河东岸构建起一个桥头堡外，他还控制了克里姆林宫的电灯开关。

克里姆林宫的安全屋里，斯大林不停地打电话给朱可夫、伏罗希洛夫以及突击第1集团军司令员库兹涅佐夫中将。

这些电话是斯大林影响战略乃至苏军前线指挥员战术决定的方式——这种做法后来备受赫鲁晓夫及其朋友们的批判，他们认为这是战争第一年苏军连遭挫败的原因。但从另一方面看，斯大林的权威确保了许多决定的贯彻执行，这一点无可否认。

11月27日的情形就是这样。斯大林命令两个旅不要考虑其他一切因素，立即对曼陀菲尔的桥头堡发起攻击。不惜一切代价也要消灭德军的桥头堡。

直到今天，汉斯·莱贝尔仍清楚地记得二十多年前亚赫罗马附近的情形。气候对俄国人有利，11月27日下午，短短的两个小时内，温度下降至零下40摄氏度。面对这种极地般的严寒，曼陀菲尔的部下们只有简陋的羊毛包头帽，短大衣以及过紧的靴子。零下40摄氏度的严寒中，穿这样的衣服是无法作战的，哪怕是对付虚弱的敌人。

他们对俄罗斯的冬天毫无准备，不得不为此付出高昂的代价。他们没有毛皮外套，没有毡靴，更糟糕的是，德军最高统帅部不知道，或者说未能采用最简单、最切实可行的冬季作战规则。如果需要什么证据来说明这场对苏战争在很长一段时间里没有做好精心准备的话（至少陆军总参谋部没有）那么，对冬季作战最简单的事实都一无所知就是个很好的证据。战场上第一次降雪后，芬兰人看见德军士兵仍穿着带有钢钉的军靴，他们惊讶地摇着头："你们的钉靴就是寒气理想的导体，走路时最好还是穿上袜子！"

战争临近结束时，在莫斯科军官俱乐部进行的一次讲座中，朱可夫元帅指出，看见在冬季战役期间抓获的德军俘虏时，他对德军总参谋部的尊敬首次动摇了。"军官和士兵都穿着太紧的靴子。当然，他们的脚都被冻伤了。德国人忽视了一个事实，从十八世纪起，俄国军队的士兵都已配发了大一码的靴子，这样他们就可以在冬季时往靴子里塞入稻草或是现在的报纸，从而避免双脚被冻伤。"

俄国人自然避免了冻伤。但在德军前线部队中，1941～1942年冬季期间，许多师里脚部被冻伤的发病率高达40%。

但被严寒袭击的并不仅仅是士兵的双足。武器装备里的机油被冻结。步枪、冲锋枪和机枪不能使用。坦克引擎无法启动。在这种情况下，曼陀菲尔的战斗群无法守住亚赫罗马桥头堡也就不足为奇了，尽管苏军突击第1集团军辖下第28和第50旅的士兵们穿着冬季大衣和毡靴发起进攻时他们进行了顽强的抵抗。俄国人的冲锋枪从厚厚的毛皮外套里伸出，机枪的枪机上涂抹了冬季润滑油，他们的武器既不会卡滞也不会发生故障。俄国人还能趴在雪地上，必要的话可以待上几个小时，然后选择适当的时机摸近德军的前沿哨所，干掉哨兵。苏军步兵还得到了T–34坦克的支援，而德军第7装甲师的第25装甲团只剩下些40吨重、配备了37毫米主炮的三号坦克，另外还有几辆配备了75毫米主炮的四号坦克。

因此，11月29日，曼陀菲尔不得不放弃他的桥头堡。他在运河西岸占据了掩护阵地。西南方，第6装甲师保护着第56摩托化军的右翼。该军的左翼则由第14和第36摩步师掩护。从北面对莫斯科实施闪击的机会已然丧失。

但是，亚赫罗马南面二十英里处的形势却是峰回路转。罗加切沃南面，第41摩托化军从加里宁调了过来，12月1日，位于第3装甲集群右翼的该军对洛布尼亚北面的运河渡口发起了攻击。首先，被围在费奥多罗夫卡南部的第23步兵师的一部得到了解救。再往南，洛布尼亚的西北方，法伊尔将军的第2装甲师从西北方对莫斯科形成了威胁。该师的一个战斗群，在德克尔中校的带领下，沿着罗加切沃至莫斯科这条布满了地雷的道路，穿过暴风雪和刺骨的严寒，直扑奥泽特斯科耶（Ozeretskoye）。这个村子被夺取了。"这是赶往莫斯科，踏入红场的路线，"最前面的德军士兵互相开着玩笑。他们站在莫斯科郊区路线的公交车站上，用手搂着身子，跺着双脚以保持身体的温暖。"该死的公交车怎么还不来？"他们说着俏皮话："和往常一样晚点了！"

第38师反坦克营①第1连的施特劳斯少尉，沿着道路驱车赶往戈尔基，路过公交车站时，他的司机笑着对他说："少尉先生，咱们干吗不坐公交车呢？到斯大林同志的家只要四十分钟。"

这位中士对苏联公交车的看法有点太过乐观，毕竟从这里到红场还有24英里。

---

① 此处原文有误，应为第38反坦克营。德军第38步兵师是1942年7月才组建，也不存在第38装甲师，而第38师级集群则是1944年的产物。

不过，获得加强的第2摩托化步兵旅战斗群，在罗特上校的率领下，已更加接近他们的目标了。11月30日，面对徒步作战的西伯利亚骑兵以及莫斯科工人组成的民兵部队所进行的顽强抵抗，该旅的步兵营和工兵们还是夺取了红波利亚纳。接着，他们又攻占了普什基（Pushki），第二天，卡秋什基也被占领。现在，赖希曼少校率领的第304摩步团第2营已到达戈尔基，他们离克里姆林宫只有19英里了，而离莫斯科郊区则只有12英里。第38工兵营的一支突击队实际上已攻入洛布尼亚火车站，随即将车站炸毁，以防被苏军战术预备队使用。这里距离莫斯科市郊只有10英里，距离克里姆林宫也仅有17英里。

这些消息传入市内时，莫斯科的心脏似乎停顿了片刻。当天的《真理报》在其头版刊登了两条典型而又令人激动的报道：一条是枪毙在市内主街道实施抢劫的罪犯，另一条是对倒卖食物的投机分子判处死刑。

莫斯科已成为战斗前线。崭新的T-34坦克从东郊的工厂内驶出，隆隆地穿过市区；卡车搭载着工人和共青团员组成的民兵队伍，叮当作响地驶往火车站，这些人被作为战术预备队投入到争夺卡秋什基和戈尔基的战斗中。

西伯利亚营的士兵们搭乘着出租车和征用来的党政要员们的私人汽车赶赴前线。弹药被征用来的货车和公交车运送至形势危急的地点。莫斯科东郊一家拖拉机厂组织的民兵营，可以在一个小时内投入到西面或西北面的战斗中。这就是战略家们所说的内线作战，通过在关键地点投入足够的战术预备队，斯大林得以阻止了德军位于卡秋什基和戈尔基的先头部队。

从斯塔里察出发，经沃洛科拉姆斯克（Volokolamsk）到达莫斯科的公路上，有一座名叫伊斯特拉的小镇。这座镇子已被选作是莫斯科第二道防线上的关键支撑点，由西伯利亚步兵团守卫。

第4装甲集群辖内的第40和第46摩托化军不得不为每一个村庄和每一片树林苦苦奋战。一英寸接着一英寸，第5、第10装甲师以及党卫军"帝国"师的先头部队和战斗群穿过寒风扑面的田野和积雪覆盖的森林，挣扎着向前推进。11月23日，他们成功地到达了伊斯特拉河和伊斯特拉水库。这座水库有11英里长，平均宽度1.5英里。水库与伊斯特拉河相连，这条河宽约100英尺，径直流入莫斯科。伊斯特拉河东岸布满了又高又密的树林。俄国人在这里构建了地形有利的阵地，西岸冰雪覆盖的田野被他们尽收眼底。对他们的任何攻击都必须跨过伊斯特拉河或伊斯特拉水库。

尽管如此，德军第11和第5装甲师还是在11月24和25日成功地渡过了伊斯特拉河和伊斯特拉水库，并构建起桥头堡。第11装甲师辖下的第61摩托车营，在冯·乌泽多姆少校的带领下，大胆地冲过了伊斯特拉河上的冰面。俄国人的大炮开火了，弹片和冰块四散飞溅。但摩托车营的士兵们勇敢地冲了过去，并在对岸的冻土上获得了一处不太稳定的立足点。德军还在洛帕托沃（Lopatovo）附近渡过了伊斯特拉水库，那里是水库最窄的地方。有那么一刻，奉命夺取水库大坝的士兵们有些紧张。水坝上肯定安装了炸药。如果突然发生爆炸，水库里的水就会奔涌而出，那将发生些什么？

但第11装甲师的突击队很幸运，他们的袭击成功了，俄国人根本来不及按下起爆按钮。布赖特舒中尉的工兵从大坝上拆除了1100颗地雷和2吨高爆炸药。

南面，渡过伊斯特拉这条重要河流的行动同样获得了成功。冯·德·切瓦勒里中校率领着得到加强的第10装甲师第86摩步团，夺取了布沙洛沃（Busharovo）上的桥梁。他们的行动得到了一场猛烈的暴风雪的掩护。切瓦勒里的战斗群是曾经引以为豪的第10装甲师的残部。现在，第7装甲团剩下的坦克已不到28辆，第69和第86摩步团也已缩减为四个虚弱不堪的营，每个营只剩下120人。伯林格的炮兵营只剩下一辆拖车和十门大炮。尽管如此，第10装甲师的残部依然斗志顽强。

据一名参加过此次战斗的士兵所记载的日记显示，敌人进行了激烈的抵抗，并投入了他们手上所有的一切。苏军士兵大无畏的战斗意志令人钦佩，但此刻却无济于事，因为尽管困难重重，"中央"集团军群的攻击部队仍在不停地涌向莫斯科。

11月26日，寒冷多雾，温度为零下20摄氏度，第10装甲师的战斗群从北面对伊斯特拉镇发起了进攻。这是一场代价高昂的战斗。森林战中，进攻者遭到了苏军多管火箭炮的轰击，伤亡惨重，但他们成功地将苏军（从哈巴罗夫斯克（Khabarovsk）调来的满洲部队）赶出森林，并凭借着最后的努力抵达了伊斯特拉的北郊。

与此同时，党卫军"帝国"师赶了上来。克林根贝格率领的摩托车营首先必须突破紧挨着伊斯特拉西部沃洛科拉姆斯克—莫斯科公路的森林中的一道防线，守卫这道防线的是著名的西伯利亚步兵第78师。该师的士兵以既不抓俘虏也不允许自己被俘而著称。在手榴弹和工兵铲飞舞的白刃战中，苏军的碉堡被一个接一个地夺取。克林根贝格的摩托车营打得极为英勇，许多年轻的武装党卫军士兵献出了他们的生命。坎杜希上尉向他的军长施图默将军汇报战况时，眼中噙满了泪水。许多18、20岁大的小伙子倒在战场上时，还光脚穿着靴子。而此时的温度已是零下15摄氏度。

伊斯特拉镇外的河湾是镇子的一处要塞，控制着由西而来的道路。党卫军"帝国"师通过突袭夺取了这座城堡。"德意志"团和"元首"团在师属炮兵团的支援下，从南面达成突破，随即杀入布满了障碍物的街道。希特勒和斯大林的卫兵们相互间毫不留情。西伯利亚人最终被迫后撤。伊斯特拉，莫斯科最后一道防线上重要的支撑点，落入到德军手中。

11月27日，波列沃（Polevo）失陷。当天，苏联空军对伊斯特拉开始了持续的轰炸。俄国人下定决心不让莫斯科门前的这一重要交通枢纽完好无损地落入敌人之手。无线电监听获悉了苏军所得到的命令：不让德国人找到一处住宅。拥有洋葱式圆顶的教堂塔楼被炸得粉碎，房屋一座接一座被苏联空军夷为平地。2000多颗炸弹被投入这个小镇，没有一座屋顶完好的房屋被留给德国人。

11月28日上午，武装党卫军攻占了维索科沃（Vysokovo），并继续向莫斯科推进。此时，突击队距离克里姆林宫已不到20英里。

现在的温度为零下32摄氏度，德军士兵们不得不在露天过夜。他们把所有的衣物都穿在了身上，但这远远不够。他们没有羊皮袄，没有毛皮帽，没有毡靴，也没有毛皮手套。他们的脚趾被冻僵了，他们的手指在薄薄的羊毛手套里被冻得发白、发僵。

不过，尽管面对着这些艰难困苦，士兵们还是有些轻松舒适的时刻。1941年11月与12月交替之际，漆黑、怪诞而又恐怖的夜里，整片大地似乎被霜冻所冻僵，容克飞机掠过头顶隆隆地飞向莫斯科，天际被苏军高射炮照亮时，德军士兵们便会打开收音机，调至贝尔格莱德的德军广播电台，聆听拉莉·安德森用她低沉的嗓音所演唱的"莉莉·玛莲"①。这似乎难以置信，但对任何一个参加了那年冬天的莫斯

---

① 莉莉·玛莲是二战期间最为著名的歌曲之一，德军设在贝尔格莱德的电台于1941年首度播放了这首歌曲，就此成名。

科战役并生还下来的士兵来说，都将永远记住这首引发了他们思乡泪水的伤感、满怀乡愁的歌曲。

12月2日，"帝国"师先头部队到达列宁诺（Lenino）村外。魏德林上校第128炮兵指挥部的传令官韦伯少尉，给汉堡的母亲写了一封信：

> 俄国人似乎有取之不尽的人力资源。他们每天都在这里卸下从西伯利亚抽调来的新锐部队；他们拖来了新的大炮，还在各处布设了地雷。30号，我们发起了最后一次进攻：一座被我们称为"梨山"的山丘和一个名叫列宁诺的村庄。
>
> 在大炮和迫击炮的支援下，我们夺取了山丘和半个村落。但到了夜间，面对敌人不断发起的反击，我们不得不把它们放弃，以便实施有效的防御。只要再前进八英里，就能把敌人的首都纳入我们大炮的射程内，但我们无法做到这一点。

第4装甲集群再也无法做到这一点了。

该集群的攻击部队只推了几英里。第10装甲师的情况非常典型。在师里最后几辆坦克的支援下，艰苦奋战的第69摩步团战斗群于12月1日到达了列宁诺村。但他们无法从俄国人手里夺取村子的西部。村东部，一条小溪将德军隔开，敌人牢牢地守卫着阵地，就像铸入地下的混凝土。双方对峙了四天。俄国人的大炮不停地轰击着德军阵地。第69摩步团为数不多的士兵变得越来越少，他们再也无法前进一步了。这里距离克里姆林宫仅剩21英里，距离莫斯科西北郊只有14英里，距离其北部的河港只有11英里。

但德军的其他部队仍在穿过冰雪，朝莫斯科挪动着。伊斯特拉南面，鲁扎—兹韦尼哥罗德公路的两侧，沿着莫斯科河，第9军军长盖尔将军想让他麾下的第252、第87和第78步兵师试试运气。他们的第一个目标是兹韦尼哥罗德—伊斯特拉公路，另外还包括兹韦尼哥罗德，这座城市是莫斯科西部防御的一个武器弹药库。

这座城市坐落在一片冰雪覆盖的原始森林中。森林里构筑了无数经过精心伪装的防空壕和混凝土碉堡，据守在此的是苏军第5集团军的几个团。妨碍德军夺取该城的第一个障碍是洛科季亚。来自符腾堡的第78步兵师被困在这里的泥泞中，一直耗到十月底，现在，他们打算穿过敌人的障碍。

在一次大胆的迂回运动中，默克上校率领着他得到加强的第215步兵团，采取了"悄然前进"的方式，他们排成单路纵队，沿着小径偷偷地穿越积雪覆盖的原始森林，穿过林间空地来到了苏军阵地的后方，随即将敌人打垮。11月20日，他们夺取了洛科季亚。

11月24日，得到工兵加强的步兵团抵达了亚历山德罗夫斯科耶（Aleksandrovskoye），这是一座名副其实的堡垒。12月2日中午，他们又到达了叶尔绍夫（Yershovo）的东端。但此刻，该师已耗尽了力量，他们未能成功地夺下兹韦尼哥罗德。

第78步兵师的左侧，第87步兵师（第9军）、党卫军"帝国"师（第40摩托化军）和第252步兵师向前推进，攻入到苏军的防线内。激烈的战斗随即在根本没有道路的森林中展开，德军的各个团随即发现自己遭遇了极大的困难。第461步兵团被敌人切断，接下来的两天里不得不依靠自身的物资支撑下去。斯图卡俯冲轰炸机狠狠地轰炸了俄国人，直到他们的抵抗崩溃为止。第7步兵团到达了普罗科夫斯科耶。12月1日，针对敌人反复的攻击，第2营的一个战斗群将战线越过普罗科夫斯科耶，又向前推进了几英里。然后，他们再也无法前进一步了。面对着积雪、严寒、疲惫以及俄国人的拼死抵抗，他们被迫停了下来。

俄国人证明了他们是迅速进行临时防御的高手，特别是在冬季的森林和沼泽中。若在四个月前，他们部署在莫斯科城外的部队很可能会被德军歼灭。但现在面对过度延伸、衣衫褴褛、冻得半死的德军先头部队，缺乏坦克和重型武器的苏军部队已经足够强大了。一句老话再次证明了它的正确性：决定胜败的是最后一个营。公路之战为此提供了最好的例证。

斯摩棱斯克—莫斯科公路是进入莫斯科最短、最快的路线，路况也最好。这条公路从纳拉湖区间穿过，与古老的驿道相连，位于舍尔科夫卡—多罗霍沃十字路口的东面，俄国人已经挖掘了防御阵地并堵住了这条重要的交通动脉，以阻止德军的推进。

徒劳无获的第4装甲集群，与法尔姆巴赫尔将军的第7军一起，试图突破苏军的障碍，从纳拉湖区出发，经过这条公路以及驿道，赶往莫斯科河的河湾部。来自汉诺威的第267步兵师在莫斯科北面作战，被困在深深的积雪和严寒中；作战经验丰富、被称作"公路清障师"的第197步兵师，以及来自巴伐利亚的第7步兵师的尝试也未获成功，他们与英勇的法兰西团一起，沿着纳拉湖区—公路—驿道—波列特斯科耶湖—莫斯科河弯这条路线，从左侧绕了过去，打垮了敌人的顽强抵御。但库宾卡（Kubinka）的狭长地带依然受阻。

为了夺取这条现代化公路以赶往莫斯科，在纳罗福明斯克东南方的某处，陆军元帅冯·克鲁格于12月1日以其第4集团军辖下的第20步兵军，在与第4装甲集群的连接部发起了一次大胆的行动。

这个行动差一点就要获得成功。苏联官方的军史作家P.A.兹林上校在他的《卫国战争中最重要的战役》一书中写道：

> 12月初，敌人进行了最后一次努力，试图从西面攻入莫斯科。为了这一目的，德军第4集团军辖内的坦克、摩托化以及步兵师被集中在纳罗福明斯克地区。敌人成功地突入了我们的防御纵深。

这就是当时所发生的情况。为了夺取纳拉湖区后方的公路，克鲁格采用了合围的手段，然后再掩护其侧翼。12月1日清晨5点，马特纳将军的第20军以其辖下的第3摩步师、第103①、第258以及得到加强的第292步兵师，对纳罗福明斯克东面的公路发起了进攻。主攻由第258步兵师担任，他们已在塔希罗沃（Tashirovo）控制了纳拉河上的桥梁。严寒中，城市东南方和北方的防御阵地被德军突破。第292步兵师得到了第19装甲师第27装甲团一部的加强，隆隆地向北而去。哈内上校率领着团直属队以及第507步兵团第2营，夺取了阿库洛沃（Akulovo）。这个村子距离公路只有2英里，离莫斯科也仅有35英里。

第20军右翼的第183步兵师以第330步兵团的两个营为主导，于12月2日到达了沙拉莫沃（Shalamovo）西面的公路，并构建起全方位防御。12月3日上午，第330步兵团在没有遭受敌军压力的情况下，奉命撤回纳罗福明斯克南面，纳拉河上的出发阵地。

---

① "第103步兵师"疑为笔误，应为第183步兵师。

第3摩步师和第258步兵师对纳罗福明斯克发起了一次侧翼攻击。此时的温度为零下34摄氏度，并伴有寒风，这使德军士兵们冻彻寒骨。有些士兵倒在雪地上，喊叫着："我再也走不动了！"各营的作战力量衰减得越来越厉害，主要是因为严寒，而不是敌人的行动。有的营甚至只剩下80个人。

来自勃兰登堡的第3摩步师，辖内的第29摩步团第1营，在最初几天的战斗中，几位连长悉数阵亡。第5连，最后的进攻发起时只有70个人，而到当天晚上，这个连只剩下28人。连长负伤，两名中士阵亡，另外九名军士，四人阵亡三人负伤。尽管如此，第29摩步团还是夺取了纳罗福明斯克，并沿着公路又向前推进了三英里。但在零下38摄氏度的严寒中，他们的攻击停顿下来。

向东攻击前进的唯一进展是在第258步兵师作战区域的左侧。第611高射炮营指挥的一个摩托化战斗群在该师的左翼行动，他们朝着东北方而去，经过巴尔哈托沃（Barkhatovo）和库特梅沃（Kutmevo）赶往波达津斯基耶（Podazinskiy）。实际上，"布拉赫特先遣支队"以第53摩托化侦察营、第258反坦克营第1连、第611高射炮营第1连的两个排，外加几辆自行火炮，成功地推进到公路左侧的尤什科沃（Yushkovo）。这里距离克里姆林宫仅有27英里。

道路的另一侧是布尔采沃村（Burzevo）。这个村子里有三十来间茅草屋，远处还有个操场，这里就是第258步兵师先头部队的目标。

12月2日下午晚些时候，第478步兵团第3营沿着纳罗福明斯克—莫斯科公路进入了布尔采沃村。第2营面对敌人的进攻，一连数小时顽强地坚守着自己的阵地。村内25～30间茅草屋对士兵们产生了不可抗拒的吸引力。烟囱里冒出的烟雾袅袅地升入冰冷的空中，预示着屋内热腾腾的暖炉。没有什么能比得上士兵们对一丝温暖的渴望了。前一晚，他们在村子西面一个坦克训练场上的一些陈旧的混凝土碉堡内过夜，当地的温度骤降至零下35摄氏度。

这些碉堡一直被集体农庄的农民们当作鸡舍。现在，鸡不见了，跳蚤却留了下来。这一晚过得很可怕。躲避虱子的唯一办法是蜷缩到混凝土墙壁后，可这里又潜伏着严寒。士兵们还没来得及意识到这一点，他们的手指已变成了白色，靴子里的脚趾也被冻得麻木不堪。第二天早上，30名士兵去急救站报到，他们中的一些人已被严重冻伤。但即便把靴子脱掉也无济于事，皮肤只会与他们用来包脚的破布一道被黏在冻僵的内底上。这里既没有用于治疗冻伤的医疗用品，也没有任何运输工具将伤员送往救护站。因此，被冻伤的士兵仍跟他们的部队待在一起，期盼着布尔采沃村内温暖的房屋。

拂晓时，该营在没有炮火准备的前提下发起了进攻。他们得到了三辆自行火炮和一门88毫米高射炮的支援。俄国人在布尔采沃村的内外据守着他们的阵地，显然也受到严寒的侵袭。他们配备冬装的情况与德军士兵同样糟糕，似乎不太愿意进行任何大规模的战斗。苏军的伤员和降兵明显处在喝多了伏特加的状态下，他们坚守在这里是因为在他们身后，莫斯科这一侧没有其他的防御阵地，除了几处防空掩体。俄国人在两个地方点火，试图焚毁村落，斯大林焦土政策可怕的含义首次彰显出来。

施泰特克少校最大限度地减少了哨兵和巡逻队的人数，并让他的部下们进入屋子，用火炉取暖。他们坐着、蹲着、躺着，与俄国老百姓一道，像沙丁鱼那样挤在屋内。他们把砖块塞进火炉中。每隔一小时，屋里的人出去换哨时，便会带上几块砖头，但这不是为了暖和他们的手脚，砖块上的热量要用来挽救更重要的东西。包在布里的滚烫的砖块，被放置在机枪的枪机下，以防止枪内的油脂被冻结。如果某个俄国人突然出现在一个雪丘后，他可能已经在那里趴了几个小时，哨兵拿着一支卡壳的枪就麻烦了。所以他们不得不每隔一个小时便从屋内运出滚热的砖块来温暖他们的武器。那些被换下来的哨兵走进茅草屋内，感觉自己就像进入了天堂。

但天堂的日子是短暂的，总共只有6个小时。第258步兵师将获得加强的第478步兵团撤至尤什科沃；第3营担任后卫，掩护这一行动。当晚22点，苏军在T-34坦克的支援下再次发起了进攻。他们有条不紊地点燃了茅草屋顶，纵火焚烧这些房屋，然后，他们攻入村内。伴随着房屋燃烧的火焰，战斗持续着。德军的88毫米高射炮干掉了两辆苏军坦克，但随即也被敌人的炮弹直接命中。自行火炮与T-34在熊熊燃烧的房屋间相互追逐。步兵们隐蔽在菜园中、暖炉后、地窖里。博塞特少尉带领着第9连的一支突击队，用老式的苏制反坦克地雷拦截着俄国人的T-34坦克。

五六辆沾满了泥污的钢铁巨兽一动不动地停在村内的街道上，车辆闷烧着。但德军的三辆自行火炮中，也有两辆已无法作战。其中的一辆停在菜园外熊熊燃烧，而医疗队的西弗斯博士就在这里，他在一个马铃薯地窖里搭建起团急救站。他的医

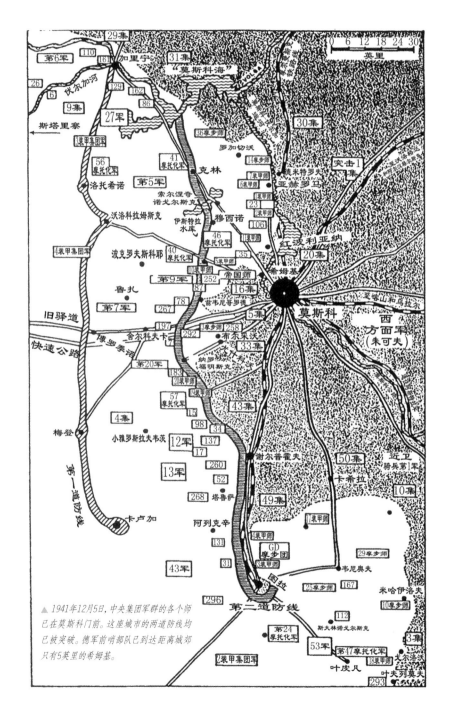

29集

第6军 110 加里宁 31集 "莫斯科海" 30集

26 伏尔加河 6 129 162 9集
斯塔里察 27军 86 突击1集

装甲集团军 56 摩托化军 41 摩托化军 36步兵师 14步兵师 米特罗沃 集
洛托希诺 第5军 克林 5装甲师 亚赫罗马
索尔涅奇诺戈尔斯克 23集 106集

沃洛科拉姆斯克 伊斯特拉 穆西诺 20集
水库 46 摩托化军 红波利亚纳

4装甲集团军 40 摩托化军 1装甲师 希姆基
波克罗夫斯科耶 35 1步兵师 莫斯科 塔山和贾拉尔
鲁扎 第9军 帝国师 16集
第7军 252 斯韦尼哥罗德 西
旧驿道 87 方面军
78 267 197 5集 莫斯科 (朱可夫)
快速公路 含尔科夫卡 292 258 33集
第20军 183 布尔采沃
4集 57 摩托化军 2装甲师 纳罗 福明斯克
15 43集
98 34
小雅罗斯拉夫韦茨 12军 137 50集 近卫
17 骑兵第1军
梅登 13军 260 卡希拉 10集
52
268 塔鲁萨 49集
阿列克辛 谢尔普霍夫 1装甲师
131 GD 29摩步师
第 43军 31 摩步团 韦尼奥夫 米哈伊洛夫
3装甲师 25摩步师 167
296 图拉 10摩步师
第二道防线 112 3集
第24 斯大林诺戈尔斯克 10步兵师
摩托化军 叶皮凡 53集 第47摩托化军 1步兵师
2装甲集团军 叶夫列莫夫
293

▲ 1941年12月5日,中央集团军群的各个师
已在莫斯科门前。这座城市的两道防线均
已被突破。德军前哨部队已到达距离城郊
只有5英里的希姆基。

0 6 12 18 24 30
英里

疗军士平格尔不停地注射着吗啡或SEE（这是一种东莨菪碱、优可达和埃弗托宁的混合物）以帮助伤员们缓减伤痛。他把药品放在裤兜里，不这样的话，这些安瓿瓶就会被冻结。当然，这不是无菌环境，可在这样的条件下，无菌环境从何谈起？最重要的是在这样的天气中，能帮助那些躺在地上的伤员。

拂晓时，第2、第3营仍控制着尤什科沃的废墟。村里停着6辆T-34，不是发生了故障就是被德军所击毁。苏军步兵没有再度发起攻击，他们的进攻被击退了。但毫无疑问，德军也已无法继续向莫斯科推进，他们耗尽了最后的力量。七十多个重伤员躺在冰冷的马铃薯地窖中。放弃尤什科沃的命令下达了，他们将再次撤至纳拉河后。整个第4集团军暂停了他们的攻势，并将其先头部队召回到当初的出发线。

西弗斯博士命令将伤员们搬上马拉大车，这些大车是在夜里运送弹药和食物补给来到的前线。但是，这么多伤员，根本没有足够的车辆将他们运走。于是，损坏的车辆也装上了伤员，再像雪橇那样被挂在88毫米高射炮的拖车上。伤势最重的人被放在自行火炮上。那些阵亡的人只能被丢下，根本来不及埋葬。这简直就是拿破仑式的撤军。

队伍刚刚离开村子，苏军便对他们进行了炮击。炮弹在队列间炸开，两辆马拉大车倾覆，伤员们摔倒在地上。他们绝望地叫喊着救命。突然，苏军坦克的身影出现在前方树林的边缘。

"俄国人的坦克！"一阵惊慌。逃跑是此刻唯一的念头。西弗斯博士第一次拔出了他的手枪，"平格尔，博克霍尔特，到这里来！"军医和他的两位医护军士，站在马路对面，手里握着手枪。这个姿态已经足够了。突然间，理智再次占据了上风。伤员被重新装上大车。每辆大车由12个人拖曳，平格尔带领着一辆大车，博克霍尔特带着另一辆。

他们迅速走进一片树林，这里，最后一辆自行火炮已进入战斗位置，其他的马拉大车正等着他们的到来。12月4日，他们撤回到纳拉河后。

12月5日，"中央"集团军群左翼，第3装甲集群和第4装甲集群的突击队沿着莫斯科北部和西北部一道宽广的弧线进行着激烈的战斗。克里姆林宫北面40英里的莫斯科—伏尔加运河上，第7装甲师据守着亚赫罗马的阵地。南面25英里处，第1装甲师的"韦斯特霍芬"战斗群与第23步兵师辖下的部队一同行动，他们穿过别雷拉斯特（Belyy Rast），朝东南和东方攻击前进，直扑洛布尼亚北面的运河渡口。傍晚时刻，得到坦克和大炮加强的摩托车营夺取了运河西面一英里左右的库萨耶沃（Kusayevo），这里位于克里姆林宫北面20英里处。在戈尔基、卡秋什基和红波利亚纳（其最东端距离莫斯科仍有10英里）来自维也纳第2装甲师的士兵们卷入到苦战中。艰难的防御战同样在相邻地区展开，第4装甲集群辖内的第46、第40摩托化军以及第9和第7步兵军涉身其中。

第2装甲师东南方最前伸的阵地之一，卡秋什基，第2摩步旅辖下得到加强的第304摩步团第1营，在布克少校的率领下进行着激烈的战斗。卡秋什基距离莫斯科是如此之近，以至于布克少校在教堂旁一座农舍的阁楼上，通过他的堑壕镜便能看见莫斯科街头的动静。目标似乎近在咫尺，但他们却够不着，他们的力量不足。

12月4日，又运来了一些冬季大衣，还有些厚厚的长羊毛袜。与此同时，电台里传来了通告："注意，严寒警告，气温将降至零下35摄氏度。"但这并不意味着第1营的伙计们都得到了大衣。他们也有很多天没吃上一口热饭菜了，但这还不是最糟的。最糟糕的是武器和弹药的缺乏。每个反坦克连只剩下两门50毫米反坦克炮，炮兵团的大炮也只剩下原先的三分之一。他们就靠这些装备，想在零下30～40摄氏度的严寒中夺取莫斯科。

如此的酷寒中，这些士兵就在露天里度过，带着他们的机枪和反坦克炮，蜷缩在雪坑里，这实在令人难以置信。他们被冻得哭了起来，他们哭得愤怒而又无助：他们哭泣是因为目标已近在咫尺，可他们却无力触及。12月5至6日的夜间，位于最前方的几个师接到了停止进攻的命令。第2装甲师当时就在莫斯科西北方10英里处。

几乎是同一时刻，12月5到6日的夜间，古德里安大将也决定停止在"中央"集团军群南翼对图拉的攻击，同时将他的先头部队从顿河上游经沙特河（Shat）撤至乌帕河（Upa）防线。这是古德里安在这场战争中第一次被迫后撤，这是个不祥的征兆。

起初，新攻势在他的战区内进展顺利。第2装甲集团军投入战斗的有12个师外加得到加强的"大德意志"步兵团。但这12个半师只是纸面上的力量：从战斗力上计算，其总实力不会超过4个师。

11月18日，第3装甲师第394摩步团的施特克少尉，率领着连直属工兵排，再度实施了一次精彩的行动。在图拉的东南方，他采取突然袭击夺取了乌帕河上的一座铁路桥。这次，施特克这位夺桥专家想出了一个非常特别的招数。

交战双方的主战线距离铁路桥4英里之遥。4英里平坦、冰冻的地面，无遮无掩，根本无法让德军悄然逼近桥梁并将其夺取。但施特克意识到，俄国人和德军士兵一样，夜里会缩进村子里，因为太过寒冷。所以，他相信，在夜间溜过敌人的巡逻线是有可能的。

这个计划被付诸实施。19名士兵和3名机枪手组成了一支突击队，依靠指南针，在夜里偷偷地穿过了敌人的防线。拂晓到来时，他们已在距离铁路桥500码处。然后，计划的第二部分上演了。

施特克少尉、施特鲁肯中士和二等兵拜勒脱掉身上的装备，打扮成德军战俘的模样。手枪和手榴弹藏在大衣的口袋里。两个乌克兰人（瓦西里和雅科夫，过去两个月里他们一直在工兵排里服役）扛着步枪。这两人穿着俄国式的军大衣，戴着军便帽，看上去就是货真价实的苏军士兵。他们用俄语大声交谈着，押着三个"俘虏"朝大桥走去，海尔耶斯中士和其他德军士兵隐蔽起来等待着。

第一批守桥的苏军士兵有四个人，睡在两个散兵坑中。施特克他们的行动只用了几秒钟，没有发出一丝动静。

然后，五个人朝80码长的铁路桥走去。他们的脚步在坚硬的地面上砰然作响。瓦西里和雅科夫大声说着话，出色地扮演着他们的角色。就在他们靠近大桥时，一个身影出现了。一名苏军士兵朝他们走来。"正在找你们呢！"瓦西里大声说道，"我们从另一个防区来，不过，也许你能把这几个法西斯分子带走。"

这名苏军哨兵还没来得及产生怀疑，一切便结束了。但在桥梁末端的第二个哨兵一直在看着他们，就在他们走过去时，他产生了怀疑，跳到河岸下隐蔽起来，并发出了警报。但为时已晚。

施特克发射了两发白色信号弹。海尔耶斯中士已带着他的机枪冲上了大桥，正不停地开火射击。拜勒和施特鲁肯朝守军的掩体投掷着手榴弹。俄国人慌慌张张地跑了出来，看上去睡意未醒，茫然无措，他们举起了双手：87名俘虏，5挺机枪，2门大口径反坦克炮，3门迫击炮。这一小股德军对这座桥梁实施了完美的突袭，他们的智慧和勇气所获得的成果完全可以和一场战斗的胜利相媲美。

11月24日，古德里安麾下的第3、第4装甲师以及"大德意志"步兵团，面对苏军西伯利亚步兵师的顽强抵抗，从东南面包围了图拉。第17装甲师的先头部队正在逼近卡希拉（Kashira）。随即，博尔金中将投入了他的第50集团军，全力对付古德里安已被削弱的部队。面对这种压力，德军薄弱而又过度延伸的前线变得岌岌可危，因为古德里安的格言"我们这些坦克兵的幸运之处是总处在侧翼暴露的状况下"适用于闪击战而不是阵地战。

在一封给妻子的信中，古德里安痛苦而又悲观地写道：

> 冰冷而又条件恶劣的住处、不足的冬衣、严重损失的人员和物资、微薄的燃料补给，这一切使我们的军事行动变成了一种折磨，沉重的责任让我越来越沮丧，尽管各方说了许多漂亮话，但没人能接过我肩头的担子。

尽管如此，第167步兵师和第29摩步师还是于11月26日在顿河上游的顿斯科伊（Danskoy）地区包围了一个西伯利亚战斗群。他们俘获了约4000名苏军士兵，但西伯利亚步兵第239师的主力却成功突围。

实施包围的部队（北面是第4装甲师的第33摩步团；南面和西面是辖第112和第167步兵师的第53军；东面是第29摩步师）兵力实在太过虚弱。西伯利亚士兵装备精良，身穿白色雪地伪装服，甚至连武器也涂成了白色，他们一次次地对虚弱的德军包围部队发起夜袭，消灭阻挡他们的一切力量，从德军第71摩步团第2营与第15摩步团第1营之间杀出，向东突围。德军已没有足够的力量阻止他们的突围。第15和第71摩步团遭受了极为惨重的伤亡。因此，尽管拼尽了全力，但事实证明，夺取被包围的图拉（这座城市被称为"小莫斯科"）或是冲过卡希拉都是不可能做到的，更别说到达更远的目标下诺夫哥罗德了。的确，11月27日，向东推进的第131步兵师夺取了阿列克辛（Aleksin），第3和第4装甲师也在12月2日成功地推进至图拉—莫斯科铁路线，并将其炸毁。实际上，第4装甲师在12月3日甚至到达了科斯特罗沃（Kostrova）的图拉—谢尔普霍夫（Serpukhov）公路。于是，第43军再次试图与第4装甲师在图拉北部会合，并将敌人驱向北方。12月3日，该军的先头部队——第31步兵师第82团，距离第4装甲师已不到9英里，但他们却无法实现自己的意图。12月6日，这一地区的进攻也被迫停顿下来。部队和他们的车辆被牢牢地困在零下30摄氏度的严寒中，某些地方甚至达到零下45摄氏度。

图拉南面9英里处，面对着地图和一堆报告，古德里安绝望地坐在他的司令部里，这是一座小小的庄园，但却举世闻名，它就是亚斯纳亚波利亚纳（Yasnaya Polyana），托尔斯泰的故居。屋外，爬满墙壁的常青藤现在被深深地埋在积雪下，托尔斯泰这位大文豪的墓地就在外面。古德里安允许托尔斯泰的家人继续住在他们的房间里，他和他的参谋人员则搬进庄园的博物馆中，他甚至下令将摆放展品的两个房间封存起来。

就是在托尔斯泰的这间乡间别墅中，12月5到6日的夜间，古德里安决定召回他这个装甲集团军的先头部队，并转入防御。他被迫承认："对莫斯科的进攻失败了。我们遭遇了败绩。"

9

为何没能夺取莫斯科

严寒和西伯利亚部队——"莫斯科奇迹"并非奇迹——第一次世界大战后苏德合作的历史章节——未知的军队——图哈切夫斯基与魏玛国防军的联盟——希姆莱的大阴谋——斯大林斩首红军

　　1945年4月，苏联红军到达奥拉宁堡、波茨坦、亨尼希斯多夫和大贝伦时，柏林的厄运就此被决定。但在1941年，德军也曾逼近到莫斯科门前，而且尚未遭受过败绩。

　　为什么？这场对未来战事进程至关重要的失败是什么原因造成的？无论胜利未能到来的原因是什么，"中央"集团军群再也无法从莫斯科门前遭受的打击中恢复过来。他们再也无法做到齐装满员，再也无法恢复其有效的作战力量。在莫斯科门前，德军的力量被消耗殆尽：他们在严寒中慢慢失血而死，他们耗尽了自身的实力。在莫斯科门前，德国国防军战无不胜的信念首次发生了动摇。

　　这场失败的原因何在？是"冬将军"以其零下30、40、50摄氏度的严寒击败了东线德军吗？

　　是装备精良的西伯利亚精锐之师以及中亚地区骑兵部队所造成的吗？无疑，严寒气候发挥了灾难性作用，据温度计显示，当时的最低温度为零下52摄氏度——没有一个德军士兵，也没有一件武器对这种温度有所准备。无疑，强有力的西伯利亚部队也发挥了决定性作用。

　　但对德军的失败来说，严寒和西伯利亚部队只是其中较为明显的原因。莫斯科门前的大逆转被苏军称作"莫斯科奇迹"，实际上应归于一个简单的事实，而不是什么奇迹——这个事实可以用几句简单的话来概括。兵力太少，武器太少，部分德军最高统帅部人员缺乏远见，特别是防冻物资和基本冬装几乎完全短缺。缺乏防冻润滑油对武器的影响尤为严重。步枪能否射击？苏军进攻时，机枪能否顺利开火？这些问题折磨着士兵们的神经，对防御中的部队来说，权宜之计是可以的，但对发起进攻或进行反击而言，携带着不可靠的武器则是无法想象的。

阿道夫·希特勒和陆军总参谋部的重要人物低估了他们的对手，特别是对方的人力资源以及作战表现和士气。他们认为，即便自己的部队严重受损，也足以给对方造成致命的打击。这是个根本性错误。

西方最著名的军事作家利德尔·哈特，在其《苏联军队》一书中认为，苏联获救首先归因于苏军士兵的坚忍不拔，以及他们在足以毁灭任何一支西方军队的条件下忍受艰难困苦并持续作战的能力。利德尔·哈特随后又补充说，苏军更大的优势在于苏联道路的原始状态。这些道路中的大多数并不比沙土铺就的乡间小道好多少。只要一下雨，它们就变成了泥沼。击退德军的入侵，这种条件做出的贡献比苏联红军付出的任何牺牲都要大。如果苏联拥有像西方国家那样的道路体系，这个国家便会像法国那样迅速沦陷。希特勒没有考虑到这一点；和大多数西方军人一样，他对这些事实始终一无所知。莫斯科的最后抵抗只能由一支装备精良、补给充足的新锐部队来击溃，就像6月22日发起进攻时的德国大军。但那支大军现在成了什么模样？经过五个月不停地征战，前线各师辖下的团，实力只剩下原先的三分之一，通常还更少些。严寒也来帮倒忙了。在莫斯科门前，冻伤四肢所造成的减员高于敌军行动所导致的伤亡。

我们手上拥有第40摩托化军遭受伤亡的原始统计清单。10月9日至12月5日之间，"帝国"师和第10装甲师，包括军直属部队，损失了7582名军官、军士和士兵。这个数字约占其兵力编制的40%。

截至1941年12月5日，德军在东线的伤亡总数为75万人，约占其350万总兵力的23%。也就是说，几乎每四个人中就有一个阵亡、负伤或失踪。

苏军遭受的损失当然更大，但他们拥有更多的人力资源。"中央"集团军群在1941年12月只得到一个师的补充，而苏军最高统帅部却为莫斯科前线调派了30个新锐师、33个旅、6个坦克师和3个骑兵师。

当然，就"德军为何没能到达莫斯科"这个问题来说，战略家、战地指挥官乃至飞行员都会有不同的回答。毫无疑问，经济学家也会有不同的答案。

例如，布卢门特里特将军，时任第4集团军参谋长，随后被调至陆军总参谋部出任首席军需长，他认为这场灾难的原因在于希特勒战略计划的失误，未能在斯摩棱斯克战役后及时将莫斯科和列宁格勒作为优先夺取的目标。这就是战略家的观点。

任何一个还记得战时敌人对德国城镇实施轰炸的人可能会问：德国空军怎么样？他会惊讶地发现，德国空军没能成功地阻止苏军部队通过莫斯科交通网被调至前线，没能阻碍西伯利亚师的到达，也没能瘫痪莫斯科这个紧邻战线后方的集结地。这些情况都未发生。德国空军对莫斯科最后一次空袭是在10月24—25日的夜间，动用了八架飞机。在那之后，12月间只进行过骚扰性空袭。因此，对苏军防御中枢加以打击的决定性阶段，苏军实施抵抗的主要动力并未受到来自空中的骚扰。这是为什么呢？

去过莫斯科的每一个德军飞行员都知道答案。苏军在这座城市的四周建立起极为强大的防空体系。森林里布满高射炮连。另外，东线的德国空军在持续不断的作战中遭到严重消耗，丝毫不亚于陆军部队，他们不得不将天空让给苏联空军，后者在莫斯科上空的数量比德国空军多两倍。此外，苏联空军在前线附近拥有许多设施完善的机场，配备有加热的机棚，这使他们的编队能够迅速、反复起飞，而无论天气如何。相比之下，德军飞机靠的是原始的简易机场，距离前线很远，这就使他们只能在气候条件良好时行动。因此，莫斯科幸免于德军的空袭。

的确，朱可夫元帅并不认为德军空中力量的减弱具有决定性作用。他在对苏军军官的一次讲话中说："德国人在莫斯科的失败是因为他们没能确保足够的、规格合适的火车，以便将物资和预备队不受冰雪和泥泞妨碍，大量运送至前线。莫斯科地区拥有全苏联最好、最全面的铁路网。"

这番话当然有些道理。但决定性因素是，斯大林在作战部队和军事工业两个方面都赢得了人力资源上的胜利。

人力资源之争已成为战争中最严重的问题。德国一方无可弥补的损失造成了作战部队的短缺，从而决定了莫斯科战役。这个问题迄今未得到应有的重视，但近期公开的陆军元帅凯特尔（前德国国防军最高统帅部参谋长）的文件和信件披露出一些有趣的事实。

凯特尔写道：

> 我不得不强迫施佩尔——新任的军备部长——接受一项方案，使我能再次召集25万人免于军工生产而进入现役部队。人力资源之争从这一刻开始，再也未曾停息。

德国国防军——也就是凯特尔——输掉了这场争夺战。没有很好的理由，但却免服兵役的人数估计已达到50万人。凯特尔写道：

> 这些人对东线部队意味着什么？计算起来很简单。150个师，每个师3000人，他们意味着能让每个师的战斗力加强到编制力量的一半。可相反，严重耗损的部队由马夫、蹄铁匠或类似的人补充，而他们的工作则由苏军战俘里的志愿者顶替。

凯特尔引用了两个数字来说明这一问题：

> 单独统计地面部队的损失，在不包括重大战役的正常情况下，平均每个月15至16万人。而得到的补充只有9至10万人。因此，前线部队的兵力总数每个月下降6至7万人。很容易计算出德军兵力何时会被消耗殆尽。

苏军又如何看待"莫斯科奇迹"呢？在所有的军事评论中，他们的回答都很简单：我们胜利是因为我们必将胜利。我们更好，我们更强，因为布尔什维克主义比其他体制更优秀、更强大。萨姆索诺夫就是这样明确表达的："苏联人民及其军队……在激烈的战斗中拖垮了'中央'集团军群，阻止了他们向首都莫斯科的推进。"

那么，他们如何解释德军通过一连串的胜利直抵莫斯科门前呢？他们又如何解释就连斯大林政府也预计首都即将失陷这一事实呢？苏联工农红军不可战胜论的薄弱点一直留存到今天——在某些时候，就连斯大林本人也没对这支军队抱以太大的希望。尼基塔·赫鲁晓夫曾试图消除这种矛盾之处，他为战争最初六个月中苏军的失败做出解释，这个解释早就被苏联军官团在私下里偷偷提出，但此前一直缺乏官方权威性。1951年10月，赫鲁晓夫在莫斯科的第22届党代会①上公布了这一解释。他宣布：完全是因为斯大林1937—1938年间的大清洗运动消灭了苏联红军中最出色的指挥员，完全是因为他处决或监禁了据称是反党的指挥员，几乎使苏联红军彻底丧失了他们的指挥官，并陷入混乱的状况，这才使德军在1941年时顺利地冲到莫斯科门前。

这是个惊人的说法。在被严肃批评由于他的轻信而使希特勒得到了突然袭击的优势后，斯大林现在又因为军事上的失败而遭到指责。这个说法的历史性证据可信度如何？

有可靠的证据表明，1937—1938年间的大清洗运动，斯大林处决了红军中20000至35000名现役军官，这一点千真万确。因此，赫鲁晓夫的说法是有道理的。如果一个人杀掉了他的元帅、将军和军官，他就不会对自己的军队丧失军事效能而感到惊讶。除掉一名总参军官就像砍倒一棵树：总参谋部培养出一名少校平均要耗费8～10年，他能组织起一个师的补给或指导其作战。可斯大林却把至少一半的总参军官加以处决或监禁。

可这位红色独裁者为什么要杀掉近一半的军官团成员呢？他为什么要派他NKVD（内务人民委员会）的心腹，通过脖子后的一颗子弹清洗掉90%的将军和80%的上校呢？5名元帅中的3名，15名集团军司令中的13名，85名军长中的57名，195名师长中的110名，406名旅长中的220名，以及所有的军区司令员，都死于身穿绿色军装的NKVD行刑队手下，这又是为何？

赫鲁晓夫在苏共22大上提供了耸人听闻的答案：成千上万名被指控为叛国和对党抱有敌意而遭到处决的军官都是无辜的；他们当中，没有一个是党的敌人，没有一个试图颠覆政权，也没有一个是拿德国人薪水的间谍，完全不是斯大林所说的那样。不——这完全是希特勒导演的一切。通过他的情报机构，希特勒向斯

---

① 苏共第22大的召开日期为1961年，而赫鲁晓夫最早提出关于大清洗的报告是在1956年的苏共第20大上。

大林提供了假证据——关于以图哈切夫斯基元帅和其他著名军事领导人为首的阴谋集团的证据。另外还包括图哈切夫斯基和他的朋友与德国国防军进行合作的证据。赫鲁晓夫得出的结论是："我们带着深深的悲痛在这里提及许多著名的党和国家领导人，他们是无辜的，但却丢了性命。尤为突出的是，军队领导人也成为这场迫害的受害者，例如图哈切夫斯基、亚基尔、乌博列维奇、科尔克、叶戈罗夫、艾德曼等等。他们都是我们军队里的人——特别是图哈切夫斯基、亚基尔和乌博列维奇。他们是著名的军队领导人。后来遭到迫害的是布柳赫尔和其他一些著名的军方领导。外国记者曾发表过一份颇为有趣的报道，大意是希特勒在准备对我们的国家发动进攻时，让他的情报机构给我们提供了一份假文件，这份文件显示亚基尔、图哈切夫斯基和其他一些同志都是德军总参谋部的间谍。这份所谓的'秘密文件'落入捷克斯洛伐克总统贝奈斯手中，显然是出于良好的意愿，他把它交给了斯大林。亚基尔、图哈切夫斯基和其他一些同志被逮捕，随后遭到处决。红军中许多杰出的指挥员和政治工作者被杀害。"

到目前为止，尽管赫鲁晓夫作为苏联部长会议主席和党的领导人，可以获得所有的档案和记录，但他并未提交任何证据以支持自己的说法，而是提到了外国的新闻报道。无疑，他有着很好的理由，以免泄露太多秘密。当然，尽管具有奇妙的含义，但他的说法并不新鲜。

耸人听闻的故事在四处传播已有十余年时间。1948年去世的捷克斯洛伐克总统贝奈斯，温斯顿·丘吉尔爵士，都提供了证据，并将其记录在各自的回忆录中，另外还包括希姆莱秘密情报机构的两名领导，威廉·霍特尔（化名瓦尔特·哈根）和瓦尔特·舍伦贝格。这些证据，连同追溯至1936和1937年间德国和捷克外交官可靠的报告，加起来成为我们这个世纪一次阴险的权术闹剧。或许，这出闹剧并不像赫鲁晓夫现在所说的那么简单，也许是贝奈斯、丘吉尔以及希姆莱的副手共同导演的。

当然，这些黑暗的线索值得跟进。毕竟，图哈切夫斯基事件是现代史上最重要、后果最致命的丑闻之一。许多相关人员和背景可以追溯至苏联建国的第一年以及1923—1933年间魏玛国防军与苏联红军秘密合作时期。希姆莱和海德里希只是在最后一幕才出现。但为了让大家更好地理解，我们将先阐述这最后一幕——

它开始于1936年12月中旬。

巴黎，1936年12月16日：前白俄将军斯科布林——他既为斯大林的情报机构工作，也为希姆莱服务——传递了两份情报给德国情报机构的代表。第一条：苏联陆军高层正在策划搞掉斯大林的政变。这一阴谋的领导者是国防副人民委员，图哈切夫斯基元帅。第二条：图哈切夫斯基和他最亲密的同僚正与德军统帅部和德国情报机构的为首官员进行接触。

这是个耸人听闻的故事。毕竟，这个被称作密谋推翻斯大林的人是斯大林的国防副人民委员，也是前任总参谋长，是苏联最能干、最杰出的军事人物。时年43岁的这位元帅，代表着日益强大的苏联红军。他出身贵族家庭，是一名前近卫军军官。沙皇的亚历山大军官学院把他培养成为一名总参军官。

从德国战俘营逃脱后，他加入了列宁的部队。1920年，他击败了白俄反革命军队的重要领导者——邓尼金将军。从那时起，他就成了著名的内战将领，被誉为赤色革命的救星。

海德里希是个冷酷的人，但却有着对大阴谋敏锐的感觉，他立即意识到来自巴黎的这一情报的利用价值。

如果斯科布林的情报是准确的，苏联可能会变成一个军事独裁国家。这个庞大的帝国可能会由一个极其能干的组织者和战略家统治，一个红色波拿巴，俄国的拿破仑。这会对希特勒的德国有利吗？

海德里希的回答是：不！可以设想，他的观点得到了希特勒的首肯。当然，毫无疑问，他曾与希特勒商讨过这件事。同样毫无疑问的是，希特勒也不愿看见一个强大的苏联帝国。

在这种情况下，还有什么会比将情报转给斯大林，从而使图哈切夫斯基这位红军中最具才华的将领及其同僚被送上断头台更加自然的呢？

但海德里希的一名属下——扬克——反对这样做。他认为，斯科布林同时也为苏联情报机构效劳，因此，克里姆林宫策划了整个故事并将其透露给巴黎的这位白俄将军，这并非没有可能。那么，苏军的目的是什么呢？也许是想让希特勒对自己的将领们产生怀疑。也许是为了将希特勒的情报机构诱入陷阱，进而使德国的领导者做出错误决策。谁知道呢。

海德里希将扬克软禁起来，开始实施自己的计划。图哈切夫斯基将被交给刽子手。为了达到这个目的，海德里希使用了一些秘密情报举措，证明了他在玩弄阴谋方面的天赋。

带着冷酷的微笑，他对他的朋友，党卫队旗队长赫尔曼·贝伦斯说道："就算斯大林只是想用斯科布林的假情报来愚弄德国领导人，我也将为克里姆林宫的那个老家伙提供足够的证据来证明他的谎言是最纯粹的真理。"

他命令一个由专业窃贼组成的秘密小组潜入国防军最高统帅部的机密档案库，窃取图哈切夫斯基的文件。这其中包括所谓的"R秘密支队"文件，这是个伪装的魏玛国防军机构，1923—1933年间隶属于官方指定的GEFU（Gesellschaft zur Förderung gewerblicher Unternehmungen），意思是"商业促进协会"。这个机构被纳入总装备部辖下，其任务是在苏联制造凡尔赛条约禁止魏玛国防军拥有的各种武器和战争物资。文件中包括德国军官与苏联军事部门代表之间多次会谈的记录，当然，其中也包括图哈切夫斯基，1925—1931年间，他是苏联红军的总参谋长。海德里希篡改了GEFU的文件，他通过狡猾的添加延续了通信联系，他还加入了一些新的信件和笔记，最后便出现了一份完美的文件，带有可靠的公文和印章，这份文件会让任何一个国家的任何一位将领在法庭上被控叛国罪。

在阿尔布莱希特亲王大街的地下室里，海德里希带着嘉许视察了他那些专家的工作。计划的第一步已经完成，现在就轮到第二步了：如何将这些文件交到斯大林手里？

伪造一份文件，使它看起来令人信服，对任何一个情报机构的专业人士来说并非难事。但要把这些文件投递到一个恰当的地址，又不至于引起怀疑，这倒是个难题。而当最终收件人是斯大林时，这个问题就变得难上加难了。但海德里希克服了这个难题。

1936年间，德国外交部一直与捷克斯洛伐克派驻柏林的公使保持着接触，并不时抛出问题来试探捷克斯洛伐克对德法战争的态度。

这就是海德里希的攻击点。贝奈斯总统在他的回忆录中写道，1937年1月底，捷克斯洛伐克派驻柏林的公使马斯特尼，给布拉格发去一份充满了惊奇的电报，大意是他在德国外交部的对话者突然表现出对谈话主题缺乏兴趣。根据某种暗示，可以得出确切的结论，德国人正在跟苏联红军中的反斯大林集团进行接触。柏林显然期待莫斯科的政权发生变化，这种变化将使欧洲的平衡变得对纳粹德国有利。贝奈斯总统对失去苏联支持自己对抗德国的前景感到震惊。捷克斯洛伐克有着危险的民族问题，以及不安分的苏台德区德国人，它的存在主要归因于苏联和德国的对立。苏联军事独裁政权与德国法西斯之间的和解，甚至可能结盟，会给捷克斯洛伐克造成严重的威胁。贝奈斯的共和国是凡尔赛条约的产物，消除该条约的后果是希特勒公开宣称的目标。如果有苏联撑腰，他要实现自己的目标不会太难。

于是，贝奈斯总统立即召见苏联驻布拉格大使亚历山德罗夫斯基，并向他递交马斯特尼的报告，这是很自然的事。将领们反对斯大林的阴谋。希特勒参与其中，德军将领也卷入了。

苏联大使仔细听着，然后匆匆返回大使馆，拿了他的行李箱，随即搭机飞赴莫斯科。海德里希的邮件终于被递交给它的收件人。

但海德里希是个谨慎的人。他并未将自己的行动局限于那位布拉格邮差，而是按照"一件值得做的事就应该做好"这一合理性原则行事。因此，他在巴黎也采取了行动，以支持他在布拉格的行动。

贝奈斯与亚历山德罗夫斯基进行会晤的两三天后，在巴黎的一间外交接待大厅里，爱德华·达拉第——他曾数次出任法国总理，当时负责国防部——亲切地挽起苏联大使弗拉基米尔·波将金的胳膊，带着他来到窗边的一个壁龛旁。四下扫视一圈，确定没有不受欢迎的旁听者后，达拉第焦急地告诉波将金，法国很担心。有消息说莫斯科政权可能有变。据说德国国防军与苏联红军之间安排了会晤。法国总统先生能对此放心吗？波将金面无表情地听着，他对此不置可否。10分钟后，他离开会客厅，驱车返回大使馆，立即给莫斯科发去一份密码电报，通报了达拉第的谈话内容。

海德里希是如何将这个情报交到达拉第的手中，今天已无法确实。可能是通过法国驻莫斯科大使馆总参二局的某个人士。

经过这番准备工作后，海德里希的第二幕上演了。他委派他的特别代表，党卫队旗队长贝伦斯，赶赴布拉格，与捷克斯洛伐克总统的私人代表进行了接触，并提请后者注意，他手上有对图哈切夫斯基不利的文件证据。贝奈斯获悉后，立即将消息传递给斯大林。不久后，贝奈斯的代表建议海德里希的代表，应该与苏联驻柏林大使馆，一位名叫伊斯拉伊罗维奇的成员进行接触。伊斯拉伊罗维奇是NKVD派驻柏林大使馆的代表。

海德里希的人会晤了这位NKVD的代表，并从伪造的文件中取出两份真实的信件交给对方。伊斯拉伊罗维奇装作冷漠的样子接了过来。他询问这些情报的价格。贝伦斯耸了耸肩。伊斯拉伊罗维奇提出一周内再度会晤，届时他将带上一位获得授权的人士。

双方的会晤再度举行。苏联方面得到授权的人是秘密情报机构头子叶若夫的一位代表。他的第一个问题也是价格。为防止俄国人产生怀疑，海德里希报了个令人瞠目的价格：300万金卢布。"但你可以让对方还价。"他指示自己的部下。

对方没有还价，他只是向贝伦斯点了点头，以最讲求实际的方式，接受了这个秘密情报史中最为高昂的报价①。

历史上没有一份军事行动计划，没有一个叛国罪，也没有一个叛徒获得过这么高的价格。这份交易在一天内敲定。叶若夫的代表带着海德里希的文件返回莫斯科。时间是1937年5月中旬。

三周后，1937年6月11日，苏联塔斯社发布的新闻震惊了世界：图哈切夫斯基元帅和七名重要军队将领被军事法庭主席乌尔里希主持的苏联最高法院判处死刑。这一判决已被立即执行。

"被告被指控，"新闻中解释道："违背了他们作为军人的职责，破坏了他们的效忠宣誓，并为外国的利益对苏联犯下了叛国罪。"一份官方通告还补充了以下细节：

> 调查中证实，被告及最近自杀身亡的国防副人民委员加尔马尼克，组织了一个反政府活动，并一直与推行反苏政策的某外国军界进行接触，支持该国的被告们从事了军事间谍活动。他们的活动是想让红军在国家遭受攻击时吃败仗。被告的最终目的是

---

① 据相关资料称，俄国人支付的300万卢布为假币或做了记号的钱，舍伦贝格回忆说他亲自销毁了这些做了记号的钱，以免连累德国的情报人员。实际上，德国情报机构在这种交易上同样是用假钱的老手，例如他们支付给西塞罗的钱都是假币。

恢复土地所有权和资本主义。所有被告对此供认不讳。

塔斯社还公布了伏罗希洛夫下达的一道将在所有军区的部队中传播的训令。训令中指出，犯罪嫌疑人应该受到谴责。这道训令写道：

> 卖国贼们的最终目的是不惜代价、不择手段地颠覆苏维埃政权。他们不遗余力地企图推翻工农政府，并已准备暗杀党和政府领导人。他们盼望从某外国法西斯分子那里得到帮助，作为回报，他们准备拱手让出乌克兰。这一阴谋的主要策划者直接与某法西斯国家的总参谋部联系。

图哈切夫斯基的死刑和伏罗希洛夫的日训令释放了一场针对那些毫无保障的人的大雪崩。每一个心怀不满的士兵，每一个受了委屈的下属，现在都可以告发他不喜欢的任何一个上级为嫌疑犯，以此来作为报复。在这场政治清洗的狂欢中，没有无罪开释。每一个受到指控的人还连累了他的同僚、朋友和熟人——所有人都惨遭噩运。从最初的数百人，到后来的数千人，再到最终的数万人，被逮捕的红军军官经历了NKVD地窖的可怕旅程，不是脖子后挨上一颗子弹，就是被流放至西伯利亚的劳改营。一年中，红军军官团的人数已减少了50%，军衔较高的军官几乎被彻底清洗。

这些事实似乎最终证明，通过党卫队全国副总指挥莱因哈德·海德里希狡猾的阴谋手段，在对苏联发动进攻的三年前，希特勒摧毁了红军的整个指挥系统——换言之，他的胜利在NKVD的地窖以及卢比扬卡监狱的行刑室里便已决定。这个荒诞的说法经得起彻底的检验吗？30000～40000名工农红军的军官真的是死于情报机构见不得人的政治欺诈吗？

表面迹象强烈支持这一结论——但表象是肤浅的。海德里希并非这场运动的始作俑者，他只是个配合者。他伪造的文件并不是图哈切夫斯基及其朋友们被审判和定罪的原因，而只是斯大林的借口罢了。苏联军官团之花被消灭，这出悲剧的根源非常深，源自两个强大的对手所展开的无情的权力斗争。唯一能推翻斯大林的力量所遭遇到的野蛮结局，标志着格鲁吉亚专制者对俄国"波拿巴"图哈切夫斯基的决定性胜利，尽管后者的手并未伸向最高权力，但他已准备接替这位疯狂的独裁者，而且还得到了军队力量的支持，准备结束斯大林主义者的胡作非为。对军官团的屠杀是这一戏剧性过程的结果，并非纯粹的卑劣手段。

正因为如此，这起事件作为第一次世界大战后德苏关系悲剧性的高潮而在历史上占有一席之地，而且也是现代历史中最令人震惊的悲剧——巴巴罗萨行动——的因素之一。这起事件开始于希特勒发动战争之前很久，它的结束却真的带来了战争。要对苏德战争这场悲剧有个正确的认识，就需要了解先前的章节。

1925年4月，自由港什切青（Stettin）发生了一起奇怪的事件。一名新调至什切青的海关官员——他还活着，所以我们就叫他路德维希，尽管这不是他的真名——进行每晚的例行检查时，发现几个人正试图从一号仓库搬出个大箱子。受到盘问后，几个人丢下箱子，逃入到黑暗中。路德维希发出警报，另一名海关官员出人意料地突然出现，似乎急于消除整个事件。路德维希起了疑心，他举起手电筒照向那个箱子。箱子上用大大的黑色字体喷写着"机械配件"，上方是德文，下端是俄文。贴在箱子上的标签表明，收件人是柏林的GEFU，发件人是俄国利佩茨克（Lipetsk）的GEFU。路德维希正想检查这个神秘的箱子，他的同事突然问道："路德维希，您当过兵吗？"

路德维希对此感到惊讶，"当然当过。"

对方点了点头："那么您服过现役吗？"

"要不要给您看看我的铁十字勋章？"路德维希气愤地回敬道："或者，给您看看我在自由军团的服役证？"

对方笑了起来，试着安抚路德维希："不，不用，路德维希，但我认为现在我可以告诉您这个箱子里装的是什么。这是装着尸体的一具铁棺材，他是魏玛国防军的一名空军军官。"

路德维希惊恐地退后一步："您说什么？一个死人？一名空军军官？可箱子上写的是机械配件，而且是从俄国发来的。"

"没错！"对方点点头。然后他们俩在自由港什切青的一号仓库外谈了半个多小时。

路德维希对自己听到的一切感到满意，他敬了个礼，转身离开。他那位同事轻轻吹了声口哨，仓库的阴影处出现了四个人的身影。

"没事了，"这名海关官员低声说道，"一个新人，还不知道内情。但我们现在得抓紧了，先生们，已经耽误了时间。"他们把箱子搬上一辆推车，推着它向码头走去。码头边拴着一艘小船。他们小心翼翼地把箱子装上船，自己也跳了上去。互相敬礼后，他们划着船悄然离开，朝奥得河河岸而去。

如果这位海关官员路德维希在政治上是左派而非右派的话，这起事件可能会引发一场政治丑闻，并引起世界性震动。什切青港口所发生的这起事件——从俄国利佩茨克发来的这个箱子里装着一具尸体，却声称是机械配件——将揭开魏玛共和国隐藏在沉默的帷幕后最为惊人的章节之一：德国国防军与苏联红军的秘密合作。这种合作构成了图哈切夫斯基遭受审判的背景。它标志着苏德联盟一个戏剧性的时期，这个联盟的支持者和代表人物被斯大林所杀，但今天已被赫鲁晓夫平反。

德国是第一次世界大战的大输家，但俄国也是，德国的这个前对手并未站在战胜国一方。这个国家冷淡地站在一旁，与德国一样，被孤立于其他国家——十月革命和社会主义苏维埃国家的建立，激起了资本主义国家旨在推翻布尔什维克的结盟。他们试图通过军事干预来达到这一目的。该手段失败后又试图对苏联施加经济压力，以迫使苏联承认沙俄帝国应承担的债务。但列宁政府予以抵制，苏维埃共和国拒绝支付沙俄帝国亏欠西方"资本主义"民主国家的债务。

德国同样抵制支付赔款，尤其反对西方政治家要求德国向西方列强支付沙俄旧债的建议。出于对西方列强胜利的共同抵制，战败国与一贫如洗的穷国走到了一起，这一点符合逻辑。双方的合作开始于经济领域。第一个合作成果是"拉帕洛"条约——1922年复活节，德国与苏联的谈判代表在意大利海滨度假胜地拉帕洛签署。"拉帕洛"条约解决了德国与苏联之间的战争遗留问题。两个国家放弃了彼此关于战争费用和战争破坏的赔偿要求，决定恢复外交关系，视对方为平等的伙伴，并在贸易问题上实行最惠国待遇原则。"拉帕洛"条约里没有秘密军事条款，尽管这种说法直到今天还偶尔能听到。这种误解源自这样一个事实：符合共同经济利益的协议很快便引来进一步的协议。这样的发展完全符合逻辑。

"拉帕洛"协议结束了德国和苏联在外交及经济上的孤立。为何不把这个协议的精神和条款延伸至凡尔赛条约肢解德国军队的禁令和限制领域中呢？例如，魏玛国防军被禁止拥有任何坦克或反坦克炮、任何重型自行火炮、任何飞机以及任何化学战的手段。在这种限制下，魏玛国防军不可能建设成一支现代化军队。尤为重要的是，凡尔赛条约严格禁止德国拥有任何装甲战车，装甲战车在第一次世界大战中被引入后，被普遍视为具有决定性意义。实际上，正是出于这个原因，战胜国才坚持凡尔赛条约的第171款：德国既不允许生产制造装甲战车，也不允许"进口装甲车、坦克或任何类似结构物以用于军事目的。"在这种情况下，德国能怎么做？除非能避开这些禁令，否则，魏玛国防军所付出的每一个马克都是在白白地浪费钱。

卡尔·拉狄克，这位列宁老近卫军中才华出众的知识分子，促成了苏联与魏玛国防军首脑冯·泽克特大将的首次接触，从而帮助德国摆脱了凡尔赛条约的桎梏。

拉狄克是一名坚定的布尔什维克，一个真正的民众领袖，德国共产党的创建人之一，是列宁流亡瑞士期间的伙伴之一，也是"凡尔赛的胜利者，这一共同的敌人"必须由苏联和德国之间的联盟予以击败这个理念的狂热拥护者。他并不认为这样一个联盟的目的是为了将德国变成共产党的天下。实际上，他认为德国的民族主义正是走向布尔什维克主义的过渡阶段。因此，当阿尔贝特·莱奥·施拉格特——他是一支不合法的德国自由军团中的少尉——从事地下抵抗以反对法国占领鲁尔，结果被法国人判处死刑，并在1923年5月遭到枪决时，拉狄克对他的破坏行动给予了赞扬，并于1923年6月20日在共产国际大会上发表了轰动一时的演讲，题目为：莱奥·施拉格特，步入虚无的旅行者。

卡尔·拉狄克协助诞生了苏联红军与魏玛国防军之间的军事同盟，他也成为这一同盟的掘墓人。

让自己年轻的军队从德国军官的经验中获益，并在德国的帮助下重建他们完全荒废的军火工业，苏联对此很感兴趣。反过来，魏玛国防军也需要那些禁止在德国生产的武器；另外，他们还需要训练场地，以便让士兵们学会使用这些被禁止的武器装备。在这个基础上，魏玛国防军与红军总参谋部缔结了一些秘密协议。德方将这些活动委托给"R秘密支队"——R代表的是俄国——这是德军指挥部的一个绝密部门。其执行机构是一个经济方面的组织，公司的名字是GEFU——

商业促进协会。

这个伪装的公司在柏林和莫斯科各设一个办公室。公司的经费来自魏玛国防军的秘密资金。它与苏联当局签订合同，在苏联的各个地区开设子公司，并建立起德国—苏联生产单位，以便秘密重整军备。生产项目并不仅仅局限在航空炸弹、坦克、飞机以及化学战武器上，甚至还包括潜艇，总之是在凡尔赛条约下德国被禁止制造或使用的一切。

杰弗里·贝利，这位在幕后为苏联红军工作的美国专家，在他的《同谋者》一书中写道：

> 1924年前，容克公司在莫斯科郊外的菲利区已经一年能生产数百架全金属飞机。很快，列宁格勒、图拉和兹拉托乌斯特（Zlatoust）那些重建并实现了现代化的老旧军工厂已经每年能生产30多万发炮弹。毒气也被托洛茨基（现在被称为赤卫军城）的贝索尔公司制造出来，潜艇和铁甲舰则在列宁格勒和尼古拉耶夫的造船厂制造并下水。1926年，超过1.5亿马克——魏玛国防军近三分之一的年度预算——被用于购买苏联制造的武器和弹药。

在苏联，控制这些生产活动的指导机构是一个代号为ZMO的秘密组织，ZMO是Zentrale Moskau的缩写，也就是"莫斯科中央办公室"。ZMO是德国军方设在苏联的"外交部"，办公室代表是冯·利特-汤姆森和奥斯卡·冯·尼德迈尔教授，后者也被称作诺依曼，与红军及苏联政府高级官员所有的谈判都由他们代办。ZMO几乎无处不在。实际上，ZMO就是魏玛共和国在苏联运作的影子政府，但该机构的代表却小心翼翼地避免招人耳目。

当然，生产被禁止的战争物资只是这种合作的一个侧面。由于将这些武器进口到德国也是被禁止的，而且，武器一旦进入德国，就不可能保守秘密，所以，在德国境外建立训练中心以学习这些武器的使用就变得同样重要了。于是，苏联成了魏玛国防军的训练场。

1922—1930年间，以下设施被修建起来或被德国军队长期使用：莫斯科东南方250英里，利佩茨克附近的维乌帕尔（Vivupal），德国人搞了个飞行中心；在伏尔加河下游的萨拉托夫（Saratov）开设了一个化学战学校，并于1927年投入使用；在伏尔加河中游的喀山（Kazan），一个坦克学校及其训练场于1930年启用。

作为回报，那些将被培养成红军参谋人员的军官——前沙皇军队的士官、内战中立功的战士以及获得勋章的政治委员——与德军总参谋部培训生并排坐在德国军事院校的教室里，听取关于毛奇、克劳塞维茨以及鲁登道夫的战争艺术课程。

利佩茨克温泉附近宽敞的军用机场坐落在俯瞰着镇子的高地上。自1924年来，这里已发展成一个完全现代化的空军基地。苏联空军某大队的第4中队驻扎于此——但这个中队说的是德语。只有联络官和机场警卫是俄国人。当然，机库外几架老式的苏制侦察机上涂有显眼的苏联空军标记，这是俄国人的。其他的一切都是德国人的。

利佩茨克机场被列入魏玛国防军的预算，每年200万马克。最初用于训练德国飞行员的100架飞机是从荷兰的福克公司购入。驻扎在利佩茨克的德国飞行员约有200～300名。德国的第一款战斗轰炸机在这里进行了测试。在逼真的演练中，模拟实战的状况下，"利佩茨克的战士"练习了低空轰炸技术，从而为日后更加可怕的斯图卡俯冲轰炸机打下了基础。

1933年德国空军正式组建时，为批量生产而开发的最初型号的轻型轰炸机和战斗机，全被部署至利佩茨克机场，并接受测试。最初120名训练成绩斐然的飞行员——德国战斗机部队的核心力量——都来自利佩茨克；最初的100名观察员也是如此。如果没有利佩茨克，希特勒要想建立一支现代化空军，还需要10年。利佩茨克所冒的风险是现在无法想象的。尽管西方列强以及抱有和平主义思想的德国左翼分子以不信任的目光搜寻着德国违反重整军备禁令的蛛丝马迹，但在远离德国共产党人和左翼马克思主义者的世外桃源，利佩茨克战斗机中队呼啸着掠过顿河，对练习目标投下教练弹，测试新的轰炸瞄准器，在低空尖啸着飞过苏联中部的村庄，一直飞到莫斯科边缘，并作为空中炮兵观测员，与苏军地面部队协同，在沃罗涅日的陆军训练场进行大规模演习。与利佩茨克的军事成就不相上下的是组织协调工作。所有的一切，小到一颗钉子，都必须由德国提供。俄国人只提供土地和石头，其他什么也没有。

必要的物资和材料从什切青自由港运至列宁格勒。尤其是那些秘密或危险的设备及货物，无法轻易被伪装，就不能在什切青装载。他们只能把这些物品运上小型机帆船，由军官操作，秘密地横渡波罗的海。当然，不时会出现整船货物损失的情况。反方向的运输物品包括装有利佩茨克坠机事故丧生的飞行员的尸体的棺木：这些棺材被装在箱子里，对外宣称是机械配件，并被运至什切青。参与魏玛国防军这一行动的海关官员们帮着将这些物品偷运出港口。

所有赶赴俄国接受培训的军官，首先会被解除现役，然后在军队名单上被正式除名。当然，他们得到承诺，等他们回来后会得到复职，但这其中没有任何形式的法律保障。当然，在法庭上要求确保自己的利益是不可能做到的，特别是一旦发生伪装暴露的情况。这就是赶赴俄国接受训练的每一个军官必须要承担的个人风险。

利佩茨克对德国空军意味着什么，喀山就对装甲兵意味着什么。伏尔加河中游的喀山为古德里安、霍普纳、霍特和克莱斯特的装甲部队打下了基础。这就是直到希特勒上台为止，为何没有一个苏联和德国将领考虑过苏德之间发生战争的可能性，更别说为这种意外制订相应计划的主要原因之一。魏玛国防军的创始人和精神领袖冯·泽克特大将，急于消除凡尔赛条约的影响而与苏联结下盟约。对德国来说，她想在西部消除战败的后果，重新恢复德国的西部边界，她更想的是通过粉碎波兰而重建东部的旧有疆界。

1922年夏季，新派驻莫斯科的德国大使布罗克多夫-兰曹伯爵，反对德国单方面采取亲苏政策，并对与红军的军事结盟提出警告，冯·泽克特在9月11日的备忘录中答复他：

> 波兰的存在是不能容忍的；它不符合德国的切身需求。波兰必须消亡，通过其自身的内部弱点，通过俄国——在我们的帮助下，它将消亡。俄国人甚至比我们更无法容忍波兰；没有一个俄国政府愿意让波兰存在。随着波兰的消亡，作为凡尔赛条约最有力的支柱之一，法国的霸权也将倒下。

苏联又如何？与普鲁士的将军们结盟，对他们意味着什么？对他们来说，这意味着红军为"最后一战"而加强、发展和现代化——为了这个目标，他们可以做任何事。另外，他们对不惜代价阻止德国与西方列强结盟也深感兴趣，因为列宁和斯大林都认为，德国军队加入西方国家对苏联的武装干预将是个致命的危险。最后一点，德国右翼势力的目标——摧毁波兰——同样是莫斯科的目标。因此，魏玛国防军的反西方态度符合列宁以及后来的斯大林的政治理念。最重要的是，它符合德国军方领导在苏联一方的军事合作伙伴，图哈切夫斯基元帅的观点，他正日益成为苏联红军的化身。

图哈切夫斯基究竟是个怎样的人？英雄加军事天才，就像1936年前的整整十年里所声称的那样？或者是个叛徒，德国军队的间谍，一条"癞皮狗"——就像斯大林下令将他枪决后对他的称呼？也许，他是个反斯大林主义的爱国者，是那个邪恶的老家伙最早、最不幸的受害者，就像赫鲁晓夫今天所主张的那样？这些面貌，哪一幅才是真实的？

1941年12月5日，亚斯纳亚波利亚纳，托尔斯泰的故居，古德里安大将在他这座积雪覆盖的指挥部里给第2装甲集团军下达停止进攻莫斯科的命令时，第2集团军麾下，与古德里安右翼相连的第45步兵师，正在奋力夺取叶列茨（Yelets）。这个小镇并不太重要，但它却伫立在从莫斯科经图拉通往顿河地区的公路与从奥廖尔经利佩茨克至斯大林格勒这条东西向铁路线的交叉处。利佩茨克——前魏玛国防军的秘密训练基地，1933年前，德国空军的小伙子们在这里学会了他们的技艺——就在40英里外。

第45步兵师辖下久经沙场的几个团——本书第一章介绍布列斯特-立托夫斯克之战时曾提到过——冒着严寒杀入叶列茨，随即展开激烈的巷战，并将俄国人逐出镇子。因此，该师距离顿河上游15英里——距离其出发地已达1300英里。行军加战斗，1300英里，花了五个月零两周的时间。

对叶列茨发起进攻的两天前，第135步兵团的监听部门成功地接入苏军的电话线路，窃听到苏军战地指挥官之间的对话。这些谈话中多次提及镇子西郊的一支部队——"哈巴罗夫斯克的一群人"。第135步兵团团部人员起初以为这是个代号，后来通过俘虏的交代才知道，这实际上是一支机密部队的一部，早已被解散。这支部队中的军官，绰号就是"哈巴罗夫斯克的一群人"：他们是远东集团军中的特别军，图哈切夫斯基元帅久已被遗忘的军事政策的基石。

该军的历史是图哈切夫斯基之谜的关键。它开始于1932年夏季。当时，德国有600万失业人口。而苏联则处于现代史上最严重的饥荒中。斯大林强制实施农业集体化，大批富农被没收、驱逐，导致了农业生产的彻底崩溃。数百万苏联公民被饿死。国际危机又使得国内灾难雪上加霜。

亚洲，1931年，日本人已从他们贫穷而又人口过密的岛国蹿至中国大陆，以便为他们的制造业征服一个市场，并为他们的工业寻求原材料。1932年，他们占领了土壤肥沃、矿藏丰富的满洲，并将这片与东西伯利亚接壤的土地变成日本的傀儡——满洲国。通过这种方式，东京向全世界展示了这一既成事实，为了建立一个大东亚共荣圈，他们不惜动用武力。

对苏联在远东的利益而言，这是个严重的威胁。沿着远东边界发生一场苏日冲突的可能性非常大。而此刻，适逢斯大林的帝国面临着大饥荒。

这时，在莫斯科的军事委员会副主席加马尔尼克将军萌生了一个想法，并在图哈切夫斯基将军的帮助下将其付诸实施。他成立了远东"特别军"，也被称作"特别农垦军"，很快，这些队伍中的军官便称自己为"哈巴罗夫斯克的一群人"，哈巴罗夫斯克与满洲边界接壤。

加马尔尼克和图哈切夫斯基的主意简单而又巧妙：农垦军的成员既是士兵，同时也是农民——可以说是穿着军装的农民。一旦与日本发生战事，他们可以沿西伯利亚的单轨铁路为远东集团军提供食物和饲料。这是解决补给供应这个重要问题的唯一办法。远东集团军总司令是专横的布柳赫尔元帅，他禁止在西伯利亚没收富农财产，也不许实施农业集体化，因为他担心这会影响士兵们的士气，这些士兵中的90%来自农民家庭。因此，为远东集团军确保一个可靠的农产品供应基础，唯一的办法就是加马尔尼克的主意——设立屯兵地，完成正常服役后的士兵们将和他们的家人一同加入其中。他们形成了大型农业社区，但同时也保留下他们的军事组织，他们留着各自的武器，随时准备投入战斗。许多俄国中部的农场工人和农民的儿子都自愿加入这种"特别农垦军"。在这里，他们能得到自己的房子，供他们私人使用的一大块土地，连同一头牛和一些鸡，他们还获得了十年免税和其他一些特权的优待。

到1936年前，特别农垦军的现役名单上有60000人，另有50000人定居在军垦农场上。这支堪作战斗之用的队伍总计有十个师，以其自身的结构，几乎独立于红军指挥系统外，而且远离政权核心莫斯科——对一个有政治野心的将领来说，这是个理想的工具。加马尔尼克显然就是这样的将领。但他的朋友图哈切夫斯基更是如此。图哈切夫斯基也是副国防委员，而且，从大饥荒和对农民的清算运动开始起，他一直是斯大林顽强的对手，也是个积极反对那位独裁者的将领集团的领导者。他等待着推翻这位暴君的时机。"特别农垦军"非常适合于他的计划，并起到决定性作用。在与军队和党内亲斯大林的力量发生武装冲突时，偏远的西伯利亚特别军将控制一个叛乱的堡垒，必要的话，也是一个安全的后撤区。

根据这些事实，图哈切夫斯基元帅暴露出与斯大林主义宣传者及肤浅的西方传记作者勾勒出的画面所不同的面貌。任何人看待此人，只会把他视为一个"堕落的天使"——作为一名沙皇近卫军军官，他信奉了布尔什维克主义，尽管法国伯爵和意大利公爵的血脉流淌在他的血管中——而对苏联历史中这一迷人而又多少有些出众的人物的正确理解视而不见。

他是斯大林一个不可小觑的对手。他独自一人便能推翻并取代这位暴君，从而将苏联和整个世界的历史进程带入不同的方向。图哈切夫斯基的一生表明，他是个杰出的人物。他出生于1893年，1915年8月①，作为一名少尉的他在华沙战役中被俘——几乎整整五年后，他在这座城市再次尝到了败绩。他被关至因戈尔施塔特（Ingolstadt）附近的9号战俘营。1917年，他逃离战俘营，设法回到圣彼得堡。当他到达涅瓦河上的这座城市时，这里已不再是俄国的首都。沙皇被废黜，战争结束了。列宁的布尔什维克掌握了政权，正与反对革命的白军激战。

图哈切夫斯基——前近卫军军官，五六个西欧贵族家庭的亲属——没有加入白军，而是参加了红军。这是为何？曾有人说，这纯属偶然。也有人将他这个令人吃惊的决定归咎于一个年轻人的政治经验。还有人认为，他的决定纯属机会主义。这些解释都不正确。图哈切夫斯基投奔红军是出于他的信念和野心。

革命反对资产阶级世界，仅仅是因为它对现有秩序的无情挑战，这与其鲁莽地拒绝西方传统、基督教教义以及欧洲精神相一致。图哈切夫斯基的梦想是在东

---

① 普遍的资料显示，图哈切夫斯基被停于1915年2月。

方，而不是西方。他曾在战俘营里见过西方世界。对他来说，西方就是沙皇及其腐败堕落的制度。西方和沙皇制，为之奋战的是白军，而不是图哈切夫斯基的党。对他来说，新思想和新权力的未来在东方。

另外，在一名野心勃勃的年轻军官看来，加入红军是一个巨大的机遇，对他来说，军队意味着一切。红军的缔造者托洛茨基，需要专业的士兵、军官和参谋人员来统御他那些乌合之众。因此，图哈切夫斯基加入了共产党，并成为一名总参军官。1918年5月，25岁的他出任第1集团军司令员。他把捷克斯洛伐克军团赶回伏尔加河。1919年，他在乌拉尔地区率领第5集团军。俄罗斯帝国广袤的土地，红军控制的仅占六分之一。对列宁来说，情况看起来不太妙。但图哈切夫斯基在喀山击败了海军上将高尔察克的白军，并一直追赶至乌拉尔山区。1920年，他又把邓尼金的南方集团军赶入了黑海。

当时，年轻的苏联正面临着最大的军事威胁。趁苏联虚弱之机，波兰人侵入乌克兰，占领基辅，控制了这个正在挨饿的国家的产粮区。图哈切夫斯基再次担任起救星，他以出色的行动击败了波兰人，迫使敌人不得不后撤。图哈切夫斯基紧追不放，向着华沙冲去。他向西不断推进。华沙会是红色革命胜利席卷欧洲的第一阶段吗？

毕苏斯基元帅在他的回忆录中写道，当时在他看来，波兰的命运悲观而又绝望。但直到24年后，苏联红军才真正进入到华沙和欧洲。当时，1920年夏季，波兰和欧洲得以从列宁的旗帜下幸免，主要归功于"维斯瓦河上的奇迹"。但这一奇迹并非欧洲的成就，而是约瑟夫·斯大林愚蠢和抗命的结果。

图哈切夫斯基已将华沙纳入大炮的射程内。位于莫斯科的革命军事委员会——红军的最高权力机构——授予他统辖西线所有部队的最高指挥权，包括西南方面军——该方面军下辖的骑兵部队由叶戈罗夫和布琼尼指挥[1]。西南方面军的政治委员是约瑟夫·斯大林。图哈切夫斯基给西南方面军下达了正确的命令——扑向北面，直取卢布林，以便为他旨在夺取华沙的部队提供侧翼掩护。

---

[1] 叶戈罗夫是西南方面军司令，而布琼尼则是其辖下的骑兵第1集团军司令。

但约瑟夫·斯大林却有不同的想法。他想夺取利沃夫。他说服布琼尼和伏罗希洛夫这两位指挥官不理会图哈切夫斯基的命令，向利沃夫，而不是卢布林进军。他们就这样做了。为波兰军队总司令毕苏斯基担任顾问的法国将领魏刚，敏锐地发现了这个机会。波兰军队钻过空隙，攻向图哈切夫斯基的左翼，随即又席卷到他的整个侧翼。恐慌爆发了，红军士兵四散奔逃。波兰获得了拯救。

自那时起，图哈切夫斯基对斯大林的看法如何就不难猜测了。尽管他在斯大林这位独裁者的统治下得到了晋升，军衔升至元帅，还担任了总参谋长和国防副人民委员，但这只是他自控能力和斯大林离不开他的军事能力的佐证。

图哈切夫斯基的工作是建立一支现代化红军，最重要的是实现机械化，并引入坦克部队。他公开宣称以魏玛国防军首脑冯·泽克特大将为榜样。泽克特是普鲁士将领，而图哈切夫斯基则是一名革命者——难道他们不会势同水火吗？当然，这两人分属两个不同的世界，但他们也有许多共同点。斯大林在军队里的特务系统——这个系统就像是军官团士气上的毒瘤——再加上这位独裁者的经济实验给农民带来的集体化和屠戮，使图哈切夫斯基变成了斯大林的死敌。但他成为政治反对派的决定性动机，据推测，是源于斯大林的外交政策。图哈切夫斯基越来越相信，德国与苏联之间的联盟是一个不可避免的历史使命，因此，针对"堕落的西方"的斗争势在必行。

当然，图哈切夫斯基知道，要实现这个目标，必须搞掉斯大林和他目光短浅的官僚机构。为此，他必须为双方的冲突做好武装准备。他的私人武装就是哈巴罗夫斯克农垦军。

自1935年以来，图哈切夫斯基一直在东西伯利亚的中心控制着哈巴罗夫斯克的某个革命委员会。委员会的成员包括高级行政官员和军队指挥员，但也有些身居高位的年轻党员，例如北高加索地区的党领导：鲍里斯·舍博尔达耶夫。这样的组合非常重要，它证明图哈切夫斯基并不想发起一场反共产主义的运动，而是动员布尔什维克中的进步和爱国人士来反对斯大林的暴政。

1936年春季，图哈切夫斯基作为苏联代表团领导赶赴英国，出席国王乔治五世的葬礼。来回的路上都使他经过柏林。他利用这个机会与德军主要将领进行了会晤。他想确保德国不利用苏联可能发生的任何革命动荡作为向东进军的借口。对他来说，最为重要的是他关于斯大林被推翻后，苏德建立同盟的构想。关于这一点，有相应的证据吗？

杰弗里·贝利在《同谋者》一书中，引用了一段已被证实过的图哈切夫斯基的话，这番话是他当时对罗马尼亚外交部部长蒂图列斯库说的。图哈切夫斯基说："把你们国家的命运与老朽而又不中用的国家——例如法国和英国——联系在一起就错了。我们应该转向新德国。至少在一段时期里，德国将在欧洲大陆占据领导地位。"

当时是1936年春天。日期非常重要。九个月后，斯科布林这位OGPU（国家政治保卫局）派驻巴黎的特务，将红军将领即将发动推翻斯大林的政变的情报传递给党卫队的海德里希。希特勒认为这其中有机可趁，他可以将这位赤色拿破仑交给刽子手，从而砍掉苏联红军的头颅。但实际上，海德里希只不过是被斯大林利用而已。这位独裁者早已决定除掉图哈切夫斯基。

证据在这里。1937年1月，总检察长维辛斯基将军，在莫斯科前贵族俱乐部的大厅里开始了对反斯大林的老近卫军成员的政治肃反审判。

被告席上的一个主要人物是卡尔·拉狄克，他在1919至1921年间安排了魏玛国防军与苏联红军之间的合作。现在，他也将成为结束这一合作的人。1月24日上午的开庭中，在回答维辛斯基提出的问题时，他突然提到图哈切夫斯基的名字。这个名字出现得非常随意。维辛斯基稍稍作了些询问。拉狄克说道："当然，图哈切夫斯基完全不知道我所扮演的犯罪角色。"

一阵冰冷的沉默降临在法庭上。在这片沉寂中，拉狄克又喃喃地说出了图哈切夫斯基一位密友的名字——普特纳将军。"普特纳是我的同谋，"拉狄克坦白道。但普特纳是图哈切夫斯基集团里的外交事务专家，作为武官，他在柏林、伦敦和东京有许多关系。更耐人寻味的是，这场审讯进行时，他早已被捕。他是在1936年底被逮捕的。

因此，解决图哈切夫斯基的举动自1936年底便已悄然进行。这位元帅和他的朋友们当然意识到他们所面临的危险。如果普特纳交代了呢？后果想都不敢想。必须采取果断的行动。

1937年3月，图哈切夫斯基与斯大林肃反人员之间的角逐变得愈发激烈起来。

就像暴风雨即将到来时隆隆的雷声，斯大林在一次中央委员会议上——图哈切夫斯基也在场——说道："有间谍和国家敌人潜伏在红军队伍中。"

图哈切夫斯基当时为何不采取行动？他为何还在犹豫？答案很简单，参与其中的总参军官和部队指挥员，他们的指挥部往往相隔数千英里，难以做到协调一致，特别是在秘密警察的严密监视下，他们不得不谨慎行事。对付斯大林的政变已被定于1937年5月1日，主要是因为五一劳动节的游行使大批特遣队可以被调入莫斯科，而不致引起怀疑。

可是，运气或斯大林的狡诈造成了行动的延误。克里姆林宫宣布，图哈切夫斯基元帅将率领苏联代表团赶赴伦敦，出席1937年5月12日举行的国王乔治六世加冕典礼。图哈切夫斯基放心了，他感到很安全。于是，他把政变推迟了三个星期。这是个致命错误。他没去伦敦，政变也没有发生。4月25日，有人看见他在莫斯科军官俱乐部出席春季舞会。4月28日，他列席了美国大使馆的招待会。这是他最后一次有可靠证明的公开露面。此后所发生的一切都来自谣传和无法证实的二手、三手报告。

关于这位元帅的最后一次官方公告是塔斯社于1937年6月11日发布的，宣布图哈切夫斯基和另外七名将领已被逮捕、审判和枪决。据报道，加马尔尼克将军自杀身亡，实际上，他是在审讯过程中被殴打致死的。大批关于审讯和处决的故事四下流传。其中最真实的可能是检察长维辛斯基庭审时的版本。布柳赫尔和布琼尼元帅，以及其他一些高级将领，作为法官出席了这场审讯。法庭没有召唤证人。维辛斯基不需要证人：他出其不意地提交了来自海德里希伪造的魏玛国防军文件。对斯大林和党来说，这些文件就是图哈切夫斯基和他的朋友从事间谍活动的证据。而且，这些文件使法庭上的高级将领和元帅们对密谋分子根本无法施以援手。将军们坚实的防线被撕开第一道缺口。他们坐在那里审判自己的同志，在其他人眼中，他们自己也变成了罪犯。善有善报，恶有恶报。没过多久，审判图哈切夫斯基的人又站在被告席上面对着新的法官，此刻担任刽子手的人也将面对新的刽子手。事情就这样继续着。

没有证据显示图哈切夫斯基和他的七名被告同僚是否出席了庭审，其实，当时他们是否还活着也是个未知数。一个可靠的证人，NKVD官员施皮格尔格拉斯，引用当时OGPU（国家政治保卫局）副局长弗里诺夫斯基的话道破了天机："整个苏维埃政权处在危急中，不可能像正常时期那样先进行审判，然后再处决。在这种情况下，我们不得不先执行枪决，再进行判决。"

图哈切夫斯基，这个为列宁的革命做出的贡献远远大于斯大林的人物，和他的同僚是如何被处决的？这个问题同样无法确定。最有可能的是，在卢比扬卡监狱铺着地砖的地窖里，他被一支八发子弹的自动手枪从背后击毙，然后，和他的同僚一同被扔进了一个集体墓穴。

一天又一天，一周接一周，这样的集体墓穴越来越多。斯大林消灭了总参军官团，处决了那些经验丰富的指挥员，最要命的是，他破坏了图哈切夫斯基辛苦建立起来的军队体系，现在，掌握军队权力的是政治委员，这样就巩固了党对军队的控制。

两年后，1939—1940年的冬季，苏军经历大清洗的恶果才显现出来。希特勒入侵波兰的三个月后，斯大林举兵对弱小的邻国芬兰兴师问罪。苏联曾要求芬兰割让芬兰湾西南部的汉科半岛，"以保护列宁格勒和喀琅施塔得"。芬兰政府拒绝这一要求后，莫斯科便声称，苏联边境的曼尼拉村遭到芬兰人的炮击。

芬兰人猜到了斯大林的意图，他们提议对事件进行联合调查。斯大林的回复是地面、海上和空中的全面进攻。芬兰与苏联之间著名的"冬季战争"开始了。可是，战事的进程并不像斯大林和他的军事顾问所预想的那样。斯大林所构想的是像他的盟友希特勒那样的闪电战模式，可随之而来的却是一场激烈而又代价高昂的战役，苏军耻辱地遭受了败绩，这不仅震惊了全世界，还对世界历史产生了一场灾难性的影响。

直到今天还能听到这样一种说法，斯大林故意用他虚弱、装备简陋的部队发起对芬兰的战争，意在欺骗德国。但这只是个童话故事。

俄国人调集了第7、第8、第9和第14集团军，以70万大军对付芬兰15～20万人的军队。尽管如此，他们却被打败了。红军暴露出糟糕的战术、拙劣的战略以及低落得惊人的士气。这一切都是大清洗造成的恶果。

芬兰人不得不以自己兵力大为逊色的部队来对付强大的苏军，只能充分利用战术上的优势。他们采用了"柴堆"战术，也就是口袋阵，这是德军大规模围歼战的先导。行动迅速的芬兰滑雪部队切断苏军部队的交通线，迫使他们进入森林，到了夜间便向他们松散的队伍扑去。他们的行动通常都是悄无声息，用匕首解决问题。苏军损失了一个接一个的师。

当然，芬兰人无法在孤立无援的情况下长期抵挡住这个红色巨人。1940年2月11日，铁木辛哥元帅发起大规模攻势，面对芬兰人12英里的防线，他投入了13个纵深梯次配置的师。12英里的正面战线上，14万苏军蜂拥而上，也就是说，每一码7个人。他们的进攻还得到坦克、大炮和迫击炮的支援。

通过这种办法，斯大林最终获得了胜利，并得到了他想要的基地。但他没敢强加给芬兰一个共产党政权。一名苏军将领声称："我们很高兴能结束这起战事。我们所得到的仅仅是足够埋葬阵亡将士的土地。"

斯大林从芬兰的这场灾难中学到了教训，并试图尽快消除苏军所暴露出的弱点。另一方面，苏联红军的惨败坚定了希特勒的看法：进攻苏联，在军事上将轻松获胜，不会有任何大风险，他将获得对苏联原材料的控制权，从而将与西方列强的战争进行到底。从这个意义上说，1941年6月22日德国对苏联发起的灾难性进攻，实际上是斯大林处决图哈切夫斯基这一事件迟来的后果。

斯大林对这位军事天才的杀害，将苏联带至灾难边缘。对图哈切夫斯基遗产的回忆，恢复他的军事原则，并凭借着军事领导，最终挽救了苏联和布尔什维克主义。进攻莫斯科的最后一天，德军战线上隐约感觉到了这一事实。

塔希罗沃的森林，是莫斯科门前纳拉河桥头堡的一片林地，这里遍布着混凝土碉堡。德军第508步兵团第2营在12月初抓获一名有趣的俘虏——苏军步兵第222师师长。一群德军工兵将这位负了伤的师长从掩体中带了出来，他是唯一的幸存者。

第2营营长罗特上尉审问了这位上校。起初，这个俄国人沮丧而又冷漠，但渐渐地，他的态度软化了。他解释说，这是他第五次被动员起来参加战争。罗特问他，是否认为苏联仍能获得胜利。回答是"不"。

这位上校反复请求增援的要求只得到同样的回答：我们没有援兵，你们必须死守至最后一兵一卒。这位上校解释说，莫斯科这一侧，在他这个师身后，除了民兵营，只有几支西伯利亚部队。但罗特上尉不赞同他的说法，到处都有苏军在进行顽强的抵抗，难道不是吗？上校点点头。他说，在过去的几周里，许多新军官加入到部队中——很大一部分已年过中年，都来自西伯利亚劳改营。他们是在清洗图哈切夫斯基期间被逮捕的，但在监狱和劳改营里活了下来。"到前线服役是他们改过自新的机会。如果一个人的身后有一个劳改营在等着他，那么，死亡对他来说就没什么可怕的，"上校轻声说道，仿佛还在担心被斯大林的OGPU听了去，尽管他现在已经被俘。他又补充道："另外，他们还想证明自己不是叛徒，而是图哈切夫斯基的爱国军人。"

这份审讯记录送至集团军司令部后，克鲁格的一名参谋人员评论道："已故的图哈切夫斯基在莫斯科门前接掌了指挥权。"这是一句玩笑，但非常正确。

第二部
列宁格勒

1

冲过波罗的海诸国

奥斯特罗夫和普斯科夫——炮兵对抗KV-1和KV-2怪兽——最高统帅部阻止了
霍普纳——丘多沃沼泽——曼施泰因的军被切断——通往列宁格勒的道路已经畅
通——未能畅游萨姆罗湖

　　一句古老的芬兰谚语说："快乐的人不会收回自己前一天的话。"许多1941
年夏季期间身处芬兰的德国人引用了这句谚语。"前一天的话"指的是苏芬冬季
战争期间德国的态度，以及德国政治家和外交官对苏联入侵做出的模棱两可的声
明。希特勒明显采取了一种对苏联友好中立的姿态。但在1941年6月22日，希特勒
的公告通过所有公共广播的扬声器被大声宣布出来，并出现在所有报纸的头版头
条，读到部队正沿着从北极至黑海的战线前进时，包含了这样一句话："德国部队
与结成同盟的芬兰师并肩而立，守卫着芬兰。"

　　本书作者在曼纳海姆元帅设于米凯利（St Michel）这座田园诗般的森林小镇
中的秘密指挥部采访他时，元帅批评了元首公告中的这一表述。他说："帝国总理
的讲话没有充分考虑到国际法的情况，与预期的后续发展相去甚远。"曼纳海姆
指出，柏林外交部在6月24日召开的新闻发布会上公开表示，芬兰尚未与俄国正式
进入战争状态。但曼纳海姆又赶紧补充道："这一点对形势的进一步发展并不太重
要，因为我敢肯定，不管怎样斯大林都会对我们发起进攻，以掩护他的侧翼——
列宁格勒和波罗的海。而无论我们如何努力保持中立。"停了片刻，他接着说道：
"只有投靠苏联阵营，我们才能免遭进攻。但这就意味着与被打败一样。"

　　为了支持自己的观点，曼纳海姆随后又援引了冬季战争结束后不久，斯大林在

莫斯科对芬兰的一位公使所说的话："我完全相信你们希望能保持中立。但一个像你们这样的小国家是无法保持中立的。大国的利益不允许它这样做。"曼纳海姆元帅说了一句更为有趣的话："我意识到自一月份（1941年）起，苏联领导人便想到了与德国关系公开破裂的可能性，他们预料到一场武装冲突，只是在尽力推迟其爆发时间而已。"

说这番话时，曼纳海姆元帅非常严肃，几乎面无表情。他轻声说着，声音里带着屈从，这个高贵的人从容面对着不可避免的结果，做好了将其进行到底的准备。

曼纳海姆并未指出芬兰并非德国的盟友，但是，正如他所说的那样："（德国）是这场芬兰为主动防御而进行的战争中的同路人。"他对德国外交部和国防军的各位官员是这样说的，对德国派驻芬兰的公使——聪明的冯·布吕歇尔先生，也是这样说的。

"我们并不想征服什么。"他多次重复过这一点，"甚至包括列宁格勒。"毫无疑问，这位俄语说得比芬兰语更流利，在芬兰大公国的军事学院里造就其不良生活习惯，在沙皇皇宫当过侍卫，并在圣彼得堡担任过近卫军官的绅士，他的心思并不在德国发起的这场对苏战争上。他之所以站在希特勒一边，其原因是因为共同的敌人，这只是政治上的一种权宜之计。

曼纳海姆会带着一丝神秘的微笑说起战争爆发前在赫尔辛基广为流传的一个故事，这个故事颇具娱乐效应。1940年秋天，一位著名的芬兰女士在客厅举办的茶会上，英国公使馆的一位参赞对芬兰允许德国军队借道该国进入挪威北部提出了抱怨。女主人反驳道："我们很难做。俄国人向我们勒索进入他们设在汉科的据点的通行权。我们有什么理由拒绝德国进入他们在挪威北部基地的通行权呢？""这没错。"英国参赞回答道，"但大多数芬兰人正张开双臂欢迎德国人！"那位老夫人笑着答道："恐怕我也会这么做。我们这个国家，德国人来得越多，我在夜里睡得越踏实。"

实际上，情况就是这样。斯大林在冬季战争中只赢得了一半的胜利，芬兰人自然很害怕莫斯科的报复。这就是1940年11月，他们获悉希特勒在柏林坚决拒绝同意莫洛托夫对苏联重开对芬战事的要求后大大松了口气的原因。

在一次私人午餐会上，芬兰外交部部长维廷指出："冯·布吕歇尔公使以谨慎的措辞向我报告莫洛托夫访问柏林的结果时，事情变得很清楚，与原先态度形成鲜明对照的是，希特勒现在反对俄国的意图，我们的精神上卸下了一个大包袱。"

了解这一背景，对理解芬兰人随后决定在遥远的北方成为德国军队的"同路人"非常重要。芬兰人勇敢、杰出，都是些思想简单、无与伦比的爱国者。人们只需要记住近乎传奇的帕亚里将军，他在冬季战争中用一门缴获来的陈旧的苏式反坦克炮独自对付敌人的坦克攻击，为此荣获了芬兰的骑士十字勋章①。当时，那门反坦克炮的瞄具和击发结构都出了问题，帕亚里通过炮管直接瞄准，用一把斧子敲击炮栓使其击发。通过这种方式，四辆苏军坦克被他击毁了三辆。当他的指挥部处在敌人的炮击下，他的参谋人员建议转移阵地时，他总是将手拢在耳朵后，装出仔细聆听的样子，然后说道："我什么也听不见。您肯定是弄错了。"

像帕亚里这样的勇士是芬兰人在冬季战争中展开几乎令人难以置信的抵抗的秘密。但最后，他们被迫屈服于敌人巨大的优势，以领土和城镇的巨大损失为代价，接受了苛刻的和平条约。没有一个西方列强为他们提供援助；就连他们的瑞典兄弟也视他们身陷困境于不顾。于是，1941年6月22日被芬兰人视作一个机会，在强大的德国军队的掩护下，从俄国人手里夺回失去的领土，特别是维普里（Viipuri）古镇，恢复过去的苏芬边境，这就没什么可奇怪的了。当然，德国最高统帅部对曼纳海姆抱有更大的期望。

陆军元帅冯·莱布统辖的"北方"集团军群，于1941年6月22日在茹瓦尔基（Zuvalki）与克莱佩达（Klaipeda，即梅梅尔）之间展开攻势之际，他们的目光紧紧地盯着一个明确的目标——列宁格勒。

这一目标被确定在"巴巴罗萨"行动的作战指令中，待"中央"集团军群歼灭位于白俄罗斯的敌军后，强大的机动部队将转身向北，与"北方"集团军群共同消灭驻扎在波罗的海诸国的敌军，这一任务完成后，他们就将夺取列宁格勒。攻占列宁格勒后，才会安排进攻莫斯科的计划。

---

① 这里所指的芬兰骑士勋章其实是自由曼纳海姆十字勋章，这是芬兰最高级别的勋章，帕亚里曾两次获得这一荣誉。

记住这一军事行动时间表中事件的先后顺序非常重要。未能按计划安排行事，是当年冬季德军在莫斯科门前遭受败绩的原因之一。

列宁格勒是俄国欧洲部分的一颗宝石。普希金在一首诗中曾说过："诺夫哥罗德是父亲，基辅是母亲，莫斯科是心脏，圣彼得堡则是俄罗斯帝国的头颅。"但圣彼得堡已不再是圣彼得堡，甚至不再是彼得格勒，它变成了列宁格勒，涅瓦河口的这座城市，修建在低洼沼泽地里的一百多座岛屿上，它已不再是头颅，但依然是红色帝国内心感情所在。它接受了俄国革命之父的名字，革命就是在这里开始的。从它的兵工厂、船厂、坦克装配线、鞋厂、纺织厂，从它的商船和海军部队，涌现了布尔什维克的革命先锋。列宁在这里开始了他的斗争。

另外，如果考虑到列宁格勒的战略作用，它是芬兰湾内的一个堡垒，也是波罗的海舰队的海军基地，这样就很清楚，这座城市是个重要的军事、经济和政治目标。对希特勒来说，攻占列宁格勒将是个不可估量的胜利；对布尔什维克政权而言，失去它将是个可怕的打击。

克纳克中尉没能活着看见他的行动成功地夺取了陶格夫匹尔斯的公路桥。他被桥梁右侧斜坡上的一挺机枪扫倒，尽管他阵亡了，但仍在那里看着三十多名部下抵抗着俄国人猛烈的反击。如果说一枚骑士铁十字勋章是对一次决定了战斗结果的突击行动实至名归的奖励，那么它也是对这位突击队领导阵亡后的追授。迅速夺取道加瓦河渡口对冲向列宁格勒的战役来说至关重要。

霍普纳的装甲集群渡过道加瓦河，从而为沿波罗的海沿岸行动的冯·屈希勒尔大将的第18集团军提供了侧翼掩护，使其能穿过波罗的海诸国向前推进。拉施上校指挥着第43步兵团，带领第1军摩托化单位的一支先遣队——摩托车手、反坦克炮兵、高射炮兵、工兵和突击炮，径直穿过一股溃散的敌军，前进了60英里，取道包斯卡（Bauska）直扑里加，以便封锁那里的河流渡口，阻止苏军部队的后撤。诚然，他们遭受了严重的伤亡，俄国人也成功地炸毁了桥梁，但德国人的目标还是实现了：逃离库尔兰的苏军部队无法渡过道加瓦河，只能在里加遭遇毁灭性的厄运。

就在屈希勒尔的第18集团军杀入拉脱维亚—爱沙尼亚地区时，霍普纳的第4装甲集群在佩普西湖南面越过了俄国—爱沙尼亚过去的边界线。这道边界线已得到"斯大林防线"的强化——这道完善的防线上部署了大量的碉堡和重型野战工事。库兹涅佐夫将军匆匆调集了一些预备队，投入到这条防线的关键地段，特别是奥斯特罗夫。德军的空中侦察发现了俄国人的行动。霍普纳必须抢在苏军前夺取奥斯特罗夫，这一点至关重要。于是，赖因哈特将军麾下的坦克冲往奥斯特罗夫的比赛开始了。

就像第8装甲师形成了曼施泰因冲向道加瓦河的矛头一样，赖因哈特将军第41摩托化军的先头部队由第1装甲师担任。该师在基希纳中将的率领下，赢得了从杰卡布皮尔斯的道加瓦河桥头堡，横穿爱沙尼亚南部至奥斯特罗夫的赛跑。7月4日，克鲁格少将的第1摩步旅，以其辖内的第113摩步团，在第1装甲团一部的加强下，从南面杀入镇内。就在第1摩托车营从西南方赶来时，艾辛格少校带领着装甲车营，在第73炮兵团第7连的支援下，穿过镇子向北而去。韦利卡亚（Velikaya）河上的公路桥随即被德军夺取。

德军空中侦察发现并汇报了获得重型坦克支援的苏军援兵正在赶来，俄国人于当晚零点抵达，但太晚了，已来不及挽救奥斯特罗夫。苏军随即以KV-1和KV-2超重型坦克对奥斯特罗夫北部发起了攻击，但被德军击退。

7月5日快到14点时，第1装甲师的先头部队克鲁格战斗群，发起了对普斯科夫的进攻，却遭到大批苏军坦克的猛烈攻击。第37反坦克营第1连配备的37毫米反坦克炮被俄国人的重型坦克碾碎。面对这些缓慢爬行的庞然大物，德军步兵和反坦克兵再次发现自己束手无策，就像在拉塞尼艾和绍科塔斯所遭遇过的那样。他们向后退却。苏军坦克从德国人的坦克旁隆隆驶过，直扑奥斯特罗夫。这里就没什么能挡住它们吗？

对第73炮兵团第3营营长泽特少校来说，这是个关键时刻，他这个来自汉堡万茨贝克（Wandsbek）的营过去是第56炮兵团的第2营。他把第9连的一门重型野战榴弹炮安排在道路上的阵地里。瞄准手格奥尔基下士校正了第一辆KV-2坦克的距离，随即装入一发混凝土穿甲弹，这种炮弹专门用于对付坚固的碉堡。"开火！"仿佛遭到了一只巨大的拳头的重击，那辆KV-2猛地歪倒在路边，再也动弹不得。装弹……瞄准……发射！这位英勇的下士就这样带领着他的炮组，一口气干掉俄国人的12辆坦克。其他炮组也投入到打坦克的战斗中。他们的行动不仅阻止了敌人的进攻，也恢复了步兵们的自信。现在，在第3营炮兵们的支援下，这些步兵也开始用高爆炸药来对付敌人的坦克。没多久后，克鲁格少将得以向上级报告：我们将继续前进。

两天后的7月7日，第1装甲团带领着"韦斯特霍芬"战斗群，形成了第1装甲师的先锋，紧随其后的是第6装甲师，他们对普斯科夫城前苏军坦克部队的残部发起了攻击。在他们左后方，梯次配置的是第36摩步师，这也是第41摩托化军辖内的第三个摩托化师。冯·法尔肯贝格上尉率领的先头连，此刻得到了第1摩步团第1营装甲车的加强，在列托沃（Letovo）村北面的十字路口，他从编号为700的坦克炮塔上探出身，举起了望远镜。

透过望远镜，他看见弗洛姆少尉（他的第1排构成了第1装甲团第2营的先锋）用他那辆编号为711的坦克朝一辆逼近的苏军坦克开炮了。直接命中！敌人的坦克冒起了浓烟，但仍在继续向前，径直朝弗洛姆的坦克而来，随即撞在一起。三名苏军坦克手跳出坦克，弗洛姆握着手枪，也跳出了坦克。几个俄国人举起了双手。就在这时，又有两辆苏军坦克隆隆地穿过田野。见此，三名俘虏重新燃起了希望，他们跑到他们的坦克后。弗洛姆想要开枪，但他的手枪卡住了。一名俄国人朝他冲去，弗洛姆飞快地闪到他身后，一把抓起挂在履带防护装置上的斧子。他挥着斧子朝俄国人冲去，他们四散奔逃，弗洛姆才重新爬入自己的坦克中。

冯·法尔肯贝格上尉钻进坦克，关上了身后的舱盖。"前进！"他对驾驶员说道，"到十字路口那里去！"第2排的科勒少尉也看见了弗洛姆的这场斧头对决，并大吼着表示支持。他在弗洛姆排的右侧就位，并立即投入了战斗。他排里的四辆三号坦克刚好来得及占据侧翼，以对付接下来的大批苏军坦克。到夜幕降临时，法尔肯贝格的阵地前，18辆苏军坦克被击毁。俄国人在佩普西湖东南面的反击被打垮，通向普斯科夫的道路肃清了。

"韦斯特霍芬"战斗群（该战斗群就是获得加强的第1摩步团）向东横扫过去，一直冲到普斯科夫机场，这个机场显然被苏联空军的一个高级指挥部仓促放弃了。指挥部里的地图透露出一些关于敌人意图的有趣的情报。通过第1摩步旅的一次突袭，克鲁格少将在策尔约哈地区（Tserjoha）完好地夺取了一座桥梁。此时，普斯科夫镇燃起了熊熊大火，它已被第36摩步师在7月9日的一次正面攻击中夺取。

东南方20英里处，第6装甲师也突破了"斯大林"防线。20座重型碉堡被德军工兵炸毁，苏军坦克部队也被击退。至此，霍普纳的装甲集群完成了他们的第一个重要目标。俄国人设在佩普西湖（楚德湖）南面的防线已被突破，苏军撤出波罗的海的南部通道也被封闭，德军获得了进攻列宁格勒的出发阵地。

德军将穿过佩普西湖（楚德湖）与伊尔门湖（Ilmen）之间狭窄的地带向北攻击列宁格勒。此时的目标仍是夺取列宁格勒。德军的行动得到了芬兰军队的支援，后者将从北面穿过卡累利阿地峡，并同时从拉多加湖（Ladoga）东部发起攻击，这样，这座三百万人口的城市就无法从北部和东部获得救援，也无法由此方向突围。

根据所得到的命令，第4装甲集群打算派赖因哈特的摩托化军沿普斯科夫—卢加—列宁格勒公路扑向列宁格勒，并派曼施泰因的摩托化军沿第二条道路，从奥波奇卡（Opochka）穿过诺夫哥罗德冲向列宁格勒。列宁格勒的南面和西南面得到了广阔沼泽地的掩护，而这两条道路是穿过这些沼泽的唯一路径。

1941年7月10日，第4装甲集群沿着整个防线发起了进攻。第56摩托化军（曼施泰因），于7月6日以其辖内的党卫军"骷髅"摩托化师，在谢别日突破了"斯大林"防线，经过一番苦战，拿下了韦利卡亚河上的奥波奇卡，目前正向东实施侧翼机动，穿过波尔霍夫（Porkhov）和诺夫哥罗德向前推进，并在丘多沃（Chudovo）切断从列宁格勒通向莫斯科的大型横向公路。第8装甲师和第3摩托化步兵师被部署至前沿，他们的任务是穿越极为困难的林地。

第41摩托化军（赖因哈特），以第1和第6装甲师为先锋，第36摩步师殿后，沿主公路出发，取道卢加。一开始，敌人的抵抗仅限于后卫部队的迟滞行动，他们丢弃了阵地。俄国人真的打算在北部放弃吗？绝非如此。伏罗希洛夫并不准备放弃列宁格勒或芬兰湾。第二天，赖因哈特摩托化军的推进便放缓了。他的部队陷入了行动艰难的沼泽森林地带中，这种地形给敌人提供了实施防御的绝佳机会。

就在赖因哈特将军打算让他的坦克和装甲车营，尤其是第1装甲师的"克鲁格"和"韦斯特霍芬"战斗群，离开普斯科夫—卢加公路，实施侧翼迂回，以便从后方对苏军的防御实施打击时，他发现道路左右两侧全是沼泽，装甲部队几乎无法通行。

第6装甲师的车辆也不断地陷入泥泞中，不得不从糟糕透顶的次要道路上退回，返回到主公路，跟随在第1装甲师身后向前推进。大规模进攻行动已不太

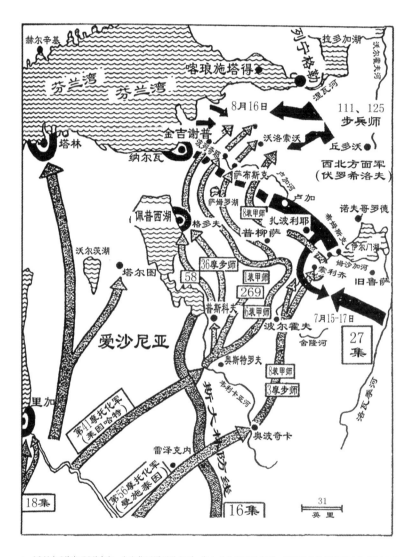

▲ 1941年6月底至8月中旬，北方集团军群的行动。斯大林防线已被突破。霍普纳的装甲集群渡过卢加河下游，向列宁格勒攻击前进。

可能。德军坦克失去了机动性和速度的优势。7月12日，该军的推进沿扎波利耶（Zapolye）—普柳萨（Plyusa）一线陷入停顿。

曼施泰因第56摩托化军的正面（也就是第4装甲集群的右翼，根据最高统帅部的命令，德军的进攻重点集中在这里）敌人的抵抗甚至更加顽强。他们发现，俄国人已构建了一个新的筑垒地域，沿卢加河一直通到纳尔瓦河上的扬贝格（Yamberg），以掩护列宁格勒和伊尔门湖西岸的希姆斯克（Shimsk）。卢加镇，作为陶格夫匹尔斯—列宁格勒公路上的桥头堡，是这一防线上的基石，已得到大力强化。

另一方面，第4装甲集群的地面和空中侦察发现，左翼的卢加下游地区，敌军的防御比较薄弱。显然，由于糟糕的地面状况，俄国人没想过那里会出什么问题。唯一的一股敌军位于佩普西湖东岸的格多夫（Gdov）附近。

霍普纳大将面临一个两难的决定：他是该坚持自己的命令，将攻击重点保持在右翼的诺夫哥罗德方向，而让赖因哈特的摩托化军在卢加一头撞向敌人的强大防御呢，还是应该大胆左转，扑向卢加下游地区，对敌人的薄弱处实施打击，通过这种方式促成从西面，与纳尔瓦—金吉谢普（Kingisepp）—赤卫军城（Krasnogvardeysk）铁路线相平行，对列宁格勒发起攻击？

霍普纳决定采用后一个办法。由正在扎波利耶东面和北面奋战的"韦斯特霍芬"战斗群提供掩护，霍普纳将第1和第6装甲师调至北面，接替装甲师的步兵师仍沿主干道赶往卢加。两个装甲师（第36摩步师尾随其后）随即转身向北，于7月13日越过了艰难的复杂地形。

在这场90～110英里的强行军中，三个机械化师痛苦地挣扎前行，某些地段的路况相当危险，还有些地段，大批人马挤上了一条狭窄的沼泽路，他们艰难地挣扎着，以跟上先头部队。小型桥梁坍塌了。道路变成了一片沼泽。工兵们不得不用木材构建束柴路。侦察队和由摩托车手、反坦克炮手以及前卫连组成的护卫群沿着两翼艰难地穿过泥泞，以便在最暴露的地段占据掩护阵地，或是挡住敌人从广袤的沼泽外反复发起的攻击。但德军这场危险的机动取得了成功。第6装甲师的先头部队——由劳斯上校率领，得到坦克和大炮加强的第4摩步团先遣队，于7月14日夺取了波列奇耶（Porechye）。俄国人被打了个措手不及，两座桥梁完好无损地落入到

"勃兰登堡"团的特种分队手中。

就在同一天，第1装甲师麾下，艾辛格少校率领着得到加强的第113摩步团装甲车营，在扎布斯克（Zabsk）到达了卢加河，当晚22点前，他们已在东岸建立起一座桥头堡，以对付敌人的反扑。德军加大了渡口，当晚，桥头堡得以扩大，第113摩步团的主力也赶了上来。就这样，第1装甲师的"克鲁格"战斗群成功地控制住扎布斯克，7月15日整整一天，他们陷入苏军猛烈的反击中。河上的桥梁被摧毁，但第二天，德军的桥头堡得到了进一步的巩固。第4装甲集群西翼，在格多夫附近的佩普西湖进行重组的苏军部队，被德军第36摩步师和第58步兵师歼灭。

卢加下游的障碍已被克服。实施最后攻击的跳板已在距离列宁格勒70英里的地方构成。在两个宽阔的桥头堡处，赖因哈特的步兵和装甲部队已做好了发起攻击的准备。俄国人完全被这一突袭打得措手不及。起初，他们没有任何值得一提的力量可用于对付德军的这一新威胁，于是仓促拼凑了一些部队，包括列宁格勒的军校学员，徒劳地试图消灭德军的桥头堡。但是，德军不仅通过激烈的战斗击退了苏军所有的进攻，而且还扩大了他们的出发阵地，并改善了补给道路。因此，他们等待着恢复进攻的命令。列宁格勒就在他们眼前，没有任何防护，只有两天的路程即可到达。

但现在，同样的悲剧出现在北部战线，出现在列宁格勒门前，我们曾在"中央"集团军群迅速夺取斯摩棱斯克后目睹过这一幕。德军最高统帅部命令霍普纳的装甲部队在卢加桥头堡停留3周。漫长的3个星期。为什么？这一地区为何没有形成进攻的重点？为何不对业已形成的优势加以利用？德军最高统帅部的官僚机构再一次阻碍了对主要目标实施迅速且极有可能取得成功的打击。

希特勒和国防军最高统帅部已拿定主意，将攻势的重点放在右翼——换句话说，德军将从东南方实施一次庞大的迂回攻击，以夺取列宁格勒。这一行动的侧翼掩护大概由从西面而来的第16集团军提供，目前，该集团军与第4装甲集群之间的空隙，由第56摩托化军辖下的两个师提供掩护。

这样一来，从波罗的海诸国溃退的苏军部队将被一个巨大的弧形包围圈一网打尽，他们的侧翼得到了沃尔霍夫（Volkhov）沼泽性河流很好的掩护。这是个出色的计划。但计划中有一个很大的错误：由于右翼攻势所使用的地面上遍布着林地和沼泽，装甲部队无法得到充分的发挥。毕竟，这正是霍普纳把第41摩托化军调至左翼的原因。一些颇具实力的步兵师、炮兵和空军部队仍留在右翼，但那里缺乏机动灵活的装甲部队，因为7月15至19日期间，第8装甲师和第3摩步师陷入了苦战，他们的对手是苏军3—5个军辖内强有力的部队。

另一方面，新的攻击重点在卢加下游地区的左侧形成，这里有装甲部队，有桥头堡，有出发阵地，而且，前方没有敌人的阻挡，但这里缺乏步兵师，无法为冲向列宁格勒时过度延伸的装甲部队提供掩护。霍普纳绞尽脑汁想把曼施泰因的军调至北面，以获得他所缺乏的步兵，如果从后方调集步兵的话，时间来不及。但集团军群不会，也不能顶住元首大本营的命令。他们认为赖因哈特的部队太过虚弱，无法凭一己之力对列宁格勒发起进攻。因此，进一步的增援被派至攻势的右翼——伊尔门湖，那里的战斗正承受着极大的困难。

直到今天，赖因哈特大将仍在质疑，为何不把曼施泰因的军调到他这一侧？将主攻放在左翼，尽快封锁纳尔瓦狭窄的通道，然后向东疾进，对仍沿着卢加中部坚守的敌军实施打击，强大的部队则紧跟在身后，这样做会不会更加正确？

在斯摩棱斯克门前的第聂伯河上，古德里安也遇到过类似的情况，但陆军元帅克鲁格和博克让他自行决定。如果克鲁格或博克处在莱布的位置，他们也许同样会允许赖因哈特采取行动。但莱布不是冯·博克。诚然，他曾考虑给霍普纳开绿灯，也试过让最高统帅部撤销"主攻放在右翼"的指令，可事实是，他既未做到前一点，也未实现后一点。结果，随后而来的一场致命的拉锯战持续了数周之久——俄国人利用这几周时间拼凑了他们所能搞到的一切部队，将其集中起来，对赖因哈特设在卢加的桥头堡发起了攻击。一个"工人"师出现在前线，另外两个师，步兵第111和第125师，搭乘火车赶了上来。俄国人的火车无所畏惧地出现在德军的视野里，并沿着铁轨卸下援兵。最后，几支坦克部队出现在战场上，都是些重型的KV-1和KV-2坦克。

这些崭新的重型坦克中，有一部分仍由工厂的检测人员驾驶。跟在坦克身后的步兵队伍里，有一个完全由妇女组成的步兵旅，她们都是列宁格勒大学的学生。在被击毁的坦克里，同样发现了阵亡或负伤的女性。

敌人在桥头堡周围越来越猛烈的攻势也反映在空中。这里没有德国的战斗机或轰炸机编队与苏军的空袭对抗，根据"主攻放在右翼"的指令，德国空军的飞机都在伊尔门湖地区。只有"特劳特劳夫特"战斗机联队偶尔参与卢加地区的战斗，他们会派出1～2架Me–109，从普柳萨西面的前哨机场起飞参战。

俄国人的空中优势在赖因哈特的部队中引发了一种苦涩的幽默，这种幽默表现在他们发给师部，再由师部转发给军部，要求空中支援的电文中，这些电文由押韵的诗句写成。但上级所能做的仅仅是回复以更加押韵的诗句。

毫无疑问，俄国人获得了弥补列宁格勒防御圈上最虚弱处的时间。从西北方一举夺取这座城市的机会丧失了。赖因哈特大将后来说："很明显，无法立即继续进攻。首先要对道路系统加以改善，以确保补给物资和援兵的运送。这将花费几天时间。"几天时间，但肯定不是3个星期。赖因哈特苦涩地继续说道："我们军一再敦促迅速恢复进攻，并要求至少把曼施泰因军里的某些部队调给我们，特别是因为他们在右翼已经前进不得。但我们的要求毫无作用。"

赖因哈特将军7月30日的日记显示了如下的记录，等待恢复进攻的命令已经有整整两个星期："延误加延误，太可怕了。我们曾得到的机会永远失去了，事态正变得愈发困难。"

所发生的事情证明赖因哈特所言非虚。尽管第41摩托化军为好运所青睐，渡过了里加下游地区，但却被上级的命令牢牢地困在原地，而一场危机正在装甲集群的东部地区酝酿，也就是曼施泰因摩托化军所在的地方。曼施泰因接到的命令是攻占诺夫哥罗德，然后再夺取丘多沃重要的交通枢纽，从而切断从列宁格勒通向莫斯科的铁路和公路。

第8装甲师的推进已越过索利齐（Soltsy），并在姆沙加河（Mshaga）对岸建立起一个桥头堡。第3摩步师在其左翼推进，掩护着第8装甲师的侧翼，并朝东北和北面攻击前进。可是，敌人的抵抗正变得越来越顽强，这片地区湿软的地面也越来越难以通行。另外，第41摩托化军调离卢加，使得这一地区的苏军部队得以腾出手来，结果，冲在最前方，由第8装甲师和第3摩步师组成，没有预备队也没有任何侧翼掩护的第56摩托化军，突然发现自己遭到苏军第11集团军大批部队的攻击。德军的装甲矛头对准了诺夫哥罗德，针对这一威胁，伏罗希洛夫投入了他手上所有可用的力量，他的指挥部设在丘多沃，这是个重要的交通枢纽。苏军步兵第146师成功地插入到德军两个师之间，并切断了他们的补给线。曼施泰因立即做出了正确的应对：他撤回第8装甲师，做好了环形防御的准备。

接下来的三天至关重要。伏罗希洛夫需要一场胜利，他打算不惜一切代价歼灭被合围的德军部队。他投入了6个步兵师和2个坦克师，外加强有力的炮兵和空军部队。但德军的顽强和曼施泰因出色的将才阻止了一场灾难。第3摩步师的作战报告证明了战斗的激烈性，他们在一天内击退了敌人的十七次进攻，甚至连炮兵也投入到最前沿的战斗中。

第3炮兵团第1连，在冯·蒂佩尔斯基希中尉的带领下，得以在敌人一场大规模进攻中生还下来。该连的阵地设在一片林间空地，距离戈罗季谢附近的前线两英里。道路的左侧和右侧都是无法通行的沼泽。对俄国人来说，这些沼泽也是无法逾越的吗？

为了提防苏军从沼泽地发起突然袭击，炮兵们往迅速铺建起来的束柴路上派出了哨兵和巡逻队，正是这一措施救了他们。伏罗希洛夫找了些当地人作向导，带着坦克第3师新配属的一个营穿过沼泽地，试图切断德军师的先头部队。7月15日，苏军这个营遭遇了德国人的巡逻队，后者立即发出警报。俄国人显然认为他们遭遇的是德军的一支步兵单位，因而过于仓促地发起了进攻，并未弄清这是个重型火炮连的阵地。伴随着"乌拉"的叫喊声，俄国人向前冲来，沼泽地里的机枪为他们提供着火力掩护。德军炮兵们朝着他们的大炮冲去。2号炮的组员们跳出掩体时，被敌人的机枪扫倒了。

连里的黑德里希少尉，带着他的炮长和炮手，设法冲到了他的大炮旁。此刻，俄国人已不到300码。"开炮！"

近距离平射的100毫米口径炮弹钻入了冲锋的队列中。连里的机枪也对着进攻者扫射起来。

苏军的第一攻击波次在林间空地的边缘被打垮了。但俄国人随即将重机枪投入了战斗。火炮的护盾被打得千疮百孔，连里的机枪也被敌人的迫击炮弹打哑了。十来个苏军士兵距离黑德里希的大炮已不到10码，他们跳起身冲了上来。黑德里希和他的部下用工兵铲、手枪和刺刀实施抵抗。四名苏军士兵被击毙，另有三四个人蹿入了灌木丛中。黑德里希和他的整个炮组都负了伤。这场战斗持续了两个小时。几乎所有的弹药都已被耗尽。大多数军官和军士非死即伤，拖车司机和其他非作战人员也投入到战斗中。120个人抵御着苏军的一个营。关键时刻，连长带着第8摩步团的一个摩托车排赶到，从右侧发起了侧翼攻击，这下把俄国人打懵了，他们带着一些伤员仓促后撤，但却丢下了他们的重装备和阵亡者。

第4装甲集群下令，再次将党卫军"骷髅"师置于曼施泰因的辖内后，第56摩托化军终于在7月18日摆脱了危急的形势，并恢复了补给路线的畅通。

7月18日，这场危机已然过去，但曼施泰因却利用这一机会敦促集团军群，并通过保卢斯将军向最高统帅部提议，将装甲集群的两个军再度合兵一处，并在即将到来的攻势中完整地使用他们。这不仅仅是曼施泰因根据自身的情况所提出的要求，也是一个将赖因哈特的摩托化军所建立的桥头堡作为进攻列宁格勒的出发地的建议。

但曼施泰因的两个目的都未成功。集团军群和最高统帅部坚持将攻击重点放在右翼。他们打算将曼施泰因的军撤离姆沙加河前线，部署于卢加河中游，重要的卢加镇的对面。在即将到来的总攻中，曼施泰因的任务就是夺取卢加的主干道，歼灭敌军，然后赶往列宁格勒。

这是一个令人费解的计划。几个星期来，敌人在卢加地区防御工事的强度已经大为加强。尽管地面状况已被证明完全不适合装甲部队，但作为南翼打击力量的第56摩托化军只配属了第3摩步师、第269步兵师以及新调来的党卫军"警察"师，而党卫军"骷髅"师被留在了伊尔门湖，第8装甲师则被调至后方地区清剿游击队，这种做法的原因，至今依然仍是个谜。

8月8日，进攻开始了：上午9点，冒着倾盆大雨，赖因哈特辖下的各师从卢加桥头堡出发了，但由于恶劣的气候，他们未能获得空中支援。两个装甲师和第36摩步师通过一次快速穿插，占据了列宁格勒—金吉谢普—纳尔瓦铁路线南侧的开阔地。第8装甲师和第36摩步师主力随即前伸，他们将向东而去，越过铁路线，朝列宁格勒攻击前进。这是个很好的计划。

三个星期前，苏军在这里的守卫力量相当虚弱，但现在，获得加强的步兵第125师和第111师坚守在牢固的野战工事中，这些工事是由成千上万名平民（包括妇女、儿童、共青团员）日夜不停修建而成的。

面对着波列奇耶桥头堡的是一支苏军作战部队，配备着威力强大的火炮；根据对俘虏的审讯，德军获悉这股苏军同样计划于8月8日对桥头堡发起进攻。但德军第6装甲师抢了先机，就此阻止了一场可能会使德军总攻遭受挫败的灾难。但德军的总攻并不顺利。经历了第一天的激战后，从人员遭受的伤亡着眼，赖因哈特的军曾认真考虑过是否要继续这场进攻。进攻最终得以继续，仅仅是因为第1装甲师对形势乐观的估计。指挥着一支作战部队①的文德·冯·维特斯海姆中校尤其不愿意放弃自己来之不易的战果。维特斯海姆中校与第1装甲师参谋长温克中校的乐观是有道理的。第二天早上，几个团取得了不错的进展，他们突破了敌人的防线，缓解了正从桥头堡冲向奥波利耶（Opolye）进行苦战的第6装甲师的压力，并穿过了列宁格勒铁路线南端30英里深的森林地带，这是列宁格勒门前，波罗的海方向的最后一道天然屏障。

　　战斗继续着。8月14日，德军参与进攻的各个师都已越过森林沼泽，来到了状况良好的开阔地。敌人被打败了。现在，德军只遇到些小股敌军。战场上丢弃着几十辆崭新的苏制超重型坦克。

　　通向列宁格勒的道路再次被肃清。只有左翼仍受到从爱沙尼亚撤往列宁格勒方向的一些苏军部队的威胁。这就是为何赖因哈特没有径直扑向列宁格勒城市边缘的原因，尽管就他所遭遇到的正面抵抗来看，他完全可以这样做。

　　那么，他们需要些什么呢？"我们必须获得一些部队，以掩护我们的侧翼，"霍普纳要求着、恳求着、威胁着。"两个师，不行的话哪怕是一个师就够了，"他请求着陆军元帅冯·莱布。霍普纳所处的状况与五周前古德里安面临的情形非常相似，当时，古德里安要挟克鲁格批准他从别列津纳渡过第聂伯河冲向斯摩棱斯克："如果不让我继续向前，您就是正在丢掉我们的胜利！"古德里安恳求克鲁格。霍普纳可能也会对陆军元帅莱布这样说："您正在丢掉我们的胜利。"

　　8月15日，莱布亲自赶到了霍普纳的指挥部。经过一番激烈的争论，陆军元帅同意从曼施泰因的军里调出经验丰富、作风顽强的第3摩步师，交由赖因哈特指挥。

---

① 维特斯海姆指挥的是第1摩步旅辖下的第113摩托化步兵团。

这个师将从卢加调来。尽管按照计划，曼施泰因也于8月10日发起了他的进攻，目标是夺取卢加，但不可避免的事情发生了：他被挡在苏军顽强的防线前。第3摩步师，按照计划应该在后续阶段掩护全军的侧翼，因此，当时该师并未投入战斗。现在是下决心让曼施泰因的指挥部北移，进入赖因哈特作战区域的时候了。

莱布的决定在赖因哈特的指挥部内点燃了一股胜利的气氛。"这下，列宁格勒在劫难逃了！"指挥部里的军官们这样说道。曼施泰因的军部也长长地松了口气：分散使用装甲部队的阶段似乎终于结束了，装甲集群将再次作为一股强大的整体力量投入战斗。

8月15日，曼施泰因将卢加地区的防务移交给林德曼将军的第50军。然后，他登上自己的指挥车，带着参谋人员驱车赶往萨姆罗湖（Samro）——霍普纳和他的指挥部就设在那里。道路状况非常糟糕，满是坑洞和深深的泥泞，125英里的路程花了他们8个小时。黄昏时刻，满身尘土的曼施泰因和他的参谋人员到达了目的地。

"先生们，换上你们的泳裤，到湖里去吧！"他给自己的部下下了命令。可就在这时，一名传令兵从通讯车跑了过来，"将军先生，装甲集群有电话找您！"

曼施泰因皱起了眉头。传令兵抱歉地说道："将军先生，电话非常急。装甲集群司令官亲自在线上等您。"曼施泰因大步朝着电话机走去。

2

突破卢加防线

旧鲁萨的危机——诺夫哥罗德之战——一名卡累利阿人提供了俄国地图——
德军第21步兵师对阵苏军坦克第21师——穿过卢加附近的森林——奥列杰日河
上——卢加包围圈——杜德尔霍夫山上，达留斯少尉发来讯号：我看见了圣彼
得堡和大海

太阳落入到萨姆罗湖西面的一片血色天空后。冯·曼施泰因将军走到通讯车
旁，话务员将电话听筒递给他："长官，大将先生在线上。"

"曼施泰因。"将军说道。

"我是霍普纳，"声音从电话线另一头传来，"曼施泰因，有个坏消息要告
诉您。我们对列宁格勒的进攻取消了。伊尔门湖的第16集团军正遭遇一场严重的
危机，就在旧鲁萨（Staraya Russa）地区。您必须充当救火队的角色。您应该立即
停止第3摩步师的前进，让他们转身，再次返回南部。另外，党卫军'骷髅'师也
将从卢加前线的第28军中调出，归您指挥。至于您，明天早上的第一件事就是带
上您的指挥部赶往德诺（Dno）的第16集团军司令部。在那里，布施大将会向您下
达进一步的指令。"

曼施泰因对此并不太感到高兴。霍普纳觉察到他这位军长的失望。"如果不
是情况非常危急，莱布元帅不会中止我们向列宁格勒的推进。"霍普纳说道，"不
管怎样，祝您好运。曼施泰因，希望您很快能再次回到北面。"

这句话后来被证明只是一个空想罢了。

曼施泰因把这个新命令告诉给参谋人员后，所有人都对此感到沮丧，甚至感
到无法理解。就在刚才，他们还在谈论列宁格勒必将失陷的命运。可现在！"所

有的一切都要掉头重来一次。"军需官克莱因施密特少校嘟囔着,随即开始重新组织全军的运输和补给工作。

第二天夜里(8月16日),曼施泰因抵达了设在德诺的第16集团军司令部。这次,160英里的路程花了他13个小时。

他所看见的局势,用他自己一句直率的军队用语来说就是"糟得像狗屎"。两个星期前的8月初,第10军,以其辖下的三个师(第126、第30和第290步兵师)发起了对伊尔门湖南侧重要的交通中心旧鲁萨的进攻。

来自荷尔施泰因的第30步兵师作战经验非常丰富,他们在城外9英里处攻破了敌人顽强防御的阵地,但尽管拼尽全力,第6和第26步兵团却无法突破敌人的纵深梯次防御系统。来自下萨克森州的第290步兵师,辖内的几个团同样被困在前线和纵深处宽阔的反坦克壕内,这些反坦克壕构成了苏军防线的骨干。

来自列宁格勒的年轻工人,此前从未参加过战斗,现在,他们跟着苏军经验丰富的第11集团军的部队,在近距离内进行了顽强的抵抗。每一寸地面都要经历枪托、工兵铲、手枪和火焰喷射器的反复争夺。半埋入土内的坦克、纵射的机枪以及重型火炮终于遏制了德军的攻势。

令德军士兵措手不及的还包括木制地雷,这还是他们第一次遇到。金属探测器对此束手无策。在某些地段,德军工兵清理出这种危险的装置多达1500枚。

来自莱茵兰—威斯特法伦的第126步兵师,在战线的北端,沿着希姆斯克通往旧鲁萨的公路行动,比第30和第290步兵师要幸运些。师内的各个团,用反坦克兵、炮兵、工兵以及摩托车手组成了更加灵活的小股战斗群,经过三天的激战,终于突破了苏军的防御。俄国人随即调集坦克发起反击,结果在德军第426步兵团的防区内,被法伦贝格少尉指挥的第12重机枪连击退,该连的士兵用高爆炸药阻止了敌坦克的推进。

第126步兵师达成纵深突破后,第30步兵师也从侧翼发起了进攻,俄国人撤离了城前的最后一道防线。

8月6日临近中午时,第426步兵团第3营的最前方,邦策尔少校冲入了旧鲁萨的西郊。这一突破完全出乎苏军的意料,第11集团军的作战参谋长负伤被俘。

随着对波利斯季河(Polstiy)对岸,旧鲁萨东部(那里的每一座房屋都已变成堡垒）实施了猛烈的空袭后，第426步兵团成功地突入到东郊。苏军仍在抵抗，他们随即发起反击，在燃烧的街道上与德军展开了激烈的白刃战。

接下来的四天里，面对奋力抵抗的苏军部队，战斗一直在持续，洛瓦季河（Lovat）成了一道宽广的战线。因此，对列宁格勒实施攻击的"北方"集团军群，其右翼似乎得到了充分的掩护。

但是，苏军西北方向总司令伏罗希洛夫元帅，已认清了德军的行动意图。他利用一切可用的部队，包括新调来的第34集团军，于8月12日对伊尔门湖与谢利格尔湖之间的"漏斗"发起了进攻，杰米扬斯克镇（Demyansk）就坐落于此。这个招致苏军攻击的"漏斗"，由"北方"集团军群和"中央"集团军群不同的行动方向所构成：一个冲向列宁格勒，另一个直扑莫斯科。苏军第34集团军的兵力占有绝对优势——8个步兵师、1个骑兵军和1个坦克军，他们对德军第10军的3个师发起了侧翼攻击，形成了将后者赶入伊尔门湖的威胁。

另外，伏罗希洛夫还打算在歼灭第10军后向西推进，封锁伊尔门湖与佩普西湖之间狭窄的通道，从而从后方切断进攻列宁格勒的德军部队的交通线。曼施泰因被派去处理的就是这种极其危险的状况。但他成功地化解了这一危机。

就在汉森将军的第10军面向南，背靠季门湖（Timen）进行着顽强的防御战时，曼施泰因率领着两个快速师，悄无声息地逼近了苏军第34集团军暴露的侧翼和后方。

8月19日，德军第3摩步师和党卫军"骷髅"师像一股旋风般杀向苏军。他们攻向第34集团军的侧翼，并切断其后方交通线。第56摩托化军的先头部队中，冲在最前面的是"骷髅"师侦察营，该营将师主力甩开一大段距离，赶到了最为关键的地段，并将苏军驱散。他们立即向前推进，迫使苏军先头部队退过洛瓦季河。这个英勇的摩托车营，营长是二级突击队大队长贝斯特曼，他在随后的战斗中阵亡[1]，是"骷髅"师里第一个获得骑士铁十字勋章的人。

---

① "骷髅"师侦察营营长瓦尔特·贝斯特曼于1941年9月28日获得骑士铁十字勋章，但他并未阵亡，后来还指挥过党卫军第10装甲师的第10装甲团，最终军衔为区队长。他去世于1958年。

就在苏军指挥部因震惊和惊慌而陷入瘫痪时，德军第10军麾下的部队发起了攻击。这给伏罗希洛夫的第34集团军造成了一场彻底的灾难。该集团军被击溃了。

246门大炮组成的战利品中包括第一部完好的多管火箭炮——可怕的"斯大林管风琴"，另外还有一门制造于1941年、崭新的德制88毫米高射炮，这是从哪里来的？此前，在陶格夫匹尔斯，也曾在苏军的仓库中发现过大批德国制造的军用装备。这些德制武器为何会在苏军手中，这个问题从未被弄清。德军士兵们对此议论纷纷。

第16集团军的胜利意味着"北方"集团军群右翼遭受的威胁暂时得以消除。曼施泰因的摩托化军重新加入霍普纳的攻击部队，向列宁格勒发起进攻已没有任何问题，但伏罗希洛夫也并未放弃他的努力。他又调来了三个集团军，以完成自己的作战目标——封闭佩普西湖与伊尔门湖之间的狭窄地带。这是苏联人力资源丰富的又一个惊人的证例。一个集团军的主力刚被歼灭，立即又调来三个集团军补充至卢加与伊尔门湖之间的重点防御地带。

在此期间，伊尔门湖北岸，旧鲁萨正对面争夺激烈的诺夫哥罗德，那里的态势又如何呢？

那里原本是德军进攻列宁格勒的重点地带，也是列宁格勒防御圈南部的基石，德军在那里花了几个星期时间试图突破苏军的防御，以到达"列宁格勒—莫斯科"铁路线上的交通枢纽——丘多沃。

在丘多沃，从北冰洋而来的摩尔曼斯克铁路线汇入了所谓的"十月铁路"。沿着这条生命线，西方盟国用船只运至摩尔曼斯克的物资和补给——英国的货物，更多的是美国的坦克、飞机、卡车、食物以及弹药，被送至从波罗的海到黑海的整个苏军战线。

8月9日的夜晚，这是个晴朗、星光灿烂的夏夜，来自东普鲁士的第1军辖下的各个师，悄悄地进入了各自的出发阵地，越过宽阔、湿软的姆沙加河，准备发起进攻。列宁格勒防御圈的这一基石最终将被推翻。

施蓬海默将军的第21步兵师担任主攻，该师得到了第126步兵师第424步兵团的加强，他们将沿着防卫森严的主干道攻击前进，直扑诺夫哥罗德。这里的地形哪怕对步兵而言也是相当复杂，沼泽、浓密的灌木丛以及众多的小溪和河流使他

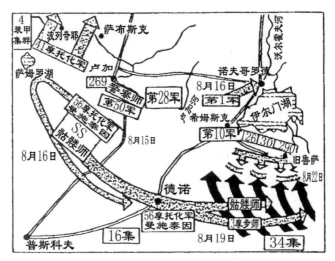

▲ 1941年8月15—23日，曼施泰因挽救了第10军，并将苏军第34集团军击溃。

们的推进极为困难。此外，俄国人还将整片地区变成了一个堡垒：碉堡、雷区、机枪和迫击炮阵地封锁了穿越沼泽地带仅有的几条道路和小径。

清晨4点，拂晓的昏暗中，德国第8航空军的编队从基地起飞，对姆沙加河对岸的苏军阵地实施了轰炸。斯图卡发起了低空攻击，它们以近乎150英尺的高度，呼啸着掠过河面，朝敌人的掩体、机枪和火炮阵地投掷下炸弹。

这架军事机器进行得极为精确。最后一枚炸弹刚刚落地，200门各种口径的大炮便一起开火。这是一次经典的进攻准备。

4点30分整，第3步兵团第2和第3营，以及第45步兵团第1营的各个连长跃出了他们的战壕。士兵们拖着充了气的橡皮艇冲至河岸处，在炮火的掩护下渡过河去。工兵们也伴随着步兵渡过了姆沙加河，在河对岸的地雷区为紧跟在他们身后的突击队清理出通道。

进攻开始的这一切进展得异乎顺利，敌人似乎被先前的轰炸和炮击彻底打垮了，他们的大炮和重武器始终沉默着。

突击队的士兵们猫着腰，沿着工兵清理通道所标出的白带穿过地雷区。对岸的桥头堡已被确保，第一批重武器也渡过河去。然后，驳船被连接起来，形成了一座浮桥。12点前，一切都已准备妥当。全师进入了桥头堡。

第24步兵团此刻也已向前冲去。慢慢地，敌人从慌乱中恢复过来。德军遭受的阻力越来越大。黄昏时，第24步兵团夺取了姆沙加村。夜幕降临前，苏军的防线已被突破近5英里。第二天，先前被绕过的希姆斯克也落入德军手中。

8月12日，乌什尼特沙河（Ushnitsa）遭到了正面进攻。步兵们被他们所携带的武器和弹药箱压弯了腰，他们必须带上所有的装备。苏军部队顽强地抵抗着，尤其是沿着铁路路基，他们几乎寸土必争。

苏军士兵不停地开火射击，直到被击毙在散兵坑内，或是被手榴弹炸死为止。面对如此顽强的抵抗，德军有可能取得进展吗？围绕着每一寸土地，激烈的战斗持续着。

德军第45步兵团团部设在沃利诺沃（Volinov）村前，路边的一道沟渠中。团部的气氛一片沮丧。伤亡报告令人深感震惊。团长希尔上校用战地电话联系师部（电话线已经布设到这里）。"必须让斯图卡再来一次！"他恳求着他的上司。

就在这时，传令兵维卢梅特下士跳进壕沟，喘着气向团长敬了个礼。"长官，2营的情报：这是马图西克中校他们缴获的苏军地图。这份地图是从一名被击毙的苏军少校身上找到的，显然，他是某位高级将领的副官。"

希尔少校朝地图扫了一眼，惊讶地瞪大了双眼。"我的朋友，您应该为此而得到我仅剩的两根雪茄中的一根。"他对这位传令兵说道，并掏出了自己的雪茄烟盒。

维卢梅特微笑着接受了雪茄，说道："上校先生，我会拿它去交换东西的，因为我不吸烟。"在场的人都笑了起来。

这幅地图是个宝贵的发现。地图上标识出苏军第48集团军沿韦伦达（Verenda）部署的整个阵地，包括所有的火力支撑点、假阵地、火炮掩体及机枪巢，在此之前，德军对这些情况并不掌握。

第二天，这些阵地被德军一次大胆的行动所突破，这幅缴获的地图发挥了主要作用。命运就是这样在战斗中起到了作用，或者，你愿意的话也可以说这纯属运气。普鲁士国王弗雷德里克大帝也表达过这个意思，他曾说过："将军们需要的不光是勇气，还必须有点运气。"

施蓬海默将军决不能抱怨在诺夫哥罗德门前缺乏运气。除了这幅缴获的地图外，再次降临到第45步兵团头上的好运为他送来了一名价值无法衡量的俘虏。德军的摩托车侦察队俘获了一支苏军补给车队，这名俘虏也在其中。他是苏军步兵第128师指挥部的一名工兵军官，是卡累利阿人，出生于芬兰，并不喜欢布尔什维克。

"不要布尔什维克！"他不停地向德军少尉保证着。很快，翻译被找来，一连串惊人的事实被揭开了。"我知道所有的防御工事，"这名卡累利阿人说道。"文件就藏在树林里。"他悄悄地补充道。

"你不会是想拖我们的后腿吧？"德军少尉问道。

卡累利阿人举起了三根手指："我以我母亲的名义发誓！"

少尉掏出手枪恐吓着他："别跟我们玩花样，要是有埋伏什么的，那你就自求多福吧！"

翻译把这番话解释了一遍，那名卡累利阿人点了点头。"我们去找那些文件，"少尉做出了决定。他亲自带着他的排，小心翼翼地走进了附近的树林，一路上一直监视着这个俘虏。卡累利阿人并没花太多的时间寻找他的藏物。在一片浓密的灌木丛中的一块大圆石下，卡累利阿人找到了他的帆布包。这个包很大，里面装着诺夫哥罗德所有的防御工事图以及地雷区计划安排。

少尉带着这个包和那名俘虏直接找到了师情报官。情报官抓起这些材料，飞奔着去找师参谋长冯·切瓦勒里少校，少校喜不自禁。地图清楚地显示出诺夫哥罗德城外的整个防御，包括城市防御以及市内两部分之间，沃尔霍夫河中小岛上的防御工事。

随后，德军没费太大的力气便在关键地段突破了苏军的防御阵地，逼近至城市边缘，并未付出太多的伤亡。

8月15日，清晨的阳光中，第3步兵团看见"金色诺夫哥罗德"出现在他们面前。诺夫哥罗德是俄国最古老的城市之一，征服者留里克在九世纪建造了这座城市作为自己的居住地，中世纪时期，这座城市的管理依据的是吕贝克城市法典，黑死病和霍乱几次导致城市人口大幅减少，但它总能从废墟中重新崛起。诺夫哥罗德被称作"金色"，是因为它与德国汉莎同盟城市所进行的重要而又利润丰厚的毛皮和盐贸易。由于其富有，这座城市在一个世纪内遭到伊凡三世和伊凡四世（恐怖的伊凡）两次彻底的洗劫，城内的居民被驱逐或惨遭屠戮。四十七座带有古老而又精美的壁画的壮丽的教堂，环绕着诺夫哥罗德的克里姆林宫，后者则俯瞰着沃尔霍夫河上的桥梁。这是一座骄傲的城市，从未被征服过。纵观其千年历史，直到1941年前，它从未被外敌占领，除了17世纪初北方战争中一段短暂的时期。但现在，俄罗斯的这座"金色城市"即将遭受这一屈辱。

1941年8月15日，来自东普鲁士的第21步兵师截获了莫斯科发给第48集团军的电文，电文中指出："诺夫哥罗德必须坚守至最后一人！"巧的是，奉命坚守到最后一人的是苏军坦克第21师，实施进攻的则是德军第21步兵师。

8月15日17点30分，第8航空军沿着这座城市的城墙垛，对苏军阵地进行了狂轰滥炸，并持续了20分钟。诺夫哥罗德陷入一片火海。第21步兵师的三个团一字排开，发起了攻击。古老的护城河边缘，传来了机枪的咯咯声、大炮的轰鸣以及嘣嘣作响的迫击炮声。

必须守至最后一人！"打到最后一兵一卒！"政委们重复着命令。他们挥舞着手枪，坚守在自己的岗位，直到死亡解除他们的职责。

伴随着8月16日的第一道曙光，德军的突击连进入到这座熊熊燃烧的城市中。7点，第126步兵师第424团第1营（在这次进攻中，该团由第21步兵师指挥）在诺夫哥罗德的克里姆林宫挂上了反万字旗。

但现在没时间欢庆胜利，德军的目标是丘多沃和十月铁路线。

"继续前进！"冯·格拉佐少校督促着他的部下，这位侦察营营长现在率领的是第21步兵师匆匆组建的先头部队。第24和第45步兵团里的自行车连加快了他们的骑车速度。骑兵中队也小跑着出发了，跟随在他们身后的是摩托化反坦克排和第37炮兵团第2营的摩托化重装连。他们没有坦克，只有第666突击炮连的几辆自行火炮。承担起这场战斗的是第37炮兵团，以及重炮营、第9迫击炮营和陆军第272高射炮营，这些部队都由第123炮兵指挥部统辖。

第45步兵团的各个连队就这样发起了攻击。8月20日，时至中午，费格中士带着他的排冲到横跨克列斯季河（Kerest）的公路桥处（这条河流从东南方流向丘多沃)并通过突袭将其夺取。卡勒少尉则抢在苏军士兵尚未来得及引爆炸药前，夺取了克列斯季河上的铁路桥。

与此同时，第24步兵团也完好地夺取了搭载着十月铁路的桥梁。这还不是全部的战果。当天，一连串的好运似乎在不停地出现。率领第45步兵团第2营的马图希克中校，颇具头脑地抓住了向东推进的机会。那里有一座巨大的铁路桥横跨在沃尔霍夫河上，铁路线直通莫斯科。

搭乘着一辆缴获来的卡车，马图希克带着部下径直驶上大桥。桥上没有守卫。过桥！全营迅速赶到了河对岸。对"北方"集团军群来说，这条河流很快将发挥决定性作用。

普鲁士总参谋部伟大的导师卡尔·冯·克劳塞维茨，始终叮嘱他的门徒，只有在极其特殊的情况下才能偏离精心准备的战略计划。但如果这种偏离是必要的，那么必须毫不犹豫、坚决而又彻底地加以执行。

在卢加，自7月中旬起，苏军难以逾越的抵抗堵住了从陶格夫匹尔斯至列宁格勒的主干道，德军最高统帅部遵循了克劳塞维茨的建议，但没有考虑这一建议前后附加的限制条件。

德军最高统帅部原先的计划是沿这条主干道的两侧直扑列宁格勒，这是该地区唯一一条铺有路面的道路，当时被作为补给线使用。可是，霍普纳大将把赖因哈特的摩托化军分了出去，这已是既成事实。随后，冯·曼施泰因第56摩托化军的主力不得不转身被调往旧鲁萨的东面。自那以后，夺取卢加的重任只能由第28军和党卫军"警察"师以及第269步兵师担任。

这两个师对苏军五个师据守的戒备森严的卢加桥头堡发起了一次正面进攻，尽管经历了一番苦战，也付出了惨重的伤亡，但却未获成功。森林和沼泽河岸上的战斗同样艰难而又代价高昂，光是"警察"师的伤亡就高达2000人。尽管从战略上说，由于诺夫哥罗德和丘多沃的失陷，卢加已被绕过，但俄国人还是死死地守着已经没有战略价值的阵地。

但从德军指挥官的角度看，他们迫切地需要这条公路，主要是为了改善北部地区的补给状况。因此，第16集团军决定对卢加这座壁垒森严的城市采取侧翼战术包抄。这个任务被交给维克托林将军的第28军。8月13日，该军穿过卢加城东部，以调至前线的第122步兵师发起了攻击。

以下的记述来自该师的一份作战报告。第410步兵团第1连的候补军官洛塔尔·马拉赫，带着他第1排的弟兄冲过一片林间空地。他们遭到来自四面八方的火力打击。俄国人守在伪装得相当出色的散兵坑中，待德军士兵从身边经过后，他们才从背后开火。俄国人的散兵坑几乎无法被发现，除非靠近到一码的距离内。德军士兵小心地向前推进，随时可能被身后的子弹射倒，他们知道这个可怕的事实。

"小心！"帕温德纳特中士喊道。他猛地冲到树干后，用一支缴获来的苏制冲锋枪开火射击。离他不到十英尺处，一个俄国人正从散兵坑中开枪射击。

托特中士带领着第1连，因为连长克雷默中尉已接管了全营的指挥任务，正在一堆木柴后，指示着机枪火力压制苏军的散兵坑。林间空地的右上角，一支苏制半自动步枪间歇地发出了闪烁的光。

"那个混蛋究竟在哪里？"托特咕哝着，他感到怒火中烧。在他身后，施密特下士按着第2排的机枪手，二等兵布劳恩，试图安慰他。这位二等兵痛苦地扭动着：隐藏在林地右侧的苏军狙击手射中了他的大腿和腹部。

同一个地点再次发出了枪口的闪烁，接着又是三次。但这次，接掌了机枪的二号射手，二等兵汉斯·米勒一直在目不转瞬地盯着那里。他的机枪开火了。苏军狙击手所在的地方，青苔被撕成了碎片，断裂的树枝四散飞溅，俄国人的钢盔飞入空中。自此之后那里再也没有射出一颗子弹。

托特中士下令全连集结。士兵们又等了一分钟。机枪手布劳恩死在施密特下士的怀中。他们用帐篷布把他包起来，三名士兵拖着他。现在，他们必须继续前进，到了夜里才能将他安葬。

士兵们喘着粗气，拖着沉重的弹药箱向前而去。在一个重型榴弹炮连的掩护下，他们设法进入了一个杜松子酒酒厂的废墟中。

"注意！俄国人的坦克！"有人叫了起来，"快把反坦克炮带上来！"

炮组成员将一门37毫米反坦克炮推了上来，布设在阵地中。苏军坦克已出现在他们前方，都是些轻型坦克——支援步兵的T-26和T-28。其中一辆坦克对着德军的这门反坦克炮开炮射击。炮组成员赶紧趴下隐蔽，全连士兵也散开了。第一辆坦克隆隆地驶了过去。

就在这时，营副官克纳克少尉穿过灌木丛冲了上来。他抓住反坦克炮的炮架，塞入了一发炮弹。瞄准！发射！第三发炮弹使一辆T-26燃起了熊熊大火。

他的举动就像是个信号，连里的其他士兵从树木后纷纷出现，他们拎着炸药，将其扔到坦克的履带前，机枪火力掩护着他们。第二辆T-26被炸得动弹不得，有人爬上坦克，掀开舱盖，往里面塞进去一枚手榴弹。轰！第三辆坦克也燃起了大火。另外三辆苏军坦克转身向后逃窜，苏军步兵也跟在它们身后退了回去。

在机枪火力的掩护下，施密特下士和帕温德纳特中士冲过公路，跟在后撤的苏军士兵身后紧追不放。就这样，第410、第411和第409步兵团的各个连队强行穿过了卢加。

切皮诺村（Chepino）和沃洛克村（Chepino），臭名昭著的铁路路基，酒厂废墟，林地中湿软的地面，森林里沙皇时期的狩猎小屋，这一切都被猛烈的炮火炸为齑粉，这些就是马肖尔茨将军和他的第122步兵师所经历的极为激烈的战斗。

接下来的七天，师里的各个营一路杀向目标的最后一道天然屏障——奥列杰日河（Oredezh），泥泞的两岸间，某些河段的宽度达到了500码。一旦渡过这条河，德军就有可能冲向卢加后方的列宁格勒公路，切断这条公路，再从北面攻克卢加这个据点。德军的计划就是这样。

第一波次的进攻由第409步兵团第1营担任。行动计划是，如果可能的话，就悄悄地渡河，采用突袭的方式夺取帕尼科沃村（Panikovo），然后再消灭守卫公路的苏军部队。

在一座渔夫的小屋的院子里，营长罗伊特上尉和他的几位连长坐在一起，讨论着行动方案。地形很有利。德军所在的河岸要高于苏军据守的北岸。其结果是，对岸的情形可以一览无遗：村子前，一条新挖掘的反坦克壕从树林的一段延伸至另一端，但没有迹象表明树林里所发生的情况。当然，树林后有些什么，同样不得而知。

德军所在的河岸，距离河面相当陡峭。但也有窝棚、花园、小屋以及灌木丛为他们提供足够的隐蔽，可以悄无声息地靠近河面。

河对岸没有任何动静。此时已是中午时刻。这是个大热天，空气中充满了热量。14点前，工兵们带着他们的冲锋舟来到河边的出发阵地。河对岸始终未发一枪。最后又看了一眼手表，时间又过去了一分钟。

14点整，随着一声哨音，第一批士兵跳起身，和工兵们一起，将冲锋舟推入河中。伴随着嘎嘎声，冲锋舟上的发动机启动了，冲锋舟箭一般地向对岸冲去。

第409步兵团第1和第2连的机枪手，紧张地趴在河岸上，手指放在扳机处。只要对岸向河面上的冲锋舟射出第一枪，他们就将尽己所能地开火射击，以压制住苏军的火力。但河对岸没有开枪。

10秒钟过去了。冲锋舟迅速将第一批的四个小组送过河去。又过了30秒钟。第二批登岸小组跳入冲锋舟出发了。工兵们光着膀子，站在舷外机的操作舵旁。其他人趴低身子，只有钢盔露在船舷上方。50秒过去了。第一批冲锋舟距离河对岸还有30码。

第1连所在的渡河地带响了一枪，所有人都屏住了呼吸：地狱之门肯定即将敞开，那些小舟将被炸成碎片。但什么事情也没发生。几支卡宾枪胡乱的射击引发了德军一挺机枪的还击。随后，一切再次恢复了平静。俄国人的巡逻队消失了，但毫无疑问，他们会发出警报。

奇怪的是，接下来的半个小时里，什么情况也没发生。全营渡过河去，并迅速组织了侦察队。侦察行动一直延伸至树林边缘，随即便返了回来。"没有与敌人发生接触。"

俄国人睡着了吗？继续前进！

15点15分，全营开始穿越帕尼科沃村的树林。

这里出现了敌人零星的轻型火炮的骚扰。开火声与炮弹爆炸声之间的间隔非常短暂。军官们竖起了耳朵，可能是敌人的坦克，他们只能往好处想。但确实是敌人的坦克。

连队前方80码处，左翼，引擎的轰鸣声突然从一片杉树种植园传出。灌木丛被推到两侧，幼小的杉树树干猛地被撞断，三辆、四辆、五辆、六辆苏军坦克，轻型的T-26，对德军的侧翼纵深发起了攻击，主炮不停地开火射击。最坏的情况被德军步兵遇上了。难怪俄国人一直保持着沉默，他们布设了陷阱，对全营来说，这是个致命的陷阱。

第2连的士兵赶紧寻找隐蔽。苏军步兵高呼着"乌拉"，冲出了树林。手榴弹爆炸着。炽热的曳光弹来回飞舞。

苏军坦克在树林间曲折前行，试图将隐蔽在树干和浓密的灌木丛后的德军步兵消灭。这就像是狙击手在猎杀目标。无论俄国人的坦克出现在哪里，那里的德军士兵所能做的只是躲到树干后，或是藏进灌木丛中。他们咒骂着："该死的！"

他们有充分的理由咒骂：全营连一门反坦克都没有。拖着大炮穿过沼泽地和树林非常困难，他们图省事，没有带上反坦克炮。现在，他们将为此付出代价。苏军的T–26不受妨碍地来回逡巡着。

雪上加霜的是，派给营里的报务员以及炮兵观测员都负了伤。罗伊特上尉束手无策，只能下令："构成刺猬阵地，实施坚守！"

苏军步兵在坦克的掩护下发起了攻击，白刃战爆发了。幸运的是，苏军步兵的实力较为虚弱，挡住他们还是有可能的。但他们的坦克却能在这片战场上自由活动。

如果某个能干的苏军指挥员迅速派出步兵部队对六辆坦克加以支援，罗伊特上尉的第1营就将全军覆没。但苏军指挥员未能抓住这一机会。奈策尔中尉第3连的一位传令兵设法赶到已在更东面渡过奥列杰日河的其他营，报告了树林里所发生的状况。

因此，快到19点时，就在第1营的抵抗渐渐被削弱之际，一声金属的铮铮声穿过树林，接着又是一声，随后又是第三声。伴随着火焰的闪烁，苏军的一辆坦克猛地歪到了一旁。接着，另一辆坦克也被炸碎。德军的一些老兵从隐蔽处探出头来，"听！75毫米炮，是咱们的坦克！"

灰色的钢铁巨兽穿过灌木丛出现了——德军的自行火炮。苏军坦克消失了。仿佛是为了弥补刚刚的懈怠，连里的幸存人员迅速集结起来，紧紧地跟上自行火炮，冲出树林，对此刻已清晰地出现在面前的苏军阵地发起了攻击。

第二天中午，帕尼科沃村陷落。进入苏军设在卢加周边阵地后方的道路已经敞开。通过正面进攻已逼近卢加的党卫军"警察"师和第269步兵师，再次投入了战斗。他们从左右两侧发起了一场合围战。

党卫军"警察"师得到加强的第2步兵团，已跟在第122步兵师身后，被调入卢加桥头堡，得以向北突击，一直推进至卢加城边缘。

第96步兵师在右翼的攻击同样进展顺利。8月11日，这些来自下萨克森州的士兵渡过姆沙加河向北攻击前进，随即突破了苏军防御阵地的左翼纵深。在该师继续前进的过程中，一支前哨部队在佩什科瓦（Pechkova）强渡奥列杰日河，切断了依然据守在卢加的苏军部队的另一条后方补给线。守卫卢加的苏军集团军参谋长负伤后被德军第96步兵师俘虏。

对苏军第41军辖内的5个师来说，此刻的形势变得极其危险。在他们身后，德军第9和第122步兵师的各营已扑向通过沼泽地的唯一道路①。他们的左右两侧也存在着遭到侧翼包围的危险。因此，苏军指挥员给他的部队下达了唯一正确的命令——分成小股部队，杀出重围，撤向列宁格勒。

可是，这已经太晚了。后撤中的苏军被逼入公路东面的沼泽地，随即在被称为"卢加包围圈"的战斗中，被第8装甲师和第96步兵师歼灭。德军在这场战役中抓获了21000名俘虏，缴获了316辆坦克和600门大炮。更为重要的一个事实是，通向列宁格勒唯一的一条硬质路面公路，已对德军第50和第28军的步兵以及后勤补给队敞开。

"9月3日，公路被夺取的消息传来，集团军群所有的作战部队及后勤指挥部都深深地松了口气。"霍普纳装甲集群的参谋长夏乐斯·博略将军这样回忆道。这种如释重负是可以理解：对列宁格勒发起最后攻击前，一条至关重要的生命线终于得到了确保。

但与此同时，赖因哈特第41摩托化军的战区内发生了什么状况呢？将从西面对列宁格勒发起最后攻击的第4装甲集群，在他们与战役目标之间几乎已没有任何值得一提的敌军，该集群的先头部队，他们在哪里？这个问题中，包含着列宁格勒战役真正的悲剧，一个悲剧性错误与整个战争过程的灾难性后果。

8月中旬，由于旧鲁萨附近的危急，冯·曼施泰因将军的第56摩托化军从第4装甲集群中分离出去后，霍普纳大将发现自己不得不暂停向列宁格勒的成功推进。他的侧翼已经延伸得太长。第4装甲集群的北翼尤其需要加以保护，因为逃离爱沙尼亚的苏军溃兵，正经过纳尔瓦和金吉谢普汹涌而来。本来，来自东普鲁士的第1步兵师被用于掩护装甲集群开阔的左翼，第58步兵师紧随其后，向北前进，直扑金吉谢普—纳尔瓦铁路线。但没过多久，赖因哈特将军不得不把他几乎所有的快速部队

---

① 原文有误。第9步兵师此刻在南方，隶属于第6集团军。

都调去掩护侧翼。

劳斯将军①率领着得到加强的第6摩步旅，奥滕巴赫尔中将的第36摩步师尾随其后，他们掩护着第41摩托化军的左翼。位于第41摩托化军另一侧的第8装甲师，渐渐转向东南方，最终直扑南面，加入到对卢加的最后攻击中。因此，从西面进攻列宁格勒，德军剩下的部队只有获得加强的第1装甲师和"科尔"战斗群（该战斗群得到了第6装甲师第11装甲团的加强）。用这么微薄的兵力，想夺取一座数百万人口的城市，无异于痴人说梦。尤其要指出的是，8月16日，第1装甲师的作战实力，除了两个被削弱的装甲车营外，还剩下18辆二号坦克、20辆三号坦克和6辆四号坦克。在这样的条件下，哪怕是最出色的进攻士气也无济于事。另外，第8航空军辖下的短距离作战中队也帮不上忙。当然，霍普纳大将利用他与列宁格勒之间已没有有效的苏军部队这一事实，小心谨慎地每天向前推进六英里。就这样，8月21日，第4装甲集群的先头部队到达了赤卫军城距离列宁格勒25英里的西北和西南地区。

面对这种状况，对"北方"集团军群来说，只有一个决定，霍普纳自8月15日来就一直敦促冯·莱布元帅做出这个决定：屈希勒尔大将的第18集团军必须从爱沙尼亚调至卢加前线，最起码，该集团军应该接手装甲集群的北翼掩护，以便将腾出的快速部队用于对列宁格勒的进攻。

"北方"集团军群司令部无法对这一合理要求长期置之不理。但第18集团军并未得到一个清晰、明确的指示，相反，莱布元帅于8月17日给他们安排了一个双重任务：该集团军将在波罗的海沿岸歼灭正从爱沙尼亚经纳尔瓦撤离的苏军第8集团军，换句话说，就是在赤卫军城前消除赖因哈特装甲部队的侧翼威胁；与此同时，屈希勒尔奉命沿芬兰湾南部边缘夺取海岸防御工事，苏军的掩护部队正据守在那里。事实证明，这个双重命令是一场彻头彻尾的灾难。尽管第18集团军得到了赢取壮观胜利的机会，但这些胜利将耗费大量宝贵的时间，而且，以战役的最终目标来衡量，这些胜利毫无必要。苏军设在纳尔瓦两侧的防御工事，完全可以

① 劳斯于1941年8月14日升为少将，所以，上一章出现时他还是上校，这里已是将军了。

通过掩护部队和饥饿的办法予以切断，完全没有必要浪费时间和兵力，将强大的作战部队陷于次要战线，而此刻，集团军群的打击力量正位于列宁格勒门前，迫切地需要他们所能得到的每一个营。

从纳尔瓦调至奥波利耶，第18集团军需要整整11天时间，而这段路程的直线距离是25英里。在一份列宁格勒战役研究中，第4装甲集群的参谋长正确地指出："此刻，每一个士兵都是列宁格勒城外所需要的。"

如果第18集团军的部队能及时、成规模地为第4装甲集群所用，霍普纳大将早在八月下旬就有机会以其麾下的快速部队通过突袭夺取列宁格勒。霍普纳这位老骑兵是德国国防军中经验最丰富的装甲指挥官之一，在波兰和法国战役中，他率领的第16摩托化军所取得的巨大成功，以及他带领着自己的装甲大军成功穿越极其困难的地带直抵列宁格勒门前，证明了他能打赢这样的战役。那么，这个机会为何会被错失呢？

夏乐斯·博略将军认为，本书作者也同意，陆军元帅冯·莱布急于让第18集团

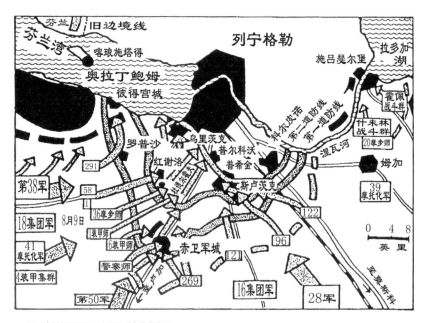

▲ 1941年9月8日至17日之间的列宁格勒战役。

军司令官（他是莱布的密友），以其麾下的步兵师，在攻克列宁格勒的胜利中重重地分上一杯羹，这种关照是可以理解的，但却造成了灾难性的后果。每多一天，斯大林在北部都会得到更大的收获，他用在其广袤腹地仓促拼凑来的预备队加强列宁格勒的防御，并在奥拉宁包姆（Oranienbaum）地区重整了从波罗的海诸国撤下来的部队，从而保持着对德军北翼的威胁。德军攻击部队被挡在赤卫军城西北面，每多耽搁一天，都意味着斯大林在列宁格勒城外的防御更强了一分。卢加地区的顽强防御每持续一天，被牵制住的德军装甲部队便减少了一分优势，这些优势是霍普纳的快速部队渡过道加瓦河、突破斯大林防线、冲出卢加桥头堡后辛苦得来的。夺取苏联的这座第二大城市，这座对俄国人士气影响最重要的城市，这座波罗的海上的大都市的机会越来越渺茫。

终于，在9月初，对涅瓦河上这座"白色之城"实施最后攻击的决定做出了——霍普纳麾下的装甲师以及第18集团军辖内步兵军的各先头团，对这一时刻已等待了太久太久！列宁格勒是苏德战场北部地区最大的目标。每个士兵都理解这个目标，这个目标将激励起他们的斗志。

进攻令于1941年9月8日至9日下达。莱茵哈特的第41摩托化军担任主攻。

地面已经过彻底的侦察，尤其是通过空中侦察。毫无疑问，日丹诺夫（他是列宁格勒的政治国防委员，被视为斯大林的王储，并与伏罗希洛夫元帅共同掌管着列宁格勒前线的最高军事指挥权）充分利用了他所得到的时间，持续延缓了德军的进攻。

8月中旬，随着德军闪电般的胜利，苏联军队和平民百姓的士气下降到危险的程度。没人相信这座城市可以守住，就连日丹诺夫也产生过疏散的念头。随后，德军的进攻被推迟，这为苏联的宣传机器鼓舞人民加强抵抗提供了喘息之机。

扎哈罗夫将军被任命为城防司令。为守卫市中心，他筹建了5个旅，每个旅10000人。另外还从列宁格勒的30万工人中组建了12个民兵师。这些民兵依然是军工生产线上的工人，但同时，他们也是士兵、是穿着军装的工人，接到命令后随时可以投入战斗。

士兵和老百姓，包括孩子，夜以继日地忙碌着，他们在城市周围构建起大量的防御工事。其主要特点是两道环形防御工事——外环和内环防御圈。

外环防御圈，或者称之为第一道防线，是一个半圆，距离市中心大约25英里，从彼得夏宫起，经过赤卫军城直达涅瓦河。内环防御圈，或称之为第二道防线，是一道有着相当纵深的半圆形防御工事，距离市中心大约15英里，杜德尔霍夫高地（Duderhof）是这条防线的关键点。科尔皮诺（Kolpino）近郊的工业区以及皇村（Tsarskoye Selo）是内环防御圈的基石。

德军的空中侦察发现了俄国人大量的防御工事，在其后方是庞大的反坦克壕。数以百计的永备火炮碉堡为战壕体系提供了补充。这种地带适合于步兵，是突击队发挥作用的地方。装甲部队只能作为第二波次穿过被突破的防线，并为前进中的步兵提供火力掩护。

针对杜德尔霍夫高地这个列宁格勒防御圈的中心，霍普纳装甲集群的主攻由赖因哈特将军的第41摩托化军担任。第36摩步师则担任起第41摩托化军的先锋。该师身后的第1装甲师随时准备跟上第一波次的攻击部队。在其右侧，第6装甲师的各个团也做好了投入进攻的准备。沿着从卢加而来的公路，进攻卢加的部队——党卫军"警察"师和第269步兵师，在第50军麾下，向赤卫军城攻击前进。左翼，来自东普鲁士的第1步兵师以及第58和第291步兵师，作为第18集团军的先头部队投入战斗。右翼，伊若拉河（Izhora）上，第121、第96和第122步兵师，在第28军的指挥下，作为第16集团军的打击力量做好了准备。最东翼，沿着拉多加湖的南边，得到加强的第20摩步师，与"哈里·霍佩"和"什末林伯爵"战斗群一起，作为第39摩托化军的一部，执行清理安年斯科耶（Annenskoye）和洛巴诺夫（Lobanov）桥头堡的任务。他们最终的目标是夺取施吕瑟尔堡（Schlüsselburg）及其周边地区。

俄国沙皇曾在杜德尔霍夫高地上观看圣彼得堡近卫团在市外举行的演习。近卫团和沙皇早已作古，但他们的经历同样存在于红军中：他们准确地掌握着每一道地面上的起伏、每一片林地、每一条溪流、每一道路径以及所有的距离。炮兵们了解所有重要地点的确切距离。杜德尔霍夫高地周围的步兵战壕中、混凝土碉堡里、反坦克壕内，列宁格勒的红色沙皇日丹诺夫部署了他的"近卫军"——活跃的精锐团队、狂热的年轻共产党员以及列宁格勒工人，组成的民兵部队中最好的营。

德军第36摩步师第118摩步团的突击连，一步步地攻击前进。全军的炮兵，再加上第1装甲师辖下的第73炮兵团，猛烈地轰击了苏军阵地，但俄国人的碉堡伪装得相当出色，而且极为坚固。

"我们需要斯图卡！"第36摩步师第1营从被压制住的地方用电台呼救。奥滕巴赫尔中将随即接通了第41摩托化军司令部的电话。通过派驻的空军联络官，第4装甲集群给第1航空队发去一封紧急电文。半小时后，里希特霍芬第8航空军的Ju-87中队轰鸣着赶至第118摩步团所在地区的上空，以近乎垂直的角度俯冲而下，带着令人恐慌的尖啸在离地面很近的高度掠过，对着苏军的碉堡、机枪阵地以及炮兵阵地投掷下炸弹。火焰蹿入半空，硝烟和尘土紧随其后，在依然完好的敌据点前形成了一块厚厚的帷幕。

这是个恰当的时机。"前进！"各个排长下达了命令。士兵们跳起身向前冲去。机枪咯咯作响，手榴弹的爆炸此起彼伏。工兵的火焰喷射器喷吐出炽热的火舌，燃料顺着窄窄的射孔钻入碉堡内。苏军的据点一个接一个失守，战壕也一道接一道被攻陷。德军士兵跳入俄国人的战壕中，一挺机枪沿着战壕向右侧扫射，另一挺则控制住左侧。"Ruki verkh！缴枪不杀！"可是，通常说来，苏军士兵不会举手投降，他们会战斗至最后一刻。就这样，第118步兵团突破了列宁格勒的第一道防线，并夺取了阿罗帕科什（Aropakosi）。只有当夜幕降临后，战斗才有所减缓。

9月10日上午，突击营的步兵和工兵来到了高耸的杜德尔霍夫高地前，这是列宁格勒最后一道防线上的壁垒，也是这道防线上的关键地段。得到重武器加强的混凝土碉堡，部署了舰炮的炮台，相互支援的机枪阵地，配备了地下通道的纵深梯次配置战壕，这一切覆盖着两座高地的接近地——143高地和东面的一座"秃山"，在地图上被标注为167高地。

再一次，德军只能一码接一码地取得进展。实际上，一场危机正在第6装甲师的战区内发生，该师在第36摩步师的右侧行动。在第6装甲师身旁，党卫军"警察"师被挡在一处防御森严的拦阻阵地前。但第6装甲师在兰德格拉夫少将的指挥下继续向前推进。俄国人发现了这一情况，随即对该师的侧翼发起打击。没用几个小时，这个英勇的装甲师便损失了四名指挥官。在近距离内，这些来自威斯特法伦和莱茵兰的德军士兵拼死抵抗，试图守住已被他们夺取的阵地。

这种状况为第1装甲师创造出极好的机会。赖因哈特将军把第6装甲师调至东面，对苏军的侧翼实施打击，第36摩步师右侧形成的缺口则由第1装甲师填补。

奥滕巴赫尔中将带着他的师部人员，紧跟在第118摩步团团部的身后。苏军猛烈的火力牢牢地压制住他的突击营。奥滕巴赫尔再次集中起全师和第73炮兵团的火炮，对杜德尔霍夫高地的北部山脊实施了突然性的猛烈炮击。

20点45分，最后一发炮弹落地后，连长们跃出了他们的散兵坑。排长和班长们挥手示意部下们跟上。他们朝着仍有步枪和机枪子弹射出的硝烟弥漫处冲去。这些士兵喘着粗气，趴下身子，开火射击，再次跳起身，再次趴倒。一名机枪手摔倒在地，没有再次爬起来。"弗兰茨！"他的主射手喊道，"弗兰茨！"没有回应。主射手紧跑了两步，趴到他身边，"弗兰茨！"

但这位第118摩步团第4连的机枪副射手已听不见任何战场的喧嚣了。他的手仍紧握着子弹箱上的手柄。在他跌倒时，装着备用枪管的盒子滑过了他的钢盔。

20分钟后，沿着杜德尔霍夫高地的北部山脊，第4连第1排冲入了敌人的战壕。他们的突破立即得到加阔、加深。143高地的失陷，撬开了列宁格勒防御圈上的这块基石。

9月11日的拂晓到来了，这是夏末阳光灿烂的一天。对第1装甲师而言，这也是伟大的一天。韦斯特霍芬上校指挥着第1摩步团和一个经验丰富的战斗群，对"秃山"发起了攻击。主攻由艾辛格少校的第113摩步团第1营（装甲车营）担任，他们得到了第1装甲团第6连和第37装甲工兵营的一个排的加强，另外，第73炮兵团第2营为他们提供炮火支援。

艾辛格少校以嗅觉灵敏而著称，他能闻到机会，能嗅到最适合的地点，另外，他还有着天赐的礼物：闪电般的反应力和适应性极强的领导力，这一切是他赢得胜利的保证。

突袭第167高地的计划和执行就是个很有说服力的例子。就在第1摩步团为东侧提供掩护之际，得到加强的第113摩步团沿着通往杜德尔霍夫的道路攻击前进，并将实施防御的苏军逼退至第二道防线的反坦克壕中。艾辛格装甲车营的士兵一马当先，径直冲入了后撤中的苏军队伍。弗里契中士带着他的装甲工兵排冲入巨大的反坦克壕，击溃了守卫着横道的苏军巡逻队，他们跃上横道，防止敌人将其炸毁，并为德军部队保留着这一通道。在战壕梯的帮助下，他们从左右两侧攀上了反坦克壕的峭壁，随即铺设上横梁和木板，以便让坦克和装甲车通过。艾辛格

— 280 —

营里的几个连，抢在坦克和装甲车之前杀入了敌人的防线。

这是一个惊心动魄的场面。营先头部队向前猛冲时，他们的上方，第8航空军的斯图卡咆哮着。它们俯冲而下，朝第1营先头部队前方200～300码的地方投下炸弹，炸弹准确地落在苏军支撑点、掩体、战壕、反坦克陷阱和反坦克炮头上。

空军联络官搭乘着先头部队的坦克和装甲车，装甲车营指挥官的身边也伴随着对空联络员。一名对空联络员坐在施托弗少尉编号为"611"的坦克炮塔内，操纵电台与空中的斯图卡保持着联系。一面硕大的军旗铺在坦克的尾部，清楚地标明了自己的身份。冒着苏军猛烈的火力，这名空军中尉用喉式话筒指引着斯图卡的飞行员。

德军的进攻犹如钟表般准确。第36摩步师的先头部队冲过去后，他们身后的敌人再次潜入了杜德尔霍夫村，艾辛格将他的营转向南面，又一次夺取了该村，随即再次转身向东，从反方向冲向"秃山"。

这座山丘稀疏地覆盖着低矮的树木，就是个喷吐着致命火舌的堡垒。但苏军被艾辛格巧妙而又无法预知的进攻方法弄得完全不知所措。

一个完整的装甲连和装甲车部队的先头连成功地驶入了苏军指向西面的舰炮炮台的死角，没有遭到一颗炮弹的轰击。指向道路左侧和右侧的苏军大炮被科赫少尉指挥的第1装甲团第8连的几辆坦克打哑了。在这些坦克提供的炮火掩护下，德军工兵设法冲入了苏军舰炮阵地。顿时，手榴弹在四下里炸开，火焰喷射器向那些大炮喷吐出火舌。苏军炮组成员被淹没在一场白刃战中。

11点30分，第1装甲师师部无意间听到了第6装甲连连长达留斯少尉与他营长的通话。这段通话令师参谋长温克中校长长地松了口气，温克搭乘着克鲁格少将的通讯坦克，一直跟随着装甲车营的行动，但那名年轻的坦克指挥官在战斗中途所表现出的浪漫情怀令他们都笑了起来。达留斯少尉说："我看见了圣彼得堡和大海！"温克明白，达留斯此刻正在第167高地顶上，列宁格勒就在他脚下，几乎触手可及。沙皇的这座"将军山"上，最后的防御堡垒已被攻克。

3

列宁格勒郊外

行程变了，这里就是终点站！——斯卢茨克公园——哈里·霍佩夺取了施吕瑟尔堡——来自元首大本营的命令：不得夺取列宁格勒——希特勒犯下大错

"秃山"上，达留斯看见了列宁格勒战场一幅独特的全景。透过缴获的苏制战壕镜，列宁格勒街道上繁忙的交通景象清晰可见。涅瓦河在阳光的照耀下闪闪发亮。工厂的烟囱冒着烟，列宁格勒仍在忙碌地工作着。

北面的最左翼，可以看见德军部队正向彼得夏宫和奥拉宁包姆挺进。那是赫尔佐克中将指挥的第291步兵师，绰号"麋鹿"师，与来自东普鲁士的第1步兵师一起，在罗普沙（Ropsha）突破了一道苏军戒备森严的防线。9月11日，光是第505步兵团辖内的各营就摧毁了155座混凝土碉堡，其中有一些还配属了大炮。该师随即转身向北，直扑彼得夏宫，以掩护兜住了苏军12个师的奥拉宁包姆包围圈的左翼。

9月20日，第1步兵师到达了斯特列利亚（Strelnya）沿岸。

"秃山"上的视野一直延伸至喀琅施塔得（Kronshtadt），可以看见港口和威力强大的苏军战列舰"马拉特"号，这艘战舰正用重型舰炮轰击着陆地上的目标。305毫米口径的炮弹所激起的泥土高达数米，主要集中在德军第58步兵师的作战区域内，该师正拼命地向海岸推进，以便在奥拉宁包姆方向封闭列宁格勒包围圈。

第58步兵师的各团在红谢洛（Krasnoye Selo）突破了苏军防线。第209步兵团辖下的营穿过该镇，击溃了守军。他们继续前进，一路向北，直扑列宁格勒郊区的乌里茨克（Uritsk）。

9月15日20点，第209步兵团第2连连长西尔特斯中尉、伦布克少尉和帕佩中士带着第1营的先头部队设法冲到了从乌里茨克通向彼得夏宫的海岸公路，此刻，他们就趴在路边的沟渠中。距离他们几英尺外便是通入列宁格勒的电车轨道。骑着自行车，推着手推车的平民从彼得夏宫而来。显然，这些老百姓并不知道敌人已近在咫尺。接着，令人难以置信的是，居然出现了一辆挤满乘客的电车，正朝列宁格勒驶去。

"我们上！"西尔特斯中尉命令道。帕佩带着部下冲上了公路。

电车司机踏响了车铃：别挡路，为列宁格勒的电车让开道。但他突然间意识到，这些戴着钢盔端着冲锋枪的人可不单纯是路上的障碍。他猛地踩下了刹车，车轮尖叫着，车上的乘客倒成一团。

帕佩登上电车踏板，笑着用德语说道："对不起，行程变了，这里就是终点站！"然后，他朝伦布克少尉喊道："少尉先生，我们要上车吗？这可是个难得的机会，司机都是现成的。"

"我们得把司机留到明天早上。"伦布克回答道，"明天早上我们也许用得上他。"

所有人都抱以可以理解的乐观。此刻他们距离列宁格勒市中心只有六英里。克赖珀上校第209步兵团的西尔特斯、伦布克、帕佩以及他们的部下实际上已在城内。列宁格勒的西面已被切断。

"秃山"上的战壕镜转向另一侧，东面，可以看见丘多沃至列宁格勒的主干道以及伊若拉河沿岸深邃的峡谷，列宁格勒的第一道防线就沿着它们延伸。13英尺高的河北岸已被俄国人挖成了几乎无法攀登的陡坡。这里是舍德中将第96步兵师的作战区域。

伊若拉河必须加以强渡。为解决这个防御严密的障碍，舍德中将于9月12日投入了冯·夏皮伊中校指挥的第284步兵团"阿恩岑"和"希尔特"战斗群。炮兵和里希特霍芬麾下那些不知疲倦的斯图卡再次展开了先期行动，并将河岸笼罩上一层厚厚的烟雾。在硝烟的掩护下，"希尔特"战斗群渡过了28码宽的伊若拉河。

"把梯子带上来！"随着这一叫声，突击队带着他们的云梯出现了，第196工兵营制作了数百架这种梯子。就像中世纪进攻城堡那样，这些15～20英尺长的梯子被靠在河岸上。在机枪火力的掩护下，第284步兵团第2营的突击队攀上了高耸的北岸。上岸后，阿恩岑少校的步兵和配属给他们的工兵便带着手榴弹和火焰喷射器，朝苏军的机枪阵地和散兵坑冲去。

与此同时，冯·夏皮伊率领的战斗群也以这种方式渡过了伊若拉河。可是，此刻他们却遭到了苏军重型坦克的突然袭击，不得不撤回到苏军的一道反坦克壕中，因为德军的37毫米反坦克炮对科尔皮诺生产的T–34和KV坦克无能为力。关键时刻，德国空军的斯图卡挽救了形势，阻止了德军士兵被敌人的重型坦克逐一消灭。

9月13和14日，针对苏军坦克部队的进攻，持续激战了整整两天。直到德军的88毫米高射炮和100毫米野战炮被带至前沿阵地后才挽救了形势，并将敌人的坦克击退。

9月16日，第96和第121步兵师辖下的各营冲入了著名的斯卢茨克公园（Slutsk）。

广阔的公园里点缀着法国风格的凉亭，它们属于沙皇的避暑别墅，是著名的皇村，布尔什维克已将其改名为"普希金"。现在，战火席卷了这个田园诗般的地方。普希金（Pushkin）陷落了。

这样一来，第96、第121和第122步兵师距离列宁格勒都已不到15英里。只有科尔皮诺郊区重要的工业区（庞大的坦克工厂就在这里）以及普尔科沃高地（1919年时，白军对红色列宁格勒的进攻在这里被遏制）仍在苏军手上。但普尔科沃（Pulkovo）于9月17日，科尔皮诺于9月29日，分别落入了德军手中。

可是，"秃山"上的战壕镜无法看见另一处重要的战场，那就是施吕瑟尔堡（Schlüsselburg），一座位于拉多加湖西岸①的镇子，涅瓦河从那里流出湖泊，划了个大大的弧形，通向列宁格勒和波罗的海。无论是谁占有施吕瑟尔堡（实际上，就像它的名字所指的那样，"关键的堡垒"）就可以从东面关上列宁格勒的大门，封锁波罗的海与拉多加湖之间的水道，并将连接城市与白海及北冰洋的运河系统切断。

列宁格勒战役中的这块基石将被一次特种行动所夺取。被选中执行这一任务的是第126步兵师第424团团长，哈里·霍佩上校。同僚和文件中只是简单地称他为

---

① 应为南岸。

"哈里"，因为这位上校总是能以明确而又简洁的办法解决所有的问题和任务，这使他在每一次成功的行动中都获得了部下们绝对的信赖。摩托车传令兵克赖在施吕瑟尔堡门前体会到了这一点。上校站在镇子边缘的一个工人居住区外，手里拿着一份作战计划对他说道："你们沿这条道路驶入镇内，在第一个拐弯处向右拐，在那里等我。"摩托车轰鸣着出发了，他们完全肯定，哈里会赶上来的。

施吕瑟尔堡伫立在巨大的拉多加湖的南岸，是一个具有战略重要性的地区。布尔什维克们利用湖泊和运河的水闸来发电。一个广阔的运河分支系统已与列宁格勒腹地的铁路网相连接，沼泽和森林地带都已得到耕种。

其结果是，施吕瑟尔堡城外的大片土地，就像是制图板上进行的规划那样，被开发成8个工人Poselok（俄语"居住区"的意思）。他们给这些居住区冠以缺乏想象力的名称：第1工人新村、第2工人新村、第3工人新村等等，直到第8工人新村。

就是在这里，在这个重要的交通和电力系统的中心，从列宁格勒和波罗的海通向沃尔霍夫，经奥涅加湖（Onega）通往白海和北冰洋的阿尔汉格尔斯克和摩尔曼斯克，以及列宁格勒与莫斯科之间经过雷宾斯克水库和莫斯科—伏尔加运河的所有水道，都得到了控制。要想夺取列宁格勒，无论是围困、强攻或是用饥饿的手段迫其就范，都必须封锁这些重要的门户。而这些门户中的关键就是施吕瑟尔堡。

这里是欧洲丰富历史的一角。235年前，彼得大帝在这里打了一仗，目的是从瑞典人手里夺取波罗的海的控制权。他成功了。俄国沙皇第一次为他的国家夺得了进入欧洲最重要的内陆海的通道，为了保护胜利成果，他修建了圣彼得堡要塞，也就是现在的列宁格勒。现在，争夺这座要塞的战斗正在施吕瑟尔堡进行。

第126步兵师的第424团从诺夫哥罗德而来，与措恩少将的第20摩步师一起，九月初便已行动起来，沿着通向北方的公路，经丘多沃朝施吕瑟尔堡方向而来。这是个很好的计划。按照行动的构思，鲁道夫·施密特上将率领第28军和第39摩托化军组成的"施密特集群"，应在对列宁格勒的总攻发起前便肃清涅瓦河东岸的桥头堡，因为苏军部队利用这些桥头堡在列宁格勒接近地与沃尔霍夫地区之间保持着联系。

在这一侧翼行动的掩护下，"什未林伯爵"和"哈里·霍佩"战斗群，以其获得加强的第76和第424步兵团，将于1941年9月8日抵达对施吕瑟尔堡发起进攻的出发阵地（对列宁格勒发起大规模攻击的日期已经确定），霍佩的战斗群居右，什未林在左。

他们于9月6日投入了行动。起初，一切都按部就班。第12装甲师的坦克为这一进攻提供支援。反坦克和高射炮连（包括一门88毫米高炮）提供了对付敌方坦克的掩护。摩托车部队和工兵构成了前卫部队。

进攻重点被放在霍佩战斗群所在的区域，第1和第8航空军的斯图卡提供空中支援。德军冲过姆加（Mga）著名的铁路路基，沿通向克利科洛沃（Kelkolovo）的道路的两侧杀入了森林。但俄国人精心布防的机枪和反坦克炮阵地正等着他们。德军的进攻被挡住了。步兵炮、反坦克炮以及迫击炮在这片荒野中派不上太大的用处。

霍佩上校蹲在铁路路基处，第3营的一名传令兵匆匆跑过铁路线报告道："全营伤亡惨重，三名军官阵亡。"第2营也发来了要求提供支援的请求。

"我们得找到个缺口！"霍佩沉思着说道，随即俯身朝地图望去，"俄国人不可能处处严密设防，这只是个找到他们薄弱点的问题。"

霍佩的想法是，要么通过一次正面进攻试探出敌人的薄弱点，要么就采取彻底的侧翼包抄。他将自己在一战期间担任突击队指挥官的锐气与从泽克特魏玛国防军中学到的战术指导结合在一起。

传令兵再次离开了。这时，措恩少将出现在指挥所里。他认为在霍佩的作战区域得到强行突破的可能性已微乎其微，于是，他把坦克派给了什未林的战斗群。现在，什未林战斗群承担起主攻的重任。

但这被证明是一名将军的提议和一名少尉所做的处置最好的事例。坦克刚从前线撤下没多久，莱利维尔德少尉带着他的第11连就发现了寻找中的缺口，这是敌防线上的薄弱点。他率部冲了上去，向左右两侧施加压力，在敌人的防线上撕开个大口子。

"赶紧报告哈里！"少尉朝他的传令兵喊道，"我们在敌人的防线上打开缺口了！"

传令兵飞跑着消失了。半个小时后，整个战斗群向前涌去。克利科洛沃失陷了。从戈罗多克（Gorodok）通向姆加和施吕瑟尔堡的铁路线所构成的著名的铁路三角区也被夺取，第6工人新村正遭到德军的猛攻。

16点，拥有大型仓库和弹药库的锡尼亚维诺（Sinyavino）落入第3营手中。从镇北面的一座小山丘上可以看见拉多加湖广袤的湖面，并吹拂到轻柔的海风。此刻的湖上有许多船只。

"继续前进！"霍佩下达了命令。他的部队已夺下第5工人新村，并冲到了第1工人新村。在这里，"红色公路"通往横跨运河和沿海铁路线的"红色桥梁"。这就是施吕瑟尔堡神经中枢中的脊髓。

夜幕降临在战场上。锡尼亚维诺的一场庞大烟火表演照亮了夜空：一些苏军的弹药库被击中后发生了爆炸。不幸的是，大爆炸也破坏了战斗群与师里的通讯联络。

第二天早上（9月8日），德军将对施吕瑟尔堡发起猛攻。但霍佩并不知道具体时间，因为师里要与空军的斯图卡编队协调进攻发起时间。但此刻，霍佩战斗群的通信系统中断了，无法与师部取得联系。这是个尴尬的境地。

列宁格勒西面，伴随着9月8日拂晓的来临，德军发起了总攻。但在施吕瑟尔堡，一切仍保持着平静。太阳升起后，城内高耸的尖顶和古老的城墙出现在霍佩战斗群的眼前。地面上覆盖的灌木丛对德军的进攻很有利。但他们与师部的联系仍未恢复。第9连实施了一次武力侦察，一直逼近至这座城市的东郊。

6点15分，贝克中士向第3营报告：施吕瑟尔堡的东郊，苏军的守卫力量非常虚弱。显然，俄国人没有想到德军会从这个位置——他们的后方，发起进攻。这似乎是个千载难逢的好机会。

霍佩进退两难：他是否应该发起进攻呢？如果发起进攻，而斯图卡直到他的部队进入城内才赶到的话，其结果不难想象。但他又不能坐在这里浪费时间。待在原地无所作为是最糟糕的——这是作战手册上说的。错误的决定比不做决定要好些。于是，霍佩做出了决定。

7点钟前不久，他下达了命令："第424步兵团将夺取施吕瑟尔堡，并直扑1000码宽的涅瓦河与拉多加湖相分离的地点，从西岸将施吕瑟尔堡与舍列梅季耶夫卡（Sheremetyevka）及拉多加湖南岸分隔开。进攻发起时间为7点整。"霍佩制订了他的计划。

7点30分，霍佩战斗群的几个营冲过苏军在东郊的薄弱防御。俄国人被意想不到的袭击打得晕头转向。

7点40分，温特中士将德国国旗插在了教堂高高的尖顶上。

自进攻开始后，富斯和保利少尉就一直坐在他们的电台前，试图与距离最近的重炮连（他们位于戈罗多克）取得联系。也许能通过他们恢复与师部的联络。

富斯对着麦克风不停地呼叫了45分钟。呼叫……切换至接收状态……再次呼叫。一无所获。"要是我们联络不上师部呢？斯图卡会来吗？"

终于，8点15分，戈罗多克的那个重炮连做出了回应。他们听到了富斯的呼叫。"这里是哈里战斗群。紧急转告师部：已开始对施吕瑟尔堡发起进攻，斯图卡的空袭必须中止。你明白了吗？"

"明白！"

重炮连的军官立即将这一消息上报。德国空军的斯图卡已经起飞，按照师部的计划，霍佩战斗群应该在9点钟发起进攻。大部分飞机被召了回去，但有一个中队的斯图卡飞得太远，未能收到这一新的命令。这个消息通过戈罗多克的重炮连通知给霍佩，提醒他遭到误炸的危险。

8点45分，德军的斯图卡出现在空中。霍佩的部下挥舞着对空联络板，发射了白色信号弹：这里是自己人！

飞行员看见他们了吗？或者，他们认为这是俄国人的诡计？他们接到的命令是轰炸施吕瑟尔堡。

斯图卡一架接一架俯冲而下。突然，第一架斯图卡再次拉平机身，呼啸着将炸弹投入了涅瓦河。其他机组也纷纷效仿。关键时刻，他们收到了中队长的命令。哈里·霍佩和他的部下长长地松了口气。上午10点，"什未林"战斗群的几个营也进入了城市的南部。

施吕瑟尔堡的征服意味着列宁格勒的东面被封闭了。这座城市现在变成了被军队和海水包围的孤岛。只有通往拉多加湖西岸的一条狭窄的通道依然畅通，因为卡累利阿地峡的芬兰人仍未投入战斗。他们正等着德国人冲过列宁格勒，扑向季赫温（Tikhvin）。只有到那时，曼纳海姆才打算沿拉多加湖东岸前进，渡过斯维里河（Svir），从而形成一个巨大包围圈的东部铁钳，将列宁格勒囊入其中。令人遗憾的是，事实证明这是个太过雄心勃勃的计划。

施吕瑟尔堡的陷落震惊了苏军最高统帅部。伏罗希洛夫元帅用尽一切手段，试图重新夺回列宁格勒东面的这一交通要道。他派出整团整团的兵力，搭乘冲锋舟和登陆艇，跨过拉多加湖，从西岸对施吕瑟尔堡发起攻击。同时，他还下令从利普基发起一次陆地进攻。

霍佩上校的团不时遭到切断，俄国人的兵力越来越多。德军士兵开始怀疑，等待他们的将是惨重的伤亡。还有人认为，一旦冬季到来，拉多加湖结冻后，列宁格勒东面的包围圈将成为一场泡影。

面对这种疑虑，也有人发出了乐观的笑声。"冬天？"他们说道，"没等第一场霜冻到来，列宁格勒就落入我们手中了！"

但列宁格勒却没有落入他们的手中。这是为何？

因为希特勒和德国国防军最高统帅部决定，不必在冬季到来前夺取列宁格勒，只需将其围困，用饥饿迫使这座城市屈服。

听起来很奇怪，这究竟是怎么回事？列宁格勒最后的防线已被突破，杜德尔霍夫高地已被攻克，乌里茨克和施吕瑟尔堡也已被夺取，列宁格勒这座城市被吓得瑟瑟发抖，它就在德军部队的眼前，可在这关键时刻，元首大本营却对进一步的进攻亮了红灯。

第41摩托化军军长赖因哈特将军（后来擢升为大将）回忆起当时的情况："就在部队合情合理地欢庆胜利之际，装甲集群于9月12日发来了命令，不再夺取列宁格勒，而只是围困它，这简直就像一盆扑面而来的冷水。继续进攻最远只能到普希金—彼得夏宫公路。第41摩托化军将在接下来的几天内被调离，部署到其他地区。我们对此无法理解。我们的士兵拼尽了全力，可在最后时刻却被剥夺了胜利的桂冠。"

第37装甲营第2连连长告诉弗里契中士："上级不许我们攻入列宁格勒。我们将被撤离前线。这是师部的无线电报务员告诉我的。"听到这个说法，弗里契只是拍了拍他的额头。

"你疯了吧？"弗里契说着，以此强调了他的手势。关于这个决定的传闻也传到了第1装甲师的第1装甲团内。但军官们只是摇着头。"这不可能。难道我们从东普鲁士长途跋涉到列宁格勒门前，就为了一个错误的决定而转身离去吗？"所有人都在抱怨，所有的交谈都以"当然，这不可能"这句话结束。

集团军群的命令仍处在保密状态，因为，德军将对列宁格勒实施尽可能紧密的围困，城郊一些重要的地点尚未被夺取，例如科尔皮诺和普尔科沃高地。可是，一旦士兵们得知他们所做的只是前线的调整，而大目标已被放弃的话，谁还会带着积极的热情投入战斗呢？所以，必须让士兵们相信，他们的目标仍是夺取列宁格勒，这样，他们才能报以高昂的斗志。第1装甲团第6连第1排排长施托夫少尉的日记清楚地证实了这一点：

9月13日，科尔皮诺坦克厂三辆崭新的KV-1和KV-2重型坦克，甚至还没涂完油漆，便穿过清晨的薄雾，沿着普尔科沃公路，向与普希金—红谢洛公路的交叉路口隆隆驶去。

施托夫给他的三辆坦克下达了各就各位的命令，这些坦克正停在通往普希金机场的道路两侧，施托夫命令自己这辆坦克的驾驶员将坦克驶到一座棚屋后，保持急速运转，为南面提供掩护。接着，他又跟冯·贝克费尔特上尉一同查看了小卡博斯（Malaya Kabosi）村外的巡逻队。清晨的雾气与阳光进行着争夺。此刻是7点。邦策尔中士编号为612的坦克慢慢地朝公路驶去。

突然，像是从地面上冒出来似的，两辆硕大的KV-2出现在他们面前。施托夫和贝克费尔特一头跳进了路边的水沟。就在这时，传来了一声巨响。邦策尔中士一直保持着警觉，他的50毫米主炮再次怒吼起来。为首的那辆苏军坦克停了下来，车内冒出了浓烟。第二辆KV-2越过它向前驶来，随即被古利希中士击中，古利希的坦克停在道路的远侧，编号为614。他的第一发炮弹直接命中了那辆KV-2，坦克里的组员逃了出来。

又有五辆KV-2怪兽出现了。小卡博斯村附近，还有三辆KV-1穿过雾色，径直向厄尔莱恩中士编号为613的坦克而来，攀在坦克上的苏军步兵跳下车，排成一线向前冲来。最前方的KV坦克用150毫米的主炮开火了。炮弹直接命中厄尔莱恩的坦克。这位中士瘫倒在炮塔的边缘，身负重伤。施托夫的坦克驶了过去。在他左右两侧，都是冲锋中的苏军步兵。小卡博斯村周围的德军巡逻队正在后撤。雾色中，根本无法向友军通报敌情。

施托夫与厄尔莱恩的炮手一起，先把身负重伤的驾驶员拖出坦克，转移到古利希中士的坦克上，古利希的坦克停在一座小棚屋后，用机枪火力提供着掩护。两个人又跑了回去，将厄尔莱恩移出炮塔。他们还想把身负重伤的报务员救出来，但来不及了。苏军士兵幽灵般地从雾色中冲出。乌拉！施托夫少尉迅速用带柄的方头钥匙关闭了坦克上所有的舱盖。等完成了反击后再来救负伤的报务员。在此之前，俄国人会被挡在封闭的坦克外。就在这时，厄尔莱恩的炮手痛苦地叫了起来，他的胳膊被子弹击中。

"快点，伙计，快跑！"施托夫朝他叫道。那名炮手在入伍前是一名医学院的学生，他用另一只手捂着负伤的胳膊，匆匆跑入了雾色中。施托夫将失去意识的厄尔莱恩背在肩上，匆忙跟了上去。

苏军士兵挺着刺刀从施托夫身边冲过。显然，他们把这名德军少尉当成了他们自己人，也许是因为他穿着一件苏式外套的缘故。

施托夫死里逃生，回到了自己的坦克处，他那辆坦克在棚屋后隐蔽得很好，仍掩护着西面①。一辆医疗队的装甲车赶到了，将厄尔莱恩、驾驶员以及那名炮手装上车，随即驶离。战场仍被笼罩在涌动的雾气中，就像个巫婆的大锅。

与此同时，第113摩步团第1连也遭受到与此极为类似的攻击。他们撤离了小卡博斯村的十字路口。步兵炮已过早地离开了战场，同时撤离的还有反坦克炮。距离棚屋25码处，一辆KV-1从施托夫编号为611的坦克前爬过，它的侧翼暴露出来。干掉它！炮手贝格纳下士开炮击中了这辆坦克。第二发炮弹又将另一辆苏军坦克击毁。施托夫的坦克隐蔽得非常好，此刻，它小心地移到小木屋的角落处。第三和第四辆KV坦克沿着道路而来。苏军坦克车长紧张不安，根本无法确定致命的炮弹究竟从何处而来。

贝格纳等待着。"开炮！"太近了，"再来一炮！"第二发炮弹直接命中了第三辆苏军坦克的火炮护盾。仓促间，第四辆KV坦克试图转身逃离，结果被一发炮弹击中了尾部。

---

① 即上文所指的南面。

就在这时，施托夫看见邦策尔中士的坦克退了回来，一辆KV在身后紧追不舍。邦策尔无法开炮射击：他那辆坦克上的主炮中弹了。施托夫的炮手贝格纳救了邦策尔，他开炮击中了追击中的敌坦克，这是他当天干掉的第五辆坦克。

此时，苏军已经发现了给他们造成危险的德国人。反坦克枪砰砰作响，炮弹在棚屋周围炸开。"离开这里！"施托夫下达了命令。在一片小树林中，他们遇到了邦策尔的坦克。他报告道："主炮损坏，但两挺机枪状况良好。"

在他们身后三十码处，是古利希编号为614的坦克，有点轻微的损伤。在一道壕沟的边缘附近，一支机枪队已经就位。施托夫从他们头上跳过。他找到冯·贝克费尔特上尉，上尉的钢盔歪戴在头上。"真是一团糟！"贝克费尔特观察着情况，冷冷地说道，"先是我那些部下仓促逃离，因为俄国人的重型坦克来了。但我的少尉又再次把他们聚集起来。我们马上就出发！"

施托夫回到自己的坦克。发动机再次轰鸣起来。他们小心翼翼地驱车来到十字路口，从厄尔莱恩的坦克中救出了那名报务员。

20分钟后，第6装甲连连长达留斯少尉紧张地屏住了呼吸。电台里传来施托夫报务员嘶哑的声音："我们的坦克中弹，施托夫少尉阵亡！"

出了什么事？一辆KV-1在400码的距离内直接命中了611号坦克的主结构。弹片撕开了施托夫的头部和脸部，他满脸是血地倒在车长的座位上。但死神并未夺走他的生命。5个星期后，少尉重新回到自己的团里，但那时，他们已不在列宁格勒郊外了。

第1装甲师继续夺取亚历山德罗夫卡（Aleksandrovka）的郊区，这是列宁格勒电车西南线的终点站，距离市中心7.5英里。随后，9月17日，摩托化军撤离前线，"投入到其他地区"（该军将被部署至莫斯科地区）。

列宁格勒门前的德军就这样被剥夺了他们的装甲铁拳。尽管目标看似近在咫尺，但德军的步兵师就此停步不前，第96和第121步兵师停在传奇性的普尔科沃高地前，1919年俄国内战期间，试图夺取列宁格勒的白军也在这里陷入了停顿。

在乌里茨克，身经百战的第58步兵师用中型火炮轰击着列宁格勒市中心。沿海公路战壕中的德军士兵可以看见列宁格勒工厂冒着烟的烟囱，离他们只有四英里。俄国人的工厂和造船厂夜以继日地忙碌，制造着武器装备——坦克、冲锋舟和炮弹。30个苏军师被赶入城内。他们并未被歼灭。尽管现在已做好了结束战斗的准备，但这些苏军部队却获得了喘息之机，并从恐慌中恢复过来。

这简直令人难以置信。这一不可理喻的决策，背后的原因究竟是什么？

"巴巴罗萨"计划明确规定：将苏军部队歼灭于明斯克—斯摩棱斯克地区后，"中央"集团军群的装甲集群应转身向北，与"北方"集团军群会合，全歼波罗的海地区的苏军，夺取列宁格勒。该指令说得非常清楚：只有在攻占列宁格勒后，才能继续对莫斯科发起进攻。从战略角度看，这个计划完全正确，完全符合逻辑，特别是该计划对战役重点的准确定位，同时，该计划还打算尽快将波罗的海变成可资利用的补给路线，并完成与芬兰人的会合。

斯摩棱斯克陷落后，希特勒却无视这一明确的计划，并改变了自己的想法，为什么？

陆军总司令部和战地将领纷纷催促希特勒，对苏军中央防线出人意料的迅速崩溃加以利用，并夺取莫斯科，因为她是苏联的心脏、大脑及交通中心。但希特勒对此并不情愿。双方的拉锯持续了六周，宝贵的时间就这样被浪费了。最后，希特勒既没有坚持先夺取列宁格勒的计划，也未给攻占莫斯科开绿灯。相反，1941年8月21日，他选中了一个全新的目标——高加索的油田和乌克兰的粮食。他命令古德里安的装甲集群挥师向南，奔袭280英里，与伦德施泰德会合，进行基辅会战。

德军打赢了基辅会战。这确实是一场辉煌的胜利，南线苏军主力悉数被歼，被俘人数超过了665000人。

乌克兰的这一胜利使希特勒误以为，苏联已处于军事崩溃的边缘，这一误判使他做出了更具灾难性的决策。9月初，他终于下令东线德军进攻莫斯科（尽管这个季节稍晚了些）并攻占这座城市。同时，南线对高加索油田及克里木的攻势仍将继续。另外，列宁格勒将被围困，并用饥饿迫使其投降。

普鲁士总参谋部的导师克劳塞维茨曾指出，会战中，无论在整体还是在决定性地点，怎样强调兵力优势都不为过。在德累斯顿军校的一次演讲中，兴登堡阐述了这一观点："没有重点的战略就像一个毫无个性的人。"希特勒却对这些原则视若无睹。他认为，凭他现有的力量，完全可以在年底前拿下莫斯科和高加索，并通过步兵部队的围困迫使列宁格勒投降。

围困列宁格勒并不需要装甲部队，另一方面，考虑到即将到来的冬季，对莫斯科的进攻必须尽快展开，因此，希特勒于9月17日从列宁格勒前线撤下了霍普纳的装甲集群以及所有的轰炸机编队。这一命令到来时，德军正准备对列宁格勒发起最后的攻击，从而拿下这座城市。

无疑，做出围困列宁格勒这一决定，在很大程度上是因为芬兰人的态度所致。芬兰统帅冯·曼纳海姆元帅，对越过卡累利阿地峡过去的芬兰边境并对列宁格勒发起进攻抱有某些顾虑。确实，他打算等德军到达季赫温后便渡过斯维里河，但他反对由芬兰征服列宁格勒。在他的回忆录中，这位元帅清楚地表明，他不希望让芬兰军队涉入对这座城市几乎可以肯定的破坏中。曼纳海姆坚持自己"积极防御"的原则，反对一切征服性作战。

不管出于什么原因，对列宁格勒这样一座具有战略和经济重要性的城市，希特勒不予夺取的决定简直是对战争法则的犯罪，日后将为这一犯罪付出沉重的代价。

从军事角度看，消灭列宁格勒和奥拉宁包姆（现在被称为罗蒙诺索夫）包围圈意味着近40个苏军师将被歼灭。同样重要的是，作为军工生产中心的列宁格勒将不复存在。这座城市的坦克生产厂以及武器和弹药厂，在整个战争期间不受干扰地制造出武器弹药，并将这些重要的装备提供给红军。另外，攻克列宁格勒将使德军第18集团军得以腾出手来投入到其他战斗中，而现在，他们奉命守在列宁格勒城外，一直到1944年。

最后一点，作为东线德军的一个补给基地，列宁格勒具有不可估量的价值。补给物资可以不受游击队的威胁，经波罗的海运来。另外，与芬兰人的会合将使遥远的北极战事产生不同的转变，对彼得罗扎沃茨克（Petrozavodsk）和盟军补给基地摩尔曼斯克来说，那里毫无进展的原因很简单：兵力不够。

这些明显的优势，德军统帅部一概没有加以利用，反而通过"不夺取列宁格勒"这个决定，将最严重的劣势纳入怀中。这样一来，苏军最高统帅部得以从列宁格勒外部调集部队解围，与此同时，城内的守军也进行着突围的尝试。在科尔皮诺和杜布罗夫卡（Dubrovka），苏军第55和第8集团军进行了绝望的尝试，试图突破德军的合围铁环，为争夺这座象征着红色革命精神的城市，双方进行了长期而又代价高昂的苦战。这场战斗持续了两年多。

但到目前为止，德军统帅部最大的错误是，列宁格勒只是在夏季被围困了。最大的自然障碍，例如湖泊、河流以及沼泽，在夏季成了德军合围部队的组成部分，但在冬季，随着拉多加湖和涅瓦河的结冻，它们却成了出色的交通线及包围圈上巨大的缺口。通过这些缺口，补给物资和援兵可以在冬季的几个月中被运入城内。

另外，在东面，只要芬兰人不越过卡累利阿地峡的旧边境，列宁格勒就还保留着一条50英里宽的通道，直通拉多加湖。结果，国防委员日丹诺夫得以在冰冻的拉多加湖上构建起一条"生命之路"——包括公路和铁路支线，与摩尔曼斯克铁路线相连接。沿着这条冰上生命线，列宁格勒从拉多加湖的东岸获得了补给。突然，列宁格勒已不再是被封闭的状态：德国人的包围圈被"冰将军"打破了！

为了堵上这一冬季的缺口，"北方"集团军群发起了声势浩大的季赫温战役。其目的是将拉多加湖纳入包围圈中，并从湖东面封锁列宁格勒。芬兰军队将从北面渡过斯维里河，与德军第16集团军在湖东面会合。鲁道夫·施密特将军的第39摩托化军将以四个快速师进行一次推进，插入几乎无路可走的俄国北部针叶林地带，德国军事地理记录对此的描述是：尚未标明。

10月15日，第39摩托化军带领着第12和第8装甲师以及第18和第20摩步师，从第126和第21步兵师据守的沃尔霍夫桥头堡出发，渡过河流向东而去。他们的第一个目标是季赫温。那里，最后一条从沃洛格达通往列宁格勒的铁路线将被切断，然后他们将继续前进，直到斯维里河，在那里与芬兰军队会合。这一会合将完成对列宁格勒的彻底包围，包括拉多加湖在内。

11月8日夜里，经过激烈而又代价高昂的战斗，来自波美拉尼亚和西里西亚的第12装甲师和第18摩步师进入了季赫温。两个师立即组织起防御工作：哈佩将军的第12装甲师位于城西，赫尔莱恩将军的第18摩步师在城东。这样一来，第18摩步师所处的位置便成了德军位于苏联境内的最东北角。

行动的第一步进展得如此顺利（这要归功于投入战斗的各个经验丰富的团）以至于元首大本营很认真地向该军军部，是否有可能一直推进至沃洛格达（附带说一下，沃洛格达位于东面250英里处）。在这样的冬季，再推进250英里！当军长将这个问题交给第18摩步师参谋长诺尔特少校时，诺尔特极为坦率地说出了自己的想法。

两天后，这个想法是多么不切实际就得到了证实。11月15日早上，一个新锐的西伯利亚师发起了意料中的大规模进攻，一个装备着崭新的T-34的坦克旅为他们提供支援。这一天的开始伴随着最新型"斯大林管风琴"飓风般的嘶叫。这是一场野蛮的激战。第18炮兵团的各个连，在贝格尔上校的指挥下，击毁了敌人50辆坦克。一连数天，西伯利亚步兵营反复对德军防线发起冲击，直到他们被耗尽为止。不过，尽管季赫温被烧成了一堆废墟，但它仍在德军手中。

苏军最高统帅部当然意识到德军装甲部队的大胆行动是为了与芬兰军队在斯维里河会合。因此，斯大林将更多的西伯利亚师投入到德军装甲部队的前进道路上。极其危险的状况出现在德军第61步兵师的作战区域内，该师处于被包围的危险中，激烈的战斗也消耗了全军的战斗力。但他们付出的勇气完全是徒劳无益。即便是顽强的芬兰人，对北部针叶林地带的气候了若指掌，也无法成功地渡过斯维里河。第39摩托化军孤立无援。在这片不毛之地，面对西伯利亚战略预备队不断的进攻，第39摩托化军已无法据守其暴露出的阵地。因此，施密特将军的继任者[1]冯·阿尼姆将军再次把他的各个师撤至沃尔霍夫。

德军后卫部队掩护这一后撤的壮举无与伦比。诺尔特上校（他担任第18摩步师参谋长时还是少校）表示："能当好先头部队指挥官的人并不太多。但率领一支先头部队要比指挥后卫部队容易得多。先头部队指挥官是走向胜利，后卫部队指挥官则是掩护一场失败。前者偕数千人奋勇地横扫千军，而后者却承受着失败的痛苦和苦难。"

这场从季赫温至沃尔霍夫的撤退，哈尔德大将用军事用语描述了其纪律和勇气：标志着军人美德史上光辉的一页。一个突出的例子是格罗瑟中校率领的第51摩步团第11和第12连，他们牺牲自己——被枪杀、被刺刀捅死、被殴打致死，为了掩护他们后撤中的战友。1941年12月22日，冒着零下52摄氏度的严寒，第39摩托化军的残部渡过沃尔霍夫河撤回防区，他们经历了一番令人震惊的苦难。单是第18摩步师就损失了9000人，该师的战斗力下降至741人。这些寥寥无几的士兵设

---

① 施密特将军被派去接替被解职的古德里安大将，第39摩托化军则交由阿尼姆将军指挥。

法渡过沃尔霍夫河逃了回来。季赫温战役，对列宁格勒的这一大包围行动，以失败而告终。

第30摩步团第3营的悲惨遭遇，展示出季赫温战役是如何超出了相关作战部队的能力。从丘多沃赶至季赫温的行军过程中，温度突然下降至零下40摄氏度，全营损失了250人，这几乎是其作战力量的一半，其中的大多数人是被冻死的。可怕的发现是，被冻死的人中，有些人的脑脊液也被冻结了，因为他们没在钢盔下戴上羊毛保护套。

从那时起，列宁格勒与沃尔霍夫之间的战线，对东线德军来说，将成为危险和代价高昂的战斗永久的来源。

这是对德国人赌输了列宁格勒战役的惩罚。这种惩罚还将在更多的地方更多地上演。事实上，无论是北方还是中央战线，希特勒都未能完成他1941年的作战目标：列宁格勒和莫斯科都未被征服。

第三部
罗斯托夫

1

穿越诺盖草原

南部战线的新目标——别里斯拉夫的桥梁——工兵夺取下第聂伯河——默尔德斯
战斗机联队的介入——通往克里木的道路被阻断——鞑靼壕沟之战——诺盖草原
上的迂回——别尔江斯克与马里乌波尔之间

1941年9月12日，就在第36摩步师和第1装甲师在夏末灿烂的天空下，经过杜德尔霍夫高地向列宁格勒迅速推进时，伊尔门湖却是大雨倾盆。第56摩托化军的军部人员在杰米扬斯克西南方一座毁坏的农舍旁搭设起他们的指挥部。冯·曼施泰因将军和他的勤务兵坐在湿漉漉的帐篷里。他们等待着夜间情况通报，在此之前，他们玩着桥牌以消磨时间。

突然，电话响了。施佩希特上尉拿起了听筒，一会儿他转过身说道："集团军司令想跟将军通话。"

曼施泰因咕哝着。这个时候打来的电话通常意味着坏消息。不过这次却并非如此，第16集团军司令布施大将在电话里向他的朋友曼施泰因表示祝贺。

"恭喜我吗？可为了什么呢，大将先生？"曼施泰因惊奇地问道。布施故意停顿了片刻，然后读出了他刚刚从元首大本营收到的电报："冯·曼施泰因将军出任第11集团军司令，本命令立即生效。"

第11集团军！这意味着战线的最南端，也是"南方"集团军群的最南端。几个小时前，第11集团军司令冯·朔贝特大将搭乘的鹳式侦察机试图迫降，结果落在俄国人的一片雷区中。朔贝特和他的飞行员被炸成了碎片。

曼施泰因怀着复杂的心情接受了这一任命。集团军司令，这当然是一名军官职业生涯的最高成就，但出任集团军司令也意味着对亲自指导一线部队的放弃：曼施泰因依然对亲临指挥野战部队情有独钟。不过，无论是当初担任伦德施泰德A集团军群参谋长，还是后来出任第38军军长，他都证明了自己是一名杰出的军事家。实际上，法国战役的模式就是出自他的手笔。

尽管对离开第56摩托化军充满了遗憾，这个军在他的率领下已经冲至列宁格勒门前，他带领着部队克服了种种危机，粉碎了苏军部队，经常担任"北方"集团军群的先头部队，但有一个原因使他对自己的离去感觉轻松了些。作为一个战略天才，曼施泰因意识到最高统帅部在北线和中央战线所犯下的错误，并对希特勒与陆军总司令部之间就重大战略目标所发生的拉锯战感到不快。9月12日上午，记录完他的军队在伊尔门湖南部成功击溃占据兵力优势的苏军部队后，曼施泰因在日记中写道："尽管取得了这些成果，但我还是缺乏一种真正的满足感。"

为何曼施泰因缺乏满足感呢？因为他发现军队上层对应该追求的目标，或者说对他的部队付出高昂的代价予以达成的目的没有一个清晰的思路。博克，与陆军总司令部的想法一致，希望直扑莫斯科；莱布，坚持希特勒最初的想法，希望夺取列宁格勒；而希特勒本人呢？希特勒既不想夺取莫斯科，也不想攻占列宁格勒，他寻求的是经济目标——石油、粮食和矿物，他想夺取的是乌克兰和高加索地区。

在列宁格勒战役的最高潮，在第16集团军成功地打击莫斯科防御圈侧翼的关键阶段，希特勒把他最出色的部下从北线调至南线，这绝非偶然。

南方战线上，9月中旬，经过初期缓慢而又艰难的一番行动后，陆军元帅冯·伦德施泰德正忙着结束基辅围歼战。与古德里安的装甲集群一起，伦德施泰德的部队歼灭了位于乌克兰的苏军主力。

第11集团军从罗马尼亚发起了进攻，并未参与基辅战役。与两个罗马尼亚集团军一起，该集团军夺回了比萨拉比亚，这是苏联在1940年从罗马尼亚手中强行夺去的。重新夺回比萨拉比亚是希特勒对罗马尼亚投身东线战事的奖励。解放了比萨拉比亚后，第11集团军将直扑第聂伯河的下游地区，这条宽阔的河流像一个巨大的障碍，穿过两个集团军群的作战地域。强渡第聂伯河标志着一个双重战略任务的开始。命令如下："第11集团军以其部分兵力夺取克里木半岛，其主力将沿亚速海北部边缘冲向罗斯托夫。"

毫无疑问，克里木和罗斯托夫都是非常重要的战略目标。顿河上的罗斯托夫有四条主要的铁路线，还有无数的道路交叉口，通向东、西、北以及南面，是高加索地区的门户。而克里木，控制了它就控制了黑海，并可以对邻国施加政治压力，例如土耳其和波斯。特别是土耳其，希特勒对它极为上心。他处心积虑地想把土耳其拉入自己的阵营，成功的话，就意味着锻造了一座连接地中海以及阿拉伯世界丰富得令人难以置信的油田的桥梁。隆美尔在非洲的军队就有可能与东线德军会合。有可能！

另外，夺取克里木的计划也是出于对经济战的考虑。克里木半岛是个危险的苏联空军基地，他们可以从这里起飞，轰炸罗马尼亚的普洛耶什蒂油田，这一点令希特勒寝食难安。

夺取克里木和罗斯托夫，第11集团军就此可以为伦德施泰德征服"苏联的鲁尔区"——顿涅茨盆地，提供一个坚实的基础。伏尔加河上的斯大林格勒，里海上的阿斯特拉罕，在希特勒的脑中，那是较为遥远的目标。实际上，它们早已被写入"巴巴罗萨"行动计划的注释里，作为"A—A线"，被包括进作战目标的详细时间安排中。"A—A线"指的是从阿斯特拉罕至阿尔汉格尔斯克。这条长线横穿了整个苏联，从北冰洋起，沿北德维纳河，直达伏尔加河，这一距离约为1250英里，这是希特勒对苏战争的终点线。德军沿着这条防线，以伏尔加河和北德维纳河上的大型防御工事为依托，可以控制住苏联军队及其设在乌拉尔两侧的基地。

只要拿起地图，便能清楚地明白德国最高领导所追求的梦幻般的目标。不过，为第11集团军制定的行动目标势必会造成该集团军的损失。

曼施泰因，这位冷静、清醒的战略家，立即意识到上层对第11集团军的要求太多了。尽管他接手的是一支出色的部队，他知道自己麾下的师都很好，也最具自我牺牲精神，但无法指望部队能完成远远超出他们能力的任务。

第11集团军经常能证明其惊人的能力。但他们最显著的功勋之一是：来自下萨克森州的第22步兵师在别里斯拉夫（Berislav）渡过了第聂伯河。强渡大型河流的这一经典战例值得加以详细描述，因为它代表的是工兵们的辉煌成就，这一点，通常在军事史上着墨甚少。与装甲部队及快速师不同，工兵总是在胜利的背后默默无闻，但他们在战斗中履行的职责却是不可或缺的。

没有什么能比真实的作战记录更清晰地揭示出夺取下第聂伯河重要渡口的戏剧性了。

8月24日，冯·博迪恩中校率领着第22步兵师的一支先遣队赶到了第聂伯河西岸，这支先遣队由第22摩托化侦察营、第22反坦克营第2连、第22工兵营第3连和一个高射炮群构成。强大的苏军部队据守着别里斯拉夫镇。

第二天早上，博迪恩对镇子发起了进攻。第16步兵团获得了第22工兵营第2连、第54炮兵团第2营①的加强后，被送上卡车，直接冲入镇内，加入到已打得不可开交的巷战中。8月26日夜幕降临前，别里斯拉夫被德军牢牢地控制在手中。

此时，对工兵们来说，激动人心的时刻到来了。第聂伯河是苏联欧洲部分的第二大河流，别里斯拉夫河段的宽度达到了750码。俄国人就在河对岸，他们知道德军正打算强行渡河。

第690摩托化特种工兵团指挥部的冯·海格尔上校负责行动的第一阶段——渡河！两个师的工兵营——第22和第46营，外加第741摩托化陆军工兵营和第903冲锋舟支队，接受了冒着敌方火力将第一波次突击队送过河去的任务。

8月30日，天还没亮，第22步兵师来自汉诺威和奥尔登堡各村镇的步兵们便占据了河边的阵地。第16步兵团的几个营登上了河中的一个小岛，如果不了解当地的情况，没人能到达那里。一个乌克兰渔民告诉了德军士兵登岛的办法。第47步兵团的士兵在一片葡萄园里等待着进攻命令的下达，这里几乎完全没有遮蔽，一切都已被夷为平地。苏军轰炸机和战斗轰炸机一次次地出现，投下降落伞式照明弹，搜寻着目标。只要它们一出现，地面上所有的行动便停顿下来。拂晓时，乳白色的雾气从河面升起，这是个真正的天赐良机。

4点27分，冲锋舟的引擎轰鸣起来。与此同时，德军的大炮和步兵重型武器朝河对岸猛烈开火。苏军的河岸防御阵地遭到压制。紧跟在冲锋舟后，大大小小的橡皮艇被推入河中。

河对岸，一发白色信号弹腾空而起：已到达对岸！德军炮兵立即将炮火前伸。

---

① 第54炮兵团第2营隶属于第30军直辖的第110炮兵指挥部。

各种机枪和步枪一起吼叫起来。第4航空队的斯图卡和轰炸机呼啸着飞过河去，朝对岸的苏军阵地投掷下炸弹。冲锋舟返回，重新搭载上步兵，再次朝对岸冲去。

一连三个小时，操纵着冲锋舟的工兵一直站立在船舵后。苏军猛烈的炮火将河面打得沸腾起来。一艘冲锋舟被炸成了碎片，还有几艘侥幸逃脱的冲锋舟倾覆了。但很显然，俄国人并未在河边安排炮兵观测员，他们的炮火杂乱无章。

第一波次登岸的德军突击队已将河边的苏军部队驱散，并获得了一个小小的桥头堡。工兵们随即将步兵的重型武器运过河去。最初的渡河行动已成功完成。步兵们扩展着他们的桥头堡。两天后，这个桥头堡的深度已达到2.5英里。行动的第二阶段——为师主力和第30军搭建一座桥梁，即将展开。

齐默尔上校不仅指挥着第620山地工兵团，还掌握着第49山地军所有的工兵部队，他负责搭建一座由116条浮舟构成的八吨重的桥梁所需要的一切复杂技术。第46、第240工兵营和第54山地工兵营投入到这一任务中，再加上罗马尼亚第10旅的修建连，总人数超过了2500人。

浮舟停泊在建桥点上游大约4英里处，被妥善隐蔽起来。这些浮舟先是被两条两条连在一起，以构成某种渡船，再将几条渡船连接起来，形成桥梁单位。按照一个明确的计划，这些桥梁单位被调至下游，从两岸布设，汇入桥接线。通过这种方式，桥梁从两岸向河中央汇集。这是一段紧张的时刻。只有经过工兵军官的精确计算，最后的桥梁单位才能被准确地连接起来，以实现完美的结合。

8月31日傍晚18点，这一工作开始了。午夜过后，凌晨1点，桥梁的两臂相距已不到25码。

9月1日凌晨3点30分，缺口封闭了。4点，第22步兵师的第一批车辆通过桥梁驶向对岸。就在这时，一股强风刮过，掀起5英尺的波浪砸在浮桥上，桥上的车辆东倒西歪，有几条浮舟发生了泄漏。

正当桥上的车辆艰难前行之际，低空掠过的苏军轰炸机投下了炸弹。直接命中！两条渡船沉没，德军工兵也死伤了16人。在湍急的河流中修复渡桥花了两个半小时。交通终于恢复了。

但随即，苏军轰炸机和战斗轰炸机再次返回，这次，它们得到了战斗机的护航。渡桥上的所有人员和车辆无遮无掩，河水深达50英尺。车队只能硬着头皮继续前进，希望自己交上好运。炸弹轰然落下，又有四条渡船沉没。

这一次的维修时间花了7个小时。工兵们浑身湿透，他们的双手鲜血淋漓，全身酸痛不已。在这条狂风呼啸、宽达750码、防御严密的河上搭建浮桥，创造了军事史上的奇迹。

默尔德斯上校率领着他的第51战斗机联队，接手了保护这座苏军试图不惜一切代价予以摧毁的桥梁的任务。两天的时间里，默尔德斯和他的部下击落了77架苏军轰炸机。两支空军高射炮部队——第14高射炮团第1营和第64高射炮团第1营，击落了另外13架苏军轰炸机。

尽管如此，接下来的几天里，苏军飞机的轰炸还是使在桥上艰苦工作的第1和第41山地师的大批工兵阵亡。别里斯拉夫的浮桥付出了沉重的代价。这可能是自上次大战以来最为激烈的浮桥争夺战。跨过这座桥梁，第11集团军便可以对克里木和高加索实施决定性的进攻。

克里木半岛与大陆被锡瓦什湖（Sivash）分隔开，锡瓦什湖也被称为"腐臭之海"，是一片步兵无法穿越的盐碱沼泽地。这片广阔的区域既没有坚实的地面，也没有海水，船舶无法通行，就连冲锋舟和橡皮艇也无能为力。

有三条道路可以穿越这片沼泽。西面的彼列科普（Perekop）地峡，宽度达4英里多。中间穿过萨利科沃（Salkovo）的铁路线。另外就是东面的格尼切斯克（Genichesk）走廊，只有几百码宽。1941年9月12日，冯·朔贝特大将阵亡的当天，第30军和第49山地军向别里斯拉夫以东迅速推进，从两侧绕过安东诺夫卡（Antonovka）。位于南面的是第54军，辖内第22和第73步兵师的先头部队分被由冯·博迪恩中校和史蒂夫法特少校带领。他们得到了二级突击队大队长迈尔率领的党卫军"阿道夫·希特勒警卫旗队"摩托化侦察营的加强，火速赶往彼列科普地峡。让这些部队投入行动，是朔贝特大将下达的最后一道命令。德军的意图是通过快速攻击夺取彼列科普地峡，从而打开西面的大门，进入克里木。

清晨4点30分，第聂伯河与黑海之间的诺盖草原在初升的太阳下熠熠生辉。眼前是一幅奇妙的景象。草原上开满了鲜花，目力所及之处，看不见树木，也没有山丘。无边无垠的视野一直消失于雾蒙蒙的地平线处。只有英伊（Anglo-Iranian）电报线的电线杆像鬼魅般的路标似的伫立在寂静的草原上，这是德国西门子公司在20

世纪初修建的。夏季，在这片草原上找不到一滴水，溪流和河道干涸了，深邃、了无生气的"Balkas[①]"横断着12000平方英里的沙漠。

跃入士兵们脑海的第一个念头是：对装甲部队来说，这是多么完美的地形啊！但第11集团军除了侦察营有几辆装甲侦察车外，没有装甲部队。在这片可以出色运用坦克的地方，他们却没有装甲部队或装甲运兵车单位。

先头部队由"警卫旗队"的摩托车和装甲侦察车担任。紧随其后的是第73步兵师的一支先遣队。二级突击队大队长迈尔跟随着他的先头连一同行动，用望远镜搜索着远处，一无所获，目力所及之处，没有任何动静。冯·比特纳的摩托车排冲在最前面，沿着海岸线直扑阿达梅尼（Adamany），从那里应该可以看见"鞑靼"壕沟的两侧。突然，像幽灵似的，几名骑兵出现在地平线处，随即又消失不见了，他们是苏军的侦察兵。

小心留意是必要的。"散开队形，继续前进！"草原上静得可怕。摩托车挎斗里的步兵做好了跃出车外的准备，驾驶员将身子倾向一侧，以便能更快地离开自己的车辆。

清晨6点刚过，摩托车分遣队在队长韦斯特法尔的带领下，小心翼翼地逼近了普列奥布拉任卡（Preobrazhenka）的第一片房屋区。这个村子位于别里斯拉夫—彼列科普主干道的旁边。一群绵羊走出村子，韦斯特法尔朝牧羊人挥舞着胳膊，"让你的羊离开公路，伙计，我们在赶路！"但那个鞑靼人好像不明白他的意思，也许是他不想把路让开。韦斯特法尔加大了油门，发动机吼叫起来，汽车朝着羊群冲去。羊群散开了，惊慌地四处奔逃。牧羊人喊叫着，放出牧羊犬追赶羊群。但这无济于事。羊群已离开了公路。片刻后，寂静被闪光和巨响撕裂了。羊群跑入了一片雷区，几只羊被炸成碎片。剧烈的爆炸，再加上垂死的绵羊所发出的咩咩声，这一切好像还不够似的，苏军的大炮突然间开火了。炮弹在村子内外炸开，摩托车手们跳下车，沿着彼列科普公路朝普列奥布拉任卡冲去。突然，他们看见前方出现了一堵火墙。村子的另一端，德军先头部队的前方几百码处，停着一列苏军的装甲列

---

① "Balkas"指的是峡谷，但这种峡谷是在平地上凹陷，没有突出的山峰，通俗地说就是大沟。

车：车上的大炮和机枪朝迈尔和史蒂夫法特的连队袭来，其效果极其恐怖。

"隐蔽！"德军士兵们趴在地上，机枪火力从他们头顶上掠过。但这一轮火力并非来自那辆装甲列车，而是来自苏军步兵，他们隐藏在伪装得极其出色的战壕中，就在德军前方不到50码处。

二级突击队大队长迈尔下令撤离普列奥布拉任卡。他的装甲侦察车用20毫米火炮朝俄国人的装甲列车开火射击，以便让其他战友在发烟罐的掩护下撤退。与此同时，迈尔第2连的一门37毫米反坦克炮被匆匆拖了上来，也对着装甲列车开炮了。可还没打出去几炮，这门反坦克炮便被一发炮弹直接命中。钢铁碎片蹿入空中，金属撞击声淹没了惨叫声。

这时，迈尔带着他的传令兵，猫着腰穿过村子，来到另一端。从这里，他可以看见苏军在普列奥布拉任卡精心布设的防御工事——战壕、铁丝网、混凝土碉堡。他意识到，这个阵地绝非通过突袭可以夺取。进一步的尝试只会使他的部队损失殆尽。跟着他一同赶上前来的韦斯特法尔，突然召唤着医护兵。一发炮弹撕破了他的胳膊。他那些阵亡和负伤的部下倒在四周。

"咱们快离开这儿！"二级突击队大队长迈尔重复道。他发出了撤退的信号。他的传令兵忙着将这一命令传达下去。身后的摩托车再次轰鸣起来，开始向后转。他们将负伤和阵亡的战友搬入摩托车挎斗，迅速撤离。装甲侦察车释放出烟雾，以遮蔽敌人的视线。在烟雾的掩护下，分队长赫尔穆特·巴尔克三次冲上前线，将伤员撤离火线。迈尔将最后一名伤员带了回来，他是三级突击队中队长雷尔。弹片在他的后背撕开个大口子，他死在自己营长的怀中。

第54军先头部队试图以突袭的方式冲入克里木的第一次尝试失败了。一个小时后，第73步兵师师长布鲁诺·比勒尔中将接到了迈尔和史蒂夫法特发来的电文："突袭的方式无法夺取彼列科普。详细作战记录随后附上。"

"装甲迈尔"和史蒂夫法特说的没错。通入克里木的彼列科普地峡，四英里宽的通道无遮无掩，在其前方，苏军修建的防御体系具有相当的纵深。其主要特征是"鞑靼壕沟"，这道壕沟深达40～50英尺，修建于15世纪的土耳其时代，目的是为了保护克里木半岛免遭来自大陆的攻击。五百年后，它将成为装甲部队的巨大障碍和危险陷阱。要绕过它是不可能的。苏军的防御工事从一侧的亚速海盐碱沼泽延伸至另一侧的黑海。进入克里木半岛的大门被封闭了。

9月17日，冯·曼施泰因将军在尼古拉耶夫（Nikolayev，这是黑海上一个大型造船中心）正式接掌第11集团军的指挥权时，他便意识到，凭自己手上现有的兵力，无法同时夺取克里木和罗斯托夫。其中的一个目标不得不暂时搁置，但应该先夺取哪个目标呢？曼施泰因并未犹豫太久。

克里木代表着对整个东线德军右翼纵深的持久威胁，因为俄国人可以跨海，从南面将新锐部队运入半岛。另外，敌人手中的克里木半岛还是一个对罗马尼亚油田构成威胁的机场。出于这个原因，曼施泰因决定优先考虑夺取克里木。至于罗斯托夫方向，他只希望与被逐出安东诺夫卡的敌军保持接触即可。

曼施泰因构思了一个出色的计划。首先由汉森将军的第54军通过正面进攻强行突破彼列科普地峡。为完成这一艰巨的任务，集团军直属的所有炮兵、工兵及高炮部队都派给该军。除了该军辖下的两个师（第73和第46步兵师）外，稍后方的第50步兵师也交由汉森指挥。对解决正面仅有四英里宽的防御阵地来说，这是一股相当强大的打击力量。

当然，作为一名经验丰富的指挥官，曼施泰因也知道，他也许可以用这些兵力强行打开通往克里木的大门，但他无法征服一片10000平方英里的地区，这一面积几乎与比利时相当，岛上还设有许多强大的要塞和据点。

作为一名具有总参背景的战略家，曼施泰因将行动计划的第二阶段建立在精确和运气上。屈布勒将军的第49山地军和党卫队全国副总指挥迪特里希率领的"阿道夫·希特勒警卫旗队①"旅，将从第聂伯河曲部调离，待突破达成后，立即以强行军介入，从而迅速推进，散开并占领整个克里木。

"警卫旗队"的装备极其精良，他们拥有重型武器、自行高炮、自行突击炮、摩托车、装甲侦察车和运兵车，因此，他们有机会追赶上后撤中的敌人，并将其与塞瓦斯托波尔隔离。塞瓦斯托波尔，克里木半岛南端这一重要的海岸堡垒，也许能

---

① 此时的"警卫旗队"在名义上是党卫军摩托化步兵师，但其实力并未达到师级规模，而是加强旅级别。

在它得到加强前，通过一次快速打击将其夺取。

山地军将被部署至高达4800英尺的亚伊拉山脉（Yayla mountains），然后，他们将夺取刻赤半岛，并将从那里穿过狭窄的水道进入库班（Kuban），杀入高加索地区。

这个计划并非海市蜃楼，曼施泰因认为它是可以实现的，因为诺盖草原上的敌军始终未发起任何突击。这一点是第11集团军行动计划中有风险的一面。为了

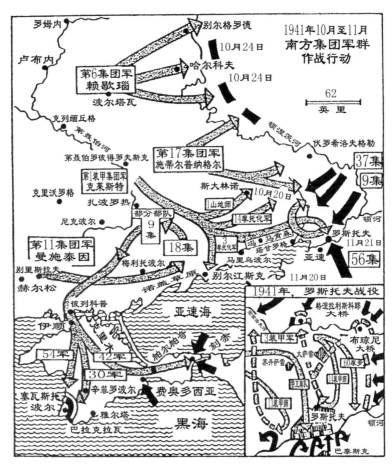

▲ 顿涅茨盆地、克里木和罗斯托夫是南方集团军群1941年的战略目标。

集中起足够的力量夺下克里木，曼施泰因不得不将"警卫旗队"和第49山地军调出，这就使内陆的兵力减少到最低限度。冯·扎尔穆特将军的第30军（辖第72和第22步兵师）必须在诺盖草原上坚守自己的防线，所得到的支援仅仅是罗马尼亚第3集团军。曼施泰因接受了这一仔细衡量过的风险，因为他对麾下战斗力强悍的师深具信心。

1941年9月24日，南方的阳光无情地洒落在彼列科普前方毫无特色的草原上，烘烤着锡瓦什湖的盐碱沼泽。苏军步兵第156师坚守着他们纵深交错的防线。进入克里木的中央通道由步兵第276师防护，该师隶属于库兹涅佐夫上将指挥的苏军第51集团军，他的命令是："不得丢失一寸土地！"

但一位将军的命令只有在他的士兵们还活着时才有效。经过三天的激战，德军第46和第73步兵师突破了狭窄的通道。他们克服了"鞑靼壕沟"，夺取了壁垒森严的阿尔米扬斯克村（Armyansk），并由此获得了再次进行部署的空间。

沿伊顺地峡（Ishun），库兹涅佐夫上将把他的骑兵第40和第42师以及步兵第271和第106师投入到最后的防御中。曼施泰因计划的最后一个帷幕即将拉开。现在，"警卫旗队"和山地军即将前调，以完成最后的突破并席卷整个半岛。

德军的胜利已触手可及。但目前，苏军最高统帅部尚能挫败德军大胆的进攻计划。

北面的诺盖草原上，9月23到24日的夜间，季莫舍夫卡（Timoshevka）前方的反坦克壕中，低声细语此起彼伏。第1和第4山地师的部队被调离前线，投入到克里木的战事中。罗马尼亚第1、第2和第4山地旅接管了这一防区。他们的指挥部获得了情况简报。一个德军营将防务移交给罗马尼亚人后，出发赶往南面。

"伙计们，快点，我们要赶往阳光灿烂的克里木了！"第91山地猎兵团的军士们催促着各个连队。士兵们加快了脚步，到第二天早晨，他们一口气前进了24英里。

第13山地猎兵团在他们的旧阵地上只留下一个山地猎兵营和一个炮兵队。第4山地师师部打算跟他们一起赶往克里木。

"都准备好了吗？"第4山地师参谋长舍费尔中校问第94山地炮兵团第2营营长埃德尔少校。"中校先生，出发的准备工作都已妥当！"这位炮兵军官回答道。

突然，舍费尔惊异地问道："那里究竟是怎么回事？"

不远处，罗马尼亚士兵匆匆离开了他们的防线。

"埃德尔，你赶紧去罗马尼亚人的旅部，问问发生了什么情况？"已经不需要埃德尔去问太多的问题。罗马尼亚士兵忙着收拾行装，把他们的个人财物扔进卡车里，以便能尽快逃离。"俄国人达成了突破！"他们这样告诉他。

好像是为了证明罗马尼亚人的说法，附近响起了步枪的射击声。警报！俄国人就在这里！

显然，苏军听说了罗马尼亚人接防的消息，随即以新调来的第9和第18集团军，趁德军第11集团军正进行重组之机，对其防线发动了进攻。罗马尼亚第3集团军的某些部队立即后撤。苏军随即压上，整个罗马尼亚第4山地旅惊慌逃窜，前线被撕开一个9英里的大缺口。面对这种状况，曼施泰因不得不再次征调山地军，将其投入到突破口。

为了将这场灾难搞得更彻底些，苏军在南翼，冯·扎尔穆特将军第30军的防线上，也达成了突破。罗马尼亚第5骑兵旅防区内出现的突破口，被"冯·肖尔蒂茨"战斗群以及第22步兵师的部队所封闭，德军的防线再一次被支撑起来。接着，第30军防线的北翼也遭到突破，罗马尼亚第6骑兵旅后撤。为了解决这一新的危机，被置于山地军麾下的第170步兵师不得不停止前进，而"警卫旗队"此刻已在赶往克里木的途中，现在也不得不转身去对付敌人的这一突破。曼施泰因突入克里木、奇袭夺取塞瓦斯托波尔的计划失败了。相反，第11集团军现正处在与克里木相隔断的危险中，有可能遭到包围，并被歼灭在第聂伯河一线与黑海之间的狭长地域中。

但在大规模行动中，改变命运的危机经常会变成幸运的机会。苏军两个集团军对曼施泰因的部队施加压力的同时，却忽略了自己的侧翼和后方掩护。这就决定了他们的厄运，而这一厄运将由克莱斯特带来。9月底，冯·克莱斯特大将率领的第1装甲集群，在庞大的基辅围歼战中完成了自己的任务，随即又肩负起新的行动。在第聂伯罗彼得罗夫斯克（Dnepropetrovsk），冯·马肯森将军的第3摩托化军建立并守住了渡过第聂伯河与萨马拉河的一处桥头堡。从这个桥头堡和扎波罗热（Zaporozhye）出发，克莱斯特突破了苏军在第聂伯河上的防御，转身向南，直扑亚速海，对苏军两个集团军的后方展开攻击。

苏军最高统帅部还没来得及意识到所发生的情况，试图歼灭曼施泰因部队的两个苏军集团军，自己反而落入了陷阱。猎人成了猎物，进攻变成了溃败。亚速海沿岸的围歼战在诺盖草原的切尔尼戈夫卡地区（Chernigovka）肆虐开来，从10月5日一直延续至10月10日。

对俄国人来说，这场战役的结果是灾难性的。第18集团军的主力被歼灭于马里乌波尔（Mariupol）与别尔江斯克（Berdyansk）之间。集团军司令员斯米尔诺夫中将在10月6日的战斗中阵亡，他被发现死在战场上。65000多名俘虏拖着沉重的步伐走向西方。212辆坦克和672门大炮落入德军手中。这是个胜利。但在过去的三周里，第11集团军的命运时常在刀锋边缘游荡。毫无疑问，德军最高统帅部将东线最南端的这一惨痛经历作为一个警示：分散的兵力和不够协调的行动无法赢得可靠的胜利。

因此，曼施泰因终于收到了上级明智的命令：第11集团军的唯一目标是克里木。夺取罗斯托夫的任务交给了克莱斯特装甲集群，为此，第11集团军奉命将第49山地军和党卫军"阿道夫·希特勒警卫旗队"师摩托化旅交给克莱斯特。

但这个命令晚了三个星期。如果这道最终对第11集团军实力做出让步的命令早下达三周，克里木早已陷落，塞瓦斯托波尔也很有可能像曼施泰因大胆的计划所构想的那样，被快速部队的突袭所攻克。

三个星期，在战争中是一段很长的时间。抓住喘息之机咸鱼翻身，这是苏军最高统帅部的拿手好戏之一。正因为如此，曼施泰因和他的集团军现在面临着一场旷日持久、代价高昂的战役。

2

克里木战役

10月16日，就在苏军最高统帅部疏散被罗马尼亚第4集团军包围的敖德萨，并将残余的部队撤入克里木之际，汉森将军的第54军正准备从伊顺地峡狭窄的颈部地段攻入克里木半岛的北部。

第22步兵师第16团第2营的海因里希·韦泽洛下士和列兵扬·迈尔跟着队伍跑步前进，到达了进攻出发线。1941年10月17日的夜晚降临在锡瓦什湖上，这片盐碱沼泽地将克里木与大陆分隔开。黄昏降临时，彼列科普坑坑洼洼的地面和伊顺的房屋，看上去相当怪异。此刻，天很冷，还下着雨。

在这两名步兵右侧是一个炮兵前进观测员，他跪在地上，为自己挖掘着过夜的散兵坑。在他们左侧，营里的一群战友也在挖散兵坑。韦泽洛和迈尔也伏身于冰冷的地面，开始挖掘过夜的散兵坑。

他们的挖掘工具与地面撞击，发出了轻柔的声响。散兵坑越来越深。两人爬了进去。"他们说，每年的这个时候，下面的海岸处还很温暖。"韦泽洛说道。扬·迈尔点了点头。他想起了汉诺威家中的农场，禁不住骂道："这该死的战争！"

"不会持续太久了！"韦泽洛安慰他，"两个星期前，在草原上，我们抓获了近10万名俘虏。3个星期前，在基辅，665000名俘虏；再早些时候，乌曼，又是10万。他们说，迄今为止，中央战线上也抓获了约65万名战俘。就在几天前，他们似乎在维亚济马和布良斯克完成了一个出色的包围圈——公报说，又有663000名俘虏。你加加看，俘虏的数字都超过200万了。"

"我敢说，俄国人的兵力会跟以前一样多的！"扬·迈尔咕哝着。

就在这时，一架苏军的伊-15战斗机掠过他们的阵地，机上的火炮发射了几枚炮弹。弹片四散飞溅。俄国人完全控制了南部的天空，就连戈特哈特·汉德里克少校的第77战斗机联队——"红桃A"联队，对此亦无能为力。苏军飞机在数量上占有绝对优势，除了对地攻击机和战斗轰炸机外，他们还有两个编队的200架伊-15和伊-16战斗机持续投入到战斗中。德军士兵不得不充分利用他们的战壕挖掘工具，这还是第一次。

挖掘散兵坑，这是克里木战役中第一条，也是最重要的一条指令。在伊顺盐土草原几乎完全裸露的地面上，除了挖掘散兵坑，根本没有其他任何隐蔽处。没有遭到苏联空军袭击的地方，就轮到他们的大炮来帮忙。俄国人的炮兵阵地设在伪装得极其出色的掩体中，通常有钢筋混凝土和装甲板的保护，他们会在远距离上对一些精心挑选的目标突然施以集中性炮火袭击。德军炮兵发现，他们很难逮住俄国人的炮兵阵地。

面对这种状况，保护自己的唯一办法就是挖掘掩体。不光是步兵，还包括每一部车辆、每一门大炮、每一匹马匹，都被隐藏在数英尺深的地面下。

10月17到18日的黑夜笼罩着伊顺地峡。黑海与盐碱沼泽之间的阵地中，德军步兵等待着拂晓的来临。苏军士兵也在等待，他们知道会发生些什么，并在这个重要的半岛上热火朝天地组织起防御。两天前的10月16日，斯大林命令敖德萨的守军撤离，自8月初以来，这座城市就一直被罗马尼亚第4集团军所包围。Y.E.彼得罗夫少将的滨海集团军将协防克里木。通过匆匆组织起来的海军运输船，彼得罗夫的滨海集团军将被调至塞瓦斯托波尔。这是个正确的做法，因为，如果曼施泰因成功地杀入克里木，敖德萨无论怎样都将失去其作为港口和黑海海军基地的重要性。相比之下，守住克里木更为重要，尤其是塞瓦斯托波尔。将整个集团军通过海路迅速撤出敖德萨是个大胆的行动，没有多少人认为俄国人能完成这一任务，因为苏联海军缺乏海战经验。

一夜之间，在未被德国空军发现的情况下，滨海集团军的主力，大约7～8万人，登上总吨位为191400吨的37艘大型运输船和各种大大小小的海军舰艇，被运往塞瓦斯托波尔。诚然，只有人员撤离了敖德萨，马匹和车辆被遗弃了。重型火炮被丢弃在港口，因为没有起重机。苏军炮兵第57团上了船，但却没带一门大炮、一部车辆或一件装备。

刚一抵达塞瓦斯托波尔，彼得罗夫的部队便通过强行军被送至伊顺前线投入战斗，他们衣衫褴褛，装备极为短缺。

为了突破伊顺地峡，曼施泰因将第54军的3个师一字排开。实际上，4英里宽的通道也缺乏足够的空间部署更多的部队。从左至右，分别是第22、第73、第46步兵师以及第170步兵师的部分兵力。在他们身后是辖第72、第50步兵师和第170师主力的第30军。辖第132和第24步兵师的第42军此刻仍在路上，但随即将加入第11集团军的进攻部队。元首大本营将该军提供给曼施泰因，条件是让该军辖内的师尽快从刻赤半岛进入库班，冲入高加索地区。

曼施泰因的6个师，面对的是苏军第51集团军的8个师，俄国人的兵力还要加上4个骑兵师，另外还有塞瓦斯托波尔的要塞部队和海军陆战旅，位于最前方的是彼得罗夫从敖德萨撤出的部队。

黑夜仿佛永不消失似的。前沿观测员蹲在他们的战壕镜后。步兵们趴在双人散兵坑中，他们靠在一起，瑟瑟发抖。紧跟在前沿步兵阵地身后的是中型火炮和烟雾迫击炮，这还是第11集团军防区内第一次使用这种武器。这些火炮隐藏在战壕和伪装网下。更后方的阵地上，部署着150毫米和210毫米口径的重型火炮。清晨5点，一声巨大的雷鸣撕裂了灰蒙蒙的黎明。第11集团军所有的大炮轰鸣起来，猛烈的炮击拉开了克里木战役的帷幕。爆炸的巨响，闪烁的火光，喷溅的泥土，硝烟，恶臭，这是一幅地狱般的场面。伴随着轰鸣和尖啸，烟雾迫击炮射①出的火箭弹拖着炽热的火焰扑向敌人的阵地，将冰雹般的钢铁与火焰投向伊顺地峡的守军。

5点30分，猛烈的炮击距离德军前沿攻击部队的阵地只有100码。炮击暂停了一会儿，随即再次响起，但这次，弹幕更远了些：炮兵火力已经前伸。这是给步

---

① 烟雾迫击炮就是德军配备的多管火箭炮，为掩人耳目，这种武器最初被称为发射烟幕弹的迫击炮。

兵发出的信号。德军士兵爬出各自的散兵坑。"前进！"他们向前冲去。机枪为他们提供着掩护火力，迫击炮继续压制着敌人的据点。

但德军炮兵的轰击并未打垮苏军长期以来精心布设的阵地。俄国人的机枪开火了，大炮的齐射也很准确，这迫使进攻中的德军士兵一次次趴在地上进行隐蔽。

步兵的进攻只能一步步地获得进展。左翼，来自下萨克森州的第22步兵师，第65团团长哈库伊斯上校率领着麾下的几个营突破了敌人的防线，并夺取了封锁着通道的筑垒山脊。但敌军猛烈的炮火也迫使他们不得不挖掘掩体进行隐蔽。

第47步兵团的作战区域内，战况进展不是太好。几个突击连被挡在一道强大的铁丝网前，遭到苏军火力的射杀。侥幸生还的人设法退了回去。第22步兵师的第16团不得不从预备阵地前调，他们发起了侧翼攻击，打垮了第47步兵团前方的防御者。德军的推进得以恢复。第47步兵团的士兵攻破了所谓的"阿西斯英雄墓地"，这是一个设在完全平坦的地形上的制高点。但俄国人没有投降，他们战死在散兵坑和战壕中。

第73步兵师的作战区域位于第22步兵师的右侧，该师辖内的几个团也正逐渐获得进展。第46和第170步兵师的右翼部队一路杀入了苏军防御的筑垒工事中。

但这些纵深交错的防御体系似乎永无尽头，铁丝网接着铁丝网，密集的雷区埋着木盒地雷，对工兵的探测器毫无反应，这里还布设了远距离操控的火焰喷射器。另外，半埋的坦克和电引爆的水雷完成了这些"恶魔的农场"，英勇的工兵们必须予以清除。

德军步兵不得不以代价高昂的战斗一个接一个地夺取敌军的阵地，以通过这片纵深达一英里的防御区。战况频繁得以挽救完全是靠德军突击炮对步兵的支援：第190突击炮营那些笨拙的怪兽，为步兵连突破了苏军的铁丝网和碉堡线。激战持续了8天——192小时。最终，进入克里木的通道在几个地点被突破，彼得罗夫的滨海集团军已无力阻止这一切。据P.A.芝林上校说，在伊顺地峡最后三天的争夺战中，该集团军大部分人员和装备损失殆尽。他将这一严重损失归咎于"德军大规模的坦克攻击"。他说的不对！曼施泰因根本就没有装甲部队。他们只有福格特少校率领的第190突击炮营的二十来辆突击炮，该营因其战术徽标而被称作"狮群"。这个营与第170步兵师一起，果断地粉碎了彼得罗夫将军的滨海集团军。

与此同时，第11集团军指挥部不能不注意到，经过这些天激烈的战斗，突击部队的战斗力已开始下降。特别是在10月25和26日，出现了多次危机。10月27日，他们再度与彼得罗夫的部队进行了激烈的交战，随后，苏军的抵抗减弱了。

曼施泰因因此将10月28日定为达成最终突破性打击的日期。但这一打击并未实现：苏军第51集团军在夜幕的掩护下放弃了他们的阵地，向东面撤离。彼得罗夫滨海集团军的残部混乱不堪地向南面的塞瓦斯托波尔逃去。德军成功地杀入了克里木半岛。

第11集团军现在可以展开追击了。10月28日，距离彼列科普东北方不到20英里的新阿斯卡尼亚集体果园的办公楼内，传令兵们不停地进进出出。在一间大会议室中，曼施泰因的集团军作训处长布塞上校摊开了他的作战态势图。箭头、线条、小圆圈和旗帜标识出苏军刚刚开始的溃逃。

快到中午时，曼施泰因和集团军参谋长韦勒上校走进会议室。"布塞，您对形势怎么看？"曼施泰因问他的作训处长，"俄国人会放弃克里木吗？"

"我不这么认为，将军先生！"布塞回答道。

"我也不这么认为。"曼施泰因答道，"如果这样做的话，他们就将失去对黑海的控制，并将丢弃他们威胁到南方集团军群侧翼的强势阵地。他们不会急于这么做的。另外，搭载两个集团军并将其撤离，这是个相当困难的工作。"

韦勒指着地图："俄国人肯定会试着守住塞瓦斯托波尔、费奥多西亚（Feodosiya）和刻赤。他们会挽救他们的溃兵，并将其纳入这些要塞中，他们会在那里得到补充，然后再次被投入战斗。只要能守住塞瓦斯托波尔的海军要塞，他们就能做到这一点。"

"这正是我们必须防止的！"曼施泰因反驳道。

布塞点了点头："可我们怎么能把步兵变成摩托化部队呢？要是我们有一个装甲师或摩步师，那就好了！事情会容易得多。"

韦勒上校抓住这一点提出了自己的想法："我们可以把步兵师里所有可用的摩托化单位合并起来，从侦察营到高射炮和反坦克炮单位，再把他们作为一个快速战斗群派出去。"布塞完全赞同这个主意。

"很好！"曼施泰因做出了决定。"布塞，您去负责组建这个战斗群。派齐格勒上校带领。他的第一个目标是克里木半岛上的重要城市和交通中心——辛菲罗波尔（Simferopol），通向塞瓦斯托波尔和南部海岸的道路就穿过该城。这条道路必须被堵住！"

曼施泰因拿起一支彩色铅笔，在地图上简单地画了几笔，勾勒出他的作战计划：第30军（辖第22和第72步兵师）将跟在齐格勒的快速战斗群身后推进，经辛菲罗波尔和巴赫奇萨赖（Bakhchisaray）赶往南部海岸，直奔塞瓦斯托波尔和雅尔塔！新赶到的第42军（辖第46、第73和第170步兵师）将冲向费奥多西亚和帕尔帕奇地峡（Parpach）。第54军（辖第50和第132步兵师）将冲向南方，直奔塞瓦斯托波尔。也许，这座堡垒能被突袭所夺取。

这就是曼施泰因，大胆、迅速决策、对整体态势有着明确的理解。他的计划打破了敌人的意图。库兹涅佐夫将军①正将他的第51集团军撤往东南方，根据命令，他们将在费奥多西亚和刻赤实施抵抗。

彼得罗夫将军的滨海集团军已陷入彻底的混乱，失去了与上级的联系，因此，他们没收到后撤的命令。彼得罗夫把师和旅里的指挥官、参谋长以及政委们召集到埃基巴什（Ekibash）的步兵第95师师部。他们进行了激烈的讨论，但每个人都害怕承担责任。最后，他们做出了决定，撤往南方，去保卫塞瓦斯托波尔。

在新阿斯卡尼亚集体农庄，曼施泰因勾勒出的行动计划中，准确地预测到俄国人的这一应对。"先生们，有问题吗？"

"没有问题，将军先生！"

"很好，布塞，这里的一切交给您料理，我到第30军去。"

布塞和韦勒立正敬礼。屋外的院落里，指挥车的发动机轰鸣起来。无线电台被搬上车，第11集团军的机动指挥部朝着前线驶去。

曼施泰因刚刚到达第30军军部，消息传来，沃尔夫少将的第22步兵师（该师原是一支空降师，因此在机械化车辆方面的装备要更好些）用工兵、反坦克炮

---

① 这里的库兹涅佐夫将军就是曼施泰因在北方战线的老对手，原西北方面军司令员，现在被降级为集团军司令员。

兵、陆军高射炮兵、步兵和炮兵组织起一支摩托化先遣队。这支先遣队由普雷茨少校率领，已经冲过塔甘纳什（Taganash），直奔占科伊（Dzhankoy）的公路和铁路枢纽。

11月1日，齐格勒上校的战斗群夺取了辛菲罗波尔，随即与冯·博迪恩中校率领的第22步兵师侦察营一起，越过山脉，直扑南部海岸的雅尔塔，切断了仍向塞瓦斯托波尔后撤的苏军滨海集团军主力。

在克里木半岛的东部，第46步兵师到达了帕尔帕奇地峡，抢在苏军主力赶到前将其封锁。11月3日，第170步兵师辖下的几个团攻占了费奥多西亚及其港口。经过激烈的战斗，第46和第170步兵师冲过了帕尔帕奇地峡。第401步兵团团长蒂洛中校和他的副官冯·普罗特中尉，阵亡于敌人的据点和铁丝网前。德军的伤亡相当惨重，各个连队的兵力下降至20人，最多30人。但他们获得了胜利。只有苏军指挥部人员和一些丢弃了重武器的溃兵得以穿过刻赤通道逃入大陆。11月15日，壁垒森严的刻赤镇失陷。

普雷茨少校率领的第22步兵师先遣队，按计划时间顺利推进。他们绕过辛菲罗波尔，进入到崎岖的亚伊拉山脉。尽管这些士兵对山地条件并不习惯，但他们的表现令人钦佩。与第72步兵师第124团相配合，他们攻占了阿卢什塔（Alushta），并包围了苏军的一个骑兵师。雅尔塔，这一著名的海港城市和度假胜地，黑海上的蒙地卡罗，被德军占领。

米勒中校率领着第72步兵师第105团，沿海岸公路向西疾进，直奔塞瓦斯托波尔，并以一次大胆的攻击占领了巴拉克拉瓦（Balaclava），这是最南端的一座要塞。所有的一切似乎正在按计划进行。

第54军的第50和第132步兵师从北面而来，同样向塞瓦斯托波尔接近地逼近，但却被苏军顽强的抵抗所阻。俄国人的海军陆战队和要塞炮兵都是建制完整的精锐部队，再加上来自新罗西斯克（Novorossiysk）预备军官第79旅的学员，这些部队全都投入到战斗中。德军未能前进一步。事态变得越来越明显，以现有的疲惫之师，德军无法用突袭夺取塞瓦斯托波尔。曼施泰因与胜利的桂冠失之交臂。

尽管第11集团军的追击未能迅速夺下塞瓦斯托波尔这一胜利的桂冠，但其部队积极的进攻精神几乎将半岛上的敌军歼灭殆尽。12个步兵师和4个骑兵师大半被歼。德军的六个师抓获了10万名战俘，摧毁或缴获了700多门大炮和160辆坦克。

从1941年11月16日起，第11集团军面临的任务是，从陆地一侧发起攻击，拿下敌人在克里木半岛最后的堡垒，这也是世界上最强大的海军要塞之一。不管用怎样的方式，塞瓦斯托波尔必须被攻克。绕过这座拥有开阔港口的海军要塞，或仅仅从陆地一侧将其封锁是不够的。如果这样的话，斯大林可以在他选择的任何时刻实施两栖登陆战，对东线德军的侧翼发起打击。因此，现在应该对这座要塞进行一次系统的进攻准备，决不能抱有侥幸心理。正确部署炮兵以及弹药补给是这一行动的关键问题之一，然后便是从陆地一侧最终封锁这座要塞。

塞瓦斯托波尔东北面，第22步兵师炮兵部队的情形很好地说明了炮兵所进行的准备工作。一座陈旧的木制掩体中，普莱尔中士刚刚把一个生锈的空罐头盒里的雨水倒掉，这个罐头盒被放在漏雨点的下方接水，就在这时，电话铃响了。

"多拉二号。"普莱尔对着电话说道。多拉二号指的是第22炮兵团团部。团部设在著名的别利别克峡谷（Belbek），304高地上，靠近一座名叫"休伦"的小村落，距离塞瓦斯托波尔17英里。

电话另一端确认了自己的身份是"信天翁三号"。"请说。"普莱尔说道。然后，一边慢慢地重复，一边将自己听到的每一个字都记了下来："昨晚，八个姑娘到来，没带篮子。信息完毕。"

"信息清楚，完毕！"普莱尔放下电话，从电话的搁架上拿起一份绿色的文件。就在这时，电话又响了。

这次，打电话来的是"苍鹭五号"。苍鹭五号提供给普莱尔的情况比信天翁三号更令人好奇。这次不是没带篮子的八个姑娘，而是"管风琴用蛋糕轰炸了戈尔达。"

普莱尔没有发笑，而是严肃地记下了这一信息："管风琴……蛋糕……"

这种信息是常数字符串，来自炮兵部队炮口闪烁和声波测量小组的前哨观测员。他们必须以代码发出关于苏军设在塞瓦斯托波尔要塞地区炮兵阵地位置的信息，因为在复杂的山区地形中，俄国人一次次成功地接入到德军的电话线路中。出于这个原因，他们用代码说明了大炮的口径、地理特征、炮位、部队以及德军观察哨的位置，这就造成了"没带篮子的姑娘们到来"或"戈尔达被管风琴用蛋糕轰炸"这种奇怪的语句。这些信息被输入炮兵指挥所的测距卡中。每一门被确认的大炮，每一个观察哨，每一个据点都被仔细输入，并进行准确的测距。因此，炮兵们熟悉了所有重要的目标。通过这种办法，要塞及其接近地遭到不断的探测、侦察和标绘。

我们在"多拉二号"见到的这一情形在整个第11集团军所有的指挥部中进行着，一直持续至11月底。他们热火朝天地忙碌着。曼施泰因想在圣诞节前拿下塞瓦斯托波尔。第11集团军必须尽快腾出手来执行下一个任务——挺进高加索，不能在克里木半岛被拖上几个月。因此，曼施泰因集中起手头所有的兵力，投入到夺取塞瓦斯托波尔的战役中。

通过艰难的山地作战，第11集团军现在得以使用新赶到的罗马尼亚第1山地旅，亚伊拉山中，第54军左翼与第30军之间的缺口被封闭。但到11月底，德军驻留在要塞东面的四个师并不足以发起最后的总攻。与整个东线战场各处的情况一样，克里木半岛上的德军面临着兵力不足，而要征服的目标太过庞大的问题。其结果是，曼施泰因不得不承担起从暴露的刻赤半岛抽调部队，只留下一个第46步兵师的风险。这就意味着185英里的海岸线上，守军在各处的力量不会超过一个加强巡逻队。要是俄国人在刻赤登陆怎么办？曼施泰因只能从最好处着眼。他对第42军军长施彭内克伯爵这位经验丰富、充满活力的将领及其下辖的第46步兵师深具信心。

12月17日，进攻塞瓦斯托波尔的一切准备工作都已就绪。伴随着第一道曙光的出现，沿着第54军12英里长的整个前线，各种口径的大炮一起开火。冯·里希特霍芬将军的第8航空军再次为进攻行动提供空中支援。他的对地攻击机和俯冲轰炸机对苏军的防御工事和炮兵阵地实施了攻击。对塞瓦斯托波尔的第一次进攻开始了。

塞瓦斯托波尔要塞内一片火海。德军将从北面夺取这座要塞。主攻落在第22步兵师的作战区域内，该师构成了第54军的右翼。在它旁边是第132、第24和第50步兵师。第16步兵团的士兵们冲上别利利克峡谷的斜坡，深深地插入到苏军的防线中。

第2营一直冲到了著名的卡梅什雷峡谷（Kamyshly Gorge），并以一个大胆的推进夺取了192高地的制高点。筋疲力尽，再加上严重的伤亡，德军的几个排趴在了灌木丛中。与南面相邻的第132步兵师的部队一起，第16步兵团将敌人逐出斜坡，随即向别利别克峡谷南侧的筑垒地域冲去。第132步兵师的几个突击营，尽管得到了战斗工兵"地雷投掷器[①]"出色的支援，但第一天进攻所获得的进展不到四英里。即便是可怕的"陆地斯图卡"也无法突破守军英勇顽强的防御。

右侧稍远处，高地的山脊上，第65步兵团的几个营冒着冰冷的寒风，在碉堡和铁丝网构成的苏军防线上杀开一条血路。他们所获得的进展也很缓慢。

最右侧，第47步兵团和罗马尼亚摩托化团的作战区域内，几个连在过去的三天里一直被卡恰山谷（Kacha）中苏军防御工事密集的火力所阻。情况相当严峻。

12月21日，第22步兵师第47团的区域内，温内菲尔德上尉带着他的连队冲出了困住他们的地狱。事情不可能比这更加糟糕了：如果留在原地，他们肯定会被打死；冲上去，也许还有一线生机。

"冲啊！"他们杀入了苏军的战壕。手榴弹，工兵铲，冲锋枪！第47步兵团的第3营也冲了上去，突入到苏军的防线中。沿岸处，第22侦察营的连队和"勃兰登堡"特种团第6连夺取了苏军最前沿的据点。

随即，苏军防线上爆发了一场可怕的厮杀。最后，12月23日，冯·肖尔蒂茨上校率领的第22步兵师第16团到达了通往要塞的南北向公路。环绕着塞瓦斯托波尔的外围防御工事落入到德军手中。

但塞瓦斯托波尔非常牢固。两座埋于地下的"马克西姆·高尔基"重型装甲炮台用305毫米口径的大炮轰击德军阵地。苏军的碉堡和机枪阵地喷吐出炙热的火舌。

德军士兵就在这样的地狱中度过了圣诞夜。

这里没有蜡烛，没有教堂的钟声，也没有信件。对许多人来说，甚至连一盘热饭菜也没有。

第24和第132步兵师只能一步步地获得进展。苏军用准确的迫击炮火力轰击着灌木间空地和道路上的德军预备队。守军顽强地据守在用泥土和木材构建的掩体内，德军不得不将其逐一摧毁。因此，德军的进攻演变为数目众多的各自为战。第

---

① 英译版使用了"mine mortars"这个词，疑为德军的"minenwerfer"，故译为地雷投掷器。实际上就是一种迫击炮，但这种迫击炮精度较差，并非用于打击敌有生力量，而是配备给工兵，用来炸毁敌人的工事及铁丝网等。陆地斯图卡指的是多管火箭炮，多搭载在半履带装甲车上。

24步兵师的各个营所进行的简直就是一场自杀式进攻。唯一的进展是在第22步兵师的作战区域内。

12月28日清晨7点，第22和第24步兵师疲惫不堪的士兵们集结起来，准备对要塞的核心发起最后的攻击。团长们坐在战地电话旁，接收着相关的命令。

"竭尽全力，"命令下达了，"必须在元旦前夺取要塞！"元旦前。于是，他们就这样出发了。

任何一个参加过这次战斗的人，直到今天，只要一想起它便会心生畏惧。对第65、第47和第16步兵团的士兵来说，这是一场可怕的战斗。

冯·肖尔蒂茨上校和他的第16步兵团就处在激战的最中心。12月28日夜幕降临前，他的突击队已设法逼近了强大的"斯大林"堡垒，这座堡垒控制着塞瓦斯托波尔外围的北部区域。如果这座堡垒被攻克，通往塞瓦斯托波尔巨大的港口——谢韦尔纳亚湾（Severnaya Bay）的道路将畅通无阻。控制这座港湾，就能扼住要塞的喉咙。

就在这时，12月29日早晨，灾难性消息像一颗重磅炸弹那样传到了曼施泰因的司令部：随着苏军初期在刻赤半岛的登陆，强大的苏军部队此刻已在克里木与

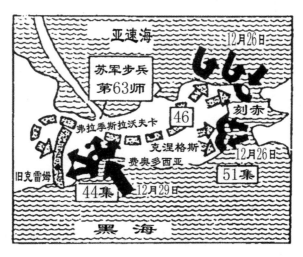
▲ 苏军在刻赤半岛登陆。

刻赤之间的费奥多西亚地峡登陆。他们打垮了德军薄弱的防线，已经夺取了费奥多西亚。守卫该地区唯一的部队是德军第46步兵师，外加一些虚弱的罗马尼亚部队。其他部队都已投入到塞瓦斯托波尔争夺战中。

"将军先生，现在该怎么办？"第11集团军的作训处长问他的司令官。是啊，该怎么办呢？难道置刻赤和费奥多西亚的情况于不顾，等夺取塞瓦斯托波尔后再说吗？还是应该暂停对要塞的攻击，腾出兵力解决后方的威胁？

曼施泰因不是个仓促间做出决定的人。他走到萨拉布斯村（Sarabus）的一座校舍内，自11月中旬起，第11集团军的司令部便设于此地，以便更好地掌握最新的情况。他和他的参谋长及作训处长住在隔壁的一座旧农舍中，屋内的布设非常简陋。一张床、一张桌子、一把椅子、一张放脸盆的凳子和一个挂衣钩——这就是屋内全部的家具。曼施泰因不喜欢四处征用家具，正如他所说的那样，"我们不能追求士兵们所缺乏的舒适。"

司令部战情室内的地图揭示出过去5个小时中集团军所面临的致命危险。几天前的圣诞节，苏军第51集团军的部队突然跨越了只有3英里宽的刻赤海峡，接着又在12月26日成功登陆，控制住刻赤的两侧。

第42军军长，中将施彭内克伯爵，已将他麾下的第73和第170步兵师派往塞瓦斯托波尔，目前留守刻赤半岛的只有第46步兵师。但该师的三个团不负众望，在零下30摄氏度的严寒中发起反击，并投入他们最后的预备队，封锁了苏军的桥头堡，实际上已将部分苏军部队肃清。曼施泰因松了口气，他命令对塞瓦斯托波尔的进攻继续进行。但现在，12月29日，自凌晨2点30分以来，苏军已进入了费奥多西亚。

曼施泰因仔细考虑着态势图上的红色箭头。除非迅速投入一些部队，挡住苏军前进的道路，否则，俄国人就将封锁帕尔帕奇地峡这条从克里木通往刻赤半岛的12英里宽的通道，切断第46步兵师，从后方对塞瓦斯托波尔前的德军实施打击。德军最高统帅部再次犯下了违背现代战争法规的大错：第11集团军缺乏充当战术预备队的摩托化部队。现在只有一个解决办法：必须从塞瓦斯托波尔抽调部分兵力，投入至费奥多西亚。

地图前，参谋长和作训处长焦急地站在曼施泰因身旁。塞瓦斯托波尔战役会在这一刻中止吗？毫无疑问，这正是苏军在刻赤登陆所希望实现的。

曼施泰因和他的参谋衡量着目前的态势。眼下的塞瓦斯托波尔，在第22步兵师的作战区域内，只要最后加把劲便能达成突破，至少可以拿下重要的港口，难道不是这样吗？如果成功地做到这一点，便能获得一个制高点，这样，对要塞的进攻也许可以毫无风险地暂停几个星期。控制住谢韦尔纳亚湾，就能防止要塞守军从海上获得增援。这将加固包围圈，从而腾出一些部队，将其投入费奥多西亚和刻赤，以便将那里的苏军赶入大海。现在只需要施彭内克伯爵再坚持两到三天。当然，把各处所有可用的预备队拼凑起来，应该可以将苏军牵制在费奥多西亚两到三天。

显然，这样做是正确的。故此，曼施泰因下达了命令："塞瓦斯托波尔北部区域，第22步兵师应夺取'斯大林'堡垒，并继续前进，直达海港。从东面对要塞的进攻暂时停止；第170步兵师应立即撤出前线，赶往费奥多西亚。"

现在，与时间的赛跑开始了。曼施泰因的计算正确吗？1941年12月29日上午10点，集团军司令部收到了施彭内克伯爵发来的加密电文，其内容令人震惊："军部已下令撤离刻赤半岛。第46步兵师开始向帕尔帕奇地峡转进。"

曼施泰因惊愕不已。几天前的圣诞节，苏军步兵第244师在刻赤两侧登陆，施彭内克将军曾提议撤离半岛。曼施泰因坚决否决了这一建议，并明确下令，那些通往克里木的关键通道必须守住。可现在，第42军军长却违背这一严格的命令，擅自采取了行动。

曼施泰因下令回复第42军："必须立即停止后撤！"

但通讯联系已然中断。第42军军部再也没有回复电文。施彭内克伯爵已拆除了他的无线电台。这是自东线战事开始以来，指挥官不服从命令的第一起事件，也是一起涉及基本原则的案例。中将汉斯·冯·施彭内克伯爵，来自杜塞尔多夫的一个军人世家，出生于1888年，曾担任过皇家卫队的军官，是一个极具勇气的人，也是一名出色的战地指挥官。他曾指挥著名的第22空降师，于1940年间以一次大胆的突袭夺取了"荷兰要塞"。西线战役为施彭内克赢得了一枚骑士铁十字勋章。随后，第22空降师转型为第22步兵师，他依然是师长，在跨越第聂伯河的行动期间，施彭内克再次展示出自己杰出的勇气。

这起事件的重要性在于，苏军的两个集团军对一个德军师发起进攻，面临坚持下去听任部队被歼灭还是后撤的选择时，施彭内克拒绝选择前者，这在东线战场上还是首次。面对苏军的威胁，他的反应并不符合希特勒信徒们的领导原则，但却与普鲁士总参谋部所灌输的信条相吻合。这要求一名指挥官应对每一种情况做出冷静、准确的判断，并灵活应对，以免让他的部下遭受无谓的牺牲，除非是在某些迫不得已和无可避免的状况下。施彭内克认为并不存在这样的理由。

出于何种考虑使得施彭内克伯爵不顾上级的命令而下令后撤呢？

尽管我们没有获得施彭内克伯爵本人留下的任何记录，但他的作训处长和他的副参谋长艾因贝克少校，在一份备忘录中记下了军部做出这一决定的理由。第617工兵团参谋长冯·阿尔芬中校也留下了一份颇具价值的报告，至今尚存。

这些报告勾勒出这样一幅场景：1941年12月28日，希默中将的第46步兵师调集起所有的预备队，成功地粉碎了刻赤北部苏军的桥头堡。苏军，主要是高加索人，完成了令人难以置信的壮举。尽管身处零下20摄氏度的严寒中，尽管海水深达脖颈，但他们还是涉水登上了陡峭的海岸，并在那里获得了立足地。在没有任何补给的情况下，他们坚持了两天。他们的伤员被冻成了盖满冰雪的肉块。被冻死的士兵非常多。苏军在刻赤南侧的登陆同样遭到封锁。但就在这时，苏联海军部队袭击了刻赤后方60英里处的费奥多西亚。一艘重巡洋舰、两艘驱逐舰和一艘登陆艇，在夜幕的掩护下进入了港口。

负责守卫费奥多西亚的第147陆军海岸炮兵营，只有4门105毫米口径的大炮，营部人员也刚刚赶到他们的目的地。另外，港口内只有一门德制和一门捷克制榴弹炮。苏军战舰的探照灯搜索到守军的炮位，随即用重型舰炮将其炸成碎片。然后，俄国人下船登陆。

对地面作战来说，德军可用的兵力是冲锋舟营的一个工兵排和一个配备着两门37毫米反坦克炮的反坦克排。幸运的是，赶往西面的第46工兵营，正停留在费奥多西亚过夜。施彭内克伯爵命令冯·阿尔芬中校负责击退苏军的登陆。这位中校召集起他能找到的每一个人——军需官、机械师、军队小卖部的营业员、战地邮局工作人员、一个道路修建连和通讯单位的人。这些七拼八凑的人员构成了镇外的第一道防线。

7点30分，一封电报发至施彭内克伯爵设在克涅格斯（Keneges）的军部：

"苏军也在费奥多西亚东北方的开阔海滩处登陆。"这次,登陆的苏军是一个完整的师。

几分钟后,集团军与费奥多西亚的电话联络中断了——就在施彭内克伯爵接到曼施泰因发出的电文,通知他第170步兵师将从塞瓦斯托波尔、两个罗马尼亚旅将从亚伊拉山脉赶往费奥多西亚后不久。

苏军的意图是什么?他们的战术目标很明确,就是要切断克里木与刻赤半岛之间狭窄的颈地,歼灭被困的第46步兵师。但他们的战略目标,毫无疑问,就是从费奥多西亚的立足点迅速进入克里木,占据塞瓦斯托波尔前线后方的交通枢纽,切断第11集团军的补给线。

实际上,俄国人试图达成的是这一战略目标,而不仅仅是对海岸目标的袭击,他们的登陆部队由两个集团军组成,这一事实就是最好的证明——利沃夫将军的第51集团军从刻赤登陆,佩尔武申将军的第44集团军在费奥多西亚登陆。第44集团军已将步兵第63和第157师约23000名士兵运上海岸。

施彭内克伯爵将军问自己:第46步兵师是否强大到足以将在刻赤登陆的敌人赶下海去,同时坚守帕尔帕奇地峡,挡住在费奥多西亚登陆的敌军呢?他的回答是否定的。

艾因贝克少校写道:"军部只有立即将作战重点调整至费奥多西亚地区,才能获得主动权。利用这个地点,敌人可以威胁到占科伊和辛菲罗波尔,现已对第11集团军形成危险,也许应该放弃这个地点。这个决定关系到放弃刻赤半岛,撤至帕尔帕奇一线的问题。"

从对一万名部下的生命负责的角度出发,施彭内克同意这一决定,现在必须抓紧时间。由于对现场情况掌握得更为清晰,他觉得自己有理由违背集团军司令的命令。他知道这是在拿自己的性命冒险。他也知道军法无情。但他意识到,一名军事指挥官的道德责任是执行有意义的命令,而不是盲从。军人服从命令的天职与个人对作战必要性的判断发生冲突时,必然会出现悲剧性困境,对此,他没有回避。

12月29日上午8点,施彭内克伯爵命令第46步兵师与刻赤的敌人脱离接触,以强行军进入帕尔帕奇地峡,并"将对费奥多西亚发起进攻,将敌人赶入大海"。他给集团军司令部发去电报,说明了自己的决定,随后便下令关闭无线电台。

施彭内克伯爵在战略和战术上考虑得非常细致。这些考虑不无道理，清醒而又勇敢。这其中没有一丝怯懦、优柔寡断或内疚。

冒着零下40摄氏度的严寒，顶着冰冷的暴风雪，第46步兵师各营、防空部队、工兵和炮兵们出发了。他们必须前进75英里。他们偶尔会获得15分钟的休息，并得到一杯热咖啡。他们就这样走了46个小时，许多人的手指、脚趾和鼻子被冻伤。大多数马匹在冬季没有饲料，日益消瘦，它们精疲力尽地倒在路上。大炮也被遗弃在冰冻的路面上。

冒着可怕的艰难险阻，第46步兵师向后撤去，尽管如此，他们仍保持着良好的秩序。与此同时，曼施泰因展开了他的计划：先夺取塞瓦斯托波尔的"斯大林"堡垒，然后再赶去援助施彭内克的部队。第16步兵团的各个连队为最后的进攻做好了准备。堡垒的城墙高高地耸立在布设着铁丝网的障碍物和壕沟之上，陡峭而又凶险。德军突击队悄无声息地摸过了铁丝网。一发"嘶嘶"作响的红色信号弹蹿入空中。德军炮兵开始发射烟幕弹，以遮掩俄国人的视线。

从帕尔帕奇地峡的情况来看，这种代价高昂的战斗是否应该继续呢？曼施泰因意识到，不该再继续下去。考虑到费奥多西亚的形势，他不想冒上更大的风险。于是他命令停止行动。这是1941年的最后一天。

冯·肖尔蒂茨上校和他的第16步兵团，就这样撤离了千辛万苦才夺得的堡垒城墙，并按照指令退回到别利别克峡谷的山顶。第24步兵师坚守着他们的阵地。不光是第24步兵师，实际上，对第11集团军辖下身处塞瓦斯托波尔前线的所有部队来说，他们在当天所接到的命令都是：原地待命！

五个月后，对二战期间这一最强大的要塞的进攻恢复了。五个半月后，第16步兵团回到了"斯大林"堡垒。

1941年12月31日上午，第46步兵师的先头营抵达了帕尔帕奇地峡。可是，苏军步兵第63师的先头部队已抢先一步赶到，并占据了费奥多西亚北部的弗拉季斯拉沃夫卡（Vladislavovka）。难道第46步兵师脱离战斗的机动就这样白费了？

"进攻，突破，夺下弗拉季斯拉沃夫卡！"希默将军对第46步兵师下达了命令。德军士兵迅速整顿起来，在地势平坦、冰雪覆盖的高原上发动了进攻。刺骨的寒风从高加索而来，钻入他们薄薄的大衣中，使这些士兵冻彻骨髓。泪水尚未流到他们的胡子处，便已在面颊上冻结。这些精疲力尽的部队又向前猛冲了四英里，然后停顿下来。这些士兵彻底累垮了。

在夜幕的掩护下，第46步兵师的部队最终从右侧绕过了苏军的防线，穿过依然畅通的部分地峡，随即面向南面和东面，"就地占据阵地"。不久，最后一支后卫部队也赶到了第88工兵营第1连临时构筑的防线上。

第二天中午，苏军发动了进攻，但被德军所阻。费奥多西亚西面，苏军步兵第157师的前进道路上，在关键时刻赶到的德军第73步兵师第213团成功地构建起一道脆弱的防线，同时赶来的还有罗马尼亚山地军的部队。

就在苏军投入坦克发起进攻之际，"狮群"的最后三辆突击炮挽救了危险的形势。派茨上尉把它们从巴赫奇萨赖调至前线，本来它们是在那里为反游击战提供掩护的。达曼少尉率领三辆突击炮，沿着弗拉季斯拉沃夫卡西南面起伏的地面，逼近到距离苏军坦克600码处。双方的第一次碰撞随即发生。一场激烈的混战爆发了。16辆苏军的T-26坦克被遗弃在战场上，不是被击毁便是燃起了熊熊大火。苏军第44集团军的装甲矛头已被折断。俄国人突入塞瓦斯托波尔腹地的危险被遏制。苏军的前进停顿下来。

因此，从这个结果上看，施彭内克伯爵的所作所为是有道理的。或者说，这其中还有什么质疑的空间吗？曼施泰因在自己的回忆录中，并未以某种方式对此做出明确的回答。他批评施彭内克对集团军来了个先斩后奏，结果使得集团军司令部无法采取其他措施。

曼施泰因说："像这种仓促撤出第46步兵师的做法，并不能保持其战斗力。如果敌军在费奥多西亚采取了正确的做法，在这样的条件下，就算第46师到达帕尔帕奇，也很难做到向西突贯。"如果！可敌人并未采取正确的做法，结果才是最重要的。无论谁来裁决施彭内克这件事，这位将军所做的决定既非出自不光彩的动机，也不是因为怯懦。曼施泰因以违反上级命令这一正当合理的理由，解除了施彭内克的职务。但这还不算完，在元首大本营，帝国元帅戈林主持的一个军事法庭审判了冯·施彭内克伯爵中将，在此之前，他已遭到传讯，并被剥夺军衔及所有的荣誉和勋章，随后被判处死刑。

对这一野蛮的判决，希特勒本人肯定也有某种疑虑。于是，根据第11集团军司令部的呼吁，他将死刑改为七年堡垒监禁。从他后来对违令军官的判决来看，这是个极不寻常的决定，几乎可以说是无罪开释。

但过了两年半，1944年的7·20事件发生后，希姆莱的一支行刑队用残酷的谋杀推翻了希特勒宽大为怀的决定。冯·施彭内克伯爵被枪杀，毫无理由，也未经任何判决。

军事法庭对施彭内克伯爵的判决也殃及第46步兵师。陆军元帅冯·赖歇瑙(当时他已接掌"南方"集团军群)对该师人员的处理几乎与对他们的上级施彭内克将军的判决同样残酷。1942年1月初，该师的四名团长被召到师部。师长希默中将情绪激动，脸色苍白，声音嘶哑，他把集团军群发来的一份电报交给他们。电报上写道："由于对苏军登陆刻赤半岛的疲软应对，及从半岛仓促后撤，我特此宣布，第46师已失去其军人的荣誉。本命令撤销前，勋章颁发和军衔提升暂时搁置。签名：陆军元帅冯·赖歇瑙。"

死寂和死刑判决降临在这个英勇的师上。他们犯了什么罪？他们只是执行了上级所下达的命令。他们经历了千难万苦，其后还进行了勇敢的战斗，阻止敌军突入克里木。现在，这就是对他们的奖励！用这样一个残酷的羞辱承担起并不存在的刑事责任，它用过度夸张的荣誉概念来隐瞒对部队过度的要求，而且，完全不顾所有真实的标准。

但是，对这支英勇部队的判决并不能消除整个事件发生的真正原因——太少的兵力被赋予了太多的任务。这一事实，被"施彭内克事件"和第46步兵师所受的屈辱戏剧性地揭示出来，很快，这一悲剧性事实便暴露无遗，不仅仅是在克里木。这里和其他地区的战况清楚地表明，斯大林不仅没有被击败，相反，他动员起他那庞大帝国的人力资源，以弥补夏季战事失败所造成的损失。他的成功是因为德国的致命弱点日益明显——德军的兵力太少，却在广袤的俄罗斯土地上进行着艰苦的战斗。在今天这个科技化战争的时代，通过机械化和自动化，大规模杀伤性武器可以击败占据数量优势的敌人。但在希特勒对苏战争时期，那些新科技尚未被开发出来，兵力和师的数量依然是至关重要的因素。随着经济条件优越的美国向苏联提供武器装备，这种人力资源的潜力甚至能成为决定性因素。这就是苏军占据优势的原因。经过六个月无与伦比的胜利，敌人尽管被打得焦头烂额，而且不止一次地处于崩溃边缘，但他们却成功地恢复过来，并逐渐取得胜利，这预示着战争转折点的来临。潮流的这一转向体现在"南方"集团军群在内陆进行的战事上，我们现在应该把注意力转移到那里。但我们不能就这样离开充满英雄主义光环、悲剧和抑郁的象征意义的克里木战场，我们必须记录下军事历史中对英勇的第46步兵师所做出的纠正。1942年1月底，赖歇瑙的继任者，陆军元帅冯·博克，向第46步兵师宣布了如下训令："鉴于自一月初以来在地峡防御战中的出色表现，我谨向第46步兵师表达特别的赞扬，并期待该师递交授勋和提升的推荐信。"第46步兵师恢复了他们的荣誉。

3

在苏联的工业区

克莱斯特的装甲集团军攻克斯大林诺——第6集团军夺取哈尔科夫——第一轮罗斯托夫争夺战——二级突击队中队长奥尔伯特和三十名部下——伦德施泰德被解职——警钟响起

"南方"集团军群其他战线上的情况如何？

曼施泰因冲入克里木半岛之际，"南方"集团军群麾下其他的集团军正在内陆作战，他们进一步向东推进，到达了第聂伯河与顿涅茨河之间。

克莱斯特装甲集群升级为第1装甲集团军以来，一直追逐着被击败的敌军，目前已集结起来，准备进攻罗斯托夫。10月12至17日之间，经过激烈的战斗，亚速海上的塔甘罗格港（Taganrog）被德军攻占。这一胜利的代价，可以用"阿道夫·希特勒警卫旗队"步兵团第3连的遭遇加以说明。战斗结束后，这个连只剩下7个人，其他士兵都已阵亡。但德军成功地渡过了米乌斯河（Myus）。1941年10月20日，德军第1山地师从苏军第12集团军手里夺下了斯大林诺（Stalino）。这样一来，顿涅茨地区主要的武器装备生产中心，苏联最重要的工业区，落入到德军手中。根据希特勒的理论（他一直用这个理论对付他的总参谋部和总司令部，这个理论就是，夺取敌人的工业中心将决定这场战争的胜败）斯大林的失败现在已被确定。

10月28日，冯·克莱斯特大将率领第1装甲集团军的所有部队抵达了米乌斯河，冯·施蒂尔普纳格尔将军的第17集团军到达顿涅茨。4天前，赖歇瑙位于集团军群北翼的第6集团军，夺取了哈尔科夫这一巨大的工业中心。

但随后，南部战场与东线其他地区一样，秋季的泥泞阻止了一切行动。德军停顿下来。直到11月17日，霜冻降临后，克莱斯特才得以恢复他在右翼的推进。48小时前，陆军元帅冯·博克已在中央战线上展开了对莫斯科的进攻。

但俄国人充分利用了泥泞提供给他们的喘息之机。在高加索地区，铁木辛哥元帅组织了新的师、军和集团军。在他西南方面军的军事委员会中，有一个在当时几乎不为人知的成员，在组建新部队，特别是在组织党务活动中表现出极强的能力。他的名字是尼基塔·谢尔盖耶维奇·赫鲁晓夫。

就在苏军最高统帅部不断组建起新的部队时，德军方面却越来越感觉到自身资源的短缺。他们在各处都没有预备队。如果苏军在某个地段达成突破，德军就不得不从其他地段抽调部队，以堵上缺口。东线战场的形势很明显，德军的每个集团军群至少缺乏3个集团军。

这是对紧张形势的一个严峻地阐述，同时也对"南方"集团军群参与罗斯托夫战役的部队提出了过度的要求。

11月17日，冯·马肯森将军的第3摩托化军，以第13、第14装甲师、第60摩步师和"警卫旗队"发起了对高加索这一门户的进攻。"警卫旗队"得到了第13装甲师第4装甲团的加强，在苏丹萨雷（Sultan-Saly）突破了外围防御。在其左侧，第14装甲师对大萨雷（Bolshiye-Saly）发起攻击。率领苏军第56集团军守卫罗斯托夫的列梅佐夫将军，对此做出的回应是猛攻第14装甲师的侧翼。于是，马肯森将军投入第60摩步师，向东进行侧翼攻击，以掩护自己的侧翼。

11月20日，德军的三个快速师攻入这座当时有50万人口的城市，随即径直向顿河冲去。"警卫旗队"第1营冲过罗斯托夫铁路桥，并将其完整夺取。与此同时，第60摩步师向东面和东南面一路猛冲，以掩护全军暴露出的侧翼，并攻占了阿克赛斯卡亚（Aksayskaya），而第13装甲师正在西面勇猛地追逐着后撤中的敌军。罗斯托夫，这座进入苏联石油天堂的门户，落入到德军手中。

这是个决定性的胜利。罗斯托夫的顿河桥梁远非单纯的河流渡口可比：这些桥梁通往高加索和波斯。英国和苏联于1941年8月底占领波斯，并建立起一条从波斯湾经大不里士，通往高加索前线的补给道路不是没有道理的。通过这种方式，苏联获得了一条，也是唯一的一条，直接与其富裕的西方盟国相连接通道。古老的格鲁吉亚军用公路，从捷列克峡谷经过高加索，通向第比利斯，这条公路在十九世纪中期被俄国人征服，现在发挥了新的重要作用。

其结果是，罗斯托夫成了一个交通中心，一个英国从波斯湾向苏联运送补给物资的中继站。苏军总参谋部当然要想方设法从德国人手里重新夺回这座城市，并阻止克莱斯特的装甲集团军挺进高加索。

以洛帕京将军指挥的第37集团军和哈里诺夫将军率领的第9集团军，铁木辛哥展开了一场极为娴熟的行动。结果，马肯森转向南方，第17集团军和第1装甲集团军之间出现了一个缺口，由于兵力短缺，德军无法立即填补上这个缺口。铁木辛哥的机会来了。他挥师杀入这个缺口，直抵第3摩托化军的后方。这是个危险的局面。

为了解决这一危机，马肯森不得不先把第13装甲师从前线调离，接着又抽出了第14装甲师，并将他们投入到受到威胁的图兹洛夫地区（Tuslov）的格涅拉利斯科耶大桥（Generalskiy Most）和布琼尼大桥（Budennyy Most）。但第3摩托化军后方的危机刚稍得以缓解，铁木辛哥又沿着东翼和南翼对马肯森这个遭到削弱的军发起了进攻。敌人的攻击重点落在第60摩步师和"警卫旗队"头上。

1941年11月25日，"警卫旗队"摩托化侦察营的摩托车手们，沿罗斯托夫南部边缘，面对顿河河岸，据守着一段五英里宽的区域，这里的顿河河面宽达2/3英里。但此刻，宽阔的河面并不是一个障碍，因为它已被冻结。天气极为寒冷，德军士兵严重缺乏抵御酷寒的装备。

清晨5点20分，警报响起。苏军的几个团——来自步兵第343和第31师，以及骑兵第70师，沿着整个防御宽度对德军阵地发起了攻击。而德军士兵只有三百人趴在防线上，他们抵御着苏军三个师的冲锋。第一次进攻由苏军步兵第343师担任。有那么一刻，德军士兵被眼前的场景惊呆了：俄国人手挽着手，唱着歌，欢呼着叫嚷着"乌拉"。冰冷的曙光下，几个营沿着宽广的正面向德军阵地而来。他们挺着上了刺刀的步枪，就像一堵遍布长矛的生命之墙。现在，这堵墙壁朝顿河的冰面而来。随着一声令下，苏军士兵奔跑起来。他们的胳膊依然挽在一起，就这样冲过了冰面。

第2连连长，二级突击队中队长奥尔伯特，正跟第3排的一挺重机枪守在前线上。"再等等，"他命令道。

冰面上，德军工兵埋在雪里的第一批地雷爆炸开来，在冲锋的苏军队列中撕开一个个缺口。但他们的大批人马仍在继续前进。

"开火！"奥尔伯特下达了命令。重机枪吼叫起来。紧接着，其他的武器也加入进这场地狱般的演奏会中。

就像一把巨大、无形的镰刀，德军的火力横扫着冲在最前面的苏军队列，把他们射倒在冰面上。第二波次的队伍也被刈倒。只有身处罗斯托夫的顿河河岸处，才能明白苏军步兵是如何冲锋并阵亡的。

越过阵亡和负伤的战友，苏军的后续波次继续先前冲来。每个波次都在被密集的弹雨射倒前，比前一波次更靠近德军的阵地。

19岁的机枪副射手霍斯特·施拉德，用颤抖的手指将一条新弹链塞入机枪的供弹器。他惊恐地大睁着双眼。机枪的枪管冒起了热气。这时，他听见自己的机枪组长喊了起来，声音像是从远处传来，"更换枪管！更换枪管！"

在第2连的防区内，苏军步兵第1151团以两个营的兵力发起了进攻。三个进攻波次被射倒在冰面上。此刻，最后一个波次以营级规模的兵力冲了上来，已经杀至守军的阵地。

俄国人冲入阵地，对德军的机枪组展开攻击。他们将德军士兵杀死在散兵坑中。然后，他们进行了重组。除非立即发起反击将苏军击退，否则，对"警卫旗队"侦察营的摩托车手们来说，事态将不可收拾。罗斯托夫南面的接近地，情况非常危急。

第1连防区内的情况同样变得越来越棘手。苏军的两个步兵团：第177和第248团，在这里发起攻击。最前方的进攻波次距离德军防线仅有20码。就在这时，三辆德军的自行火炮，炮塔上搭载着步兵，赶到了第2连的防区，他们立即发起反击，封闭了突入德军阵地的苏军士兵的退路。6名军官和390名苏军士兵举手投降。他们中的大多数人都负了伤。德军防线前阵亡的苏军士兵超过300人。

激烈的战斗持续了一整天。第二天，俄国人卷土重来。接下来的几天同样如此。

11月28日，俄国人杀入了第1连的阵地。他们是苏军步兵第128师的部队，7月份刚刚组建，从克拉斯诺达尔（Krasnodar）调来，这是他们第一次参加战斗。二级突击队中队长奥尔伯特决定立即发起反击，此刻他只有30名部下，外加两门自行火炮。不过，首先要做的是把靴子从冻僵的脚上割掉。他用纱布绷带、方块绒布和两块马毯把自己的双脚和双腿裹上，再用绳子把它们系紧。然后，他登上为首的一辆自行火炮。"出发！"这就是他要说的。"出发！"

奥尔伯特是一名经验丰富的军官。他派一辆自行火炮攻击左翼，同时派另一辆自行火炮绕过敌人的阵地，直到它在俄国人的右翼出现并喷吐出火舌为止。奥尔伯特的部下们紧跟着两辆自行火炮，一边前进一边开火射击，他们杀入了俄国人的防线。尽管用毯子裹住了冻僵的双脚，但这位二级突击队中队长不时出现在突击炮的左侧和右侧，指挥着战斗，下达着命令，并趴在雪地里用自己的冲锋枪开火射击。

战斗持续了两个小时。奥尔伯特带领部下席卷了敌人的阵地，抓获了三十来名俘虏。俄国人被打了个措手不及，再加上战斗的疲惫，他们逃过了顿河。苏军的典型缺点再次暴露无遗：下级指挥官缺乏足够的灵活性，无法充分利用自己所获得的成功。失而复得的阵地上，倒毙着300余名苏军士兵。但在他们当中，也有许多二级突击队大队长迈尔侦察营第1连的军官和士兵。

但这样一次局部胜利又有什么用呢？俄国人重整旗鼓，冷漠地对德军稀疏的防线发起了大规模进攻。即便是最伟大的英雄主义也无法抵消这样一个事实：德军在罗斯托夫及其周围的兵力太过虚弱。三个遭受重创的师，各连队的实际兵力只有原建制的三分之一，根本无法长时间抵御苏军15个步兵和骑兵师以及数个坦克旅持续不断的进攻。

德军的致命弱点再次显现出来——资源不足。第3摩托化军的战线长达70英里，以其现有的兵力根本无法守住。陆军元帅冯·伦德施泰德意识到这一点，他给陆军总参谋长和元首大本营打去电话，要求上级批准，放弃罗斯托夫。

但希特勒不想听到"撤退"这两个字。他拒绝相信俄国人比他更强大；他反复强调，只有顽强才能挽救形势。于是，伦德施泰德接到了守住既有阵地的命令。

但这次，希特勒错误地判断了自己的部下。伦德施泰德元帅拒绝服从这一命令。因此，希特勒解除了他的指挥权。第6集团军司令，陆军元帅冯·赖歇瑙，接掌了"南方"集团军群，并立即停止了伦德施泰德元帅经过审慎考虑，业已开始的后撤行动。

但即便是赖歇瑙，也无法对严酷的现实视而不见。接管集团军群指挥权24小时后的1941年12月1日15点30分，他打电话给元首大本营："苏军已突入到过度稀疏的德军防线中。要想避免一场灾难，必须缩短防线，换句话说，必须将部队撤至米乌斯河后。没有其他办法，我的元首！"

24小时前，希特勒拒绝了伦德施泰德撤退的要求，可现在，他不得不对赖歇瑙做出让步：撤退，交出罗斯托夫！

尽管这不是一场灾难，但却是这场战争中德军第一次遭受严重的挫折。这是一次熟练的"弹性后撤"。重要的顿涅茨地区，大部分仍控制在德国人手中。

但无可否认的事实是，德军在东线第一次遭受了重大的失败。在莫斯科门前的亚斯纳亚波利亚纳，托尔斯泰故居中的集团军司令部里，古德里安闷闷不乐地说道："这是首次敲响的警钟。"

他不知道的是，6天内，自己的防区内也将响起警钟。不光是他的防区，甚至包括整个东线。与6天后落在"中央"集团军群头上的打击相比，伦德施泰德遭遇的挫败不过是一个小插曲而已。

第四部
冬季战役

1

西伯利亚人来了

　　第87摩步团的前沿哨所刚刚换岗。此刻是清晨5点，天寒地冻。温度计停留在零下25摄氏度。士兵们艰难地穿过积雪，朝小小的亚赫罗马河而去。山谷中，农舍的烟囱冒出的烟雾直直地升入清晨灰暗的空中，四下里一片寂静。第87摩步团隶属于第36摩托化步兵师。来自莱茵兰—黑森州的该团据守着加里宁南面，伏尔加水库与罗加切沃之间的防线，这座水库也被称作"莫斯科海"。这片漫长的地带只能以独立支撑点的形式予以守卫，其他任何形式，对第87摩步团来说，都因为实力过于虚弱而无力承担。该团已被严重耗损——更严重的减员是因为冻伤。

　　温度下降到零下30至40摄氏度时，没人能在前沿的雪坑里待上一个小时。当然，除非他穿上羊皮大衣和毡靴，戴上毛皮帽子和加厚的手套。但第36摩步师的士兵们根本没有这些东西。

　　他们离村子已不到30码，马拉大车停在结了冰的小河旁。村里抽水泵的摇把高悬在低矮的屋顶上，水泵旁站着一些俄国妇女，正在打水。突然，这些妇女和刚刚换岗下来的德军巡逻队都奔跑起来。他们本能地躲避着，朝着离自己最近的村舍跑去。随之而来的是"嚎叫的野兽"，伴随着一声巨响，积雪喷泉般地洒入空中，炽热的弹片撞在被冻得像石头般坚硬的地面上四散飞溅。弹片钻入浴室和农舍中。各就各位！

时间是1941年12月5日，星期五。战争史上的一页被翻开了。苏军在莫斯科门前庞大的反击战就此开始。这里，第36摩步师的防区，第56摩托化军的战区，一场野蛮历史剧的帷幕拉开了。24小时后，"中央"集团军群的其他防区内也展开了激烈的战斗——从奥斯塔什科夫（Ostashkov）到叶列茨，战线长达600英里。

12月5日，莫斯科门前的态势究竟如何？苏联首都的北面和西面，德军先头部队已到达距离城郊只有几英里的地方。"中央"集团军群的北翼，第9集团军守卫着一条105英里长的弧形战线，穿过加里宁，直达莫斯科海。

将从北面对莫斯科实施侧翼包抄的第3装甲集群麾下的各师，已推进到莫斯科—伏尔加河运河上的德米特罗夫。再往南是第41摩托化军的先头部队，准备在洛布尼亚北面渡过运河。第1装甲师的"韦斯特霍芬"战斗群，夺取了尼科利斯科耶和别雷拉斯特，已到达库萨耶沃的西部边缘。右侧相邻的第4装甲集群据守着以莫斯科为中心的圆圈的四分之一前线，从红波利亚纳到兹韦尼哥罗德；这段防线上的任何一处，距离克里姆林宫都不超过25英里。第2装甲师的作战前哨位于莫斯科有轨电车的第一站。来自维滕贝格第62工兵营的一支突击队，摸进了希姆基郊区，从而最大限度地逼近了斯大林的巢穴，他们距离莫斯科城郊只有5英里，离克里姆林宫也只有10英里。

霍普纳第4装甲集群的南翼，从左至右依次排列着第106和第35步兵师，第11和第5装甲师以及党卫军"帝国"摩托化步兵师，另外还包括第252、第87、第78、第267、第197和第7步兵师。接下来就是克鲁格第4集团军的部队。他们距离莫斯科30英里，由北向南排列，位于莫斯科公路与奥卡河之间。

接下来，沿前线布防的就是古德里安的第2装甲集团军。该集团军绕过顽强防御的图拉，据守着以斯大林诺戈尔斯克（Stalinogorsk）为中心的一大块东向突出部；作为其先头部队的第17装甲师，停在卡希拉前，向北指向奥卡河。

第2集团军的最右翼掩护着南翼，并与"南方"集团军群相连接。

这就是12月初，使德军攻势陷入停顿的600英里长的战线，毫不夸张地说，他们已前进不得。人员、牲畜、引擎和武器，被零下45摄氏度甚至50摄氏度的酷寒所困。在第10装甲师第69摩步团一名士兵的日记中，我们发现了这样一句话："我们正进行的冬季作战，就像一场在故乡黑森林的冬季所进行的战斗。"

这句话说得没错。官兵们缺乏能让他们冒着零下50摄氏度的严寒，在露天宿营和战斗的适当的冬装。结果，他们只得把他们现有的一切，或者是从俄国人的纺织厂、车间或仓库中搞到的任何衣物一层层地穿在身上。但这妨碍了士兵们的动作，而不是带给他们温暖。而且，这些污秽不堪的衣物从未被脱下来过，是个虱子滋生的好场所，虱子们会立即依附到他们的皮肤上。德军士兵不仅在挨冻，还在挨饿。送来的黄油硬得像石头，只能当作"黄油冰块"一点点吞食下去。面包要用斧子劈开，然后放在火上加热。结果，这导致了腹泻，各个连队持续减员。每天，由于四肢冻伤和严重的肠胃问题造成的减员，远高于敌人行动所带来的损失人数。

与人员一样，马匹也遭受着严寒和饥饿。作为饲料的燕麦并未运到。屋顶上取下的冰冷的稻草已无法解决它们的饥饿，只会使它们病倒。兽疥癣和急腹痛的发病率相当高，许多马匹病倒或被冻死。

发动机同样遇到了问题。它们没有足够的防冻措施：散热器里的水被冻结，发动机体爆裂。坦克、卡车以及无线电通讯车由于动弹不得而变得毫无用处。许多武器也无法使用，因为活动部件中的润滑油被冻住。谁也没想过应该带上冬用润滑油。望远镜、战壕镜以及火炮瞄准镜同样缺乏冬季使用的润滑脂。这些光学器件被冻住，成了"睁眼瞎"，已派不上用场。

在这该死的俄罗斯的冬季，德军几乎没有任何作战和生存所必需的东西。元首大本营曾认为，霜冻到来前，德军士兵已经在莫斯科城内了。作战时间表的计算严重失误，这导致了补给物资的缺乏，现在，战场上的士兵不得不为此而买单。

处于困境的前线，他们的需求为何不能从欧洲运送补给物资来解决呢？这是因为许多火车也被冻结了，能用的车辆寥寥无几。"中央"集团军群每天需要26列火车为其运送给养，而实际上，他们只得到8列，最多10列。另外，由于严寒和缺乏机库，德国空军大部分Ju-52运输机无法从波兰和白俄罗斯的跑道起飞。

这里有一段描述，来自第208炮兵团第2连的下士维尔纳·布尔迈斯特的一封信件，他所在的团刚刚从法国调至东线：

> 这是个令人绝望的活儿——6匹马拖曳着1门大炮。前面的四匹可以用手牵引，但对车轴旁的两匹马来说，必须有人骑上去，坐在马鞍上，用他的脚抵住车轴，否则每

走一步，车轴都会碰撞上马匹的侧身。在零下30摄氏度的严寒中，穿着那些紧紧的、装有铁钉的靴子，甚至还未发觉，你的脚趾便被冻僵了。我所在的连队，没有一个人未被冻伤脚趾或脚跟。

这就是俄国的冬天——平淡、琐碎，但却严酷无比。苏军士兵配发的靴子总是大上一两个尺码，这使他们能在靴子里塞上稻草或报纸，这是一种非常有效的防冻措施。东线德军中的老兵也很清楚这种办法，可不幸的是，他们的靴子太合脚了，以至于无法塞入任何东西。

在这种情况下，部队停步不前还会令人感到惊讶吗？各个团的战斗力下降到不及原来的一半。最糟糕的是，部队里的军官和士官，以及大批经验丰富的老兵，已被战斗伤亡、冻伤和疾病消耗殆尽。于是出现了中尉指挥一个营，中士率领一个排的普遍现象。所有地方都没有预备队。在这种条件下，"中央"集团军群却被指望能守住600多英里长的战线。必须先了解这一点，才能明白接下来所发生的事情。

俄国人一方的情况又如何呢？就在德军继续步步紧逼之际，苏军最高统帅部却在莫斯科的南面和北面各集结了一支打击力量。这个庞大的国家中，所有可用的预备队都被调至莫斯科。东部和南部边界遭到无情的削弱。西伯利亚部队早已习惯冬季气温，并配备了冬季装备，他们构成了这些新锐部队的核心。苏军最高统帅部抽调了34个西伯利亚师赶往西部战线，其中的21个师用于对付"中央"集团军群。10月份时，"中央"集团军群辖有78个师，但到12月初，该集团军群的作战实力只剩下35个师。因此，德军被严重削弱的有效战斗力，刚好与新抵达的西伯利亚师相抵消。这些西伯利亚部队的投入，起到了决定性作用。

苏军部队在莫斯科门前大批量的集结，可能是第二次世界大战中最大的背叛行为的结果。斯大林知道，日本打算攻击美国，而不是苏联。他是从他在东京的间谍，理查德·佐尔格那里获知这一点的。作为德国大使深受信任的同僚和日本高级别政治家的朋友，佐尔格了解到德国和日本领导人的意图。他向斯大林报告说，日本拒绝了德国政府提出的"日本应该进攻苏联"的建议。他还报告说，日本军方正准备在太平洋上对美国发动战争。由于佐尔格关于1941年春季德军进攻意图的报告与事实完全吻合，斯大林这次相信了来自东京的情报，并将远东的部队调至莫斯科，尽管位于满洲的日本关东军一直对苏联虎视眈眈。

如果没有这些情报，莫斯科不可能安然无恙。最终证实佐尔格的情报与苏军军事行动之间的联系的是这样一个事实：斯大林展开莫斯科攻势的当天，日本军舰正赶往珍珠港，开始了对美国的袭击。尽管日本袭击美国的日期属于绝密，但这个日期还是被佐尔格传递给斯大林。等苏军侦察机证实了日本海军的行动后，对此并不太相信的斯大林终于觉得，佐尔格的情报是可靠的。现在，他可以放心地将西伯利亚的部队投入到莫斯科地区了。

1941年12月初，苏军最高统帅部集中了17个集团军来对付德国"中央"集团军群。其中的三个——第1、第10和第20集团军——由刚刚赶到的西伯利亚和亚洲师组成。其他集团军，据可靠的军事历史学家萨姆索诺夫的说法，实力已被"预备队扩充至三倍或四倍"。苏联的军事作家总喜欢压低他们自己的兵力，并夸大德军的实力，他们提出的苏德之间的兵力对比，在反击发起时为1.5比1，苏军占优。随着每个星期的过去，苏军的这一优势将变得更加明显。

整个12月间，德国"中央"集团军群没有得到一个师的补充。而苏军的"西线"在这一时期却获得了33个师和39个旅的增援。这些数字说明了一切。德国的资源不够，它所发动的战争超出了自身的能力。

苏军最高统帅部实施反击的计划是什么？尽管没有获得苏联方面的官方资料，但答案很容易从当时的情况中获得。苏军的第一项任务是，粉碎从北面和南面威胁莫斯科的两股强有力的德军装甲楔形。

苏军最高统帅部是否像今天的苏联军事作家声称的那样，从一开始就策划并坚持这第一个目标，以包围整个"中央"集团军群，这很值得怀疑。这一切似乎并不太合理。但如果苏军的计划确实从一开始就是这样，那么，它就是个糟糕的构思。

现在，我们来看看其原因所在。

苏军的反击开始于莫斯科北部的克林突出部之战。第3装甲集群前线上这一突出的弧形，是对苏联首都最严重的威胁。

身处这场战斗中心地带的是德国第41和第56摩托化军的第36和第14摩步师，第6和第7装甲师，以及——自12月7日以来——第1装甲师。久经考验的第10装甲师前任师长沙尔将军，现在已担任第56摩托化军军长①。这里有一份他的报告，再加上其他各个师的作战报告，为这一戏剧性事件勾勒出一幅饶有趣味、令人印象深刻的历史性画面。克林突出部这一事例表明，1941年12月初，"中央"集团军群北翼是如何频繁处于命悬一线的危急状态。这些报告还展示出在如此艰难的条件下，加之严重不足的兵力，德军士兵和军官是如何以英勇的努力来应对这些危机的。

12月5日灰暗的晨光下，就在苏军最初的炮击使得第87摩步团刚刚换岗下来的巡逻队在亚赫罗马河旁寻找隐蔽之际，苏军的步兵团已朝第36摩步师及其旁边的第14摩步师的防线冲来，这段防线位于罗加切沃与伏尔加水库南端之间。苏军的一个滑雪营突入了第36摩步师的防区，并向西推进。俄国人在模仿德军的"闪电战"战术。

48小时后的12月7日中午，苏军出现在沙尔将军的军部前，第56摩托化军军部设在克林东北方四英里处的大夏波沃（Bolshoye Shchapovo）。军部的参谋人员、传令兵和文员都端起了各自的武器。军部卫队的三辆装甲车，几门20毫米自行高射炮和两门反坦克炮不停地开火射击。军长本人也端起步枪隐蔽在一辆卡车后，瞄准目标开枪射击。第56摩托化军作训处长带着一个高射炮战斗群投入战斗，并派两个机枪分排封锁了村子北端的入口。到了晚上，第14摩步师一个垮掉的连队从被突破的前线撤了下来，到达村子后，他们立即占据阵地，阻击敌人的进攻。没过多久，第1摩步团团长韦斯特霍芬上校赶到了现场，带着他的战斗分排匆匆投入战斗；午夜过后不久，在他身后的第1摩步团第2营的主力从别雷拉斯特赶到了。

第二天早上8点30分，俄国人的坦克发起了进攻。第56军军部还能挺得住吗？第一辆坦克在北部边缘突破了德军的防线，从谢利奇诺（Selchino）而来。两个苏军步兵团，在强大的炮兵部队的支援下，朝西南方而来，绕过了夏波沃。就在这时，左侧传来了激烈的交火声：韦斯特霍芬上校带着第1装甲师的部队发起了进攻。最重要的是，第7装甲师第25装甲团的坦克也在关键时刻赶到了。奥尔洛夫中尉率领着这些坦克，对敌人的侧翼展开了打击。俄国人慌了手脚，他们的步兵仓促后撤，伤亡惨重。第56摩托化军军部随后迁往克林。

---

① 第56摩托化军军长曼施泰因升任第11集团军司令后，第56摩托化军军长一职由沙尔继任，而第10装甲师师长的职务则由沃尔夫冈·菲舍尔接替。

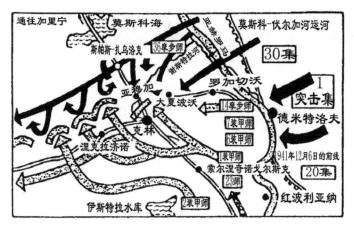

▲ 克林防御战。

　　在克林，沙尔将军获悉了更多的坏消息。敌人成功地在第36与第14摩步师的结合部实现了纵深突破。强大的苏军部队涌过突破口，从北面绕过克林；他们切断了第56摩托化军的补给路线，随即转身，经亚穆加（Yamuga）向克林扑来。第3装甲集群只剩下了一条道路——这是个严重的威胁。如果敌人成功地堵住这条道路，整个装甲集群将遭遇一场灾难。如果这条道路被切断，德军士兵将不得不靠步行突围，所有的车辆和重武器将被遗弃。12月8日中午，这一危险变得严重起来。苏军夺取了斯帕斯–扎乌洛克（Spas–Zaulok），随后又拿下了亚穆加，他们距离克林北部仅有5英里了。

　　来自图林根的第1装甲师和来自维也纳的第2装甲师——这是德国装甲部队最早组建的三个装甲师中的两个，第三个师是来自柏林的第3装甲师，目前在古德里安的防区内——是沙尔将军最后的希望。他们将挽救这一危急的形势，并确保重要道路的畅通，以便让第3装甲集群撤往新的拦阻线——拉马河（Lama）阵地。12月7日上午，第1装甲师的主力仍在罗加切沃—莫斯科公路上，据守着尼科利斯科耶附近的一道斜向防线[1]。赖因哈特将军将该师调出，派往克林。

---

　　① 此处的"斜向防线"，原文为"switch line"，这是个军事用语，指的是斜对着前方的防御阵地，与其他防御阵地相连，其目的是为了防止敌人从侧翼达成突破。

这一交通枢纽的危机正在加剧，它对摩托化部队的后撤来说至关重要。很可能第1装甲师还没赶到，它已失陷，但在12月8日，科普上校率领一支仓促拼凑起来的救援部队发起进攻，避免了这种危险的可能性。第37装甲工兵营夺取并守住了克林北郊的迈丹诺沃（Maydanovo）。这样一来，严重的危险暂时得以缓解。德军立即在克林北郊组织防御，并不断予以加强，以确保守住克林，直到第1装甲师的先头部队赶来。这些防御工作由希里少将负责。

这是一项艰难的任务，因为俄国人非常清楚发生了什么状况。沙尔将军报告说："受德军后撤的鼓舞，俄国人沿着德军后撤路线紧追不舍，他们对此兴奋不已。在苏军最高统帅部命令的督促下，俄国人打得非常顽强。另外，在他们的推进过程中——有些人踩着滑雪板，但大多数是靠步行或搭乘轻型车辆，并得到了T–34坦克的支援——俄国人占尽了几乎所有的地形优势。在这片茂密的林区和艰难的路面上，德军沉重而又笨拙的摩托化部队几乎完全被地形所困。越来越多的战斗演变为一系列近距离作战，在这样的战斗中，德军不同部队之间通常都很成功的协调作战变得不复可能。其结果是，俄国人经常能战胜我们。"

尽管面临着这些困难，但第1装甲师得到加强的战斗群，与第5和第2装甲师的战斗群一起，成功地掩护了从克林撤向西面的道路，并保持其畅通，以便逐出已达成突破的敌军，并确保——尽管必须付出最大的努力和沉重的代价——四个机械化师和数个步兵师的后撤。此时，沙尔将军决定，必须结束这种剜肉疗疮的做法。为此，他构思了一个大胆的计划，旨在为摩托化军和装甲集群争取到一些喘息空间，从而使他们能够重新夺回主动权。

他的构思是通过几场快速反击，挫败敌军的意图。第25装甲团团长豪泽上校，以其魄力和主动性在第7装甲师内闻名，摩托化军作战区域内每一辆可用的坦克都将交给他，另外还包括集团军群答应调拨的50多辆坦克，他的任务是突破克林东面的斜向防线，在亚穆加、斯帕斯–扎乌洛克和比列沃（Birevo）之间肃清被无线电侦察识别并定位的敌师级指挥部，从后方攻击苏军的炮兵部队，并将敌人的大炮摧毁，然后，制造混乱，返回德军的防御圈。

这场反击的准备工作都已就绪。

在此期间，第1装甲师的两个战斗群向北面发起了一次救援攻击。"韦斯特霍芬"战斗群首先击溃了基列沃（Kirevo）南面相当强大的一股敌军。接着，12月9日10点30分，"维特斯海姆"战斗群，与第1摩托车营以及施托夫少尉率领的6辆三号坦克，在"博恩"炮兵营的支援下，沿加里宁公路向亚穆加推进。起初，他们的行动取得了不错的进展。尽管在兵力上占有优势，但苏军却未能顶住，他们仓皇后退，在亚穆加周围的战场上遗留下180具尸体、790名俘虏以及大批重型武器，其中包括3辆T-34。但德军未能重新夺回亚穆加镇。

到了夜里，第1装甲师将战斗群回撤至克林的北部边缘，就地组织起防御。尾随而来的敌军被白刃战所击退。12月9日夜间，第1装甲师师部接到了全权负责克林防御任务的命令。克鲁格将军坚守该城一直到12月14日，随即，"豪泽"行动开始了。

一切都已准备就绪——第1和第7装甲师最后的坦克，第2装甲师的一个坦克连，第5装甲师的25辆坦克。就在这时，右翼发来了一份报告，大意是敌人在第4装甲集群的防区，第23步兵师的作战区域上达成了突破。库兹涅佐夫将军的突击第1集团军对克林发起进攻，形成了钳形攻势的南部夹钳。很明显，苏军第1和第30集团军意图在克林西侧会合，困住第3装甲集群，再由其他部队插入克林突出部。

准备战斗！只有以装甲部队发起积极和及时的反击才能挽救形势。尽管做出这个决定是痛苦的，但沙尔将军不得不将"豪泽"战斗群撤至东南方，以避开迫在眉睫的危险。

12月12日清晨，德军坦克出发，赶往东南方。突然转晴的天气使温度暴升至零度上下。冬季的阳光洒落在道路上，再加上履带早已磨损得破旧不堪，这趟旅程相当艰难。不过，德军成功地拦截住苏军，解救了七零八落的德军部队，并把仍坚守在破裂的前线的各种德军战斗群安全带回到第3装甲集群设在克林附近的斜向防线上。

坚守克林城是必须的，尽管疏散行动一直在进行，但城内仍滞留了数千名伤员，防御任务被交给了三支临时组建的队伍。起初，科普上校和克诺普夫中校率领着以工兵、道路修建队、少量反坦克炮和高射炮分排、三辆自行火炮、空军地勤人员、机械师和几辆修理好的坦克仓促组成的应急部队，为后撤中的德军师保持着克林城的畅通。但在接下来的几天里，所有可用的士兵都被投入到克林城的积极防御中——其中甚至包括第25装甲团军乐队里的25名鼓手，在乐队队长的带领下，他们作为步兵被部署在城市的北郊。目前，"韦斯特霍芬""维特斯海姆""卡斯帕"混编战斗群被安排在城市的东北和西北部边缘。此时的克林城处在苏军的炮火轰击下，城内到处是燃烧的火焰。

12月13日，经希特勒首肯，装甲集群下令放弃克林城东面的阵地。沿着穿过克林城唯一的道路，所有部队都在转身后撤。

自13日夜间起，城市东部边缘的防卫交给了第14摩步师，该师获得了第2装甲师战斗群以及毛瑟上校战斗群的加强。克林的北部郊区和西部，第1装甲师抵御着苏军由北而来的猛攻，掩护着部队的后撤路线。他们一次次地肃清公路，以确保最后千余名伤员和大批物资的转移。在这些行动的掩护下，克林突出部于12月14日中午被疏散完毕。尽管作战部队在防线上付出了非同一般的努力，但补给单位和零散部队的后撤却成了一场名副其实的悲剧。

沙尔将军对此的个人回忆记录如下：

> 军纪开始崩溃。越来越多的士兵设法向西逃窜，他们没有任何武器，用绳子牵着一头牛犊，或是在身后拖着一具装有土豆的雪橇，就这样在无人带领的情况下向西跋涉而去。现在，已没人去埋葬被空袭炸死的士兵。补给单位，经常在没有军官带领的情况下霸占公路，而所有部门的作战部队，包括高炮部队，正拼命地守住防线。整个补给车队——除了那些获得坚定领导的单位外——疯狂地向后逃窜。这些补给单位惊慌失措——可能是因为他们习惯了过去的高歌猛进。士兵们没有食物，被冻得瑟瑟发抖，在一片混乱中，他们向西奔逃。他们中的伤员已无法被及时送回基地。汽车驾驶员们不愿意等待堵塞的交通获得畅通，干脆把车开到了最近的村落里。这是装甲集群有史以来最艰难的时刻。

怎么会这样？纪律严明、英勇奋战在前线的士兵们身后，怎么会出现如此混乱的局面？

答案很简单。德国国防军从未学过后撤的原则和方法。德军士兵从来不把后撤视为一种特殊类型的行动——这将破坏他的意志——而是将此视为敌人施加给他的一场灾难。

即便在魏玛国防军时期，演练后撤也普遍遭到轻视。经常有人轻蔑地说：不该练习后撤，这只是教士兵们逃跑罢了。

1936年后，就连"弹性防御"也从训练大纲中删除了。"进攻"和"坚守"是传授给德军士兵仅有的两种技能。投入战争时，德军对"边打边撤"毫无准备。对这一技术的忽略必将付出沉重的代价。克林，是他们第一次遇到这种情况。

12月14日13点，一名苏军少尉打着白旗出现在兴斯特上尉面前，作为"豪泽"战斗群的一部，兴斯特带领着第3装甲团第8连，和第2摩步团的部队被部署在克林城的东南部边缘。苏军少尉呈交了一封署名为"尤赫温上校"的信件，要求克林城的德军投降。这位上校在信中写道："守军的形势已毫无希望"。这是苏军在东线第一次打着白旗要求德军投降。

兴斯特上尉很有礼貌地接待了苏军使者，随即向豪泽上校报告并请求指示。14点，苏军少尉被打发回去，并带给他的上级一个回答：尤赫温上校说得不对，守军的形势绝非毫无希望。

兴斯特说得没错。此刻，第56摩托化军已按照计划与敌脱离接触。16点30分，道路被肃清后，第1装甲师带着摩托车营出发，向西而去。12月15日前，该师所有的单位都已到达第2装甲师设在涅克拉济诺（Nekrasino）的拦截线。克林城的南部边缘，豪泽上校撤出了他的部队，越过谢斯特拉河（Sestra）进入城市的西部。德军的最后一辆坦克刚刚过河，桥梁便被炸毁了。第53摩步团团部和所属战斗群，以及第2装甲师的一个坦克连守卫着已陷入火海的克林城，直到当晚21点。然后，这支后卫部队也出发向西而去。苏军这才进入到城内。

克林丢失了。第3装甲集群的防线也被穿透。德军从北面对准莫斯科的装甲楔形已被粉碎。苏军的两个集团军——第1和第30集团军——成功地消灭了对莫斯科构成的威胁。但从另一方面看，苏军并未能顺利歼灭第3装甲集群。多亏德军作战部队的英勇，以及第1装甲师的熟练应对，两个摩托化军辖内的各师以及第5军所属的部队才得以从被包围的危险中脱困，这些士兵，带上大部分武器和物资，后撤到56英里外的拉马河阵地。

但在其他地区，莫斯科西面的第4装甲集群，以及南面的古德里安第2装甲集团军，他们的形势又是怎样的呢？

莫斯科位于东经37度。12月5日，古德里安装甲集团军的两翼，从南面包围着莫斯科，第17装甲师停在图拉北部37英里处的卡希拉，第10摩步师在米哈伊洛夫（Mikhaylov），第29摩步师则在米哈伊洛夫的西北处。可是，米哈伊洛夫位于东经39度。换句话说，古德里安已位于苏联首都的后方。从某种意义上说，克里姆林宫已被超越。其结果是，尽管古德里安在南面的推进距离莫斯科仍有75英里之遥，但与距离克里姆林宫仅有20英里的德军北部装甲楔形同样危险。出于这个原因，古德里安的防线——这片区域从奥卡河南岸起，经图拉直达斯大林诺戈尔斯克——成了苏军反击战的第二个重点目标。

苏军最高统帅部投入了3个集团军和1个近卫骑兵军，双管齐下，意图包围古德里安令人胆战心惊的快速打击力量，并将其歼灭。苏军第50集团军构成了钳形攻势的右颚，第10集团军则为左颚。朱可夫将军——苏军最高统帅部的重要人物，亲自负责苏军在莫斯科地区的反击行动——试图在莫斯科的南面采用德国人的战术，就像他安排库兹涅佐夫将军的部队在北面，在克林所做的那样。他打算切断第2装甲集团军前伸的战线，行动必须迅速，以便让德军根本来不及后撤。

这是个很好的计划。但古德里安的战略意识更为出色。12月5日，古德里安想在图拉北部将第4装甲师与第31步兵师连接起来，以便包围图拉这座城市，但他的行动失败了。其结果是，第2装甲集团军被牵制在激烈的防御战中。12月5/6日的夜间，苏军发起进攻的前夜，古德里安下令将疲惫不堪的前方部队后撤至顿河—沙特河—乌帕河一线。12月6日和7日，德军的这一后撤正在进行，俄国人向位于米哈伊洛夫的第53军和第47摩托化军冲去。但苏军只遇上了德军的后卫部队，他们进行了迟滞性抵抗，掩护已全面展开的后撤行动。

尽管如此，情况也够糟糕的。冒着刺骨的寒风，穿过齐腰深的积雪，沿镜子般光滑的路面后撤，不啻是一场灾难。部队沿着道路痛苦地挣扎着，频繁与行动迅速的西伯利亚滑雪营发生小规模冲突。穿着白色伪装服的西伯利亚人犹如鬼魂般地出现，穿过深深的积雪，悄无声息地逼近公路。他们用步枪射击，投掷手榴弹，随即又迅速消失。他们炸毁桥梁，封锁重要的路口，袭击德军的补给队，杀死人员和马匹。

但古德里安久经沙场的部队绝非毫无经验的兔子。例如第3装甲师，带着他们的车辆从图拉北部撤离，穿过冰冷的暴风雪，从一个地区赶至下一个地区。他们迅速将步兵连与他们的装甲运兵车、反坦克炮、自行高炮混合起来，组成后卫部队，甚至担任第3和第394摩步团的突击预备队。师主力与敌人脱离接触后，这些混编连迅速发起了反击，或者说，通过不断变换阵地并用他们所有的自动武器猛烈开火，制造出兵力强大的假象和声效。机会适当的时候，他们甚至会发起闪电般的反击，追杀距离超过3至6英里。

12月14日，在帕尼诺（Panino）附近就出现了这样的机会。德军必须从桥上渡过沙特河。苏军坦克和滑雪营紧追不舍。桥梁前方的村落已被焚毁，目的是为了获得清晰的射界，同时也为了不让苏军获得隐蔽处。

埃卡特少尉带领着第3摩步团第2连，守卫着重要的岔路口。俄国人以营级规模的兵力向前涌来，他们是第50集团军一个步兵团里的乌兹别克人。最前方的俄国人携带着反坦克炮和重型迫击炮。埃卡特给第1连连长洛泽少尉发了个信号，洛泽的连里配备着全团所有的装甲战车："我需要支援！"洛泽迅速调集了四辆坦克，再加上他连里的六辆装甲车，悄然驶离。在一座村落阴燃的废墟后，他悄无声息地逼近了苏军的侧翼。

行动！他们杀将出来。苏军的三门反坦克炮已经冲过了头。俄国人撞上了第2连的火力网。侥幸未被击毙的敌人躺在地上装死——这是苏军士兵最喜欢的把戏。

洛泽的指挥车最后一个驶过桥梁。一辆T–34低矮的剪影出现在地平线处。它开炮了，但这种射击非常盲目。德军士兵成功地炸毁了桥梁。

洛泽的装甲车连损失了一辆拖曳着反坦克炮的车辆，霍夫曼中士负伤，另有一名士兵失踪。但苏军的一整个营被报销了。

正是像洛泽和埃卡特这样的人——这些中士、中尉和上尉，与机枪手、坦克驾驶员或是装甲车、火炮牵引车、卡车以及马拉大车的驾驶员一样——缓解了危急的形势，这些形势对战斗群或全师来说，通常至关重要。穿越暴风雪和火海的悲惨后撤，使德军前线士兵经历了千辛万苦，并由此产生了坚韧、忍耐、自我依赖和积极进取的独立斗士，没有他们，东线的德国陆军不可能在莫斯科门前的冬季中生还下来。

严酷的冬季，其野蛮性对德国人和俄国人来说完全一样，第3摩步团后卫部队的一名成员在1941年降临节第四个星期日的所见，对此做出了可怕的说明。事情发生在奥扎罗瓦（Ozarovo）。少尉通过望远镜发现一群马匹和人员站立在一处缓坡深深的积雪中。德军士兵小心翼翼地靠近过去。四下里一片奇特的沉寂。积雪覆盖的荒原，闪烁的光线下，这群俄国人一动不动，显得很可怕。突然，少尉被惊呆了——那些马匹和人员紧紧地靠在一起，站在齐腰深的雪地里，已经死去多时。他们站在那里，就像得到了停下休息的命令似的，已被冻僵，这是战争中一幅令人震惊的场景。

一名苏军士兵站在一侧，斜靠着他的马匹。在他旁边，一名伤员坐在马鞍上，一条腿打着夹板，他的眼睛大睁着，眉毛上结了冰，右手仍攥着坐骑蓬乱的鬃毛。一名少尉和一个中士坐在马鞍上，身子向前倾去，紧握的拳头仍紧紧地抓

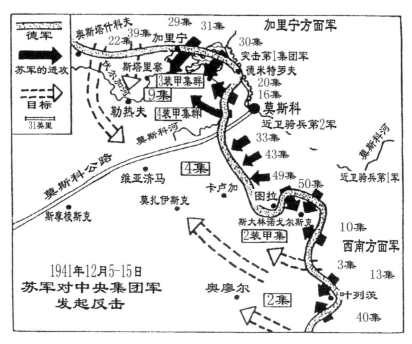

▲ 莫斯科门前的转折点。苏军最高统帅部希望通过一次大规模攻势，在莫斯科接近地包围并歼灭疲惫不堪的德国中央集团军群。

着缰绳。两匹马之间挤着三名士兵：显然，他们想通过紧贴马腹来获得一丝温暖。而那些马儿就像是骑马塑像底座上的马匹——高昂着头，双眼紧闭，它们的皮肤上覆盖着一层冰，马尾被狂风刮得飘扬起来，但已被冻得一动不动。一切结冻的那一瞬得到了永恒。

下士特雷泽想把这幅令人震惊的场景拍摄下来时，取景器被他的泪水冻住了，快门无法动作。快门按钮也被冻结了。战争之神掴住了这幅地狱般的画面：它不会成为其他人的纪念品。

与第3装甲师一样，古德里安两个摩托化军辖内的其他师也从图拉东北方的正面弧形防线上撤了下来，并一直与苏军进攻中的第50、第49和第10集团军激战，从而避免了朱可夫希望围歼第2装甲集团军的钳形攻势。

12月8日，朱可夫的突击集团军在米哈伊洛夫发起了突袭，进行迟滞防御作战的第10摩步师遭受了巨大的损失。第24摩托化军辖下的第17装甲师遏制了苏军从卡希拉而来的第一次突击。图拉东南方，"大德意志"步兵团顽强地阻击着苏军从城内而来的凶猛进攻，从而守住全军左侧的斜向防线，掩护着通向顿河—沙特河—乌帕河防线的后撤。在这些作战行动的掩护下，集团军主力向后撤去。斯大林诺戈尔斯克被疏散了。叶皮凡（Yepifan）经过激烈的防御战后，被第10摩步师按照命令放弃，该师退入城内，随即向后撤去。12月11日，他们到达了顿河—沙特河—乌帕河防线。

可是，古德里安守住这道防线的想法被证明是无法实现的。苏军第13集团军的部队在古德里安装甲集团军的南部，叶列茨的两侧突破了施密特将军第2集团军①的防线。12月13日，叶夫列莫夫（Yefremov）被第2集团军放弃。第134和第45步兵师——其中的一些部队在利夫内（Livny）被包围了几天——进行了顽强的抵抗，但最终被迫放弃阵地，为保住自己的性命而向后撤离。第134步兵师第446团的瓦尔

---

① 第2集团军司令魏克斯男爵因病离开前线，1941年11月15日由第39摩托化军军长鲁道夫·施密特接任，12月中旬，魏克斯重返第2集团军，施密特随即接替古德里安，出任第2装甲集团军司令。此处的"斜向防线"，原文为"switch line"，这是个军事用语，指的是斜对着前方的防御阵地，与其他防御阵地相连，其目的是为了防止敌人从侧翼达成突破。

特·科恩下士报告说："每当我们在夜间进入一个村子时，先要把俄国人赶出去。第二天早上准备再次出发时，敌人的机枪已在我们身后响起。我们无法带上那些阵亡的战友，只能把他们和被打死的马匹一同放在路边，或是留在我们停下实施抵抗的沟渠里，但这往往最终会成为危险的死亡陷阱。"

第45步兵师（前奥地利第4师）防区内的情况也很类似，该师在第134师的南面作战。他们先是遭到切断，敌人随即杀出，他们的补给车队被摧毁，作战和撤退指令要靠空投传达，这个英勇的师辖内的各战斗群杀开血路，突出利夫内包围圈，赶往西南方。

随着右翼友军的防线从叶列茨—利夫内地区撤往西南方，古德里安"顿河—沙特河—乌帕河"防线的右翼已是岌岌可危。因此，古德里安不得不再次后撤，将他的防线向西推移50英里，直到普拉瓦河（Plava）。

目前，苏军的22个步兵师已在叶列茨与利夫内之间达成了突破，古德里安不得不把他的防线进一步后撤。这一过程中，第2装甲集团军与第4集团军之间失去了联系，于是，卡卢加与别廖夫（Belev）之间的战线出现了一个20至25英里的缺口。

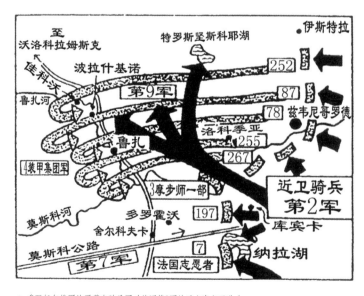

▲ 多瓦托尔将军的哥萨克骑兵军对德国第9军的后方发起了进攻。

苏军最高统帅部抓住这一机会，向德军防线上这一巨大的缺口投入了近卫骑兵第1军。别洛夫将军麾下的骑兵团，在踩着滑雪板或搭乘机动雪橇的作战部队的支援下，向西扑向苏希尼奇（Sukhinichi），向西北直冲尤赫诺夫。事态的发展达到了高潮。

前线的缺口成了德军最高统帅部的噩梦。现在存在着一种危险：第4集团军的南翼有可能遭到合围。实际上，如果俄国人成功地实现突破，经卡卢加直抵莫斯科公路上的维亚济马，他们甚至可以打击第4集团军的后方，并将其切断。苏军从北面而来的一个突击便可以封闭这个巨大的包围圈。

显然，苏军指挥部的目标正是如此。他们正积极寻求实施这个大胆的战略行动。尽管离失败尚远，但其阴影却开始困扰"中央"集团军群麾下遭受严重打击的部队。

苏军最高统帅部开始正确地着手实施其计划。克鲁格的第4集团军位于"中央"集团军群的中心，起初只遭到牵制性攻击。通过这种方式，苏军试图阻止克鲁格将他的部分部队调至集团军群的两翼，或是甚至将集团军后撤，从而将腾出的大股部队投入到北部和南部，以抵御苏军的进攻。克鲁格的部队将被牵制在中心地区的中央，直到苏军南部和北部的方面军粉碎德军防线两翼后形成两股铁钳为止。

这种打法正是陆军元帅冯·博克在比亚韦斯托克和明斯克，霍特在斯摩棱斯克，伦德施泰德在基辅，古德里安在布良斯克，克鲁格在维亚济马对付苏军的方式，是军事史上合围战的经典战例。这次，朱可夫打算以其人之道还治其人之身，苏军会在维亚济马获胜吗？

如果苏军成功地突破至第4集团军的西面和北面，然后转身向南，直扑莫斯科—斯摩棱斯克公路的话，这种情况就很有可能发生。

在此期间，第4装甲集群防区的情形如何呢？11月初，第7和第9军沿莫斯科—伏尔加河运河陷入停顿。第9军进行了最后一次努力，试图改善其所处的位置。德军沿公路对莫斯科实施正面攻击的这番最后努力由霍普纳的第4装甲集群执行，这场行动的参与者之一是率领第267步兵师第487团第14连的汉斯·布拉默中尉。时间是1941年12月2日。

来自汉诺威的第267步兵师将进行最后一次尝试，越过结冻的莫斯科河，以一场合围攻势突破苏军在库宾卡西侧的防御。在零下34摄氏度的严寒中，该师花了几个小时启动所有的车辆，以便将人员和重武器带入部署区域。另外，与以往那些美好的日子一样，炮兵进行了猛烈的轰击。尽管如此，德军的行动却未能成功。树林中，不仅有伪装良好、精心构建的阵地，苏军还安排了新锐的西伯利亚部队。结果，布拉默第14反坦克连通常都很管用的37毫米反坦克炮没能派上太大的用处，尽管携带六门火炮的两个排被配属给迈尔中校战斗群的突击营。炮组人员阵亡，火炮也被遗弃，这就是结局。德军士兵不得不再次后撤，他们根本无法取得任何进展。

于是，第267步兵师在北面数英里的莫斯科河西岸占据了准备好的冬季阵地，充当第7军的左翼师。从这里再向北，驻守着辖第78、第87和第252步兵师的第9军。这样，直达伊斯特拉河的防线得到了妥善的防护。

但在右侧，沿莫斯科河，第267步兵师只能以疲惫不堪的第497团残部据守一片大约4英里宽的区域，除设立几个据点，再派上几支加强巡逻队外，基本上做不了其他更多的安排。这就是在自找麻烦。

接下来的几天里，苏军不断渡过莫斯科河发起攻击——有时候是以小股兵力，有时候又颇具规模。显然，他们正试图在霍普纳第4装甲集群与克鲁格第4集团军的结合部寻找到薄弱点。如果被他们沿莫斯科河，在第267步兵师的右翼发现几乎不设防的缺口怎么办？守军一直在向上级说明自己的薄弱处，但却无济于事，因为不管是军还是集团军，都没有可抽调出来用于加强防线的预备队。

12月11日，快到上午10点时，传令兵多伦多夫下士激动地冲进了布拉默的掩体："中尉先生，右侧几支滑雪队向西去了，我觉得他们是俄国人！"

"妈的！"布拉默跳起身，拿着望远镜冲了出去。他克制着自己的咒骂，匆匆打电话给团部："苏军，几股营级规模的部队，正踏着滑雪板越过防线向西。"准备战斗。

多伦多夫下士和布拉默中尉观察到的完全正确。苏军的哥萨克营和滑雪战斗群沿着防御薄弱的莫斯科河地带消灭了德军巡逻队，现在，他们直接绕过第467和第487步兵团经过强化的据点，师属炮兵的主力也布设在那里。

第267步兵师师长马丁内克将军徒劳地试图以第497团残缺不全的连队堵上缺口，但他没能做到这一点。苏军扩大了他们的突破。第267师师部与北侧两个团失去了联系。

防线上，第267师旁边的是第78步兵师，现在，该师的侧翼与后方遭到苏军突破的威胁，敌人正向第215步兵团扑去。第215团团长默克上校奉命接管了被突破地区的指挥权，第467、第487步兵团以及第267炮兵团的部队在集团军属炮兵营和炮兵连的支援下，建立起一道新的防线。

但俄国人在树林地带的行动非常熟练、狡猾和大胆。这一点不足为奇：这些部队是苏军骑兵第20师的一部，他们是多瓦托尔将军著名的哥萨克骑兵军中的精锐部队，1941年12月2日，该军被斯大林授予近卫军的称谓，现在，他们自豪地打着"近卫骑兵第2军"的番号。

达成突破后，哥萨克骑兵团在各重要地点进行重整，随即组成一个个战斗群，对德军腹地的指挥部及补给站发起袭击。他们封锁道路、破坏交通、炸毁桥梁和高架铁路，一次次地袭击并歼灭德军的补给车队。

12月13日，哥萨克骑兵第22团的几个中队，在前线后方12英里处打垮了第78步兵师的一个炮群。他们威胁到了洛科季亚，这是个补给基地，也是个交通枢纽。另外几个骑兵中队，在第78和第87步兵师的后方向北推进。

第9军的整个前线岌岌可危。几个师的前沿阵地完好无损，但通向后方的交通线却已被切断。弹药和食物补给无法运抵前线。数千名伤员滞留在前线作战地区内。

12月14日16点35分，一支哥萨克骑兵中队在前线后方16英里处袭击了第78步兵师的第10炮兵连，当时，该连正向后方的新阵地转移。哥萨克们挥舞着马刀，对那些大吃一惊的炮兵们发起了攻击，炮兵连的人员和马匹惨遭屠戮。

俄国人同样试图沿莫斯科公路和老驿路达成突破，德军第197步兵师在这里守卫着补给路线。这个师早已处于戒备状态。只要苏军以坦克实施渗透，德军便会集中火力予以压制，并立即发起反击将对方驱离。这种状况就这样持续了一天又一天。每天凌晨3点，苏军会从村内冲出——他们待在村子里取暖——到了夜里，他们再退回去。他们撤退时会带上负伤的战友，但阵亡者则被丢在身后。

12月13—14日的夜间，一支哥萨克补给队，约有40辆货车，试图经过第197步兵师第229炮兵团的阵地。

此时的温度是零下36摄氏度。许多大炮的后坐装置被冻结。火炮瞄准镜的镜头也结了霜，什么也看不见。尽管如此，德军炮手们靠眼睛瞄准，准确地开炮射击。哥萨克补给队被近距离内的炮火彻底摧毁。

但无论是沿公路防线进行的坚决抵抗，或是第197步兵师步兵和炮兵部队的英勇，或是第7步兵师进行的顽强而又成功的防御战——法国志愿者就在该师辖内作战——都无法让第7和第9军避免陷入因哥萨克军在公路北部实施渗透所造成的灾难中。办法只有一个，那就是沿第4装甲集群的整个右翼，将前线后撤。防御作战新的主防线将设在鲁扎河一线，位于现有前线的后方25英里处。第197步兵师与迅速前调的第3摩步师的部队一起，通过极其艰难的苦战，在著名的（也可以说是臭名昭著的）舍尔科夫卡—多罗霍沃路口保持着公路的畅通，以便让第4装甲集群的重型装备和各个师顺利后撤。

第78师发给辖内各团的撤退命令很好地说明了当时的形势："最重要的是突破敌人在我们防线后方所设的障碍。必要时，车辆可以丢弃，只保留部队。"

就这样，他们向后杀去：第78步兵师里的斯瓦比亚人（他们的战术徽标是乌尔姆的大教堂以及格茨·冯·伯利欣根的铁手），第87步兵师里的图林根人，第252师里的西里西亚人，第197和第255步兵师里的莱茵兰和黑森人。法国志愿者拖着沉重的步伐跟随在第7步兵师的巴伐利亚人身边，他们用拿破仑的语言所下达的命令，诡异地回荡在寒冷的夜晚和冰冷的暴风雪中，一如129年前。

第267步兵师的布拉默中尉和他的部下，在12月间，沿着他们秋季时曾走过的道路向后撤去。他们带着负伤的战友：两名士兵牵着一匹从哥萨克骑兵那里缴获来的马，马上坐着一名下士，他的腿被弹片撕开个大口子，长达膝盖。伤口被冻结，通过这种方式，出血才被止住。让这位下士牢坐在马鞍上的唯有坚强的意志力。他想活下去。为了活下去，就必须设法向西撤离。

在兹韦尼哥罗德与伊斯特拉之间赢得了这些胜利的人是谁？指挥着哥萨克骑兵，沿第7军侧翼突破，逼退第9军，并迫使这些德军后撤的人又是谁？他就是多瓦托尔少将。这位哥萨克将领是个优秀的骑兵指挥官。在苏军第5集团军辖内，他的骑兵军大胆、勇猛、身手不凡。他以坦克指挥官的方式指挥他的快速骑兵部队——毕竟，坦克只不过是传统骑兵的继承者而已。

"指挥官必须身先士卒！"这是多瓦托尔的座右铭。他在前方指挥他的部队，他和他的军部直属骑兵中队总是身处最前沿。苏军最高统帅部的公报中，不止一次地对多瓦托尔少将的英勇提出表彰。

苏联的军事资料里从未提及过他的出身，这就表明，他们大概是资产阶级，而不是无产阶级。多瓦托尔可能来自旧沙皇军队的军官团——这样一个出身中产阶级家庭的人，选择了从军作为自己的职业，并毫无保留地支持布尔什维克政权。

来自西里西亚的德军第252步兵师，绰号"橡叶"师，该师跟随在其他师当中，杀开血路撤往鲁扎河防线。这个师对多瓦托尔的哥萨克骑兵展开了报复，这位将军为他的胜利付出了最高的代价——他的生命。

关于这起事件的报告既反映出德军士兵的英勇，也体现出一名杰出的苏军将领的无畏，他知道该如何作战，也知道该如何阵亡。

1941年12月17日，得到加强的第461步兵团投入到对付多瓦托尔前哨部队的战斗中，苏军骑兵试图在特罗斯坚斯科耶湖（Trostenskoye）附近堵住第252师的撤退道路。这一危险被避免了。该师所有的部队都到达了鲁扎防线，尽管他们一直在跟多瓦托尔的骑兵部队进行着比赛。

12月19日，第252师在鲁扎镇北部渡过了鲁扎河。但多瓦托尔也赶到了。他不想让德军就此逃脱。这时鲁扎河面已被冻结。多瓦托尔将军准备发起一次侧翼攻击。他打算越过冰面，从右侧攻击那些西里西亚人。这场碰撞在佳科沃（Dyakovo）和波拉什基诺（Polashkino）这两个小村落附近爆发开来。

佳科沃村外，普里甘中尉率领着第472步兵团第2营的残部，与第252炮兵团第9连，据守在鲁扎河高高的西岸上。在其右侧的波拉什基诺，霍费尔少校带着来自希维德尼察的第7步兵团第3营占据了阵地。他们所处的地形很有利，普里甘和霍费尔决心对此好好地加以利用。

当天，阴暗而又寒冷。上午晚些时候，天空下起雪来，十二月的雪花光洁、干燥，被风吹过田野和冰冻的鲁扎河。马匹的尸体、毁坏的车辆和阵亡的士兵被纷飞的雪花所覆盖。

森林边缘处，多瓦托尔将军看着他的先头部队跃马奔向河边。他听见远处传来的交火声。哥萨克骑兵们下了马。

多瓦托尔转身对主力团团长林尼卡少校说道："对先头部队的右侧发起进攻！"

少校敬了个礼，拔出自己的佩刀，随即下达了命令。第1中队冲出树林。他们像幽灵般地向前飞奔。越过托尔布济诺村（Tolbuzino），朝河边冲去。就在这时，德军的机枪开火了。

骑兵中队立即散开，士兵们纷纷下马，扑倒在雪地上。他们的冲锋未获成功。

多瓦托尔将军生气了。他和团长林尼卡少校策马冲向通往北面的道路，一直赶到从鲁扎通向沃洛科拉姆斯克的公路处。骑兵第20师的先头部队就停在这里，骑兵炮兵第14营刚刚穿过森林。此刻已是中午。

从森林的边缘处可以清楚地看见波拉什基诺村的情形。第252步兵师的行李车正行驶在向西的道路上。

"塔夫利耶夫上校。"多瓦托尔将军叫道。骑兵第20师师长凑了过来。"我们将渡河，从右侧绕过波拉什基诺村，然后对这支车队的后方和侧翼发起进攻。我跟你们一同行动。"

几个骑兵中队风驰电掣地冲了出去。但他们刚一冲出树林，便遭到德军机枪火力猛烈的射击。

"散开部队，上校！"将军叫道，"把法西斯赶出村子！"

带着自己的参谋人员，多瓦托尔冲向河边的一座小木屋。他翻身下马，拍了拍坐骑的脖子。他这匹栗色的马驹名叫"卡兹别克"，看上去它有些紧张。"沉住气，卡兹别克。"他安慰着它，然后，他把缰绳递给自己的马夫阿科皮扬，"带着它来回遛遛，否则它会着凉的。"

多瓦托尔用望远镜查看着战斗的情形。佳科沃右侧正遭到苏军炮火的轰击，已是一片火海。但骑兵第22团的士兵们下马后遭到了压制。

随即，骑兵第103团勇猛地冲出树林，投入了战斗，但很快，他们也被迫下了马。骑兵们步行着向前推进。他们到达了河上的冰面。但随即被德军的机枪火力拦住。

"我们得把冰面上的那些伙计弄走。"将军叫道。他从皮套里拔出手枪，扳开机头，迈开大步朝河边冲去。他的副官、师部直属中队的政委、执勤官和师部卫队跟着他冲了上去。

多瓦托尔将军与那些被压制在河中央冰面上的士兵已不到20码。就在这时，德军的一串机枪子弹从村子右侧窜过冰面。多瓦托尔突然停了下来，仿佛有什么东西吓住了他似的。然后，他重重地摔倒在冰面上被风吹集成的一个雪堆上。

他的副官朝他冲去。但机枪仍在咆哮，德军射手的手指并未松开扳机。喷溅的积雪清楚地告诉他子弹的准确落点。他们同样射中了多瓦托尔将军的副官，这位副官有一个德国人的名字：泰希曼。塔夫利耶夫上校也被机枪子弹击中，摔倒在将军的身旁。

"流氓！"政委卡拉索夫尖叫着，"这些流氓！"他朝冰面冲去，大衣在他身后飘摆着。他跑到多瓦托尔身边，把他抱了起来。可就在这时，一串机枪子弹飞舞着掠过雪地，把他射倒在地。卡拉索夫倒在冰面上，当场阵亡。

最后，库利科夫中尉和索基尔科夫少尉成功地爬到多瓦托尔将军身边。冒着猛烈的机枪火力，他们把他们的将军拖过冰面，带回到小木屋后。

看见自己阵亡的主人被带了回来，多瓦托尔的"卡兹别克"跳立起来。而波拉什基诺村，机枪火力仍在咆哮。来自希维德尼察的这些德军步兵抵御着沙米亚金骑兵团的猛烈攻击，这些骑兵赶来为多瓦托尔将军报仇。

失败总是需要替罪羊。就在多瓦托尔将军阵亡于鲁扎河冰面上的当天，第一场政治风暴席卷了整个德国将领团。阿道夫·希特勒解除了陆军总司令冯·勃劳希契元帅的职务，并亲自担任武装部队总司令。饱受重压的"中央"集团军群司令冯·博克元帅，奉命"休病假"去了，他的职务由冯·克鲁格元帅接替。而克鲁格所遗的第4集团军司令一职则由海因里希将军接任。①

1941年12月20日，忧心忡忡的古德里安飞往东普鲁士的元首大本营，去谒见希特勒。古德里安想说服他批准将德军防线后撤至更为有利的位置，如果必要的话，就大幅度后撤。

这一具有历史重要性的会谈历时五个小时。这场会晤展示出元首急躁的一面，他饱受焦虑的折磨，但却决心奋战到底；同时，最高统帅部毫无权力及唯唯诺诺的

---

① 第43军军长海因里希于1942年1月接任第4集团军司令一职，此前的一个月，该集团军由屈布勒将军掌管。

一面也暴露无遗，他们只是一群穿着军装的谄媚者。尽管古德里安孤身一人，但却勇敢而又激昂地为自己的观点辩解，并毫无畏惧地就前线态势向希特勒表达了自己坦率的意见。

"后撤"这个字眼刚被提及，希特勒就爆发了。这个词像毒蛇叮咬那样刺痛了他。对他来说，这唤起了1812年拿破仑大军遭遇灾难的幽灵。决不能后撤！

希特勒激情四溢地试图说服古德里安："就算我批准撤退，部队也无险可据。他们会一路奔逃。霜冻、厚厚的积雪以及结了冰的道路意味着重武器先被抛弃，接下来，他们连步枪也会丢掉，最后，他们什么也不会剩下。不，必须守住阵地。交通要道和补给中心必须像要塞那样被守住。部队必须原地据守，他们应该挖掘阵地，不得后撤一步。"

古德里安回答道："我的元首，俄国的地面现在已冻结到四英尺深，没人能在那里挖掘战壕。"

"那您就应该用迫击炮在地面上炸出弹坑。"希特勒反驳道，"就像第一次世界大战期间，我们在佛兰德斯所做的那样。"

古德里安再次试图纠正希特勒："佛兰德斯的地面比较软，可在俄国，地面硬得像石头，炮弹造成的弹坑不超过四英寸深，大小像个洗脸盆。另外，各部队既没有足够的迫击炮，更重要的是，也没有多余的炮弹供他们进行这样的尝试。我的部队里，每个师只剩下四门重榴弹炮，每门炮不到50发炮弹，而要守卫的前线却宽达20英里。"

没等希特勒插话，古德里安继续说道："在这种不适宜的地形上进行阵地战，将会导致第一次世界大战期间的那种消耗战。我们将损失大批的军官和士官，我们会遭受巨大的损失而得不到任何好处。这些损失将是无可弥补的。"

"狼穴"的希特勒掩体内，一阵死一般的沉寂。希特勒也沉默了。随即，他凑近古德里安，用恳求的语气说道："难道您认为弗雷德里克大帝的掷弹兵自己愿意阵亡吗？但国王有正当的理由要求他们付出牺牲。我认为我也有正当的理由要求每一个德国士兵牺牲自己的生命。"

古德里安立即意识到，希特勒抛出这个夸张的对比，只是为了回避问题。古德里安所谈的不是牺牲，而是无谓的牺牲。因此，他平静地说道："我们的士兵已经证明，他们愿意付出牺牲。但这种牺牲的要求应该在最终证明是合理的情况下才能被提出。我看不出其合理性，我的元首。"

从在场人员脸上惊恐的表情不难看出，他们认为希特勒就要发作了。但他没有。他反而以近乎轻柔的声音说道："我知道您个人所付出的努力，以及您是如何身先士卒率领部队的。但正因如此，您所看见的东西都受到距离太过靠近的影响。您对部下太过同情，以至于丧失了判断能力。在较远的距离上，看问题会更加清晰。为了守住前线，任何牺牲都不值一提。因为，如果我们守不住防线，中央集团军群的各部就将丧失。"

争论持续了几个小时。夜深后，就在古德里安离开元首掩体的会议室时，他听见希特勒对凯特尔说道："我还没能说服这个人！"

这句话说得没错。希特勒未能说服的这个人缔造了德国的装甲部队。对古德里安来说，希特勒哪怕是在最糟糕的情况下也要不惜一切代价坚守的作战原则，不啻为对久经考验的普鲁士总参谋部战略思想的一种侮辱。在毫无希望的情况下，部队后撤是为了避免无畏的伤亡，并为新的战斗获得行动自由。部队不能仅仅为了牺牲而坚守。

但与此同时，也不能完全排除这样一个论据：在俄国冬季的荒原上，面对受到胜利鼓舞而狂热无比的苏联红军的压力，批准后撤，很可能会使遭受重创的德军将后撤变成一场溃逃。

一旦士兵们开始溃逃将会发生些什么？后撤的恐慌迅速蔓延，撤退行动将变成混乱无序的逃生。没有什么比阻止一支仓皇逃窜的部队更为困难的事情了。

这些考虑使得希特勒以毫不妥协的态度拒绝了古德里安的建议。他甚至取消了苏军发起攻势的最初几天里他所批准的缩短防线、撤至后方防线的命令，相反，他下达了后来引起军事历史学家激烈争论的坚守令："指挥官和军官必须以亲自投身战斗的方式，迫使士兵们在各自的阵地上实施顽强的抵抗，而无论敌人是否从侧翼或后方达成突破。只有当精心准备并已缩短的后方阵地已由预备队据守后，才能考虑将前线部队撤至这些阵地。"

这道命令所引起的争议一直持续至今日。有人说，这道命令就是发疯，因为它在本质上导致东线德军做出了无谓的牺牲。他们认为，部队完全有能力进行有序的后撤。有利的防御阵地——例如斯摩棱斯克周围的高地——将迫使苏军最高统帅部发起代价高昂的进攻，并导致大批苏军部队，而不是德军被消耗殆尽。

无疑，这个观点适用于前线某些特定的防区。但也有许多战场指挥官、总参军官和集团军司令的观点认为，面对占尽冬季作战优势的西伯利亚生力军的重压，德军所进行的常规撤退，会在许多地段发生混乱，并造成大批前线部队的崩溃。所出现的缺口，没有任何指挥官能将其再次封闭。俄国人会在德军的防线上撞击出缺口，然后直接穿过这些缺口，追逐并赶上撤退中的德军。到达斯摩棱斯克后方，苏军便可以封闭陷阱，将整个"中央"集团军群兜入囊中。

这一理论也需要归因于苏联方面大量的部队和作战技能。但它不能否认的是——从纯粹的军事角度上看——希特勒简单而又严厉的坚守令也许为避免可怕的崩溃危险提供了唯一的机会。随后发生的事情证明了希特勒完全正确。只关注军事历史的史学家必须接受这一事实。至于政治、道德和哲理方面的考虑，不用说，是一个完全不同的问题。坚守令引起了战地指挥官内心的矛盾冲突，对这一命令的服从，既导致了悲剧，也由此产生了无与伦比的英雄主义和自我牺牲精神，"中央"集团军群北翼的第9集团军的作战行动就充分说明了这一问题，该集团军在加里宁—勒热夫地区行动，而与之相邻的第16集团军则在谢利格尔湖与伊尔门湖之间进行防御作战。

自10月底以来，斯特劳斯大将的第9集团军一直以三个军的兵力据守着莫斯科海与谢利格尔湖之间的防线。这条防线从加里宁直抵沃尔戈湖（Volgo）——这座湖泊是伏尔加河的源头——像一个巨大的障碍堵住了伏尔加河的河曲部，其南部的支柱便是勒热夫镇。

自1941年12月中旬以来，第9集团军便一直在后撤，一步一步，从加里宁向西南方退去。

苏军第31和第29集团军的初次攻击直接扑向加里宁东南方地区的瓦格尔将军的第27军。温度低至零下20摄氏度。厚厚的积雪覆盖着冰冻的地面。敌人的炮火准备较为温和，只有几辆坦克伴随着苏军步兵越过了伏尔加河的冰面。第27军右翼，驻守伏尔加水库的是维特赫夫特中将来自威斯特法伦的第86步兵师，在德军机枪火力的打击下，俄国人的进攻崩溃了。

据守在左侧毗邻地带的是来自波美拉尼亚的第162步兵师，苏军步兵在几辆T-34的支援下在这里取得了突破，随即扩大突破口，几个西伯利亚滑雪营涌了过去。尽管受到这一威胁，但位于第27军左侧，弗尔斯特将军的第6军仍坚守阵地，死死抵御着苏军凶猛的进攻。第26步兵师的防区内，维泽上校率领的久经沙场的第39步兵团只剩下两个营——第3营被撤销，兵力被分配到严重受损的各个连队中。实力同样被严重削弱的第6步兵师不得不坚守着长达16英里的防线。但苏军未能在此达成突破。

但在第27军的左翼，第110步兵师的防区内，苏军成功地渡过伏尔加河到达南岸。现在，他们对第6军唯一的补给路线形成了威胁。这条路线从斯塔里察直达加里宁。与此同时，加里宁城开始遭到侧翼包抄。

渗透进来的苏军已达两百多人，充当军预备队的第6步兵师第18团第3营，接到了将俄国人赶过伏尔加河的命令。这些威斯特法伦人做好了战斗的准备。此时的温度为零下40摄氏度。他们的进攻线上，覆盖着没膝深的积雪。这些德军士兵尝试了三次。

但渡过河的苏军已达团级规模，要赶走他们是不可能的。确实，第3营抓获了100名俘虏，但他们自己也阵亡了22人，45人负伤，另有55人被严重冻伤。

但他们至少阻止了苏军进一步的推进。重要的补给道路再度畅通并得到了掩护，加里宁被包围的威胁也被清除。其结果是，德军获得了撤出加里宁守军的时间。12月15日，加里宁城被放弃。12月16日，尤什克维奇将军和什韦佐夫将军率领的部队进入了加里宁。

苏军突破伏尔加河上的防线并夺取加里宁，这对德军而言是个沉重的打击。第9集团军的东翼不得不向后收缩。苏军最高统帅部由此获得了深入打击德军侧翼的先决条件。

斯特劳斯大将意识到危险的逼近。他打算像古德里安在南面，随着朱可夫的突破直逼斯大林诺戈尔斯克后所做的那样，放弃加里宁前线的突出部，并把他的军撤回到以谢利格尔湖为中心的一条大为缩短的防线上。他打算据守的这道防线呈扁平的圆弧状，从沃尔戈湖一直延伸至莫斯科公路上的格扎茨克。勒热夫是这道圆弧的中心及核心。这个冬季阵地的代号是"柯尼斯堡"。

与敌脱离接触的行动将以小规模、迅速地移动来完成，并经过一系列准确定义的中间位置，这些中途经过的城镇都被冠以代号——奥格斯堡、不来梅、科堡、德累斯顿、埃森、法兰克福、吉森、哈瑙、伊尔默瑙和柯尼斯堡。但是，时刻表的运行只到"吉森"站，"列车"将在那里停下。

多亏了后卫部队的英勇奋战，德军的各个师才得以较为完整地到达了"吉森"。尽管路上的积雪很厚，但他们还是带走了大部分重型武器。在这两个星期里，他们成功地迟滞着强大的敌军，并保持了前线的连贯性。

士兵们完成了惊人的壮举。常见的情况是，必须经过12至15小时极其艰难地忙碌，车辆才能发动起来。汽车的下方需要放上一盆小火，以便让变速箱和齿轮箱化冻。即便是这样，几乎所有的车辆也不得不靠人力来拖行。

就在其他部队踏上后撤的道路时，作战单位组织起来的后卫部队阻挡着紧追不舍的苏军。部分战士发挥了关键的作用。在深深的雪堆中，他们趴在机枪阵地后，抵御着苏军猛烈的进攻。薄薄的手套无法保护他们的手指不被冻僵，于是，他们用破布和衣物碎片把手包上，当然，这使他们在扣动机枪或冲锋枪的扳机时极为笨拙。于是，他们往包裹着拳头的破布间塞上木棍、树枝以及从当地农民小木屋烧焦的梁木上取下的木片，以此来操作武器的扳机。

就这样，第9集团军右翼的部队经过"奥格斯堡""不来梅""科堡""德累斯顿""埃森""法兰克福"，向后退去，直到希特勒的坚守令在"柯尼斯堡"前阻止了他们系统性的后撤。

第3和第4装甲集群辖内各师的后撤已停止在鲁扎河防线。出于这个原因，第9集团军现在下令守住这道延长线直达伏尔加河的防线。

"中央"集团军群新任司令官冯·克鲁格元帅，要求对这一命令的执行情况进行严格检查。他指示第9集团军："每个人必须守住他现有的阵地。任何人不这样做的话，都将在防线上造成一个孔洞，一个无法被再次封闭的孔洞。"

命令中唯一的一道曙光是这样一段话："与敌脱离接触，只有在能产生更有利的作战态势，并有可能形成预备队的情况下才是有用或有目的性的。"但陆军元帅又立即对这一让步做出了限制："师以上部队与敌脱离接触的行动需要得到我的亲自批准。"

1941年12月19日，施特劳斯大将赶到舒伯特将军的第23军军部——该军辖251、第256、第206、第102和第253步兵师——并带来了一个新命令："不许再后退一步！"

三天后，马斯连尼科夫将军第39集团军的突击部队，在T-34的支援下，对第23军的右翼发起打击，并试图突破德军第256步兵师的防线。马斯连尼科夫的意图是直抵勒热夫。

来自萨克森的第256步兵师进行了殊死的抵抗。他们让苏军的坦克从他们头上隆隆驶过，然后从雪地上的散兵坑里冒出来，狠狠打击坦克后方的苏军步兵。冲过防线的T-34则由炮兵的反坦克小组解决。

第256炮兵团第1营的法尔克少尉趴在一个雪堆后，穿着一件自制的雪地服作为伪装。一辆苏军坦克从他身边隆隆驶过，坦克上的机枪朝地面喷吐着火舌。

法尔克的机会来了。他朝坦克扑去，跃上了这头庞然大物的尾部。他的手指紧紧地抓住车身，慢慢地绕过炮塔。他掏出两枚拴在一起的卵形手雷，右手紧紧地握住炮管。然后，他俯身向前，左手用力将手榴弹塞入了坦克炮管。他迅速跳离坦克，落入两英尺深柔软的积雪中。第一声爆炸随即发出，接着便是一连串烟火表演般的爆炸。手榴弹完成了它们的任务。坦克内的弹药发生了殉爆。

12月22日和23日，第256步兵师一直坚守着防线。圣诞前夜、圣诞节和节礼日，这道防线一直被坚守着。此时的温度为零下25至30摄氏度。天色灰暗，多云，地面为纷飞的雪花所笼罩。能见度不到100码。

在"拿破仑的冬季"这样的背景下，苏军坦克不时会像幽灵般地出现。德军反坦克炮兵经常用他们的37毫米反坦克炮在不到6码的距离内轰击敌人的T-34，如果没能击毁坦克，这些反坦克炮手就完了。一般说来，德国空军的88毫米高射炮组或是像法尔克少尉这种勇敢的战士所使用的炸药，是对付T-34坦克的唯一办法。

到12月29日前，第256步兵师的士兵抵御十倍于己的敌军已达七天之久。此刻，控制在他们手上的只有一些次要的支撑点——位于岔路口、林间空地或是村子边缘。

友邻师的阵地也遭到敌人的攻击。科涅夫上将指挥着加里宁方面军的三个集团军沿伏尔加河河弯部攻击了德军的防线。形势越来越明显，科涅夫的进攻打算经过勒热夫，直抵莫斯科公路，以便与朱可夫在德国集团军群后方形成的南部铁钳会合。勒热夫成了东线命运的关键。

12月31日，1941年的最后一天，尽管得到了第8航空军的支援，但第256步兵师的主防线已是千疮百孔。俄国人达成了突破。第206步兵师也被打垮，该师的第301团只剩下几百人。同一天，第9集团军的防线在斯塔里察西面失去了连贯性。斯塔里察这座燃烧着的城市，其西北方，第26步兵师的防区内，第18步兵团的两个营，第84步兵团的残部以及师属炮兵团第2营，抵御着从四面八方朝他们扑来的敌军。

旧诺沃耶（Staro–Novoye）火车站也遭到了猛烈的攻击。圣诞包裹，圣诞节特别口粮以及部队的冬装终于运到了，此刻却被付之一炬。士兵们所能抢救出的只是一大堆瑞士奶酪。四下里，防区周围的农民小屋里，放满了一堆堆大块的圆形奶酪。换岗下来的士兵们走进屋内，用刺刀剜下一块块奶酪吞食起来。

但24小时后，这些小木屋和奶酪不得不被放弃了。苏军在克利莫沃（Klimovo）向西南方突破了6英里，德军不得不建立起一道新的斜向防线。

德军的空中侦察报告说，一股强大的敌军正在第256步兵师右翼，莫洛吉诺（Mologino）城外。莫洛吉诺与勒热夫相距19英里。勒热夫城内还有3000名伤员。

第256师接到了第23军军部发来的命令，要求其加强右翼，并"不惜一切代价守住"。于是，第476和第481团的残部被填补到苏军的前进道路上。

希特勒"第9集团军不得后退一步"的命令，于1942年1月3日将第23军牢牢地钉在叶利奇（Yeltsy）东面的洛托希诺城外。

12月31日13点，施特劳斯大将出现在舒伯特将军设在勒热夫的军部，并带来了命令："莫洛吉诺必须坚守到最后一兵一卒！"他还能下达其他什么命令吗？二十分钟后，准确地说是13点25分，第256步兵师师长考夫曼中将走进了房间。他是从莫洛吉诺直接赶来的。他面色苍白，冻得半僵，用颤抖的声音激动地向他的集团军司令报告道："大将先生，我的师只剩下一个团的作战力量，并已被苏军滑雪部队包围。部下们都拼尽了全力，他们已疲惫不堪，许多人一头倒在雪地上，虚脱而死。派给他们的任务简直就是让他们去自杀！年轻的士兵们对着他们的军官大喊：'你们为何不自己走呢，把我们杀了吧——有没有我们都没有什么胜算的。'莫洛吉诺已经丢了！"

施特劳斯大将惊讶地站在那里，然后他慢慢地说道："这是元首下达的明确指令，我们必须守住。要么守住，要么战死，没有其他选择。"他转向考夫曼将军，补充道："您最好到防线上去，跟您的部下待在一起，将军先生，那才是您应该在的地方。"考夫曼敬了个礼，转身离开。

实际上，莫洛吉诺的形势并不像考夫曼将军描述的那么令人绝望。12月31日下午，第476步兵团获得加强的第1营残部被匆匆投入城内，该城此时仍由穆默特少校（预备役）率领的第256侦察营顽强地守卫着。按照计划，第476团的残部被安排在城西的防御阵地上。可是，夜幕降临时，苏军的西伯利亚滑雪部队占据了莫洛吉诺与德军预期防线之间的森林。还剩下什么可以坚守的吗？现在的情况纯粹是尽可能长久地守卫莫洛吉诺，从而牵制苏军部队，以免他们干扰全军的后撤行动。通过激烈的战斗，侦察营和第1营的士兵们击退了西伯利亚人的进攻。他们经常会守在镇中心几座孤立的房屋内，然后，他们立即发起反击，从而再次获得一些喘息空间。

自1月2日起，与师里的通讯联络已被切断，与左翼友邻部队的联系靠双方的穿梭巡逻维持。尽管如此，穆默特少校仍下定决心要守住莫洛吉诺。

1月2—3日的夜间，通讯分排成功地恢复了与师部的联络。师部对莫洛吉诺仍在坚守感到极为惊异，随即命令他们立即弃守莫洛吉诺，回到师里归建。清晨6点，穆默特率部离开莫洛吉诺。重型装备被丢弃。穿过黑暗的夜色和西伯利亚人的防线，德军士兵排成单路纵队，沿着日常巡逻的路径，朝友邻部队的防区走去。

第206步兵师再次成功地封闭了第9集团军前线被撕开的缺口，但在1942年1月4日，德军的防线永久性地破裂了。第6和第23军之间出现了一个豁开的缺口，约有9至12英里宽。穿过这个缺口，强大的苏军部队现在渡过了伏尔加河。苏军第29集团军朝勒热夫扑去，试图从西南面夺取该镇。第6步兵师后勤主管迪塞尔坎普少校，是个充满干劲的军官，他带着一支仓促拼凑起来的应急部队赶去拦阻敌人的推进。这支队伍里包括司机和其他一些后勤人员，几辆自行火炮和几门反坦克炮，一个维修连的单位，另外还有第6步兵师兽医连里的兽医和传令兵。迪塞尔坎普就带着这些人阻止了苏军的推进。通过这种方式，第6军辖内的第26和第6步兵师得以建立起一道新的防线。德军将勒热夫作为将来发起反击的基石予以守卫。可是，苏军第39集团军和格林将军的骑兵军从西面绕过勒热夫，向南，经过瑟乔夫卡，直扑维亚济马。

尽管整条战线上都在激战，但俄国人的重点对象和长远目标已开始清晰地显现出来。科涅夫上将在"中央"集团军群北翼第23军的防线上撕开了一个缺口，意图包围并歼灭第9集团军。"中央"集团军群的南翼，朱可夫正飞快地穿过第2装甲集团军与第4集团军之间的缺口，他的目标是维亚济马，同时希望对第2装甲集团军的侧翼实施打击。

戈利科夫将军的第10集团军已经包围了苏希尼奇，但吉尔萨①将军四千余人的战斗群却拒绝将镇子拱手相让，并把苏希尼奇变成了一道阻挡苏军大潮的防波堤。吉尔萨的战斗群坚守了四个星期，详情我们将在后面提及。

1941年，开始时满怀胜利的信心，临近结束时却充满了抑郁和焦虑的气氛。节礼日时，希特勒抓住"中央"集团军群新任司令官做出投诉的机会，让自己摆脱了古德里安，这位将军不断提出的警告已让他感到心烦。陆军元帅冯·克鲁格指责古德里安大将抗命：12月早些时候，他们之间有过一些较大的分歧。于是，希特勒罢免了古德里安。前线士兵对此目瞪口呆。如果失去这位最具军事头脑的将领，他们会怎样？

满怀不祥的预感，古德里安结束了发给第2装甲集团军的告别书："当你们进行着艰苦的奋战时，我的心与你们同在！"

对德军指挥部来说，一个艰难的任务是，他们无法筹集到足够的后备力量来阻止苏军的突破。红军的骑兵部队已对尤赫诺夫北面德军薄弱的防线施压，并威胁到通往斯摩棱斯克重要的补给路线。苏军伞兵被空投至德军防线后方。游击队成了一个主要威胁。

希特勒抱怨着糟糕的运气，咒骂着俄国的冬季，责怪着上帝和自己的将领。他的怒火还落在第4装甲集群久经沙场的司令官头上。1月初，霍普纳大将后撤了他的第4装甲集群——新的一年，该集群已更名为第4装甲集团军——而没有（就像元首大本营所认为的那样）要求获得批准，希特勒抓住这个"抗命"的事例大做文章，

---

① 这里指的是第216步兵师师长冯·吉尔萨少将，苏希尼奇防御战使他赢得了骑士铁十字勋章的橡叶饰。

以此来警告其他将领。霍普纳被撤职，剥夺军衔，并被耻辱地开除出军队。继古德里安之后，前线士兵又失去了第二位出色的装甲部队指挥官。

内根丹克少将证实，这一处罚毫无事实依据，他当时是装甲集团军的通讯处长，是这起事件的直接目击者。以下是他对笔者所做的说明："我们几个跟霍普纳大将一起吃午饭，他刚刚从前线回来。饭桌上，他对参谋长夏乐斯·博略上校阐述了自己的观点：第4装甲集团军的右翼应该回缩，因为其侧翼已无法挡住苏军突入那里已经出现的缺口。他的这个观点很快便用电话传达给'中央'集团军群的参谋长。克鲁格元帅打来电话与霍普纳大将商讨此事时，我们还在餐桌上，我记得很清楚，霍普纳大将在交谈结束时是如何重复的：'很好，那么，元帅先生，我们一开始将只撤出重型火炮和行李车，以确保我们不会失去它们。请您向元首解释这一措施的必要性，并要求他的批准。'通话结束后，大将回到我们身边，说道：'好了，博略，您得做好一切必要的准备。'午夜时刻，突然传来了令人震惊的消息，霍普纳大将被撤职了！不久后，我从'中央'集团军群的一名总参军官那里获知，克鲁格元帅向希特勒汇报此事时，并未提及自己在电话中同意霍普纳的做法，而是指出，撤离前线已是既成事实。希特勒勃然大怒，立即下令将我们这位杰出而又备受尊重的集团军司令解职。"

这就是内根丹克少将的报告。对于引起广泛争论的霍普纳被解职事件以及冯·克鲁格元帅在霍普纳和古德里安被解除指挥权这两起事件上所扮演得模棱两可的角色，这份报告提供了非常有趣的说明，而且在军事历史上极具价值。

2

伊尔门湖南岸

弗兹瓦德的渔村——冲过冰封的湖面——四个苏军集团军打垮了一个德军师——旧鲁萨——瓦尔代丘陵——叶廖缅科与斯大林在克里姆林宫的一番交谈——饿着肚子的近卫军——托罗佩茨和安德烈亚波尔——第189步兵团的悲剧

让我们把话题重新拉回饱受重压的前线。"中央"集团军群的中部、南翼及北翼遭受打击的同时，苏军最高统帅部也对"北方"集团军群的右翼发起了攻击。伊尔门湖南岸，来自北德的第290步兵师据守着阵地，一月初，苏军大规模的突围战开始了。

曼施泰因冲入克里木半岛之际，"南方"集团军群麾下其他的集团军正在内陆作战，他们进一步向东推进，到达了第聂伯河与顿涅茨河之间。

维克多·尼古拉耶维奇是伊尔门湖上一名经验丰富的渔夫。他留着一副山羊胡，被村里人称为"万事通"。他还是弗兹瓦德（Vzvad）八十多名民兵的领导，这些民兵专事抵御游击队的袭击。维克多·尼古拉耶维奇和他的朋友们只是想过上安稳的日子。1941年9月初，德国人来了——和蔼可亲的伊夫兰中校和他的第290反坦克营。他们驻扎在谢利格尔湖与伊尔门湖之间，具有战略重要性的狭窄地带的最北端。这个位置标志着从旧鲁萨起，经过10英里的森林、草原和沼泽，抵达伊尔门湖和洛瓦季河河口唯一一条道路的终点。

因此，弗兹瓦德的渔村成了一个据点，一个路边堡垒，谢利格尔湖与伊尔门湖之间防线的终点，就在第290步兵师的侧翼。秋天时，伊夫兰中校和他的反坦克兵离开了。在这里守卫这些湿地和沼泽有什么意义？但快到12月底时，这个反坦克营又回来了。夏季时，这是片不可逾越的地带，除非是那些了解地形的当地人；但在冬季，一旦沼泽结冻，这里就会成为穿过德军防线再容易不过的通道。游击队的侦察员和补给队会在这里碰碰运气。苏军守卫着穿过锡涅特斯季伊湾（Sinetskiy Bay）北部森林的防线，他们派出的巡逻队会滑雪穿越冰冻的沼泽、湖泊及池塘。

对在谢利格尔湖与伊尔门湖之间据守着防线的两个德国军来说，苏军在旧鲁萨交通枢纽方向所进行的主要突破，将成为一个致命的威胁。俄国人以前曾尝试过，并经常获得成功——夺取德军的后方补给基地，从而动摇他们的整个前线。

1942年1月6日，温度下降至零下41摄氏度。湖面和其他水面上覆盖的冰层厚达两英尺。积雪的深度也近乎两英尺。德军巡逻队不断保持行动，四下搜寻着可疑的迹象。但他们一无所获。

下午早些时候，"万事通"跑来看望普勒尔上尉，普勒尔是驻弗兹瓦德这些反坦克兵的指挥官，也是伊夫兰中校在这里的代表。"村里人说，解放旧鲁萨的战斗今天开始了，就在我们俄国人的圣诞节①时。"

普勒尔上尉知道维克多·尼古拉耶维奇不是个满嘴跑火车的人。他也知道，再多的巡逻也无法阻止战线两端的渔民进行秘密的联系。他立即派出了两支滑雪巡逻队。

两个小时后，第一支巡逻队回来了。"洛瓦季河上有许多滑雪的轨迹。"他们报告道。

第二支巡逻队带回了三名俘虏——两名苏军士兵，还有一个可疑的平民。

夜幕降临。普勒尔让他的部下随时保持警惕。远处的苏军防线上，红色和绿色的信号弹此起彼伏。

冰冷的夜晚静静地过去了，平安无事。伊尔门湖与谢利格尔湖之间冰雪覆盖的防线上没有发出任何枪声。

通过一名翻译，德军对几名俘虏进行了审讯。那名平民声称自己来自附近的

---

① 东正教的圣诞节为1月7日，6日算是平安夜。

一个村子，是在这两个士兵的逼迫下，为他们指引通往弗兹瓦德的道路的。可是，他剃着光头，这表明他也是一名士兵，可能正在执行一项情报任务。普勒尔上尉下令把他关在一间桑拿房里。

对两名士兵的审讯获得了一些令人关注的情况。这两人都属于苏军第71滑雪营。他们交代说他们营刚刚被派至前线，并配备了扫雪机和机动雪橇。他们抱怨他们的食物很匮乏，所得到的补给都是武器和弹药。

翻译问他们，是否有进攻行动。两名俘虏犹豫了片刻，终于开口说道："是的，上面说明天会采取行动。"

普勒尔对审讯结果持谨慎态度。当然，等敌人的炮兵展开初步的炮击时，他们会立即发现的。这是即将发起进攻的不变的信号。

1月7日早上，普勒尔将情况通报给师里，然后，他派出了更多的巡逻队。冰冷的东风不断加强，最后发展成一场暴风雪，掩盖了路径和小道，甚至包括通向旧鲁萨的道路。温度计显示，"万事通"小屋外的温度为零下45摄氏度。

黄昏时，传来了飞机的声响。热列兹诺（Zhelezno）的灯塔一直在闪烁，无疑是在为苏军飞机指引方向。奇怪的是，没有一架飞机飞至前线附近。这里没有枪声，也没有任何炮击。

21点20分，电话响了。里希特少尉从弗兹瓦德东南方两英里的"赫希施塔特5号"哨所报告道："一股强大的敌军正在行动。搭乘机动雪橇和踩着滑雪板的苏军从我们这里绕过去了。"

一名传令兵从弗兹瓦德教堂塔顶上的观察哨跑了下来："一支车队从东南方向这里靠近，开着大灯。"

两支加强巡逻队立即出发。气喘吁吁的传令兵接二连三地赶来报告："敌人据守在'赫希施塔特5号'的灌木地处。""敌人的滑雪部队靠近了波德波罗夫卡村——位于弗兹瓦德西南方，通往旧鲁萨的路上。他们正为扫雪机提供掩护，以便清理道路。"

这是什么意思？悄无声息、伪装良好的俄国人显然是要突破德军的防线，这并非一条绵亘防线，只是由独立的支撑点防卫而已。苏军在未进行炮火准备的前提下展开了行动。

准备战斗！与"赫希施塔特5号"联络的电话线依然畅通。普勒尔联通了里希特少尉："立即收拾行装，带上你的人返回弗兹瓦德！"

"我们试试看吧。"里希特回答道。

长长的苏军队列持续不断地从德军哨所旁经过。里希特和他的12名部下将雪地伪装服牢牢地套在军装外，然后，他们混入了苏军的队伍中。走到某个适当的地点，他们离开了苏军的队伍，平安地到达弗兹瓦德。

凌晨3点，苏军攻击了德军的据点。与师部的电话通讯突然中断了。

但普勒尔上尉知道，就算没有上级的命令，弗兹瓦德的据点也必须作为一道"防波堤"而坚守。与此同时，空军第1通讯团第6连，第18摩步师第38摩托车营的一部以及第615保安营第2连已进入弗兹瓦德，以免这里被苏军占领。所以，普勒尔现在掌管着543名士兵。

这543名德军士兵据守着伊尔门湖上孤立的据点，远远超出了德军的主战线，13天的战斗中，他们就是敌军大潮中的一座孤岛。

苏军奋力试图消灭弗兹瓦德控制着道路的据点，他们投入了滑雪营，使用了"斯大林管风琴"，而且还调来了战斗轰炸机。最终，他们派出了坦克。但弗兹瓦德仍在坚守。

苏军朝村内发射了燃烧弹，以便烧毁德军的住房：每发炮弹含20～30克白磷。村内的木屋像火炬般熊熊燃烧起来。医院的病房和急救站也被烈焰吞噬。28名伤员不得不被抬到房屋废墟后的空地，躺在铺设在露天的床垫和毛毯上。此时的温度是零下35摄氏度。

由于与第290步兵师失去了联系，普勒尔战斗群目前被置于第18摩步师的指挥下，他们的作战日志和发给第18摩步师师部的电文，以其朴实、实事求是的记述而感人肺腑，并使每一个读者无不对此无比钦佩。

1月12日，敌人的炮击持续不断。一架德军飞机为守军投下了弹药，但容器里装的是高射炮弹，而不是高爆弹，这毫无用处。另一个容器里装着颁发给普勒尔上尉的骑士铁十字勋章。另外，师部通过电报为他们颁发了5枚一级铁十字勋章和20枚二级铁十字勋章。

16点40分，守军的弹药和绷带已越来越少。一封急电发至师部，请求提供紧急补给。他们还提出了额外的要求：空投应该在更高的高度进行，因为前一天投下的四箱弹药在击中地面时发生了爆炸。

19点，普勒尔急切地向师里重复了补充弹药和食物的要求。受伤的马匹被屠宰，就这样获得了一天的口粮。但他们没有面包，也没有土豆。

20点，5名士兵阵亡，32名士兵负伤。

1月14日，苏军步兵第140团团长派出了一名打着白旗的骑兵。他要求德国守军投降。这名骑兵被送了回去，随即，德军的反坦克炮和步兵炮对着波德伯罗夫卡（Podborovka）来了一轮猛轰，苏军步兵团的团部就在那里。

夜间，俄国人派出了坦克。一辆T-26突破了德军防线，停在普勒尔上尉的指挥所外。指挥所内，德军士兵们静静地等待着，看俄国人是否会打开他的舱盖。但是他没有这么做。于是，德军士兵朝坦克投掷出炸药。手榴弹的撞击似乎把俄国人吓了一跳。这辆坦克朝着村子的南端退去。那条道路刚好位于施伦茨中士反坦克炮的前方，两发炮弹直接命中。T-26燃起了熊熊大火。

一架"鹳"式轻型飞机，带着军医京特博士和医疗物品赶到了。希特勒发来的一封电报赞扬了这些守军，同时告诉他们，援兵是不可能的。普勒尔获准，如果守军面临全军覆没的危险，可以撤出弗兹瓦德。

这一授权使普勒尔上尉面临着艰难的内心冲突：他们已经遭遇到全军覆没的危险了吗？俄国人已绕过据点，向纵深推进了10英里，普勒尔是否应该后撤？就在他难以取舍之际，第18摩步师发来了一封电文："旧鲁萨已被包围，但仍在抵抗！"

普勒尔意识到，这些孤立的堡垒牵制了敌人，打破了对方向前猛进的势头。所以，弗兹瓦德也应该坚守。

1月18日，这是他们遭到包围的第11天。温度计显示，室外温度已下降至零下51摄氏度。零下51摄氏度！夜里，德军巡逻队外出活动，并从被打死的苏军士兵脚上剥下毡靴。他们还从冻僵的尸体上收集毛皮帽和毛皮外套。

1月19日，苏军在夜间发起了大规模进攻，随即达成突破。在房屋燃烧所发出得闪烁的火光中，白刃战爆发了。争夺桑拿浴室和集体农庄商店的战斗异常激烈。在这场贴身近战中，四辆苏军坦克被手榴弹炸毁。

战斗持续了8个小时。最终，苏军被击退了。

德军的伤亡是：17人阵亡，72人负伤。"再来一次这样的进攻，我们就完了！"第二天早上（1月20日），贝希勒中尉用平静的声音向普勒尔上尉报告道。

普勒尔点了点头。他已做出了决定，"今晚是我们最后的机会。遭受了昨天的损失后，俄国人肯定要进行重组。这就是我们采取行动的时机。"

军官、排长以及当地民兵指挥官被召集起来开会。会议决定，从伊尔门湖的冰面上突围。目标是图列布尔斯季伊湾（Tuleblskiy Bay）西岸的乌申（Ushin）。这就意味着要穿过齐胸深的积雪和湖面上堆积的冰块，跋涉12英里。

阵亡的士兵被埋葬于"奥尔佳房屋"，这所房屋已被焚毁，其结果是，房屋所在的地面在熊熊大火下化了冻。士兵们又是爆破又是挖掘，终于完成了一个集体墓穴。62名无法行走的伤员被放在雪橇上，最后几匹健康状况良好的马匹拉着他们。雪仍在下，天色阴暗。但另一方面，此刻的温度并不像昨天那么冷——只有零下30摄氏度。

夜幕降临后，他们出发了。一支侦察队在当地向导的带领下走在最前方，为后面的队伍踏出一条坚实的道路。第38摩托车营的士兵们在齐腰深的积雪中挣扎前行。先头部队的成员每隔半小时更换一次：就算最健壮的士兵也只能坚持这么长时间。各个独立行军单位排成密集队形，彼此相隔十分钟的路程。弗兹瓦德的民兵，在"万事通"维克多·尼古拉耶维奇的带领下，跟着德军一同撤离。他们当中，没人敢留下来，因为这将意味着死亡。

发给第18摩步师的最后一份电文上写道："突围行动已开始。我们的识别信号是：以绿—白—红为顺序的信号弹。"

里希特少尉带着两个排留下，担任后卫部队，接下来的两个小时里，他们尽可能地进行着骚扰性射击，制造出部队仍在坚守的假象。然后，施特费斯中士带着工兵排出发，侦察中队第3排继续留在原地，再坚持30分钟，保持机枪火力的射击。之后，一门接一门的大炮陷入了沉默。一种怪异的寂静降临在弗兹瓦德，这个村庄现在已被彻底烧毁。维利希中士是最后一个撤离的德军士兵，他经过了"奥尔佳房屋"，那些阵亡的战友就长眠于此。

这是一次糟糕的行军旅程。首先，他们越过洛瓦季河的冰面向北而去，一直走到灯塔处，然后朝西北方行进，踏上冰封的湖面，最后向西南方的湖岸而去。

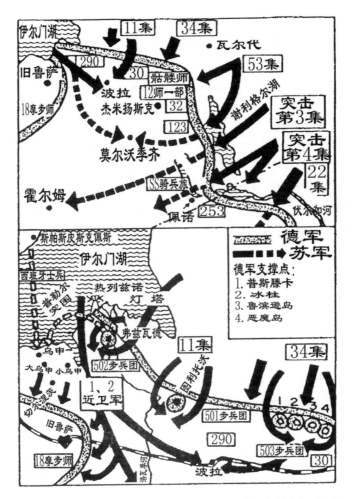

伊尔门湖　11集　34集
瓦尔代
旧鲁萨　290　53集
30　骷髅师
波拉　12师一部　谢利格尔湖
18摩步师　杰米扬斯克　32　突击第3集
123
莫尔沃季齐　突击第4集　22集
霍尔姆　SS骑兵旅
佩诺　253　伏尔如河

斯帕斯皮斯克佩斯
伊尔门湖
西班牙士兵　热列兹诺　灯塔
普勒尔突围　弗兹瓦德
乌申　11集
大乌申　小乌申　502步兵团　34集
1、2近卫军　图利托齐　1 2 3 4
旧鲁萨　501步兵团
290　503步兵团
18摩步师　波拉　30

德军
苏军
德军支撑点：
1. 普斯滕卡
2. 冰柱
3. 鲁滨逊岛
4. 恶魔岛

▲ 1942年1月，苏军在伊尔门湖与谢利格尔湖之间的攻势，以及第290步兵师和第18摩托化步兵师的作战区域。

383

温度为零下40摄氏度，湖面上的温度则低至零下50摄氏度。士兵们就像一根根移动的冰柱，马匹也步履蹒跚。有些马匹倒了下去，士兵们迅速对它们执行了"最后一击"，然后，队伍继续前进。

他们的指南针被冻住了，此时已行进了六个小时。蒙特少尉停下脚步，让他的部下从身边经过。"都还好吗？"福斯少尉的排经过时，蒙特问道。"一切都按部就班。"

但在第2排经过时，拜辛霍夫少尉却不在队伍的头里。第2排现在由马岑中士带队，拜辛霍夫和军医官维贝尔博士正跟一个拒绝再往前走的士兵待在一起。那名士兵坐在雪地里，想休息一下。"只要半个小时就好，我可以等到下一组人上来。"他恳求着。可如果这样，他将必死无疑。他们把他拉了起来，跟他争论，给他下达命令。少尉和军医官在两旁架着这名士兵，在他们排身后100码处，慢慢地向着前方蹒跚而行。

拜辛霍夫少尉再次来到了队伍的前方。他们都是这样做的——普勒尔上尉、马蒂斯少尉、吉勒少尉和军医官京特博士带领着部队的主力，福伊尔中士率领先头部队，而里希特少尉则担任后卫。这些军官像牧羊犬那样，沿着各自的队伍前后奔波，查看是否有人落在后面或绝望地倒在雪地里。"牧羊犬"累得够呛，他们走过的路程是其他士兵的2至3倍。

经过14个小时的行军，他们成功了。早上8点，福伊尔中士看见了一些戴着德式钢盔的人，他们浑身上下包裹得严严实实。他朝他们喊叫着，跌跌撞撞地向他们走去，然后，抓住了离他最靠近的一个人："同志，同志！"

他们拥抱在一起。可那些人说得究竟是什么语言呢？福伊尔听明白的只有"Santa Maria"和"Camarada"这两个词，但他猜想，"Bienvenido"大概是"欢迎"的意思。德军战斗群遇上的是一支西班牙部队。这些西班牙人是"蓝色"师第269步兵团的志愿者，该师作为第250步兵师被部署在东线战场的伊尔门湖北面。

1月10日，西班牙滑雪连的205名士兵，在奥尔达斯上尉的带领下离开了伊尔门湖北岸，试图增援弗兹瓦德的德国战友。但湖面上的冰雪障碍使他们的行军路程由直线距离20英里变成了40英里。西班牙人的无线电设备出了故障，指南针也被冻住了。

奥尔达斯上尉到达伊尔门湖南岸，距离弗兹瓦德西部还有很长一段距离时，他的部下中有一半人被严重冻伤。就在他们继续前进时，遭到了西伯利亚突击队的攻击。这些西班牙人打得非常出色，甚至还抓获了一些俘虏。他们重新夺回了切尔涅茨（Chernets），并与来自警察连的一个排联手，击退了苏军凶猛的反扑。

到1月21日，205人的西班牙滑雪连，只剩下34名士兵还活着。因此，在乌申以东四英里处，他们以动情的方式迎接了弗兹瓦德的守军。两天后，他们与德国士兵一起，在刚刚从法国赶来的第81步兵师的防区内，对失守的"小乌申"和"大乌申"据点发起了反击。12名西班牙士兵生还——205人的连队只剩下12人。

守卫弗兹瓦德的战斗群在穿越伊尔门湖的过程中损失了五名士兵，他们成了严寒的受害者。疲惫、缺觉，他们在未被其他人注意的情况下，一头倒在雪地里，就在这无边的荒野中沉沉睡去。

这些生还者步履蹒跚地走入乌申冰冷的住处时，他们能听见远处的前线传来的隆隆炮声，也能看见旧鲁萨的火光。这座壮丽的古镇，伊尔门湖上古老的贸易中心，再次陷入了火海。几个世纪来，为争夺这座古镇，已进行过许多次战斗。它曾被夺取过，也曾被摧毁过。1941到1942年的这个冬季，旧鲁萨已成为一个交通枢纽，一个补给基地，同时也是为伊尔门湖与谢利格尔湖之间的德军防线提供补给的中心。如果旧鲁萨失陷，整条战线就将崩溃。

赫尔莱恩少将的第18摩步师来自利格尼茨，他们拼死守卫着旧鲁萨，抵御着来自四面八方的苏军第11集团军的部队，他们在旧鲁萨的经历就是一个"超级弗兹瓦德"。由于赫尔莱恩重病，接替他指挥全师的是维尔纳·冯·埃德曼斯多夫上校。第18摩步师在旧鲁萨的抵抗将挫败莫罗佐夫将军第11集团军宏伟的行动计划。

苏军的计划是什么？莫罗佐夫打算绕过伊尔门湖，然后，与另一支在湖北面对付沃尔霍夫的强大部队相配合，对列宁格勒东面的屈希勒尔大将的第18集团军发起攻击，从而开始解放这座城市。这是个很好的计划。苏军第11集团军西翼，投入这一行动，进攻旧鲁萨的是出色的精锐之师——近卫第1和第2军。这表明苏军最高统帅部对这一任务的高度重视。毕竟，战役成功结束将意味着两个重大胜利：为进一步的作战行动获得必要的活动空间，而现在，这一空间为旧鲁萨所阻；再就是，夺取德军第16集团军庞大的补给仓库和战争物资贮存。对补给状况糟糕的苏军部队来说，将是个有价值的奖品，一个具有特殊价值的奖励，因为这些部队眼下将在德国人防线的后方展开行动。

第一周里，莫罗佐夫的近卫军五次攻入到城内，实际上，他们已经进入了第16集团军的补给仓库，但每次都被逐出，并付出了惨重的代价。弹药库发生了爆炸。旧鲁萨古老而又具历史意义的建筑，在夏季战役期间幸免于难，可现在却被炮弹和战火夷为平地。但旧鲁萨周围的"人墙"仍在坚守。旧鲁萨就是澎湃的激战怒潮中的岩石，是第10军一次次重建第16集团军破碎的侧翼防线的结晶点。这一成绩不仅要归功于第18摩步师的士兵，也应属于该师的参谋人员。这个师在旧鲁萨的成功防御，很好地说明了德军师一级部队是如何发挥出色的领导以及在俄国作战条件下的经验。这场战斗的背景值得简单地提一提。

第18摩步师在季赫温战役中被严重削弱，布施大将已将其调至旧鲁萨地区，充当集团军预备队，并分散在各个村落中。侦察行动，对苏军战术的熟悉，以及对态势敏锐的嗅觉，这一切使得师部参谋人员得出结论：苏军将越过冰冻的伊尔门湖，对旧鲁萨发起攻击。为此，代理师长埃德曼斯多夫上校和他的参谋长，不断催促军部——甚至是集团军司令部——下令将全师集中起来（包括其所有的部队和行李车），并部署至湖边一处已被侦察过的阵地上。

军部对这种预防性措施充耳不闻，并认为对苏军跨过伊尔门湖冰面发起进攻的担心是"不切实际"的。但布施大将却觉得埃德曼斯多夫上校的预感不无道理，并放手让他行事。于是，集团军司令部于1月4日下达了相应的命令。可这已经是1月4日。72小时后的1月7至8日夜间，俄国人开始越过冰面。

接到交战地区发来的第一份报告后，军和集团军立即意识到，这是苏军对两座湖泊之间防线的北翼所发起的进攻，而不是局部行动。前沿哨所和巡逻队发来的报告清楚地证实了这一点。苏军这次的攻势没有使用习惯和传统的炮火准备，而是以彻底的沉默展开了行动，以便让德军摸不清这次行动的范围。

等苏军炮兵开火支援对德军第290步兵师的正面进攻，猛轰图利托沃（Tulitovo）和普斯滕卡（Pustynka）之际，强大的苏军部队已冲过前线的巨大缺口，跨越冰冻的池塘和沼泽，到达了洛瓦季河河口，更为严重的是，他们跨过伊尔门湖的冰面，已进入第290步兵师的后方。

配有滑板的货运滑翔机和运输机降落在冰冻的湖面上，卸下滑雪营和步兵旅。苏军坦克旅的重型坦克驶过湖面，朝突破点而去。犹如可怕的怪兽一般，52吨的KV坦克爬过冰面。嘈杂的除雪机走在苏军步兵和坦克营的前方，为他们清理出道路。机动雪橇搭载着步兵，呼啸着穿过雪地，向空中喷洒出巨大的雪雾。

德军士兵从未见过这种情形，也没有一个参谋人员在以往的演习中见过这种事。

因此，前线的第一份报告在军部和集团军司令部内造成了一片震惊和怀疑。但很快事情便清楚了，苏军已发起大规模攻势，跨过了伊尔门湖，他们的第一个目标是旧鲁萨——德军伊尔门湖防线上的交通枢纽。

在第18摩步师到达前，埃德曼斯多夫上校已连夜从希姆斯克地区赶至旧鲁萨。汉森将军命令他全权指挥城内的守军、行李车队、后勤机构以及修建营。凭借这些部队，埃德曼斯多夫上校在城外成功地构建起一道防线，并稳定住态势。

面对这几个西里西亚步兵团及其附属部队所形成的牢不可破的"防波堤"，苏军的初步计划化为泡影。俄国人的第11集团军不得不绕过旧鲁萨，被迫执行第二项任务——沿洛瓦季河向南攻击，以便进入德军第10军的身后。在这一尝试中，莫罗佐夫将军遭遇了冯·弗雷德中将第290步兵师来自北德的步兵团。

就像弗兹瓦德守军所做的那样，第290步兵师各个兵力不足的连队，尽管阵地两侧都已被苏军绕过，但他们仍死死地坚守，就这样构成了一道道抵御苏军大潮的防波堤。

图利托沃，第502步兵团第2营坚守了近五个星期，直到该镇最终被突破。在普斯滕卡，贝克尔少尉率领着第503步兵团第1连，抵抗了整整26天，牵制住大批苏军部队。被称为"恶魔岛""冰柱""鲁滨孙岛"的据点，由埃克哈德和维特豪尔带领第503步兵团的各连实施防御，尽管这些士兵已经有好几天没有得到口粮了。

第290步兵师与第10军之间的往来电文说明了这一状况。师部发出电报："迫切需要弹药！"

军部回复："根据我们的计算，你们的弹药还很充裕。"

第290师答道："你们的计算毫无意义！"

就这样，第290步兵师辖内几个虚弱的步兵团，以每英里130支轻武器的力量抵御着苏军第11集团军麾下所有的部队。决定性的正面突破被德军遏制了，但他们无法阻止苏军两支精锐部队的侧翼攻击。近卫第2军夺取了帕尔菲诺站（Parfino），该火车站位于重要的列宁格勒—旧鲁萨—莫斯科铁路线上；近卫第1军以更为广阔的势头攻击了第290步兵师的后方，最终成功地达成突破。

在这关键时刻，苏军第34集团军在第290步兵师右翼，来自石勒苏益格—荷尔施泰因的第30步兵师的防区内达成突破，切断了这两个师之间的联系，随即转身，也朝着第290步兵师的身后扑去，在波拉（Pola），沿着波拉河与近卫第2军会合，形成了合围的另一半钢颌。

合围第290步兵师的包围圈封闭了。德军伊尔门湖防线的左翼被打垮，德军第10军被俄国人一切为二，面临着极度危险的状况。

而此刻的右翼，布罗克多夫–阿勒菲尔特伯爵第2军防区内的状况又如何呢？

1月9日，苏军穿过谢利格尔湖，发起了大规模攻势，其力量和势头超过了以往任何一次。苏军的四个集团军——第22和第53集团军，突击第3和第4集团军——以近20个步兵师，几十个独立坦克旅和滑雪旅冲过了冰封的湖面。

这些苏军部队朝着德军第123步兵师扑去，虚弱的第123师来自勃兰登堡，此刻据守着50英里宽的区域，位于该师右侧的是第253步兵师，这是"中央"集团军群最侧翼的一个师。

苏军的打击重点落在第123步兵师头上，勃兰登堡人据守的前线分崩离析。在他们左侧的第32步兵师徒劳地抽调出一切可抽调的部队提供援助，但这毫无用处：第123步兵师已被击溃。

俄国人接下来会做什么？他们的两个突击集团军尚未投入战斗，为的是加入两湖间狭长地带的行动：他们有着不同的战略目标，将远远地超越过伊尔门湖防线上的两个德国军。

另一方面，苏军第53集团军的进攻，专门针对德军在两湖之间的防线。获得突破后，苏军迅速朝西北方而去，以便与从北面扑来的第11集团军会合，从而包围德军第10军的大部与第2军的全部。

这个正在形成的包围圈的中央，居高临下的瓦尔代丘陵上，伫立着一座小镇——杰米扬斯克（Demyansk），在此之前，这座小镇既不重要也默默无闻。"杰米扬斯克包围圈战役"后，作为这场极具战略重要性的战役的地址，这个小镇被永载于军事历史中。

为了争夺瓦尔代丘陵上的原始森林、沼泽和贫穷的村落，伏尔加河、德维纳河及第聂伯河获得其来源的地区，俄国欧洲部分的分水岭，这场激烈而又野蛮的战斗持续了一年多，直到1943年春季才结束。在布罗克多夫–阿勒菲尔特伯爵的指挥下，德国第2军的六个步兵师抗击着兵力占尽优势的苏军，尽管他们与德军主战线失去了联系，完全依靠自身之力，微薄的补给主要靠空投，但他们阻止了苏军向西向南的突破，从而将"北方"集团军群从毁灭中挽救出来。

那么，1月9日，同样在谢利格尔湖上席卷过德军第123步兵师残部的另外三个苏军集团军，他们的任务是什么？他们的战略目标又是什么？苏军最高统帅部发起这一攻势，所要追求的目的是什么？苏军的行动目标大胆而又深远。突击第3、第4集团军和第22集团军将深入德军防线的腹地，并造成整个"中央"集团军群的崩溃。因此，这一攻势已被视作苏军冬季战役的战略完善。

奉命实现这一宏大计划的人是安德烈·伊万诺维奇·叶廖缅科上将，突击第4集团军司令。他就是那个在德军夏季攻势期间，作为一个大胆的即兴防御者和危机状况的救星，多次被斯大林投入中央战线关键地点的人。现在，叶廖缅科将为他的失败[①]做出报复。他的任务是在东线德军最敏感的地段——"中央"集团军群与"北方"集团军群的结合部——，实施突破，将两个集团军群分隔开，摧毁德国人的中央防线，这道防线在苏军沉重的打击下已摇摇欲坠。维捷布斯克地区，距离叶廖缅科在谢利格尔湖的出发线175英里，是其战略目标。

这一计划源自斯大林的自信，他认为，冬季战役初期，苏军在莫斯科南部和北部地区已重创了德军，现在需要的只是致命的一击。

叶廖缅科将军，今天已是一位声望卓著的苏联元帅，也是第一个出版回忆录的苏军战地将领，这本饶有趣味，不时出现惊人的评论的著作，阐述了他所经历的战役，包括突击第4集团军参与过的战事，书名为《在西方向上》。通过对方指

---

① 叶廖缅科是个"屡败屡战，屡战屡败"的典型将领，战绩平平，但与其他打了败仗就倒霉的将领不同，前线总有他的一席之地。受到斯大林的重用主要是因为他"永不言败"的自信。实际上，从战绩上看，他的这种自信完全是盲目的。

挥员的眼睛来看东线战事的这一关键阶段，将是件有趣的事。

1941年10月中旬，布良斯克包围圈中，叶廖缅科将军被德军的一架战斗轰炸机发现了。还没来得及躲进一间樵夫的小屋中，几块弹片便击中了他。身负重伤的叶廖缅科被飞机送出包围圈。12月中旬前，他一直在古比雪夫的一所军医院里疗伤。12月24日，大元帅斯大林在克里姆林宫的大本营地下室中会见了他。以下便是叶廖缅科描述的会谈过程。

> "叶廖缅科同志，请告诉我，您气量小吗？"斯大林问道。
>
> "不，不是太小。"
>
> "如果我们暂时让您隶属最近还是您下属的同志，您会介意吗？"
>
> 我回答说，如果党认为有必要，而且我能以此为祖国服务的话，我准备接掌一个军或是其他任何职位。
>
> 斯大林点了点头。他说，为了解决一项重要的任务，这一措施是必要的。他认为我是合适的人选。

在这一会谈过程中，斯大林向叶廖缅科解释了究竟是怎么回事。作为一名经验丰富的战地指挥员，叶廖缅科上将将接掌新组建的突击第4集团军，这是一支精锐部队，与近卫集团军类似，因此，享受着与近卫部队同样的特权。军官的工资高半倍，士兵则是双饷，他们的口粮也比普通部队更好。

没有什么可以比这样一个事实更加清楚地表明斯大林对突击第4集团军任务的重视程度：他委派了苏军最出色的将领之一去率领该集团军，一名上将，尽管突击第4集团军隶属于西北方面军，但西北方面军司令员库罗奇金只是个中将。

叶廖缅科被赋予了集团军组建、装备和补给方面所能想象到的一切权力。

斯大林让他的爱将离开克里姆林宫的地下室时，对突击第4集团军的行动将成为"苏军冬季攻势的高潮"已确信无疑。最高统帅、总参谋部和祖国的殷切希望都寄托在叶廖缅科的肩头。

缴获战利品是战争中历史悠久、正当合理的做法。敌人的一切都将成为胜利者的战利品。隆美尔元帅曾多次利用从英军仓库缴获来的货车和燃料，让他的非洲军更加机动化。从克劳德·奥金莱克元帅贮存丰富的沙漠食品仓库中缴获来的英国咸牛肉,对吃着血香肠和猪肉的德军士兵来说,是个颇受欢迎的变化,就像从托布鲁克的仓库中缴获来的一千万支"绞盘"牌弗吉尼亚卷烟一样,成了"沙漠之狐"出色的"士气推动器"。

饥肠辘辘的士兵必须喂饱,但在一场决定性进攻中,对这个问题的解决却是依赖于缴获敌人仓库的设想,这种做法闻所未闻。

这就是叶廖缅科上将对军事历史的贡献。叙述起突击第4集团军的行动时,他写道:

> 作为进攻行动的一个有效准备,后勤机构本应该在我们作战区域的临近地区囤积大批食物。相反,西北方面军的工作人员却"剥夺"了我们辛辛苦苦弄到的补给物资。我们不得不与右侧的突击第3集团军分享我们的食物,他们几乎没有任何口粮。
>
> 这已经够糟糕的了,但更糟糕的事情即将出现。

叶廖缅科写道:"十天后,我们自己的物资也被耗尽。"进攻开始时,有的师甚至连一天的口粮也没有。例如,步兵第360师就是其中之一。在该师的作战日志中,我们发现1月8日的记录中写着这样一句话:"师里没有口粮。"步兵第332师次日的作战日志里,也发现了相同的记录。1月9日,进攻发起的当天,几乎所有师的士兵都是在未吃早饭的情况下出发的。他们饿着肚子投入了战场。步兵第360师最后得到了指定发给第358师的干面包,这样,在战斗第一天的晚上,士兵们至少吃到了一口面包。

该如何对付这种灾难性的食物补给状况?如果没有吃的,整个部队又如何能在零下40摄氏度的严寒中战斗?哪怕是近卫军和精锐师也需要面包,而不能只靠口号活下去。叶廖缅科找到了解决办法。他指示麾下的各师:"从德国人那里搞到你们的食物!"缴获德军的战地厨房、补给车队和食物仓库成了最重要的军事任务。战争恢复了它古老的形式。

叶廖缅科清楚地阐述了夺取战利品对战略决策的影响达到了怎样的程度:

通过对俘虏的审问和德军后方我方侦察员的报告，我们获悉，在托罗佩茨（Toropets）有大型的补给仓库和大批食物，因为该镇是"中央"集团军群的一个重要补给基地。这一事实对我们具有决定性意义。我们获得了一个既为自己，也为友邻集团军搞到食物的机会。

步兵第249师长塔拉索夫少将①接受了任务，他将以一个快速的包围行动攻占托罗佩茨，并完好地拿下那些仓库。这个计划成功了。

我们缴获了大约40个食品仓库，里面堆满了黄油和其他油脂，肉类和鱼类罐头，各种浓缩液，面粉、燕麦、糖、干果、巧克力以及其他许多东西。这些仓库直接变成了我们自己的后勤储备：唯一变化的是人员。这些食物够我们的集团军吃上整整一个月。托罗佩茨的胜利，对我们的进攻行动至关重要。向总部汇报时，我感到非常自豪。

对这些宝贵的战利品，叶廖缅科描述得非常正确，但他对战斗的记述有一点小小的修改。夺取托罗佩茨的并非一个师②。为了对付镇内的德国守军，叶廖缅科投入了步兵第249师，两个步兵旅——第48和第39旅，另外还包括步兵第360师的一部。守卫该镇的德军是1200名战地保安人员，第403保安师的一个团，一个自行车连，第207保安师的一个反坦克排。除了这些部队，战斗的过程中还加入了已被打垮的第416和第189步兵团的残部，另外还有菲格莱因党卫军骑兵旅的几十个残兵败将。当然，这么点可怜的兵力根本无法挡住叶廖缅科强大的压路机，也根本来不及摧毁那些巨大的仓库。

通过叶廖缅科透露出的些许内容，我们获知，1941至1942年冬季攻势期间，与苏军补给状况几乎同样耸人听闻的是，将在中央防线上获得胜利的部队的作战准备和训练情况：

方面军参谋人员告诉我的关于敌军阵地的情况，在我看来是靠不住的。我怀疑

---

① 据《叶廖缅科元帅战争回忆录》中记载，第249师长塔拉索夫的军衔为上校。
② 《叶廖缅科元帅战争回忆录》中并未隐瞒苏军在托罗佩茨投入的部队。叶廖缅科的回忆录有若干本，《在西方向上》出版时间较早，可能与他后期的著作有所差别。

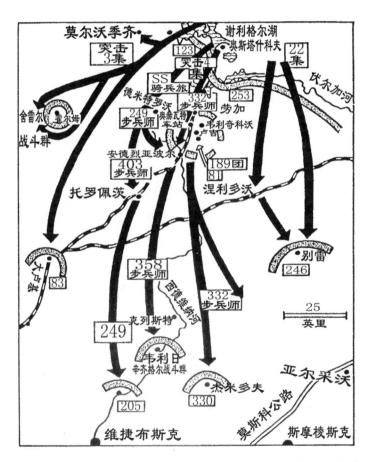

莫尔沃季齐

突击3集

舍雷尔战斗群

大卢基 83

突击4集

德米特罗沃

249 步兵师 奥桑瓦特车站

安德烈亚波尔

403 步兵师

托罗佩茨

358 步兵师 西德维纳河

克列斯特

249

韦利日 辛乔格尔战斗群

205

维捷布斯克

123

SS 骑兵旅

332 步兵师

韦利奇科沃 卢吉

189团 81

涅利多沃

谢利格尔湖 奥斯塔什科夫

22 集

253 劳加

伏尔加河

别雷 246

332 步兵师

25 英里

杰米多夫 330

亚尔采沃

莫斯科公路

斯摩棱斯克

▲ 1942年1月初，沿着中央集团军群与北方集团军群的结合部，德军的防线同样被撕开。苏军突击第4集团军的目标是维捷布斯克和斯摩棱斯克。

敌人与我们方面军所做的一样，在纵深梯次上应该拥有据点和加强阵地所构成的第二道防御体系。过去两个月里，我们从谢利格尔湖西面的德军第123步兵师防区内抓获过不止一名俘虏，这使我确定了这一点。因此，刚到集团军司令部，我便下令步兵第249师实施武力侦察，并注意抓捕俘虏。该师出色地完成了这一任务。5天内，我便掌握了敌人的防御体系和部队情况。并未发现存在一个纵深8至12英里的二道防线。

这个事例说明了俘虏提供的情报的重要性。在获得他们想要的东西方面，俄国人是老手，哪怕德军俘虏下定决心什么也不说。苏德战争中，俘虏可以拒绝透露情报的传统，对作战双方来说，都已失去了一切现实意义。

叶廖缅科非常重视让自己的部队在森林地带接受艰苦的冬季作战训练。为此，他想出了一个严厉但却有效的办法。他命令自己辖内的各师，包括指挥员和军官，在隆冬茂密的森林里待上4天在没有住处，没有战地厨房，也没有食物补给的情况下。他们也不许生火取暖，即使是在零下30至40摄氏度的酷寒中。白天，他们在这种真实的条件下进行军事演练，夜里则召开讲座。融化的积雪和两把干米就是士兵们每日的口粮。

世界上没有其他军队会对自己的士兵提出这种要求。但几个世纪来，这一直是俄国军队的秘密之一。他们对艰苦的承受力无与伦比，在这种原始的条件下，他们仍具备战斗力，对任何一支西方军队来说，这将意味着某种灾难。当然，严酷的冬季气候对苏制武器和装备并不比对德国人的武器装备来得更仁慈些，但俄国人对即兴创造更为擅长。他们使自己不依赖于被冻结的技术装备。

当他们的无线电设备因严寒而无法使用时，每支苏军部队都会任命一些通讯人员，命令和报告会通过最快的途径——骑马、马拉雪橇或滑雪——由一支部队传达到另一支部队。另外，苏军还组建了空中通讯单位，装备了老式但却坚固耐用的轻型飞机。在复杂的树林地形中，这被证明是对确定方向的一个重要帮助。

最后就是宣传。与食物补给相比，苏军在对士兵的宣传上花费了更多的时间和精力。直到进攻发起前的最后一分钟，政委仍在用激动人心的口号灌输红军士兵的心灵和思想。鼓舞性口号替代了前几天配发的白兰地。口号和烈酒的混合效应往往非常可怕。

叶廖缅科写道：

> 为了巩固我们的队伍，数百名共产党员和共青团员从后方加入到部队中。来自斯维尔德洛夫斯克和切里亚宾斯克地区的工人，赶到前线的出发阵地看望部队。他们坐在掩体和战壕中，与战士们聊天，工人们讲述了他们在生产战线上做出的成绩。他们向战士们承诺，无论战胜敌人需要些什么，他们都将努力生产，保证前线的供应。反过来，指战员们也郑重宣誓，他们将勇敢、无畏地投入战斗，粉碎敌人，忠实地履行自己的职责。

> 前线各部队和单位召开了党员和共青团员会议。党员和共青团员们承担起庄严的使命，他们将在即将到来的战斗中为其他人树立榜样，不仅自己要不遗余力，他们还将鼓舞每一个人。通过这种方式，部队里的党代表们为各个部门积极而又成功地履行各自的军事任务创造了先决条件。

叶廖缅科的记述中，对部队里进行政治鼓动的规模表述得很清楚。这位元帅写道："步兵第249师里有567名党员和463名预备党员，另外还有1096名共青团员。"这个数字几乎是全师作战力量的四分之一。

"任务分配需要最大的责任感。"叶廖缅科进一步阐述道，"我们更倾向于共青团员。因此，步兵第360师第1195团内，所有的机枪主射手，所有的冲锋枪手，所有的侦察员，都是共青团员。"

1942年1月9日，叶廖缅科展开了攻势。"进攻！"他这样写道，"对士兵们来说，这是个普通的日子。但是，1941至1942冬季的这个日子笼罩着庄严的光环。这个词包含了我们粉碎敌人，解放我们的祖国，拯救所有被法西斯分子奴役的亲人和同胞的希望；它也包含了我们向背信弃义的敌人复仇的希望，以及我们对和平生活及工作的憧憬。"

叶廖缅科略带夸大的结论是："从补给队司机到突击队战士的每一名士兵，都期盼着发起进攻，并将其视为自己生命中最美妙、最重要的事情。"

这就是"最美妙最重要的事情"，据叶廖缅科说，每一个红军战士对此梦寐以求，看起来像是真的。两个小时的炮击；两个师的步兵踏过齐胸深的积雪，冲向佩诺镇（Peno）；冲过冰面，扑向德军防线的机枪火力。

经过激烈而又代价高昂的战斗，进攻发起后的第二天，佩诺镇被苏军夺取。党卫军"菲格莱因"骑兵旅的侦察营被打垮。叶廖缅科的突击取得了第一个缺口。

但苏军集团军的两翼并不能获得任何实质性进展，尽管他们占据了绝对的优势。苏军步兵第360师被阻挡在德军第416步兵团的阵地前。左翼，沃尔戈湖上的博尔（Bor）和谢利谢（Selishche）附近，苏军步兵第334师遭到来自威斯特法伦的德军第253步兵师重创，并被赶了回去。

但在中央地区，苏军步兵第249师的进攻取得了进一步的进展。这是一支精锐部队，不久后被斯大林授予近卫步兵第16师的番号，并获得了列宁勋章。塔拉索夫少将带着他的师冲向安德烈亚波尔（Andreapol），他的目标是朝托罗佩茨攻击前进，托罗佩茨是个交通枢纽，也是德军的补给基地，更是叶廖缅科所垂涎的"面包篮"。但苏军通向食品仓库的道路被霍迈尔上校所率的第189步兵团所阻，该团正匆匆赶往安德烈亚波尔。这个团隶属第81步兵师，获得了第181炮兵团第2营的加强，另外还有一个工兵连和几支补给队。

叶廖缅科的著作中多次赞扬了德军这个团取得的成绩和自我牺牲精神。他们给他的集团军在中央地区的行动造成了很大的麻烦，他们抗击着两个苏军的精锐师，实实在在地打到了最后一兵一卒，并给突击第4集团军最前方的师造成了严重伤亡。

第189步兵团的悲剧发生在奥赫瓦特（Okhvat）火车站与卢吉（Lugi）、韦利奇科沃（Velichkovo）、劳加村（Lauga）之间。冒着零下46摄氏度的严寒，在三英尺深的雪地里，这场与叶廖缅科近卫军的激战，第189团的西里西亚人和苏台德区人，只有几个得以生还。后来得以叙述该团全军覆没的幸存者之一是埃利希·施勒塞尔中尉，参加安德烈亚波尔镇前的战斗时，他是第3连的军士。

隶属于第81步兵师的第189团曾参加过法国战役，并未遭受过严重的伤亡。就在1941年的圣诞前，他们还驻防在大西洋沿岸，享受着任务轻松的自在生活。

但他们没能在大西洋沿岸享受到圣诞的庆祝活动。1941年12月22日他们接到了命令：准备出发。12月23日，该团的士兵登上了火车。他们将去那里？看上去不像是一次长途旅行，因为他们没有配发任何特殊的食物和冬装。他们也没有获得任何新的武器和装备。

没人相信从团部传出的流言，这些流言正慢慢地传遍整列火车：我们将赶往东线，去俄国！

车轮与铁轨撞击所发出的单调的叮当声，一路伴随着他们穿过了法国。这些士兵在货车车厢的稻草堆上度过了平安夜，薄薄的大衣让他们浑身发颤。他们穿过德国，然后又是波兰。在华沙，他们得到了食物。下一次获得食物时，他们已在白俄罗斯境内的明斯克。温度已是零下25摄氏度，寒意沿着车厢两侧渗入。车厢内粗陋的暖炉烧得火红，但士兵们还是冷得要命。

经过13天马不停蹄的旅程，他们在1942年1月5日爬出了火车。他们站在安德烈亚波尔车站，直面三英尺深的积雪、零下30摄氏度的气温。他们没有冬用厚大衣，也没有软帽和耳罩。还没等他们明白发生了什么事，许多人的耳朵和脚趾便被冻伤了。

第2军的作战日志中记录："该团极度缺乏冬季装备的情况难以形容。"这个团所能动员起来的力量只有三千人，他们还没来得及获得任何补给，哪怕是最迫切的必需品，便奉命投入战斗，去抵挡叶廖缅科步兵第249师的近卫团，敌人已穿过佩诺镇的缺口，冲向西南方的安德烈亚波尔。苏军的滑雪营已跨过奥赫瓦特湖。

霍迈尔上校用他的几个营堵住了俄国人前进的道路。第181工兵营第3连也归他指挥。

获得第181炮兵团一个连加强的第189步兵团第1营，几乎与苏军先头部队同时赶到了奥赫瓦特镇和车站。俄国人占据了这座小镇的东部边缘，而林登塔尔上尉的第3连牢牢地据守着镇子的西部。苏军步兵第249师派出第925团投入战斗，西伯利亚人高呼着"乌拉"冲过冰冻的湖面。霍迈尔也把他的第3营调至奥赫瓦特。

铁路路基处，诺依曼上尉试图以他的第11连挡住苏军的进攻，以缓解奥赫瓦特镇内第1营的压力。俄国人不得不停下，他们至少要在德维纳河与伏尔加河之间宽阔的缺口处建立一道临时防线。只有完成这一任务后，苏军才能冲向他们的目标维捷布斯克、斯摩棱斯克和公路线，以便与从南面而来的部队会合，封闭对"中央"集团军群的包围圈。

马奇奥尔中士带着他的排，守在奥赫瓦特西南部边缘的阵地上。"坦克！"古斯塔夫·普拉夏下士突然朝旁边的农舍喊了起来。屋里的士兵都冲了出来。村口出现了第一辆坦克，这是一辆轻型的T-60。其他坦克跟在它身后，第二辆、第三辆……总共八辆！这是苏军坦克第141营的一个战斗群。

坦克朝着村内的农舍开炮射击。覆盖着茅草的屋顶被撕成了碎片。显然，他们打算摧毁一切可被德国人用于住宿的东西。这是苏军的一个典型战术。

马奇奥尔、普拉夏和带着第1小队的米勒中士趴在一座房屋的拐角后。敌人的一辆坦克停在村落街道的远端，机枪喷吐着火舌，地面上雪花四溅，三个人被牢牢地压制住。

"要是他们从我们这儿过去，他们就将打击我们的补给车队，然后一路杀至安德烈亚波尔。"马奇奥尔一边观察情况，一边用他明显的西里西亚口音说道。随后，他平静地补充道："我们得用手榴弹把它们干掉！"

这一点米勒和普拉夏完全明白。他们用麻木的手指拔出手榴弹，做好了准备。此刻，第一辆T-60已隆隆地驶过了转角。

米勒的机会来了。他跳起身，冲至坦克旁，跃上了坦克的后部。他抓住舱盖把手，猛地掀开了坦克的舱盖。他用左手拉着舱盖，右手紧紧攥着一枚手雷。他用牙齿拉开了手雷的保险销，冷静地等了两秒钟，然后猛地将手雷丢入坦克舱内，随即跳下坦克。一声巨响，那辆T-60燃起了熊熊的火焰。

第二辆坦克停了下来，舱盖打开，俄国人伸头想看看发生了什么情况。对马奇奥尔来说，用冲锋枪瞄准目标的时间已经足够。他的枪管打出一个点射。俄国人跌进了坦克舱内。这时，米勒已经跳到坦克上，将一枚长柄手榴弹扔进了敞开的舱盖。

两辆坦克笼罩在黑色的烟雾中，烟雾遮蔽着道路。就在这时，第三辆坦克幽灵般地穿过了烟雾。突然，它试图向后倒车，结果却被困在了雪地里。

普拉夏下士跳上炮塔，却无法掀开舱盖。可就在这时，舱内的苏军炮手从里面打开了舱盖，他想看看四周的状况。他看见了普拉夏，立即缩了回去。但还没等他关上舱盖，一枚手榴弹已经扔了进去。

看见前面几辆坦克的遭遇，剩下的五辆坦克在雪地上疯狂地旋转起来。最终，他们在宽阔的街道上转身向后撤离。

黄昏时，苏军步兵第925团的西伯利亚人卷土重来。为了给他们提供支援，塔拉索夫将军这次还投入了步兵第332师的1117和第1119团。普罗斯克中校的第1营遭到重创，诺依曼上尉奋战在铁路路基处的第11连也不得不向后退却。

1月12到13日的夜间，温度下降至零下42摄氏度。每个连约有20至30人因严重冻伤而退出战斗。

到早上时，德军每个连队的平均战斗力下降至50～60人。第1营的防区内，只剩下三座农舍可供士兵们稍稍获得些温暖。马匹站立在露天处，它们的眼睛焦躁不安，被冻得瑟瑟发抖。

叶廖缅科发现自己向安德烈亚波尔和托罗佩茨的推进居然被一个小小的德军团级部队所阻，他们还使自己无法获得让人垂涎的补给仓库，这令他怒不可遏。于是，他投入步兵第249和第332师进行侧翼包抄。1月14日，苏军攻击了第189团的后方。他们粉碎了位于卢吉和韦利奇科沃地区的德军补给车队。他们封锁了补给通道。他们占领了急救站和战地医院。他们封闭了包围圈。

18点，霍迈尔上校下令突出包围圈。德军炮兵对卢吉和韦利奇科沃突然实施了集中性炮击，他们把最后的炮弹全部打光，然后，各个连队发起了冲锋。此刻是1月15日，自1月11日以来，这些德军士兵就没得到过适当的睡眠，热饭菜也只吃到两顿。

卢吉被第1营重新夺回。苏军以坦克发起反击，但却被克劳辛少尉阻挡在村边。只有教堂里的一个苏军机枪阵地继续进行着抵抗，他们的火力封锁了道路。受害者之一是格布哈特少尉。他的排随即冲了上去。

一位到今天都不知其姓名的一等兵，设法穿过教堂中殿的废墟，爬到了管风琴阁楼上，然后，他用三颗手榴弹干掉了那个机枪阵地。

但重新夺回韦利奇科沃被证明无法做到。获得加强的第2营被压制在村中央，一点点被敌人消灭。

到1月16日，第189步兵团的幸存者已寥寥无几。俄国人带着五辆坦克再度杀入了卢吉村，打垮了该团的雪橇队，封锁了他们后方的铁路路基。现在，苏军已站在安德烈亚波尔门前。

霍迈尔上校传令各营杀开血路，穿过树林撤往托罗佩茨。这意味着他们的行军路程将超过30英里。上校骑着马亲自实施侦察。这是一次永恒的天堂之旅。他再也没有回来，与他团里的许多部下一样，霍迈尔上校死在安德烈亚波尔镇外积雪覆盖的荒原上。霍迈尔被追授为少将。

普罗斯克中校也带着两名军官骑马外出，以勘察出一条突围之路。他们几个都再也没能回来。

军官和士官们各自带着小股战斗群，试图穿越积雪覆盖的森林。但只有第1营的一支队伍成功地完成了这场可怕的跋涉，赶至托罗佩茨。这支队伍出发时是160人，1月18日到达目的地时只剩下40人。

"德军第189步兵团在战场上丢下1100具尸体。"叶廖缅科这样写道。1100具尸体！

随着霍迈尔上校的部队被歼灭，通往叶廖缅科第一个目标——托罗佩茨巨大的补给仓库的道路敞开了。德军第403保安师的后方部队，几辆缴获来的苏制坦克，再加上一些警察部队，这点兵力根本无法守住托罗佩茨。苏军五个精锐团发起了围歼战。1月21日，塔拉索夫将军完好无损地夺取了托罗佩茨的补给仓库。这场攻势开始以来，叶廖缅科的士兵第一次得到了足够的食物。

托罗佩茨被突破后，大卢基（Velikiye Luki）与勒热夫之间80英里的战线上，德军已没有连续的防线。这是自1941年12月6日以来，"中央"集团军群遭遇的最耻辱、最危险的时刻。苏军的三个集团军——叶廖缅科的突击第4集团军带着4个步兵师、2个步兵旅和3个滑雪营冲在最前面——向一场巨大的胜利而去，这一胜利是斯大林所期盼的，它将造成"中央"集团军群的毁灭，并因此而成为战争的转折点。

在这种情况下，第59军军长冯·切瓦勒里将军奉命以三个师的兵力封闭维捷布斯克的缺口。命令下达起来很容易，但这三个师，没有一个已完整地到达俄国。三个师的主力仍在从法国赶往东线的途中，来自北德的第83步兵师，来自符腾堡的第330步兵师和来自巴登的第205步兵师。缺口附近唯一可用的部队是第123步兵师第416团的残部，他们刚刚经历了谢利格尔湖的地狱之旅。

自1月20日以来，冯·切瓦勒里将军和军部先遣人员在维捷布斯克昼夜不停地忙碌着，以便将他的部队尽快调入俄国。这是一场与时间的赛跑。

此刻，叶廖缅科将军麾下的步兵第249师和步兵第358师的一部正从托罗佩茨扑向奥斯特罗夫斯季耶（Ostrovskiye）和韦利日（Velizh），这两个镇子是德维纳河上重要的交通路口，也是通往维捷布斯克的路上最后的障碍，维捷布斯克则是"中央"集团军群主要的补给和食物基地。

除了将自己的部队支离破碎地投入战斗外，库尔特·冯·切瓦勒里中将无计可施，他的这些部队刚从火车上下来，便被派去阻止塔拉索夫的步兵团。这些德军部队从法国温和的冬季被丢进东线零下40至50摄氏度的酷寒中，并被指望能阻止敌人对"中央"集团军群的严重威胁，实际上，在历时数月的激战中，他们确实做到了这一点，他们为此做出的巨大贡献是常人无法理解的。

凭借着这些战斗群，切瓦勒里将军守卫着第9和第16集团军之间缺口处的关键地点，直到1942年1月底，第3装甲集团军接管了他身后的防线为止。那些村庄的名字成了冬季战役残酷的纪念碑——杰米多夫（Demidov）、韦利日、克列斯特（Kresty）、苏拉日（Surazh）和鲁德尼亚（Rudnya）。来自北德、斯瓦比亚、巴登和勃兰登堡的德军士兵，将这些被摧毁的村落变成了一道道防波堤，阻挡着叶廖缅科一波波的攻击大潮。

争夺韦利日和克列斯特的战斗最为激烈。第257步兵团团长辛齐格尔上校率领着一个战斗群，与第83步兵师其他部队一起，顽强地抵抗着俄国人的进攻。这些士兵来自吕纳堡荒野，来自石勒苏益格-荷尔施泰因，来自汉堡和不来梅，零下25至40摄氏度的夜里，他们在帐篷中度过，没有干草，也没有篝火。白天，他们设法穿过齐胸深的积雪。他们遭到了切断。他们发起反击夺路而出。他们向前攻击，向后撤退，但他们始终没有停止抵抗。

与他们对阵的是苏军的四个师和三个旅，他们试图不惜一切代价通过鲁德尼亚的路口，赶往明斯克—斯摩棱斯克—莫斯科公路，以便切断"中央"集团军群的生命线。

他们没能获得成功。面对第59军意想不到的顽强抵抗，苏军的攻势渐渐消退。叶廖缅科没有掩饰这场大规模攻势失败的原因：苏军最高统帅部低估了德军士兵在西伯利亚严冬条件下的抵抗力。他们原以为，德军部队早已精疲力竭。斯大林犯下了希特勒在莫斯科门前所犯下的同样的错误。苏军最高统帅部低估了对手，高估了自己的实力。

弹药、燃料和食物补给严重缺乏，军官短缺，士兵们训练糟糕，再加上出乎意料的惨重伤亡，这一切使得苏军部队疲惫不堪。叶廖缅科的近卫军，步兵第249师，据他统计，1942年1月底时只剩下1400人，而该师在1月9日投入战斗时有8000人。

就连苏军最高统帅部最严厉的命令也无法促使叶廖缅科的突击第4集团军到达其预期的战略目标：维捷布斯克。该集团军已无法做到这一点。

叶廖缅科侧翼的两个集团军，西面的突击第3集团军和东面的第22集团军，同样未能到达他们的既定目标：斯摩棱斯克—莫斯科公路上的大卢基和亚尔采沃。普尔卡耶夫将军的突击第3集团军被挡在霍尔姆（Kholm）外，德军"舍雷尔"战斗群实施着全方位防御，拦住了俄国人的去路。沃斯特鲁霍夫将军的第22集团军未能通过别雷（Belyy），来自黑森的第246步兵师毫不动摇地据守着阵地。

因此，针对德国"中央"集团军群，直扑第9集团军后方的苏军冬季攻势中最危险的推进失败了。苏军旨在深入德军后方的外环铁钳已然断裂。

3

莫德尔接手

可是，在勒热夫和苏希尼奇，灾难依然威胁着公路的南北两侧。苏军攻势的内环铁钳对德国第9和第4集团军的前线部队构成了直接的威胁。

最重要的是勒热夫，这是苏军进攻的目标。俄国人希望不惜一切代价夺下德军中央防线上的这块基石。如果他们得手，就将意味着第9集团军遭到包抄和合围。

当敌人的坦克突然间隆隆地从一个集团军司令部门前驶过，而前线只有半英里之遥时，这就是初期灾难确定无疑的迹象。1942年1月12日，下午晚些时候，德国第9集团军就面临着这样的灾难。

时间是16时。瑟乔夫卡的集团军司令部战情室中，集团军作训处长布劳罗克中校和第1装甲师师长克鲁格少将站在作战态势图前。在场聆听前线情况的还有第1装甲师参谋长温克中校，第113摩步团团长冯·维特斯海姆中校和第73炮兵团团长霍尔斯特中校。第1装甲师最前方的战斗群刚刚到达瑟乔夫卡。一周前，这个小镇及其庞大的铁路货运场还是位于前线后方的一个安静所在，这里是集团军司令部的驻地，也是一个后方补给基地，对后勤人员和军需官来说，这里无疑是个天堂。此刻，这里变成了前线，这种情况已持续了两天。

屋内可以听见外面传来的机枪声和沉闷的迫击炮射击声。"长官，请允许我向您介绍这一血腥混乱的态势。"集团军作训处长对克鲁格说道，"自1月9日来，从奥斯塔什科夫地区而来的俄国人，一直保持着对我们左翼遭切断的第23军的全面进攻，并已将该军逼退至南面。与此同时，第6军的左翼也遭到相当猛烈的进攻——这里，"布劳罗克用手指指着地图说："我们要求上级批准将前线收缩至格扎茨克——伏尔加河一线，但被拒绝了。自1月11日来，这里一直遭到敌人的猛烈攻击，他们从西北方而来，正向瑟乔夫卡的南面和西面攻击前进，敌人的前哨部队已到达镇子的西郊。"布劳罗克将手按在瑟乔夫卡上，恳切地说道："将军先生，为我们守住瑟乔夫卡，它决不能丢失！"

第1装甲师的师长和军官们都点了点头。他们明白摆在自己面前的严重局势。令他们感到吃惊的是，集团军司令施特劳斯大将没有亲自出席这次会议。作训处长解释道："施特劳斯大将的健康出了问题，参谋长也是一样，他们不得不休病假了。我们正在等新任集团军司令①莫德尔将军赶来。"在场的军官都露出了惊讶的神情。

第9集团军新任司令官居然是莫德尔。他一直在平步青云。三个月前，他只指挥着一个师——著名的第3装甲师。

身材矮小、瘦弱的莫德尔来自根廷，出生于1891年，在整个"中央"集团军群的各指挥部中大名鼎鼎。第1装甲师的伙计们对他更为熟悉，自加里宁战役起，该师一直归他指挥的第41摩托化军统辖。莫德尔深受部下们的拥戴，尽管他与他的前任赖因哈特大将不太一样。每个人都知道，莫德尔出现在哪里，好运气就在哪里出现：最大胆的计划成功了，最危险的情况被挽救了。此刻，没有任何地方比第9集团军更迫切地需要他这种类型的将领了。

布劳罗克再次走到大幅地图前，"在过去的48小时里，形势已变得极其危险。"他以总参军官特有的冷漠说道。

他指着巨大的红色箭头，"这里，勒热夫以西，俄国人在我们的防线上冲出了一个9英里的缺口。苏军的两个集团军，第29和第39集团军，在过去两天里，以坦克、步兵和雪橇部队涌过了这个缺口，向南而去。大约有9个师已经通过。我们的

---

① 第9集团军除了更换司令官外，参谋长也由霍夫曼换成了汉斯·克雷布斯上校。

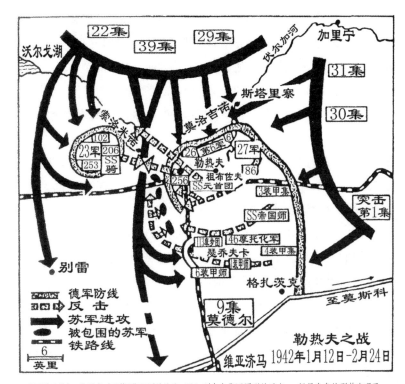

▲ 1942年1月初，苏军突破了第9集团军的防线，深入到中央集团军群的后方。一场最危急的形势出现了。

第23军已被切断，并遭到包围，只能通过空投提供补给。第6军，谢天谢地，在勒热夫西面和西南面成功地建立并控制住一道新的防线。"

布劳罗克的手指追随着红色的箭头。"苏军的先头部队——注意，是骑兵——已经到达维亚济马西面的公路，那里是整个中央集团军群的生命线。但到目前为止，出现的这些敌军并不很强大，不构成太大的威胁。目前，这里的状况要困难得多。"说着，布劳罗克指了指勒热夫西南方30英里处纠结在一起的红色圆环和箭头。

他继续说道，"正如你们所看见的，强大的苏军部队跟在第29和第39集团军先头部队的身后，转身向瑟乔夫卡而来。很明显，俄国人意图夺取该镇，以便挥师北上，包围本集团军。目前，他们正在争夺通往勒热夫的铁路线。如果他们成功的话，本集团军的补给线将被切断。我们所有的补给和援兵都靠这条补给线。如果瑟乔夫卡失陷，我们就完了。先生们，俄国人已到了我们门前。他们的先头部队已杀入铁路货场，幸运的是，他们正忙着抢东西。我说的幸运，是因为由传令兵和补给队司机们临时拼凑起来的一支应急部队正守卫着镇子的边缘，率领他们的是炮兵司令部的克鲁泽上校。位于货场边缘的是你们师第1摩步团第6连，午夜前刚刚抵达。"

克鲁格少将是个随和的萨克森人，不太容易动怒，此刻却吐出了一个骑兵们常用的字眼。维特斯海姆点了点头，喃喃地说道："这句话还算轻的。"

集团军司令部这场会议结束后半个小时，"冯·维特斯海姆"战斗群的先头部队投入了阻击敌人的战斗，他们已在铁路货场和大批补给物资仓库的房屋间站稳了脚跟。这支队伍由几辆装甲车和第1装甲师侦察营的一个加强连组成，士兵们多来自朗根萨尔察和松德斯豪森，率领他们的是佩措尔德中尉。

佩措尔德带着他的传令兵设法赶到了前面的一座棚屋，透过望远镜查看着瑟乔夫卡北面的货场。"那里忙得就像米迦勒节集市！"他惊叹道。

摩托车手们用双手环抱着身子，以此来让自己获得些温暖。佩措尔德中尉回到摩托车上，"前进！"

木屋与货场仓库之间的场面，看上去确实像个集市。俄国人从仓库里拖出一箱箱食物，并为自己所找到的东西喜悦不已。供应空军人员和装甲兵的特殊食物尤其受到他们的欢迎：巧克力、饼干和果脯。但猪肉冻、肝肉香肠和鱼肉酱也会得到充满惊喜的认可。他们用刺刀打开罐头，一听接一听不停地品尝着不同的滋味。"帕普什卡，看看这个，来尝尝。"

他们还发现了香烟！"抽抽这个，跟咱们的马合烟完全不同，没有油墨和'真理报'报纸的味道。"

但到目前为止，法国白兰地产生的吸引力最大。俄国士兵敲掉酒瓶的瓶颈豪饮起来，这种白兰地与他们的烈性伏特加相比，温和得就像加了糖的茶水。

这些俄国人快活无比，他们不再感觉到零下40摄氏度的严寒，也忘记了这场令人憎恶的战争。他们欢呼着，放声高歌着。他们相互拥抱，相互亲吻。没有任何哨兵发出任何警告。单发的步枪并未响起，但佩措尔德中尉带领的那些摩托车却突然从木屋间喷吐出猛烈的机枪火力。手榴弹爆炸了，装甲车上的步兵也射出了冲锋枪子弹。苏军士兵惊慌失措，四散奔逃。但他们并未能逃远。他们倒在机枪火力下，死在那些罐头和香烟，轩尼诗白兰地和饼干罐之间。

如果谁想开开玩笑，他完全可以说德军在瑟乔夫卡所取得的第一场胜利是靠巧克力和白兰地打赢的。俄国人忙着抢夺宝贵的战利品，这才使第1装甲师虚弱的前卫部队从强大的敌军手上夺取了重要的铁路货场。但这种情况却不是唯一的一次。

例如，西班牙"蓝色"师师长因方特斯将军，对西班牙志愿者在俄国前线的战斗进行了令人印象深刻的研究，他提出如下观点："局部进攻获得胜利后，苏军士兵便忘了自己的任务，浪费了宝贵的时间，我们发现这种情况并不罕见。我们经常趁他们搜寻我们的掩体以寻找食物，或是倒空果酱罐或白兰地酒瓶之际，立即发起反击。他们的这一弱点往往是致命的，因为他们很少能活着离开。有时候，我们在反击中打垮敌人是因为他们在我们迷宫般的战壕中迷了路。红军士兵会英勇无谓地朝任何他们被赋予的目标前进，这是事实。使他们变得危险无比的并不仅仅是他们的新式武器，也包括配发给他们的伏特加，它使他们变成了野蛮的战士。他们精心准备的大规模攻势无疑非常危险，因为'俄国压路机'将碾碎阻挡其前进的一切。然后，面对进攻者，一个人所能做的只是白刃战。但精心组织的反击总会把俄国人打个措手不及。"

接下来的两天里，第1装甲师更多的部队赶到了。他们与第337步兵团一起，从法国空运至俄国前线，肃清了瑟乔夫卡周围的敌人，并恢复了与镇南面新杜吉诺（Novo Dugino）简易机场的联系，实施全方位防御的德国空军部队已在这里坚守了好些天。遭到包围的面包连，在他们巨大的烤炉旁挖掘阵地坚守，一支陆军通讯连也饱受重压，现在，他们都获救了。获得解救的还包括来自陆军马匹医院的一些人员。苏军随即发起反击，但却被德军成功击退。

第9集团军司令部那场会议结束的几天后，第1装甲师师长和参谋长再次被第9集团军作训处长召集到司令部，以便让他们了解集团军关于勒热夫和瑟乔夫卡战事的下一步意图。他们刚刚问候完毕，便听见屋外传来了吉普车车门关闭的撞击声。下达命令的声音响起。一名勤务兵走进来宣布："莫德尔将军到！"

莫德尔穿着一件短大衣，耳朵上套着老式但却实用的耳罩，脚上穿着一双柔软的高筒皮靴，右眼戴着不可或缺的单片眼镜。这位新任司令官走进了房间，身上散发出活力和无畏。他与在场的军官握手并脱下大衣、帽子和耳罩放在椅子上。他擦拭着因屋内的温暖而起雾的单片眼镜，然后迈步走到态势图前。"简直是一团糟！"他冷冷地说道，随即简短地探讨起最新的态势来。

"我已将主要问题的大致情形介绍给诸位先生。"布劳罗克汇报道，"第9集团军首先要做的是，稳定瑟乔夫卡周围的态势，并确保勒热夫—瑟乔夫卡—维亚济马铁路线。随着第1装甲师稳定了瑟乔夫卡的形势，党卫军'帝国'摩步师的先头部队目前正在到达。"

装甲兵上将莫德尔是个干劲十足的战地指挥官，也是个善于冷静思索的参谋人员，他点了点头说："接下来要做的第一件事就是封闭这里的缺口。"他的手放在粗大的红色箭头上，这些箭头表示苏军在尼科利斯科耶与索洛米诺（Solomino）之间，突破了勒热夫的西部。"我们得把这些突入进来的苏军部队的补给切断，然后从这里，"他的手放在了瑟乔夫卡上，"我们对俄国人的侧翼发起反击，把他们逮住！"

克鲁格和温克被他的乐观惊呆了。布劳罗克以谨慎的提问概括了他们俩的惊异："那么，将军先生，您给我们带来了什么以执行这次任务呢？"

莫德尔平静地注视着他的作训处长，说道："我本人！"然后，他放声大笑起来。其他军官如释重负，也跟着笑了起来。这是这些日子以来，第9集团军司令部战情室中第一次传出如此响亮，如此欢快的笑声。一种新的精神气洋溢开来。

听起来很奇怪，但莫德尔受命掌管第9集团军，麾下的各部队似乎由此获得了新的力量。这不仅仅是因为新任司令官的命令准确明了，还因为他会亲自出现在各个地方。他的参谋长克雷布斯上校在瑟乔夫卡处理司令部的事物，而莫德尔则赶赴前线。他会在一个营部外突然跳下他的指挥车，或是骑着马穿过厚厚的积雪出现在最前沿，鼓励、表扬、批评，甚至握着手枪率领一个营对渗透进来的敌人发起冲锋。这位生龙活虎的将军无处不在。部队上下，无处不感觉到他的存在。

这种存在在很大程度上决定了这场即将到来的战斗。要理解这一点，我们必须知道是什么导致了这一切。

早在1月8日，施特劳斯大将就曾试着封闭北部的缺口。实力获得补充的党卫军"菲格莱因"骑兵旅的一部，在一级突击队大队长策恩德尔的带领下，从涅利多沃（Nelidovo）地区调出，经奥列尼诺（Olenino）发起进攻。第6军的部队从勒热夫向西推进，以便与他们会合。但在这片被突破地区，苏军的力量太过强大，德军的实力却极为虚弱。一场可怕的暴风雪将"策恩德尔"战斗群的反击彻底瘫痪了几个小时，接下来，面对苏军的几个旅，他们徒劳无获。奥列尼诺东面的进攻也陷入停顿。德军封闭缺口的尝试失败了。

为了以更强的部队再度进行尝试，"中央"集团军群将第1装甲师从鲁扎防线上撤下，派至勒热夫。这是个幸运之举，其结果是，该师迅速转向，赶至勒热夫，以挽救这里危急的形势。

但在这一地区实施纯粹的防御无疑死路一条。"进攻！化被动为主动，将你的意愿强加给敌人！"这就是莫德尔的秘诀。图林根州的第1装甲师来自德国古老的中部城市、魏玛、爱尔福特、爱森纳赫、耶拿、松德斯豪森和卡塞尔，他们不得不做出了无奈之举：由于缺乏坦克，坦克组员们成了滑雪步兵。

我们在前面的杜德尔霍夫高地之战中提到过的达留斯少尉，现在带领一支"滑雪连"进行悄无声息的行动。通过大胆推进和巡逻行动，他的部下为一支铁路修建队提供了掩护，后者正忙着修复勒热夫与瑟乔夫卡之间的铁轨，这是苏军破坏单位最为热衷的目标。

但这条铁路线相当长。因此，第4高射炮团第2营营长李希特少校想出了一个别出心裁的办法，以保护通往勒热夫的这条重要铁路线。他让部下在勒热夫建造一种"机动高射炮连"：在几节平板车厢上装上两门88毫米高射炮、四挺机枪和两门20毫米轻型高射炮，这些车厢由一部火车头拖曳，这种土制"装甲列车"上搭载40名士兵，由朗哈默尔中尉指挥。

这辆"装甲列车"在勒热夫与瑟乔夫卡之间往来穿梭。根据运输人员的迫切要求，它首先隆隆地驶向南面，挂上一辆满载着弹药的列车。接受这项任务时，朗哈默尔中尉不无疑惑地问道："您不觉得派一艘U艇更加适合吗？"但"装甲列车"上的高射炮手们很快就成了这一地区的著名人物，他们出色地执行着自己的任务。

从身体上说，在这辆"装甲列车"上执勤是个苦差事。逆风而行使得武器表面和敞篷车厢的温度下降至零下50甚至58摄氏度。车头处的观察哨，士兵们的脸上戴上了皮质面具，否则，他们的鼻子和面颊会在几分钟内被冻结。在前方，火车头推着几节货车车厢，发挥"探雷器"的作用。

"装甲列车"一次次地驱散了赶至铁路路基处实施破坏的强大的敌军部队。另外，这支"机动高射炮连"还护送着跟在身后的补给列车进入勒热夫，从而在这段最艰难的日子里确保了补给物资的运送。

对那些突入德军防线的苏军部队来说，态势并不乐观。看看前线另一端的情形便能证明这一点。

苏军步兵第381师一个冲锋枪连的连长，26岁的谢尔盖·坎布林少尉，催促着他的部下继续前进。"快点！"他叫喊着，"抓紧时间，别磨蹭！"

士兵们满腹牢骚地用肩膀抵住了车轮，将两门缴获来的德制步兵炮向前推去。他们的马匹已死于饥饿和严寒。而连里的士兵，每天都会有两至三个，有时候是四个或更多的减员。

他们沿着被坦克宽大的雪地履带压紧的路面向前推进。坦克履带将松软的雪地压得像混凝土般坚硬，但它们也把雪地变得像列宁格勒公园里的溜冰场那样光滑。苏军士兵们艰难地向前挣扎着。一名士兵问道："少尉同志，前面那座村子叫什么名字？"

坎布林看了看他的地图。"索洛米诺。"他回答，随即用大拇指和食指量了量地图上的距离，继续说道："我们已在勒热夫西面20英里处，正向南前进。您知道这意味着什么吗？这就是说，我们将打击法西斯分子的后方！"

索洛米诺是缺口最西端的突破点，坎布林的连队穿过缺口，向南而去。突破点已被德军的反坦克炮和152毫米重型榴弹炮守护起来。坎布林连队右侧100码外，一支马拉补给队正沿着道路前行，战地厨房冒出了热腾腾的蒸气。坎布林的部下们渴望地看着。从前一天夜里起，他们就没吃到过热饭菜。此刻的时间是11点。

1月21日，也就是一天前，坎布林少尉终于得到了一双毡靴。此前，他一直不肯接受发给他的毡靴，除非连里的每个士兵都穿上为止。此刻的温度计显示为：零下45摄氏度。

"他们说，德国佬还穿着紧绷绷的皮靴，有些人甚至穿着布靴。"连里的一名士兵说道，他是一名年轻的乡村教师。"我真希望这些王八蛋被冻死！"坎布林嘟囔着。

"敌机！"一名士兵叫道。所有人立即散开，趴在了雪地上。一架德军的战斗轰炸机已用机载火炮朝着他们开火了。远处，德军飞机正在打击苏军的补给队伍。

很快，苏军战斗机出现了，但德国空军的战斗机几乎同时也赶到了，他们赶走了苏军的飞机。

西面传来了德国人隆隆的炮声。炮弹的落点离坎布林的连队不远，而且越来越近，已经将他的几个排分隔开。他们继续向东匍匐前进，终于熬过了这一段艰难的路程。

坎布林站起身。这究竟是怎么回事？补给队伍正在仓促后撤，机枪咯咯作响。西面出现了步兵，排成一行，穿着雪地伪装服。在他们之间，隆隆地行进着庞大的坦克，但这种坦克却没有指挥塔。

"那是德国人的突击炮，也就是自行火炮。"坎布林反应过来，对身旁的士兵说道。这时，那位乡村教师也叫了起来："少尉同志，他们是德国人！"

坎布林少尉冷静地做出了部署。队伍散开，第一轮冲锋枪的齐射朝着敌人扑去，两门从德国人那里缴获来的轻型火炮也怒吼起来。

对面的德军士兵立即趴伏在雪地上，他们向后方挥手示意，招呼将步兵炮拖上来。针对苏军在勒热夫西面的突破，莫德尔的反击战已经打响。

这位第9集团军新任司令官，对突破德军防线的苏联集团军展开了第二阶段的行动。此刻的温度为零下45摄氏度，足以将一个人的呼吸冻住。

由于温度过低，莫德尔麾下的师长和团长们纷纷要求推迟进攻日期。莫德尔的回答是："先生们，为什么呢？明天或后天的温度没有任何回暖，俄国人可不会停止他们的行动。"

进攻——这就是莫德尔的诀窍。他在1942年1月的杰出成就就是率领第9集团军走出了沿战线实施全方位防御的绝境，以明确定义的重心发起了反击。

莫德尔的计划很简单。他派出获得加强的第1装甲师以及新调来的党卫军"帝国"师一部，冲向西北方的奥苏伊斯科耶（Osuyskoye），对苏军最前方部队的侧翼实施打击。

24小时后（1月22日），莫德尔命令第6军从勒热夫西面发起进攻，向西打击苏军的突破地带，这一行动的主攻由第256步兵师承担，另外四个师为其提供了几个营的加强兵力，其中包括炮兵、反坦克部队和高射炮单位。

与此同时，被切断在奥列尼诺地带的第23军，以其辖内的第206步兵师、党卫军"菲格莱因"骑兵旅和第189突击炮营从西面发起进攻，以达成突破并与第6军从东面而来的部队会合。所以，坎布林少尉意外遭遇到的德军属于党卫军"策恩德尔"战斗群：实际上，他们是作为步兵投入战斗的骑兵，另外还有第189突击炮营的几辆突击炮。坎布林徒劳地试图挡住他们。两天后，一支德军巡逻队发现他死在雪地里，四周倒毙着他连里阵亡的同志。

坎布林是身负重伤后被冻死的。牺牲前不久，他在自己的日记中写下了最后一句话："德国人的突击炮是一种致命的武器，我们无法挡住它们！"

针对尼科利斯科耶与索洛米诺之间的苏军突破区，德军双管齐下，对向推进，他们的行动用尽了最后一盎司的力量，终于获得了成功。航空兵上将沃尔弗拉姆·冯·里希特霍芬的第8航空军粉碎了苏军设在突破区的高射炮和炮兵阵地。重型迫击炮打垮了俄国人的反坦克炮。1月23日12点45分，第23军的先头部队与第6军的"雷克"战斗群胜利会合。

第23军恢复了与第9集团军的联系，尽管暂时还隔着一条狭窄的地段。苏军为渡过伏尔加河而铺设的两条"雪道"已被切断，苏军隶属第29和第39集团军的几个军与后方的交通线被截断，也失去了所有的补给供应。

对莫德尔来说，这是个伟大的时刻。他重新夺回了瑟乔夫卡与伏尔加河之间的战场主动权，并无意将之再度交出。这位新任司令官所做的第一件事就是加强第6和第23军之间新获得的陆地联系。苏军当然会再次尝试全力突破德军的防线，以恢复与先前达成突破的九个师的联系。这一点不得不防。

为了执行这一任务，莫德尔选择了最佳人选。与往常一样，每当有极其困难的任务需要完成时，莫德尔总会挑选最出色的人来执行，这次是党卫军"帝国"师"元首"团团长，一级突击大队长奥托·库姆。库姆和他的团被派至伏尔加河上，苏军第29集团军渡过冰封的河面的确切地点。

"不惜一切代价守住！"莫德尔这样命令库姆。"不惜一切代价！"他反复强调着。

库姆立正敬礼，答道："是，将军先生！"只靠一个团，库姆能守住吗？

1月28日，正当库姆在北面加强其防御时，莫德尔在南面发起了歼灭战，消灭被围的苏军突入部队。这场歼灭战发生在瑟乔夫卡地区的奥苏加（Osuga）。莫德尔动用了一切可用的部队：第1装甲师，第86步兵师，党卫军"帝国"师和第5装甲师的主力，另外还有第309步兵团和第2装甲师的"德克尔"战斗群。这些部队统统被纳入冯·菲廷霍夫将军的第46摩托化军辖内，向西北部逼去。被围的俄国人知道自己已处在危急关头，进行着拼死抵抗。

战斗进行得非常激烈。积雪遍地的森林中，每一所木屋都成了堡垒，村子里每一座被毁坏的房屋都是座地狱。

1月26日，苏军发起了预期中的大规模进攻，他们针对的是第256步兵师的北部防线以及第23军的右翼，部署在那里的是第206步兵师。德军防线上出现了许多危急的状况，筋疲力尽的德军士兵拼尽全力才挽救了形势。

白天，莫德尔会在地图前花上一个小时，其他的十个小时则跟他的部队待在一起。无论他出现在哪里，都会让疲惫不堪的指挥官们重新鼓足精神。

令人难以习惯的温度波动给德军造成了极大的困难。温和的天气会出现暴风雪，然后，温度突然再次降至零下52摄氏度。士兵们大声咒骂着俄国的冬季。

尽管如此，但沿着勒热夫—奥列尼诺铁路线，苏军部队被逼退，被压缩，被击溃。在毫无意义的反击中，苏军指挥员牺牲了整营整营的部队。

2月4日，来自威斯特法伦的第86步兵师夺取了关键的奥苏伊斯科耶。48小时后，第1装甲师那些来自图林根的掷弹兵，搭乘着装甲车，在切尔托利诺（Chertolino）突破至铁路线。冲在最前面的"维特斯海姆"战斗群与"策恩德尔"战斗群的先头部队胜利会合。兜住苏军九个师的包围圈合拢了，这九个师代表着苏军两个集团军的主力。

与此同时，库姆带着他650来人的"元首"团，沿冰冻的伏尔加河构建起简易但却可资源利用的阵地。他们用炸药和地雷在地面上炸出散兵坑。机枪阵地和步兵掩体的设置相隔100至200码。这是一道薄弱的防线，而且，库姆没有预备队。

俄国人不停地发起进攻。日复一日，他们投入的兵力越来越多。他们决心达成突破，以便与被切断的部队恢复联系。就在这时，勒热夫之战的结局已被决定。

库姆的团部就设在第3营战线后方半英里处。莫德尔每天都会搭乘"鹳"式轻型飞机，降落在伏尔加河的冰面上，或者，他会坐吉普车赶来。还有一次，由于汽车被困，他干脆骑马赶到了这里。

1月28日，正当莫德尔在库姆的团部时，第1营的伙计押来了一名苏军俘虏。这名俘虏是苏军第39集团军司令部的通信兵。这种身份的俘虏很有价值，他们知道的情况往往比战地指挥员还要多。

这名喋喋不休的俘虏交代说，一场大规模进攻计划在第二天进行。他声称，几个步兵和坦克旅已为此做好了准备。他们将不惜一切代价达成突破，以解救被围的部队。

莫德尔忧心忡忡地离开了团部。"一级突击队大队长，我就靠你了！"临别时，他对库姆说道。随即，他又笑着补充了一句："但也可能是那个俄国佬在骗我们。"

苏军俘虏没有欺骗他们。第二天早上，苏军的大规模进攻开始了。他们准确地朝苏军第29集团军先前的突破点冲来，那里，宽宽的坦克履带印标识出越过冰面的道路。

库姆的"元首"团，尽管兵力不多，但却装备精良。最前沿部署着一门88毫米高射炮，反坦克连则配备着50毫米口径的反坦克炮。重装连的组成包括一个重型和一个轻型排，配备着步兵炮，还有两个配备着37毫米反坦克炮的排。另外，在战斗过程中，"帝国"师的侦察营也被拨给了"元首"团，同时还包括第189突击炮营的一个连。尽管如此，与进攻方的兵力相比，这仍是一支微薄的力量。

俄国人不停地发起冲锋，没日没夜，一直持续了三个星期。但他们犯了个战术错误，一个典型的俄国式错误：他们没有集中起力量，在某个地点实施重点突破。他们未能形成进攻重点。他们一个营接一个营地投入战斗，然后是一个团接一个团，最后发展到一个旅接一个旅。

第561反坦克营的两个排为守卫克列佩尼诺（Klepenino）的德军提供掩护。13门50毫米口径的反坦克炮在彼得曼少尉的指挥下，到2月3日前已击毁了20辆T-34坦克。2月5日，彼得曼负伤，霍费尔少尉接替指挥这些反坦克炮。从这样一个事实可以看出战斗的激烈程度：五个小时内，克列佩尼诺村外的炮手更换了三次。

德军阵地前排列着二十多辆被击毁的敌坦克。一辆T-34碾碎了毗邻的一门反坦克炮，德军步兵不得不用炸药和地雷把这个庞然大物干掉。

第六天，苏军的30辆轻型坦克出现在第10连的阵地前。他们逼近到距离德军阵地不到50码的地方停顿下来。随即，所有坦克向德军掩体和机枪阵地猛烈开火。这场凶猛的打击持续了整整三十分钟。然后，这些坦克退回到森林中。寂静和严寒笼罩着这片战场。两个小时后，一名士兵从第10连被炸毁的阵地中爬了出来，赶回到营部。他被扶了进去。这位幸存者是分队长瓦格纳，身负重伤，双手也被冻伤，他试图起身，站在营长伯勒特面前汇报情况。但他瘫倒在地，只能躺在地上报告："一级突击队中队长，我是我们连仅剩的一个。其他人都死了！"说着，他全身一阵颤动。过了一会儿，第10连唯一的幸存者也死去了。

此刻，前线出现了一个三分之二英里宽的缺口。第6军紧急调派了120人投入防线——由司机、厨师、靴匠和裁缝组成，担任各排排长的是军需人员。这些人都很不错，但对这种战斗毫无经验。他们进入了第10连的阵地。一阵密集的迫击炮轰击后，苏军士兵高呼着"乌拉"冲了上来。对这些后勤人员的神经来说，这种压力太大了。他们撒腿就跑，结果像兔子一样被一个接一个地射倒。

黄昏来临时，苏军距离库姆设在克列佩尼诺的团部已不到50码。这个小村落原先有三十座房屋，现在只剩下八座。

团部副官，一级突击队中队长霍尔策，在地上挖了个深坑，又在构成墙壁的木梁上锯开个射击孔。从团长到司机，每个人都端起了步枪、冲锋枪和机枪，站立到射击坑中，在一门反坦克炮和第561反坦克营士兵的支援下，他们作为步兵投入了战斗。

无论进攻发起得多么频繁，俄国人始终未能逼近至15码内。在"元首"团作战报告中发现的字句并非比喻性说法，而是令人震惊的事实："克列佩尼诺村外，死尸堆积如山。"

军里派出了一个名义上的步兵团提供援助。但他们却在一场反击中被苏军打垮，其残部被分配到库姆的各个营中，或被安排担任侧翼掩护。2月7到8日的夜间，俄国人终于以营级规模的兵力突入了第2连的阵地。激烈的白刃战持续了四个小时。"元首"团第2连一直战斗到最后一兵一卒。

就在这时，"帝国"师摩托车营赶到了克列佩尼诺。另外，第189突击炮营的部队和第14摩步师的侦察营，在穆默特少校的带领下，朝库姆的防线冲去。

一门210毫米口径的迫击炮被带入一片树林中的阵地，冲入"俄国树林"的敌人遭到这门重型迫击炮的猛轰。这片树林易手达十次之多。第11次冲锋后，它依然牢牢地控制在穆默特少校第14侦察营的手中。

包围圈北部，库姆牢牢地守卫着自己的防线。苏军第39集团军的救援旅未能成功地跨越伏尔加河。他们折损了大批兵力。伏尔加河河曲部的德军防线前，堆积着大批俄国人的尸体。

在此期间，勒热夫南部和西部，歼灭被围苏军部队的战斗仍在继续。2月17日，"冯·维特斯海姆"战斗群带着第1装甲师的坦克、装甲工兵和装甲车，杀入了最后一个兜住苏军部队的包围圈，该包围圈位于蒙恰洛沃（Monchalovo）附近的森林地带。500名苏军士兵在一名将军的率领下，进行了绝望的突围尝试，但却倒在德军战斗群凶猛的火力下。

这场战斗即将告一段落。苏军第29集团军和第39集团军的主力已被歼灭。2月1日已被擢升为大将的莫德尔，扭转了冬季战役中德军中央战线的不利局面。战斗的激烈程度可由下面两个数字来说明：5000名苏军士兵被俘，27000具尸体倒在战场上。苏军的六个步兵师被消耗殆尽，四个师被歼灭，另有九个步兵师和五个坦克旅遭到重创。

德军的伤亡同样惨重。2月18日，一级突击队大队长奥托·库姆回到师部汇报时，莫德尔将军刚好也在场。他对库姆说道："我知道您的团经历了什么，但我还离不开它。现在，你们还有多少实力？"

库姆指了指窗外说："大将先生，我的团就排列在外面。"莫德尔朝窗外望去，"元首"团只剩下35人。

为了粉碎从瑟乔夫卡与伏尔加河河曲部之间突入的苏军集团军，第9集团军确实付出了沉重得令人震惊的代价，但如果考虑到整个"中央"集团军群危在旦夕的命运，这种代价又是值得的。现在，从北面而来的苏军对德军实施合围的致命威胁已被消除。但"中央"集团军群南翼的情况如何呢？苏军第10集团军的部队已在别廖夫与卡卢加之间突破了德军防线，并已绕过苏希尼奇，试图到达斯摩棱

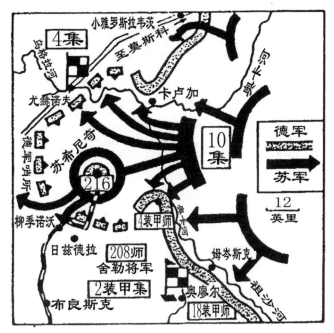

▲ 1942年1月,苏军在第4集团军和第2装甲集团军之间达成突破,苏希尼奇在被突破的防线后充当起"防波堤"的角色。

斯克东面的公路,深入第4集团军的后方,从而切断"中央"集团军群的生命线。

沃因(Voin)集体农场的马厩和牛舍伫立在奥廖尔与姆岑斯克之间广阔的平原上。德军第18装甲师师长内林少将把他的师部设在这里,负责师部事物的温特中尉,将拖拉机和联合收割机、老旧的苏式卡车和德制装甲车安排在岗哨与这座农场的办公楼之间,这样便建立起一座名副其实的堡垒,师部成了个"刺猬"。

这个措施是必要的,因为冬季战事中,苏军快速而又危险的渗透以及游击队的袭击,常常使高级指挥部也变成前线阵地。因此,这些部署在薄弱的德军主战线与后方区域之间构成了强化的支撑点体系。

内林少将刚刚视察完前线回来。参谋长埃斯托少校向他汇报:"集团军司令官急着找您。出事了。他请您立即打电话给他。"

内林亲自接通了施密特大将的电话,这位大将已接替古德里安出任第2装甲集团军司令。这是一番简短的谈话。

施密特说道: "我们需要您。请您明天早上过来一趟, 事情很重要。"

埃斯托少校的作战日志中记录下这通电话的时间: 1942年1月6日, 星期二。

第二天早上, 内林驱车赶往奥廖尔, 熙熙攘攘的基地身处后方, 但一夜之间, 这里也成了前线。施密特大将不在司令部, 他赶到屈布勒将军那里去了, 圣诞节过后, 屈布勒便担任了第4集团军司令, 此刻, 他发现自己正处在敌军的重压下。

接待内林的是集团军参谋长冯·利本施泰因上校。利本施泰因先给内林端来了一碗滚热的鸡汤, 直到今天, 内林将军仍牢记着这一细节。在冰冷的雪地里奔波了一番后, 这无疑是最受欢迎的款待。

没有任何客套, 利本施泰因直奔主题: "别廖夫与卡卢加之间的缺口, 形势变得越来越危急。必须采取某些措施, 否则, 第4集团军就危险了。"他指着地图说道: "这些强大的苏军部队已深入到屈布勒的后方。位于尤赫诺夫的第4集团军司令部已成为前线。我们没有预备队。确实, 冯·吉尔萨将军的第216步兵师已于12月底时被最高统帅部从法国调至苏希尼奇, 当时, 苏军的第一次攻击已被我们仓促拼凑的部队挡住。但现在, 吉尔萨将军的部队已被苏军第10集团军包围。吉尔萨正在拼死抵抗。他的部下装备精良, 也很勇敢, 但他们还不习惯在这种冬季气候下作战, 补给只能由空投提供。吉尔萨报告说, 他师里的伤亡人数已上千。如果这道最后的防波堤被冲垮, 将意味着一场灾难。"

内林站在态势图前, 研究着卡卢加与别廖夫之间缺口处的红色箭头和圆圈, 过去的两周里, 这一缺口已成为集团军司令部人员挥之不去的噩梦。

"会发生些什么呢?"内林问道。

利本施泰因回答道: "我们别无选择, 尽管我们自身的压力也很重, 但只能从奥廖尔前线抽调部队, 以便稳定住缺口处的态势。我们必须与吉尔萨的部队再度会合, 加强他的防线。那里就是您和您久经考验的第18装甲师要去的地方。不必说, 您的部队将获得加强, 我们构想的是, 第4装甲师的第12摩步团, 还有冯·舍勒少将的第208步兵师, 这个师刚刚从法国调来, 目前被部署在别廖夫南面担任侧翼掩护, 这些部队都置于您的指挥下。当然, 第208师的第309和第337团已被抽离, 因为瑟乔夫卡地区的第9集团军急需他们的支援。"

内林是个经验丰富的指挥官，经历过许多危急的状况，对这一安排并不感到高兴。但他意识到，必须采取行动。

大约125英里的旅程，内林的部队花了10天。他们从自己的防区出发，经过奥廖尔、布良斯克、奥尔忠尼启则格勒（Ordzhonikidzegrad），到达了日兹德拉（Zhizdra）附近的集结地。他们的这番跋涉，冒着零下40摄氏度的严寒，穿过三英尺深的积雪和巨大的雪堆，完全是一场地狱之旅。

来自维也纳的奥斯卡·绍布上尉是第12摩步团的一名营长，他描述了部队挣扎着穿过旷野的情形。他回忆道，大炮和补给车辆窄窄的车轮陷入雪地，深至车轴，卡车不断地被困在。总的说来，使用马拉大车的单位管理得最好。那些矮小但却坚韧的农场马拖着大车或雪橇，平均每小时能前进三英里。摩托化部队的履带和轮式车辆，每小时的前进速度差不多为一英里半，这跟正常情况下的步行速度一样。实际上，在这种条件下，马匹要大大优于机动车辆和坦克。因此，所有的装甲师在冬季都配备了大量的马匹。

1月16和17日，得到加强的第18装甲师准备从日兹德拉出发。该师的左翼由冯·吕特维茨上校指挥的第12摩步团掩护，而右翼则由第208步兵师的一部提供保护，以防敌人的突然袭击。强有力的滑雪巡逻队掩护着前方区域。临时代用的推雪机为行进中的队伍清理出道路。"苏希尼奇"行动开始了，这是冬季战役中最非凡、最轻率、最危险的行动之一。

内林将军现在对此的评价是："这个做法毫无战略合理性！"

他说得没错。在苏希尼奇地区行动的苏军部队不少于30个步兵师，另外还有6个步兵旅、4个坦克旅、2个空降旅和4个骑兵师。这是一股极其庞大的力量，这头大象即将遭到一只老鼠的攻击。

可是，德国人靠巧妙、熟练和大胆战胜了苏军。老鼠溜进了大象的鼻子里。

第338步兵团长库茨马尼上校是一名独臂的奥地利军官，此刻正站在他那具小小的农用雪橇上，行进在他这个战斗群的最前方。他的麾下有三个步兵营，得到了坦克和大炮的加强。他的推进位于进攻的中央位置，经布坎（Bukan）和斯洛博德卡（Slobodka）扑向苏希尼奇。约拉瑟上校指挥着第52摩步团，为其左翼及后方的库茨马尼清理出一些回旋空间，并率部攻击了顽强防御的柳季诺沃镇

（Lyudinovo）。他的部队包括两个步兵营，"冯·施廷茨纳"装甲连，第88反坦克连第2营和第208炮兵团的一个连。俄国人完全被打了个措手不及，他们没想到德国人会像幽灵那样从白雪皑皑的旷野上突然发起进攻。

"约拉瑟"战斗群的各个连队将敌人逐出了柳季诺沃镇，并一直追赶至森林和冰雪覆盖的湖泊区。激烈的巷战中，面对苏军的守卫部队，"沃尔特"营和"阿申"营清理出一条穿过镇子的道路。德军在这场战斗中缴获了大批武器装备，抓获150名俘虏，还击毙了五百余名敌人。

与此同时，库茨马尼上校的部队也杀开血路，从一股惊慌失措的敌军中穿过。只要俄国人试图抵抗，他们便会被德军凶猛的火力彻底粉碎。

第208炮兵团第2连连长克劳克中尉，站在一具雪橇上，指引着榴弹炮的射击。敌人的进攻被打垮了，他们的机枪和迫击炮阵地也被近距离的炮火射击所摧毁。

对炮手们来说，现在没时间通过仔细计算来瞄准他们的大炮。"用炮管进行速瞄，知道正确的方向就行！"谈起当时的情形，第2连的瞄准手维尔纳·布尔迈斯特这样回忆道。与此同时，冯·吕特维茨上校带着他获得加强的第12摩步团，在内林将军的西翼向前推进。绍布上尉在他的作战报告中写道："车轮不时地卡在齐胸深的积雪中。一直忙碌到深夜，第2连才铲出一条道路，赶到了奥尔忠尼启则格勒—苏希尼奇路线上的一座信号塔。此时的温度为零下40摄氏度。步枪和机枪必须像士兵们的鼻子和双手那样，用布包裹起来，否则，枪膛内的润滑油会被冻住，这可能会造成致命的后果。"

每前进一码，他们都必须用工兵铲铲出道路。同时，敌人可能会从他们的左侧、右侧、后方或是前面突然出现。为了避免这种突发情况，吕特维茨制订出一种新的战术，绍布对此描述如下："沿道路两侧，前卫连穿过厚厚的积雪向前跋涉，赶至最靠近的村落，像突击队那样，以狭长的纵深编队对敌发起进攻。进攻开始时配以集中的迫击炮火，随后，手榴弹将成为主要的武器，在近距离内，也会使用工兵铲。与此同时，其他连队继续铲雪，为机动车辆清理出道路。这样一来，我们的战斗群就像一只缓慢前进的刺猬。"

此刻，到处都是前线，甚至连师部人员也要为了保住自己的性命而战。1月20日的深夜，苏军的一个营借着雪地的反光，冲入了斯洛博德卡。师部卫队的一门

20毫米高射炮保护着这些师部人员，直到工兵营匆匆赶到后才挽救了形势。

多亏了德军大胆的即兴手法，再加上进攻与防御、前进、侧翼掩护、后卫掩护的交替进行，"苏希尼奇"行动获得了成功。两个虚弱的师杀开一条40英里长的通道，穿过苏军的一个集团军，到达了被围困的德军据点。

1月24日12点30分，库茨马尼上校与吉尔萨将军的一个前哨战斗群会合了。一座"桥梁"已被建成，直通被切断的第216步兵师及其所属部队。这座"桥梁"很窄，但却被牢牢地守卫着。

第二天早上，内林将军驱车驶入镇内，与吉尔萨将军商谈相关形势。上千名伤员躺在被毁房屋的地窖里，目前最紧要的任务之一是把他们运走。这个任务跟此次行动一样，必须采取非常规做法。柳季诺沃镇内有500具可用的雪橇，由当地的农民和俘虏来担任"驾驶员"。每具雪橇只能搭载一名伤员，因此，每个"驾驶员"必须在40英里的中间地带来回四次。但没有一个人退却，所以人都挺身迎接这一巨大的挑战：在夜间驾驶着雪橇，穿越严寒、暴风雪和敌人的巡逻队。

带领这支救伤队的是一位下士，战前他是一名乡村牧师。他的副手是一名骑兵中士。而他们的助手则是500名俄国人。内林将军预留给他们的两枚铁十字勋未被颁发出去，两位好心人消失在混乱的战斗中。他们的名字一直不为人所知。

"苏希尼奇"行动其重要性的概况在一份特别公报中反映出来，希特勒对此大加赞扬。他通过这种方式表明，被包围的部队执行了他的命令，不顾已被敌人绕过的事实，继续坚守阵地，他们是不会被抛弃的。对被包围在前线其他地段的大型或较小型部队而言，这一范例是他们继续坚守的重要前提，例如霍尔姆和杰米扬斯克。

"他们会救我们出去的。"被围士兵和军官这一不可动摇的信念在1941至1942年冬季期间屡次得到证实。今天，许多人大摇其头，对一年后被包围在列宁格勒的第6集团军所表现出的盲从深感不解，其实，这些人应该记住上述这一点。

"苏希尼奇"行动是个重要的战略胜利。可是，在对形势的一片赞誉声中，第24摩托化军军长冯·朗格曼·埃伦坎普中将却决定撤离暴露出的苏希尼奇镇。这一举措使德军可以建立起一道更为有利的防线，横跨那个恶名昭著的缺口，该缺口刚刚被再次封闭起来。德军最高统帅部的噩梦结束了。粉碎苏军攻势南部铁钳的条件已经成立。

激战持续了数周，一直延续至春季，突入德军防线的苏军第10和第33集团军主力，近卫骑兵第1军和伞兵第4突击队被歼灭于维亚济马东南方。这是乌格拉河（Ugra）河曲部的一场大战，其重点在尤赫诺夫、基洛夫和日兹德拉。在这场战役中，德军那些来自勃兰登堡和巴伐利亚，来自石勒苏益格—荷尔施泰因和梅克伦堡，来自上普法尔茨和汉诺威，来自黑森和萨克森的部队彻底展现出超人般的壮举，当然，还包括党卫军第4"骷髅"团和"迈因德尔"伞兵突击团。

两份令人印象深刻的文件揭示出交战另一方是如何看待这场激烈的战事，这两份文件都是缴获的苏军军官的日记。通过这两本日记，苏希尼奇—尤赫诺夫—勒热夫地带苏军前线部队的士气可窥一斑。

第一本日记属于冈察洛夫中尉，他是一名连长，暂时代理步兵第616团的营长。1942年2月9日，他阵亡于尤赫诺夫西北方的战斗中。

第二本日记属于步兵第385师的一名少尉，他的名字出现在"苏联英雄"名录上。由于无法确定他现在是否还在世，所以我们在这里不会提及他的姓名。这两本日记的原件尚存，来自德国第40摩托化军情报官的档案。

冈察洛夫的日记表明他是个头脑简单的人，他相信斯大林的政治口号，对上级很不满意，还喜欢传播前线的各种八卦消息。他的日记揭示出许多方面的内容：

1942年1月2日。第4营撤离了叶尔杰诺沃（Yerdenovo），我们不得不丢下牺牲和负伤的战友。德国鬼子杀害了我们的伤员。

1942年1月5日。我跟老百姓谈起德国佬。一般说来，他们的说法一致——抢劫、杀人、强奸。但令我震惊的是，他们讲述起法西斯的暴行时并无反感之意。他们谈及这些事，就像是集体农庄的主席在作报告。可是，雅利安种族的一切是多么令人作呕啊！他们毫无礼仪。他们会当着妇女的面，光着身子捉虱子。我们一直认为雅利安人是文明人，现在清楚了，这些雅利安人就是迟钝、愚蠢、无耻的资产阶级。

1942年1月10日。今天我读到了莫洛托夫对德国人暴行的声明。声明中列举的几个事例让人毛骨悚然。在我看来，这个世界没有足够的空间来容纳惩罚，对日耳曼种族向我们施加的一切所作的惩罚。但我们会报仇的，我们将报复他们的整个种族，尽管我们的领袖斯大林非常讲人性，非常温和。让国际条例见鬼去吧！迟早我们还会跟英国开战的。

1942年1月14日。在尚斯基扎沃德（Shanskiy Zavod），我睡在一个女游击队员的家中。村子里有近一半的人跟德国佬合作。游击队不仅得不到支持，还遭到背叛和反对。我不得不在清晨三点起床，返回到前线。这确实有点困难。我睡在一具温暖的暖炉上。暖炉上铺着白色的瓷砖，这是我以前从未见过的。我必须承认，这看上去很棒。

1942年1月23日。德国佬进入了位于我们后方9英里的阿格罗舍沃村（Agroshevo）。此刻天寒地冻。我不得不多次用雪擦拭自己的鼻子，否则它会被冻坏的。我的部下，有一半人被冻坏了鼻子，还有些人出现了坏疽的症状。天黑时，已经很清楚，我们被包围了。没有补给物资运来。我们都饿了。

1月25日。昨天，一名部下对我说："中尉同志，您知道，要是一个人被冻得要命，他就不会在乎自己是被冻死还是被打死。他只有一个愿望：尽快死去！"他说的没错。严寒削弱了战士们的战斗意志。

1942年1月26日。午夜时，我们发起了向鲁比霍诺沃（Rubikhonov）的突围。第4连试图以一挺机枪和三门迫击炮从左侧包抄敌人。一发迫击炮弹击中了第1排的机枪组。三个人负伤，三个人牺牲。一名伤员惨叫着，哭喊着，哀求把他带离火线。另一个伤员恳求我给他补上一枪。战场上天寒地冻，我无法为他包扎，因为我不能把他的衣服脱掉。我只能看着他被冻死或是血流不止而死。全营只剩下100人，包括营部和后勤人员。主战线上只剩40至50人。我们的兵力渐渐消耗殆尽。这些该死的德国佬，打起仗来真不要命。

1942年2月1日。扎斯不再担任我们的团长。我对此感到高兴。这家伙永远都是醉醺醺的。只要一喝醉，他就会做出愚蠢的决定，其结果就是我们损失了许多战友。

1942年2月6日。今天，滑雪团的几名士兵被枪毙了，因为盗窃、擅离职守以及站岗时犯错。

1942年2月8日。德国佬发起了进攻。

日记就此结束。1942年2月9日，冈察洛夫阵亡于尤赫诺夫西北方6英里，帕帕耶沃（Papayevo）附近的战斗中，他们对付的是来自黑森州的第34步兵师。冈察洛夫所在的团被歼灭。

第二本日记的作者是少尉V，是个与冈察洛夫完全不同的人。他也在维亚济马东南方作战，面对的是德军第3摩步师和第19装甲师的部队。这位年轻的"苏联英雄"狂热、有事业心，同时具有令人惊讶的远见卓识。他的日记，对研究苏联红军下级指挥员的工作来说，是份很有价值的材料。显然，这名少尉多次使他所在的团避免了危险的状况。

1942年2月7日，他在日记中写道："连队的士气是出色的——如果不受糟糕的食物补给影响的话。要是战士们获得足够的食物，他们就能打赢所有的战斗。"

2月10日的日记上写道：

过去一年颠沛流离的生活使我的身子变弱了。昨天，由于吃了坏面包和冻土豆，我的肠胃感到不适。但我必须照常工作。上次我离开连队12天，结果，连里的纪律乱了套。要是那些该死的补给物资能运来该多好！战士们会眼都不眨地冲向雨点般的子弹，可他们现在很饿，饿得已没有了力气。武器也生锈了，因为我们没有擦枪油。昨天，我和政治委员在谷仓里召集了一次会议，我向大家解释了为什么要留下法西斯俘虏的性命——这是我们的情报来源。

我打算提交自己的入党申请书，因为我相信我们今天将投入战斗。我只有在战斗前才会这样做，所以，没有人会怀疑我在追逐个人的利益。

1942年2月19日。昨天，我完成了入党仪式，成了一名布尔什维克。晚上，我奉命带上连里的冲锋枪手们出发，去夺取第3连一直没能夺下的森林。这是个不切实际的计划。但命令就是命令。一个小时内我就将出发。

这场进攻过后，他在日记中写道：

战士们打得很好，这次进攻获得了胜利。十个德国鬼子被打死，还有五个当了俘虏。我们不得不枪毙了其中的四个，因为他们不肯跟我们回来。我的三十名部下从一名德军副官的个人物品中缴获了烈酒和一些罐装香烟、饼干、香肠和黄油。

1942年2月24日。从今天起，我就是一名预备党员了。我开始对战争热衷起来。

我会成为一名出色的共产党员。

1942年2月25日。工兵教员B来了。当获知自己将被派上前线时，他变得极为沮丧。他请格拉德夫用吉他为他演奏一段《葬礼进行曲》。格拉德夫同意了。15分钟后，B阵亡了。这就是命？或者说，子弹只会寻找到懦夫？

我们的大多数现役指挥员去参加军官培训课了，只是为了获得笔挺的军装和金光闪闪的肩章。他们学到了更好地列队行军，而不是战术知识，更好地做汇报而不是如何执行命令。充其量，他们知道的只是如何冲锋，如何阵亡。

1942年2月26日。今天，我为自己的党员证拍摄了照片。我们被派去执行一项特殊的任务。我的连已做好行动的准备。我希望上级不要派我们在白天行动：那将是愚蠢和危险的。红军必须在夜间战斗。

1942年2月27日。我不得不执行一项军事法庭的判决：死刑。对我提出的要求，立即有三名志愿者站了出来。两名罪犯在执行巡逻任务时躲了起来，企图逃避行动。蠢货！他们以为自己可以逃避光荣的牺牲，现在却不得不可耻地死去。

1942年3月4日。终于收到了妻子的来信：我捧着它反复阅读着。家里的来信既带给我快乐，又令我痛苦。

这一歧义句是这本日记的最后一段。日记上记录的时间，恰好是苏军战胜"中央"集团军群的希望破灭之际。

另一名年轻的苏军士兵的信中也记录下这一时间。这封寄给朋友的信在他的口袋里被找到，信没写完，他已阵亡在多罗戈布日附近。为那些无论此刻在哪里的、在战争中失去了自己朋友的人，我们引用了这封信。甚至有可能的是，在这封未完成的信被写下的几十年后，最终能找到其收信人。这封信的内容如下：

你好，亲爱的朋友！问候你，也向你告别，因为我已不再活着。只有在我牺牲后，这封信才会被寄给你。但我能感觉到，这一天并不遥远。我不知道它在我的衣兜里还会放上多久，已经有点皱了，但迟早它会寄到你的手中，最后一次提醒你记住你的同学。

在这最后一封信件中，我有一种冲动，想跟你说上许多，许多许多。我想倾诉未尽希望的所有悲伤，向你传递我对这一未知死亡的恐惧。没错，亲爱的朋友，恐惧，我很害怕死后的情形。

我不知道自己会如何死去或死在何处，不知道自己是否会被德国人的机枪子弹击中，还是被一颗炸弹炸成碎片，或是被弹片打死，但每一种死法的可能性都令我惊恐不安。我已见过数以百计的人身亡。我也曾多次听见战友在临死前从喉咙里发出的惨呼，而就在不久前，我还兴高采烈地吃着跟他们从同一个桶里打出的饭菜。

我曾多次面对死亡。有一次，弹片把我头上的帽子击落。还有一次，子弹射穿了我的饭盒，汤漏了一地，结果让我饿了一顿。但过去我从未像现在这样害怕过。

看看你那里，春天来啦。这句话的九个字令我心神不宁。因为这不是一个普普通通的春季，这个春季我就二十岁了。二十岁，快是个成年人了。我死去时，大自然正向你展露笑颜，你的心跳伴随着满腔的喜悦，因为鸟儿的歌唱或潮湿的春风轻柔的爱抚……

这封信被写下时正逢春季。但此刻，就在德军炮手布尔迈斯特将他的轻型榴弹炮瞄准柳季诺沃时，就在长长的雪橇队将伤员撤离苏希尼奇之际，就在乌格拉河河曲部的冲锋枪咯咯作响时，就在整条战线响起"俄国人的坦克突破了"的叫声时，东线战场上依然覆盖着几英尺深的积雪。

但这场冬季战役的结局已定。当然，置身前线的士兵们并未意识到这一点，他们仍进行着极为激烈的防御战。但集团军司令部内的态势图已揭示出一个事实："中央"集团军群所遭遇的重大危机已然结束。

接下来的几周里，苏军骑兵部队继续向前推进，直到斯摩棱斯克东面的多罗戈布日，但他们这一最后的前进已失去其势头。苏军已是强弩之末，他们未能实现其冬季战役的战略目标——歼灭"中央"集团军群，并由此造成整个德军中央战线的崩溃。

两个原因决定了这场战役的转折点。首先，苏军最高统帅部的胃口太大。他们的作战指挥、条件以及为进攻部队提供的补给，都不足以实现如此深远的目标。

其次，德国军队的出色发挥阻止了苏军的胜利，并防止了一场灾难的降临。在纪律、勇气、艰辛和自我牺牲方面，军官和士兵们做出的表现超过了过去已知的一切。尽管各部队过度延伸，尽管士兵们食不果腹衣不遮体，但他们的建制和作战能力完好无损。这就是1941至1942年冬季，受到严重威胁的中央战线为何能挽救形势的原因所在。仅凭这一点就确保了希特勒的坚守令以及死守重要加强阵地这一战术的成功。

就这样，勒热夫得以挽救，苏希尼奇得以缓解。德军在最后时刻以最后的力量将苏军驱离斯摩棱斯克—莫斯科公路。敌人合围"中央"集团军的意图破灭了。总的说来，中央战线上的巨大危机已被克服。

但"北方"集团军群的战区内，此刻的情形如何？那些身处列宁格勒前线以及在苏军冬季攻势下沃尔霍夫河上的幸存者，他们的情况又是怎样？

4

瓦尔代丘陵上的突击

苏军突击第57旅冲过沃尔霍夫河——会合点："埃里卡"空地——两个苏军集团军被围——杰米扬斯克：十万名德军被围——布罗克多夫-阿勒菲尔特伯爵一道不寻常的日训令——包围圈从空中获得补给——"建桥"行动——霍尔姆，一座没有大炮的堡垒

季戈达河（Tigoda）汇入沃尔霍夫河的地点，正位于德军第61和第21步兵师的结合部。这种结合部总是较为脆弱，也是俄国人最喜欢攻击的目标。俄国人凭经验发现，德军在这些结合部的双重指挥，使得他们肃清苏军的渗透更为困难。沿着一个结合部封闭敌人的渗透，谁来对此负责？没有哪个指挥官会心急火燎地揽事上身，他宁愿将这一责任推给友邻部队。出于这个原因，特殊的"结合部预备队"一直是第一次世界大战期间的惯例。但在1941至1942年冬季，德军虚弱的东线很少能负担起这种"奢侈"的预备队。

"又是这该死的结合部！"洛迈尔上校咒骂着。1942年1月3日，他接到了第291步兵师师部简短而又明确的命令："敌军已在第61和第21步兵师之间的季戈达河河口部实现渗透，必须将其击退，并恢复主战线。"

"麋鹿"师的这些东普鲁士人，几天前刚刚从前线撤下，以进行休息和补充。但说这个又有什么用？

率领着自己久经考验的第505步兵团，以及刚从芬兰赶来的党卫军第9步兵团的一部，洛迈尔投入到对付从季戈达河河口部渗透进来的苏军滑雪营的行动中。齐胸深的积雪，零下42摄氏度的严寒，茂密的森林中遍布着无法通行的灌木丛，这是一场不可思议的战斗。

1月4日傍晚时刻，洛迈尔上校，这位利耶帕亚的英雄，被敌人的一发迫击炮弹击中，阵亡在森林中。这个消息像野火般迅速传开，对全团来说，这是个沉重的打击。黑塞上校接任团长一职，带领着第505团愤怒的部下们继续肃清渗透进来的敌军。

但他们在季戈达河河口击退的苏军渗透，并非预期中苏军的大规模进攻。新年最初的几天里，基里希（Kirishi）与诺夫哥罗德之间，激烈的局部战斗无处不在。俄国人试探着沃尔霍夫防线，以发现其薄弱点；他们进行武力侦察，以确定德军的阵地及部队；他们寻找着可让他们通过的缺口。老兵们从骨子里就能感觉到事情不太妙，一场大规模进攻已迫在眉睫。它会在何时到来？在何处？这些都是令人苦恼的问题。

1月12日深夜，监听连的一名军士敲响了第126步兵师侦察营营长吕迪格少校的房门，交给他一份截获并破译的敌军电报，这是苏军第52集团军发给其步兵第327师的电文："不惜一切代价守住阵地。进攻推迟。继续进行佯攻。"吕迪格少校不禁长长地松了口气。

所以，这里不会有什么大规模进攻，至少不在这一地区，吕迪格下了结论。他立即打电话给他的师长劳克斯中将，劳克斯是一名经验丰富的指挥官，他对吕迪格的情报表示感谢，但又补充了一句："我不大相信这帮家伙会拖太久。"

被截获的电文内容很快便传播开来。因此，当苏军炮兵在第二天（1月13日）沿着宽大的正面轰击德军阵地时，德军士兵并未将此看得太过严重。

但过了一阵子，事情变得可疑起来。苏军猛烈的炮击看上去并不盲目。他们的炮火随即前伸，越过了德军的防线。此刻是9点30分。在密集炮火的掩护下，大批步兵从冬日黎明的雾霾中出现了，滑雪营掠过沃尔霍夫河的冰面。"俄国佬来了！"

昨晚截获到的电文是苏军欺骗德军指挥部的诡计。沃尔霍夫河之战开始了：这场战斗爆发于诺夫哥罗德北面，德军第126和第215步兵师的结合部。

上午10点30分，苏军跨过沃尔霍夫河，在戈列卡（Gorka），德军第422步兵团的防区内，建立起第一座桥头堡，并突入到德军的主防线中。

施吕瑟尔堡的征服者哈里·霍佩上校，立即带领第424步兵团发起反击，并封闭了敌人的渗透。但他却无法重新夺回原先的主防线。

1月14日早上，敌人再次发起了进攻，强大的苏军部队成功地穿过银装素裹的森林，渗透至德军阵地的后方。夜幕降临前，苏军滑雪营的先头部队已出现在德军师属炮兵的阵地前。德军的炮手展开防御战，用工兵铲、步枪和手枪击退了这些苏军。但这种状况能维持多久呢？

就在师部和军部依然认为苏军的主攻是在第422步兵团的防区内之际，一个更大的灾难出现在北面的亚姆诺（Yamno）—阿列菲诺（Arefino）地区。那里正是德军第126和第215步兵师的结合部，两个师各自的侧翼团第426和第435步兵团相毗邻，这里就是苏军的主攻点。

因此，沿着一个狭窄的正面，苏军精锐的步兵第327师和装备一流的突击第57旅冲过沃尔霍夫河，对施密特中校第426步兵团麾下三个虚弱的营所坚守的阵地发起了进攻。

与此同时，苏军对位于第426团左侧的第435步兵团也发起了攻击，以防止该团增援第426团。俄国人巧妙地利用了德军主防线前地面上的深坑，杀入到德军阵地中，打垮了防线上的支撑点，突击第2集团军辖下的骑兵第13军主力，潮水般涌过崩溃的堤坝，深入到腹地。苏军的后续部队不断涌过2至3英里宽的这一缺口，朝诺夫哥罗德—丘多沃公路冲去。

冒着零下50摄氏度的严寒，被打散的德军连队死死地守着林间空地和高高的雪堆，并让苏军为他们缓慢地推进付出了沉重的代价。俄国人距离诺夫哥罗德——丘多沃公路5英里，但他们却耗费了4天。等他们终于到达这条公路后，再也无法获得更大的进展了，像巨浪中的支柱那样，德军沿着公路顽强地坚守着3个据点，莫斯特基（Mostki）、斯帕斯卡亚波利斯季（Spasskaya Polist）和泽姆季齐（Zemtitsy）。

这些四面受敌的据点在苏军大潮的后方坚守了数周。他们成了争夺这条重要道路之战的焦点，这也是沃尔霍夫前线的南北干线。

到1月24日前，俄国人已向渗透部注入了足够的力量，驱使他们向纵深推进。他们的骑兵、坦克和滑雪营大胆地穿过非常狭窄的道路，向西北方而去。这是个完美的突破，但其根部却狭窄得有些危险。

俄国人接下来会怎么做？他们的行动，对准的是列宁格勒吗？或者，他们有其他目标，有更为深远的意图？这个问题困扰着德军参谋人员。他们并不担心自己部队过度前伸的问题。八天后，苏军突击团的先头部队已深入到德军防线后55英里处。如果俄国人的目标是列宁格勒，他们的路程就已完成了一半。

1月28日，苏军的先头部队进攻叶戈里诺（Yeglino）。因此，他们的攻击方向是朝西北方，从南面绕过列宁格勒，直扑苏联—爱沙尼亚边境。今天我们知道，这一大幅度迂回列宁格勒的行动，原先的打算是一路杀至金吉谢普，这是个过于乐观的构想。但当时，苏军突然停在了叶戈里诺，他们没有继续向西，而是转向东北方，踏上丘多沃—列宁格勒公路，直奔柳班。难道，他们的目标最终还是列

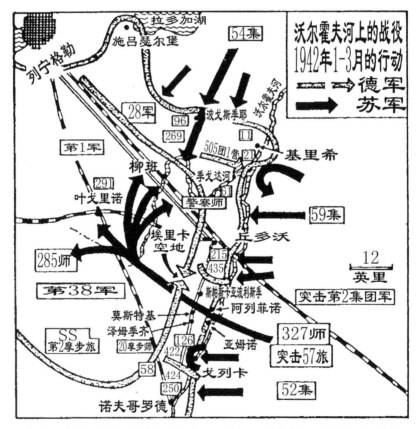

▲ 沃尔霍夫战役以及1942年1月初至3月底的行动：突破德军防线的苏军突击第2集团军，在"埃里卡"空地被夹断。

宁格勒吗？

骑兵上将林德曼（陆军元帅冯·屈希勒尔[1]于1月15日接掌"北方"集团军群后，他便接任了第18集团军司令一职）只需要看一看巨幅的作战态势图，便能了解到俄国人的意图。敌人的突破地带，道路太过狭窄，他们暴露出的侧翼也太长，继续向前推进将是个鲁莽之举。

由于此刻苏军第54集团军在拉多加湖南部的波戈斯季耶（Pogostye）进攻了德军第269步兵师，俄国人的意图便在地图上被清晰地暴露出来：首先，德国第1军将被一场钳形攻势歼灭。

"我们必须做好一切准备，不能失去勇气！"第1军军长，步兵上将博特这样说道，他的军来自东普鲁士，此刻驻扎在柳班。作为一军之长，他开始给军部的军官和工作人员分发步枪和冲锋枪。不能失去勇气，这是个问题。

由于被苏军突破了自己的防区，第126步兵师遭到严厉的申斥。但这并不公平。东线任何一个实力严重受损的师都无法挡住苏军这一集中进攻。对第126步兵师做出判断时，应该知道一点，苏军的突破并不太深，因为该师日复一日地坚守着这将近20英里宽的缺口的侧翼和支撑点，抵抗着苏军战斗群的猛扑，他们的这种做法防止了突破口被敌人加阔。

尽管持续进行着代价高昂的进攻，俄国人并未能加宽他们狭窄的通道。他们在第126步兵师的阵地前丢下约15000具尸体。目前的这种情况产生了戏剧性的结果。

施吕瑟尔堡的英雄哈里·霍佩上校，带着他的第424步兵团，奉命沿突破口的南部边缘建立起一道新的防线。

牢牢地坚守在突破口北部边缘的是克尼斯中将指挥的第215步兵师。莫斯特基、斯帕斯卡亚波利斯季和泽姆季齐这几个据点的顽强防御做出了重要的贡献。坚守这些据点的是"克希林"旅，这是一支由来自15个不同的师的人员所组成的临时部队，他们在此坚持了数周之久。

泽姆季齐的抵抗堪称楷模，坚守在这里的是克洛塞克上尉带领的第422步兵团

---

① 此时的屈希勒尔还是大将，直到1942年6月30日晋升为元帅。

第3营。如果需要证据来证明希特勒生硬、毫不妥协的坚守令及其对士兵们自我牺牲的要求，在某种程度上避免了灾难的发生，并为将来的成功行动创造出先决条件的话，那么，沃尔霍夫战役便提供了这种证据。

与此同时，距离沃尔霍夫前线125英里处，来自下萨克森的第58步兵师仍坚守在列宁格勒郊区的乌里茨克。就是这个师，在六个月前到达了列宁格勒有轨电车的起点站，所以，他们实际上已进入了这座红色革命的摇篮。

"各部指挥官请于11点到师部开会！"电话响了起来。"将军亲自主持会议，"电话接线员把这个消息透露给他们营一级或连一级的朋友。"出事了！"他们补充道。

此刻是1942年3月1日。第58步兵师师长阿尔特里希特将军迎接了他的部下，他们都在怀疑，是不是自己所属的师再次被分派了某个特殊的任务。

"肯定是调至沃尔霍夫。"这些军官低声谈论着。两个星期前，施特拉瑟中尉带着第158炮兵团第9连，作为一支"滑雪连"，跟随洛格斯的应急营出发赶往沃尔霍夫。一个星期后，更多的连队被派往诺夫哥罗德。

他们的猜测很快得到了证实。阿尔特里希特将军开始了会议："诸位，我们已被赋予了一项将对整个战局具有重大影响的任务。"

"肯定是沃尔霍夫。"第209步兵团团长克赖珀上校低声对坐在他身旁的诺依曼中校说道。

阿尔特里希特将军听见了他的话。他点了点头，继续说道："第58师已被选中担任突击师，从南面封闭沃尔霍夫的缺口，并包围已突入进来的敌军。"

弗雷德里希·阿尔特里希特是一名哲学博士，也写过许多军事教育方面的有趣文章，以前曾在德累斯顿军事学院任教，对讲解战略问题极为擅长。许多军官都曾上过他的课。1949年，他死在苏联的战俘营中。

阿尔特里希特迈步走到巨大的作战态势图前，开始了自己的讲解："你们看看这里的状况：敌人已深入到我们的防线中，而且数量相当多。正面进攻已无法获得成功，因为我们没有充足的预备队，而这是这种行动所必需的。我们唯一的机会是在突破口，对俄国人行动的根部实施打击，将其切断，从而孤立突入进来的敌军。幸运的是，第126和第215步兵师沿瓶颈的边缘再次建立起稳固的防线，这样，我们就能在他们的掩护下实施集结。我们从南面对这个缺口发起打击。党卫军'警察'师则从北面展开进攻。两个师的会合点是一片被称作'埃里卡'的空地。第126步兵师的几个团和部署在那里的其他部队都将隶属于我们师，另外还包括西班牙'蓝色'师的几个营，到目前为止，他们在那里打得很棒。有了这些部队，我们应该能获得成功。我们必须成功，否则，第18集团军就完了。但如果我们成功地堵上缺口，苏军两个集团军的主力就将被我们囊入包围圈中。"

会议室中一片寂静。然后发出了几声靴跟碰击地面的声响。屋外依然是寒风凛冽。

"沃尔霍夫，"屋内的军官们交头接耳。他们看着墙上的巨幅地图，喃喃地说着，"在我们南面约125英里处，在这种鬼天气……"

准备工作在3月15日前完成。3月15日中欧和西欧的人们已开始考虑春天的问题了，但在沃尔霍夫，温度依然是零下50摄氏度。茂密森林中的积雪厚度足足有4英尺深。

俄国人知道他们的突破点所面临的危险，因此尽可能地予以了强化。他们沿着道路布置了火焰喷射器，并在所有可供通行的空地上埋设了密密麻麻的地雷。

德军第220步兵团以其缴获的苏军坦克和工兵突击营冲向敌人的障碍。第1航空军的战斗轰炸机和斯图卡也朝着苏军的阵地和据点投掷下炸弹。但厚厚的积雪减弱了炸弹的威力，爆炸造成的影响很轻微。俄国人死死地守着他们的阵地，第220步兵团未能成功通过。

西面两英里处的情况较好些。在几乎无法通行的银装素裹的森林中，第209步兵团的几个营一步步向前跋涉，设法穿过了森林中的空地。第154步兵团同样挣扎着穿过了茂密的灌木丛，突击炮和工兵为他们开辟道路。激烈的小规模交火席卷了整片森林。

严寒中，迫击炮屡屡发生无法发射的情况，炮筒内结了冰，炮弹已无法塞入。机枪也无法使用，因为枪膛内的润滑油被冻结，变得僵硬而又黏稠。最可靠的武器是手榴弹、工兵铲和刺刀。

3月19日16点45分，第209步兵团第2营的前哨部队，在马特内少校的带领下，设法穿过了在他们的地图上被标为"E"的空地，他们知道，这就是"埃里卡"空地。每一个参加过沃尔霍夫战役的人都牢牢地记住了这个名字。它代表着争夺激烈的森林中一片凄凉的空地。沿着一条穿过这片空地的、用木板铺就的补给路线，一名骑兵早已竖起了一块告示牌，上面写着："这里通向世界的屁眼"。这块路标竖在这里已有几个月时间，而此刻，3月19日，马特内的先头部队已悄悄地逼近过来。

空地另一端传来了一阵机枪声。"那是德制的Mg机枪。"一名士兵说道。"小伙子，最好当心点！"马特内少校提醒道。

另一端，一发白色信号弹窜入空中。"回复他们！"马内特下达了命令。

一个白色的火球，像个微型的太阳，嘶嘶地在林间空地升起。远处，一个鼻子上裹着布，戴着德式钢盔的身影出现在灌木丛后，他挥着手。"自己人！"士兵们欣喜若狂。

士兵们穿过雪地，朝着对方跑去。他们相互拍打着彼此的后背，掏出香烟塞到对方的嘴里。"你们怎么知道的？"他们问党卫军"警察"师前哨部队的那些伙计，"你们怎么知道我们成功了？"

他们的确成功了。缺口已被封闭。他们在"埃里卡"空地会合，就此切断了苏军突击第2集团军的补给线。

苏军的两个集团军落入了陷阱。就像在勒热夫和苏希尼奇，个别部队进行的顽强抵抗创造了先决条件，从而使德军得以通过大胆的反击，恢复了看似无望的态势，并从苏军手上夺回了主动权。苏军的过度自信和疏忽大意使他们失去了到手的胜利。再一次，猎人变成了猎物，被追杀者成了追杀者。

就这样，苏军针对沃尔霍夫的攻击被遏制，解救列宁格勒的意图被挫败了。但在此期间，伊尔门湖与谢利格尔湖之间那片狭窄的地带上又发生了怎样的情况呢？苏军的五个集团军在"中央"集团军群与"北方"集团军群之间的防线上达成了突破，并撕开个宽阔的大口子。

在这片狭窄的地面上，德军只剩下两个屏障阻挡着潮水般涌来的苏军，杰米扬斯克和霍尔姆，现在，一切都靠他们了。如果这两个据点被攻克或被打垮，苏军将获得一条被肃清的道路，深深地插入德军防线几乎没有任何防卫的腹地。在杰米扬斯克地区，德军的六个师阻挡着苏军的去路。其他一些部队，例如第290步兵师，苏军在伊尔门湖达成突破时，他们正坚守着自己的阵地，结果无法从被半包围状态中撤往旧鲁萨。后来，他们向东南方突围，进入到第2军的防区，从而加强了杰米扬斯克包围圈守军的力量。布罗克多夫–阿勒菲尔特伯爵率领的第2军吸引了苏军五个集团军进攻力量的主力，并牢牢地牵制住对方。在更南面推进的苏军突击第3集团军同样无法取得任何进展，他们面对的是第二个不可逾越的屏障，这道屏障横跨在杰米扬斯克与大卢基之间的缺口部，挡住了进入第16集团军后方的道路，这就是霍尔姆。

杰米扬斯克和霍尔姆成了东线德军北翼扭转乾坤的关键。完全凭借着顽强的抵抗，杰米扬斯克和霍尔姆的守卫者夺走了苏军手中的胜利。

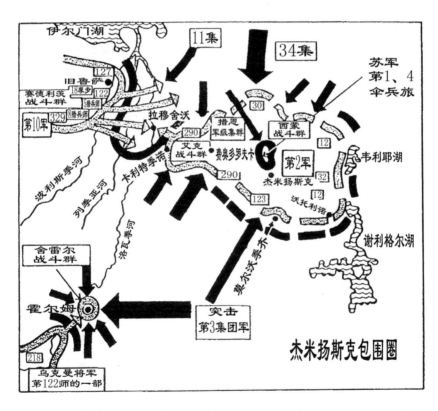

▲ 位于杰米扬斯克和霍尔姆的德军师，面对苏军大潮充当着"防波堤"的角色，成功地阻止了苏军的3个集团军。激烈的战斗一直持续至1942年春季，围困德军的两个包围圈才被打破。

杰米扬斯克包围圈战役开始于1942年2月8日，这场战役持续了十二个半月，从而成为东线包围战中历时最长的一次。第2军军长布罗克多夫－阿勒菲尔特伯爵打电话给第16集团军。"我们会不惜一切代价保持与你们的联系。"布施大将这样说道。

就在这时，电话听筒里传来了喀拉喀拉的声响。两位将军听见电话交换台操作员冰冷的声音插了进来："我现在必须断开通话，敌人在窃听！"

阿勒菲尔特将军放下听筒。他看着自己的副官，说道："这可能是今后一段时间里我们最后一次与集团军司令部的通话。"

"这么说包围圈被封闭了？"他的副官问道。

"是的。"将军回答道。顿了顿，他又说道："至少我们知道自己在哪里。我们只能拭目以待了。"

这一"拭目以待"被证明是一场持续了12个月零18天的激战。德军被包围在一片1200平方英里的地区内。

阿勒菲尔特将军下达的一道不同寻常的日训令，解释了这场战役为何必须进行，以及瓦尔代丘陵中央荒凉的杰米扬斯克包围圈为何要被坚守的原因。这道日训令之所以不寻常，是因为它不仅命令将士们做某件事，还解释了所处的情况以及下达命令的原因。

就这样，2月20日，遭到包围的12天后，布罗克多夫－阿勒菲尔特伯爵向包围圈中的所有部下宣读了以下命令：

"利用冬季最寒冷的月份，敌人已跨过伊尔门湖的冰面，洛瓦季河常见的沼泽三角洲，以及波拉河（Pola）、列季亚河（Redya）和波利斯季河（Polist）这些浅流，另外还有许多较小的河道，进入到第2军身后及其通往后方的交通线上。这些河谷构成了一片广阔的沼泽低地，一旦冰雪开始融化，这片地区将被淹没，彻底无法通行，哪怕是步行。敌人的运输，特别是大规模的补给物资前运，将会是完全不可能进行的。"

"在潮湿的春季，俄国人的补给只能依靠坚硬的主干道进行。但这些道路的路口，霍尔姆、旧鲁萨和杰米扬斯克，都被牢牢地控制在德军手中。另外，我军以经验丰富的六个师掌握着这一地区唯一的高地。因此，春季时，俄国人的大批部队不可能在没有补给的情况下长期坚守在潮湿的低地。"

"所以，重要的是守住这些交通路口，以及杰米扬斯克周围的高地，直到春季解冻到来。俄国人迟早会被迫放弃这片地区，特别是因为强大的德军部队将从西面对他们发起进攻。"

德军将士们一边聆听一边点头，他们对此完全理解。他们决心守住这片"伯爵领地"，他们借用了军长的头衔来命名这个包围圈。

战役开始了。这是第一次德军部队遭到合围的大规模包围战。一个军六个师近十万名士兵，几乎相当于一个集团军。他们通过空运成功地获得了补给，这在军事史上还是第一次。在俄国的瓦尔代丘陵上，空运行动开始了。

约500架运输机日复一日地为第2军的十万名将士提供生存和作战所需的一切。无论暴风雪还是霜冻，雾霾还是冬季雷暴，也无论苏军的防空火力多么猛烈，这些飞机不停地飞来。

每天，大约有100架飞机必须飞进包围圈，卸下补给后再飞返。有时候这个数字会多达150架。这就意味着，在冬季短暂的白昼，每个小时都有10至15架飞机在包围圈内的两个简易机场起降。

这些运输单位在空运负责人莫齐克上校的带领下，完成了当时无与伦比的壮举。两个数据可以说明这一空运行动的规模：64844吨物资被运入包围圈内，35400名负伤或调动的人员被运出包围圈。

空运为德军的成功做出了决定性贡献，但也消耗了德国空军的力量：德国空军的运输机中队损失惨重，大批飞行员阵亡。

更要命的是，坚守杰米扬斯克的成功使希特勒更加坚信自己的决定，9个月后，他命令德军坚守斯大林格勒，因为他相信同样可以通过空运为第6集团军被围的30万名将士提供补给。

伊万·叶夫斯基费耶夫少校，生于1907年，指挥着著名的第57旅，该旅是苏军突击第2集团军进攻沃尔霍夫的先锋。他是一名杰出的军官，也是个勇敢、娴熟的战地指挥员，并有着受过苏军总参培训的背景。

他被德军俘虏后说："这种情况注定要发生，我们的最高统帅部太过愚蠢！"他的交代材料表明，突击第2集团军被切断于"埃里卡"空地的狭窄地带，这个消息在莫斯科产生了灾难性影响。这意味着斯大林解放列宁格勒，歼灭"北方"集团军群的希望破灭了，他开始寻找一个替罪羊。

就像他在1月份的第一周里，因集团军沿宽广正面的进攻未能达成突破而将司令员索科洛夫斯基①撤职一样，克雷科夫将军和他的参谋长现在又因为沿太过狭窄的正面实施突破而被撤职。但由谁来挽救目前的局势呢？谁能突破这个瓶颈，将两个集团军的主力救出包围圈呢？

斯大林选中的是当时苏军将领中的明星之一安德烈·安德烈耶维奇·弗拉索夫。1941年夏末，弗拉索夫奋勇守卫基辅达两个月之久，随后，他作为第20集团军司令员，在索尔涅奇诺戈尔斯克和沃洛科拉姆斯克击退了德军莫斯科攻势的北翼。他因此而获得了勋章、赞扬和名望，并被晋升为沃尔霍夫方面军副司令员。现在，他将再次投入战斗，以证明自己的将才。

弗拉索夫出生于1901年，父母是中农。十分贫寒的家境下，他的父亲仍奋力把他送入了一所神学院。列宁的革命使他决心成为一名共产主义者，他加入红军，后来成了一名普通军官，最终当上了将军。20世纪30年代，由于在中国担任蒋介石的军事顾问，他逃过了使图哈切夫斯基元帅和他许多朋友遭殃的大清洗运动。返回苏联后，他的职业生涯开始走上坡路。很快，他被认为是一名出色的军事组织者，他在军事上的名声传遍了苏联。

这个曾将一群臭名昭著的地痞流氓所组成的步兵第99师成功改造为一支精锐部队的将领，现在被选中来拯救被包围的两个集团军。

3月21日拂晓前，弗拉索夫飞入沃尔霍夫包围圈，接手指挥丘多沃与柳班之间森林中的17个师和8个旅。他立即安排从包围圈内部打开封闭的大门。

就在弗拉索夫把属下的各位指挥员召集到菲内夫卢格（Finev-Lug）东面的一座林间小屋，商讨如何突出德军围困突击第2集团军的包围圈之际，东南面大约100英里处，杰米扬斯克包围圈内，德军的伊尔根上校拜访了措恩中将②设于费奥

---

① 突击第2集团军的首任司令员是索科洛夫少将，而不是索科洛夫斯基；克雷科夫则是第二任司令员。
② 第20摩步师师长措恩少将于1942年1月已被擢升为中将。3月份时，他被空运至包围圈内，负责指挥几支部队拼凑而成的"军级集群"进行突围行动。

多罗夫卡的指挥部，以了解突出这个困着德军6个师的包围圈的计划。这是个奇特的巧合。

"将军先生，今天是春季的第一天。"伊尔根上校笑着说道。措恩将军站在这座充当军级集群司令部的木质建筑外。他嘟囔着说道："的确是春天，2英尺深的积雪，零下30摄氏度的气温。"

"是啊，杰米扬斯克的春天就是这样。"伊尔根笑着说。"您说的没错。"措恩点了点头回答道，"说正经的，伊尔根，我倒希望霜冻再持续一段时间。一旦春季解冻到来，泥泞会很可怕，没有一个车轮能转动起来。赛德利茨在那之前便能赶到这里。"

清晨，深红色的太阳冲破了新一天的阴霾。远处，从第290步兵师位于卡利特季诺（Kalitkino）和"艾克"战斗群位于包围圈最西端的防区，传来了苏军重炮轰击的闪烁。措恩看了看手表。"7点30分。"他说道，"赛德利茨现在发起他的进攻了。"

此刻，25英里外，旧鲁萨的东南方，火炮沿着六英里长的战线开火了。大炮猛烈轰击，斯图卡在苏军防线上空呼啸着。这时，冯·赛德利茨–库尔茨巴赫将军的军级集群向前冲去，就像夏季攻势那些日子的情形。德军解救杰米扬斯克包围圈内第2军的"建桥"行动开始了。困住布罗克多夫伯爵第2军的包围圈已经封闭了41天。"伯爵领地"与德军主战线的距离只有25英里。被包围的六个德军师必须据守一道近190英里长的防线。他们显然没有强大到能在各处守住一条绵亘防线的程度，在许多地段，只能靠间隔的支撑点实施防御。

除了兵力不足外，守军还深受食物严重紧张之苦。96000名将士，再加上两万匹马，都要靠空运补给来维持。口粮配给已减少到原先的一半。

显然，运送补给的飞机不可能为马匹送来干草或秸秆。因此，尽管饲养员们想尽了办法，但这些牲畜还是变得越来越瘦。被摧毁的农舍上腐烂的稻草无法完全替代饲料。确实，这些马匹得到了树皮、松枝和松针、芦苇和豆子，但这些无法缓减它们的饥饿。它们吃下了沙子，结果死于砂粒绞痛。兽疥癣、跛腿和其他疾病使它们倒下。兽医们尽力挽救每一头牲畜的性命，但他们所能开出的药方往往是最后的一枪。就这样，马匹在战地厨房里完成了它们最后的使命。包围圈内的俄国老百姓经常跑来，收集些马匹的骨头和内脏。除了蹄子，什么也不会剩下。

现在，这一切即将结束。冯·赛德利茨-库尔茨巴赫将军以四个师的兵力从旧鲁萨发起了进攻，以便杀开一条通道进入杰米扬斯克包围圈，从而使被围德军与主战线会合。

与此同时，包围圈西面的突出部，"措恩军级集群"早已组建完毕：在适当的时候，他们将展开突围，与赛德利茨的部队在中途会合，这就是"跳板"行动。伊尔根上校的团将担任这一行动的先头部队，这个团是用包围圈内几个师中抽调出来的部队组建而成。

"将军先生，总体计划是怎样的呢？还有，何时发起突围行动？"伊尔根上校问道。

措恩将军用手杖在雪地上画了个杰米扬斯克包围圈的轮廓。他在其左侧划了条弧线，代表旧鲁萨的主防线。"布罗克多夫伯爵告诉过我，赛德利茨集群将以四个师的兵力从旧鲁萨发起进攻。"说着，措恩将军在雪地上的这幅态势图上添加了四个箭头。

他指了指中间的两个箭头接着说，"这里，是西里西亚的第8和符腾堡的第5猎兵师，他们担任主攻。这两个师年初刚从法国被调至东线，作战经验都很丰富。特别是来自乌尔姆的猎兵，他们在2月初的旧鲁萨战役中打得非常出色。"措恩又用手杖指了指左右两侧说，"解围行动的右翼由第329步兵师提供掩护，左翼则是第122步兵师。赛德利茨的猎兵师将对准这里，包围圈最西端的卡利特季诺和瓦西里科沃（Vasilkovo）。一旦他们沿着旧鲁萨—杰米扬斯克公路到达拉穆舍沃（Ramushevo）的洛瓦季河渡口，换句话说，也就是距离我们8英里时，我们就发起突围。伊尔根，您的任务是撕开包围圈外俄国人的阵地，杀至拉穆舍沃的洛瓦季河。"

伊尔根点了点头。清晨的阳光下，地面的积雪熠熠生辉。远处传来了隆隆的炮声。一名传令兵从房屋那里跑了过来气喘吁吁地说："将军，您的电话。"

起初，一切都照计划按部就班地进行。经过炮兵的初步轰击和斯图卡的集中使用，赛德利茨的攻势进展顺利，就像闪电战最初的几周那样。可是，困难很快便出现了。旧鲁萨东面寒冷的森林和灌木丛，拖缓了德军前进的势头。苏军的防御纵深由五道阵地体系组成，必须逐一突破。德军只能一步步地获得进展，这需要勇气和技巧，更需要付出鲜血和眼泪。战场上没有住宿地可言。激战一直持续了四周。解围行动开始时，温度是零下30摄氏度，沼泽地冻得像石头般坚硬。几天后，气温上升至冰点。春季的解冻到来了，所有的一切都陷入泥沼中。

3月底，温度再次下降至零下20摄氏度。白天会出现大雪，夜里，春季冰冷的寒风刮过沼泽和森林，在瞬间将一切没有隐蔽在山洞中、木屋里、地上的坑穴或是仓促砍伐下的树木堆后的生命冻结。

4月份，气候突然转好，冰雪融化，道路上的水已经没膝。士兵们趟过齐腰深的沼泽和湿地，他们不得不用树枝和灌木扎成木筏，以便搭载重机枪等重武器，否则，这些武器将消失进泥潭中。

伤员必须被放在树枝扎成的担架上，不然，他们会被淹死。有点重量的一切步枪、马匹、人员，都会陷入沼泽。士兵们的军装早已湿透。而敌人则埋伏在茂密的灌木丛中。泥泞也给俄国人造成了很大的困难，他们的重型坦克无法投入战斗，大炮也动弹不得。

4月12日，赛德利茨的先头部队看见了拉穆舍沃镇内破碎的塔顶，像海市蜃楼那样，透过烟雾和阴霾伫立在半空。他们终于到达了自己的目的地。他们知道，"建桥行动"的成败取决于能否拿下拉穆舍沃，因为这座小镇控制着道路和洛瓦季河上的渡口，随着春季化冻的到来，这条河流再度成了一个巨大的障碍。

第二天，在为突围进行准备的侦察行动中，伊尔根上校身负重伤。他的团为这次的突围行动进行了最艰苦的准备工作，现在，由冯·博里斯中校接管。突围行动于4月14日黎明发起。

六天后的4月20日，夜幕降临时，突围部队的先头单位到达了洛瓦季河东岸拉穆舍沃镇的第一排房屋处。担任先头部队的是一级突击队中队长伯克曼率领的得到加强的党卫军"骷髅"团反坦克营。

对岸，镇子的西部火光冲天。曳光弹在夜色中闪烁。激战声传过河来。洛瓦季河的水位满满当当，宽度超过了一千码。想看见对岸所发生的情况是不可能的：硝烟、尘埃以及火焰的闪烁使能见度下降为零。第二天的情形依然如此。

赛德利茨的部队正为争夺一段河岸进行着激烈的战斗。夜幕降临时，博里斯中校的部下看见对岸戴着德式钢盔的身影朝他们挥着手。"他们来了！他们来了！"

时间是1942年4月21日18点30分。现在，唯一阻碍德军被围部队与主战线会合的只有汹涌的洛瓦季河。杰米扬斯克，瓦尔代丘陵上这一强有力的防波堤，已完成其职责。几个月来，德军被围的六个师一直阻挡着苏军的去路。现在，他们再度成了绵亘防线的一部分。

南面55英里处，霍尔姆的情形又如何呢？

过去的一百天来，舍雷尔将军的战斗群以其约五千人的兵力，一直坚守着广阔沼泽地区中部的路口，洛瓦季河上游的据点和渡口，控制着河流和内陆地区。大卢基与杰米扬斯克之间被撕裂的防线上，霍尔姆是唯一的据点，也是通向第16集团军的后门上的螺栓，就像杰米扬斯克挡住了苏军向南挺进的势头那样，霍尔姆阻止了苏军向西的推进。

这个拥有12000名居民的小镇一夜间成了前线。补给部队和前线各师的后勤单位被组织起来进行镇内防御。第281保安师师长舍雷尔少将被任命为要塞司令。他得到的命令是：不惜一切代价守住霍尔姆。

霍尔姆守住了。守卫者的表现值得高度赞誉，他们在军事史上书写了一篇关于勇气、即兴军事行为以及军人举止的故事。

"舍雷尔"战斗群是一支七拼八凑的大杂烩，其中包括第123步兵师的一部，第218步兵师的一部（该师刚刚从丹麦调至东线），第329步兵师的第553团。来自卡林西亚和施蒂利亚的山地猎兵也被组建为第8突击队，另外还有空军第1野战团第3营和第285保安师的第65预备警察营。这里甚至还有一支海军摩托化运输队。第218步兵师第386团团长马尼蒂乌斯上校，将这些大小不一的部队铸造成一支有效的作战力量，他则成了这支部队的灵魂和支柱。

1月28日，霍尔姆被彻底包围。第10机枪营的一部设法逃入了包围圈内，尽管有点晚，但在他们身后，包围圈被一劳永逸地被封闭了。

这片要塞区域，方圆不到一平方英里，后来缩小到只剩半平方英里。5000至5500人守卫着这一要塞。某些地方，包围圈的防线穿过镇子中央。这些德军士兵了解北部公墓、发夹弯、"格伯乌"监狱、派出所峡谷之间的每一座房屋，每一处废墟，每一棵树木和每一个弹坑。这四个地点是霍尔姆要塞中最出名的据点。苏军的三个步兵师围住该镇，日复一日地发起进攻。[1]

霍尔姆的守卫者只能通过空运获得补给。在包围圈防线外的一片中间地带，工兵们修建了一条临时跑道，70码长25码宽。如此短小的跑道使德军飞机的每次降落都成为一次冒险，许多Ju-52运输机在进行这一尝试时遭到损坏。没过多久，这里便堆满了飞机的残骸。因此，德国空军转而用货运滑翔机运送人员和重型装备，食物和弹药则装在容器中空投下来。

一架或两架容克拖曳着滑翔机出现在西面森林边缘的上空时，总是最令人心焦的时刻。如果滑翔机脱离时机稍早了几秒钟，它们就将落入俄国人的手中。就算一架滑翔机降落在正确的地点，一支随时待命的突击队也必须尽快赶到，以保护好这些宝贵的物资。因为，不用说，苏军士兵也趴在那里，对这些货物虎视眈眈。双方你追我赶地冲向滑翔机落地处的情形很常见。

80架货运滑翔机降落在霍尔姆包围圈内。补给行动中损失了27架容克。但在霍尔姆，最典型、最离奇的事情还不是补给完全依赖空投，而是作为一座要塞的霍尔姆，居然没有大炮。

几门80毫米迫击炮，几门37毫米和一门50毫米反坦克炮，再加上两门轻型步兵炮，这就是包围圈内全部的重型装备。这里没有大口径火炮或榴弹炮。那么，他们如何能抵挡住配备着坦克和大炮的敌军的进攻呢？在缺乏最重要的武器——要塞大炮的情况下，霍尔姆如何能坚守住，哪怕是几天？

在霍尔姆，解决这个问题的办法可能是军事史上独一无二的。要塞炮兵被部署在要塞外，但炮火的指引却在要塞内。

德军的大炮彻夜连天地轰击着苏军的集结地，只要敌人发起冲锋，炮火的齐射便会凌空而降，以保护德军的防线。这些大口径火炮都布置在一条狭窄通道的末端，这条通道是冯·乌克曼将军的战斗群在距离霍尔姆六英里处冲开的，径直穿过敌人的地盘。

---

[1] 格伯乌指的是苏联国家政治保卫局，就是秘密警察。

第218炮兵团和第536重炮营的这些大炮被部署在这条通道的末端，朝着他们认为有射击价值的一切猛烈开火。尽管这种部署违反了所有的军事原则，就像是送到敌人嘴边的一块肉。

费斯特中尉和德特曼少尉在霍尔姆镇内担任前哨观测员，通过手动键入式发报机指引炮火。有时候，一天会有一千多发大口径炮弹呼啸着掠过头顶，穿过霍尔姆，落在敌军阵地上或他们的冲锋队列中。

霍尔姆镇内的前哨观测员、炮兵指挥官以及他们的通信兵渐渐锻炼出这样一种技术：就连敌坦克单独的进攻也应予以炮击，并用直接命中的方式将其摧毁。

苏军决心在春季化冻到来前拿下霍尔姆。他们希望尽快通过这个该死的屏障，它阻碍了他们的整个集团军。因此，在某些日子，他们发起的进攻多达八次。他们会获得突破，但又被激烈的白刃战逐出。他们会卷土重来，占据这里的一处废墟、一个雪堆，或是一个弹坑。但守军会立即以手榴弹和火焰喷射器发起反击。结果，战斗就这样日复一日地持续着。德军战斗群中有一些投掷手榴弹的高手，他们能准确地掷中目标，还有些炸坦克的高人，他们能以蜘蛛人高空作业时临危不乱的专业技术完成他们的任务。

化冻初期造成的泥泞和冰雪消融暂时阻止了苏军的进攻，但也使包围圈内的生活变得令人难以忍受。房屋废墟的地窖里，1500名伤员躺在光秃秃的地面上，少数幸运者身下垫了些木板。与700名被飞机运出包围圈的伤员相比，他们的命运糟糕得多。

在奥克尔博士的指挥下，医护人员一直忙碌到最后一刻。外科大夫胡克博士，冒险进行着最大胆的手术，试图挽救重伤员的性命。但与俄国人的炮弹相比，污秽和虱子是更加危险的敌人，这使伤员们付出了沉重的代价。这种情况可由两个数字来说明：这里的2200名伤员，有1500名死去。

3月12日，霍夫施泰特尔少尉在日记中写下了这样一句话："第一例斑疹伤寒症。"对所有被围困的要塞来说，斑疹伤寒是个可怕的幽灵。

疫苗已被空投至包围圈内。医护人员为士兵们注射预防针，忙得不可开交。这是一场对虱子的战争，与时间的赛跑开始了。接着，有消息传来："坚持住，冯·阿尼姆将军正率部赶来救你们出去。"但到5月1日，似乎所有的英雄主义和付出的一切牺牲都白费了。俄国人发起了全面进攻。先是火炮齐射，然后是坦克，随后便是高喊着"乌拉"的步兵。

德军防线的东端遭到猛攻。俄国人距离洛瓦季河已不到100码。如果他们成功地克服这100码，一切都完了，因为他们可以据守较高的河岸，进而从内部攻破这座要塞。但苏军未能做到这一点，他们被斯图卡、被乌克曼的大炮、被舍雷尔部下们的沉着所挫败。

贝勒中士就是这些士兵中的一员，他在南面的墓地处操纵着他的50毫米反坦克炮。反坦克炮上的瞄准镜已损坏，而五辆苏军坦克正渐渐逼近。贝勒用炮管直接瞄准，他塞入炮弹，他猛地关上炮膛，开火。一声巨响——直接命中。贝勒中士射出了20发炮弹，五辆坦克没有一辆能从他身边驶过，第五辆坦克被摧毁在他这门反坦克炮前40码处。

简易跑道上，博克中士隐蔽在他的反坦克枪后。他站在那里，枪管架在一块砖头上，干掉了苏军的四辆轻型坦克。

5月2日，一切都很平静。但到了5月3日，战斗再次在凌晨3点打响了。这是有雨、多雾的一天，德国空军无法出动。但包围圈内的士兵能听见激战声正从西南方逼近。"肯定是我们的伙计！"他们相互转告这一消息。获救的希望给他们注入了新的力量，此刻，他们决不能放弃。

5月4日，他们看见斯图卡在包围圈外投掷下炸弹，正在为救援部队炸开一条通道。

5月5日，天色再度朦胧起来。一名传令兵飞奔进瓦尔多上尉的指挥所报道："上尉先生，德军的两辆突击炮正在逼近！"片刻后，士兵们已经能听见履带的叮当作响声。两辆用树叶和树枝做伪装的钢铁巨兽出现了，快步奔走的步兵跟随在两旁。"真的是我们的人吗？会不会是俄国佬的诡计？小心点！"可现在他们已经过来了，戴着钢盔的士兵和突击炮隶属于托尔瑙中尉的"格赖夫"营，另外还有第122步兵师特罗姆中校第411团的工兵。描述这一场景时，德特曼少尉说道："大伙儿对此惊异不已，好像对方是来自另一个星球的访客。"

被围德军在关键时刻获救了。包围圈内的战壕中、掩体内、废墟里，只剩下1200名士兵。约1500名伤员蜷缩在他们糟糕的容身处，另有相同数量的阵亡者被埋葬于阵地间。特罗姆中校在最后一刻付出了自己的生命：他被苏军的一发炮弹击中。

霍尔姆再次成了德军防线的一部分，成了伊尔门湖南岸稳定地区主战线的一部分。从这时起，这道防线一直被坚守到1944年。

5

弗拉索夫将军

沼泽中的苏军精锐集团军——穿过"埃里卡"空地的木排路—— 一场无情的
激战——第158工兵营——杀出地狱——突击第2集团军的灾难——"别开枪，
我就是弗拉索夫将军"——埋入河中的地图

在此期间，被切断在沃尔霍夫森林中的弗拉索夫突击第2集团军发生了怎样
的情况呢？这里，春季同样已经到来。积雪开始消融，河面和沼泽上的冰层已经
解冻。战壕和掩体中的水已深达腰部。枯萎的森林中，数以百万计的蠓虫苏醒过
来，恢复了新的活力。在这里，雪橇和滑雪板只能向前猛冲一小段距离，随即便
会遇到小溪和悸动的沼泽。在这片地狱的正中央就是弗拉索夫的14个步兵师、3个
骑兵师、7个步兵旅和1个坦克旅，他的集团军已被困在这片沼泽中。

弗拉索夫是个充满活力的将领。3月27日，他突然率部对德军发起了进攻：西
伯利亚突击旅和坦克部队从西面对"埃里卡"空地处的德军防线展开攻击。无可
否认，他们打开的缺口只有一英里宽，但尽管如此，被围的苏军部队仍可利用这
一缺口获得补给。德军第58步兵师和党卫军"警察"师的部队徒劳地试图将弗拉
索夫的西伯利亚部队驱离空地，但却未获成功。他们的实力太过虚弱，"埃里卡"
空地两侧的沼泽和林地又过于复杂，以至于无法调集强有力的部队来彻底封闭包
围圈。结果，第58步兵师和一个据守着空地北面的战斗群不得不在六个星期里艰
难地抵挡着苏军的持续进攻。

最后，1942年5月初，德军第58步兵师展开了精心准备的进攻，该师已经获得
了加强，这一进攻取得了胜利，他们与在"埃里卡"空地北面投入战斗的党卫军

"警察"师取得了充分的连接。

到了这个阶段，弗拉索夫决定突出沃尔霍夫沼泽的地狱。

但此刻，他的部队已无法跨过冰冻的沼泽或穿过茂密的森林了。沼泽性森林的地面和泥沼迫使他们不得不沿着道路和小径行进。他们只有一条小路可走，那就是穿过"埃里卡"空地的木排路。

5月20日，骑兵上将林德曼给他的第18集团军下达了日训令，开头是这样一句话："俄国人正在逃离沃尔霍夫包围圈。"对奋战在沃尔霍夫的德军官兵来说，这就像个讯号。5月20日，他们再度封闭了"埃里卡"空地处的缺口。在这几个月里的激战中，德军步兵、炮兵以及反坦克兵获得了海因茨上尉率领的第158工兵营的协助。冒着最困难的条件，这些工兵没日没夜地战斗着。他们的伤亡相当惨重。战役结束后，这个英勇的营被撤出，3个工兵连只剩下3名军官、3名军士和33名士兵。第158工兵营第2连连长东克尔少尉，入伍前是一名教区神父，这次他获得了骑士铁十字勋章，这是因为他在"埃里卡"空地之战中发挥了突出的作用。

1942年5月底之前，德军已获得了沃尔霍夫这场激战的胜利。现在，弗拉索夫未能成功逃离的部队已无可避免地落入到陷阱中。这些部队包括9个步兵师、6个步兵旅，以及坦克旅的一部。苏军突击第2集团军的末日即将来临。

这一末日极为可怕。只有32000名俄国人在战斗中生还，他们成了俘虏。数万名苏军士兵倒在森林和沼泽中，淹死、饿死、失血过多而死。这是一片令人震惊的杀戮场，巨大的沼泽地里布满了尸体，成群结队的苍蝇嗡嗡乱飞，空地处弥漫着可怕的恶臭。这里简直就是地狱。

安德烈·安德烈耶维奇·弗拉索夫将军带着他的参谋人员穿过了这片"地狱"。德国人在身后紧追不舍。突然，弗拉索夫不见了。他跑到哪里去了？阵亡了？自杀了？或是躲了起来？

德军飞机在沃尔霍夫包围圈内的村庄上空投下成千上万份传单，传单上描述了弗拉索夫的体貌特征，并配有照片。谁能抓获他，不仅可以获得高额奖金，还有特别休假的奖励。这样一来，从这一刻起，每天都出现了大批的汇报：发现了弗拉索夫；发现弗拉索夫已毙命；弗拉索夫被俘了。事后证明，这些汇报都是建立在错误、胡吹和误解的基础上。

7月11日，又一份报告被送至第28军军部，大意是：发现弗拉索夫已经死了。情报官冯·施维尔特纳上尉立即赶去。他看见了一名死去的苏军军官，穿着一件将军的长大衣，身高约六英尺两英寸，与弗拉索夫相近。

但在这里无法对尸体进行识别或对比。于是，施维尔特纳上尉下令将这具尸体搬上车，带回军部。

路过下一个村子时，村长拦住了他的车，报告说："我把一个家伙锁在我的小木屋里了，他看上去像是个游击队员。还有个女人跟着他，也许是个间谍。您想去看看吗？"

施维尔特纳上尉让他带自己去看看。村长打开了木屋的门锁。施维尔特纳上尉的翻译和卫兵端起冲锋枪做好了防范。村长叫道："出来吧！"一个身材高大的男人从黑暗中走到耀眼的阳光下，他满身污秽，留着胡子，穿着一身军官的军装，佩戴着皮质肩带，皮靴上满是泥泞。他的眼睛在厚重的黑色角质镜架后眨了眨，随即看见了对着他的冲锋枪，于是，他举起了双手，用蹩脚的德语说道："别开枪，我就是弗拉索夫将军！"太阳高高地悬挂在空中，苍蝇嗡嗡作响，除此之外，四下里一片寂静。

历史将这个人推出了沃尔霍夫这座村子的小木屋，他是布尔什维克俄国缔造的最出色的人物之一，沃尔霍夫的大屠杀和数不清的尸体使他变成了斯大林的一个致命死敌。弗拉索夫是俄罗斯人，如果有谁能击败斯大林，那就是他。

沃尔霍夫附近的森林之战是有史以来最可怕的战役之一。一名军事才能出众、政治可靠的苏军将领由此变成了斯大林和布尔什维克主义的敌人，这一事实只不过证明了弗拉索夫突击第2集团军所经历的恐怖。从该日起，在希特勒与斯大林对决的背景下，弗拉索夫成了一个相当重要的政治因素。

但这场战役也获得了另一项具有高度军事重要性的战利品，尽管它也许不太引人注意，而且在当时也只有少数专家了解。对被俘的苏军参谋人员的初步审讯表明，苏军在沃尔霍夫发起的攻势，各方面的配备都很齐全，甚至包括一个大型制图办公室为此次战役专门绘制的地图。可这些地图在哪里呢？这片广阔的战场已被仔细搜索过，没有发现地图的任何踪迹。

最后，一名曾在制图办公室工作过的苏军少尉被查获，他交代了。他领着德国专家来到一条小河边，告诉他们在某个地点拦住水流。苏联制图办公室绘制的地图就埋在河床上。就像西哥特人曾将他们的国王阿拉里克葬入河中那样，苏军制图办公室的领导将三卡车宝贵的地图埋入河床，并下令将河水重新引入其原先的河道。这是德军部队在整场战争中找到的最为重要的地图。这些藏品中包括从苏联的西部边境到乌拉尔的所有地图，它们被送至柏林，不久后，各条战线上的德军部队便收到了最新的苏联地图。

第五部

北冰洋上的港口

1

银狐行动

摩尔曼斯克铁路线——世界尽头的攻势——迪特尔将军急于夺取摩尔曼斯克——跨过季托夫卡河和利察河——无路的冰原——芬兰人的失算——利察桥头堡的山地兵

"巴巴罗萨"行动的最初计划中，列出了一个惊人的目标——摩尔曼斯克。这个鲜为人知的地名被提出，与莫斯科、列宁格勒、基辅、罗斯托夫这些重要的战略目标排列在一起。摩尔曼斯克为何如此重要？它是欧洲海风呼啸的屋顶上的一个港口和铁路站，位于北极圈北部的北冰洋上，与格陵兰巨大的冰川处在同一纬度，距离文明世界大约600英里。

1941年夏季时，摩尔曼斯克拥有十万名居民。这里，每年有3个月是炎炎夏季，8个月则是严寒和极夜。四周都是荒凉的冰原，没有树木，也没有灌木丛。那么，这座凄凉的城镇为何会与那些重大的目标一同被列入"巴巴罗萨"行动的秘密草案呢？摩尔曼斯克为何能与共产主义者的首都，或是列宁格勒，或是顿涅茨工业区，或是乌克兰产粮区，抑或是高加索石油区相提并论呢？后面的这些地区都已被完整的集团军群、航空队和装甲集团军列为目标，并认为值得为此进行历史上最激烈的战斗。

拉普人常说："摩尔曼斯克铁路线的每一根枕木下都埋葬着一个德国人。"与所有的传说一样，这一说法不能完全按照字面的意思去理解，尽管它与事实相差得并不太远。

1915—1917年间，大约有7万名德国和奥地利战俘被流放至圣彼得堡与摩尔曼斯克之间的这些原始森林、沼泽和北极冰原中，参与修建一条铁路。这条铁路动工于1914年，最初由罪犯充当劳工。这些战俘所遭受的艰难万苦难以言述。短暂的夏季，他们被伤寒击倒，北极寒冬的6个月中，他们又在寒冷和饥饿中死去。24个月里死了25000人，这条850英里长的铁路线，每英里的代价是29名死者。

1941年4月21日，希特勒在柏林的帝国总理府迎接山地兵上将爱德华·迪特尔时，并未向后者展示修建摩尔曼斯克铁路线所付出的生命代价的清单，而是计算了沿基洛夫铁路（苏联人用这个名字来命名这条莫斯科至北冰洋的铁路线）运输货物、武器装备和部队所需要的货运列车数量。

"挪威山地军"军长迪特尔将军，这位纳尔维克的英雄，早在去年12月底就知道第21号指令——"巴巴罗萨"行动。与大多数将领一样，他第一次看见这份秘密文件时也是大吃一惊。但作为一名听话的军人，他开始认真工作，为自己在进攻发起日的任务做好准备。根据该指令，他的任务如下："挪威山地军首先应保护佩萨莫（Petsamo，今天被称作"佩琴加"）地区的矿山，以及北冰洋公路，随后，与芬兰军队会合，向摩尔曼斯克铁路线推进，切断摩尔曼斯克地区的陆地补给线。"

因此，三个半月来，迪特尔和他所信赖的四名参谋人员，一直在研究自己的这些任务。此刻，4月21日，庆祝完自己52岁生日的一天后，希特勒急于知道"巴巴罗萨"行动这一部分计划的进展情况。当时，他和迪特尔丝毫没有想到，摩尔曼斯克铁路线将在日后为苏联的战时经济发挥重要作用。他们都没料到，德国与苏联开战后，美国的船队会驶入北冰洋，在摩尔曼斯克卸下他们援助给苏联的军用物资。

当时，在希特勒看来，这不过是一条交通线，沿着这条铁路线，斯大林可以将大批部队、大炮、飞机和坦克从苏联中部调至位于北冰洋的苏芬边境，以阻止德国人获得佩萨莫的镍矿和纳尔维克的矿石。

对希特勒而言，这将是个噩梦。但另一个更大的，可能是决定性的危险潜伏在摩尔曼斯克铁路线后，他在当时并没有看出，自然，对其全面性影响的了解也就无从谈起。可是，他或他那些战略家，本该能预测到这一点。

第一次世界大战期间，沙皇匆匆修建这条铁路线，并不是为了征服挪威或夺取佩萨莫的镍矿，而是为了利用他这个帝国内唯一的不冻港。通过这唯一的港口，俄国便能不受束缚地进入世界各大洋。俄国这个庞大的帝国中，摩尔曼斯克是唯一的不冻港，而且能自由出入大西洋。

当然，白海上的阿尔汉格尔斯克也是个与公海相连的港口，尽管其位置比摩尔曼斯克更靠南，但每年却有三个月的时间被冰冻所封闭。而符拉迪沃斯托克，这个名字的意思是"东方的统治者"的港口，每年同样有一百多天受到冰封的限制。另外，这座港口位于俄国的后门、通往俄国欧洲部分的铁路线长达4350英里。黑海上的港口被博斯普鲁斯海峡封锁，而波罗的海上的那些港口则被丹麦和瑞典之间的海峡所困。摩尔曼斯克因此成了俄国通向世界的唯一门户。这座偏远的小镇，其具有重要意义的地理环境得益于大自然的鬼斧神工——墨西哥湾暖流。其部分暖流穿过格陵兰与挪威之间750英里宽的缺口，北冰洋与大西洋就在此相交。墨西哥湾流中的这一暖流防止了挪威峡湾被冻结，来自阳光普照的墨西哥湾的最后一丝温暖，在被北冰洋吞噬前得以确保，因此，科拉湾即便在严酷的北极冬季，零下40或50摄氏度也不会结冻。

这也正是沙皇修建一条从圣彼得堡至摩尔曼斯克渔村的铁路线的原因。而在1917年，美国站在俄国一边，投入到反对德国的战争中后，摩尔曼斯克铁路线成了美国与俄国之间距离最短、最重要的全天候补给线。

通往花园的大窗户敞开着，帝国总理府的地图室中洒满了四月的阳光。旧欧洲的君主曾在这间硕大的房间里凝视屋外郁郁葱葱的古树。希特勒这间旧总理府内的地图室，过去同样是会议室。1878年，俾斯麦曾在这里召开过会议，商讨如何遏制俄国在巴尔干半岛的霸权。

4月21日，就在迪特尔将军走进房间时，约德尔将军刚刚把国防军最高统帅部的公报草案递交给希特勒。希特勒戴着他那老式的镀镍架眼睛，看了一遍草稿，做了一两处修改。胜利——各处都在获得胜利！在希腊，德国军队穿过拉里萨，正向南高歌猛进；在迈措翁，德军山地部队越过品都斯山脉，紧追后撤中的英军；在北非，隆美尔的部队早已到达托布鲁克的城下，目前正在通往开罗途中的哈法雅隘口激战。三天前，南斯拉夫军队投降。征服南斯拉夫只花了十一天时间。而希腊的战事也即将结束。对德国士兵来说，没有什么是不可能的！

希特勒摘下眼镜，欢迎迪特尔将军的到来。他很喜欢这位朴素的巴伐利亚英雄，这位广受欢迎的纳尔维克征服者。最高统帅部副官恩格尔少校，摊开了一幅1：1000000的芬兰—挪威地图。

"您的准备工作进展得如何？"希特勒问道，"我们的时间不多了。"没等对方回答，希特勒便走到地图桌前，再次戴上眼镜，俯身查看地图。带着十足的信心，他开始了自己的演讲，仿佛除了策划重大军事行动，他从未做过其他任何事情似的。

"摩尔曼斯克是俄国人在最北端最危险的调度中心。这里的港口和铁路线具有相当的能力，他们可能在这座城市及其机场部署了强大的兵力。对斯大林来说，派几个额外的师到摩尔曼斯克，发起一次向西的攻势，只需要很短的时间。摩尔曼斯克不会无缘无故地被扩大。1920年，那里只有2600名居民，可现在有10万人。我们的空中侦察已经发现了庞大的铁路设施，巨大的码头、工厂、进出道路等等——总之，这里成了个现代化防御城市，是北冰洋沿岸人烟稀疏区一个危险的支撑点。"

希特勒对自己的话题极为热衷。他用右手食指按住地图上的摩尔曼斯克，左手食指则放在佩萨莫上说道："距离镍矿只有60英里。"

他又指了指地图上的另一点，"从佩萨莫到瓦朗格峡湾的希尔克内斯也只有30英里。俄国人存在于这一地区将是灾难性的。我们不仅会失去对钢铁制造来说不可或缺的镍矿石，而且就我们在东方的整个战役而言，这将是个沉重的战略打击。俄国人将踏上北冰洋的道路，那是芬兰北部的运输生命线。这条道路深深地插入芬兰前线的后方，而且直达瑞典的后门。俄国人出现在瓦朗格峡湾，将意味着对北冰洋以及我们在挪威的港口的一个最严重的威胁。"

希特勒直起身，摘掉眼镜，看着迪特尔。"这一切取决于您的山地军，迪特尔。我们必须在东线战役刚一开始时就消除这种危险。不能等待，而应该进攻。您必须设法用您的山地兵控制住从佩萨莫至摩尔曼斯克这荒唐可笑的60英里，从而杜绝这一威胁。"

"荒唐可笑的60英里。"这就是希特勒的原话。他们自己的行动也充分证明了这一点。可在当时，考虑到希特勒刚刚签署的最高统帅部公报，谁又能批评他的盲目乐观呢？

对这位前下士①掌控宏观战略计划和行动问题的方式，迪特尔感到惊讶，这已经不是第一次。他对此深感不快。在他看来，从佩萨莫至摩尔曼斯克的60英里一点也不荒唐可笑。他以直率的方式对希特勒表达了自己的看法，一步步阐述了他和他的参谋人员研究的结果。

"我的元首，"他以颇能吸引人的简单方式说道，"摩尔曼斯克城外冰原上的景观，从形成的那天起就一直是那样。没有树木，没有灌木，也没有任何居民区。更没有道路，没有小径，除了岩石和石块，那里什么都没有。那里只有无数的激流、湖泊以及带有湍流和瀑布的奔流。夏季，那里沼泽遍地，而冬季，冰雪覆盖，温度为零下四五十摄氏度。整整八个月的极夜里，寒风呼啸。摩尔曼斯克周围冰原带的这六十英里，是一片巨大的荒野，就像个装甲屏护。这片冰原上从未进行过战争，因为没有任何道路的石漠对部队来说几乎无法通行。当然，除非先修公路，或者，至少要有车辙印，这样，人员和驮畜才能获得补给供应。但如果我用我的部队来完成这一切，那么，肯定要以牺牲他们为代价——我的两个山地师根本就没有完成这一任务的技术装备。实际上，我的军官们用的是'经济装备'这个术语。我们没有得到足够的拖车，没有足够的骡马，也没有足够的机动火炮，而且每个师只有两个团。"

如果其他任何人跟希特勒这样讲话，后果肯定会很糟糕。但迪特尔可以这样。他冷静地辩论着，并不夸大其词，还不时地插入些巴伐利亚方言。这番辩论的目的——迪特尔效率颇高的参谋长冯·勒·叙尔中校早已提供给他——就是让希特勒放弃进攻摩尔曼斯克这座城市及要塞的念头，并说服他守卫战略和经济上更为重要的佩萨莫。在迪特尔看来，应该在更南面切断摩尔曼斯克铁路线，这对军事行动更加有利。

"俄国人很可能会进攻这里，"迪特尔继续着自己的思路，他的手指，从地

---

① 希特勒在一战期间的军衔是"Gefreiter"，准确地说应该是二等兵，而不是士官等级。"希特勒下士"这一说法是德文转英文转中文后的错误。由于这一错误流传甚广，所以这里依然采用"下士"的译法。

图上的摩尔曼斯克移至佩萨莫，"对他们来说，发起一次进攻比我们容易得多。他们的补给基地就设在他们的防线后，他们的铁路线几乎已通入战区，而我们却不得不把每一发炮弹，每一片面包，每一捆干草，每一袋燕麦由海路，从汉堡和波罗的海港口，经希尔克内斯往前运，要么从罗瓦涅米沿375英里长的北冰洋公路运至佩萨莫，在那里，先用卡车，再用马拉大车，然后用骡子，最后靠人员背扛肩挑运至前线。但如果我们在任何一个地段切断俄国人的铁路线，他们就将陷入和我们同样的困境。"

迪特尔的阐述给希特勒留下了深刻的印象。他意识到，消灭摩尔曼斯克并不一定需要一场直接性进攻，这座城市的生命线可以在850英里铁路线上的任何一点予以切断。这样一来，它在摩尔曼斯克的终点便会枯萎、消亡。这座优良的不冻港将变得毫无价值，因为它已失去了后方的退路。

"请把您的计划留下来，"希特勒若有所思地说道，"我会予以考虑。"迪特尔将军离开时，这个问题悬而未决。他满怀希望地对他的参谋人员报告了此次会谈的结果。

3个星期后的1941年5月7日，希特勒的决定经"挪威"集团军司令法尔肯霍斯特大将派信使传来。这个决定既不是希特勒原先的计划，也不是迪特尔的建议，而是个糟糕的妥协结果。希特勒命令驻挪威的集团军，担起在芬兰北部采取行动的责任，在三个地点对摩尔曼斯克铁路线发起攻击：迪特尔的山地军以其麾下的两个师，从佩萨莫出发，对摩尔曼斯克发起进攻；与此同时，第36山地军以其辖内的两个师，经萨拉镇（Salla）直扑南面220英里处的坎达拉克沙（Kandalaksha），在那里切断摩尔曼斯克铁路线。最后，再往南93英里，芬兰第3军也以两个师的兵力，经克斯坚加（Kestenga）冲向洛乌希（Loukhi），夺取那里的铁路线。就这样，六个师被投入到三个不同的地点。

主攻由迪特尔将军第2和第3山地师的奥地利山地猎兵担任。战役打响的当天，他们必须从挪威的希尔克内斯跨过芬兰边境，夺取佩萨莫地区。七天后，"银狐"行动开始——穿过冰原进攻摩尔曼斯克及其港口。

不知道是谁说服希特勒忽视了迪特尔的重要建议。这些被忽视的建议造成的持续影响仅仅是给迪特尔的作战地区派去了12个高效而又勤奋的帝国劳工组织分

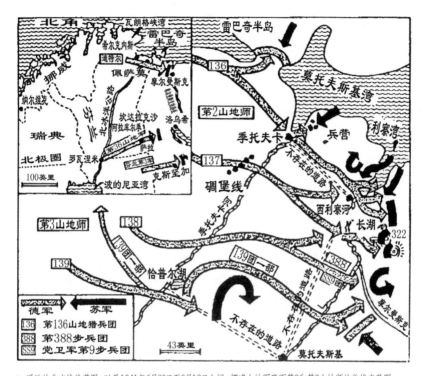

▲ 遥远的北方战线草图，以及1941年6月29日至9月18日之间，挪威山地军麾下第2和第3山地师的作战态势图。

队。这些分队隶属于K363和K376帝国劳工大队，由劳工领袖韦尔泽带领。5月7日给迪特尔送去希特勒命令的信使，也给他送去了必要的地图。在这些地图上，情况看起来不再那么糟糕。作战区域内，只有一小片边境地带缺乏道路和小径。但是，进入国境线几英里后，道路和小径被标识出来——其中的一条从边境处的季托夫卡河（Titovka）上的桥梁直通利察河（Litsa），另一条路在更南面，从恰普尔湖（Lake Chapr）通向莫托夫斯基湾（Motovskiy）；其实，那里还有另一条路，向北通往西利察河（Zapadnaya Litsa）。这些道路都与通往摩尔曼斯克的主干道相连。情况看起来更有希望了。

时间是6月22日凌晨2点，蒙着一层薄雾的太阳仍悬在地平线上，像一轮巨大、苍白的满月，在田野上洒下清冽的光芒。整个欧洲大陆，从波罗的海至黑海，三百万名士兵沿着一条1250英里长的战线等待着进攻令的下达，以开始这场庞大的战争。但在北方，摩尔曼斯克门前，午夜的月光下，突袭的想法从一开始便被放弃了。德国军队的进攻出发点在挪威，与苏联边境之间隔着芬兰的领土。另外，在佩萨莫驻有一名苏联领事，他会留意6月22日前的一切进驻行动，并向莫斯科报告情况。驻挪威的德军若稍稍轻举妄动，整个"巴巴罗萨"行动可能就会受到危害。

出于这个原因，在获得芬兰人同意的情况下，德军的一个工兵连于6月20至21日的夜间进入芬兰国境，他们分成小股，穿着便装，以便为跨越佩萨莫河进行准备工作。

从外表上看，芬兰人的举动毫无异常之处。他们的边境哨兵百无聊赖地等待着，手表上的指针滑向东部时间2点31分。现在，一切禁忌都不存在了：一分钟前，对苏战争已经打响。边境处的拦阻杆升了起来，来自施蒂利亚、蒂罗尔和萨尔茨堡的德军士兵出发了，投入到北极圈以北的这场大冒险中。

6月24日前，边境前的地面都已被侦察清楚。当地的芬兰向导带着德军巡逻队跨过岩石和石块，翻过闪亮的红色花岗岩，穿过了溪流和雪堆。

德军的第一个主要障碍是季托夫卡河，这是一条冰冷的山区河流。靠近其河口的东岸，有一座同名的小镇坐落在附近，苏军在镇内设有兵营，派驻了一支NKVD边境团的部队据守。芬兰侦察人员还发现这里有一座机场。

一个特殊的问题是，雷巴奇半岛（Rybachiy）——或称之为"渔民半岛"，目前尚不清楚岛上是否有守军。施莱默少将奉命以自己第2山地师的部队，从狭窄的颈部将其切断，以保护全军侧翼免遭突如其来的袭击。同时，他的第136山地猎兵团将在季托夫卡河汇入峡湾的河口附近夺取河上的桥梁。

起初，一切顺利。第136团封锁了雷巴奇半岛。他们夺下桥梁，渡过了季托夫卡河。苏军丢弃了他们的兵营和机场。但第137山地猎兵团却发现进展越来越困难。他们要对付的是苏军沿边境精心布设的一道防线。幸运的是起雾了。尽管雾色妨碍了德军炮兵和斯图卡为步兵进攻苏军碉堡线提供支援，但也使步兵们在突破敌人防线时没有遭受太大的伤亡。他们绕过苏军的碉堡，这些碉堡将由德军后续部队在斯图卡和高射炮的支援下予以征服。

苏军碉堡内，西伯利亚人和蒙古人所进行的抵抗，预示着进攻者在随后的战斗中可能会遭遇到什么。碉堡的守卫者寸土不让，即便火焰喷射器也无法迫使他们投降。他们拼死抵抗，直到自己被打死、被烧死。结果德军只抓获了一百来名俘虏。

苏联空军在这里几乎没有任何行动。俄国人在摩尔曼斯克附近的两个机场上留下了一百架"拉塔"飞机，未加保护，也未加以伪装，甚至在6月22日后亦是如此。德军轰炸机对这些机场的攻击，将大部分苏军战斗机摧毁。

6月30日晚，施莱默少将第2山地师的先头部队到达了利察河。而克赖辛少将的第3山地师艰难地向前跋涉，他们穿过恰普尔湖，寻找着地图上通往莫托夫斯基湾的道路标识。如果一切顺利的话，他们现在应该与冯·布尔斯汀少校所率的第40特种装甲营的第1连会合，该营配备着缴获来的法国坦克，正沿新修建的俄罗斯公路向摩尔曼斯克推进。

但德军的进展并不顺利，他们没能找到任何道路。激动不已的传令兵们来回奔波。情况被通报给军部。德国空军奉命进行空中侦察。这番侦察后证实，根本没有通往莫托夫斯基湾的道路——就连一条小径或供骡子行走的路也没有。很快，第2山地师也发现，在其作战区域内，没有从季托夫卡河通往西利察河的道路，也没有通向莫托夫斯基湾的道路。

德国武装部队最高统帅部内的地图分析员们认为，俄国地图使用的图示符号与中欧地图相同：他们觉得，俄国地图上的双行虚线代表着道路。实际上，这种虚线表示电报线路以及冻原游牧民族或拉普人在冬季大致的迁移方向。

第3山地师原定的行动计划就此告吹。没有道路，他们哪儿都去不了。诚然，如果必要的话，在无路地区向前渗透5至10英里是可以做到的，但这无法坚持下去，更别说继续推进了，除非能修建起供大车行进的道路，才能将最急需的补给物资往前运。

因此，所有的一切必须重组。年轻的帝国劳工团成员——他们不比普通男孩子大多少——马不停蹄地开始修建供大车和骡马行进的道路。

7月3日，第137山地团第1营到达了利察河西岸的西利察河渔村，该村就位于河口处。猎兵们搭乘橡皮艇渡过河去。他们来到一座被废弃的兵营，在营房内发现了硬面包、燕麦和马合烟烟草，出人意料的是，这里还有150辆卡车。这是个巨大的惊喜：既然这里有卡车，附近就一定有道路。片刻后，人群中爆发出一阵欢呼声：在谷底处发现了一条壮观的现代化公路，直通摩尔曼斯克。

山地猎兵们焦急地等待着补给物资、弹药和大炮的到来。最后，德军于7月6日沿着一个宽大的正面发起了横渡利察河的进攻。第3山地师利用橡皮艇渡过河去。克拉特中校第83山地工兵营的工兵们不知疲倦地划着橡皮艇从一端赶至河面另一端，他们一次次地被迫端起步枪击退发起进攻的苏军。俄国人用大炮轰击着渡口。更为糟糕的是，他们投入了对地攻击机。德国空军没有赶来参战，而且第5航空军已被调走，以便在更南面支援第二股德军对萨拉镇以及摩尔曼斯克铁路线的进攻。

对第138山地猎兵团来说，通往摩尔曼斯克的道路已近在咫尺。要是有十来架斯图卡、十来辆坦克和一些大口径火炮，他们便能突破苏军的屏障。但他们没有，所以还是失败了。他们输给了这里的地形：马拉大炮根本无法通行。赶至前沿的两个炮兵连只有40发炮弹，根本无法为步兵提供支援。该师三分之二的人员被用于物资运输，只剩下三分之一的人可投入作战。而俄国人却将长长的车队直接驶入战场，运来了援兵。他们卸下一个接一个的营，部署反击，以掩护这条重要的公路。

就在这一紧张时刻，又一条令人担心的消息传到迪特尔设在季托夫卡的军部：在第2山地师的侧翼和后方，俄国海军运送的三个营在利察湾登陆。德军击退了苏军的登陆，可代价是克赖辛少将第3山地师的作战力量遭受了损失，该师现在已过度延伸。

但来自施蒂利亚和卡林西亚的山地猎兵们却没有放弃。他们对一个主要的制高点发起了侧翼攻击，以获得所需的回旋空间。迪特尔将军希望通过这一出色的行动获取进入公路的通道。与此同时，海军少校舒尔茨–欣里西斯率领的德国第6驱逐舰队将在利察湾挡住苏军部队的攻击。这将是个出色的计划。

就这样详细命令从军部下达到各团。发给第136团的命令由团部的摩托车传令兵传达，但在岩石和碎石间，他错过了自己的团部。德军哨兵朝他大声叫喊，最后不得不朝空中开枪以提醒他。但这毫无用处：摩托车的轰鸣声掩盖了一切。这名传令兵以每小时六英里的速度挣扎着向前赶路，突然，他发现自己的前方就是俄国人。他猛地调转车身，一名苏军士兵朝他开了枪了，这名传令兵被击中。三个俄国人立马把他拖进一个掩体。德军见势立即发起反击，但已经太迟了。俄国人早已带着这名传令兵离开。德军的进攻计划落入到苏军手里。

7月13日，迪特尔尝试了另一个计划。他们对苏军阵地实施渗透，但这并非一次突破。苏军并未退出"长湖"附近壁垒森严的322和321.9高地。这些令人恼火的丘陵，高度不到一千英尺，但德军却无法将其夺下，他们缺乏大炮，缺乏俯冲轰炸机，也缺乏预备队。

指挥部人员、帝国劳工团成员和骡马饲养员们日夜不停地忙碌着，几乎没有睡眠时间。将一名伤员送至后方急救站需要两次接力运送，每次四个人，因为他们要在路上奔波近十个小时。各个营都被这种做法折腾得筋疲力尽。

7月17日夜间，迪特尔怀着沉重的心情决定停止进攻，就地转入防御。此刻，他距离摩尔曼斯克只有28英里。今天的历史学家肯定会迷惑不解地大摇其头：这项任务明明需要的是一柄汽锤，为何要赤手空拳地去解决？迪特尔已向希特勒明确介绍过可能遭遇的情况，希特勒自己也曾慷慨激昂地说过摩尔曼斯克的重要性，那为何以严重不足的实力去进行这一行动？为何要在三个不同的地段各投入两个师发起正面攻击？德国空军又为何从一个地点调至另一个地点，而不是将所有可用的地面和空中力量集中到一个地段？

答案是：芬兰人打错了算盘，并严重误导了德国人。曼纳海姆元帅的最高统帅部曾宣布，由于地形的原因，在拉普兰前线的任何地段部署并补给两个师以上的兵力是不可能做到的。这就是希特勒在三个地点发起进攻，每个地点投入两个师的原因所在。其结果是，三个地段，没有一个达成了突破。

骑兵上将法伊格指挥的第36山地军①下辖两个师：第169步兵师和党卫军"北方"战斗群，于7月1日在迪特尔南面250英里处发起了进攻，目标是坎达拉克沙的

---

① 法伊格指挥的第36山地军，严格地说是"Höheres Kommando z.b.V. XXXVI"，也就是第36高级指挥部，相当于军级。1941年11月改编为第36山地军。

摩尔曼斯克铁路线。无可否认，他们一路杀至阿拉库尔季（Alakurtti），随后又冲过了萨拉镇，距离他们的目标只有22英里了，但就在这里，他们的力量被耗尽，进攻停滞下来。

西拉斯沃少将指挥的芬兰第3军，辖内的第6和第3师同样未能超过乌赫塔（Ukhta）和克斯坚加，停在了距离摩尔曼斯克铁路线43英里处。

芬兰人严重误导了德国人。他们的观点是基于他们自身的军事能力和他们自己的技术装备。但回顾起来，很明显的一点是，如果发起一场目标明确的行动，直扑摩尔曼斯克，或者，更妙的是，从萨拉镇冲向坎达拉克沙，在这种情况下，从罗瓦涅米通往前线的铁路便能派上用场，这一行动获胜的可能性将会非常大。当然，这一行动需要4到6个师，也需要创新的补给方式，进攻期间可能需要空投补给，另外还需要大规模部署配备着机械化设备的道路修建队。

但德军最高统帅部却不愿或不能为这一规模的行动做出努力。他们隐约意识到目标的重要性，但夺取目标的计划却被他们视为次要战场的行动方案。至于那"荒唐可笑的60英里"，他们认为，精锐部队的英勇以及一位出色将领已被证明过的能力足以应付。

德军最高统帅部不承认在北极冻原上的行动无法按计划进行下去。于是，他们下达了再度进行尝试的命令。9月8日，这一天正是霍普纳将军的装甲师对列宁格勒发起攻击、古德里安的部队出发去消灭基辅包围圈的日子，迪特尔的山地猎兵再次抓住骡马的缰绳、扛起弹药箱、推着他们的山炮，再度试图击败北极冰原和苏军，进而夺下摩尔曼斯克。

情况已经很清楚，在此期间，除了步兵第14和第52师外，苏军又调集其他精锐部队进入了他们的防线。相比之下，迪特尔的山地军所获得的增援仅仅是第388步兵团和党卫军第9步兵团，而且，这两个团都没有山地作战的经验。

注定要发生的事情还是发生了。巧妙构思地侧翼攻击，经过一个不错的开端后，停顿在摩尔曼斯克城外湖泊与沼泽间苏军最后的防御阵地前。

斯图卡不停地在空中盘旋呼啸，轰炸着苏军的阵地。第3山地师的部队一直杀至通往摩尔曼斯克的一条新道路上。左翼，第2山地师的部队驱散了来自"长湖"附近高地的苏军步兵第58团。但俄国人随即发起反击，附近的补给基地使他们如虎添翼。西伯利亚人一次次发起进攻，他们隐蔽在巨石后，从岩石洞穴或地面的凹陷处跳出。在德军火力的打击下，他们并未崩溃，反而人越来越多。每前进一步，每推进一码都要耗费几个小时，并以付出大量的死伤为代价。

9月19日，迪特尔的部队被迫退回到利察河这条北极冰原上重要的河流后，跨越该河的三次尝试都以失败而告终。这条该死的河流已让德国人付出了2211人阵亡、7854人负伤和425人失踪的代价。

9月23日，就在烈日烘烤着基辅包围圈内665000名战俘组成的无边无际的队列时，摩尔曼斯克下起了第一场雪。北极的冬季，意味着永久的黑夜和冰冻开始了。德军距离摩尔曼斯克只有30英里，但在北极的冬夜，这是一段遥不可及的距离。不管怎样，难道不能再试一次吗？

一天接一天，摩尔曼斯克日益显露出它真正的意义。码头上的起重机忙碌着，峡湾的各个角落停泊着标有英国和美国名称的船只，西方的大批援助物资开始流入。由于自11月起，阿尔汉格尔斯克已经结冻，补给物资不得不通过摩尔曼斯克转运给莫斯科和列宁格勒城外浴血奋战的苏联军队。这一股无尽的洪流，不仅不会再度停顿，而且会越来越浩大，这股洪流最终决定了苏德战争的结局。

这里有几个数字可以证明这一点。苏联获得西方援助的第一年，十九支船队经北海航线，也就是通过摩尔曼斯克和阿尔汉格尔斯克，交付了以下物资：

3052架飞机（德军投入东线战场的飞机为1830架）

4048辆坦克（1941年6月22日，德军拥有的装甲战车总数为3580辆）

52万辆各型汽车（德军投入战争的车辆数总计为60万辆）

日复一日，北冰洋上的这扇大门变得越来越危险。就不能把它关上吗？

2

极夜之战

"该死的雪！这个该死的国家！"

呼啸的寒风淹没了士兵们的咒骂，并将其吹得一干二净。此刻的能见度大约只有十步之遥。过去的二十四小时里，一场北极的暴风雪席卷了冰原，将粉状细雪卷入空中，并把昏暗的北极冬日变成了一个冰冷的地狱。他们能感觉到狂风吹在皮肤上，也能感觉到风力像针那样刺痛了他们的双眼。这种感觉就像是风钻入了他们的脑中。

汉斯·里德雷尔摔了一跤。他的背包顶在了他的脖子后。难道是狂风在嘲弄他吗？

他们排成单路纵队，跋涉过粉状的雪花地，这些雪花并未在他们的靴子下被压紧，而是像面粉那样散开，并没给后面的人提供任何踏足之处。突然，一个裹得严严实实的哨兵幽灵般地出现在队列前方，指引着全连向右转，离开北冰洋公路，走上一条小径。

此刻，艾希霍恩中尉已经能看见佩萨莫河上桥梁的轮廓，这座桥通向前线，通向冰原，通向他们将要接管的地区。"向右！"中尉向身后的士兵喊道。猎兵们将这一命令传递下去。长长的队列向右转去，来到了桥梁斜坡旁的道路上。

一支队伍从桥梁另一端走了过来，一个个裹得严严实实。他们中的大多数人胡子拉碴，沉重的包裹压弯了他们的腰。

"你们是什么人？"对方的声音从风暴中传来。

"第6山地师，来接替你们。"艾希霍恩的部下回答道。桥上的那些人疲惫地挥了挥手。

"你们从希腊来？"

"没错！"

"天哪，你们终于来了！"他们继续向前移动。几声咒骂的只言片语被淹没在暴风雪中。这些士兵幽灵般地从艾希霍恩的连队旁走过。随后，又过来四名尚能行走的伤员，他们的脸和双手裹着厚厚的绷带。紧跟在他们身后的是六名拖着一部雪橇的士兵，雪橇上放着一捆长长的东西，紧紧地扎着防雨布。

他们停了下来，双手抱肩，问道："你们是第6山地师的人？"

"是的，你们呢？"

"第138山地猎兵团。"这就是说，他们是第3山地师的一部。

雪橇前的下士注意到艾希霍恩大衣上的军官肩章，他举手行礼，然后命令自己的部下："继续前进！"

他们继续前进了。雪橇上，捆绑在防雨布中的是他们的中尉，五天前，他阵亡了。

"必须给他找个合适的墓地。"那名下士这样说道，"我们不能把他丢在这片该死的荒野上。"于是，他们把他从山上带了下来——山上遍布着花岗岩，他们的阵地就设在那里——然后，他们穿过苔藓地，经过五棵矮小的桦树，来到第一棵杉树旁。他们的雪橇停放在那里。他们拖着他已走了四个小时，还要再走两个小时才能到达帕克基纳村（Parkkina）和那里的军人墓地。

10月9日，也就是一天前，他们在佩萨莫河上完成了"欧根亲王"桥的修筑，几乎就在这场北极暴风雪来临前，他们刚刚钉下桥上的最后一颗钉子。这场暴风雪标志着北极冬季的到来。50个小时后，通往前线的一切交通陷入停顿。北冰洋公路已被雪堆堵塞，刚刚完成的通往前线地区的小径被淹没在厚厚的积雪下。

过去的十天里，身处前线的第2和第3山地师的各营一直等待着自己被换防，等待着补给物资，等待着弹药和信件，也等待着一些香烟，也许还能有一大杯白兰地。

但自9月28日以来，补给物资只能一点点地被送至前线。造成这种情况的原因是一场奇怪的事故——9月28日下午，帕克基纳村那里，佩萨莫河上100码长的木桥被彻底摧毁。

苏军的几颗炸弹落在河岸上，刚巧位于桥下。几分钟后，仿佛被几只无形的巨手推动那样，整个河岸开始移动。约有四百万立方码的泥土发生下滑。佩萨莫河与北冰洋公路之间，500码宽的岩层落入到800多码长的河谷中。

整片桦树林被推入河床，河水被堵塞。佩萨莫是一条中等规模的河流，河水迅速漫过河岸，很快又淹没了北冰洋公路。

帕克基纳村的桥梁被大量泥土所摧毁，就像是用火柴棒建成的。沿路的电线杆被席卷一空，与电线一同消失在这场山体滑坡事故中。短短的瞬间，这里的整个景观便发生了改变。

最糟糕的是，与河对岸前方阵地的联系中断了。这一紧急情况被汇报给指挥部。指挥部人员焦急地注视着北冰洋公路这条前线的生命线。它真的被切断了吗？

这究竟是怎么回事？难道是俄国人掌握了某种新式武器？不应该是这样，他们不过是碰巧而已。佩萨莫河上的山体滑坡只是出自一种奇特的地质现象。

这条河在柔软的黏土层上形成了25至30英尺深的河床，这里的黏土层过去一直是海底，因而积满了海洋沉淀物。黏土层随着地质力量而上升，这些沉淀物挂在河流两侧，在大量的花岗岩间形成了500码宽的黏土带。

六颗500磅的炸弹瞄准了河上的桥梁，却一颗接一颗地击中了河岸，柔软的地面失去了附着力，并产生了一道几乎有1000码长的巨大的裂缝。相邻的地层压了上来，就像一台庞大的推土机将大量泥土推入到这条25英尺深、160码宽的河谷中。

前线的两个师被如此奇特而又戏剧性的事故切断了补给线，军事史上没有与之类似的其他事例。10000至15000名士兵，外加7000匹骡马，突然间被切断了与后方的联系。

舍尔纳少将立即命令第6山地师已进入该地区的所有部队和师部人员应对这场自然灾害。工兵们刨开滑入河床的大堆泥土，加宽河道，以便让堵塞的河水恢复畅通。他们与师部人员、后勤司机以及抢险队密切合作，经过夜间12个小时不停地忙碌后，从河的两侧建起一座加强的步行桥。搬运队被组织起来，每次一百人，每两小时更换一次，从东岸仓促修建起来的仓库内将食物、饲料、弹药、燃料、建筑材料以及木炭运送至西岸。他们每天能转运150吨的物资。

与此同时，第6山地师的工兵开始构建一座新的桥梁。在那里，在世界的尽头，甚至连搭建一座桥梁也成了一项困难和危险得难以想象的工作。

为了帕克基纳村的这座新桥，第911地工工兵营的伙计们不得不将沉重的横梁从125英里外新成立的锯木厂运来。较轻的木板则用船从希尔克内斯运至佩萨莫。大约25000根圆木被工兵们从镍矿所在地的木材厂运来。

在此期间，坚守在前线的第2和第3山地师的各营，没有获得换防，也没有足够的食物供应。他们能坚持住吗？在这样的条件下，有可能守住冬季的前沿阵地吗？这些部队自6月份以来便一直在战斗，他们早已疲惫不堪，实力也遭到严重耗损。这些士兵的身体和精神都已到达崩溃的边缘。因此，德军最高统帅部带着沉重的心情做出了决定，将两个师撤出前线，用舍尔纳少将的第6山地师接替他们。舍尔纳接到这一命令时，他那些来自因斯布鲁克的部下仍在希腊。1941年春季，他们突破了"迈塔克萨斯防线"，沿着奥林匹斯山打垮了希腊的抵抗，并与第2装甲师的维也纳人配合，冲入拉里萨，夺取雅典，最后还参加了克里特岛的战斗。

这些士兵从地中海被调至地球的最北端，在利察河桥头堡进入了冬季的阵地。1941年秋季时，舍尔纳将军的这些奥地利山地兵在列宁格勒或莫斯科门前会更受欢迎。但希特勒并未把他们派至这些地区，而是调到了东线的最北端，这就证明了德国统帅不放弃摩尔曼斯克城外一寸土地的决心。不能撤出这片地区，决不能。自从美国援助苏联的大批物资被运至摩尔曼斯克后，这座城市变得愈发重要起来。

战争刚开始的阶段，希特勒将夺取摩尔曼斯克纯粹视为是消除对产矿区和北冰洋公路的威胁，而现在的情况是，夺取这座港口以及为其服务的铁路线，对战争的结局至关重要。因此，德军的出发线，作为对摩尔曼斯克发起新攻势的跳板，必须守住。

10月8日，帕克基纳村的桥梁竣工，比计划提前了两天。这座桥梁以欧根亲王的名字命名，被称为"欧根亲王"桥，以此向奥地利的山地兵致敬，这些来自奥地利的士兵构成了迪特尔山地军的主力。

长长的补给车队在北冰洋公路上停顿了几个星期，现在，他们可以再次前进了。

但前线地区似乎有某种厄运在等着他们。冬季出人意料地提前到来——实际上，东线其他地区的情况也是一样。他们只得冒着可怕的北极狂风前进。10月9日夜间前，向前线推进的一切行动陷入停顿。那些试图挑战天气的司机驾驶着卡车强行通过，结果埋入雪堆，被汽车排出的废气憋死。搬运工组成的队伍迷失了方向，被活活冻死。甚至连驯鹿也不肯迈步前行。艾希霍恩中尉的连队被困在了桥梁前。

补给物资无法运抵前线造成了严重的后果。士兵们饥肠辘辘，他们冷得要命，弹药也已消耗殆尽。伤员们的状况也很糟糕，这里没有足够的担架员能将他们迅速撤离前线。马匹和骡子也受到了严重的影响。

"挪威"山地军的军需官赫斯少校，在他的《北冰洋前线》一书中写道，1941年间，第388步兵团和第214炮兵团第1营的马匹尤其耐不住艰苦的条件。几个星期内，死掉了1400匹马。舍尔纳新调来的师里，那些希腊矮种骡子在这片冰原地狱中无一存活。

尽管如此，利察河前线仍被牢牢地坚守着。这些奥地利猎兵对抗着北极的寒冬，他们遭受的苦难比莫斯科城下的各个师要早八个星期。接替他们的部队终于赶到了。10月底，舍尔纳第6山地师的各个连队接替第2和第3山地师的部队，在利察河桥头堡和季托夫卡河沿线进入了阵地。

接手这一艰巨的防务后，极夜现象随即出现。这对一支从阳光明媚的南方赶来、对北极的生存和战斗环境一无所知的部队来说，是整个战争中最危险的经历之一。

长长的队列排成单路纵队，这些连队在湖泊间的雪地上艰难跋涉，登上遍布岩石的丘陵。地上的积雪有一英尺深，此刻的温度也已是零下10摄氏度。

在靠近前线的地方，他们遇到了一些浑身上下包裹得严严实实的战友——那些军士小心地带着新到达的部队进入他们的阵地。这里出现了许多挥舞着的胳膊和轻柔的叫声。小心！这里距离俄国人只有几百码。不时会有俄国人的照明弹窜入半空，机枪的连发时常会扫过地面。

"跟我来！"几个排的士兵跟在一名军士身后，朝另一个方向出发了，很快这支队伍便分成了几股。就这样，整支队伍消失得无影无踪。他们被带到哪里去了？

塞勒下士和另外八个来自因斯布鲁克的士兵跟在他们的向导后，在雪地里艰难地跋涉着。"这家伙究竟要把我们带到哪里去？"他嘟囔着。那名向导只是哼了一声。过了一会儿，他停下了脚步，"就是这儿！"

一块巨大的花岗，上面架着一挺机枪。岩石后有几个用石块堆砌而成的可怜的洞穴，里面铺着苔藓，顶上盖着松树枝。松枝上压着几块较小的石头，一块冻得硬邦邦的防水布遮挡着入口。

这就是整个阵地过冬的"寝室"。

这些猎兵沉默无语。没有掩体，没有战壕，没有碉堡，没有绵亘的防线。他们的洞穴，高度不足以让一个人直起身子，大小只能让两名士兵紧靠在一起。这就是利察河桥头堡的冬季防线。

旅程到此结束。他们来自阳光灿烂的雅典，来自卫城，来自人文的诞生地；他们跨过欧洲，顺利地穿过波的尼亚湾，并从罗瓦涅米沿着400英里长的北冰洋公路一路走来。

其他人被船运至挪威北部海岸，直到英国人在哈默菲斯特（Hammerfest）逮住他们，并一直追赶进峡湾为止。他们从那里赶往希尔克内斯，沿着第50号公路，步行里程超过300英里。此刻，他们身处摩尔曼斯克前方的冰原，被极夜所吞噬。

伴随着一些低声说出的建议，第2和第3山地师那些憔悴的士兵将阵地移交给他们。"你们肯定能弄到东西把住处和阵地搞得更好些。"他们这样安慰着自己的接替者。然后，他们收拾好自己的背囊，带着放松的心情出发，走入到黑暗中。他们中的许多人，特别是第3山地师的士兵，沿着同一条漫长的道路——北冰洋公路，向南返回罗瓦涅米，这与第6山地师的战友们赶来的方向相反。只有第139山地猎兵团依然留在"挪威"山地军的防区后，充当军预备队。因此，他们免遭沿北冰洋公路一路向南的噩梦般的旅程。但是从此刻起，冬季已真正地到来，赶往拉普兰南部的跋涉将是一场艰苦的磨难。

北冰洋公路是前线的生命线，从前线撤离的一切行动必须给向前的交通让路。因此，每天只能有一个营向南撤离，目的地和宿营地事先都已做好计划。所有的一切都靠步行：只有辎重靠车辆运输。大炮被分拆，步兵武器和弹药由士兵和随队的马匹携带。

克拉特将军——当时他还是一名中校，指挥着第138山地猎兵团——在第3山地师师史中对这番跋涉做出了如下记述："等我们到达林木线后，最糟糕的时期终于挺过去了。现在，每天结束时我们终于可以围坐在熊熊的篝火旁。这对我们那些瘦弱的牲畜来说也是个极大的帮助，它们中的一匹只撑了十天便倒下了。该怎么做呢？我们把它们颤抖的身子抬离地面，收集到足够的木材生上火，烘烤它们瘦弱的侧身，直到它们再度温暖起来，并能靠自己的四肢站立起来为止。如果它们能回到同伴身边自己习惯的地方，那我们就知道，这次我们又战胜了死神。我们常常能获得成功，但这并不意味着永远能获胜，这毕竟是一种相当危险的做法。能否挽救我们那些沉默、毛茸茸的朋友，几分钟便能见分晓。"走过伊瓦洛（Ivalot）后，拉普兰人的第一个定居点出现了，然后便是芬兰人的农舍。从北极而来的士兵们再次看见了灯光、玩耍的孩子、驯鹿拉的雪橇以及罗瓦涅米铁路线。经过最后的强行军，波的尼亚湾进入到视线。他们终于到达了自己的目的地。

十月社会主义革命24周年——自公历被采用后，这一日期已被改为11月7日，它的特点是伴随着德军对莫斯科的进攻，莫斯科的居民开始挨饿、挨冻；抢劫者审犯于街头；特别法庭不停地开庭。

鉴于目前的形势，11月8日和9日已被宣布为正常工作日，所以莫斯科只在11月7日举行了简短的庆祝活动。这一莫斯科市传统的群众集会已于国庆前夕转入地下：莫斯科地铁，马雅可夫斯基站的最底层，斯大林向党和红军做了发言。他呼唤胜利，并要求大家的忠诚服从。

11月7日早上，苏军部队来到积雪覆盖的红场参加阅兵仪式，他们从斯大林面前走过。斯大林站在列宁墓地的上方（后来，他自己的遗体经防腐处理后，也在这里安葬了七年）向军队致敬。冒着纷飞的雪花，这些部队默默地经过检阅台。出于对德军空袭的担心，广场四周布满了高射炮，但戈林的德国空军并未现身。

距离莫斯科1600英里外，摩尔曼斯克冰封的前线上，苏军步兵第10师师长决定以一种特殊的方式庆祝十月社会主义革命胜利24周年：他想以一场胜利作为呈献给斯大林的礼物。

11月6日到7日夜间，守在K3据点的安德列亚斯·布兰德纳下士把手拢在耳朵上。歌声和欢呼声被东风吹至德军阵地。《国际歌》不时从俄国人的阵地飘来。

下士向连里汇报了这一"特殊事件"。连长又用电话向营部报告。上级要求他们保持警惕：俄国人猛灌伏特加时，通常不会有什么好事情发生。难道，他们仅仅是在庆祝国庆吗？或者，这是一场进攻的前奏？

凌晨4点，德军士兵们知道了答案：俄国人来了！伴随着"乌拉"的喊声，苏军的一个团冲向K3，另一个团扑向K4。西伯利亚人打起仗来极其疯狂，他们冲入德军炮火的弹幕中，在德军阵地前两个无人占据的制高点上获得了立足地。

德军立即发起反击，将俄国人击退（除了K3据点前的一处锥形岩层）。接下来的几周，这里展开了一场突击队的手榴弹大战，在这片地区，这种打法非常典型。这不禁让人想起第一次世界大战期间，在凡尔登和多洛米蒂山脉的突击队行动。

西伯利亚人隐蔽在岩石顶部正下方一块突出的石板下。这里距离德军不到10码，但所处的位置却是个死角。用轻武器和炮火消灭德军是无法做到的。在这种情况下，手榴弹是唯一有效的武器。

一次又一次，西伯利亚人像猫那样攀上他们那一侧的花岗岩突出部分，出现在小股德军的据点前。他们用冲锋枪扫射，朝着德国守军冲去。接着便是一场枪托、工兵铲和刺刀飞舞的白刃战。

这样的战斗持续了5天。突出的花岗岩很快便被称作"手榴弹岩石"。第143猎兵团第2营的士兵爬到德方一侧的岩石上接替他们的战友时，会不安地自问："我还能靠自己的两只脚走下来吗，还是会被担架抬下来？"在这场短暂的战斗过程中，德国守军投掷出五千枚手榴弹，让俄国人在自己的防线前遗留下350具尸体。

此后，冬眠期降临在利察河桥头堡，一直持续到1941年12月中旬。同样，雷巴奇半岛的瓶颈处也没发生什么状况，驻守在这里的是第13和第14机枪营以及第214步兵师第388团的几个连队。此刻，北极的冬天已到了最寒冷的时刻，双方根本不可能展开任何大规模行动。积雪深达数英尺，冰冷的暴风雪穿过山谷、卷过岩石层。唯一被保持的军事行动只有巡逻。

德军到达后便砍断了俄国人通入摩尔曼斯克的电线杆，将其作为木柴塞入简易炉灶中。苏军则对德国人的哨兵和搬运队发起袭击，以此作为报复。

12月21日，圣诞节前三天，苏军的冬季攻势已在主战线上如火如荼地进行了两个星期，这股风暴终于席卷到最北端的这片战场上。苏军步兵第10师，由于曾在国庆节发起进攻，现在已被冠以"近卫师"的头衔，他们与海军第3和第12旅一起，再次对K3据点发起进攻，同时还波及K4和K5据点。这里是德军第145山地猎兵团的防区。

第145团的姊妹团——第141山地猎兵团，守卫着桥头堡的南部，起初并未受到这一进攻的影响，因而可以组织起反击，肃清敌人的渗透。

苏军海军第12旅的一个团突破了德军的防线，充当预备队的第143猎兵团第3营在263.5高地上，冒着严寒和刺眼的暴风雪发起了反击，一举将敌军击溃。侥幸逃脱的敌人却又跑进了德军炮火的打击范围内。

斯大林的冬季攻势在北冰洋地区没能获得任何进展。他们的兵力占据优势，部队的装备和冬季训练也是一流的，但进攻却遭到了挫败，这就证明，对任何一个面对坚定对手的进攻者而言，地形和气候代表着一道几乎无法逾越的障碍。

但斯大林比希特勒更不愿意接受这个事实，威胁摩尔曼斯克生命线的危险对他来说实在太大。这条线路被切断，对苏联的整个战争努力将是个致命的打击。

因此，斯大林投入了所有可用的部队，试图消除这一威胁，并歼灭德军的山地军。只要能守住摩尔曼斯克，付出任何代价都不为过。

1941年秋季的基辅战役是德军东线战役中最大的一场合围战，经过数周的激战，德军摧毁和缴获了约900辆坦克、3000门大炮和10000至15000部车辆。随后的维亚济马和布良斯克包围圈是东线最大的歼灭战，苏军损失了1250辆坦克。希特勒因此而授权他的首席新闻官宣布："敌人将再也无法从这一打击中恢复过来！"

但事实上，美国在1942年间提供的武器支援几乎完全弥补了苏联红军技术装备上的损失。这一事实清楚地揭示出美国援助对战争命运的决定性影响。

面对北冰洋上德国潜艇和飞机的威胁，西方盟国很快便找出了保护其运输船队的办法。强大的海军舰队护送30艘、40艘甚至更多数量的商船所组成的船队驶入摩尔曼斯克或白海。但他们为此付出了惨重的代价，PQ17船队遭遇的厄运给了他们足够的教训。

这支著名的运输船队同时也向德军最高统帅部发出了警告：被运至苏联北部港口的美援物资，数量极其庞大。从这个意义上说，PQ17船队是战争中一个重要的里程碑——对战争双方来说都是如此。

1942年7月初，33艘运输船组成的船队驶入了北冰洋，其中的22艘是美国船。担任护航的军舰——巡洋舰、驱逐舰、轻型护卫舰、防空舰、潜艇和扫雷舰，几乎与商船同样多，它们排成密集队形。在远处提供掩护的是英国本土舰队，由2艘战列舰、1艘航母、2艘巡洋舰和14艘驱逐舰组成。

7月4日，船队绕过扬马延岛（Jan Mayen Island）进入巴伦支海，伦敦的英国海军部收到了一名间谍发来的紧急电文："德国海军水面部队——战列舰提尔皮茨号、装甲巡洋舰'舍尔'海军上将号、重巡洋舰'希佩尔'海军上将号，另外还有七艘驱逐舰和三艘鱼雷艇，已从挪威北部的阿尔滕峡湾出海。"

这只能意味着德国海军将动用强大的力量对PQ17船队展开大规模攻击。英国本土舰队距离太远，无法及时赶到。因此，护航舰队下令采取规避措施，并命令护航舰只撤离。商船队将在没有军舰护航的情况下单独驶向它们的目的地。

这个决定是个致命的错误。德国公海舰队并不打算攻击PQ17船队，实际上，出于对对方航母的畏惧，该舰队已向港口返航。

可是，分散的船队已被其"牧羊人"所抛弃，结果遭到海军上将邓尼茨"狼群"和德国空军轰炸机中队及鱼雷机的攻击。在这场持续了数天的战斗中，PQ17船队几乎全军覆没。二十四艘运输和救援船只被击沉。

如果知道被击沉的船只上载有哪些货物，就能判断出这一打击有多么沉重。这次的战争物资包括3350辆汽车、430辆坦克、210架飞机和10万吨其他货物。这相当于一场中等规模歼灭战中的缴获品，例如乌曼战役。

盟军从这场灾难中学到了教训，他们再也不会在没有派出海军舰队和航空母舰提供最大程度掩护的情况下派遣运输船队了。可美国支援苏联的1650万吨物资中，有1500万吨到达了目的地——大部分是通过摩尔曼斯克。这些援助包括13000辆坦克、135000挺机枪、一亿码军装布和1100万双军靴。

让我们回到争夺摩尔曼斯克的话题上。临近1942年4月底，经过几个月的沉寂后，苏军"卡累利阿"方面军司令员弗罗洛夫中将，以其辖内的第14集团军发起了大规模攻势。这一攻势的意图是决定性的，他们打算歼灭德国的山地军[①]，该军自1942年1月以来便在舍尔纳中将的统辖下。倚靠一个陆地和海上作战相结合的大胆构思，苏军试图以一次大规模钳形攻势歼灭德军第6山地师，到达希尔克内斯和产矿区，占领芬兰的北部。

[①] 这里的德国山地军指的是"挪威"山地军，该军军长迪特尔上将于1942年1月升任"拉普兰"集团军司令，原第6山地师师长舍尔纳出任"挪威"山地军军长，所遗第6山地师师长一职由菲利普少将担任。

苏军攻势的前奏是一次正面进攻，由近卫步兵第10师和步兵第14师在利察河桥头堡展开。炮火集中射击后，随之而来的便是冲锋：凌晨3点，极夜乳白色的光线下，俄国人以无穷无尽的波次发起了攻击。起初，他们保持着沉默，随即便是"乌拉"的呼喊声。

在重型火炮的轰击下，令人窒息的硝烟使能见度下降到只有10码左右，第143和第141山地猎兵团的奥地利士兵坚守着他们的据点，没有后退一步。每当俄国人冒着机枪和步枪火力成功地突入一座据点，德军士兵便发起白刃战，将对方击退。

苏军第10和第14师拼死进攻了3天，他们的实力严重受损，却未能获得任何进展。

但弗罗洛夫将军却不肯放弃，他手上还有一张王牌。5月1日，6个滑雪旅，其中包括著名的第31驯鹿旅，绕过德军防线的南翼，对第6山地师的后方发起了包围。

与此同时，获得补充和加强的苏军海军陆战队第12旅，以其10000至12000人的兵力，在莫托夫斯基湾的西部海岸登陆。在鱼雷艇炮火的掩护下，苏军的海军陆战队员们冲上滩头，突破了德军只有两个连守卫的薄弱防线，朝着帕克基纳村——西利察河补给线冲去。他们的口号是"为12月28日复仇"。看起来似乎他们真的能做到这一点。

此时的情形极其危险。舍尔纳将军亲自率领后方机构、补给单位和师部人员赶至受到威胁的补给路线。他和那些猎兵一同投入了战斗，用自己的步枪射击着，指挥着反击，并不停地鼓励着部下："坚持住！我们必须争取时间！"

他成功地争取到了时间。第21山地师匆匆调集起几个营，从希尔克内斯赶来。5月3日午夜前，第136和第143山地猎兵团的部队投入了战斗。

这场代价高昂的激战一直持续到5月10日，弗罗洛夫将军的海军陆战队最终被迫后撤。莫托夫斯基湾的苏联海军将幸存者撤走。苏军的北部铁钳被粉碎了。

苏军以第31驯鹿旅为中心的南部铁钳，在季托夫卡河上遭遇到德军第139山地猎兵团[①]的阻击线。防线上的据点被这些经验丰富的士兵牢牢守住，他们曾经历过纳尔维克的血战。但俄国人渗透了德军的防线，并对北冰洋公路、机场和镍矿造

---

① 第139山地猎兵团隶属第3山地师，曾参加过纳尔维克战役，是迪特尔将军的老班底。

成了威胁。

舍尔纳将军发起了一次成功的反击。第137和第141猎兵团的各营，连同第112侦察营和第91工兵营组成的一个混合战斗群，阻止了敌人的进攻，并将其击溃。

但苏军最高统帅部还有另一张牌可打——这是一张危险的牌。不过，这张牌未能打出。战争的命运以一种最可怕的方式打破了策划者的如意算盘。

在冰原最恶劣的荒原，沿着德军防线整个未设防的南翼，弗罗洛夫将军部署了步兵第155师。该师将对德国山地军发起致命一击。但俄国人的能力范围也被过度延伸了。

苏军步兵第155师没能及时获得冬季装备。整连整连的红军士兵被冻死在冰原上。沿着他们的前进路线，冻死的苏军士兵倒在路上，被埋在雪堆下。这是拿破仑悲剧的一个惊人的重复：6000名苏军士兵只有500人到达了作战地区。幸存者是如此憔悴，以至于规模最小的德军巡逻队便能击溃他们。

尽管德军所有的防御行动都获得了成功，但他们在遥远的北极所进行的战役还是失败了。由于兵力不足，德国和芬兰军队的三个进攻楔子停顿在芬兰东部边界与摩尔曼斯克铁路线之间广袤的荒原上。

"挪威"山地军的攻势不得不停止在利察河东面的桥头堡处。

法伊格将军的第36山地军成功地夺取了萨拉镇，粉碎了苏军第46军，并拿下了沃伊特亚（Voytya）和雷萨亚（Lysaya）高地。但随后，该军的攻势也失去了活力。

西拉斯沃少将指挥的芬兰第3军，在托波泽罗湖（Topozero）与普亚湖（Pya）之间狭长地域东面的桥头堡夺取了乌赫塔的东部。他们距离其目标——摩尔曼斯克铁路线——咫尺之遥，但却再也无力夺取。

问题不可避免地出现了：如果夺取俄国人从北冰洋到列宁格勒和莫斯科前线的这条重要生命线是不可能做到的，那为何不采用空袭将铁路线、桥梁以及摩尔曼斯克的转运设施彻底炸毁呢？答案可以在德国空军司令部的记录中找到，总的说来，这对东线战事意义重大。德国空军能获得部分的成功，但对铁路的长期中断，或对工厂和发电站大规模的破坏却被证明是无法做到的。为什么？很简单，因为德国空军没有足够的力量。北方战线上的第5航空军被太多作战行动同时对空中支援的需求所分散，因而无法集中起他们的力量来确保胜利。

遥远的北方战线彻底陷入停顿。行动目标——摩尔曼斯克，未能达成。而东线战事的终点——阿尔汉格尔斯克，还在很远的地方。

第六部
高加索及其油田

1

斯大林格勒的序幕

哈尔德大将的汽车冲出东普鲁士的莫尔森林（陆军总司令部就位于这里一个经过精心伪装的地方）驶上了通向腊斯登堡的公路。一股春季大风席卷着山毛榉的枝叶，在莫尔湖湖面上掀起一阵白色的波浪，并使空中的云朵与地面如此贴近，以至于人们几乎希望能看见这些云朵被山头上高耸的石制十字架所撕开，勒岑军人墓地就在山上。

此刻是1942年3月28日下午。陆军总参谋长哈尔德大将正驶往隐蔽在腊斯登堡密林中的元首大本营——狼穴。

在他副官的膝盖上，放着一只皮箱，此刻，这可能是世界上最具价值的皮箱了，箱内装着德军总参谋部1942年的作战计划。

哈尔德在脑中再一次排练着他的建议。作为陆军总司令和武装部队最高统帅的希特勒，在每日战情会议上说出的思路、想法及愿望，都已被哈尔德不辞辛劳地写入到这份审慎考虑过的草案中。1942年战役计划的主要特点是对南部的高加索地区展开全面进攻，其目标是歼灭顿涅茨河与顿河之间的苏军主力，获得进入高加索的"通行证"，最终夺取里海旁广阔的油田。

陆军总参谋长对这一计划并不感到欢欣鼓舞。德军在冬季遭受严重消耗后，是否能执行这样一次大规模攻势，他对此疑虑重重。读者们通过前面的章节可以看见，当时发生的许多灾难性危机，到3月底时仍引起德军最高统帅部和陆军总参谋部的焦虑。此时，弗拉索夫将军的集团军尚未被最终歼灭。布罗克多夫–阿勒菲尔特伯爵第2军麾下的各师仍被围困在杰米扬斯克包围圈内。"建桥"行动已经开始，但尚未最终完成。在霍尔姆，舍雷尔将军的战斗群也还没有被救出。

甚至在多罗戈布日，叶利尼亚地区，斯摩棱斯克以东仅25英里处，3月底时的形势依然相当危急。苏军第33集团军、近卫骑兵第1军和空降第4军正在那里展开行动。更北面，苏军第39集团军和骑兵第11军仍控制着瑟乔夫卡西面危险的突出部。

但这些并不是陆军总参谋长在3月底时脑中的全部忧虑。在克里木，曼施泰因和他的第11集团军仍停滞在塞瓦斯托波尔门前，1月份时，刻赤半岛甚至已被苏军重新夺回。但形势最为危急的地方要数哈尔科夫，激烈的战斗自一月中旬以来一直在持续。苏军最高统帅部拼尽全力，试图以一个钳形攻势夹断哈尔科夫。这一铁钳的北部颌口已被阻止在别尔格罗德（Belgorod）和沃尔昌斯克（Volchansk），但其南部颌口——苏军第57集团军——已在伊久姆（Izyum）两侧的德军顿涅茨防线上突破了一个宽度为50多英里的缺口。俄国人建立起一个60英里深的桥头堡，其攻击矛头威胁着"南方"集团军群的补给中心——第聂伯罗彼得罗夫斯克。苏军在伊久姆地区的这一突破是否会发展成一个后果不堪设想的"决堤"，取决于突破点南北的两块基石——巴拉克列亚（Balakleya）和斯拉维扬斯克（Slavyansk）——能否守住。过去的几个星期里，德军两个步兵师的部队死守着这些据点，他们的坚守已成为防御作战中的一段英雄传奇。整个南方战线的前景取决于他们坚守的结果。守卫斯拉维扬斯克的是来自柏林的第257步兵师，巴拉克列亚则由来自维也纳的第44步兵师据守。

在萨克斯将军（后为吕赫勒上校）的指挥下，来自柏林的士兵们经历着激烈而又代价高昂的战斗，死守着伊久姆突出部的南部边缘。第457步兵团团长德拉贝上校指挥的一个战斗群，在争夺那些贫穷的村庄、集体农场和小农舍的战斗中展示出出色的作战技能、勇气和自我牺牲精神，甚至连苏军的作战报告——这类报告通常对德军的战绩讳莫如深——也对此满怀钦佩。切尔卡瑟村（Cherkasskaya）的战斗就是其中的一个典型。11天里，"德拉贝"战斗群的一千名士兵损失了近一半人。约600名防御者守卫着八英里半的全方位防线。在这个村庄前，苏军的阵亡人数高达1100人。最后,俄国人拿下了这个村子,但他们却付出了五个团的代价。

3月28日下午,离开总部赶往"狼穴"前,哈尔德大将曾询问过第257步兵师关于这场已肆虐了70天的激战的作战报告。他希望最高统帅部的公报中能提及该师:到目前为止,该师已击退了敌人180次进攻,苏军在其防线前丢下了12500具尸体。俄国人的三个步兵师和一个骑兵师被打残,另有四个步兵师和一个坦克旅遭到重创。当然,德军的伤亡也证明了战斗的激烈程度:652人阵亡,1663人负伤,1689人冻伤,296人失踪——总计4300人,这个数字占该师在俄国作战十个月里伤亡总数的一半。这就是斯拉维扬斯克。

伊久姆突破口的北部边缘——巴拉克列亚地区,由来自维也纳的第44步兵师守卫,该师麾下的第134步兵团是"高等德意志骑士团①"的继承者。在德博伊上校的指挥下,这个师据守着一条从安德烈耶夫卡(Andreyevka)穿过巴拉克列亚和雅科文科沃(Yakovenkovo)直达沃洛霍夫峡谷(Volokhov Yar)的防线。这道防线长达60英里。沿着这60英里,苏军的各军级部队在坦克和火箭炮部队的加强下发动着进攻。

在这里,各个指挥官带着他们的战斗群同样打得有声有色。第134步兵团团长博耶上校带着他的战斗群,坚守着雅科文科沃和沃洛霍夫峡谷的重要地段,巴拉克列亚的高岸上,寒风呼啸,他们的战绩谱写了东线战事中最辉煌的章节。

战斗沿着村庄和农场展开——换句话说,就是在部队的住宿地进行。零下50摄氏度的严寒中,一所房屋、一个暖炉、一个小时的睡眠机会,这些都成了生与死的区别。德军士兵坚守着村落,苏军则试图将他们逐出,因为俄国人也想离开积雪遍地的阵地,获得一个住处,一个温暖的角落,几个小时的睡眠,而不必担心自己被冻死。

再一次,战争围绕着最基本的生存要求而展开。德国人和俄国人都耗尽了他们的最后一丝力量。至少这次,前线士兵和总参谋部官员的利益保持了一致:双

---

① "高等德意志骑士"这个称谓来自于1526年"高等骑士"和"德意志骑士"两个等级的合并。"高等德意志骑士团"原为奥地利第4步兵团,德奥合并后改为第134步兵团,该团是德国陆军中为数不多的拥有自己袖标的精锐部队之一。

方都想由第44步兵师守住巴拉克列亚和通向北方的村落，前者是为了寻求可供住宿的房屋，而后者则是为了战略的关系。一旦巴拉克列亚的柱石和控制着向西道路的高地丢失，铁木辛哥就能将其在伊久姆的渗透变成一场直逼哈尔科夫的大规模战略突破。

但巴拉克列亚被守住了，波平加上校率领着第131步兵团牢牢地坚守在此处。但在其北部，第134步兵团第1营的5号据点遭到猛烈攻击，以其实力根本无法守住。该营抵挡着苏军坦克的进攻，直到最后一兵一卒。这些阵亡者中包括冯·哈默施泰因中尉，他是前"部队局"①局长冯·哈默施泰因—埃克沃德的侄子。像哈默施泰因中尉这样的年轻军官，随时准备投入任何类型的战斗或付出牺牲，在这种可怕的防御战中相当典型。他们与那些作风强硬、无所畏惧的老资格中士和下士们一起，构成了小股战斗群，几乎无一例外地赢得了令人难以置信的战绩。

福曼中尉带领着第2连的残部，在一场激烈的夜战中，粉碎了苏军一个营的进攻。

第13连连长约尔丹中尉，夜复一夜地潜伏在雅科文科沃的苏军防线前，亲自指引自己的步兵炮对设在山头上的敌机枪阵地实施轰击，一个接一个地将其击毁。福曼和约尔丹后来都阵亡于斯大林格勒。

还有一点可以证明巴拉克列亚地区战斗的激烈程度：博耶上校和他的参谋人员不止一次地操起手枪和手榴弹，被迫投入到近距离白刃战中。苏军的一个滑雪营最终到达了位于德军战斗群南翼，重要的巴拉克列亚——雅科文科沃公路，并藏身于巨大的柴草堆中。博耶上校投入了最后的预备队，以便将自己的战斗群从被合围的致命危险中解救出来。苏军士兵寸土不让，尽管他们藏身的柴草堆被德军斯图卡飞机所点燃，但他们仍在不停地开火射击，直到生命的最后一刻。

有意思的是，在这场可怕的战斗中，起到决定性作用的都是个人。德国军队在1942年冬季和春季所进行的成功防御，在很大程度上依赖的是单独的士兵。当时，他们在作战经验和士气上比他们的俄国对手更为优秀。这一事实本身便说明了德军

---

① 一战后，根据《凡尔赛条约》，德国总参谋部不复存在。但出于对部队管理的需要，重新设立了一个"部队局"，实际上就是改头换面的总参谋部，局长即为变相的总参谋长。

士兵所完成的惊人壮举，他们通常完全依靠自己，沿着从施吕瑟尔堡至塞瓦斯托波尔的防线，抵御着兵力和物资都占尽优势的敌军。

下面这个关于勇气、沉着和作战技能的战例来自战事激烈的哈尔科夫地区，相当典型。

1942年3月，第3装甲师被部署在这一地区，在一条不断受到威胁的防线上充当救火队的角色。在涅波克雷塔亚（Nepokrytaya）地区，埃尔温·德雷格中士带着第3摩步团第1连的15名士兵，坚守着一条一英里多的防线。当然，这条防线之所以能被守住，完全是因为德雷格想出来的特殊的战术，并多亏了他那些部下钢铁般的意志——他们都是东线的老兵。从缴获的战利品中，德雷格中士为他的部下每人搞了一挺机枪，并留下三挺机枪备用，以防万一。村内、村子的边缘以及村外各处的地面上，到处都摆放着缴获来的苏制机枪子弹，这样，每名射手随时都可以让自己的机枪开火，而不需要副射手提供弹链。

德雷格的部下分布成一个宽广的弧形，面对着一片林地的一角，俄国人经常从这里发起他们的进攻。当然，德雷格和第3装甲师当时都没有意识到，苏军先头部队正打算在这个地点发起突破。苏军选择的日期是3月17日。那天上午10点30分，苏军以营级兵力发动了进攻。德雷格带着他的机枪守在正中央——也就是弧形防线最靠后的位置。俄国人越来越靠近，此时，没有人开枪。德雷格给部下们下达了严格的命令："等我开火后再打响。"直到敌人逼近到50码内，德雷格的机枪才响了起来。尽管德雷格的部下都是些作风顽强的老兵，但还是为自己终于获准开火而松了口气。由于敌人的攻击目标几乎正位于德军防线的中心位置，结果使这场战斗进行得几乎像一场围歼战。在两侧密集火力的打击下，苏军的进攻持续了20分钟后终于崩溃了。俄国人遭受了严重的伤亡，而德雷格却没有损失一名部下。

停顿了一个小时后，俄国人用直瞄炮火轰击已被他们发现的机枪阵地。德雷格和他的部下们开心地笑了：不用说，他们早已放弃了原先的阵地，现在正据守在新的阵地上。

14个小时内，苏军发起了五次进攻。在德雷格他们密集的机枪火力打击下，苏军的这个营五次败退下来。十六名英勇的士兵抗击着兵力比他们多上一百倍的敌人。

可是，三天后，德雷格也为这场战争付出了最高的代价。他和他的部下最终被迫退出村子。但在零下30摄氏度的严寒中，他们需要一所屋子，一间房间或是一个地窖过夜，以免在寒风中被冻死。德雷格打算通过突然袭击重新夺回一座集体农场，结果却被一支冲锋枪的点射击中。他的部下把他拖到一堆稻草后，以便能让他舒服点。德雷格拍打着自己冻僵的手指，仿佛这样便能使它们获得些暖意。这样做的同时，他似乎在聆听着冰冷的黑夜。这位通常都很含蓄的中士轻声对他的战友们说道："听，死神在敲门！"说完，他便死去了。

哈尔德大将并不知道德雷格中士的故事，但在3月28日，第44步兵师将巴拉克列亚的作战情况上报后，他才获悉了这一切。

早在2月13日，哈尔德便已将该师的战报交给约德尔，要求列入国防军公报中。14日，这些维也纳人第一次被国防军公报提及。六个星期后，面对伊久姆突出部德国军队惊人的恢复能力，苏军突击力量土崩瓦解。但这场危机中的乐观和信心很快会烟消云散，只剩下一个合情合理的疑问：将整个东线的战事停顿下来，包括"南方"集团军群，让俄国人发起进攻，德军采用防御消耗他们的有生力量，直至苏军的预备队逐渐被消耗殆尽，难道这样不是更好吗？

这就是在拟定1942年的作战计划时，哈尔德一次次询问自己和自己属下的问题。

但作战处处长豪辛格少将反对这种做法，他认为这意味着丧失战争的主动权，并将因此而消耗大量的时间。时间在苏联人那一方。如果他们最终会被迫屈服，那么，这种努力就应该尽快做出。

哈尔德接受了这一观点。但在他看来，新的攻势应该对准苏联的心脏——莫斯科！

但这一点却是希特勒坚决反对的。他似乎对莫斯科有一种根深蒂固的畏惧。于是，中央战线在经历了去年不幸的遭遇后，他决定尝试某些全新的东西——夺取斯大林的高加索油田，并推进至波斯，从而获得决定性胜利。隆美尔的非洲集团军也将在这一计划中发挥作用。这位"沙漠之狐"正准备从昔兰尼加发起对甘扎拉和托布鲁克的进攻，后者是英军在北非实施防御的核心，然后他将穿过埃及和阿拉伯沙漠，直奔波斯湾。这样一来，波斯——英国与俄国唯一的联系点，将继摩尔曼斯克这个美国援助苏联最大的补给基地之后尘，也被消灭。另外，除了俄国的油田外，产量异常丰富的阿拉伯油田也将落入德国人手中。战神已被任命为经济战之神。

▲ 通过1942年夏季攻势的"蓝色行动",希特勒希望在南线取得决定性进展。苏军将在斯大林格勒西面被一个庞大的钳形攻势所包围,然后,德军将一路推进至高加索油田。

哈尔德的汽车停在"狼穴"一号特别区一号大门的路障处。卫兵敬礼,栏杆升了起来。沿着狭窄的柏油路,汽车驶入希特勒位于密林中的大本营。低矮的混凝土小屋涂着迷彩伪装色,平顶上种植着灌木,出色地隐蔽在高大的山毛榉之间。即便从空中观察,也无法发现它们。整片区域占地很广,铁丝网和地雷区为其提供了严密的保护。所有的道路都设有路障。穿过林区的小型铁路线已不对外开放,现在成了戈林柴油列车的专用轨道,直达腊斯登堡南面——希尼亚尔德维湖附近约翰尼斯堡森林中的空军元帅战地指挥部。

约德尔上将曾说过,"狼穴"是一个"集中营和修道院"的混合物。这里确实是一个斯巴达式的军营，与普通军事设施所不同的是，希特勒在这里日夜颠倒，他常常工作到凌晨两三点，甚至是清晨4点，然后再去睡觉。无论是否喜欢，他那些最为密切的下属也不得不让自己适应这种生活节奏。

哈尔德的汽车驶过了帝国首席新闻发言人的办公室。右侧是营地的无线电和电话交换中心，旁边是约德尔和凯特尔的住处。道路左侧是鲍曼和帝国保安局安全人员的住处。森林最远端是希特勒的小屋，环绕着更高的铁丝网，与他的阿尔萨斯母犬"布隆迪"一起，构成了希特勒在腊斯登堡森林中斯巴达式隐居生活的最后一道屏障。

3月28日的这次会议，希特勒只邀请了很少的人，列席会议的都是军方最高层的人物——凯特尔、约德尔、哈尔德和五六个三军种高级军官。他们围绕着一张橡木地图桌，或站着，或坐在木凳上。希特勒坐在桌子长端中间，陆军总参谋长则占据了短端的一侧。

哈尔德获准发言，他开始介绍自己的计划。该计划的代号是"蓝色行动"。最初其代号是"齐格菲尔德行动"，但希特勒不再想用不可战胜的神话英雄作为自己军事行动的庇护者，因为腓特烈·巴巴罗萨大帝令他失望。

希特勒不停地用各种问题打断哈尔德的发言。会议一次次地偏离主题，但3个小时后，希特勒终于批准了该计划的基本纲要。计划如下：行动的第一步，两个集团军群形成一个巨大的钳形攻势。铁钳的北部颌口从库尔斯克——哈尔科夫地区向东南方的顿河中游推进，而铁钳的右部颌口从塔甘罗格地区（Taganrog）迅速向东前进。两个钢颚在斯大林格勒以西会合，包围顿涅茨河与顿河之间的苏军主力，并将其歼灭。行动的第二步，进军高加索这一黑海与里海之间方圆700英里的高山峻岭，然后，征服高加索油田。

哈尔德离开"狼穴"驱车返回莫尔森林时已是中午。他觉得厌倦、沮丧、满是疑虑，并对希特勒自以为无所不知的作风感到恼火。尽管如此，他还是认为自己赢得了希特勒对作战计划的首肯，这至少是个可行的计划，既节省部队，也较为稳健，行动目标清晰明确，可以一步一个脚印地予以实现。如果行动获得成功，斯大林将失去整个高加索地区，包括阿斯特拉罕和伏尔加河河口——换句话说就是陆地以及与波斯的航运线。这样一来，南方的"巴巴罗萨"行动目标就将实现。

这一切将制定成一个明确的指令，下达给武装部队的各个部门。

7天后，1942年4月4日，约德尔上将提交了他草拟的指令。国防军指挥参谋部以传统的德军参谋部方式解决问题：他们先简单地对形势加以概述，列出目标作为单独的"任务"，通过这种方式，给"南方"集团军群司令冯·博克元帅留下相当的自由度，以便执行这一庞大的任务。一百三十年来，从沙恩霍斯特到施里芬再到鲁登道夫，这一直是德军总参谋部[①]的传统。但最高统帅部的"蓝色行动"草案几乎立即被否决。去年冬季形势危急期间，希特勒对其将领们的忠诚失去了信心。司令官和军长们往往心不甘情不愿地服从他的命令。勃劳希契突然离职后，希特勒亲自担任陆军总司令，现在，他不打算让"任务的弹性空间"来削减他的权力。

因此，看完行动草案后他拒绝签署。他觉得这份计划给"南方"集团军群司令官留下了太大的自由度。希特勒绝不下达任何弹性指令[②]，他要求详细的指令解释。他希望看到命令的执行按照详尽的细节来进行。约德尔对此提出异议后，希特勒从他手中夺过文件，丢下一句话："我亲自来处理！"第二天，一份十页的打印稿出现了——"1942年4月5日，第41号元首令"。这份新的指令与第21号元首令"巴巴罗萨"计划一样成了二战期间最重要的文件之一，这份指令中包含了作战命令、基本决策和保密措施。

由于这份指令并不仅仅是另一次大型军事行动的计划，也是冲向斯大林格勒的详细时间表。实际上，这份文件本身已被包含于战争的转折点中，因此，指令中最重要的部分值得在这里引述一下。

在该指令的序言中，我们看到了一个大胆的说法："俄国的冬季会战即将结束。敌人在人员和物资方面遭受了严重的损失。在这个冬季，他们急于利用会战初

---

① 国防军指挥参谋部隶属于国防军最高统帅部，分管作战，指挥参谋部部长为约德尔上将。该部下辖国防处、作战处、宣传处等。从形式上说，该部高于各军种参谋部，包括原先凌驾于一切的陆军总参谋部。从这一点上可以看出希特勒对军队的严密控制以及对陆军的肢解。

② 德军传统的指挥方式是任务导向指挥原则"Auftragstaktik"，也就是给执行者下达任务，并配备相应的兵力和武器，而执行任务的具体办法和步骤则由执行者自行决定。这种做法强调的是各级指挥官的能力和主动精神。而希特勒恰恰对自己下属的这种能力和精神产生了极大的怀疑，因而拒绝下达弹性指令。

期貌似的胜利，结果使其用于后续作战的预备队主力被严重消耗。"

从这个论断出发，该指令写道："一俟天气和地面条件许可，优于敌人的德军指挥官和德军部队必将再次获得战争的主动权，进而迫使敌人就范。目标是，歼灭敌军残余的抵抗力量，并尽可能地剥夺其重要的战争经济潜力。"

关于行动的执行，希特勒的看法是："坚持东线战事原定的基本方针，中央战线目前的任务是暂时停止前进……所有可用的兵力应集中到南部主要作战方向，旨在歼敌于顿河，接着便占领高加索地区的油田并穿越高加索。"

在战役执行的细节方面，该指令指出："泥泞期过后，陆军和空军的首要任务是为主要作战的执行创造先决条件。这需要对整个东线和后方军事区域加以清理和巩固。接下来的任务是在克里木肃清刻赤半岛的敌军，并拿下塞瓦斯托波尔。"

这个大规模行动的一个关键问题是沿顿河形成的漫长侧翼。为了避免遭受威胁，希特勒做出了致命的决定，这个决定加速了斯大林格勒的灾难。他的命令如下："由于在这一行动的过程中，顿河防线变得越来越长，该防线应主要由我们的盟国部队加以控制。这些部队应尽可能地部署，自己的防区内，最北端为匈牙利部队，然后是意大利部队，最东南面为罗马尼亚部队。"

大战略和理论到此为止。至于具体的执行，是以克里木的"猎鸨"行动为开始。在《卫国战争中最重要的战役》一书中，苏联军事历史学家P.A.兹林上校谈及1942年春季克里木的形势时写道："苏军部队和黑海舰队的顽强奋战为我们创造了许多战略优势，并挫败了敌人的计划。德国第11集团军被牵制在克里木，无法被用于进攻伏尔加河和高加索地区。"

这一点说得完全正确。正因为将曼施泰因的第11集团军拖在克里木对苏联来说是如此重要，因而斯大林调用了一股强有力的大军来执行这一任务。

苏军的三个集团军——第47、第51和第44集团军——17个步兵师，2个骑兵师，3个步兵旅，4个坦克旅，堵住了11英里宽的帕尔帕奇地峡，这是从克里木通往刻赤半岛的通道。反过来说，刻赤半岛是通向黑海东海岸的跳板，并能由此进入高加索的山脚。

这一重要的狭窄地带上，每一英里的守军约为16000人——每一码超过9个人。

苏军挖掘了一道防坦克壕，11码宽，16英尺深，横跨整个地峡的宽度。在其后方，竖立起大量的铁丝网，并埋设了数千枚地雷。巨大的梁状结构由钢轨焊接而成，就像毛发竖立的刺猬，保护着机枪阵地、据点和炮位。这道11英里宽的前线，两侧都是大海，遭受侧翼包抄的可能性被排除在外。

"这么说，大将先生，那里就是我们要通过的地区吗？"曼施泰因的司机兼勤务兵弗里茨·纳格尔在第114炮兵团的观察哨上用战壕镜查看了一番后这样问道，这个位置为观察苏军阵地提供了极好的视野。

"没错，纳格尔，这就是我们要达成突破的地段。"曼施泰因点了点头。他把军帽向后推了推，再次把眼睛贴到了他刚刚让自己的司机看了一番的战壕镜上。

在任何一个指挥部，弗里茨·纳格尔都是个受欢迎的小伙子。他来自卡尔斯鲁厄，自1938年起便担任曼施泰因的司机。曼施泰因每次赶赴前线，总是由纳格尔开车。纳格尔行事冷静，不止一次处理过危险的情况。他负过几次伤，但曼施泰因从来都是毫发无损：纳格尔就是他的守护神。

曼施泰因驱车赶往第46步兵师防区内的第114炮兵团前沿观察所，为的是仔细看看苏军的防御体系，这个观察所位于横跨帕尔帕奇地峡的防线的北部。

"有其他情况吗？"他问第46步兵师师长①。"没什么特别的，大将先生！"哈库伊斯少将回答道。

"好吧，那就祝你们后天好运！"曼施泰因点了点头，"走吧，纳格尔，我们回去吧。"

5月8日这一天，是"猎鸨"的进攻发起日，"猎鸨"则是德军突入刻赤半岛的行动代号。

如果一个人要对付力量三倍于己的敌人，而且对方还占据了巧妙构建的防御阵地，那么他只能靠勇气和机智击败他的敌人。因此，曼施泰因将自己的计划定位于"智取"上。

地峡处的苏军防线呈一个奇怪的形状：在其南部，该防线径直奔向北面，但在

---

① 1942年3月，第46步兵师师长希默中将身负重伤，4月4日伤重不治，师长一职由刚刚升为少将的第22步兵师第65团团长哈库伊斯接任。

其北部，防线上却有一个巨大的突出部伸向西面。这个突出部是苏军在冬季打垮了罗马尼亚第18师后形成的，德军部队刚刚得以将苏军的渗透堵上。

显而易见的举动是对这一突出部的侧翼发起打击。但正因为这是个显而易见的解决办法，也因为苏军已料到德国人会采取这一措施，因而他们在这一地区集中了两个集团军和几乎所有的预备队——曼施泰因拒绝了这一诱惑。实际上，他选择了一个不同的方案，再次显示出他是第二次世界大战中最杰出的战略家之一。

当然，曼施泰因尽了一切努力，以便让敌人的侦察确信，他将在北部发起攻击。假炮兵阵地被构建起来，部队故意向防线的中部和北部调动，故意让敌人监听机构发现的无线电通讯被发送出去，并进行了虚假的侦察活动。

但与此同时，曼施泰因在防线另一端——南部——进行着进攻的准备。马克西米利安·弗雷特-皮科中将[①]的第30军将以其麾下的3个步兵师——第50、第132和第28轻型师——在苏军第44集团军的防线上打开一个突破口。随后，威廉·冯·阿佩尔少将指挥的第22装甲师和冯·格罗德克上校[②]托化旅将穿过这一缺口，深深地插入苏军腹地，随后他们将转向北面，包围苏军部队，然后再向更东面突破。

这是个大胆的计划——5个步兵师和一个装甲师对付3个集团军。冯·里希特霍芬男爵第8航空军的斯图卡编队和皮克特少将的第9高射炮师将为步兵提供支援。陆军的重型火炮也从塞瓦斯托波尔调了过来，以便进行集中炮击。

德军面临的主要障碍是防坦克壕，为解决这个问题，曼施泰因想出了一个尤为巧妙的举措。

5月7日夜间，费奥多西亚东面的海滩上出现了大量奇怪的活动。突击舟被推入水中，来自巴伐利亚第132步兵师的步兵与工兵置身其中。但船只的引擎保持着沉默。这些船只，一艘接一艘悄无声息地离开了海岸，完全靠人力划动前进。很快，这支神秘的船队便消失在夜色中——4个突击连在黑海的波浪中晃荡着。凌晨2点时，他们正沿着海岸向东漂流。

[①] 1942年4月底，第17集团军司令霍特大将调任第4装甲集团军司令，第30军军长扎尔穆特将军出任第17集团军司令，而第30军长一职则由第30军代理军长弗雷特-皮科中将正式接任。

[②] 这里的格罗德克上校是第60步兵师辖内的第120摩步团团长。

3点15分，犹如平地惊雷般，德军的大炮开火了。大口径火炮怒吼着，火箭炮嘶嘶作响，高射炮也参与其中。火光、硝烟和清晨的薄雾遮蔽了帕尔帕奇地峡的南部。呼啸于半空的斯图卡俯冲而下，投下的炸弹将据点和铁丝网障碍撕开。

3点25分，一发发白色信号弹此起彼伏：步兵发起了进攻。工兵们冲在最前方，他们的工作最是危险——清除地雷，剪开铁丝网，而且总是要冒着敌人的炮火。

俄国人也开火了，所有武器射出的火力构成了一道弹幕。碉堡射孔后的苏军机枪手只顾扣动着扳机。他们并未刻意瞄准。他们的武器已布设成交叉火力，覆盖着他们与整个地雷区之间的地带，他们所要做的只是开火。

苏联海军的舰炮也打响了。炮弹、炸弹和子弹席卷过德军士兵发起进攻必经的狭窄通道。当然，这里也没有其他的道路。

德军的大炮开火后，离开海岸的突击艇发动了它们的引擎。此刻，俄国人无法听见发动机的声响。

突击舟箭一般地冲向海岸，直奔苏军防坦克壕与大海的连接处，这里约有一扇谷仓大门那么宽，充满了海水。

德军的突击舟径直驶入防坦克壕。士兵们跳下船只，立即用手里的武器开火射击。防坦克壕边缘，散兵坑内的苏军士兵还没弄清发生了什么状况，便被子弹射倒在地。

但苏军一具固定的火焰喷射器开火了。德军第一股进攻波次扑倒在地。他们遭到了压制。

一架梅塞施密特战斗机从海上低空飞来，沿着防坦克壕呼啸而过，机载火炮猛烈开火，迫使俄国人不得不采取隐蔽。

突击舟上的德军士兵跳起身冲入战壕，第一批苏军士兵举手投降，他们被彻底打蒙了。

第132步兵师左侧，沿着费奥多西亚——刻赤公路的两侧，来自西里西亚的第28轻步兵师辖下的第49猎兵团也设法穿越了地雷区。格雷韦上尉带领着第1营的先头部队位于道路的南侧。他们冒着敌人的火力，沿清理出的狭窄通道穿越了地雷区。

该师从第190突击炮营得到了几辆突击炮的支援。布夫中尉负责指挥这些钢铁巨兽中的三辆，它们跟在第1营身边向前推进，为格雷韦的部下们提供火力掩护。

清晨4点30分，这些猎兵到达了防坦克壕。格雷韦上尉气喘吁吁地靠在壕壁边，沙伊特中士用他的机枪左右扫射着。工兵们带着一具云梯赶了上来。格雷韦第一个下到了战壕中。

第2营营长库茨纳少校在"鞑靼山"身负重伤。苏军在那里部署了一个反坦克炮团。第190突击炮营的菲恩舒斯少尉以他的突击炮挽救了危急的形势，他用75毫米口径的长身管主炮轰击着敌人的反坦克炮。

第7连连长赖斯纳中尉冲在队伍的最前面。他穿过敌人密集的火力，随即趴倒在地。很快，他跳起身，再次向前冲去。敌人的防坦克壕就在前面，其边缘已被炮火炸毁。一串冲锋枪子弹射来，赖斯纳摔倒在地。尽管负了伤，但他仍挥手示意自己的部下向敌人的散兵坑冲去。

位于突破区左翼的第50步兵师，穿过了地雷区和铁丝网障碍。隐蔽得相当出色的苏军机枪阵地，在德军炮火的轰击中幸存下来，现在突然以纵射和交叉火力发起攻击。德军第123步兵团第1营遭受了严重的伤亡，进攻陷入了停顿。

第123团团长冯·菲巴恩中校不得不发起一次与前线呈直角的进攻，以解决苏军的机枪阵地。夜幕降临前，第3营终于成功地突入到敌人的防坦克壕中。

第123团的右翼，莱曼少尉带领着他的第9连（第10连的一部也被置于他的指挥下）沿着战壕席卷了苏军的阵地，一直冲到帕尔帕奇湖。在激烈的白刃战中，他打垮了苏军部署在防坦克壕内所有的机枪阵地和据点，最终将战壕壁炸塌，以便让德军装甲部队通过。就这样，沿着整个进攻前线，苏军防御体系上的主要障碍被征服了。

冯·格罗德克上校的摩托化旅（该旅由德国和罗马尼亚部队共同组成，例如第22步兵师的侦察营）取得了成功，进攻第一天的下午，他们便到达了第132步兵师作战区域内的海滨，当天早些时候，突击舟搭载的突击队就是在这里夺取了敌人的防坦克壕，他们迅速构建渡口，清理障碍，以便对苏军防线的后方发起攻击。

在此期间，第22装甲师的先头部队仍在等待发起进攻的命令。可直到5月9日上午，第28和第50师作战区域内的桥头堡被扩大到足以让其他部队顺利通过后，命令才姗姗到来。

各坦克连和装甲车单位迅速投入战斗，冲向苏军的第二和第三道防线，击溃敌人所有的抵抗，到达了通向阿尔马耶利（Arma-Eli）的公路，并一头撞上了苏军一个坦克旅的集结地。

就像是安排好的演习那样，第190突击炮营的六辆钢铁巨兽在派茨上尉的带领下，几乎在同时赶到了现场。俄国人的坦克尚未进入阵地便被德军的坦克和突击炮逐一干掉。

现在，按照计划，第22装甲师转身向北而去，插入到苏军两个集团军的身后，这两支苏军部队正忙着跟德军第46步兵师和罗马尼亚旅交战。所有的一切都按照曼施泰因的计划进行着。但随后，情况突然发生了变化。5月9日下午，一场春季暴雨从天而降，没过几个小时，道路就变成了深不见底的泥潭。德军的吉普车和卡车被彻底陷住，只有履带式车辆尚能获得些进展。现在，曼施泰因的意愿对抗的是大自然的力量。

第22装甲师的战车继续挣扎着向前，直到当天深夜才构建了全方位防御阵地。因此，第二天（5月10日）天色放晴后，他们已深深地插入到苏军第51集团军的侧翼和后方。苏军以强有力的坦克部队发起救援性进攻，但被德军击退。大风很快便将路上的泥泞吹干。该师继续向北推进。5月11日，这个师已到达海边的阿克莫奈（Ak-Monay），从而插入到苏军第47集团军的后方。俄国人的十个师陷入了包围圈，其他部队向东逃窜。这一大胆的穿插抹去了第22装甲师身上的污点——说起这个污点，还要追溯到1942年3月20日。当时新组建的第22装甲师被陆军司令部派至克里木，该师既未接受过师级规模的操练，各部门之间也缺乏协同。3月20日那天，他们被第11集团军投入到帕尔帕奇战线的反击战中。

清晨的薄雾中，他们遭遇到正准备发起进攻的苏军部队，结果发生了混乱，并遭受到损失。曼施泰因元帅后来承认，把这样一支毫无作战经验的部队投入到一场大规模战斗中，集团军司令部无疑是犯了错误。但集团军司令官的坦然承认又有什么用呢？于是，自3月20日以来，前线作战部队便不太能看得起第22装甲师。陆军总司令部也对这个师颇有微词。该师在冬季末期的英勇表现被一笔抹杀了，这虽然不公平，但3月20日的耻辱却一直伴随着他们。

与此同时，冯·格罗德克上校的摩托化旅向东大胆追击，并阻止苏军在后方建立起一道新的防线。无论苏军部队试图在何处挖掘阵地，格罗德克都会立即发起袭击。然后，他继续向前冲去。

这个旅深入到敌军腹地30英里处，出人意料地到达了"鞑靼壕沟"，这已远远地插入到D.T.科兹洛夫中将的司令部身后。苏军这位克里木方面军司令员慌了神，部队和各指挥部土崩瓦解。沿着道路，大批苏军部队朝刻赤半岛的东部海岸逃窜，他们想从那里越过海峡逃至大陆，以保全性命。

苏军的战术预备队绝望地试图挡住德军先头部队，以便让拥挤在刻赤半岛海滩上的大批苏军部队搭乘摩托艇和小型船只渡过海峡逃生。他们希望能重演两年前英国人在敦刻尔克完成的壮举。

但曼施泰因却无意让自己的胜利被苏联式的敦刻尔克削弱。他派出自己的装甲和摩托化部队，另外还有桑德尔少将来自北德的第170步兵师以及第213步兵团，追击并超越溃逃中的苏军。但冯·格罗德克上校已无法参与这一行动，他身负重伤，很快便伤重不治。[①]5月16日，德军杀至刻赤城。苏军最高统帅部未能成功上演敦刻尔克的行动，斯大林无法挽救他的部队。第30军辖内，第190、第197和第249突击炮营的突击炮，很快便将敌人临时调集的运输船只击沉。德军的战果是17万名俘虏，1133门火炮和258辆坦克。苏军3个集团军被德军的6个师在8天内击败。

5月17日清晨，曼施泰因和冯·里希特霍芬大将站在刻赤附近的一处高地上。在他们面前的是大海和刻赤海峡，再过去12英里，塔曼半岛的海滩沐浴在灿烂的阳光下，那就是通往亚洲和高加索地区的门户。曼施泰因以自己的胜利踹开了通往斯大林令人难以置信的油田的后门。

此刻，正当曼施泰因眺望着对岸自己宏大的目标时，北面400英里处的哈尔科夫地区，冯·克莱斯特集团军级集群[②]的部队正在发起进攻，以便在顿涅茨河上为他们的夏季攻势获得重要的出发阵地。

经过许多个不眠之夜和焦虑的计算，并在苏军一次突然袭击的促使下，冯·克

---

① 格罗德克上校并未阵亡，此后还担任过第11步兵师和第161步兵师师长，军衔也升至中将，直到1944年1月才因伤阵亡。在这个问题上，本书与曼施泰因的回忆录都犯了个小小的错误。

② "克莱斯特"集团军级集群由第1装甲集团军扩充而来，下辖第1装甲集团军、第17集团军和"马肯森"军级集群。

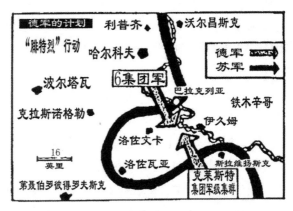

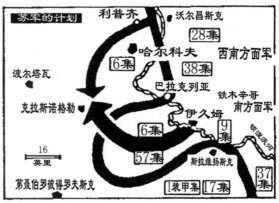

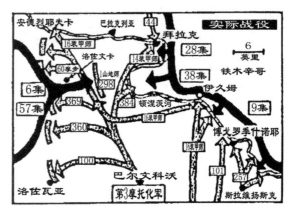

▶ 1942年夏初,哈尔科夫南部的
大战拉开了"蓝色行动"的帷幕。

莱斯特大将终于发起了一次攻势，这一进攻并未按照大胆突袭的战略构思来进行。

"三点钟。"托伊贝尔少尉说道，他是第466步兵团的一名连长。没人吱声。还有什么可说的呢？他这句话毕竟是对事实的陈述。这意味着再过五分钟就要出发了。

东方的天空变成了红色。今天是个万里无云的晴天。四下里一片沉寂，甚至能听见士兵们的呼吸声。少尉的手扶着战壕壁，手腕上大大的腕表发出的滴答声仿佛也能听见。时间一秒一秒地流逝着，汇入到无休止的永恒中。

最后的时刻终于到来了。雷鸣般的轰鸣充斥在半空。对战场上的新兵来说，这只是一种令人不安、震耳欲聋的巨响，但对那些东线老兵而言，他们却能分辨出榴弹炮沉闷的声响、加农炮尖锐的巨响以及步兵炮的嗖嗖声。

在他们前方的森林中，硝烟四起，俄国人的阵地就在那里。泥土喷泉般地窜入半空，树枝被炮弹炸得四散飞溅——这是进攻发起前炮火集中射击的常规画面。

这幅画面出现在来自柏林的"熊"师[①]发阵地前——但在第101轻装师、第16装甲师、第1山地师的阵地前，出现的画面完全一样，这些部队构成了冯·马肯森将军第3摩托化军的进攻矛头。哈尔科夫南面，沿着斯拉维扬斯克与洛佐瓦亚之间的整个战线，1942年5月17日清晨，"克莱斯特"集团军级集群的部队在隆隆的炮声中准备发起进攻。

终于，德军攻击部队前方的炮击明显向北延伸。与此同时，德国空军第4航空军的斯图卡轰鸣着掠过了德军的防线。

"前进！"托伊贝尔少尉喊道。此刻，和他一样，大约有500名中尉和少尉同时喊出了他们的命令："前进！"

德军军官和士兵们在过去几天里一直担心的问题被遗忘了——这个令人烦恼的大问题就是，德国部队能否成功地对苏军攻势的根部发起打击，过去的五天里，这一攻势一直在向西推进。

---

① 这里的"熊"师指的是第257步兵师，该师来自柏林，师徽是柏林城的徽记：一头直立的熊。第466步兵团隶属该师。

5月17日究竟发生了什么？"克莱斯特"集团军级集群的攻击目标又是什么？要回答这个问题，我们必须往前追溯些日子。

　　为了使1942年夏季的大规模攻势获得一个适当的出发阵地，以便从哈尔科夫地区沿高加索和斯大林格勒方向前进，第41号元首令中指出，伊久姆两侧的苏军突出部代表着对哈尔科夫永久性的威胁，应该通过一次钳形攻势予以消除。为执行这一行动，"南方"集团军群司令冯·博克元帅①制定了一个简单的计划：保卢斯将军指挥的第6集团军从北面发起进攻，而辖第1装甲集团军和第17集团军的"克莱斯特"集团军级集群从南面发起攻击。这样一来，被铁木辛哥大批兵力塞满的突出部将被夹断，这些苏军部队会被一场合围战所歼灭。这一计划的代号是"腓特烈"。

　　但俄国人也有一个计划。铁木辛哥元帅希望能重演他在一月份时的攻势，为此，他调集了更为强大的兵力，准备发起一次进攻，并希望这次进攻能一举决定战争的胜负。铁木辛哥投入了5个集团军和一支完整的坦克部队，他打算从伊久姆突出部及其北面的沃尔昌斯克地区（他的一月攻势就停滞在这里）发起攻击，以两个楔形攻势突破德军的防线。通过一个大迂回包抄，乌克兰重工业的行政中心——哈尔科夫——将被重新夺回。这将使德国人丧失其在南线庞大的补给基地，许多巨大的仓库都位于这一基地内。

　　同时，铁木辛哥还想重复他先前的尝试——从德国人手中夺回第聂伯彼得罗夫斯克，另外还有60英里外的扎波罗热，这座城市拥有一座巨大的水力发电站，在四十年代可被称为世界第八大奇迹。

　　这个计划一旦实现，对德国"南方"集团军群来说，将比失去哈尔科夫的后方基地更具灾难性。穿过第聂伯彼得罗夫斯克和扎波罗热的公路和铁路通往第聂伯河的下游河段；那里的河流更像是一连串的湖泊，而且，这些城镇与黑海之间没有其他可供渡河的渡口。为南翼德军以及第聂伯河以东，顿涅茨地区和克里木德军提供的补给，必须通过这两个交通中心。丢失这两座城市将会造成灾难性后果。

---

　　① 接替伦德施泰德元帅出任"南方"集团军群司令的赖歇瑙元帅1942年1月17日因坠机死于心脏病猝发，赋闲在家的博克接任集团军群司令一职。

因此，1942年春季，双方的注意力都集中在伊久姆突出部上，对博克和铁木辛哥来说，这都是一场生死攸关的决战。现在的问题是：谁会先下手为强，谁将赢得这场角逐，铁木辛哥还是博克？

德国人的计划安排是在5月18日发起进攻，但铁木辛哥的动作更快。

5月12日，铁木辛哥以强大得出人意料的部队对保卢斯将军的第6集团军发起了钳形攻势。苏军铁钳的北部颌口从沃尔昌斯克地区发起攻击，这一任务由第28集团军执行，该集团军辖16个步兵和骑兵师，3个坦克旅和2个摩托化旅。对德国的两个军而言，这是一股压倒性力量，霍利德将军的第17军和冯·赛德利茨–库尔茨巴赫将军的第51军，加在一起只有6个师。

铁木辛哥的南部颌口则在伊久姆突出部集中了更为强大的兵力。两个集团军（第6和第57集团军）辖有26个步兵师和18个骑兵师，另外还有14个坦克旅。与之对阵的是炮兵上将海茨的第8军以及罗马尼亚第6军，2个军加在一起只有6个师，最初还没有一辆坦克，他们发现自己面对的是一场敌人占尽兵力优势，且得到大批坦克支援的进攻。

挡住苏军在两个重点地段的推进根本毫无希望可言，德军的防线被打垮了。这时，就像冬季战役期间那样，德军在推进中的苏军部队身后，死死地坚守着许多支撑点。

针对涌过自己防线的苏军大潮，保卢斯将军投入了第6集团军所有可用的部队。在哈尔科夫门前12英里处，他终于取得了成功。保卢斯用仓促调集的第3和第23装甲师以及第71步兵师攻击敌军侧翼，在关键时刻挡住了铁木辛哥的北部铁钳。

但铁木辛哥从伊久姆突出部杀出的极为强大的南部铁钳却未被挡住。一场灾难似乎已迫在眉睫。俄国人试图一直突破至西面更远处，5月16日，他们的骑兵部队已逼近波尔塔瓦，波尔塔瓦位于哈尔科夫西面60多英里处，博克元帅的司令部就设在那里。形势变得越来越危险。博克面临着艰难的选择。

"腓特烈"行动原定于两天内发起。但苏军的攻势完全改变了态势。保卢斯将军的第6集团军遭到牵制，正进行着激烈的战斗。作为一支进攻性打击力量，该集团军已无法投入"腓特烈"行动，这意味着德军的钳形攻势已不复可能。

那么，他是该放弃整个计划呢，还是以单支铁钳执行"腓特烈"行动？博克的参谋长，步兵上将冯·佐登施坦敦促他采取"单股铁钳"的办法。鉴于敌军的实力，这是个冒险的举动，但一个有利的证据是，铁木辛哥的部队越向西推进，其侧翼暴露得就越危险。

对博克来说，这是个机会。最后，他决定利用这个机会，以一股铁钳发起"腓特烈"行动。为了防止俄国人调集部队掩护其漫长的侧翼，博克甚至将进攻日期提前了一天。

因此，5月17日清晨，冯·克莱斯特的集团军级集群以辖内的第1装甲集团军和第17集团军，从伊久姆南部地区发起了进攻。8个步兵师，2个装甲师和1个摩托化步兵师构成了克莱斯特的打击力量。罗马尼亚部队为其左翼提供掩护。

清晨3点15分，托伊贝尔少尉率先跳出战壕，带着他的部下向森林边缘的苏军阵地冲去。呼啸在头顶上的斯图卡俯冲而下，朝着识别出的苏军据点、掩体和阵地投掷下炸弹。

一些20毫米自行高射炮跟随着托伊贝尔的连队向前冲去，多少弥补了一些他们在坦克方面的缺乏。第616陆军高射炮营的这些20毫米自行高射炮实施着近距离平射，炮弹落在俄国人的抵抗处炸开。步兵们喜欢这种武器，也喜欢这些炮组成员，他们总是驾驭着这些火炮在最关键的地方投入战斗。

在冰雹般的炮弹和炸弹的打击下，苏军第一处精心构建的阵地崩溃了。但那些在炮火中生存下来的俄国人却进行了顽强的抵抗。第466步兵团的一个突击营杀入苏军阵地中，敌人一直坚持到最后一兵一卒。苏军阵亡了450人，这足以证明战斗的激烈度。

穿过茂密的灌木丛，穿过地雷区，越过树干堆成的障碍，第466团只能缓慢地获得进展。托伊贝尔少尉和他的连队很快便发现，他们在马亚基养蜂场遭遇到苏军极其顽强的抵抗，这里位于主战线身后不远处。俄国人用机枪、步枪和迫击炮猛烈开火。托伊贝尔的连队未能获得任何进展。

"我们需要炮火支援！"托伊贝尔朝着炮兵联络员喊道。炮兵联络员用步话机联系后方的炮兵单位："炮击第14号方格！"几分钟后，一场梦幻般的烟火表演爆发开来。苏军炮兵也不甘示弱，随即在农场前方投掷下一道弹幕。

托伊贝尔和部下们向前冲去，前方便是苏军的战壕。俄国人仍守在里面，抵着战壕壁，躲避着纷飞的炮弹。冲锋中的德军士兵跃入战壕，也贴着墙壁伏下身子，以免被落在前后左右以及战壕中的炮弹炸伤。

他们就这样跟苏军士兵肩靠肩地趴在一起，双方都未采取敌对行动，每个人都紧紧地贴在地上。这一刻，他们只想在呼啸着纷飞的炽热弹片中保住自己的性命。彼此间的敌意仿佛被无情地落在他们头上的打击力量一扫而空。

半个小时后，炮击突然停止了。托伊贝尔的部下们跳起身，喊声响彻了整条战壕："俄国佬，举手投降！"战壕内的苏军士兵丢下冲锋枪和步枪，举起了自己的双手。

托伊贝尔的连队继续向前推进。在养蜂场后一英里处，他们遇到十个热气腾腾的苏军战地厨房，刚刚烧好了茶水和小米粥。俄国人惊讶地看见，突然出现的德军士兵端着饭盒排好了队。"快点，伊万，给我们盛点粥！"德国人叫嚷着。起初，苏军厨房人员有些不知所措，但很快便笑了起来，他们把小米粥盛入德军士兵们递过来的饭盒，又将他们的水壶灌满香喷喷的茶水。

但这顿早餐被一个不和谐音打断了。苏军的一架双翼飞机沿低空飞来，用机枪扫射着休息中的德军士兵。托伊贝尔的部下们用机枪和步枪朝这架老式飞机射击。几发子弹击中了发动机，机翼也被撕成了碎片。这架飞机摇摆起来，进入滑翔状态，最后降落在距离德军士兵约200码的地方。

第1排的士兵朝着飞机跑去。但飞行员用机载机枪开火射击，试图保护自己。子弹耗尽后，他和他的同伴爬了出来，两人都穿着皮飞行服。

"举起手来！"德军士兵叫道。但这两个苏军飞行员并未举手投降，反而掏出了他们的手枪。

"隐蔽！"排长赶紧叫道。其实这毫无必要。两名飞行员无意抵抗，他们只是不想被俘虏罢了。先是那名和飞行员在一起的军官，接着是飞行员，他们举起枪对着自己的头部开了一枪。托伊贝尔的部下们站起身，迷惑不解地摇着头，慢慢走过去查看这两具尸体。他们发现，那名自杀的军官是个姑娘，佩戴着少尉军衔。

5月17日夜幕降临前，皮希勒上校第257步兵师的各团，沿着其战线的整个宽度到达了顿涅茨河。5月18日，他们夺取了最北端的目标——博戈罗季什诺耶（Bogorodichnoye）。第477步兵团第3营营长古斯特中尉带着他的先头排赶到村边时，一条搭载着30匹马的渡船正忙着设法从燃烧着的驳船中摆脱出来。看见德国人已经赶到，船上的人放弃了努力。燃烧着的船只像一座火光熊熊的岛屿，顺着河水朝下游漂去。

左侧，第101轻型师也于5月18日夜晚前到达了顿涅茨河。此时的气候闷热潮湿，温度为摄氏30度，几个营不得不驱车穿过一片巨大的林地，小心翼翼地经过伪装良好的苏军阵地。他们排成一路纵队，艰难地穿过地雷区。工兵们创造了奇迹。第213工兵营跟随着第101轻型师推进，行动的第一天便排除了1750颗各种类型的地雷。

自去年夏季攻势初次遭遇地雷犬以来，德军再次遇到了这种武器——背上绑着反坦克地雷的阿尔萨斯犬和杜宾犬。驯犬员隐蔽在伪装良好的阵地中，命令这些动物一次次地冲向前进中的德军部队。在这场令人作呕的人犬大战中，这些可怜的动物被无情地干掉。但冲过来的地雷犬越来越多，往往是一群群地向前猛扑，这些狗都经过训练，专门往汽车和炮架下钻。无论它们钻入到哪里，只要地雷上伸出的触发杆遇到阻力，烈性炸药就会爆炸，连同地雷犬在内，方圆数码内的一切都将被炸成碎片。

到达顿涅茨河一线后，第257步兵师和第101轻型师接管了为装甲打击群的纵深推进提供东翼掩护的任务，这一推进的目的是形成一个包围圈。第16装甲师担任胡贝中将打击力量的矛头，冯·维茨莱本、克兰蓬和西克纽斯三个战斗群穿过了俄国人的阵地。他们击溃了苏军，并遏制了对方强有力的反击。随后，他们驱车前进，一路杀至伊久姆郊外。

5月18日12点30分，来自威斯特法伦的第16装甲师的坦克和摩托车，驶上唯一一条大型的东西向道路，在顿涅茨基（Donetskiy）渡过了顿涅茨河。以第2装甲团第2营为核心的"西克纽斯"战斗群，左转后向西而去，径直杀入包围圈中。

但是，"腓特烈"行动的主要打击将由骑兵上将冯·马肯森的第3摩托化军执行。他的进攻以来自德累斯顿的第14装甲师为中心，来自维也纳的第100轻型师和来自巴伐利亚的第1山地师分别位于左侧和右侧。俄国人措手不及，在苏霍伊托列茨河（Sukhoy–Torets）的湿地中溃不成军。巴尔文科沃被德军夺取，一座桥梁被搭建起来。第14装甲师渡过河去，继续向北推进。旋转着的尘埃遮蔽着坦克。乌克兰的黑色大地使这些士兵看上去像是烟囱清理工。

　　他们与"西克纽斯"战斗群的坦克连相配合，渡过了别列卡河（Bereka）。苏军坦克部队的推进被成功遏制。5月22日下午，第14装甲师到达了北顿涅茨河河曲部的拜拉克（Bayrak）。

　　这是个转折点。因为河对岸便是第6集团军的先头部队——来自维也纳第44步兵师，"高等德意志骑士"团的连队。德军的这一会师刺穿了伊久姆突出部，铁木辛哥冲至遥远的西面的部队被切断。包围圈合拢了。

　　铁木辛哥元帅意识到自己的危险时，已经太晚了。他没想到自己的攻势居然会是这样的结果。现在，他别无选择，只能取消向西的推进，命令部队转身向东，试图朝相反方向突出包围圈。德军薄弱的包围圈能挡住苏军的这一企图吗？战役的决定性阶段开始了。

　　冯·克莱斯特大将面临的任务是让他的包围圈强大到既能挡住苏军自西而来的突围企图，又能遏制苏军从东面渡过顿涅茨河发起的救援行动。这又是一次与时间的赛跑。冯·马肯森将军以娴熟的战术技能组织起麾下所有的步兵和摩托化师，以第14装甲师为轴心，呈扇状散开。第16装甲师先向西疾进，然后转身向北，直奔顿涅茨河上的安德烈耶夫卡（Andreyevka）。第60摩步师、第389步兵师、第380步兵师和第100轻型师扇形散开，向西前进，迎着铁木辛哥向东后撤的部队形成了口袋阵。中央位置是兰茨将军的第1山地师，就像位于网中央的蜘蛛；冯·马肯森将军已让该师脱离前线，担任救火队的角色。

　　这一预防措施最终决定了战斗的结局。铁木辛哥的各集团军司令员驱使着麾下的各个师，以勇猛的决心冲向德军的包围圈。他们集中起力量，试图不惜一切代价在德军防线上打开一个缺口，以到达只有25英里之遥的顿涅茨河前线，从而挽救自己。

　　五旬节到来时，被围的苏军部队以不可阻挡之势杀开血路，穿过第6摩步师和第389步兵师布设的障碍，冲向洛佐文卡（Lozovenka）。很明显，俄国人企图到达通往伊久姆的主干道。这时，马肯森的预防措施起到了决定性作用。苏军遭遇到第1山地师，该师已在洛佐文卡东部构建起斜向防线。第384步兵师的掩护群，在第4航空军的支援下，也堵住了苏军的去路。接下来的战斗无疑是整个东线战事中最为血腥的一次。

以下的记述是基于兰茨少将所写的作战报告，当时他是德军第1山地师师长。在数千发白色照明弹的亮光下，苏军队伍冲向德军防线。军官和政委们厉声下达着命令，鼓励着他们的部下。红军士兵手挽着手向前冲去。嘶哑的"乌拉"声响彻夜空。

"开火！"蹲伏在机枪和步兵炮旁的德军下士们下达了命令。第一波次的进攻者被打垮了。土棕色的队伍随即向北转去。

但他们在那里同样遭到了德军山地猎兵们的拦截阵地。俄国人退了回来，现在，他们已不顾伤亡，对德军防线发起了猛烈的冲击。苏军士兵们涌上前去，消灭敢于阻挡他们的一切，就这样，又前进了几百码，但随即被德军机枪的纵向火力刈倒。侥幸未被打死的俄国人踉跄着、爬动着或是挣扎着退回到别列卡河的沟壑中。

第二天夜里，同样的场面再次重演。但这次，几辆T-34坦克伴随着冲锋中的步兵。这些苏军士兵，在伏特加的作用下，继续手挽着手向前涌来。面对必死无疑的结局，这些可怜的家伙怎么能找到高呼着"乌拉"向前冲锋的勇气？

一场反击过后，德军士兵发现他们的防御阵地前堆满了俄国人的尸体，这些尸体的头颅碎裂，被刺杀和践踏得已无法辨认。战斗充斥着兽性的怒火。这是一条令人震惊的死亡之路。

到了第三天，俄国人的突围势头被击溃了。苏军第6和第57集团军的两名司令员——戈罗德尼扬斯基中将和波德拉斯中将——以及他们的参谋长，在战场上阵亡。这场庞大的战役就此结束，铁木辛哥被击败。他损失了22个步兵师和7个骑兵师的大部。14个坦克和摩托化旅被彻底击溃。239000名红军士兵疲惫地走入德国人的战俘营；1250辆坦克和2026门大炮被摧毁或缴获。这就是哈尔科夫南部战役的结局，苏军本想在这场战役中包围德军，结果被包围的反而是他们自己。对德军而言，这是场不同寻常的胜利——在几天内，他们像变戏法那样扭转了颓势。

但是，获胜的德军部队并未想到，他们凭作战技能和勇气赢得的胜利，对他们来说只是打开了一扇通往悲惨命运的大门：现在，这些士兵朝着斯大林格勒而去。

但到目前为止，那座城市的阴影尚未影响到这些士兵。他们的脑中和最高统帅部的公报上依然充斥着刻赤半岛和哈尔科夫的胜利喜讯。毕竟，他们获得了惊人的胜利——3个星期内，两场大规模歼灭战。苏军的6个集团军被摧毁，409000名红军士兵成了俘虏，3159门大炮和1508辆坦克被摧毁或缴获。东线战场上的德国军队再一次展示了他们的优势。好运再次站到了希特勒一边。可怕的严冬和失败的幽灵已被遗忘。

就在哈尔科夫南部的包围圈中仍有些零星的交火，处在半饥饿状态的小股苏军士兵爬出他们的藏身处之际，新的战役已经打响——这次是塞瓦斯托波尔，这是苏军在克里木半岛西南角最后的堡垒，也是世界上最牢固的堡垒。

2

塞瓦斯托波尔

雅尔塔公墓的一座坟茔——别利别克谷和玫瑰山——每秒钟324发炮弹——巨型火炮"卡尔"和"多拉"——喷火的要塞——"马克西姆·高尔基"炮台被炸毁——"我们只剩下22人……永别了!"——"玫瑰山"之战——共青团员和政委

"我们准备解缆了,大将先生!"意大利海军中尉敬了个礼。曼施泰因回礼,笑着点了点头,转身对他的随行人员说道:"好吧,那么,先生们,我们上巡洋舰吧。"

"巡洋舰"是一艘意大利的鱼雷艇,这是曼施泰因手上唯一的海军力量。不知通过什么手段,雅尔塔港口指挥官,海军上校约阿希姆·冯·韦德尔把它搞到了手。1942年6月3日,曼施泰因打算沿着克里木南部海岸航行一圈,以弄清海滨公路是否会受到海上的控制。第30军所有的补给物资都必须沿着这条公路运送,该军在弗雷特-皮科将军的带领下,正守在塞瓦斯托波尔的南面。苏联海军对这一补给路线的任何威胁,都可能对塞瓦斯托波尔战役的进程造成破坏。

灿烂的阳光下,鱼雷艇沿着黑海海岸飞驶。雅尔塔花园以其高大的树木为白色的乡间别墅和宫殿提供了一个优美的环境。鱼雷艇向西而行,直到它离开了巴拉克拉瓦(Balaclava)。布满岩石的山顶上,古炮台两座巨大的堡垒高耸入蓝天。

嵌入山脚下海岸的海湾呈现出闪亮的蓝色。1854—1855年的克里木战争期间,法国、英国、土耳其和皮埃蒙特人在叶夫帕托里亚(Yevpatoriya)登陆,展开了一场无休止的战争,以迫使沙皇尼古拉一世屈从于他们的意志。塞瓦斯托波尔的围困战持续了近一年(准确地说是347天),俄国人最终投降。这场战役中,包括平民在内的伤亡数字非常高，估计在10万至50万之间。

冯·曼施泰因大将对这段历史非常熟悉，他曾读过关于克里木战争的所有著作。他也知道，在那些古炮台下，苏军构建了全新的现代化防御工事——巨大的要塞，配备了装甲炮塔的钢筋混凝土炮位以及迷宫般的地下补给物资仓库。毫无疑问，1942年的斯大林会跟沙皇尼古拉一世在1854—1855年间所做的一样，顽强地守卫这座海军要塞。塞瓦斯托波尔以其优秀的天然良港成了苏联海军在黑海上的主要基地。如果这座要塞失陷，苏联海军将不得不撤至东海岸的某些藏身处。

就在曼施泰因和韦德尔上校全神贯注地交谈时，突然，伴随着一阵剧烈、刺耳的声响，鱼雷艇发生了震颤。

"敌机！"曼施泰因的副官施佩希特中尉喊了起来。意大利水兵冲向他们的高射机枪，但已经太晚了。两架苏军战斗机顺着阳光，从塞瓦斯托波尔飞来，它们扑向这艘鱼雷艇，用机载火炮猛烈射击。

鱼雷艇的甲板被撕开，火势蔓延开来。坐在曼施泰因身旁的冯·韦德尔上校中弹丧生。一名意大利水手倒在栏杆旁，也已阵亡。

曼施泰因的忠实伙伴弗里茨·纳格尔，自战争开始的第一天起，他便陪伴着自己的长官经历了每一场战斗，被抛至通气道后，他的大腿负了重伤，动脉被切断，鲜血喷涌而出。意大利艇长撕下自己的衬衫，为他包扎伤口。

施佩希特中尉脱掉衣服跳入海中，朝着岸边游去。他光着身子拦下一个惊讶的卡车司机，让他带着自己火速驶往雅尔塔。在那里，施佩希特找到一艘摩托艇，重新赶回燃烧着的鱼雷艇旁，把它拖回到雅尔塔港。

曼施泰因亲自将纳格尔送往野战医院，但为时已晚，这位中士牺牲了。

两天后，当里希特霍芬将军第8航空军的飞行中队在塞瓦斯托波尔周围发动他们的引擎、拉开这场大规模战役的序幕时，曼施泰因站在雅尔塔墓地他那位司机的墓穴前。面对这位中士的棺木，曼施泰因大将所说的话值得收录在对一场可怕的战争所做的可怕的记述中："这些年来，我们共同经历着日常工作和重要的事件，我们成了朋友。命中你的万恶子弹无法切断你我之间友情的纽带。我的感激，我忠诚的情感，以及我们大家的思念，将与你为伴，永恒不变。安息吧，我最亲密的战友！"

步枪的齐射在树梢处响了起来。西面传来了一个声音，像是遥远的雷声：里希特霍芬的空军已投入到对塞瓦斯托波尔的战斗中。这场历时27天、针对世界上最强大的要塞的战役打响了。

整个塞瓦斯托波尔地区的壮丽景色，在岩石密布的山顶上一览无遗。工兵们在岩壁上炸出了一个观察哨，从而使这个位置可以免遭敌人炮火和飞机的打击。在这里，用剪形镜可以清晰地看见整个镇子和要塞地区，就像是一个观景台。

在这个观察哨，曼施泰因和他的作训处长布塞上校以及副官施佩希特中尉花了好几个小时查看空军和炮兵的轰炸炮击效果。此时是1942年6月3日。

在这里，古希腊人建立起他们的第一座贸易港；在这里，哥特人在基督纪元最初几个世纪的大动荡期间修建起他们的山顶堡垒；在这里，热那亚人和鞑靼人为了争夺港口和肥沃的山谷而战；在这里，19世纪期间，英国人、法国人和俄国人血流成河。而现在，一名德国将军紧贴石壁而坐，再度指挥着一场争夺克里木——黑海上这个田园诗般的半岛——港口和海湾的战役。

"精彩的烟花表演！"施佩希特说道。布塞点了点头，但他还是有些怀疑："尽管如此，可我还是不太相信我们就此能打开一个足够大的缺口，让步兵们攻入这些阵地中。"

曼施泰因站在战壕镜旁，凝望着对面的别利别克谷（Belbek Valley），其主峰被德军士兵们称为"橄榄山"。斯图卡中队从头上呼啸而过，朝塞瓦斯托波尔俯冲而下。它们投下所载的炸弹，又用机炮和机枪猛烈扫射。然后，它们转身飞离。对地攻击机掠过高原，战斗机在高空逡巡，嗡嗡作响的轰炸机平稳地飞行着。轰炸开始后的几个小时里，第11集团军的制空权未受到任何挑战。苏军滨海集团军弱小的空军力量已被消灭。他们投入战斗的飞机只有53架。

冯·里希特霍芬将军的第8航空军每天飞行1000、1500甚至2000架次的任务。空军专家们把这种传送带式的空袭称为"连续攻击"。

就在空中的炸弹雨点般地落向塞瓦斯托波尔之际，德军各种口径的大炮也把炮弹倾泻至敌人的阵地上。炮兵们搜寻着敌人的炮位。他们摧毁了战壕和铁丝网。他们一炮接一炮地轰击着敌人的射击孔和混凝土炮台上的装甲炮塔。他们的大炮夜以继日地开火射击——每天24小时，一直持续了五天。

这是曼施泰因关于进攻序幕具有决定性的构想，而不是像以往那样，经过炮兵和空军一两个小时的炮击轰炸后，步兵发起冲锋。曼施泰因知道，常规的炮火准备对塞瓦斯托波尔这里的大规模防御阵地是无效的，这里有数百座混凝土和装甲炮位，纵深布设的碉堡带，强大的坦克部队，三道防御带的战壕总长度达到220英里，广阔的铁丝网障碍和地雷区，大炮和迫击炮布设在峭壁上凿出的阵地中。

这就是曼施泰因在计划中为何要使用大炮、迫击炮、高射炮以及突击炮进行长达五天的毁灭性轰击的原因所在。德军的1300门火炮对着被识别出的苏军工事和阵地倾泻出炮弹。此外还要加上第8航空军投掷下的炸弹。整个地面被冰雹般落下的炮弹所覆盖。

这是一场残酷的序幕。整个二战期间，无论是塞瓦斯托波尔战役前还是战役后，德国军队都没有投入过如此规模的炮兵力量。

在北非，1942年10月底，蒙哥马利对隆美尔位于阿拉曼的阵地发起了进攻，他投入了1000门大炮。而曼施泰因在塞瓦斯托波尔使用的大炮比他还多300门。

迫击炮在这场炮火轰击中扮演了一个特殊的角色。在这里，这种可怕的武器第一次被如此集中地投入战斗。两个迫击炮团——第1重迫击炮团和第70迫击炮团——以及第1和第4迫击炮营，在尼曼上校的指挥下，已集中到要塞前，总计21个连，576门火炮，其中包括第1重迫击炮团的几个连，他们配备着11和12.2英寸的迫击炮，专门发射高爆弹和汽油燃烧弹，对付要塞工事尤为有效。

光是这个团，在持续的炮击中每秒钟射向敌野战工事的炮弹就达到324发。这对俄国人士气的影响就像炮弹的物理效应那样深具破坏性。一个连在一秒钟内射出36发硕大的炮弹，拖着炽热的尾焰呼呼飞过，伴随着令人心惊肉跳的尖啸在敌人的阵地上炸响，由此造成的影响难以想象。

一发迫击炮弹的弹片所造成的炮击效果并不比一发普通炮弹来得更大，但数发落点接近的迫击炮弹一同爆炸，则会令士兵们胆战心寒。即便是趴在炮弹落点一段距离外的士兵，也会被震耳欲聋的爆炸声和令人瘫软的爆炸冲击波弄得士气低落。恐怖和畏惧发展成恐慌。据说只有斯图卡能对通常都很冷漠的苏军士兵造成类似的影响。公正地说，面对苏军"喀秋莎"火箭炮的集中轰击，德军士兵常常也被笼罩在恐惧中。

对塞瓦斯托波尔要塞实施的传统火炮轰击中，有三个特殊的大家伙被记载在军事历史中——"伽玛"、"卡尔"（也被称作"雷神"）和铁道炮"多拉"[1]。这三门火炮是现代工业的奇迹和最新成就，可以说是常规火炮的发展，专用于对付堡垒要塞。战争爆发前，世界上仅存的要塞堡垒除了比利时和法国的马其诺防线外，只有布列斯特-立托夫斯克、沃姆扎、喀琅施塔得和塞瓦斯托波尔。从严格意义上说，列宁格勒已不再是一座要塞，而大西洋沿岸那些古老的法国城堡，则早已算不上了。

"伽玛"是第一次世界大战中"大贝尔莎"的复活。其16.8英寸的炮弹重达923公斤，射程可达9英里，炮管长度为22英尺。这种不同寻常的庞然大物需要由235名炮兵操作。

但与被称为"卡尔"或"雷神"的24.2英尺巨炮相比，"伽玛"只能算是个"侏儒"。"卡尔"是二战中口径最大的火炮之一，是对付最顽强的混凝土堡垒的一种特殊武器。这种火炮发射的混凝土穿甲弹重达2200公斤，可以击穿最牢固的混凝土屋顶。发射这种炮弹的怪物，与传统的臼炮几乎没什么相似之处。其相对较短的炮管略长于16英尺，再配以巨大的轮式底盘和转向机，使其看上去像个怪异的烟囱根。

但就连"卡尔"也算不上是重型火炮的最新产品。最新产品被布置在贝克奇撒莱（Bakhchisaray），鞑靼可汗旧居的"花园宫殿"中，这种大炮被称为"多拉"，偶尔也被叫作"重型古斯塔夫"。这是二战中最重型的火炮，其口径为31.5英寸。运送这具怪物需要60节火车车厢。其107英尺长的炮管可将重达4800公斤的高爆弹射至29英里外。另外，它也可以发射重达七吨的穿甲弹，射程约为24英里。炮弹连同发射药包，长度约为26英尺。竖立起的大炮有两层楼那么高。

"多拉"能在一个小时里发射三发炮弹。这种巨型火炮停放在两道铁轨上，两个高射炮营专门负责为其提供保护。这种火炮的操作、保护和维修需要4120人。单

---

[1] 臼炮与迫击炮的英文称谓完全一样，英语国家对此基本不作区分。如果从弹道特性上区分，这是两种不同的火炮，这里提及的"卡尔"和"多拉"，按照我们的习惯一直将其定义为臼炮。

是发射控制和操作便需要1名少将、1名少校和1500名士兵。

这些数据足以说明，传统的大炮被扩大成这种庞然大物，几乎到了超级规模，实际上，人们可能会对这种武器的经济回报提出质疑。可是，"多拉"只用一发炮弹便摧毁了位于谢韦尔纳亚湾的一座弹药库，尽管这座弹药库修建在地下100英尺的深处。

曼施泰因在峭壁上的观察哨待了三个来小时。他仔细查看着炮弹的爆炸，并将其与集团军两位炮兵指挥官提供给他的确切数据进行着比较，这两位炮兵指挥官是第54军炮兵司令楚克托特中将和第30军炮兵司令马丁内克中将。尽管曼施泰因是个战略天才，但却一丝不苟，实际上，这可能正是他成功的秘诀。

"只要被88毫米高炮直接命中，就再也没有俄国人从据点里探头往外看了。"施佩希特说道，他的眼睛刚刚从望远镜前移开。

"没错，对付这种工事，88炮绝对是不可缺少的，"曼施泰因回答道。仿佛是为了强调他的话，88炮的爆炸声透过飓风般的噪音，清晰地传送过来。

这些高射炮确实不可缺少。在塞瓦斯托波尔围城战中，第18高射炮团打出了名气。平射的88炮成了对付突出在地面上的防御工事的最佳武器。就像那些臼炮一样，这些高射炮被部署在最重要的战线上，这些二战中梦幻奇迹般的武器，以近距离平射摧毁敌人的碉堡和炮位。塞瓦斯托波尔战役中，光是第18高射炮团辖内的各个88炮连就发射了18787发炮弹。

从曼施泰因所在的观察哨可以清楚地看见，三道纵深梯次防御体系保护着要塞的核心。

第一道防线的纵深为1至2英里，四道梯次配置的战壕都有铁丝网保护，其间部署着木制据点和混凝土掩体。战壕前方和战壕之间被炮击引爆的地雷表明，俄国人还布设了宽广的反坦克地雷带。可以预料的是，苏军还布置了许多看不见的障碍来对付步兵的进攻。

第二道防线的纵深约为1英里，尤其是其位于别利别克谷和谢韦尔纳亚湾之间的北段，构建了许多极为坚固的工事，德军炮兵观察员给这些工事起了好记的名字——"斯大林""莫洛托夫""伏尔加""西伯利亚""GPU"，以及最重要的"马克西姆·高尔基1号"，这座炮台配备着12英寸口径的巨炮。"高尔基1号"的姊妹炮台是"马克西姆·高尔基2号"，位于塞瓦斯托波尔南面，配属着相同的火炮。

要塞的东面防线，条件可谓得天独厚。艰难的地形，再加上深邃、遍布岩石的山谷以及构建在山顶上的工事，为守军提供了理想的阵地。那些参加过塞瓦斯托波尔东部防线战斗的德军士兵，将永远铭记住"鹰巢""塔糖""北方鼻子""玫瑰山"这些名称。

第三道防线紧贴着镇子周围。这是个名副其实的，由战壕、机枪阵地、迫击炮阵地和炮台所构成的迷宫。

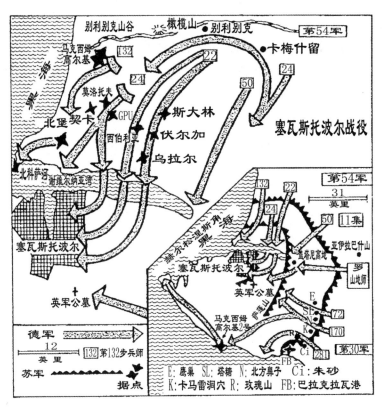

▲ 攻克塞瓦斯托波尔。炮兵和空军进行了5天"毁灭性轰炸"后，第11集团军于1942年6月7日对这座世界上最坚固的堡垒发起了攻击。1942年7月3日，塞瓦斯托波尔陷落。

据苏联方面的资料声称，守卫塞瓦斯托波尔的有7个步兵师、1个骑兵师（徒步）、2个步兵旅、3个海军陆战旅、2个海军陆战队团，另外还有各种各样的坦克营和其他独立部队，总计101238人。10个炮兵团、2个迫击炮营、1个反坦克炮团和45个超重型海军岸防炮单位，总计600门大炮和2000门迫击炮守卫着防线。这确实是个喷火的堡垒，而曼施泰因正打算以他的7个德国师和2个罗马尼亚师夺下这座堡垒。

6月6日到7日的夜间闷热无比。早上，一股轻柔的海风吹来，但它带来的不是新鲜空气，而是通往塞瓦斯托波尔道路上被翻搅起的尘埃。尘土和镇子南部弹药库燃烧的硝烟飘过了德军防线。

拂晓时，德国炮兵再次的炮击加剧了这种尘埃。随后，步兵向前推进。在猛烈炮火的掩护下，步兵和工兵的突击队于3点50分向敌人的主防线发起了冲锋。

德军的主攻位于北部战线。第54军以麾下的第22、第21[1]、第50和第132步兵师发起进攻，第73步兵师辖下获得加强的第213团担任军预备队。

第30军从西面和南面发起进攻，但并非主攻。第72步兵师、第28轻型师、第170步兵师以及罗马尼亚部队只是为了获得一个出发阵地，以便为计划在几天后发起的主攻做好准备。

在别利别克谷和卡梅什雷谷（Kamyshly Ravine），德国工兵在雷区内清理出一条车道，以便让第190和第249突击炮营尽快投入战斗，为步兵提供支援。与此同时，步兵们正在争夺敌人的第一处阵地工事。尽管炮火摧毁了战壕和掩体，但幸存的苏军士兵拼死抵抗。德军士兵不得不用手榴弹和发烟罐将其逐出伪装得非常出色的阵地。

沃尔夫少将率领的第22步兵师来自下萨克森，他们再次被赋予了艰巨的任务：拿下"斯大林"堡垒。去年冬天，该师第16团的突击队已攻到要塞的外墙，但随后被迫撤出，一直退回到别利别克谷。

现在，他们将再次踏上这条代价高昂的道路。6月9日，他们的第一次尝试失败了。6月13日，冯·肖尔蒂茨上校指挥着第16团再次对该支撑点发起进攻。"斯大

---

① 第21师此刻正在"北方"集团军群辖内作战，并不隶属于第54军。此处应为第24步兵师的笔误。

林"堡垒成了一堆废墟，但抵抗火力仍从各个方向不断射出。在"安德烈耶夫"一侧，要塞指挥员部署的守军都是共青团员和共产党员。我们在第22步兵师的作战报告中读到："这可能是我们遇到过的最棘手的对手。"

这方面的例子很多，我们只引用其中的一个。一座碉堡的射孔被炮弹直接命中，30名守军当场阵亡，但剩下的10个人仍在拼死抵抗。

他们把阵亡战友的尸体像沙袋那样堆在被炸碎的射击孔后。

"工兵们上！"步兵们叫喊着。火焰喷射器朝着这可怕的障碍物喷吐出火舌，手榴弹也扔了出去。一些德军士兵禁不住呕吐起来。但直到下午才有四名苏军士兵放弃了抵抗，浑身颤抖着钻出了废墟。他们是在政委开枪自杀后决定投降的。

在这场激烈的战斗中，第16步兵团的两个突击营遭受了严重的伤亡。没多久，两个营所有的军官非死即伤，一名预备役少尉接管了两个营残部的指挥权。

争夺第二道防线的激战在闷热中展开，一直持续至6月17日。令人难以忍受的恶臭笼罩着战场，无数的尸体上覆盖着大片大片嗡嗡作响的苍蝇。来自巴伐利亚的第132步兵师位于下萨克森人的右侧，他们遭受的伤亡太过严重，不得不暂时撤出前线。接替他们的是第24步兵师，该师被罗马尼亚第4山地师替换后，从第22步兵师和第132步兵师之间顶了上去。

对德军而言，此刻的形势不容乐观。他们的伤亡越来越高，弹药也严重短缺，这使得他们不时发出停止进攻的呼吁。有些指挥官已经建议暂停进攻，等增援部队调上来后再继续。但曼施泰因很清楚，没有任何援兵可言。

6月17日，他下达了命令，沿整个北部战线重新发起总攻。遭受严重伤亡的各个团再度投入战斗，他们决心这次要拿下敌人主要的支撑点。

在别利别克谷，"橄榄山"西面2.5英里处，两门14英寸口径的巨炮被带入阵地。这两门大炮隶属于陆军第641重型火炮营，他们的任务是摧毁"马克西姆·高尔基1号"的装甲炮塔。苏军在这个支撑点上配置的12英寸口径大炮控制着别利别克谷和通往海岸的道路。

把这两门庞然大物带入射击阵地是个可怕的工作。经过施工队四个小时艰难的努力，炮兵连连长冯·夏迪姆中尉终于可以下达射击命令了。

伴随着雷鸣般的巨响，这两头怪物苏醒过来。第三轮齐射后，身处第213步兵团战线上的前进观测员迈尔中士报告说，到目前为止，命中目标的炮弹并未对敌人的装甲炮塔造成影响。

"换特种'勒希林①'弹！"夏迪姆发出了命令。这种炮弹长12英尺，重达1吨，装填时需要起重机的帮助。西线战役期间，面对数日的防御工事，"勒希林"弹证明了自己的价值。这种炮弹落地时并不爆炸，而是钻进目标内一定深度后才炸开。

一号炮旁，弗里德尔·弗尔斯特中士和他的14名战友用手捂住了自己的耳朵，夏迪姆中尉举手示意："开炮！"

20分钟后，这一操作再次重复。"开炮！"

不久，迈尔中士便发来了报告："敌装甲炮塔被炸飞！"

"马克西姆·高尔基1号"炮台已被炸毁，可以看见其12英寸口径大炮的炮管指向半空，炮火沉默下来。

现在轮到希茨菲尔德上校这位刻赤半岛"鞑靼壕沟"的征服者了。带领着第213团的突击营，他朝着炮台冲去，随即占领了"马克西姆·高尔基1号"的装甲炮塔及其通道。

"马克西姆·高尔基1号"炮台已无法开炮射击，但在这座300码长40码宽的庞大的混凝土堡垒内，苏军士兵却没有投降。相反，他们甚至一群群地通过秘密出口和通风道实施快速突围。

第24工兵营第2连奉命摧毁敌人的抵抗。他们朝苏军士兵喊话，要求对方投降，俄国人用冲锋枪的射击作了回答。于是，德军工兵们用大量的炸药、汽油燃烧弹和发烟罐进行了第一次大规模爆破。硝烟散尽后，苏军士兵仍透过射击孔和通道朝外射击。

第二次爆破终于将混凝土墙壁彻底撕开。这座堡垒庞大的内部结构暴露在工兵

---

① "勒希林"弹是德国空军研制的一种钻地炸弹，可穿透厚达四米的混凝土，但由于精度不佳，所以很少使用。

们面前。"马克西姆·高尔基1号"有三层楼深，是一座名副其实的城市。

这座堡垒内有独立的水源和电力供应，战地医院、食堂、维修厂、弹药升降机、兵工厂和作战哨位一应俱全。每间房间和每条通道都有两扇钢门保护。这些坚固的钢门必须被单独炸开。

德军工兵们靠着墙趴在地上。钢门被炸开后，他们朝里面扔进手榴弹，待硝烟散尽后再冲向下一道钢门。

过道上布满了苏军士兵的尸体。他们看上去就像是怪物，因为这些士兵都戴着防毒面具。堡垒内的硝烟和恶臭使这一防护措施成为必然。

在接下来的一条通道处，德军士兵突然遭遇到冲锋枪火力的射击。手榴弹扔了出去，手枪的击发声也响了起来。随即，一扇钢门又被炸开，激烈的战斗再次打响。战斗就这样一个小时接一个小时地持续着，最后，德军士兵终于逼近了堡垒的神经中枢——指挥部。

塞瓦斯托波尔，港口附近的战地指挥部内，海军中将奥克佳布里斯基也在密切关注着"马克西姆·高尔基1号"的战斗。无线电通讯官库兹涅佐夫中尉坐在通讯室的收发报机前聆听着。"马克西姆·高尔基1号"每隔30分钟报告一次战斗情况。海军中将早已给所有指挥员和政委下达了命令："战斗至最后一兵一卒！"

有信号！库兹涅佐夫仔细听着，并把它记录下来："我们只剩下46个人。德国人正在撞击装甲门，要求我们投降。我们曾两次打开瞭望孔朝他们射击。现在，这已无法做到了。"

30分钟后，最后一条电报发来："我们只剩下22人。我们已准备炸死自己。通讯到此为止。永别了！"

他们照自己说的做了。"马克西姆·高尔基1号"的指挥部被幸存的守军炸毁。战斗结束了。堡垒内的1000名守军只有50人被俘，他们还都负了伤。这个数字说明了一切。

6月17日，就在争夺"马克西姆·高尔基1号"堡垒的激战仍在肆虐时，第24步兵师第31团拿下了"GPU""莫洛托夫""契卡"堡垒。

沃尔夫少将的第22步兵师同样向南面取得了一些进展。6月17日，该师辖内的第65步兵团，在第190突击炮营第2连的加强下，拿下了"西伯利亚"堡垒。第16步兵团攻克了"伏尔加"和"乌拉尔"堡垒。第22步兵师于6月19日率先到达谢韦尔纳亚湾——这是塞瓦斯托波尔面向北方的最后一道屏障。

弗雷德里希·施密特少将的第50步兵师来自勃兰登堡和梅克伦堡,他们与拉斯查将军的罗马尼亚第4山地师一起,接受了一项吃力不讨好的任务,费力地穿过灌木和岩石密布的地带,从东北方扑向盖塔尼高地(Gaytany)。他们成功地抵达了谢韦尔纳亚湾的东角。

西面战线①上,弗雷特-皮科将军指挥的第30军按计划于6月11日发起了进攻。先是米勒-格布哈特中将指挥的第72步兵师和辛胡贝中将的第28轻型师,紧随其后的是桑德尔少将的第170步兵师。这些部队沿着从海岸通向塞瓦斯托波尔的主干道向前推进。一切都取决于能否获得萨蓬山的制高点,这些高地对塞瓦斯托波尔的南部至关重要,争夺山头和峡谷的战斗已然打响。这是一场针对精心伪装的据点和强化的岩石工事的小型战争,"北方鼻子"、"教堂山"和卡马雷洞穴是这场战斗的关键所在。第72步兵师的士兵们永远都不会忘记这些名字。

第28轻型师的猎兵团设法越过了海岸山脉陡峭的岩石地。早在1941年秋季,巴拉克拉瓦堡便已被第105步兵团的一次突袭所夺取,但到1942年6月,对猎兵们来说,这里仍有许多事情要做。科斯拉少尉、克丁中士、辛德米特中士,这些勇敢的人带领着突击队投入到战斗中。"蝌蚪山""朱砂1号""朱砂2号""朱砂3号""玫瑰山",以及著名的葡萄园是这场激战中的关键地点。

获得加强的第170步兵师,直到最近一直在担任预备队的角色,现在,该师从两个突击师中间插入,夺取了重要的萨蓬山。真正鼓舞士气的攻击来自比特梅尔中尉率领的第391步兵团第1营。他的营花了一个半小时杀至高地的山脊,随后,就在到达目标处时,比特梅尔中尉中弹身亡,塞瓦斯托波尔及其港口已在他的视线范围内。

6月18日,巴克少校带着第72侦察营拿下了"鹰巢"。

一个可怕的任务交给了第420步兵团,该团暂时归第170步兵师指挥。他们的任

---

① 此处应为南面战线。

务是冲进"英军公墓"，这个墓地埋葬的是克里木战争期间英军的阵亡者。苏军已把这个墓地变成了一个巨大的炮台，一个可怕的堡垒。

6月20日，第46步兵师获得加强的第97步兵团，夺取了"北堡"和狭窄的北科萨河（Severnaya Kosa）上著名的"康斯坦丁诺夫斯基"炮台。这样，该师便控制了海港的入口，塞瓦斯托波尔处在德军的束缚下。现在，曼施泰因已拿下塞瓦斯托波尔周围所有的防御工事。可是，6月26日夜间，苏军最高统帅部动用了手上一切可用的船只，将步兵第142旅送入镇内。该旅进入塞瓦斯托波尔时，正好目睹了这座要塞的陷落。

德军第22和第24步兵师给予这座要塞致命的一击。从谢维尔纳亚湾对岸，第22炮兵团发射出他们的第10万发炮弹。尘土飞扬的"狼谷"中，德军士兵在月光下集结，准备发起最后的突击。

6月27日，午夜过后不久，德军士兵搭乘着冲锋舟和橡皮艇渡过了海湾。守军发现他们的举动时已为时太晚。第一批突击队已到达对岸，并夺取了发电站。

各个营小心翼翼地向镇子边缘推进。天亮后，斯图卡俯冲轰炸机赶到了，他们为步兵们炸出一条通道。最后一道防坦克壕也被德军越过。

苏军士兵惊慌失措，他们的防御崩溃了。到处能看见苏军政委、指挥员或共青团员战斗到最后一息。

海湾的峭壁内有一个封闭的地道，大约有1000名妇女、儿童和士兵待在里面。负责指挥的苏军政委拒绝把门打开，于是，德军工兵准备实施爆破。就在这时，苏军政委炸毁了整个地道，地道内包括他在内的所有人都被炸成了碎片，同时，门外的德军工兵也被炸死了十来个。

7月3日，所有的一切尘埃落定。塞瓦斯托波尔，这座世界上最强大的堡垒已经陷落。苏军的两个集团军被歼灭，9万名士兵成了俘虏。满目疮痍的战场上，成千上万具尸体间散落着467门大炮、758门迫击炮和155门反坦克炮和高射炮。

要塞指挥员——海军中将奥克佳布里斯基和彼得罗夫少将并未阵亡在战场上。6月30日，他们乘坐快艇逃离了塞瓦斯托波尔要塞。

曼施泰因的第11集团军现在可以投入到宏大的战略计划中了——向斯大林格勒进军，向高加索前进！

3

被出卖给敌人的计划

鹿肉和克里木香槟——被打断的盛宴——赖歇尔少校失踪了—— 一场灾难性飞行——两座神秘的坟墓——俄国人知道了进攻计划——进攻照常展开——悲剧的诞生

人民委员的别墅内，摆设的物品相当有品位，这一点出人意料。这座别墅坐落在哈尔科夫城郊的一座小花园里，两层楼，带有一个建造得恰如其分的酒窖。委员同志对此感到自豪。但后来，他接受了一项需要高度责任感的工作——负责哈尔科夫地区的重工业生产。现在，这座别墅被装甲兵上将施图默[1]和第40摩托化军军部所接管。

施图默是个出色的军官，也是个喜欢享受生活的人。他个头不高，干劲十足，总是在忙碌。他始终戴着单片眼镜，甚至在他还是一名低级骑兵军官时便是如此。高血压症在他的脸上体现出来。他的身材和气质特点使他在军部里获得了"火球"的绰号。当然，他知道自己的这个绰号。但他假装不知道，这使他每次在无意间听到别人使用这一绰号时都不用做出任何反应。

施图默不是个具有学者风范的总参军官，而是个具有天赋的实干家，善于发现并把握战术机会。他是德国军队中最好的装甲部队指挥官之一，既能巧妙地策划作战行动，也能坚决地执行这些计划。他是一名前线军官，是士兵们崇拜的偶像，他

---

① 施图默先是被晋升为骑兵上将，后又改为装甲兵上将。

们的福祉是他一直为之关注的。但他属下的军官们也对他尊敬有加，他们钦佩他的精力和作战直觉。

他有个缺点，一个令人愉快的缺点：喜爱美食和美酒。"战争已经够糟的了，为何要在饮食上再亏待自己呢？不，先生们，这可不是我的作风！"这是他最爱说的话。但军部人员搞来的美酒佳肴总是会与他的客人们一同分享。

1942年6月19日晚上，施图默的军部里便举行了这样一场晚餐聚会。来宾包括军里的三名师长和军炮兵司令：第23装甲师师长冯·博伊内布格-伦斯菲尔德少将，第3装甲师师长布赖特少将，第29摩托化步兵师师长弗雷梅赖少将，炮兵司令安格罗·米勒少将。出席这场晚宴的还有军参谋长弗朗茨中校，作训处长黑塞中校，传令官塞茨少尉和军部副官哈里·莫姆中校，莫姆也是一名国际马术障碍赛骑手。

这将是"死囚的最后一餐"，施图默开着玩笑，"先生们，我们只能悠闲儿天，然后就要再次出发了。希望这次我们能迫使斯大林屈服。"

"希望如此。"布赖特咕哝着，这位健壮的装甲师师长来自巴拉丁领地（Palatinate）。

两天前，三位师长获悉了本军在"蓝色行动"第一阶段的任务。但这只是非正式的消息，因为在希特勒严格的保密规定下，师长只有到战役真正发起前才能获知本军的具体命令。

"能不能给我们透露点具体的命令？"一位师长恳求道。这是违反保密条例的，但施图默同意了。

"你不能把一个摩托化军统驭得太紧。"他曾对自己的参谋长和作训处长这样说过，并把半页打印稿的行动简介传达下去："仅供各师长阅览。"这份简介涵盖的只是"蓝色行动"的第一阶段。黑塞中校派出极为可靠的通讯员将这一绝密文件传递到各师。

实际上，这是许多摩托化军的一贯做法。毕竟，一名指挥着快速部队的师长，突然间得到了一个突破的机会，如果他不知道下一步该向北、向南或向西推进，他又如何能把握住转瞬即逝的战机呢？

"蓝色行动"的第一阶段，施图默的摩托化军所得到的任务是，作为第6集团军的一部，渡过奥斯科尔河（Oskol），然后转身向北包围敌军。如果麾下的部队能迅速渡过河去，那么师长们了解大致的作战计划就很重要，这样，他们就能正确行事而不至于浪费时间。

施图默发现，给属下的师长们写一份行动大纲，这种做法的效果一直令人满意。他从未失去任何机会，也没出过任何岔子——至少在6月19日前是这样。

施图默欣赏着客人们对美食佳肴的惊讶。主菜是烤鹿肉——这头雄鹿是弗朗茨中校外出侦察时射杀的。前菜提供了鱼子酱，并佐以克里木香槟酒，这两样东西是一位敏锐的司务长在哈尔科夫的一座仓库中发现的。无须多劝，来宾们开怀畅饮起来。

没有什么能比甜甜的克里木香槟更快地引发愉快的气氛了，沙皇和苏联政府举办过的盛宴都证实了这一事实。6月19日，施图默的餐桌周围同样弥漫着轻松和愉快的气氛。在场的军官都经历了可怕的寒冬，现在开始展望更为乐观的前景了。

特别是军部，充满了活力和乐观。当天下午早些时候，施图默打电话给集团军司令部，那里同样充斥着一种乐观的情绪。冯·马肯森将军以其获得加强的第3摩托化军刚刚为第6集团军在敌人的防线上打开一个缺口，这个缺口位于哈尔科夫北部的沃尔昌斯克地区和顿涅茨河的东部，是一个出色的出发阵地，以便沿顿涅茨河另一端的布尔卢克发起一场猛烈的攻势。

通过一次大胆的包围行动，马肯森以四个摩托化师和四个步兵师粉碎了占据优势的苏军部队——沿顿涅茨河对岸的高地，俄国人一直坚守着他们的阵地。马肯森的部队拿下了高地，俘虏了23000名苏军士兵。这样，在即将到来的大规模攻势中，保卢斯将军的第6集团军就不必冒着敌人的炮火，以高昂的代价强渡顿涅茨河了。

弗朗茨中校用他的刀叉、甜品勺和白兰地酒杯解说着马肯森将军出色的行动，这一行动以极低的代价取得了如此显著的成就。他的行动被视为进一步的证据，东线德军已经恢复了他们旧有的战斗力。

"现在，马肯森将军即将在我们的东南方重复同样的行动，以便肃清顿涅茨河这一侧的敌军，从而使我们获得奥斯科尔河，作为执行'蓝色行动'的出发线。你们会看见，杰出的马肯森将军会再次成功的。"施图默举起了他的酒杯。现场一片乐观和欢快。

十点差五分，并未发生伯沙撒王盛宴上出现在墙壁上的神秘天书事件，也没有炸弹投向这场愉快的宴会。唯一发生的是通讯员奥丁加中士走了进来，附身到黑塞中校耳边，低声说了几句。这位作训处长站起身，朝施图默说道："将军先生，请原谅，我得去接个电话。"

施图默笑道："希望您别带着坏消息回来。"

"应该不会，将军先生，"黑塞中校回答道，"是第23装甲师的值勤官打来的电话。"

他们关上门，走下楼梯朝地图室而去，奥丁加中士说："中校先生，第23装甲师那里似乎很紧张。"

"哦？"

"没错，他们的参谋长赖歇尔少校从今天下午起就失踪了。"

"什么？"

黑塞跑下楼梯来到电话机前。"是我，泰希格雷贝尔，发生了什么事？"他聆听着，然后又说道："不，他当然不在这里。"他看了看手表："您说什么，他是14点起飞的？可现在已经晚上10点了。告诉我，他随身带了些什么？"黑塞专注地聆听着。"什么？他的图板？还有打印的文档？可是，看在上帝的份上，侦察飞行时不是不许带这些东西吗？"

黑塞惊呆了。他放下话筒，跑上楼梯来到了餐厅。餐厅里高昂的气氛突然间烟消云散，这位作训处长的表情说明：出事了！

黑塞中校简短地向施图默和冯·博伊内布格-伦斯菲尔德介绍了情况。第23装甲师参谋长赖歇尔少校是个出色而又可靠的军官，当天14点，他和飞行员德尚特中尉驾驶一架"鹳"式轻型飞机飞往第17军军部，想再看看本师的部署地带，这个地区在发给各师师长的命令中做过概述。赖歇尔的飞机肯定是飞过军部，跑到主战线去了。他没有回来，也没有在师里的任何地段着陆。他随身携带的不光是这份命令，还包括标注了军属各师位置以及"蓝色行动"第一阶段目标的地图。施图默猛地从座椅上跳起身，冯·博伊内布格-伦斯菲尔德则试着安慰大家："他可能降落在我们几个师后方的某处了。现在暂时不必设想最坏的情况。"可是，他试图打消的念头清楚地写在每个人的脸上：俄国人抓到了他，完整地得到了命令和"蓝色行动"的目标。

施图默"火球"的绰号得到了体现。前线的各个师立刻接到了电话：师长和团长们奉命向炮兵前沿观察所和各连队查询，他们是否注意到有什么情况发生。

军部成了个马蜂窝。持续的嗡嗡声和电话铃声此起彼伏，直到45分钟后，第336步兵师传来了消息。15点至16点间，一名炮兵前哨观测员看见一架"鹳"式飞机在午后炙热的薄雾中飞行。这架飞机倾斜着飞入低低的云层中，最后，当一场夏季大雷雨覆盖整片地区时，这架飞机降落在距离苏军防线很近的地方。"立刻派出强有力的突击队！"施图默下达了命令。

黑塞中校为侦察行动下达了详细的命令。当然，主要的搜寻目标是机上的两个人。如果找不到赖歇尔和他的驾驶员，那就必须找到一个公文包和地图板。如果敌人已先到过现场，那就必须搜寻交战或放火，或是其他暗示着文件已被销毁的痕迹。

6月20日，天色刚刚放亮，第336步兵师便派出一个加强连进入到相当艰难的地带，另一个连为其提供侧翼掩护，并假装采取行动以转移俄国人的注意力。

德军士兵在一个小山谷中发现了这架飞机。机上空无一人，也没有公文包和地图板。仪表板上的仪表已被拆除——这是俄国人缴获德军飞机后常见的做法。现场没有发现能表明地图和文件已被销毁的纵火痕迹。既没有血迹，也没有任何搏斗的迹象。飞机的油箱上有个弹孔，燃料已经耗尽。

"搜索邻近地区。"上尉下达了命令。士兵们分成小股散开。过了片刻，传来了一名中士的叫声："在这里！"他指着距离飞机大约30码的两个土堆，那是两座新堆起的坟墓。连长满意了，他召集起部下，返回了营地。

施图默将军接到关于两个坟墓的报告后连连摇头："把他们埋了？俄国人打什么时候开始如此尊重我们的死者了？而且，还埋在那架飞机旁。"

"确实有些奇怪。"弗朗茨中校说道，"我想知道具体的详情，这可能是某起暴行。"施图默将军做了决定。

第336步兵师奉命再次派出一支队伍，去挖开坟墓，看看里面埋的究竟是不是赖歇尔和德尚特。

第685步兵团的伙计再次被派了出去。和他们同去的还有赖歇尔少校的勤务兵，以便对尸体加以辨认。坟墓被挖开了，尽管这具尸体只穿着内衣，眼前的场景也令人极不愉快，但勤务兵还是认出了他的少校。第二座坟墓里的尸体、军装等物品也已不翼而飞。

确切地说，第40摩托化军（整个调查活动集中在该军军部）向集团军所做的关于墓穴中发现尸体的报告已无法被认为确切可靠了。某些参谋军官甚至不记得曾发现过什么尸体。第40摩托化军的情报官，当时正在施图默军部的前沿指挥所执行任务，距离飞机降落的地点只有几英里，事发后，他立即组织了搜索任务，据他报告，赖歇尔少尉消失得无影无踪。而弗朗茨中校当时却认为，对尸体所进行的鉴别排除了一切怀疑。尽管第336步兵师的参谋人员提出了如此明确的看法，但仍有许多人怀疑，俄国人可能上演了一出精心策划的诡计来欺瞒德国人。诚然，赖歇尔夫人收到了第6集团军作训处长弗尔特上校的一封信件，那封信通知她，她的丈夫已被"以全套军事礼仪安葬于哈尔科夫附近的德军公墓。"她甚至还得到了一张墓地的照片。但她并未收到她丈夫一直戴在手上的婚戒。因此，这起事件的疑点一直延续至今天。

当然，对1942年6月底的德军指挥部来说，获知赖歇尔究竟是死了还是活在苏军的监禁中，这一点至关重要。如果他死了，那么俄国人只能掌握那份地图以及打印文档（"蓝色行动"第一阶段）上的内容；但如果他们活捉了这位少校，那就存在着"格伯乌"专家迫使他说出自己所知道的一切的危险。当然，赖歇尔知道几乎所有的一切，他了解这次大规模攻势的大纲，也知道进攻目标对准的是高加索和斯大林格勒。苏联情报机构已得到赖歇尔，并使他开口交代，这种可能性简直令人不敢想象，但确实有足够的理由让人怀疑这种情况已然发生。

一个公开的秘密是，苏军前线部队接到过严格的命令，抓获任何一个裤子上带有红色条纹的德国军官，也就是总参军官，必须像瓷器那样加以保护，并立即把他上交给更高一级的指挥部。任何一个被击毙的德国总参军官，如果有可能的话，应将其尸体带走，这样一来，德国人就会不安地猜测他们究竟是死是活。这种不确定性可由熟练的前线宣传故意挑起。

那么，为何俄国人这次会突然破例呢？而且，他们这样做了后，为何还把他们下葬？

这起神秘事件，合乎逻辑的答案只有一个。赖歇尔和他的飞行员被一支苏军巡逻队俘获，随即被杀。巡逻队队长将缴获来的公文包和地图上交给他的上级时，后者立即意识到，这一定是德军的一名高级参谋人员。为避免这具尸体会带来一些不愉快和可能出现的质疑，他命令这支巡逻队回去，把两具尸体埋掉。

不用说，施图默将军不得不将赖歇尔事件立即上报给集团军司令部。6月20日夜里凌晨1点，弗朗茨中校已向第6集团军参谋长阿图尔·施密特上校（后升为中将）做了电话汇报。装甲兵上将保卢斯别无他法，只能怀着沉重的心情，通过集团军群向位于腊斯登堡的元首大本营汇报这起事件。

幸运的是，希特勒当时在贝希特斯加登，这一报告并未直接传到他那里。陆军元帅凯特尔负责进行初步调查。他倾向于建议希特勒，对"构成共同犯罪的军官"采取严厉的措施。

凯特尔当然猜到了希特勒对此会做出的反应。元首的命令交代得非常清楚，高级参谋人员只能通过口头传达的方式传递作战计划。在第41号指令中，希特勒再次为重要的"蓝色行动"规定了严格的保密条例。希特勒一直很担心间谍的存在，并曾在所有场合强调过这样一个原则：除了自身工作的绝对需要，任何人都不应知道超出这一范围的内容。

施图默将军和他的参谋长弗朗茨中校，连同第23装甲师师长冯·博伊内布格-伦斯菲尔德少将，在进攻发起前三天被解除了各自的职务，施图默和弗朗茨还被送上了一个特别军事法庭。这个法庭由帝国元帅戈林主持。起诉书中包括两项罪名：过早和过多地泄露命令。

在历时12个小时的听证会上，施图默和弗朗茨得以证明，不存在"过早"下达命令的问题。使用顿涅茨河上唯一可用的桥梁进入沃尔昌斯克桥头堡，摩托化军需要五个夜晚（6月份的夜晚极为短暂）。剩下指控就是"过多地泄露命令"，这成了这起诉讼案的核心。起诉书中指出，该军曾提醒麾下的装甲师，渡过奥斯科尔河后转身向北，他们可能会遇到身穿卡其军装的匈牙利部队，他们的制服与苏军很相似。这一提醒是必要的，因为存在着德国装甲部队可能会将匈牙利人误判为苏军的危险。

但特别军事法庭不接受这个理由。两名被告分别被判处五年和两年的堡垒监禁。听证会结束后，戈林走过去与两名被告握手，并说道："你们诚实而又勇敢地为自己的案件进行了申辩，没有任何托词。我会把这些写进呈交给元首的报告中。"

看来，戈林信守了自己的承诺。陆军元帅冯·博克也在元首大本营与希特勒的会晤中为这两名军官美言。他们的调解软化了希特勒不再让这两人担任职务的决定。四个星期后，施图默和弗朗茨接到了相同的信件，信中声称，鉴于他们过去的服役经历和杰出的勇敢，元首免除了他们的刑期。施图默被派往非洲，担任隆美尔的副手，弗朗茨跟他一同前往，出任非洲军的参谋长。10月24日，施图默在阿拉莫战役中阵亡[1]，他被就地安葬在那里。

施图默被解职后，第40装甲军[2]由装甲兵上将冯·施韦彭堡男爵接掌，他曾出色地指挥过第24摩托化军。现在，他继承了一项艰巨的任务。

毫无疑问：最迟到6月21日前，苏军最高统帅部已获知德军大规模攻势第一阶段的计划和作战序列。克里姆林宫也知道了德国人的意图是以强有力的部队从库尔斯克地区由西向东推进，第6集团军从哈尔科夫地区出击，以侧翼包抄的行动夺取沃罗涅日（Voronezh），从而在奥斯科尔河与顿河之间的包围圈内歼灭位于沃罗涅日前方的苏军部队。

尽管从倒霉的赖歇尔那里获得了地图和文件，但俄国人并不知道，魏克斯男爵的集团军级集群[3]随后将沿着顿河扑向南方和东南方，其战略目标是斯大林格勒和高加索地区。当然，除非赖歇尔已被俄国人抓获，并遭到严厉的审问，那么躺在坟墓中的尸体就完全是另一个人。

考虑到苏军情报机构的狡诈，这种可能性无法被彻底排除。因此，元首大本营不得不做出的决定是：行动计划和开始日期是否应该变更？

博克元帅和保卢斯将军都反对这个提议。进攻发起的日期已迫在眉睫，这意味着俄国人对德军的计划做出反应已为时过晚。另外，马肯森将军已于6月22日发起了第二次"出色的行动"，目的是为第6集团军获取一个合适的出发阵地，他们

---

① 施图默外出视察时，座车遭到袭击，他本人并未负伤，但却死于心脏病发作。
② 1942年6月底，包括第40和第24军在内的一批摩托化军被更名为装甲军。
③ 1942年7月初，魏克斯将军的第2集团军司令部被扩充为"魏克斯"集团军级集群，辖第2集团军、第4装甲集团军和匈牙利第2集团军。

与第1装甲集团军的部队相配合，在库皮扬斯克地区成功实施了一场小型合围战，俘虏了24000名苏军士兵，从而可以渡过顿涅茨河直奔奥斯科尔河下游。

就这样，德国人得到了发起"蓝色行动"的平台。现在干扰这台复杂的作战机器意味着将对所有的一切造成危害。这台机器一旦启动，而且始终运行平稳，就必须让它运转下去。因此，希特勒决定，按原先的构想发起进攻：北翼，魏克斯大将的集团军级集群，进攻发起日为6月28日，辖第40装甲军的第6集团军则于6月30日发起攻击。木已成舟。

随之而来的一切与赖歇尔少校的悲剧事件密切相连，并酿下了德军在俄国陷入灾难的种子。它标志着一连串战略失误的开始，这些失误不可避免地导致了斯大林格勒的惨败，形成了东线战事的转折点，最终造成了德国的败亡。命运的这一变化如此突然地落在正值成功巅峰的东线德军头上，要了解这一转折点，就必须更加仔细地看看涉及"蓝色行动"的战略举措。

德军1942年夏季攻势第一阶段的核心是夺取沃罗涅日。这座城市位于两条河流之间，是个重要的经济和军备中心，控制着顿河及其众多的渡口，也控制着较小的沃罗涅日河。另外，这座城市也是俄国中部所有南北向交通线的枢纽，从莫斯科通往黑海和里海的公路、铁路及河流都经过这里。"蓝色行动"中，沃罗涅日被定为德军向南而去的旋转点，也是侧翼掩护的后勤基地。

6月28日，魏克斯大将的集团军级集群以第2集团军、第4装甲集团军和匈牙利第2集团军发起了对沃罗涅日的进攻，霍特的第4装甲集团军担任主攻。而第4装甲集团军的"破城槌"则是装甲兵上将肯普夫的第48装甲军，这个军的战略布局以第24装甲师居中，第16摩步师和"大德意志"师分别位于右侧和左侧。

第24装甲师组建于东普鲁士，由原来的第1骑兵师改建而来，也是1941至1942年冬季期间，德国国防军中唯一一个被改编为装甲师的骑兵师，现在，他们得到的任务是拿下沃罗涅日。

冯·豪恩席尔德少将率领着第24装甲师，尽其全力发起了攻击。在第8航空军的火力掩护下，他们打垮了苏军的防御，到达季姆河（Tim）后从桥上冲过，苏军已点燃了炸桥的导火索，但却被德军士兵及时扯掉。随即，师长乘坐着他的装甲车，在获得加强的装甲团的最前方驶过了河上的桥梁。

德军的坦克像骑兵那样朝着克申河（Kshen）而去。苏军步兵第160和第6师的炮兵和运输队被德军击溃。又一座桥梁被完好地夺下。这是一场迅猛的追击。师长和师直属队冲在最前方，完全不顾暴露出的侧翼，正如古德里安曾说过的那样："带领一支装甲部队向前，最好的位置总是会暴露自身的侧翼。"

每次为坦克重新加油时，部队不得不停止前进，他们会进行重组，迅速集结战斗群后继续向前猛冲。进攻第一天的夜晚来临前，第24装甲团第3营的摩托车部队已对叶夫罗希诺夫卡村（Yefrosinovka）发起了冲锋。

"好吧，好吧，看看我们在这里找到了些什么！"艾希霍恩上尉自言自语道。村边竖立的路标形成了一片名副其实的"森林"，另外还有无线电通讯车，总部行李车和卡车。这里肯定是个高级指挥部。

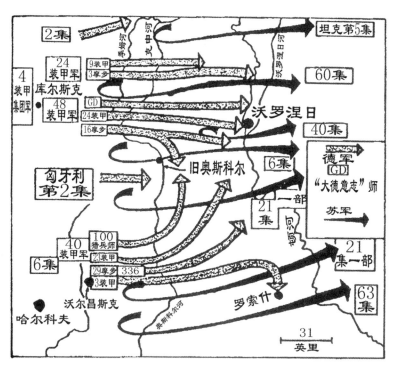

▲ "蓝色行动"拉开了帷幕（1942年6月28日至7月4日）。沃罗涅日将被夺取，第4装甲集团军与第6集团军配合，在旧奥斯科尔地区构成了第一个包围圈。但苏军第一次没有恋战，而是迅速撤过了顿河。

德军的摩托车队差一点就逮住一条大鱼：驻扎在这里的是苏军第40集团军司令部，他们在最后一刻逃离了。不过，尽管司令部逃走了，但他们的集团军却失去了实施指挥的"头颅"。

就这样，第24装甲师在1942年这个炎热的夏季，再次重演了战争最初几周里装甲部队迅猛推进的经典战术，从而证明了一个装备精良、新锐、并得到出色领导的装甲师依然有彻底挫败苏军部队的能力。只有一场突如其来的大暴雨稍稍阻挡了这支充满信心的部队。他们排列成"刺猬"阵地，等待掷弹兵团跟上，随后，在里贝尔上校的带领下，先头部队继续前进。

到6月30日前，第24装甲师距离沃罗涅日还有一半的路程。现在，他们正面对着苏军精心设防的阵地，这里由四个步兵旅坚守。而在他们身后，已发现有两个坦克旅。事态变得愈发严重了。

苏军投入了三个坦克军，试图包围达成突破的德军部队，并掩护沃罗涅日。苏联国防副委员兼机械化部队总监费多伦科中将亲自负责这一行动，显然，俄国人很清楚德军向沃罗涅日推进的重要性。

但费多伦科很不幸，他苦思冥想出的用坦克推进的办法来对付霍特第4装甲集团军的先头部队，结果却被证明是一场失败。德军出色的战术，广泛的侦察以及更具弹性的指挥方式确保了他们能战胜苏军更为强大的T-34和KV坦克。

6月30日，第24装甲师投入到第一场大规模坦克战中，而在南面90英里处，德国第6集团军以沃罗涅日为目标，发起了向东北方的推进。巨大的铁钳已做好了夹断斯大林第一颗牙齿的准备。德军的行动得到了普夫鲁格拜尔将军第4航空军的支援。

第40装甲军从沃尔昌斯克地区向前冲去，这只强有力的铁拳由久经考验的部队构成：第3和第23装甲师，第100猎兵师和第29摩托化步兵师。其中，只有第23装甲师是东线的"新人"。该师的战术徽标是埃菲尔铁塔，这表明了他们来自何方；此前，作为一支占领部队，该师一直驻扎在法国。苏军利用这一情况展开了心理战。在第23装甲师防区内投下的传单上写道："第23装甲师的弟兄们，欢迎你们来到苏联。快乐的巴黎生活已经结束。你们的同志会告诉你们这里的情况，但你们自己很快夜会搞明白的。"这一诡计奏效了。第23装甲师的士兵们惊讶地发现，俄国人对他们的存在了解得一清二楚。

施韦彭堡将军下达的第一道指令是：到达奥斯科尔河后，部队转身向北，以便与肯普夫将军的第48装甲军相配合，在旧奥斯科尔（Staryy Oskol）地区构成一个包围圈。

但奇怪的事情发生了。德军发现，尽管苏军后卫部队在精心准备的防御阵地里顽强抵抗，但他们的主力却有条不紊地向东撤离。这是俄国人第一次放弃大规模会战。他们退出了德军正在形成的包围圈。这意味着什么？难道，他们准确无误地掌握了德国人的意图？[①]

[①] 这一点引起了德国人对情报泄露的严重怀疑，直至斯大林格勒战役结束后，还有许多德军士兵坚持认为他们是中了俄国人的圈套。实际上，赖歇尔并未活着落入苏军手中，而苏军的这一后撤只是改变了战争初期死守不退的战术而已。

4

苏军的新战术

沃罗涅日的致命错误——铁木辛哥拒绝作战——希特勒再次更改计划——克里姆林宫的军事会议——战火移至顿河南部——罗斯托夫之战——与NKVD部队的巷战——巴泰斯克大桥

第40装甲军军长获知苏军后撤时，他立即意识到，俄国人的这一举措对德军第一阶段的行动造成了危害。鉴于形势已发生变化，他要求上级下达命令，立即挥师向东赶至顿河，不能拖延。但第6集团军却坚持按原计划实施包围行动，并下令："第40装甲军转向北面，以便与第4装甲集团军会合。"命令终究是命令。包围圈合拢了，但袋中空空如也。俄国人已经撤走，甚至还带走了他们的重武器。这一仗完全是事倍功半。

此时，就连元首大本营也开始意识到，事情并未按照计划所构想的那样顺利进行。俄国人迅速向顿河撤去。这些苏军部队能撤至河对岸逃生吗？此时，第4装甲集团军仍在对沃罗涅日采取行动。在这种情况下，"蓝色行动"第一阶段的打击将会落空。形势相当危险，决不能浪费任何时间。

面对这一形势，希特勒于7月3日得出了完全正确的看法：坚持以夺取沃罗涅日为首要目标的构想，可能会危害到整个"蓝色行动"。因此，在对冯·博克司令部所做的一次闪电拜访中，他告诉这位元帅："博克，我不再坚持要求夺取这个镇子。实际上，我并不认为夺取它是必要的。您自由了，要是您愿意的话，立刻挥师向南吧。"这是个决策的时刻。战争的命运尚未决定，哪条路能扭转形势呢？

7月3日深夜，施韦彭堡接到了第6集团军的命令，要求他一路向东直奔顿河，从而切断苏军的退路，他不禁长长地松了口气。

但第二天（7月4日）中午前，又来了新的命令：他的军不是向东，而是向北，向沃罗涅日方向前进，以掩护第4装甲集团军的南翼。这是怎么回事？沃罗涅日发生了什么情况？命令摇摆不定，其幕后情况究竟是什么？

一个奇怪的事实是，希特勒在战争初期所有的正确决策都是由他以一种奇特、或者说极不常见的谦逊方式所做出的。这次在沃罗涅日的问题上亦是如此。

他没有命令博克元帅：你必须绕过沃罗涅日，按照我们的计划时间冲向斯大林格勒，不得延误。他没有这样做，他只是告诉博克，自己已不再坚持要夺取沃罗涅日。因此，部队是否应该绕过而不夺取这一重要的交通中心？做出这一决策的责任留给了这位"南方"集团军群司令。对博克元帅来说，这是个困难的决定：他应该拿下这个城市呢，还是该绕过它？冯·博克元帅认真地考虑着，他开始怀疑，先拿下沃罗涅日的柱石就证明可以迅速夺取这座城市，这样一来是否会更好些。难道他不该试一试吗？博克犹豫了，动摇了。

就在这时传来了消息，第24装甲师以其获得加强的第26摩步团渡过顿河，获得了一个桥头堡。德军混在后撤的俄国人中，通过苏军的一座桥梁渡过了顿河。夜幕降临前，德军侦察部队距离沃罗涅日已不到2英里。

第24装甲师的左侧，为其提供北翼掩护的"大德意志"摩托化步兵师，同样取得了快速的进展，7月4日18点，他们也到达了顿河。南面，第16摩步师麾下得到加强的摩托车营同样到了顿河。

在谢米卢基（Semiluki），苏军完好地留下了顿河上的一座桥梁，这座桥梁搭载着通往沃罗涅日的公路。这一情况说明，他们希望能让自己的主力部队渡过河去。通过强有力的反击，在T–34的支援下，他们将德国人挡在桥梁外，并在河西岸控制住一个宽广的桥头堡。

7月4日夜里20点，"大德意志"摩托化步兵第1团的布卢门塔尔中尉，带领着他的第7连，夺取了顿河上的公路桥，并在东岸建立起一座桥头堡。苏军在最后关头曾试图炸毁桥梁，但很显然，他们并未准备好电起爆设备。于是，他们点燃了一根通往桥墩处大堆炸药的普通导火索，小小的火焰沿着导火索蜿蜒而行。

布卢门塔尔连里的亨佩尔中士跳入河中，河水淹到了他的下巴，他挣扎着来到桥下，扯掉了燃烧着的导火索。此时，导火索距离120磅炸药只有几英寸了。

与此同时，苏军队列仍从西面不停地走来，他们跨过桥梁，径直走进布卢门塔尔中尉第7连士兵所组成的"接待委员会"的怀中。"缴枪不杀！"桥梁已被夺取，沃罗涅日也能这么轻易地被拿下吗？

"大德意志"摩托化步兵第1团的士兵们搭乘着突击炮，对沃罗涅日进行了一次武力侦察，一直逼近到铁路线处，随即遭到苏军防御部队猛烈的反击，不得不撤了回来。但不管怎样，德军士兵差一点就杀入城内了。正是这一情况使得陆军元帅冯·博克没有采纳希特勒绕过沃罗涅日的建议，而是决心对其发起进攻。他想抓住自己所发现的这一机会，通过一次突袭夺取这座重要的城市。他相信自己的快速部队仍能通过沃罗涅日，及时插入铁木辛哥大军的后方，切断敌人撤过顿河的退路。这是个根本性的错误，从这一刻起，斯大林格勒的悲剧将一步步地形成。

7月5日夜幕降临时，经历了一整天40摄氏度的高温天气，第48和第24装甲军的快速部队、"大德意志"师的两个摩托化步兵团、第24装甲师、第3摩步师和第16摩步师的摩托车部队，控制了顿河东岸广阔的桥头堡，就在沃罗涅日门前。北面的掩护由正在靠近的步兵师提供。但集团军群在判断敌军实力的问题上犯了个错误。城内挤满了苏军部队。在最后关头，俄国人尽其所能地为沃罗涅日提供了增援。显然，铁木辛哥从缴自赖歇尔少校的文件中得出了正确的结论。

希特勒获知这一情况后，突然再次干预起部队的作战行动来。这次，他坚决否定了对沃罗涅日的进一步攻击，并坚持认为，进攻必须转向南方，那里才是目标所在。

但7月6日，第24装甲师和"大德意志"师的部队进入了沃罗涅日。俄国人似乎在退却。这一情况立即对希特勒产生了影响，他再次批准夺取沃罗涅日。不过，他又下令，至少要有一个装甲军（第40装甲军）继续其于7月4日发起的向南的推进，直奔顿河，不得延误。第4装甲集团军奉命尽快腾出更多的装甲部队，以便跟上第40装甲军的行动。

就这样，"蓝色行动"的第二阶段以一种大打折扣的方式展开了。先是装甲部队发起了夺取沃罗涅日这座重要城市的行动，装甲部队并不特别适用于这种战斗，现在，博克又被逐渐剥夺了他最有效的打击力量。更糟糕的是，一些装甲部队由于缺乏燃料，目前停顿在沃罗涅日的南面。结果，"南方"集团军群已不再是一支强大到足以决定沃罗涅日战役的力量，而对奉命向南、迅速切断顿河退路的一个装甲军来说，尽管有后续装甲部队提供支援，但事实证明，他们的实力还是太过虚弱了。

7月7日，经过激烈的战斗，第3和第16摩托化步兵师夺取了沃罗涅日的西部。但德军各部无法渡过沃罗涅日河，这条河流由北向南穿过这座城市。俄国人投入了步兵和大批坦克，一次次地发起反击。

铁木辛哥将第40集团军的主力集中在沃罗涅日，包括9个步兵师、4个步兵旅、7个坦克旅和2个反坦克旅。毫无疑问，这种兵力强度表明铁木辛哥了解希特勒的计划，并做出了正确的应对，以此牵制沃罗涅日北翼的德军主力，从而争取时间让自己的主力部队脱离奥斯科尔河和顿涅茨河，并撤过顿河。

他要把自己的部队撤向何方？答案很奇怪，居然是斯大林格勒。

尽管德国的广播电台宣布德军已于7月7日夺取了沃罗涅日，但战斗仍在这座城市的大学区和北部的树林里继续进行，一直持续到7月13日。即便是7月13日后，德国人仍未能成功地夺取这座城市的东部，或是其北部的桥梁，这座桥梁能使他们河东岸的南北向铁路线瘫痪——这条铁路对苏军的补给至关重要。从莫斯科通往南方的大型补给道路也仍控制在俄国人的手中。

德军原先的计划曾规定，迅速夺取沃罗涅日后，摩托化部队应向南直奔顿河，以阻截铁木辛哥从顿涅茨河与顿河之间广阔地带后撤的部队，将对方拦截在顿河。可事实却相反，第48和第24装甲军辖内宝贵的摩托化师和装甲师深深地卷入到这座城市的争夺战中，而第9和第11装甲师仍被牵制在第4装甲集团军的北部拦阻阵地上。铁木辛哥元帅亲自指挥战斗。沃罗涅日必须尽可能长久地被坚守着，以延缓德军向东南方的推进。每争取到一天，对铁木辛哥来说都意味着一个显著的胜利。

7月6日夜间，位于沃罗涅日南面的第40装甲军，其先头部队——第3装甲师第3摩步团第1营，距离罗索希（Rossosh）大约50英里。但他们的燃料已所剩无几。韦尔曼少校对后勤补给部队满怀信心，决定带着两个装甲连和第75炮兵团的一个连继续向前推进。

在这样一个星光闪耀的夜晚，他们驱车驶过草原。布施的连队走在前面，布雷默的连尾随其后。营长给他们下达了如下指令："我们知道，要想完好地夺取卡利特瓦河（Kalitva）上的桥梁，我们就必须在拂晓时赶到罗索希，还要避免与敌人发生任何接触，这只是因为我们缺乏弹药和燃料。所以，我们要严格按照计划时间向前推进，从前进中的苏军炮兵和步兵部队身边经过，幸运的是，他们不知道我们是什么人。"

凌晨3点前不久，罗索希镇第一片破旧的房屋出现在眼前。营里的翻译卡拉科夫卡中士拦住一个惊讶不已的俄国人，对他进行了盘问。这个被吓坏的同志透露，除了标在地图上的两座桥梁可以渡过卡里特瓦河外，还有另一座桥梁，那是一座坦克桥，最近才刚刚完工。于是布施和布雷默这两位连长，与营长一同制定了行动计划。

拂晓昏暗的光线中，韦尔曼的队伍穿过罗索希，这个镇子仍在沉睡中，对德国人的到来毫无防备。一个运动场上，停放着若干架联络飞机。偶尔能看见一辆坦克。在一幢巨大的三层楼建筑前站着几名哨兵，但他们并未将正在靠近的滚滚尘埃与敌人联系起来。

韦尔曼少校的指挥车跟在第1连装甲车队身后不远处，全连驶过桥去。在北岸，韦尔曼遇到了守桥的苏军哨兵。这名哨兵突然意识到所发生的情况，慌忙从肩上取下步枪。韦尔曼的无线电操作员——列兵滕宁，闪电般地从车上跳下，用冲锋枪抵住这名哨兵的腹部，敲掉了他手里的步枪，并把他拖入装甲车里。这是他们抓获的第一名俘虏，也是最重要的一个。这个俄国人交代，罗索希镇内有一个级别相当高的指挥部，保卫力量至少包括8辆坦克。

就在这时，河对岸响起了第一声枪响。接下来的5个小时里，韦尔曼的部队经历了激烈的战斗，死死抗击着镇内吃惊不小但却顽强无比的守军。

子弹从四面八方射来。到处都有T-34坦克的身影。苏军步兵进行了重组。但韦尔曼的部下们守住了桥梁。他们的救星是跟在身后的榴弹炮连，经验丰富的炮组成员们巧妙地布设好炮位，从而控制了沿河的道路。

这场战斗激烈而又混乱。但德军士兵更大的干劲和更顽强的神经使他们赢得了胜利。大部分苏军坦克在近距离交战中被击毁。瑙曼中士获得了一个特别的战果：他肃清了铁木辛哥司令部的地图室，俘虏了22名高级参谋军官，其中大多数人的军衔为上校。夜里时，铁木辛哥本人也在罗索希，他肯定是在关键时刻逃脱了。

尽管这些德军士兵非常英勇，但如果第3装甲师的主力没有及时赶到的话，韦尔曼战斗群的下场一定很惨。苏军的抵抗被打垮了。布赖特少将的第3装甲师沿着通往顿河的道路，到达了一个更为重要的里程碑。

不过，沃罗涅日之战使德军计划时间表遭受到的混乱到处都能感觉到。在罗索希南部地区，米列罗沃（Millerovo）周围，德国人怀疑存在着相当强大的苏军部队；现在，实施进一步推进前，德军将采取直接进攻的方式将其消灭。这一行动再次偏离了原计划，也违背了"迅速冲向斯大林格勒"的宗旨。

就在这种极其混乱的情况下，"蓝色行动"的第三阶段开始了，根据第41号指令，这个阶段将形成1942年夏季攻势的决定性阶段——劳夫将军的第17集团军和克莱斯特大将的第1装甲集团军于7月9日在南部发起的钳形攻势。其目标是在斯大林格勒地区（注意，是地区，而不是城市）取得会合，包围并歼灭顿涅茨河与顿河之间的苏军部队。

但正如他在北部所做的那样，铁木辛哥元帅在南部，只在几个挑选出的地点进行了抵抗，他的主力部队却向着东面和南面撤退。

结果，南部的钳形攻势，除了将其前方后撤中的苏军推至顿河巨大的河曲部外，一无所获。而德军仍未建立起一道有可能切断苏军后撤道路的防线。

希特勒意识到，由于俄国人迅速后撤以及在沃罗涅日的延误，在顿河中游实现合围已不复可能，但他希望至少能拦截、包围并歼灭他认为仍集结于顿河下游的敌军。为了实现这个目标，他于7月13日放弃了宏大作战计划中的关键特点——应以全部力量迅速冲向斯大林格勒，以便封锁伏尔加河下游。

希特勒应该能很好地执行这一行动。实际上，在目前的情况下，这是需要做的唯一正确的事情。因为如果一股敌军不肯被包围，并向后撤退的话，那么他必须追击。他决不允许让敌人获得时间，从而建立起一道新的防线。现在，德军的目标是在斯大林格勒地区歼灭敌人的有生力量，这一目标可通过对苏军部队迅猛的追击来实现。

毕竟，希特勒有两个装甲集团军可供使用，并已在顿河上获得了一些重要的渡口。只要很短的时间他就能到达斯大林格勒。但希特勒有一种极大的错觉：他相信苏联的实力即将被耗尽。他认为苏军的后撤只不过是因为组织和士气发生崩溃而造成的溃逃罢了，但实际上，这是一次有计划的后撤。

在许多地方发生的恐慌事件是由于苏军下级指挥人员的无能所造成的。从战略观点看，铁木辛哥很好地掌控着这一撤退行动。他迅速采取了措施。他的目的是保存有生力量，以便在这个国家的腹地继续进行坚决的抵抗。

希特勒没有看见这一危险，或者说，他也不想看见。他相信自己能轻而易举地拿下斯大林格勒，同时，以罗斯托夫为中心，在顿河下游来一场大规模的合围战。为此，他中止了第4装甲集团军沿顿河向斯大林格勒的推进，使其停顿在顿河河曲部，随即，与计划宏大的第三阶段完全背离，该集团军将转身向南而来。就像1941年初秋他暂停了德军向莫斯科的推进，并抽调古德里安的快速部队去执行基辅合围战那样，他现在希望通过另一次即兴式突袭行动，在罗斯托夫击败苏军。这将是战争中最为庞大的围歼战。

在此期间，第6集团军继续孤身向着斯大林格勒前进，现在，该集团军的进攻矛头——第40装甲军的快速部队也被调往罗斯托夫。

就在这一重大决定被做出的同一天，陆军元帅冯·博克被解除了职务。他反对希特勒的战略计划，并希望集团军群能作为一支完整的作战力量被置于自己的指挥下。

可是，元首大本营已经下达了拆分"南方"集团军群的命令。7月7日，博克元帅在日记中写道："收到命令，李斯特元帅将奉命指挥第11和第17集团军以及第1装甲集团军。这意味着战事被一分为二。"

所发生的情况正是如此：战事被一分为二。希特勒不仅改变了夏季攻势的时间安排，还改变了整个南线的指挥结构。

陆军元帅李斯特的A集团军群（第4装甲集团军后来暂时隶属于该集团军群），通常也被称为"高加索集团军群"。B集团军群，由第6集团军、第2集团军和匈牙利第2集团军组成，博克元帅被召回后，该集团军群由冯·魏克斯大将指挥，该集团军群的任务依旧——斯大林格勒。

这一重组清楚地表明，希特勒在7月13日时相信，他可以同时实现1942年夏季攻势中的两个战略目标。按照原先的计划，这两个目标本应该依次完成，结果，他用这种简单的权宜之计将自己的力量一分为二。他错误地认为俄国人已经"完蛋了"，这个观点冲昏了他的头脑。

但俄国人根本没有完蛋。就在希特勒灾难性地命令部队向南、解除冯·博克职务的当天，在斯大林的主持下，一场军事会议在克里姆林宫召开了。

出席会议的有外交部部长莫洛托夫、伏罗希洛夫元帅、总参谋长沙波什尼科夫，另外还有来自美国、英国和中国的联络官。苏军总参谋部已向斯大林清楚地表明，没有能力再度进行像基辅或维亚济马那样的战役。换句话说，他们已无法继续进行那种不惜一切代价的战役了。斯大林接受了他们的观点。他赞同沙波什尼科夫在7月13日的会议上阐述的总参谋部的决定：苏军将后撤至伏尔加河并进入高加索地区，他们将在那里实施抵抗，迫使德国人在荒凉的地带度过即将到来的严冬。所有重要的工业设施将被疏散至乌拉尔和西伯利亚。

7月中旬，德军总参谋部通过一名间谍的报告得知了这一重要会议的内容，但希特勒将之视为一个谣传。

如果还有什么人怀疑铁木辛哥实际上已经把他的部队从顿涅茨河与顿河之间撤走，包括每一个士兵和每一门大炮，那么，米列罗沃的情形很快便能打消他的怀疑。第40装甲军担任铁钳的东部外环颌口，从罗索希向南推进后，径直插入到后撤的苏军中，其辖下的3个师进入了最前线。

沿着米列罗沃南部的铁路和公路，大股苏军部队向东南方涌去。第40装甲军麾下的几个师并未强大到足以拦住这些苏军的程度。考虑到在米列罗沃周围遭遇到的抵抗，他们也无法在更南面的顿河下游建立起一道拦截线。

战场向南移动。希特勒正在南方寻找着敌人。实际上，他对在南面取得胜利充满了信心，甚至从作战计划中去除了曼施泰因的第11集团军，尽管该集团军已做好了从克里木渡过刻赤海峡的准备。第11集团军奉命向北而去，去夺取列宁格勒。

经过激烈的战斗，施韦彭堡的第40装甲军于7月20日抵达了顿河下游，并在康斯坦丁诺夫卡（Konstantinovka）和尼古拉耶夫斯卡亚（Nikolayevskaya）建立起桥头堡。

在此期间，构成钳形攻势内环颌口的第1装甲集团军，同样向南而去，他们渡过顿涅茨河，开始与从斯大林诺地区（Stalino）推进的第17集团军一起，向罗斯托夫扑去。苏军则下定决心要守卫顿河上这个关键的桥头堡——罗斯托夫。

罗斯托夫西面，第17集团军于7月19日突破了敌人的阵地，现正向罗斯托夫与巴泰斯克（Bataysk）之间的顿河推进，第57装甲军居左，第5军居右。在出色的参谋长温克上校[1]的帮助下，基希纳将军率领第57装甲军，向罗斯托夫发起了一次大胆的推进，试图以突袭夺取顿河河口处的这座重要城市，并完好地拿下罗斯托夫与巴泰斯克之间的顿河大桥。第57装甲军辖第13装甲师、党卫军"维京"师、第125步兵师和斯洛伐克快速师。

北面，第1装甲集团军的先头部队——冯·马肯森将军的第3装甲军以第14和第22装甲师为主导，向罗斯托夫推进。就像1941年11月那样，冯·马肯森的部队再一次为争夺这座城市而战。7月22日，罗德上校的第22装甲师在罗斯托夫东北面卷入了激烈的战斗。第204装甲团向南而去。第14装甲师则冲向新切尔卡斯克（Novocherkassk）。整个白天和黑夜，激烈的战斗肆虐在这座城市防御森严的接近地。

同一天，赫尔少将率领着第13装甲师，武装党卫军中将施泰纳带领着"维京"师，从西面和西北面发起了进攻。自年初起，罗斯托夫便被加强为一座壁垒森严的城市，除了在接近地部署了强大的防御外，这座城市还环绕着三道配置了地雷区、防坦克壕及反坦克障碍的防御圈。尽管如此，第57装甲军的突击队还是以突袭的方式突破了城郊的防线。第13装甲师的非装甲战斗群，以第93摩步团从西面发起攻击。而该师获得加强的第4装甲团则沿着斯大林诺——罗斯托夫公路推进，并渗透进该城的北部。在其右侧，党卫军"维京"师的"吉勒"装甲战斗群穿过外围防御圈大批据点和防坦克壕，并以二级突击队大队长米伦坎普的党卫军装甲营夺取了罗斯托夫机场。

7月23日，从北面扑向罗斯托夫城郊的第22装甲师缓慢地获得了进展。在第57装甲军的作战区域内，第13装甲师继续以坦克、步兵连和摩托车部队攻入城内。党卫军"维京"师起初陷入激烈的巷战中，第125步兵师紧跟在"维京"师的身后。破晓时，冯·加扎中尉带领着第66摩步团第2连，突破了敌人的阵地，一直冲到一

---

[1] 温克是1942年9月3日开始担任第57集团军参谋长，此时的参谋长应为齐格勒上校。

条小河边，并夺取了河上的公路桥。

第43摩托车营也冲入城内。第13装甲师清理掉大批路障，慢慢地向着顿河前进。但就在其先头部队向前推进时，敌人的抵抗再次在他们身后爆发开来，子弹来自道路两侧，来自得到大力加强的建筑物——特别是来自德军侧翼的露天广场。

"维京"师的坦克先是陷入了巷战，随后，二级突击队大队长迪克曼带着他的营驱散了敌人，继续朝西南方向攻击前进。

下午前，第13装甲师的摩托车营已到达顿河北岸，但在迷宫般的工业和港口设施中，他们所到达的河岸位于主公路桥东面很远的地方。摩托车营尚未来得及赶到顿河通往巴泰斯克的大桥，一段桥梁便已被炸毁，断桥落入到水中。尽管第13装甲师肃清了大桥周围的地区，工兵们疯狂地忙到第二天才使桥梁得以恢复使用，但最初只能供行人和轻型车辆通行。夜幕降临前，桥梁北部的地区已落入德军手中。第66摩步团第1营夺取了邮政总局和NKVD总部周围的地带，敌军在这里的抵抗顽强而又巧妙。夜幕降临时，步兵们占据了能为坦克提供全方位防护的阵地。城内许多地方仍有交火。凌晨时，第22装甲师的部队从北面而来，第3装甲军与第57装甲军的先头部队在罗斯托夫市中心完成了会师。

7月24日清晨，争夺这座城市的战斗恢复了。邮局周围的敌人很快便被打垮，但苏军的一支部队死死地守卫着NKVD总部。直到中午，第13装甲师的步兵才在第22装甲师坦克的支援下，击溃了敌人的抵抗，拿下了这座建筑。

在此期间，第13装甲师和"维京"师的其他部队，成功地肃清了市中心的主要地区，并将顽强抵抗的敌人赶向东面或西面。就在第13装甲师守卫着通往巴泰斯克的桥梁的北部地区时，二级突击队大队长米伦坎普率领着"维京"师装甲营沿顿河北岸推进，并以一次突袭夺取了罗斯托夫西面六英里处的一个渡口，敌人用这个渡口撤退他们的部队，从而使第49山地军最主要的部队以及第73和第298步兵师的先头部队于7月24到25日的夜间渡过了顿河。

与此同时，罗斯托夫市中心激烈的巷战仍在继续，实际上，这种争夺已经持续了好几天。阿尔弗雷德·赖因哈特将军在一份报告中描述了这场战斗，1942年7月时，他还是一名上校，指挥着第125步兵师第421团。他阐述了这场激烈的巷战，逐屋逐房，整个城市成了一个巨大的战场，可能永远也找不到与之相同的战斗。这样的战斗，德军士兵将在莫斯科和列宁格勒遭遇到。

7月23日，炎热的一天，傍晚前，第421步兵团的几个营已经夺取了罗斯托夫的北部。第13和第22装甲师的装甲连和步兵，以及党卫军"维京"师的士兵们，已从城市的两侧到达了顿河。他们也在市中心经历了艰难的激战，但却无法突破建筑林立、戒备森严的市中心地区，这主要是由于他们缺乏必要的步兵来从事这种类型的战斗。但是，要想拿下顿河大桥，进而向南进军，进入高加索地区的话，就必须突破这座城市。

NKVD部队和工兵守卫着罗斯托夫，他们现在决心要打到最后一颗子弹。这是毋庸置疑的。这种部队是布尔什维克政权的政治保卫力量，是斯大林的"党卫队"，也是国家警察和秘密警察的骨干，是一支名副其实的精锐部队。队员们无一例外的狂热，并受过出色的训练，顽强到近乎残酷的地步。他们熟悉所有的作战诡计，无条件的忠诚。最重要的是，NKVD的士兵都是巷战高手。毕竟，作为政权保卫者，他们要对付一切可能发生的叛乱，城市是他们最主要的行动地带。

这些巷战专家在罗斯托夫所做的一切令人难以想象。街道已被撕开，铺路石被堆积成几英尺厚的路障。小街小巷已被大量砖结构据点封锁。钢梁被插入地面，周围还埋设了地雷，这使任何朝防御阵地突然冲来的举动都变得不复可能。建筑物的入口已被砖块堵塞，窗口堆放了沙袋，构成了射击阵地，阳台也变成了机枪巢。屋顶上埋伏着精心伪装过的NKVD狙击手。地下室里摆放着成千上万瓶"莫洛托夫鸡尾酒"，这种简陋的武器对付坦克非常有效，只需用一个瓶子灌上汽油，再以白磷或其他化学物质触发，遇到空气便会发生剧烈的燃烧。

无论在哪里，如果有一扇前门没有被砖块堆砌，那就可以断定，在门把手被按下的那一瞬间，一个隐藏的诡雷就会炸开，要么就是一道横过门槛的绊发线触发所连接的炸药。

这片战场并不适合装甲部队，靠他们获得速胜的机会极其渺茫。确实，装甲部队率先取得了决定性突破，但罗斯托夫市中心是突击队的主战场。他们不得不费力地肃清一座座房屋、一条条街道、一个个碉堡。

赖因哈特麾下那些来自斯瓦比亚的士兵，投入到对付这些巧妙设防地区的战斗中。但这位上校以他自己的办法干掉了那些狡猾的对手，这靠的是精确、强烈的决心以及同样的狡猾。

第421步兵团第1营由奥尔特利布少校指挥，第3营则由温岑上尉带领，每个营分成三个突击连。每个突击连配备了一挺重机枪，一门反坦克炮，一门步兵炮和一门轻型榴弹炮。

他们的突击方向是由北向南。整座城市的平面图被精确地划分出一个个作战区域。每个突击连只允许沿分配给他们的南北向道路推进到一条固定线，划分给所有连队的固定线（分别是A、B、C和D线）由西向东横穿城区。

接下来，每片区域的肃清和联络工作都由该区域两侧的突击连完成。每个连队必须沿这些路线等待，直到友邻连赶到与自己齐头并进的位置，并等待团里下达恢复进攻的命令。通过这种方式，六个突击连始终能排成一线，并肩作战。如果某个连队发现自己的进展过快，要是他们遵守这一规定的话，就不会遭到敌人的侧翼袭击。这样一来，在迷宫般的建筑物和街道上进行的行动，依然被牢牢地控制在上级的手中。

第1和第3营的突击连肃清了分配给他们的区域后，赖因哈特立即把第2营的六个突击小组派了出去。他们的任务是"二度搜索"——从屋顶到地下室，搜索每一座建筑物。所有的平民，包括妇女和儿童，都被带离作战地带，送到一个特别集结点。

突击队身后的建筑里已空无一人，扔手榴弹，打黑枪的情形不见了。突击连向前推进时，他们的身后非常安全。

这一计划执行得相当精确。可能多亏了这一点，顽强抵抗的罗斯托夫才会被如此迅速地清理干净。这是一场长达50个小时的、激烈又无情的战斗。

在对这一作战行动的记述中，赖因哈特将军写道："争夺罗斯托夫市中心的战斗是一场无情的斗争。守军决不允许自己被活捉，他们战斗至最后一息。当他们被绕过或是负了伤，他们仍会从背后开枪射击，直到自己被击毙为止。所以我们的伤员不得不被送到装甲车上，并派人保护，否则，我们会发现他们不是被打死就是被刺刀捅死。"

"塔甘罗格"路上的战斗相当激烈，这条道路直接通向顿河大桥。德军在这里的多次进攻都被拦截住，因为很难确定那些隐蔽在机枪后的NKVD士兵究竟躲在哪里。

尘土、硝烟以及来自燃烧着的建筑物的阵阵火花笼罩着街道。奥尔特利布少校贴着建筑物的外墙，沿着人行道冲向前方的一处大型路障。在那里，他挥手示意轻型榴弹炮上前。"首先，我们得把那些阳台轰掉。"

反坦克炮也沿着道路拖了上来，士兵们小跑着，拉着这门反坦克炮进入了路障后的阵地。很快，另外一门步兵炮也被拉了上来。

随即，对"可疑点"的轰击开始了——烟囱、地下室以及堆了沙袋的阳台。赖因哈特亲自来到前线，站在大街上最前方的一处街垒后，用望远镜查看着情况。苏军一挺马克西姆重机枪的子弹一次次地扫过街道。

"布辛。"赖因哈特叫道。第13连连长布辛中尉贴着路面爬到团长身边。赖因哈特指着一栋建筑二楼上的阳台说道："在那里，布辛——放着橙色盒子的那个阳台。你看，那里冒出了一缕烟尘。俄国人就在那里。我们把那座阳台轰掉。"

布辛匆匆返回到他那门重型步兵炮旁。

"开炮！"

第二发炮弹击毁了那座阳台，四散飞溅的砖块中，他们看见几个俄国人和他们的重机枪跌落在街道上。最后，赖因哈特从第13装甲师调来了几辆坦克，为自己的步兵提供支援。这些坦克顺着街道，从一侧驶到另一侧，沿之字形路线前进。在坦克的掩护下，几个突击小组向前冲去。

老城区和港口区的情况较为严重。那里的街道，在此之前几乎都是笔直而又整齐，可现在已堕落成道路曲折不已的一片迷宫。这里没办法使用步兵炮，甚至连机枪也派不上用场。

这里爆发的是一场肉搏战。德军士兵不得不爬入地下室的窗户、房门以及房屋的角落。他们能听见敌人的呼吸声，也能听见对方拉动枪栓的声音，甚至能听见对方的低声细语。他们紧握着手里的冲锋枪，跳起身，打出一个点射后迅速趴下，再次隐蔽起来。

街道的另一侧，一具火焰喷射器咆哮着，手榴弹的爆炸声此起彼伏。伤员的喊叫声令人恐惧地穿过幽灵般的街道，痛苦的叫声被拖得很长："担架……担架……"

木制房屋被烈火所吞噬。刺鼻的硝烟使得战斗愈发艰难，尽管在风的作用下，这些烟雾被吹向了顿河。德军到达D线时，天色已晚。第421步兵团的几个连队，距离第57装甲军的装甲战斗群只有几百码了，这些装甲部队位于顿河北岸、通往巴斯泰克的公路桥的两侧。夜色降临，士兵们躺在木屋、工具棚和成堆的瓦砾间。夜幕被机枪火力一次次地撕开。每隔几秒，照明弹便将战场照得亮如白昼。

第11连的里特曼中士带着他的排，趴在港口区的一座棚屋内。俄国人从一座称重棚朝着他们开火射击。

"行动！"里特曼下达了命令。他带着三名弟兄干掉了称重棚内的苏军机枪。随后，他们继续前进，朝左右投掷着手榴弹。23点时，里特曼和他的部下们到达顿河北岸，并挖掘了散兵坑。

7月25日拂晓前，第125步兵师的突击连恢复了进攻。但突然间，他们的进展变得容易起来。原来，河岸上最后的敌军部队已在夜间撤过了顿河。清晨5点30分，团里所有的突击连都已到达顿河。罗斯托夫彻底落入德军手中。但作为连接高加索的通道，罗斯托夫的重要性只有在德国人控制了它的大门后才能体现，这就是顿河上的桥梁以及跨越沼泽地的四英里长的岸堤，这条岸堤是桥梁的延续，现在成了进入巴斯泰克的大桥。越过巴斯泰克便是平原——这条畅通无阻的道路一路向南，直奔高加索。

这扇大门最终被"勃兰登堡"团打开了，这支神秘、备受污蔑但却英勇无比的特种部队完全由不怕死的志愿者组成，他们与第13装甲师相配合，完成了这一任务。

7月24日，第43摩托车营成了渡过顿河的第一支德军部队。第1连连长埃伯莱因少尉和第13装甲师工兵中的28名志愿者一同摆渡过河。与此同时，在不同的地段，"勃兰登堡"团的半个连也渡过了顿河。他们的意图是夺取巴斯泰克城外的桥梁——最重要的是顿河南岸长长的岸堤，这条岸堤由许多较小的桥梁组成，是连接着通往南方的唯一道路。

1942年7月24到25日的夜间，格拉贝特中尉带着他的半个连，沿着岸堤冲向巴斯泰克。埃伯莱因少尉带领着第43摩托车营的一群士兵，在大桥的前方进入阵地，以便压制桥上的守军。

但这些摩托车手几乎无法从泥泞中抬起头来：他们向前移动时，遭到来自左侧200码外铁路桥桥墩处的火力打击，苏军在那里布设了一挺机枪。迫击炮也响了起来。德军士兵们用锐利的目光搜寻着俄国人枪口的闪烁，以便用自己的迫击炮瞄准目标。

凌晨2点30分，格拉贝特中尉带着他的先头排冲向大桥。这些士兵在机枪的掩护下向前逼近，手指搭在武器的扳机上。但苏军一侧毫无动静。格拉贝特和他的部下沿着桥面两侧，幽灵般地掠过桥梁，另外两个排以很短的间隔跟在他们身后。就在这时，俄国人发现了动静，他们的机枪开火了，迫击炮也响了起来。担任掩护的德军士兵立即开火射击。现在，一切都取决于格拉贝特他们是否能冲过桥去。

格拉贝特成功了，他们打垮了桥上的守军，并建立起一个小型桥头堡。接下来的二十四小时里，面对敌人的反击，他们死死地守卫着这座桥梁。

连长和他的连队确实为守卫这座桥梁而牺牲了自己。"勃兰登堡"团的格拉贝特中尉和希勒少尉在战斗中双双阵亡。大批德军军士和士兵被苏军猛烈的火力所射倒。[1]

在这千钧一发之际，德国空军的斯图卡赶到了。随后，德军的第一批援兵赶来，冲过了堤道和桥梁。格拉贝特躺在最后一个桥墩处，已经阵亡。200码外的一个沼泽坑旁，希勒少尉倒在那里。在他身边躺着一名阵亡的医护中士，头上有一个弹孔，他的手仍紧紧地攥着一个急救包。7月27日，第57装甲军的坦克和步兵通过了这座桥梁，他们向南而去，向高加索而去。

---

[1] 1943年11月，格拉贝特中尉被追授骑士铁十字勋章的橡叶饰。

▲ 东线的酷寒中，激烈的防御战一直持续至来年3月。苏军攻势的重点落在中央防区以及顿涅茨盆地的德军阵地上。照片中，瓦尔代丘陵，一支德军巡逻队正穿过深深的积雪，向着敌人的防线而去。

▲ 东线北部地区，与德军士兵并肩作战的西班牙志愿者们列队穿过一座满目疮痍的村镇。背景处有几座侥幸逃脱苏军破坏的古老的俄罗斯教堂。

▲ 战斗在塞瓦斯托波尔前的山丘上——德军的一个重机枪小组正向敌阵地开火射击。

▲ 饮用和洗漱用水不得不从冻结的水井中汲取。库尔斯克东部，一座冰雪覆盖的村落中，德军坦克停在集结地。

▲ 1942年南部战线，一架被德国空军击落的伊-16战斗机。

▲ 缴获和被摧毁的苏军技术装备。

▲ 与前进中的部队保持联系非常必要，因为胜利通常依赖可靠的通讯联络。照片中，一名布线员跟随着先头部队一同前进。

▲ 1942年5月12—23日期间,德军成功地遏制了苏军的攻势,苏军部队包括12个步兵师、3个骑兵师和15个坦克旅。德军随即发起反击,这场反击得到德国空军俯冲轰炸机的支援,照片中,俯冲轰炸机正对苏军阵地发起攻击。

▲ 德军在刻赤半岛痛击苏军部队之际,铁木辛哥元帅在乌克兰调集起大批兵力,试图夺回哈尔科夫。德军利用弹性防御阻止了进攻中的苏军部队。照片为前沿阵地中的德军步兵。

▲ 1942年的俄国南部，德军重型火炮猛轰苏军阵地。

▲ 6月18日，德军夺取了塞瓦斯托波尔要塞北部的苏军主防御工事，包括"马克西姆·高尔基"炮台，这是一座最现代化、最牢固的工事。这一战果使德军距离海港入口已不到3公里。照片中，德军的战斗工兵正冲向苏军的碉堡。

▲ 克里木集团军司令官，曼施泰因大将，与参加战斗的士兵们交谈。马·曼施泰因被希特勒擢升为元帅，以奖励他成功夺取塞瓦斯托波尔要塞。背景处是塞瓦斯托波尔城内的前苏军兵营。

▲ 1942年4月，埃贝巴赫将军视察第12装甲掷弹兵团（第4装甲师）的前线。

▲ 1942年，南方战线上的德军第1山地师第98山地猎兵团。

▲ 7月1日中午，经历了25天的激战后，塞瓦斯托波尔的陆地和海上要塞都已落入德军手中。照片中，一群德军士兵正在查看一具装甲炮塔，这是"马克西姆·高尔基"炮台的一部分。

▲ 7月初，南部战线的德军沿着数百公里宽的战线发起了进攻。几天内，苏军防线被突破，德国装甲部队向东涌去。照片中为正向顿河推进的德军坦克。

▲ 漫长的补给队伍正将武器弹药运往前线。

▲ 1942年9月7日，经过数天的激战，苏军重要的堡垒新罗西斯克落入德军手中。照片中为新罗西斯克港口阵地上的一门德军反坦克炮。

▲ 1942年夏季，党卫军"警卫旗队"的士兵们在俄国的土地上前**进**。

▲ 敌军已被击溃。跟随在装甲部队身后的必然是补给队伍。

▲ 整个8月，苏军在中央战线的勒热夫和卡卢加附近发起进攻，试图缓解南部战线的压力。但是，面对苏军的重压，德军牢牢地守住了自己的防线。德军最为有效的武器之一是88毫米高射炮，在对付苏军重型坦克的战斗中，它证明了自己的特殊价值。

▲ 卡拉奇西北方, 顿河河曲部, 德军重新发起了对大股苏军部队的攻势。照片中, 德军装甲部队向顿河攻击前进。

▲ 经过激烈的战斗, 德军到达顿河。猛烈的火力压制住苏军部队, 德国军队很快便沿着一个宽大的正面渡过河去。

▲ 8月末, 德国和盟国军队强渡库班河下游的过程中, 罗马尼亚部队扮演了重要的角色。照片中可以看出, 工兵们趴在突击舟上, 率先渡过河去。

▲ 高加索艰难的山区地形, 仅有的几条道路易守难攻。1942年8月21日, 德军山地部队将第三帝国的战旗插上了欧洲最高峰——5630米的厄尔布鲁士峰。

▲ 分散投入战斗的苏军坦克被德军坦克和反坦克猎兵打垮。

▲ 通过一次大胆推进，德军突破了环绕着斯大林格勒的工事带。德军士兵站立在欧洲最大的河流—伏尔加河前，这还是历史上的第一次。

▲ 德军突击炮进入貌似已被废弃的斯大林格勒城。

▲ 第6集团军向斯大林格勒推进，照片中的这群士兵正在城外一道深邃的峡谷中短暂休息。

▲ 德军士兵将一挺MG-34架设为重机枪状态，向斯大林格勒城内的苏军阵地猛烈射击。

▲ 斯大林格勒战役一直拖延到气温开始下降，越来越多的士兵卷入到代价高昂的巷战中。

▲ 斯大林格勒，被打垮的苏军阵地。

▲ 激烈的战斗使斯大林格勒城内好似月球的表面。激战肆虐在货运场和铁路线上。

▲ 斯大林格勒的街道上，一辆被击毁的T-34坦克。

▲ 整个10月，斯大林格勒的战火一直在肆虐。德军士兵通过逐街逐巷的战斗夺取整座城市。城市的废墟反映出这场战役的艰苦。

▲ 德国空军不断投入战斗，以支援地面部队。照片中是一列被斯图卡击毁的装甲列车。

▲ 德军的一个狙击小组在斯大林格勒的废墟中前进。

▲ 斯大林格勒: 成千上万名德军和苏军士兵阵亡于这个世界从未见过的激战中。

▲ 11月，东线战事愈演愈烈。照片中，前沿阵地中的德军步兵击退了苏军在顿河前线的进攻。

▲ 远离德国的这些战斗使得德军的补给问题凸显。照片中，马拉雪橇正为前线运送弹药和食物。

▲ 积雪只是强调了俄国南部陆地景观的单调和雷同。跨过冰雪覆盖的地面,德军士兵正向前线进发。

▲ 积雪只是强调了俄国南部陆地景观的单调和雷同。跨过冰雪覆盖的地面,德军士兵正向前线进发。

5

高山间的战斗

1942年7月，元首大本营深入到俄国境内，驻扎在乌克兰的文尼察附近。德
军最高统帅部的参谋人员以及陆军总参谋长都在文尼察的镇郊居住下来。在一片
广阔的松林中，"托德"组织已为希特勒和他的工作人员修建了一系列经过精心
伪装的地堡。7月16日，希特勒迁入这个新的大本营。芳香的松林并未能缓解炎
炎夏日的热度。即便在夜间，这种闷热也丝毫不减。希特勒并不适应这种气候，
大多数时候，他表现得脾气暴躁、好斗、对其他人抱有深深的猜疑。希特勒身边
的将领、军官和政治联络人一致认为，他待在乌克兰的这段时间里，充满了紧张
和冲突。文尼察这座元首大本营的代号是"狼人"，实际上，在这座小小的暗堡
中，希特勒暴躁得就像个狼人。

7月23日，哈尔德大将被召至元首大本营做军事汇报。希特勒遭受着炎热的煎
熬，而前线的消息使他的脾气更暴躁了。德军获得了胜利，俄国人狼狈逃窜，可奇
怪的是，预期中大规模消灭敌军的围歼战，既未在顿涅茨河与顿河之间发生，也没
有出现在旧奥斯科尔或是米列罗沃。这种情况，似乎在罗斯托夫也没有形成。这是
怎么回事？究竟发生了什么状况？

"俄国人正有条不紊地避开与我们的接触，我的元首。"哈尔德发表了看法。

"胡说八道！"希特勒打断了他的话，"俄国人正在全面溃败，他们完蛋了，

他们正承受着我们在过去几个月里给他们造成的打击！"

哈尔德保持着冷静，他指了指摊放在桌上的态势图，反驳道："我们没能逮住铁木辛哥的主力，我的元首。我们在旧奥斯科尔和米列罗沃的合围落了空。铁木辛哥撤出了他的主力部队，连同他们的大部分重型装备，向东渡过顿河，进入到斯大林格勒地区，或是向南，进入了高加索。我们不知道他在那里还有什么预备队。"

"您和您的预备队！我告诉您，在旧奥斯科尔地区，后来又是米列罗沃，我们之所以没能逮住铁木辛哥溃逃的大军，主要是因为博克在沃罗涅日耽误得太久。敌人正在仓皇逃窜，而我们没能在罗斯托夫的北面拦截住敌人的南部集群，只是因为我们的快速部队向南转进得太晚，也因为第17集团军对敌实施正面压迫、逼其向东退却的行动来得太快，但我绝不会让这种事情再次发生。现在，我们已经放开了我们在罗斯托夫地区的快速部队的手脚，并投入了我们的第17集团军，另外还有第1装甲集团军和第4装甲集团军，目的是在罗斯托夫南部，高加索的接近地，逮住俄国人，包围并歼灭他们。与此同时，第6集团军必须给予逃至伏尔加河，进入斯大林格勒地区的苏军残部最后一击。在这两个重要的方面，我们绝不能给敌人丝毫喘息之机，但主攻必须放在A集团军群对高加索地区的进攻上。"

7月23日的这场会谈中，陆军总参谋长哈尔德大将，徒劳地试图反驳元首的观点。他恳请希特勒不要分散力量，待拿下斯大林格勒，德军在顿河以及顿河与伏尔加河之间的侧翼和后方得到充分的保护后，再发起对高加索地区的进攻。

希特勒对总参谋部的这些顾虑置之不理。他对胜利充满了信心，完全痴迷于"苏联红军已被彻底击败"的信念。这一点被几个更令人惊愕的决定所证实。陆军元帅冯·曼施泰因的第11集团军正准备参加高加索战役，希特勒却把该集团军中的五个师从克里木调至列宁格勒，以便最终夺取那座令人恼火的堡垒。

但这还不算完。希特勒还将装备精良的党卫军"警卫旗队"摩托化步兵师调离东线，送至法国进行休整，并在那里改编为一个装甲师。①南线的另一支精锐部队，"大德意志"摩步师不久后也被调离前线。希特勒下令，只要一到达马内奇河

---

① "警卫旗队"被调至法国，改编为装甲掷弹兵师，但实际获得的配置完全是一个装甲师的规模。

大坝（Manych Dam），就将这个师从前线抽离，调至法国，由最高统帅部掌握。这个决定的部分原因是南部战线燃料短缺，但希特勒做出这些决定最主要的原因是，根据他掌握的情报，盟军对西欧的入侵已迫在眉睫。这是个令人费解而又致命的错误。这七个师被毫无必要地撤出了南部战线，如果有这七个师，斯大林格勒的灾难一定能得到避免。

7月23日的会谈结束后，哈尔德苦闷地回到了设在文尼察镇郊的参谋部。他在日记中写道："他对敌人潜力荒唐可笑的持续低估，让我军形势开始变得危险起来。"

但希特勒坚持他对形势的错误估计，并将他的想法概括进"第45号元首令"的基本原则中，与哈尔德会谈后的当天——7月23日，希特勒口述了这份指令。

这份指令于7月25日传达到各集团军群。在引言中，该指令宣称与事实及前三个星期的作战经历不符——铁木辛哥的部队只有少量残部逃脱德军的包围，到达了顿河南岸。

与第41号元首令（蓝色行动）截然相反的是第41号令规定了应该先夺取斯大林格勒，然后再进攻高加索，夺取俄国人的油田。新指令规定了如下各项目标：

（1）A集团军群的首要任务是，在罗斯托夫南部和东南部包围并歼灭现已逃过顿河的敌军。为此，应从康斯坦丁诺夫斯卡亚（Konstantinovskaya）——齐姆良斯卡亚（Tsimlyanskaya）地区所形成的桥头堡派出强大的快速部队，向西南总方向、大致为季霍列茨克（Tikhoretsk）方向渡过顿河。这些部队由步兵师、猎兵师和山地师组成。与此同时，应以先遣部队切断季霍列茨克——斯大林格勒的铁路线……

（2）歼灭顿河以南的敌军后，A集团军群的主要任务是，夺取黑海的整个东海岸，以摧毁黑海的港口和敌黑海舰队……

另一股力量，由所有其他的山地师和猎兵师集结而成，将强渡库班河，夺取迈科普（Maykop）和阿尔马维尔（Armavir）的高地……

（3）与此同时，应以另一股由快速部队组成的力量夺取格罗兹尼（Groznyy）周边地区，并以部分兵力尽可能在山口切断奥赛梯（Ossetian）和格鲁吉亚的军用公路。随后，这股力量将沿里海海岸向前推进，夺取巴库（Baku）地区……

意大利"阿尔卑斯"军将在晚些时候配属给集团军群。

A集团军群这一行动的代号为"雪绒花"。

（4）正如已下达的指令所规定的，B集团军群的任务除组织起顿河防线外，还包括向斯大林格勒进军，粉碎集结在那里的敌军部队，占领该城，并封锁顿河与伏尔加河之间的地域。

一待任务完成，快速部队应沿伏尔加河推进，直至阿斯特拉罕，以切断伏尔加河在那里的主要支流。

B集团军群这次行动的代号为"苍鹭"。

后面是发给德国空军和海军的指令。

陆军元帅李斯特，一个土生土长的巴伐利亚奥博基希人，一个接受过传统巴伐利亚总参谋部培训的将领，在波兰和法国战役中有着出色的表现，现在由他出任A集团军群司令。他是个精明、冷静、稳妥的战略家，而不是个行事冲动的莽夫，他相信稳当的计划和领导，厌恶一切军事上的赌博。

7月25日，一名特别信使在斯大林诺将第45号元首令交给他时，李斯特摇了摇头。后来，在被囚禁期间，他跟一些朋友们说起过，他唯一的罪过是，他和他的参谋长冯·格赖芬贝格将军居然完全相信，最高统帅部肯定是获得了关于敌军态势特殊而又可靠的情报，这才制订了新的作战计划。

始终构成优势——这一直是克劳塞维茨军事学说的主要观点。可在这里，这一观点却被彻底摈弃了。仅举一个例子：第6集团军正向着斯大林格勒和伏尔加河流域推进，在其身后的是获得加强的意大利"阿尔卑斯"军，该军辖有几个出色的山地师。另一方面，李斯特的A集团军群，现在正面临着东线战事中第一次真正的山地战——征服高加索，而该集团军群麾下却只有三个山地师（两个德国师和一个罗马尼亚师）。"劳夫"集团军级集群[1]辖内的几个猎兵师，既未接受过山地作战的训练，也没有获得必要的装备。德军4个山地师的士兵都是从阿尔卑斯山区尽心挑选

① 1942年7月初，劳夫将军的第17集团军司令部被扩充为"劳夫"集团军级集群，除第17集团军外，该集群还辖有罗马尼亚第3集团军。

出来的，并接受过彻底的山地战训练，如今却被零零碎碎地部署在各个地方。几个星期后，康拉德将军的山地猎兵营发现自己被牵制在高加索的山脊上，距离目标咫尺之遥却无力触及，元首大本营痛苦地获悉这一事实时，一切都已为时过晚。

　　考虑到自己手上可供调配的兵力，李斯特元帅将第45号元首令转变为一个可行的作战计划。劳夫将军的第17集团军，将从罗斯托夫地区向南，对克拉斯诺达尔（Krasnodar）发起正面攻击。克莱斯特第1装甲集团军的快速部队，紧跟着左翼的霍特第4装甲集团军。其被赋予的任务是，冲出他们所在的顿河桥头堡，作为一次钳形攻势的外围铁钳，直奔迈科普。这样，通过劳夫较慢的步兵师与克莱斯特快速

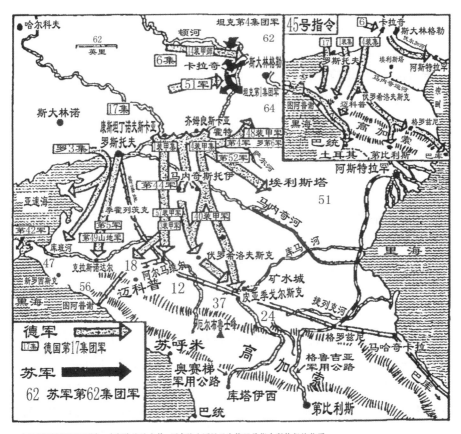

▲ 1942年7月25日至8月初，南部战线的态势。图中的小图显示出第45号指令所构想的位置。

部队之间的合作，被认为盘踞在罗斯托夫以南的敌军部队将遭到包围和消灭。

霍特大将位于东翼的第4装甲集团军将为这一行动提供侧翼掩护。该集团军的第一个目标是伏罗希洛夫斯克（Voroshilovsk）。

随后的计划便是向南攻击前进，这个行动将是个激动人心的过程，并会对整个东线战事的结局起到决定性作用。

就在劳夫的部下仍在为争夺罗斯托夫而战斗时，第1和第4装甲集团军的某些部队已推进到顿河。7月20日，第23装甲师摩托车营在尼古拉耶夫斯卡亚成功渡河，并在顿河南岸建立起一个桥头堡。三天后，第3装甲师的一个战斗群向南推进，在奥尔洛夫卡（Orlovka）渡过了萨尔河（Sal）。从那里，第40装甲军以麾下的第3和第23装甲师向马内奇地区冲去。

显然，苏军指挥部已决心不再让自己的部队遭受包围。苏军总参谋部和战地指挥员们严格遵循着他们的新策略——从本质上说就是当年击败拿破仑的旧战术。这一策略将敌人引入其庞大国土的开阔空间，从而消耗敌人的实力，最后，他们将在适当的时候，沿一个宽广的正面向敌人扑去。

德国部队在顿河南部遭遇了全新的作战环境。在他们前方是300英里的草原，再往前便是世界上最大的山脉之一大高加索，从黑海延伸至里海、横穿过德军的进攻路径。

高加索北部的草原，为敌人实施弹性防御提供了极好的条件。大大小小无数的溪流从高加索流域奔向里海和黑海，防御方用相对较少的兵力便能守住这些天然屏障。

就像在沙漠中那样，进攻方穿越草原的路线受到水源的严重影响。这里的战争正进入一个奇特而又陌生的世界：400多英里长的马内奇河形成了欧洲和亚洲的分界线，渡过这条河就意味着离开了欧洲。

第3装甲军辖下的来自威斯特法伦的第16摩托化步兵师，以及第40装甲军麾下来自柏林—勃兰登堡的第3装甲师，是第一批渡过该河进入亚洲大陆的德国部队。

布赖特将军的第3装甲师，是第40装甲军的先头部队，他们追逐着后撤中的苏军，从顿河起，渡过萨尔河，一直到卡雷切普拉克河（Karycheplak）上的普罗列塔尔斯卡亚（Proletarskaya），这是马内奇河上的一条支流。布赖特的装甲部队已推进至宽阔的马内奇河的岸边。严格说来，这条河流是由水坝支持的一连串水库，这些湖泊大多近一英里宽。水库和巨大的水坝构成了一个水力发电系统，被称作马内奇水电站。

河对岸，苏军士兵早已构建好阵地。对俄国人来说，马内奇河是一道理想的防线，因为它是横跨高加索接近地的一道坚实屏障。

"我们怎么才能渡过河去？"布赖特将军焦急地询问他的参谋长蓬陶少校和第3摩步团团长齐默尔曼中校。

"河流最窄处是俄国人防御最严密的地方。"蓬陶少校指着一份空中侦察的报告回答道。

"据俘虏交代，守在对岸的是NKVD部队。"齐默尔曼补充着。

"从这些航拍照片来看，他们的阵地构建得也很不错。"布赖特点了点头。

"为何不智取呢？选择河道最宽处，就是靠近大坝的地方，那里的河面近两英里宽。他们不会料到我们会在那里发起进攻。"蓬陶少校建议道。

这个好主意被采纳了。幸运的是，第39装甲工兵营还带着21艘突击舟。这些船只被带了上来。此时的气温酷热难当，进行尝试时，两艘突击舟立即像石头那样沉到了河底。另外十九艘也漏水，但这可以让船上的士兵舀水来解决。

默韦斯少尉和十二名无畏的"勃兰登堡人"勘查到两个合适的渡河点，几乎就在河面最宽的地方。这两个渡河点都位于"马内奇水电站"所处的镇的上游，这个镇子坐落在大坝的尽头。大坝似乎只在几个地方被加以封锁，并布设了地雷。这座镇子必须以突袭的方式夺取，以防止苏军爆破组将大坝彻底炸毁。

第3摩托化步兵旅组成了一个战斗群，以执行这一次的行动。第3摩步团第2营从左面发起进攻，第1营居右。另外，第3摩步团第2营的士兵组织了一支强有力的突击连，由训练有素的第6连连长汤克中尉带领。他们接到的命令是："以夜幕为掩护，在水库的远端构建起桥头堡。待战斗群所有的士兵渡河后，突破敌人的防线，以突袭夺取镇子。"

为确保来自东北岸炮火支援的有效性，一名炮兵观测员被派给该战斗群。第40装甲军大胆进攻、强渡马内奇河的行动获得了成功。在此次行动的重点地带，第3装甲师以第6装甲团的一个营，从西北方发起佯攻，与此同时，第3摩步团第1营实施了真正的渡河行动。炮火准备由师属炮兵提供，零点至1点间，他们突然进行了猛烈地炮火齐射。

汤克的部下们趴在河岸上，工兵们将突击舟推入水里。炮弹呼啸着掠过头顶，在河对岸炸开，一时间，硝烟和尘土四散激扬。

"行动！"汤克下达了命令。士兵们跳入突击舟，向前驶去，并不得不用空饭盒拼命地舀水，以免突击舟被水淹没。马达的声响被炮火的轰鸣所淹没，而俄国人那里却一枪未放。

没有任何伤亡，德军士兵渡过了马内奇河。19艘突击舟的船底擦过河对岸的碎石。汤克率先飞身上岸，他站在了亚洲的土地上。

"打一发白色信号弹。"汤克对一名班长说道。信号枪射出的白色信号弹嘶嘶地窜入半空。德军的炮火突然间向前延伸了。工兵们回到船上，再次返回，以便把下一波士兵带过河来。

汤克带着部下冲过平坦的河岸。第一道战壕里的苏军士兵措手不及，他们开始四散奔逃。这些俄国人还没来得及向下一道战壕发出警报，汤克他们的机枪子弹便已将敌人的哨兵和警戒部队扫倒。

但此刻，登陆点左右两侧的苏军士兵已被惊动。突击舟带着第二波士兵渡河时，遭到了敌机枪交叉火力的射击。两艘突击舟被击沉。剩下的17艘顺利渡过河去，带来了120名士兵以及弹药，另外还有第2营营部人员。

但摆渡行动已无法继续。营长伯姆少校成功地扩展了马内奇河南岸的桥头堡，却已身负重伤。连长汤克中尉接掌了桥头堡的指挥任务。俄国人用纵向火力覆盖着整个河岸，各种口径的火炮猛烈轰击着这片地区。总之，随着天色渐渐放亮，突击舟摆渡的行动已无法进行下去。

汤克中尉和他的部下仍趴在河边的平地上，他们在占领的苏军战壕中挖掘着射击阵地。俄国人用迫击炮和机枪朝着他们猛烈开火，并发起了两次反击，一直逼近到离汤克的阵地不到几码远的地方。

最糟糕的是，汤克他们的弹药即将耗尽。右侧的机枪只剩下两条弹链，其他武器的情况也好不到哪里去，迫击炮弹已经打完。

"咱们的空军怎么还不现身？"汤克的部下看着灰蒙蒙的天空问道。快到清晨

6点时，仿佛轰炸机联队的指挥官听到了他们的祈祷似的，德国空军的战斗轰炸机像阳光突破雾霾那样呼啸而至，朝着苏军的炮兵和机枪阵地猛烈开火。在冰雹般的炮弹和机枪火力的掩护下，第三波次的步兵终于渡过河来。

汤克中尉充分利用了这段等待时间。他轮番地从一名排长处跑到下一名排长那里，向他们指点着行动的细节，随即便让他们发起了进攻，一个排接着一个排，向"马内奇水电站"镇冲去。

苏军士兵被打得措手不及，他们没有想到，防御如此严密的阵地会遭到来自后方和侧面的攻击。他们的注意力完全集中在前方面朝着大坝的方向。汤克的部下们迅速席卷了俄国人的后方阵地。

等苏军指挥员重新组织起防御，并让部下们背对大坝实施抵抗时，德军的第一批坦克以及韦尔曼营里的装甲车已沿着大坝坝顶，轰鸣着驶过了狭窄的路面。

镇子陷落了。韦尔曼的营安然无恙地驶过了大坝。马内奇河已被征服：通向南方，通向高加索及其油田的最后一道大型障碍被突破了。

8月2日早上，第3装甲师的"冯·利本施泰因"战斗群一直突破至伊基图通（Ikituktun），而"帕佩"战斗群则在普列加特诺耶（Pregatnoye）建立起一个桥头堡。此时，冯·施韦彭堡的第40装甲军与右侧冯·马肯森将军的第3装甲军已在亚洲作战。

大胆渡过马内奇河，打开通往高加索的门户，这一行动得到了第23装甲师一次同样大胆、成功的行动的补充。来自巴登—符腾堡州的这个师，消灭了苏军一处顽强、巧妙的伏击阵地，该阵地对德军侧翼构成了严重的威胁，苏军甚至没有想到这一威胁。

在马尔特诺夫卡（Martynovka）附近的萨尔河渡口，铁木辛哥埋伏了一个完整的摩托化军，并配备了大批坦克。

马克少将的第23装甲师跟在第3装甲师身后前进，该师获得加强的第23摩托车营直扑马尔特诺夫卡，空军的侦察报告指出，这座城市的防卫力量"非常薄弱"。马克少将发起进攻时，俄国人的摩托化军也进入了阵地。马克立即意识到危险。他以正面进攻牵制住敌人，随即采取了一个大胆的行动——以"布尔迈斯特"战斗群得到加强的第201装甲团包围敌军。7月28日凌晨，他们对苏军的后方发起打击，敌人彻底被打了个措手不及。

混乱的坦克对决中，苏军的T–34往往在20至30码这样极短的距离上被德军的反坦克炮击毁。第201装甲团第9连率先冲入了马尔特诺夫卡，单是这个连就摧毁了12辆T–34和6辆T–70，另外还有数门反坦克炮和步兵炮。弗里茨·费希纳上尉用"黏性炸弹"干掉了好几辆T–34坦克。

马尔特诺夫卡的坦克战，是很长一段时间以来德军第一次以优势的战术指挥和熟练的坦克对坦克技能牵制住一股庞大的苏军部队并将其歼灭的行动。总共有77辆苏军坦克被击毁，缴获的大炮不计其数。

第3装甲师的坦克和掷弹兵沿马内奇河追赶着后撤中的苏军，他们冒着摄氏50度的酷暑高温穿越卡尔梅克草原，从大批牛群和好奇的骆驼身边经过，而此刻，在文尼察附近的元首大本营，希特勒正坐在他闷热的暗堡中，查看着摊放在面前的大幅态势图。约德尔将军在旁边作着报告。

可是，他们讨论的主题并非国防军统帅部公告上宣布的"马内奇河上的胜利"，而是第6集团军在顿河河曲部所遇到的棘手情况。

保卢斯将军的南端和北端攻击部队确实都已到达顿河，但卡拉奇（Kalach）的桥头堡（该桥头堡控制着进入顿河与伏尔加河之间狭长地带的通道），不仅控制在苏军手中，而且实际上已变成俄国人发起反击的一块跳板。

斯大林格勒方面军司令员戈尔多夫中将，已在德国第6集团军面前布设了四个诸兵种合成集团军（第21、第62、第63和第64集团军），还有两个刚组建完毕的坦克集团军（坦克第1和第4集团军）。

苏军坦克第4集团军已开始包围保卢斯的第14装甲军。冯·赛德利茨–库尔茨巴赫将军位于南翼的第51军已遭遇严重的困境。弹药和燃料的短缺使整个第6集团军开始陷入瘫痪。

希特勒同时向高加索和斯大林格勒推进的决定，意味着补给物资供应也必须分别进行。由于南端战事需要推进的距离更远些，所以陆军总参谋部军需长瓦格纳将军在燃料补给上给予高加索战线优先权。许多原先驶向第6集团军的长途补给车队，现在重新转向了南方。

7月31日，希特勒终于不得不认识到，他的乐观已经毫无根据。第6集团军的实力受到补给物资严重短缺的影响，面对强大的苏军防御部队，他们的力量已不足以夺取斯大林格勒，他再也无法对这一事实视若无睹了。

因此，他于当天下令，再次更改计划。第4装甲集团军（尽管已被抽调了第40装甲军）脱离高加索前线，置于B集团军群麾下，并从顿河南岸向东北方推进，以便在进攻斯大林格勒前，对卡拉奇的苏军侧翼实施打击。

这是个很好的计划，但它来得太晚了。就令人担心的力量分散来说，抽调第4装甲集团军改变不了任何问题。希特勒将这股力量抽离A集团军群，只是削弱了该集团军群对高加索地区的打击力量；而作为提供给B集团军群的增援，这股兵力太少，到达的也太晚，根本无法确保尽早拿下斯大林格勒。两个同样强大的集团军群朝着不同的方向前进，双方形成了一个直角，他们距离各自的目标都有很长的一段路。最严重的问题是补给，由于整个行动始终缺乏一个明确的重心，这成了一个无法解决的问题。

德军最高统帅部把自己带入到一个毫无希望的状况中，逐渐变得依赖于对手的决定。在斯大林格勒地区，决定作战时间和作战地点的是苏联人。

元首于7月31日下达的指令要求，高加索战线第二阶段的"雪绒花"行动现在开始——夺取黑海沿岸。A集团军群将投入其快速部队，归第1装甲集团军统辖，朝阿尔马维尔和迈科普方向前进。集团军群内的其他部队，"劳夫"集团军级集群和基希纳将军的第57装甲军将穿过新罗西斯克（Novorossiysk）和图阿普谢（Tuapse），沿海岸赶往巴统（Batumi）。康拉德将军第49山地军麾下的德国和罗马尼亚山地师将在左翼投入行动，穿越高加索隘口后包抄图阿普谢和苏呼米（Sukhumi）。

一开始，所有的一切都以惊人的精确按部就班。元首新指令下达的当天，第3和第57装甲军向高加索方向跃进了一大步。冯·马肯森将军以刚刚隶属自己麾下的第13装甲师，于当晚夺取了萨利斯克（Salsk）。越过几道反坦克壕后，该师在8月6日拿下了拉巴河（Laba）上的库尔干纳亚（Kurgannaya），而第16摩步师则夺取了拉宾斯克（Labinsk）。

8月9日夜间，赫尔少将的第13装甲师攻向迈科普石油镇，这个镇子是广阔油田地区的行政所在地。德军缴获了50架完好的飞机，但储油罐已被摧毁，工厂也因所有的关键设备被搬迁而陷于瘫痪。

第49山地军和第5军也获得了进展，他们在罗斯托夫东面强渡顿河。8月13日前，他们已拿下克拉斯诺达尔，并强渡库班河（Kuban）。

第57装甲军的推进同样取得了成功。经过一番快速向南的推进，穿过库班草原后，党卫军"维京"师的"吉勒"装甲战斗群与尾随在身后的"诺德兰""日耳曼尼亚"战斗群，沿库班河北岸投入战斗。"吉勒"装甲战斗群渡过了库班河；冯·朔尔茨指挥的战斗群①在克鲁泡特金（Kropotkin）顺利渡河，并迅速建立起一个桥头堡，从而为"劳夫"集团军级集群清理出通向库班河南岸的道路。

位于第57装甲军最前方的"维京"师随即转向西南，朝图阿普谢而去。在武装党卫军中将施泰纳的带领下，由来自斯堪的纳维亚、波罗的海和德国的志愿者组成的"维京"师突入了迈科普油田的西北和西南部。

就这样，1942年8月的头几天，A集团军群的快速部队沿着他们的整个前线，穿过库班河和卡尔梅克草原向前推进，以便在实施弹性防御和缓慢后撤的苏军部队到达高加索地区前拖住他们，从而防止敌军逃入山区并在那里建立起一道新的防线。

通信兵奥托·滕宁，当时驾驶着第3装甲师先头营的指挥车，他对作者这样说道："我们接下来到达的是萨利斯克。我们继续前进穿越卡尔梅克草原时，命令要求我们不得对敌人的飞机开火射击。这样，俄国人就无法弄清我们先头部队所处的位置，因为透过地面上升起的尘埃，敌人从空中根本不可能分辨清敌我。我和我的侦察车被派给第1连，跟戈尔德贝格中士执行一次侦察任务。我们小心地靠近了一座小小的村庄，侦察队队长突然发现了某些可疑的东西，随即用无线电通知大家：'敌人的坦克排列在村边。'过了一会儿，我们惊讶地发现，这些可疑的坦克其实是骆驼。大家都笑了起来。从那之后，单峰和双峰骆驼再也没什么不同寻常的了。实际上，我们的后勤单位大量使用了这些可靠的牲畜。"

8月3日，第3装甲师的先头部队到达了伏罗希洛夫斯克。镇内的苏军部队被打了个措手不及，经过短暂的战斗，该镇于16点被德军夺取。苏军以坦克和骑兵发起

---

① 朔尔茨带领的是维京师"诺德兰"团。

了一次反击，但被德军击退。

德军继续前进。"勃兰登堡"团的士兵们跟随着先头部队一同行动，随时准备执行特殊任务。罗马尼亚山地兵也被编入第3装甲师麾下。高加索地区的居民对德军很友好，他们将德国人视为解放者。

一个不容否认的事实是，这里所有的部落和村庄都自愿与苏联红军作战，尽管这并不符合德国最高统帅部的意愿。这些热爱自由的人认为，民族独立的时刻到了。斯大林随后施加到他们头上的怒火非常可怕：所有部落都被逐出他们美丽的家园，流放至西伯利亚。

德国人向高加索地区的推进越快，一个事实就越清楚：苏军仍在后撤，其有生力量和物资并未遭受重大损失。德国部队获得的领土越来越多，但没能成功地打垮敌人，更别说歼灭对方了。几辆翻倒的农用大车、几匹死去的马，就是德军在前进道路上所获得的战利品。

为了掩护向高加索地区进军的德军越来越长的东翼，奥特将军的第52军，以其麾下的第111和第370步兵师，沿着一个宽大的正面滚滚向东，朝里海而去。卡尔梅克草原上唯一一座大城市埃利斯塔（Elista），于8月12日陷落。

与此同时，第3和第23装甲师继续向南前进。卡尔梅克草原祖露在炙热的阳光下。温度计停留在摄氏55度。晴朗的夏空，士兵们看见很远的地方有一片白色的云层，但这片云层一动不动。第二天，它还在那里，第三天也是如此。那是高达18480英寸的厄尔布鲁士峰（Mount Elbrus），覆盖着晶莹的冰川和永恒的积雪，是高加索中心地带最大的山体。

"我们今天前进了多少英里？"第421步兵团团长赖因哈特问他的副官。博尔中尉看了看地图，地图上标出了第125步兵师及其身边的第198步兵师（这两个师隶属于第5军）的前进路线，他以此测算出距离："40英里，上校先生。"

40英里。这就是步兵们在当天前进的路程。在炽热的天空下，穿过光秃秃的库班草原。行进中的队伍笼罩在厚厚的灰棕色尘埃中，只有为首的骑兵能独善其身。越往南前进，各个团之间的连接就越发松散。只是靠远处激起的尘土表明，遥远的右侧和左侧，其他部队也在向着南方前进。

在汽车的阴影处，赖因哈特研究着他的地图。

"这一距离真够怕人的。"他的副官查看着地图。

赖因哈特点了点头。他的手指划过地图，指向卡尔梅克草原："克莱斯特的坦克也好不到哪里去。"

实际上，他们确实没好到哪里去。第40装甲军（自8月2日以来便隶属于第1装甲集团军），于8月10日以第3装甲师夺取了皮亚季戈尔斯克（Pyatigorsk），以第23装甲师拿下了矿水城（Mineralnyye Vody），从而到达了高加索脚下。前方最后一道障碍是捷列克河（Terek）。他们能否渡过河去，然后经奥赛梯和格鲁吉亚的军用公路夺取高山上的隘口呢？

与此同时，位于中间位置的第3和第57装甲军正穿过炎热和尘埃，从顿河进入迈科普产油区，试图追上后撤中的敌人。赖因哈特上校指着地图上的克拉斯诺达尔说道："这就是我们的目标。"

然后，他又指向迈科普："克莱斯特将赶到这里。然后，我们就要看看我们的第17集团军和克莱斯特的第1装甲集团军所形成的包围圈里能逮住些什么。"

他的副官点了点头："这是个很好的计划，上校先生。可我有种感觉，俄国人不会傻等着我们的包围圈合拢的。"

赖因哈特把地图递还给博尔。"等着看吧！"他咕哝着，"还有水吗？"

"一滴也不剩了，上校先生。我的舌头像张捕蝇纸那样黏在上颚，都一个小时了。"

他们钻进车内并宣布："出发，我们今天还要再前进六英里。"

第125步兵师第421团就是这样前进的，1942年8月初，劳夫麾下的步兵、猎兵以及山地兵部队的情形也与之相类似。这段时间里的南线战事，呈现出沙漠战的特点。穿越库班草原追赶苏军的行动，变成了从一个供水点赶至下一个供水点的比赛，中途会短暂停歇几次，吃点东西。诚然，后勤单位会用大型水箱为部队紧急运送饮水，但他们无法为马匹也送来足够的饮用水。所以，部队每天都必须夺取新的供水点。

A集团军群的右翼，面对第17集团军的压力，苏军实施着弹性后撤，以这种方式，他们已在顿河中游取得了成功。俄国人会以强大的后卫部队，有组织地守住几个村子和众多的河床。起初，他们会顽强地守住这些阵地，可现在，他们迅速放弃阵地，几乎没什么士兵被俘。他们通过这种方法执行了铁木辛哥元帅的新指令：必须迟滞敌人的推进，但在关键时刻要将部队撤离，无论如何要避免被包围。这就是俄国人的弹性战术。苏军总参谋部放弃了斯大林寸土必争的老战术，那种打法曾使苏军一次次遭受到包围和巨大的损失。

苏军下级指挥员很快便掌握了这些迟滞行动和弹性防御的战术，这种战术自1936年起便被德军训练手册所删除。通过对德军进攻路线上众多河流的巧妙利用，俄国人一再迟滞德军的推进，并及时撤出了自己的部队。

在这种情况下，"劳夫"集团军级集群中的德国师，以及第1装甲集团军，未能成功完成第45号元首令中的关键任务："逃过顿河的敌军将被包围并歼灭于罗斯托夫南部和东南部地区。"希特勒的计划再次落空。

德军继续着他们的推进，不停地向前追击、行军、前进，越走越远。士兵们从一条河流赶至下一条河流：卡加利尼克河（Kagalnik）被渡过了，叶亚河（Yeya）也被克服了。来自符腾堡的第5军，在他们到达库班前，渡过了八条河流。该军的目标是夺取新罗西斯克，在其右侧的是罗马尼亚第3集团军，第57装甲军在其身后，第49山地军位于该军的左翼。第44猎兵军[①]则跟在基希纳将军的快速部队身后。

在季霍列茨克，从巴库通往罗斯托夫的输油管穿过铁路和公路线。俄国人以强大的火炮、反坦克炮和三列装甲列车顽强地守卫着这个重要地点。

88毫米高射炮部队被置于第125步兵师的指挥下。这是个艰难的任务，但最后，第125步兵师的先头部队还是与第198步兵师成功会合。季霍列茨克失陷了。俄国人退出了这座城市，但他们并非仓皇逃窜。

打击会突然来自广阔的向日葵地，地里的向日葵有一人多高，苏军士兵经常躲在里面袭击德军。可一旦德军试图逮住他们，这些俄国人便逃之夭夭。在夜间，单独的车辆容易遭到敌人的伏击，派遣摩托车传令兵已变得不复可能。

---

① 实际上不存在猎兵军这样的番号。因为第44军辖有第101和第97两个轻型师，故此作者这样称呼该军。很快，这两个师被改为"猎兵师"。

就这样，辖第125、第198、第73和第9步兵师的第5军，于1942年8月10日到达了克拉斯诺达尔。十六天内，步兵们从罗斯托夫到库班哥萨克的首府，已前进了近200英里，他们的作战和行军，穿过了骄阳烘烤下的库班草原的焦土，但也走过了肥沃富饶的河谷。

在他们周围是无边无际的向日葵地，以及大面积的小麦、谷子、大麻和烟草。庞大的牛群越过浩瀚无边的草原。哥萨克村庄的果园是名副其实的绿洲，杏子、李子、苹果、梨、甜瓜、葡萄和西红柿生长得极为茂盛。这里的鸡蛋多得像海滩上的沙子，还有大群大群的猪。对厨师和军需官来说，这是一段美好的时光。

克拉斯诺达尔是库班地区的中心，位于库班河的北岸，当时的居民约有二十万人。这座城市是个大型的炼油厂。

韦策尔将军投入他的第5军，对这座城市展开了向心攻击：来自法兰克尼亚的第73步兵师从西北方发起进攻，来自黑森的第9师从北面出击，来自符腾堡的第125师和第198师分别从东北和东面发起攻击。苏军在果园和城郊进行了顽强而又激烈的抵抗。他们希望能保持市中心及库班河上桥梁的畅通，以便尽可能地把更多的人送过河去，更重要的是，他们还可以将重要的物资运走。无法被运至南岸的一切被付之一炬，包括巨大的油罐。

8月11日中午，奥尔特利布少校带领着第421步兵团第1营，已到达距离桥梁不到50码的地方。俄国人塞得满满当当的车队正从桥上过河。

第2连接到了进攻的命令。泽茨勒上尉跳起身，手枪攥在举起的手里。他只向前冲了三步便倒在地上，子弹射穿了他的头颅。

全连向前冲去，最前面的排距离桥梁的斜坡已不到20码。就在这时，警惕的苏军守桥人员引爆了炸药。

伴随着一声雷鸣般的巨响，大桥六个不同的地点，连同桥上的车队一同发生了爆炸。透过硝烟和尘埃，可以看见人员和马匹、车轮和武器飞入空中。马拉大车和马匹的挽具飞过被炸毁的桥梁护栏落入河中，消失在河水里。

这一行动证明，俄国人在最近几个月里学会了许多东西。桥梁被炸毁，使德国人耽误了两天的时间。直到8月13到14日夜间，第125步兵师才使用突击舟和木筏渡过河去。

苏军就盘踞在对岸。行动前一天，在他们警惕的目光地监视下，奥尔特利布少校对渡河点进行了一番侦察。他伪装成一名农妇，肩上扛着锄头，胳膊上挎着篮子，平静地沿着河边走去。

　　在大炮和37毫米高射炮密集火力的掩护下，德军士兵渡过了库班河，并成功地搭建起一座浮桥。第5军进入了切尔克斯人的领地。这里的穆斯林居民已在他们的房屋上升起了伊斯兰新月旗，以此来欢迎德国人，并将其视为把自己从共产主义无神论枷锁中拯救出来的解放者。

6

新罗西斯克与克卢霍尔山口之间

"大海！大海！"——高加索山口——旧军用公路之战——远征厄尔布鲁士山巅——距离黑海海岸仅有20英里——因为缺少最后一个营

　　库班河被渡过，意味着横跨于"劳夫"集团军级集群前进道路上的最后一道河流障碍已被克服。他们现在可以对其真正的战略目标——新罗西斯克、图阿普谢、索契（Sochi）、苏呼米和巴统这些港口发起进攻。这些目标极为重要，德军一旦将其夺取，不仅会使苏联黑海舰队失去其最后的基地，还能为德军高加索前线获得海路补给创造条件，甚至有可能赢得更大的成果。一待德军拿下苏联在黑海上最后的海岸地带，土耳其很可能会投入德国阵营。这也许会对盟军所进行的战事造成深远的影响。波斯北部的英苏阵线将会崩溃；美国为斯大林提供军事援助的南部补给路线——取道波斯湾、里海和伏尔加河，将被切断。

　　甚至连指导隆美尔的非洲军经埃及进入美索不达米亚这种大胆的计划，实现的可能性也将指日可待。当时，经过1942年夏末出色的追击战，非洲德意装甲集团军的士兵们站立在阿拉曼和开罗的门前。工兵们已在计算渡过尼罗河需要多少节桥梁，如果你问及一名装甲兵"下一站去哪里"时，他会轻率地回答："伊本沙特①的宫殿！"

---

　　① 伊本沙特是当时沙特阿拉伯的国王，也是这个国家的缔造者。

这些美妙的远景目标在劳夫的士兵中相当盛行。第49山地军的部队一听说他们即将进入高加索，马上也创造了他们自己的口号。在《各战线上的山地兵》一书中，亚历克斯·布赫纳提到了一名山地兵对"长途跋涉穿越草原的目的和目标"这一问题的回答："沿着高加索而下，随即从后方打击英国佬，并对隆美尔说，'您好，将军，我们在这里！'"

1942年8月底，第5军的各师对新罗西斯克发起了进攻，这是黑海东海岸上第一座主要的海军要塞。当时，新罗西斯克有95000名居民，是个重要的港口和工业城市，拥有大量的冷藏厂、造船厂和水泥厂，以及大型鱼类加工业。

第125和第73步兵师一路向前，穿过高加索的山脚丘陵，来到这座城市的接近地。突然，他们看见了前方的大海。第419步兵团团长弗里贝上校，在高地刚一看见海岸，立即用无线电通知了他的友邻——第421步兵团团长赖因哈特上校，他说了一句古希腊的名言："Thalassa, thalassa!（大海，大海！）"这句话来自古希腊历史学家色诺芬，2400年前，他带领希腊远征军穿过无水的沙漠和小亚细亚山区艰难后撤，到达特拉比松附近的海岸，终于看见了大海，他们发出了这样的欢呼。巧的是，特拉比松就在新罗西斯克的对面。

但在第125和第73步兵师控制住新罗西斯克前，还需要经历大量艰难而又代价高昂的战斗，苏军第47集团军的部队牢牢地坚守着这座城市。

1942年9月6日，齐格勒中尉带领着第186步兵团第1营，作为第73步兵师的先锋，对新罗西斯克的港口和海湾发起了进攻。

9月10日前，这座城市及其周边地区已被牢牢地控制在德国人手中。劳夫集团军级集群的第一个目标已经实现。下一个目标是图阿普谢——狭窄的海岸平原上一个关键的地点。图阿普谢成了李斯特元帅A集团军群的命运转折点。

除了第5步兵军、第44猎兵军和第57装甲军外，第17集团军还辖有第49山地军，这个军编有第1和第4山地师，另外还包括罗马尼亚第2山地师。步兵、猎兵和山地兵的这种组合，其背后有着特殊的目的。就在韦策尔将军麾下的步兵师跨过高加索西北部茂密的丘陵，以正面进攻夺取新罗西斯克之际，第57装甲军身后的第97和第101猎兵师，经迈科普向前推进，已设法穿越了"高加索林地"，直奔图阿普谢港而去。这些猎兵都是丘陵地带作战的行家。另一方面，康拉德将军的山地兵将翻越高加索中部10000至14000英尺高的山口，冲向黑海海岸，从后方对敌军实施打击。他们的目标是苏呼米，这个棕榈成荫的城市身处亚热带海岸，是阿布哈兹自治苏维埃社会主义共和国的首府。这里距离位于巴统的土耳其边境约有100英里。

在推进中的党卫军"维京"师摩托化战斗群和斯洛伐克快速师的身后，康拉德将军的山地兵于8月13日从草原发起了对高加索山口的进攻。第4山地师居右，夺取拉巴河上游的山口；第1山地师居左，他们将沿着厄尔布鲁士峰的冰川翻过山隘，库班河的发源地就在那里。最重要的过境点是9230英尺高的克卢霍尔山口（Klukhor Pass），这是苏呼米旧军用公路的起点。

在第1山地师的作战区域内，冯·赫希菲尔德少校带领着第98山地猎兵团第2营，进行了一次迅猛的冲锋，一直杀至山隘的入口处，这里已设置了路障，并由强大的苏军部队据守。正面进攻无法夺取敌人的阵地，但冯·赫希菲尔德向俄国人示范了德国军队的山地战法。他用正面佯攻欺骗敌人，并越过山脉陡峭的两侧，对隘口实施侧翼包抄，从后方席卷了敌人的阵地。苏呼米军用公路的最高点，于8月17日夜晚前落入到德军手中。

冯·赫希菲尔德少校快似闪电般地继续着他的冲锋，杀入克雷兹山谷（Klydzh），夺取了山脚下的这个山谷后，他们发现自己正身处黑海海岸茂密的森林中。只要再加把劲，他们就将拿下沿岸平原。

但这股实力单薄的德军部队并未能完成进入平原的突袭。山上的俄国人猛烈而又顽强地据守着出口。德军距离苏呼米这个宏大的目标只有25英里了，但冯·赫希菲尔德少校已远远地把自己的主力部队甩在身后，手上寥寥无几的兵力只能勉强自保，形势相当危急。他的左翼是个巨大的空隙；克莱斯特的装甲集团军仍在厄尔布鲁士峰北面的草原上。

面对这种情况，康拉德将军决定采取一个大胆的行动，以掩护全军的左翼。格罗特上尉率领一个由山地向导和登山者组成的山地连，接受了进入海拔13000英尺的厄尔布鲁士峰山口，切断巴克桑山谷（Baksan）的任务。在那里，苏军正威胁着德国人的侧翼。

这里大概是战争中最为壮观的战场了。带有深深裂隙、锈红色表面的陡峭斑岩，从岩石嶙峋的厄尔布鲁士峰上陡降了数千英尺。远处，巨大的阿绍冰川的冰原，在阳光下熠熠生辉，那里布满了冰瀑、裂岩和广袤的碎石堆。

为争夺克鲁戈佐尔峰（Krugozor）上的前沙皇狩猎小屋，爆发了激烈的山地战，这座山峰坐落在深邃的巴克桑山谷上，海拔近10000英尺。而在克鲁戈佐尔峰之上，耸立着15411英尺高的乌什巴山（Mount Ushba），这是世界上最美丽的山峰之一。乌什巴山仅次于格鲁吉亚军用公路东面的卡兹别克山（Mount Kazbek）以及厄尔布鲁士山的双峰。

厄尔布鲁士山坐落在第1山地师的前进路线上，毫无疑问，这些小伙子们很想征服这座欧洲第一高峰。当然，这一行动毫无军事价值，但如果德军士兵将反万字旗插上高加索地区的最高峰，全世界都将为之侧目。

因此，康拉德将军批准了攀登厄尔布鲁士峰的建议。但他提出了一个条件，这个登山行动应由第1和第4山地师的士兵共同完成。这是个明智的决定：它避免了对骄傲的第4山地师造成伤害。

这支远征队由格罗特上尉带领，第4山地师的参与者则由加梅勒上尉指挥。行动刚刚开始，这群登山者便遇到了一个大"惊喜"。施耐德中尉被派出登山大本营，和他的通讯组提前出发，因为他们携带着沉重的通信设备，会拖缓登山的速度。前方的道路漫长无比，在巨大的冰川的另一端，他们看见了一座梦幻般的苏联国际旅行社的房子，俄国人把这座房屋修建在海拔13800英尺的山峰上。这座巨大的混凝土建筑呈椭圆形，没有任何窗台或突出物，完全由铝片包裹着。它看上去像个巨大的平底飞艇。这座神奇的冰川酒店拥有四十间客房，可供一百人居住。在其上方是一个气象观测站，下部则是厨房建筑的主体结构。

施奈德和他的通讯组踏着冰川上的积雪，迅速向前而去，经过一天的日照，这些积雪并未软化。透过望远镜，他突然发现一名苏军士兵站立在酒店门前。"当心！"施耐德提醒着自己的部下。他带着他们改变前进路线，绕过酒店。在这座建筑上方的岩石堆中，他们占据了作战阵地。

就在这时，格罗特上尉独自一人走了过来。施耐德他们还没来得及发出警告，格罗特已被俄国人围住了。这群苏军由三名军官和八名士兵组成，他们在当天早上刚刚到达这里。

格罗特立即掌握了四周的状况，他保持着冷静。一名苏军军官会说德语，于是，格罗特上尉向他说明了他们的绝望处境。他指出，德军登山队已从远处逼近，而通讯排也已在上方的岩石中占据了有利阵地。就这样，他最终说服了俄国人自愿撤离，但有4名红军战士更愿意跟格罗特一同留下，等待德军登山队赶到，以便担任搬运工。

第二天，8月18日，被宣布休息一天，这些山地兵必须适应这里的海拔高度。8月19日，本该对山峰发起突击，但计划被一场突如其来的暴风雪所挫败。8月20日，夹杂着冰雹的雷暴雨使这些山地兵不得不在厄尔布鲁士的酒店里又待了一天。

8月21日，终于迎来了阳光明媚的清晨，预示着当天会是个好天气。他们在凌晨三点出发，格罗特上尉带着十六个人，加梅勒上尉则带着另外五个人。

清晨六点，好天气到了尽头。一股来自黑海的焚风刮了起来。浓雾之后又是一场暴风雪降临在这座高山的山峰。在一个小小的避身所里，格罗特、加梅勒和他们的部下停下休息。他们是不是应该再次折返？不，这些山地兵都想继续前进。

他们继续向前。在稀薄的空气和刺骨的寒冷中，这场攀登成了一场可怕的冒险。他们的双眼沾满了雪花。狂风呼啸于山脊冰封的侧翼。此时的能见度不到10码。

11点前，他们征服了冰封的山坡。加梅勒上尉站在山脊的最高处。在他前方，山脊开始向下降去。显然，他所在的位置就是山顶。

第1山地师的屈默勒中士系着德国军旗的旗杆深深地插入到柔软的雪地中。随后，第1和第4山地师绣着雪绒花和龙胆草的军旗也被插入地里。一番短暂的握手后，这些士兵迅速攀至东面，那里，西北风的风力有所减弱。过不了多久，全世界都将惊讶地获悉，德国的反万字旗飘扬在了高加索的最高峰。

德军山地兵征服了厄尔布鲁士峰，在如此恶劣的天气下，成功登顶一座对他们来说完全陌生的山峰，这是个杰出的登山壮举。几天后发现的实情并未对这一壮举造成任何影响，天色放晴后，随山地军一同行动的特派记者吕姆勒博士发现，那几面旗帜并未被插在最高峰上，而是在山脊线的一个隆起部，位于主峰下130英尺处。8月21日，在雾色和冰冷的暴风雪中，那些山地兵误以为那里就是山顶了。

让我们回到山口的战斗上。就在第1山地师强行突破克卢霍尔山口，踏上破旧的苏呼米军用公路，并始终处在18480英尺的厄尔布鲁士峰顶的注视下之际，埃格尔泽少将带着他来自奥地利和巴伐利亚的第4山地师，穿过了主山脊上高海拔的山口。冯・施泰特纳上校带领着第91山地猎兵团的第1和第3营，在8500至10000英尺的海拔高度夺取了桑恰罗（Sancharo）和阿鲁斯特拉呼山口（Alustrakhu）。就这样，他们穿过了主山脉，再往前就是下坡，直奔山脚下的隘口，并进入苏呼米地区的亚热带森林中。

舒尔茨少校率领着第91山地猎兵团的第3营，冲过布加拉山口（Bgalar）后随即发现自己正位于一片树木繁茂的山坡上方，这片山坡向着海岸平原陡降。他们距离自己的目标——海岸，只有12英里了。

这些山地兵在山脉和冰川中跋涉了一百二十多英里。他们以极为弱小的力量奋战于海拔10000英尺上，打垮敌人，冲向令人头晕目眩的岩脊、寒风呼啸的冰坡以及危险的冰川，将敌人逐出被认为坚不可摧的阵地。现在，他们距离自己的目标咫尺之遥，但却无力到达。

向海岸突击的这一决定性行动中，冯・施泰特纳的战斗群只剩下两门火炮，每门炮只有25发炮弹。"送弹药来。"他用无线电联络上级，"没有飞机？阿尔卑斯军不是带着他们的骡子上来了吗？"

没有飞机，什么都没有。至于"阿尔卑斯"军，他们正向着顿河，向着斯大林格勒进军。

于是冯・施泰特纳上校，这位英勇的第91山地猎兵团团长，只好无奈地停顿在距离苏呼米仅12英里的布济比山谷（Bzyb）。

冯・赫希菲尔德少校位于克雷兹山谷，离海岸25英里。

鲁普少将的第97猎兵师设法到达了距离图阿普谢30英里的地方。他的师里还包括一些来自吕西安・利珀特中校"瓦隆人"旅的瓦隆志愿者。

但无论何处，没有一支德军部队具备足够的实力发起最后的突击。苏军的抵抗太过顽强。A集团军群的攻击部队已被持续数周的激战所削弱，他们的补给线也被拉伸得超出了任何合理的范围。德国空军不得不在顿河与高加索地区之间分割他们的力量。一夜之间，苏联空军控制了整个天空。苏军的炮兵也占有优势。德国部队缺的只是几十架战斗机，几个营和几百匹骡子。可这就决定了那些触手可及的重要目标已无法实现。

其他战线上的情况如出一辙：到处都发生了短缺。只要行动到达了顶点，重要的目标即将实现之际，德国军队便会遭遇这种致命的短缺。在阿拉曼门前，距离尼罗河60英里处，隆美尔迫切需要几十架飞机去对付英军的空中力量，需要几百辆坦克外加几千吨燃料。斯大林格勒西面的村庄里，第6集团军的突击连急需几辆突击炮，两到三个携带着反坦克炮、战斗工兵和坦克的新锐团。列宁格勒郊外和摩尔曼斯克接近地——各处的部队都迫切需要"决定每场战役结局的最后一个营"。

但希特勒无力使任何一条战线获得这"最后的一个营"。对德国国防军来说，这场战事已变得太过庞大。各处都对部队数量提出了更多的要求，各条战线都已过度扩展至危险的程度。

从大西洋到伏尔加河再到高加索地区，到处都是战场，为即将到来的灾难的幽灵所困扰。这一幽灵首先会落在哪里呢？

7

对阿斯特拉罕的远距离侦察

装甲侦察车穿越80英里的敌方地带——未知的石油铁路线——施利普少尉打电话
给阿斯特拉罕车站站长——扎格罗季伊上尉的哥萨克人

第1装甲集团军构成了A集团军群的东部力量，在其作战区域内，第16摩托化
步兵师以一连串的支撑点掩护着集团军暴露出的左翼。

时间是1942年9月13日，地点在卡尔梅克草原上，埃利斯塔的东面。

"赶紧做好准备，格奥尔格，一个小时内我们就要出发了！"

"是，长官！"哥萨克人格奥尔格大声回答着，然后迅速跑开了。戈特利布中
尉对他积极的态度感到高兴。

格奥尔格来自克拉斯诺达尔。他是在师范学院学会的德语。去年秋天，作为一
名苏军传令兵，他径直跑进了第16摩步师的摩托车部队中。从那以后，他就在第2
连里从事各种杂活——先是担任助理厨师，后来，自愿加入工作后，他又干上了翻
译。格奥尔格有许多很好的不喜欢斯大林的布尔什维克主义的理由，连里的德国士
兵都对他信任有加。在特别紧急的情况下，他甚至还担任机枪手。

戈特利布中尉刚刚结束了与第165摩托车营营长（该营后来被改编为第116装甲
侦察营）的会谈，返回到连队。他们讨论了穿过卡尔梅克草原直至里海，进行一次
侦察行动的最后细节。亨齐齐中将带着他的第16摩步师，最近刚刚在埃利斯塔接替
了第52军，他想弄清楚，沿着高加索前线的侧翼，广袤的荒野上究竟是什么情况。
在斯大林格勒南部地区与捷列克河之间，第3装甲师的第394装甲掷弹兵团，在帕佩
少校的带领下，于8月30日到达了莫兹多克（Mozdok）附近，那里有一个近200英
里的缺口。这片未知的区域像个巨大的漏斗，在伏尔加河与捷列克河之间扩展，其

三角形底边就是里海海岸。任何情况都有可能在那里发生。这就是需要对该地区实施侦察的原因。

8月底，守卫这片广阔的无人地带的任务被交给了一个德国师——第16摩托化步兵师。该师驻扎于卡尔梅克草原的埃利斯塔。首先，将由远距离侦察队对远至里海和伏尔加河三角洲的地区实施监视和侦察。援兵预计在九月底前不会到达，届时，空军的费尔米将军将从他的F特别指挥部[1]里抽调出部队。

就在这时，第16摩托化步兵师赢得了"灵缇师"的称号——后来的第16装甲掷弹兵师以及再后来的第116装甲师始终自豪地肩负着这个名字。

除了几个不可或缺的专家，这次的行动完全由志愿者担任。第一次大规模远征将于九月中旬，沿埃利斯塔——阿斯特拉罕公路的两侧进行。四支侦察队被投入到这一行动中。他们的任务是：

（1）侦察是否有敌军存在于捷列克河与伏尔加河之间的缺口部，如果有，在哪里？敌人是否试图将其部队渡过伏尔加河？他们的基地在哪里？是否有敌军沿斯大林格勒与阿斯特拉罕之间的河畔公路行动？

（2）根据道路状况的补给详情，里海海岸和伏尔加河西岸的特点，以及基兹利亚尔（Kizlyar）与阿斯特拉罕之间是否存在新的、未知的铁路线。

9月13日，星期天，侦察队在清晨4点30分出发了。刺骨的寒风从草原上扑面而来：这种寒冷将持续到太阳出来为止。

由于他们将前进90英里，深入到荒凉而又未知的敌方地带，各个侦察队都携带了适当的装备。每支队伍配备了两辆装有20毫米口径反坦克炮的轮式装甲侦察车，一个24人的摩托车排，两到三门50毫米口径反坦克炮——不是自行式就是搭载在步兵装甲车上，另外还包括一个携带着装备的工兵分排。此外，还有五辆卡车——两辆携带饮水，两辆装载燃料，另外一辆则带着食物，还有一个搭乘吉普

---

[1] 这里指的是"Generalkommando z.b.V. Felmy"，实际上就是个军级单位。

车的维修保养班。随队行动的还有一辆带着一名医生的医疗救护车，以及通信兵、传令兵和翻译员。

施罗德少尉的侦察队从一开始就遭遇了厄运。出发没多久，刚刚经过乌塔（Utta），他们便遭遇了敌人的一支巡逻队。施罗德少尉阵亡，翻译员马雷施和魏斯梅尔中士负伤。侦察队返回基地，第二天在奥伊勒少尉的带领下再次出发。

在此期间，戈特利布中尉、施利普少尉和希尔格少尉带着各自的侦察队分别向南、向北和直接沿从埃利斯塔通往阿斯特拉罕的主干道前进。戈特利布带着他的队伍，先是沿公路前进，随即转向东北方，进入草原，朝萨多夫斯卡亚（Sadovskaya）方向而去，并于9月14日到达了距离阿斯特拉罕25英里的地方。9月15日，他离伏尔加河只有15英里了。站在高高的沙丘上，开阔的视野可以一直望到河边。沙子和盐碱沼泽使得地面几乎无法通行，但几支装甲侦察队不约而同地想出了办法。

戈特利布所持的地图并未派上太多用处。因此，在每口水井处，哥萨克人格奥尔格不得不与游牧的卡尔梅克人进行长时间地攀谈，以弄清公路和道路的情况。这些卡尔梅克人都以友好的方式对待德国人。

"铁路线？没错，每天都有几列火车在基兹里亚尔（Kizlyar）与阿斯特拉罕之间往来。"

"俄国人？"

"是的，许多俄国人搭乘这些火车。就在昨天还有一大群俄国人在下一个水井那里过夜，从这里向东大约一个小时的路程。他们来自萨多夫斯卡亚。那里肯定有好多俄国人。"

"真的？"格奥尔格点了点头，给这些友好的游牧民递去几支香烟。

他们的欢笑突然间被一声叫喊打断了。一个人指着北面。两名骑兵正风驰电掣地逼近——苏军。

卡尔梅克人迅速消失了。德国人的两辆装甲侦察车隐蔽在沙丘后，并未被苏军骑兵发现。戈特利布中尉叫着格奥尔格："快回来！"但这个哥萨克人没有回答。他把自己的军便帽塞入长长的斗篷中，坐在井口处，点上了一根香烟。

两个俄国人小心翼翼地靠了过来，一名军官，另一个是他的马夫。格奥尔格朝他们喊了些什么。那名军官跳下马，朝着他走去。

随即，戈特利布和部下们看见这两人站在一起，有说有笑。"这个坏蛋！"侦察队里的无线电操作员不禁骂了起来。可就在这时，他们看见格奥尔格迅速拔出了

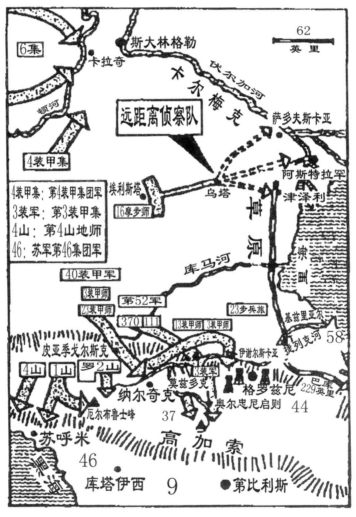

▲ 高加索战线与斯大林格勒之间的缺口宽达200英里。德军第16摩托化步兵师的侦察巡逻队一直逼近到阿斯特拉罕接近地。

手枪。显然，他喊出了"举手投降"这句话，因为那名苏军军官大吃一惊地举起了双手，并吩咐自己的马夫也投降。

戈特利布的侦察队带着两名颇具价值的俘虏回到了哈尔呼塔（Khalkhuta）。

奥伊勒少尉的任务是弄清萨多夫斯卡亚的防御情况，以及在阿斯特拉罕北部的这片区域，是否有敌军部队渡过伏尔加河。

从乌塔至萨多夫斯卡亚，直线距离为90英里。奥伊勒很快便离开了大路，朝着北面而去。前进了大约6英里后，他突然摒屏住了呼吸：一团巨大的尘埃正以相当快的速度朝着他的队伍而来。"车辆散开！"他下达了命令。他举起望远镜查看情况。那团尘埃迅速逼近。突然，奥伊勒笑了起来。朝他们冲来的不是苏军的坦克部队，而是一大群羚羊，这些赛加羚羊生活在俄国南部的草原上。终于，这些羚羊闻到了人类的气息，突然转身向东而去。它们的蹄子踏过草原上炽热的草皮，卷起的尘埃就像一个装甲团正穿过一望无垠的平原向前推进。

奥伊勒继续向东北方侦察前进，随即发现尤斯塔（Yusta）和哈济克（Khazyk）村已有苏军据守。他绕过这两个村庄，然后转向自己的主要目标——萨多夫斯卡亚。

9月16日，奥伊勒和他的两辆装甲侦察车距离萨多夫斯卡亚已不到3英里，离伏尔加河下游也只有4英里了。阿斯特拉罕则位于20英里外。奥伊勒的侦察队可能是"巴巴罗萨"行动中，向东推进得最远的一支德军部队，因而比其他任何德军部队都更接近阿斯特拉罕这条东线战事的终点线。

侦察队取得了重要成果：俄国人在萨多夫斯卡亚周围挖掘了一道防坦克壕，并在纵深梯次修建了一条碉堡线。

这就意味着苏军已精心准备了一个桥头堡阵地，意图掩护其计划中渡过伏尔加河下游的行动。

苏军哨兵发现德国人的装甲侦察车时，他们的阵地上爆发了一阵惊慌。刚刚还无忧无虑的俄国人冲入他们的碉堡和射击阵地，用反坦克枪和重机枪猛烈射击起来。两名苏军士兵惊慌失措地窜过阵地前的接近地，结果被奥伊勒的装甲车拦住。他对着这两人的脚前打了个点射："缴枪不杀！"

吓坏了的两名红军举起了双手——这是机枪第36营的一名参谋和他的传令兵。这可是个难得的猎物。

第16摩步师装甲侦察连连长于尔根·施利普少尉，也于9月13日带着他的侦察队出发了。他的侦察路线位于主干道南面，主要任务是查明是否像俘虏交代的那样，真的有一条从基兹里亚尔通往阿斯特拉罕的铁路线，尽管这条铁路线并未标注在任何地图上。关于这条运油铁路的情报至关重要，因为它也可以被用于运送部队。

施利普少尉发现了这条铁路线。他回忆道："第二天早上，我们看见远处的盐水湖在阳光下熠熠生辉。摩托车在深深的沙地里行进得极其困难，维修组的两名修理工和他们的维修车不停地忙碌着，进行着小修小补。"

施利普终于用望远镜发现了那条铁路线后，他把侦察队的主力留在后面，带着两辆装甲车和工兵排朝着巡线员的小木屋驶去。其实，那是津泽利（Zenzeli）车站。

施利普接着说道："我们从远处看见五六十个老百姓在铁路线上忙碌着。这是一条单轨铁路，两侧的沙堤保护着它。负责管理这群劳工的头头们看见我们便赶紧逃走了，其他劳工则欢呼着迎接了我们。他们都是乌克兰老百姓——老人、妇女和儿童，他们被强迫离开自己的家园，过去几个月里一直在这里干活。许多乌克兰人会说德语，他们欢呼着，把我们视为解放者。"

在德国士兵与这些人交谈时，一缕烟雾突然出现在南面。"火车！"劳工叫道。

施利普把他的装甲车驶入一座沙丘后的阵地上。一列由石油和汽油油罐组成的长长的货运列车，呼呼作响地开了过来。两部引擎牵引着这列火车。德军的20毫米火炮射出六发炮弹，火车头发生了爆炸。蒸汽嘶嘶作响地窜出锅炉，烧红的煤块飞入空中。火车停了下来，随即，一个油罐接一个油罐地起火燃烧。

"真该死，这可全是燃料啊！"德军炮手们喃喃地抱怨着。可一旁的乌克兰人，每看见一个油罐在火焰中发生爆炸便鼓掌欢呼。最后，德国工兵炸毁了铁轨和路基。

正当他们准备炸毁车站的棚屋时，电话铃响了起来。在场的工兵们大吃一惊。"哨，真把我吓了一跳！"维修班的恩格中士说道。但他马上镇定下来，朝着施利普喊道："少尉先生，电话！"

施利普立即反应过来，他带着翻译跑进棚屋。"津泽利车站，我是站长"，翻译笑着，用俄语对着电话说道。"是，是，是，同志"，他不停地说道。

铁路线的另一端是阿斯特拉罕货运站。阿斯特拉罕则是阿尔汉格尔斯克至阿斯特拉罕铁路线的南部终点，也是这场战争的终点。德军的先头部队正用电话与阿斯特拉罕通话。

阿斯特拉罕的交通调度员想知道从巴库开出的油罐车是否已经通过，因为一列对向火车正在巴斯（Bassy）的转换点等待。

一列对向火车！翻译试图说服阿斯特拉罕的这位同志立即让它发车，但这个建议引起了那名交通调度员的怀疑。他提了几个问题来诱使他的对话者上当，而极不专业的回答明显证实了他的怀疑。

调度员开始吼叫，并大声咒骂起来。德军翻译不再演戏，他对着话筒说道："您就等着瞧吧，大婶，我们很快就会攻入阿斯特拉罕的！"

伴随着最粗俗的俄语脏话，阿斯特拉罕的调度员扔掉了听筒。所以，他没有听到两分钟后的一声巨响——津泽利车站的木制棚屋被德国人的高爆炸药炸成了碎片。

出发的第一天，施利普少尉便与师部失去了无线电联络，现在，他想继续前进，对巴斯实施侦察。但很显然，阿斯特拉罕车站的那名调度肯定发出了警报。苏军的大炮和重机枪已进入村外的阵地。

施利普的远距离侦察队转身返回，9月17日安然无恙地回到了乌塔。当天，施利普向师部做了汇报，B集团军群司令冯·魏克斯大将也聆听了这一报告，因为当时他刚好就在亨里齐中将的指挥部里。第16摩托化步兵师现在隶属于B集团军群。

所有人都松了口气。到目前为止，没有来自草原或伏尔加河下游，即高加索侧翼的危险。这就是侦察队带回来的主要情报。这一情报之所以重要，是因为自八月底以来，A集团军群一直试图让其左翼的攻势重新运作起来。克莱斯特的装甲集团军将全力以赴，踢开通往巴库的大门，以夺取苏联的油田，从而至少达成一项夏季攻势的主要目标。

实现这一目标的途中，最后一道障碍是捷列克河，克莱斯特集团军的装甲矛头在这条河前停顿下来。克莱斯特再度尝试自己的运气，确实，战争机遇这次似乎将胜利的前景留给了德国国防军。

与第40装甲军军长协商后，冯·克莱斯特大将以一个熟练的横向机动将第3装甲师抽离了防御得极为顽强的巴克桑山谷，并将其调至第23装甲师沿捷列克河向东设防的防线后。经过激烈的巷战，该师于8月25日拿下了莫兹多克。接下来，该师将派出第二个战斗群，在伊谢尔斯卡亚（Ishcherskaya）以突袭的方式渡河。这一重要任务被交给了来自汉堡的第394装甲掷弹兵团，该团最初于1940至1941年间，由马尔堡的第69摩托化步兵团组建而成。

1942年8月30日，时间接近清晨3点时，突击舟、工兵以及装甲掷弹兵们做好了准备。他们等待着为渡河行动提供掩护的炮火准备。

炮击在规定的时间打响了：后方遥远的隆隆声，头顶上炮弹的呼啸以及河对岸的爆炸声混成一片。整整十分钟，88门大炮射出的冰雹般的弹雨落在俄国人的阵地上。对工兵和掷弹兵们来说，这段时间足够了。他们从隐蔽处跃出，将突击舟推入河中。

第1营的第一批士兵正在渡河，但现在，俄国人清醒过来。他们的野战炮，那些出色的"噗-砰"，一次次地将炮弹射入德军的渡河点。这种野战炮是苏军最有效、最危险的武器之一。

德军渡河地段约有275码宽，捷列克河是一条危险的山区河流，水流湍急，还有漩涡。苏军迫击炮弹的爆炸在突击舟四周高高地掀起白色泡沫的喷泉。

汹涌的波涛中，小小的突击舟摇摆不定，船头高高地翘于水面，掷弹兵们蹲伏在船尾。不知怎么回事，他们就这样穿过了这片地狱。

进攻刚刚开始，还在德国河岸这一侧时，第1营营长冯·德·海登-林许男爵上尉和他的副官齐格勒少尉便已阵亡。武尔姆少尉所在的船只发生倾覆，他身负重伤。第2连连长迪尔霍尔茨在渡河途中负伤，落入了河中。他被列入失踪名单，但普遍认为他已阵亡。

一艘突击舟穿过弹雨返了回来。"上船，加快速度！"第二群士兵快似闪电般地上了船。"三个、四个、五个……再来一个。"舵柄旁的工兵点着人数。随着一声轰鸣，发动机再次运转起来。他们出发了。

炮弹在他们左右炸开。河面上喷溅着浪花和泡沫。舵柄旁的工兵笔直地站立着，泰然自若地操纵着船只安全渡过河去。到达对岸后，船上的士兵跃上了岸堤。

在炮火的掩护下，这些步兵一码接一码地向前推进。他们先前已占据了一个桥头堡，但此刻却无法获得更多的进展。很快，敌人变得比事先预想的更加顽强起来。苏军沿蒙达尤尔特村（Mundar-Yurt）的边缘掘壕据守，进行着顽强的抵抗。通过精心准备的战地工事和一道防坦克壕，他们阻挡着德军掷弹兵，德军士兵冒着持续不断的猛烈炮火，趴在开阔地里。

当天下午，京特·帕佩少校带着第394装甲掷弹兵团的作战参谋亲自渡过了捷列克河，这位年轻的团长想看看前线的情况究竟如何。主战线的布置和部队的组织都不错，这使已获得的桥头堡可以以较少的兵力守卫住。

整整五天，第394装甲掷弹兵团的士兵们坚守在捷列克河的对岸。他们奋战于北纬44度。比他们更靠南的唯一一支德军部队是第1山地师的先头部队，此时正位于北纬43度（准确地说是北纬43度20分）的克雷兹山谷，这是"巴巴罗萨"行动中德军部队在苏联领土上所到达的最南端。

地形不利，缺乏重武器，帕佩的部下就这样面对着占据优势且顽强奋战的对手。这个团牵制了苏军的三个师，迫使苏军从其他地方调来了部队。第3装甲师以极其高昂的代价所构建的桥头堡，为新调来的第52军的进攻创造了先决条件。结果，第111和第370步兵师同样在莫兹多克成功渡过捷列克河，并建立起一个更深远的桥头堡。这样，第394团便可以放弃其位置不利的阵地。

但在莫兹多克，与其他地方一样，德军缺乏足够的实力继续他们的攻势。苏军实在太过强大，而德国军队兵力实在太少，也太过疲惫。征服巴库油田的最后机会就这样丧失了。

与黑海旁高加索西部丘陵地带的状况相同，捷列克河上的行动也陷入了停滞。前线停顿下来。在距离整个战事终点线很近的地方，"巴巴罗萨"行动耗尽了进攻的活力。捷列克河成了德国军事征服的终点线。

沿捷列克河布设的防御阵地上，第3装甲师位于伊谢尔斯卡亚的各营中，一支奇特的部队正与德军掷弹兵们并肩奋战，这是一支哥萨克部队。扎格罗季伊上尉的骑兵中队站在德国一边战斗，这种做法在东线战事中相当典型。

夏季，冯·施韦彭堡男爵的第40装甲军在米列罗沃抓获了18000名俘虏，可最大的问题是：由谁将这些战俘押送至后方？严重减员的德军部队无法派出任何兵力来完成这一任务。这时，军部情报官坎杜希上尉建议从战俘中挑出那些相当亲德的库班河哥萨克和顿河哥萨克，给他们配发马匹（无数失去主人的马匹在四下里徘徊），派他们担任护卫，押送苏军战俘。这些从来就不喜欢布尔什维克的哥萨克人对此很高兴。扎格罗季伊上尉很快便组织起一个骑兵中队，押着18000名红军战俘出发了。军部里没有一个人想过会再见到扎格罗季伊或他的哥萨克人。

但在九月份的第一周，捷列克河俄罗斯村（Russkiy），第40装甲军的军部里，情报官的房门被敲响了，走进来一个衣着鲜艳的哥萨克军官，他用拙劣的德语报告道："扎格罗季伊上尉和他的骑兵中队回来复命。"坎杜希上尉激动得说不出话来。他与这些哥萨克人再度相见了。

该如何安排这些哥萨克人呢？坎杜希上尉打电话给参谋长卡尔·瓦格纳中校。经过一番争论，最终决定，扎格罗季伊的部下将被改编为1/82哥萨克骑兵中队，给予四周训练期，然后将被部署至前线。

这支部队干得很好。在前线伊谢尔斯卡亚的阵地中，扎格罗季伊上尉执行着严格的命令和纪律。有一次，到达阵地的第一个晚上，他发现两名哨兵在战壕里睡觉。于是，他的手枪连响了两下。从那以后，再也没有哥萨克人在站岗执勤时睡觉，他们当中也没有出现过一个逃兵。

扎格罗季伊上尉最可靠的助手是第1连连长库班中尉，这个宽肩膀的哥萨克人把他对骑兵中队和扎格罗季伊本人的忠诚保持到最终。每当库班生病时，连队便由他的妻子带领。这位迷人而又勇敢的哥萨克女人，从一开始便加入了她丈夫的连队。与其他哥萨克士兵一样，她也骑马参加巡逻任务。最后，她与全中队一同覆灭。

该骑兵中队的覆灭发生在严峻而又悲惨的环境下：距离他们的家乡数千英里，在他们于1942年曾努力争取过的自由中；在东线经历了许多艰难而又英勇的战斗后，他们全军覆没。

坎杜希上尉汇报道："1944年5月底，第40装甲军向西穿过罗马尼亚边境时，哥萨克骑兵中队奉命调至法国。军副官帕托夫少校代表军长克诺贝尔斯多夫将军，向这些哥萨克人告别。扎格罗季伊上尉最终获得了他梦寐以求的一级铁十字勋章。他完全有资格得到这一勋章。随后，这些哥萨克人再次列队，可能是最后一次飞驰而去。这是一幅令人难以忘怀的场景。"

6周后，盟军在诺曼底登陆期间，该骑兵中队在法国的圣洛附近遭遇敌机轰炸，全中队被彻底打垮。

这些哥萨克人中，只有少数人侥幸逃生。他们向德国人报告了这群哥萨克人的遭遇。所有的军官都已阵亡，其中包括库班中尉的妻子。但直到今天，第40装甲军的伙计们从未忘记那些与他们一同经历了无数艰难险阻的哥萨克战友。

8

捷列克河标志着德军推进的极限

希特勒与约德尔的冲突——总参谋长和李斯特元帅被解职——对石油的痴迷——
奥赛梯军用公路上的装甲掷弹兵——高加索战线陷入停滞

1942年9月7日，夏末的炎热笼罩着乌克兰的森林。被称为"狼人"的元首大本营，密不透风的堡垒内，温度达到了摄氏30度。希特勒忍受着超出平日的热度。这增加了他对库班河与捷列克河之间态势的怒火。来自"油田战线"的所有报告都指出，部队已到达了他们的力量所能承受的顶点。

A集团军群被卡在高加索和捷列克河。通向黑海海岸，更重要的是通往图阿普谢的峡谷，已被苏军封锁，捷列克河被证明是一道得到有力强化的障碍，这是通往第比利斯、库塔伊西和巴库的旧军用公路前最后一道障碍。

我们无法做到，各个师这样报告道。"我们无法做到，我们无法做到……我多么痛恨这些话啊！"希特勒怒火万丈。他拒绝相信，在捷列克河或高加索山区无法取得进一步的进展仅仅是因为部队的实力不够。他把责任推给了战地指挥官，认为他们在执行行动的过程中犯了错误。

为此，他曾派国防军指挥参谋部参谋长——炮兵上将约德尔，于9月7日上午赶至斯大林诺拜望李斯特元帅，并弄清楚为何没能在通往图阿普谢的道路上取得进展。借此机会，约德尔还将强调希特勒的命令。

当天晚上，约德尔回到了"狼人"。他的汇报引发了德军最高统帅部自开战以来最严重的危机。约德尔为李斯特元帅辩护，并支持他的观点：部队的实力太过虚弱，以至于无法完成交给他们的任务。与李斯特一样，他要求对前线彻底实施重组。

希特勒拒绝了这一要求，他怀疑约德尔被李斯特元帅蒙蔽了。炎热和一天的奔波使约德尔将军变得暴躁、易怒，他爆发开来。约德尔将军愤怒而又大声地向希特勒引述了过去几周里他所下达的命令与指示，据他观察，李斯特元帅认真地执行了这些命令，结果导致A集团军群现在发现自己正处于极度困难的境况。

约德尔的指责使希特勒大为吃惊，他最信任的将领不仅言辞激烈地反抗他，甚至还明确质疑他的战略能力，并为高加索地区的危机和南线正在酝酿的可怕的失败而指责他。

"您在撒谎！"希特勒尖叫起来，"我从未下达过这样的命令，从来没有！"然后，他丢下站立在一旁的约德尔，气呼呼地冲出掩体，走进乌克兰森林的黑暗中。几个小时后，他回来了，脸色苍白，蜷缩着身子，双眼射出狂热的光芒。

希特勒被这一冲突激怒到何种程度，通过这样一个事实便可以显现出来：从那天起，他不再邀请他的将领们与自己一起吃饭。从那时起直到最终死去，他一直阴沉着脸，独自在其大本营斯巴达式的隐居处进餐，唯一的伙伴是阿尔萨斯母犬布隆迪。

但这并非他对约德尔的指责所做出的唯一反应。还有些更为深远的影响——陆军总参谋长哈尔德大将和陆军元帅李斯特被解除了职务。希特勒甚至决定撤换自己最为信赖的凯特尔将军和约德尔将军，并设想由凯塞林元帅和保卢斯将军替代他们。遗憾的是，这一计划未能付诸实施，否则，换上这两位前线经验丰富的将领，至少能避免斯大林格勒的灾难。

最后，希特勒没有舍弃凯特尔和约德尔这两位军事助手，他们都为他服务了多年。他只是下令，以后在军事会议上他所说的每一句话，以及任何一位将领所说的每一句话，都应用速记法记录下来。另外，他顽固地坚持自己的命令，高加索地区的进攻必须继续下去。他绝不考虑放弃夏季攻势的主要目标：高加索、格罗兹尼、第比利斯和巴库的油田，以及黑海上的转运港口，必须不惜一切代价予以夺取。德国军队必须在1942年秋季实现俄国战事的目标，至少在南方。

希特勒的态度是他在包括军事领域在内的许多方面越来越顽固的迹象之一。

他性格的这一面，给前线的战事带来了厄运。在其他方面，希特勒的执着已持续了一段时间。

在经济领域，希特勒所痴迷的是石油。对他来说，石油就是进步的元素，机器时代的驱动力。他曾读过关于石油的一切著作。他熟悉阿拉伯和美国油田的历史，也了解石油的开采和炼制。任何人将话题转到石油上，肯定能引起希特勒的关注。戈林被任命为四年经济计划的负责人，是因为他打了张希特勒最喜欢的牌——石油。

希特勒对德国外交部贸易政策部门一名高效率的公务员所做的评论，清楚地证明了他的这一态度："我无法忍受这个人，但他确实懂石油。"希特勒的巴尔干政策完全是基于罗马尼亚的石油。他把专事针对克里木的行动写入"巴巴罗萨"指令中，纯粹是出于对罗马尼亚油田的担心，他认为从克里木起飞的苏联空军会对罗马尼亚油田造成威胁。

最要命的是，希特勒对石油的痴迷，使他忽略了二十世纪最具革命性的科技进步——原子物理。他的头脑没留下一点点空间去了解核裂变在军事上的决定性意义，虽然发现核裂变的是德国人，率先研究这一项目的也是德国物理学家。事实再次证明，希特勒基本上是十九世纪，而不是二十世纪的人。

希特勒的每一个想法都在对苏战争中发挥着关键的作用，但最具决定性的是他对石油的痴迷。从一开始，它便主导着东线的战事，1942年夏季，正是这种痴迷，使希特勒决定对南线提出要求，这最终决定了1942年的战役，也因此决定了整个战争的进程。1942年对"石油战线"的最终一瞥将支持这一论点。

A集团军群被困于高加索地区的北部和西部边缘，但希特勒拒绝承认德国的力量已发挥到了极致。他想利用古老的高加索军用公路，冲向第比利斯和巴库。因此，他下令德军必须渡过捷列克河以恢复攻势。

命令就是命令。经过数周的激战，第1装甲集团军试图扩大其位于捷列克河的桥头堡，稳扎稳打地向南、向西推进。所有的力量被集中起来：第52军获得了第40装甲军部队的加强，还从第3装甲军那里得到了第13装甲师。正是这个师于9月20日，在莫兹多克西南方成功渡过了捷列克河。9月25日，冯·马肯森将军以其整个第3装甲军，沿通往第比利斯的道路，发起了对奥尔忠尼启则（Ordzhonikidze）

的进攻。就在第23装甲师与第111步兵师的部队缓慢推进之际，党卫军"维京"师从高加索西部调了上来，向更南面的格鲁吉亚军用公路挺进。他们到达了这条通往第比利斯的古老公路。

党卫军"诺德兰"装甲掷弹兵团的战斗群，从高加索树林密布的低海拔处赶到了战场，从而使"维京"师得以强行杀入格罗兹尼油田的北部，以便在两个地点封锁格鲁吉亚军用公路。一个关键的地点被称为711高地，"维京"师里的一个芬兰志愿者营付出高昂的代价后夺取了这个高地，并挡住了敌人所有的反击。但他们还有足够的实力进行最后的突击，以完成最终的60英里吗？

10月25和26日，全军从捷列克河西岸的桥头堡向前推进，以便向东南方突击。各个营战斗得相当顽强。四个苏军师里的一股遭到粉碎，被俘7000余人。罗马尼亚山地部队封锁了通往南方的山谷。第13和第23装甲师向东南方前进，通过一次凶猛的攻击，于11月1日拿下了阿拉吉尔（Alagir），并切断了镇子两侧的奥赛梯军用公路。赫尔少将的第13装甲师继续着这一大胆的装甲部队突击，并于11月5日到达了奥尔忠尼启则西面三英里处。

此刻，德军已耗尽了他们最后的力量。苏军从北面而来的反击，切断了德军的后方交通线。起初，第1装甲集团军无法提供援助，元首大本营也反对下令让几个战斗群向后突围。在这关键时刻，党卫军"维京"师最前方的战斗群赶到了，在半途与第13装甲师的战友取得了会合，把他们带出敌军的陷阱，并将这些部队暂时纳入自己的麾下。

11月11到12日夜间，第13装甲师再次与第52军会合。经过激烈的战斗，第13装甲师和党卫军"维京"师击退了敌追击部队的进攻。

11月中旬，突变的气候结束了恢复攻势的所有尝试。

右翼，第17集团军的防区内，山地部队已放弃了高加索山脉上被大雪封住的山口，因为补给无法前运。各步兵和猎兵团掘壕据守。对黑海港口、油田、巴库、第比利斯和巴统的进攻，在距离目标咫尺之遥处遭遇了失败。整个战线陷入停顿。

怎么会这样？

因为苏军避而不战的新战术挫败了德国人在顿河与顿涅茨河之间大胆的钳形夹击行动；因为苏军指挥员在最后时刻成功地重新控制住他们从顿河下游撤入高

加索的部队；还因为美国的补给物资从伊朗经里海，源源不断地运抵遭受重创的苏军部队手里。强弩之末的德军部队太过虚弱，已无力突破这最后的抵抗。这里与其他战区一样，德国军队缺少"最后一个营"。

第七部
斯大林格勒

1

顿河与伏尔加河之间

卡拉奇，顿河上的命运之桥——草原沙地上的坦克战——胡贝将军向伏尔加河的
装甲突击——"斯大林格勒就在右侧"——妇女们操纵的重型高射炮——斯大林
格勒城外的第一战

任何一个研究斯大林格勒战役的人，首先会对这样一个奇怪的情况产生疑问：这座城市并未被庞大的夏季攻势列为主要目标。"蓝色行动"中，这座城市只是个不太重要的考虑因素。它将被"置于军事控制下"。换句话说，它将作为一个军备中心和伏尔加河上的港口被摧毁。而这些显然是飞机和远程火炮的任务，并未交付给一个集团军。因为炸弹和炮弹同样可以实现这一目的；作为一座城市，斯大林格勒没有战略重要性。因此，根据整体战略计划，第6集团军的任务是掩护高加索战线的侧翼及其重要的军事经济目标。为完成这一任务，夺取斯大林格勒也许有点作用，但这绝不是不可或缺的。第6集团军的侧翼掩护任务，最终导致了战争的转折点，并引发了一场决定整个战争命运的战役，这是造成斯大林格勒灾难的悲剧性原因之一。这显示出，意外和错误在多大程度上决定了战争的结局。

1942年9月，就在夏季攻势的主要行动方向，高加索地区和捷列克河上的战斗陷入停顿之际，鼓舞人心的消息却从斯大林格勒战线传至元首大本营。夺取顿河和斯大林格勒的伏尔加河河曲部，原先的设想只是为了掩护高加索战线的侧翼和后方，结果，这一地区经历了数周的危机后，突然间获得了进展。9月13日，第6集团军汇报说，炮兵上将冯·赛德利茨–库尔茨巴赫第51军麾下的第71步兵师，突破了斯大林格勒接近地的纵深梯次工事，一路杀至市中心外的高地上。

第二天，1942年9月14日，冯·哈特曼中将以其来自下萨克森的第71步兵师的一部，经历了代价高昂的巷战，穿过两个火车站的北部，突破至伏尔加河。无可否认，哈特曼的突击队代表的只是一个薄弱的楔形，但不管怎样，这座城市已被突破，反万字旗飘扬在市中心。这是个可喜的成功，鼓舞起"顿河——伏尔加"河行动至少能在冬季来临前胜利完成的希望，这样一来，随着侧翼得到妥善的掩护，高加索地区的攻势便可以恢复。

1942年9月14日这一可喜的成功是如何到来的呢？要回答这个问题，我们必须把话题拉回到夏季的顿涅茨河与顿河之间的行动上。当时，第6集团军在7月下旬孤身沿顿河冲向斯大林格勒，而"南方"集团军群的主力——第1和第4装甲集团军正按照希特勒的指令向南而去，参与罗斯托夫的合围战。

第6集团军最前方的是冯·维特斯海姆将军的第14装甲军。这也是第6集团军辖内唯一的一个装甲军，由第16装甲师和第3、第60摩步师组成。面对这只铁拳，苏军渡过顿河，向东、向北，向斯大林格勒的方向撤去。

这一撤退无疑是奉了苏军统帅部的命令，并被视为是一次战略性后撤，结果，在许多苏军部队的防区却变成了一场疯狂的溃逃，这主要是因为后撤令来得太过突然，而且没有明确的解释。导致后撤行动组织得极其糟糕。苏军军官和士兵们没有经历过这种新战术，结果，许多中下级指挥员失去了对部队的控制，许多地段都发生了恐慌。了解这一情况非常重要，因为这样才能弄明白，为何德国方面会把这一后撤解释为苏军发生了崩溃。

毫无疑问，苏军在许多地段出现了崩溃的迹象，但苏军统帅部依然不为所动。最高统帅部有一个明确的计划：斯大林格勒。这座伏尔加河河曲部的城市以斯大林的名字命名。过去的察里津，已被苏军总参谋指定为最后的抵抗中心。斯大林不大情愿地批准了他的部下撤出顿涅茨河和顿河。但现在，他在伏尔加河上画了条线。

"我命令组建斯大林格勒方面军，这座城市将由第62集团军坚守到最后一兵一卒。"1942年7月12日，斯大林对铁木辛哥元帅说道。斯大林打算在一个战略有利地区扭转战争态势，就像他曾做过的那样：那是在1920年的革命期间，对付白卫军的邓尼金。他所需要的是时间，以便调集预备队，并沿城市北部接近地，顿河与伏尔加河之间的狭长地带，以及沿斯大林格勒南部延伸至卡尔梅克草原的高地这一有利地形构设工事。

但德国人会给苏联红军足够的时间来调集一切可用的力量，并在斯大林格勒地区重组吗？

苏军第62集团军司令员当时是科尔帕克奇少将。他的参谋人员站在卡拉奇地区的顿河渡口处，端着冲锋枪，试图让潮水般后撤的部队保持纪律。

但德国人并未追来。"没有与敌人发生接触。"苏军的后卫部队向他报告。科尔帕克奇摇了摇头。他把这一情况报告给方面军指挥部："德国人没有追来。"

"这是怎么回事？"铁木辛哥问他的参谋长，"难道德国人改变了他们的计划？"

优秀的苏联情报机构对德军计划的更改一无所知。无论是德国驻东京大使馆的理查德·佐尔格，还是柏林空军部的舒尔策-博伊森中尉，都没有对德军进攻计划发生更改一事做出报告。身处瑞士的顶级间谍亚历山大·拉多以及法国巴黎的吉尔伯特在这方面也毫无建树。当然，他们当中的一人已发现了某些东西。毫无疑问，德军最高统帅部内仍存在着泄密的情况。实际上，瑞士的一名苏联间谍"勒斯勒尔"发来的报告中引用"维特"作为其消息来源，这些情报来自德军最高统帅部内一名消息灵通的官员，这就说明这些情报渠道在当时运作得非常顺利。因此，这方面没有任何迹象表明德国人更改了他们在斯大林格勒地区的行动计划。

但情况很明确：保卢斯将军可怕的装甲矛头并未追来。苏军的空中侦察报告说，德国人的先头部队停顿在米列罗沃的北部地区。苏军对此无法理解。他们从未想到过这一停顿的真正原因：第14装甲军耗尽了燃料。

元首大本营7月3日下达指令后——这一指令要求高加索地区加紧行动，不必等到斯大林格勒被摧毁后——原先留给第6集团军的燃料供应被调整至高加索前线，因为希特勒希望将其主攻放在那里。其结果是，第6集团军编内，相当多的快速部队和后勤单位突然陷入了停顿。

就这样，第6集团军，尤其是第14装甲军，停步不前达18天之久。18天，这是一段很长的时间。

俄国人充分利用了所获得的这段时间。铁木辛哥决定："如果德国人不追上来，就有时间在顿河西岸组织起防御。"科尔帕克奇少将把第62集团军的主力集结在顿河河曲部，并在卡拉奇附近建立起一个桥头堡。就这样，斯大林格勒西面45英里处的重要渡口被封锁了。强化的顿河环形防御圈像个阳台那样向西投射，从北面和南面环绕着河流。

7月20日，第6集团军再次准备恢复前进时，保卢斯将军发现，他面临的首要任务是突破苏军在卡拉奇周围设立的屏障，以便继续其渡过顿河，冲向斯大林格勒的推进。卡拉奇之战就这样开始了，这是个引人关注的行动，对后续事件来说，这也是相当重要的一次行动，实际上，这是斯大林格勒战役中的第一个行动。

保卢斯将军以一个堪称经典的合围战发起了对卡拉奇桥头堡的进攻。他派自己麾下的第14装甲军从左侧以一个大大的弧线伸出，从霍特装甲集团军调来协助他的第24装甲军则从右侧采取相同的措施，两个军将在卡拉奇会合。第8步兵军在北面掩护集团军的纵深侧翼，而赛德利茨的第51军则在两个装甲军之间，对卡拉奇发起正面进攻。

首先，在顿河河曲部进行激战的重任由两个装甲师承担——第14装甲军辖下的第16装甲师以及第24装甲军麾下的第24装甲师。他们的侧翼由各摩托化师提供掩护。

冯·豪恩席尔德少将来自东普鲁士的第24装甲师所接到的命令是，渡过奇尔河（Chir），沿顿河向北，直扑卡拉奇。他们的对手是实力雄厚的苏军第64集团军，该军当时由崔可夫中将指挥。

一开始，德军两个装甲连和装甲掷弹兵团的部分兵力所发起的初次攻击并未能突破地雷区，雷区后就是掘壕据守的苏军部队。但在7月25日凌晨3点30分，第24装甲师重新发起了进攻。这次，他们成功地击溃了据守在精心设防的阵地中的苏军，并夺取了索廖纳亚河（Solenaya）西面重要的高地。

第21装甲掷弹兵团在冯·伦格克上校的带领下，击退了苏军对其北翼的危险进攻。当天下午，一场突如其来的大暴雨软化了地面，使得进攻越来越困难。天气，再加上苏军步兵第229和第214师死死地坚守着自己的阵地，这使德军向顿河的突袭不复可能。

7月26日，德军终于取得了进展。第26装甲掷弹兵团在索廖纳亚河的敌军防线上打开一个缺口。这些掷弹兵搭乘着轻型装甲车向东而去。他们达成了突破。

装甲掷弹兵团和一个装甲营朝着下奇尔斯卡亚（Nizhne-Chirskaya）的奇尔河渡口飞奔而去。14点，先头部队到达奇尔河，随即向南，朝着河上的桥梁而去。当晚，经过激烈的巷战，德军拿下了一座较大的村庄。临近午夜时，村东面的奇尔河渡口及桥梁都被德军所夺取。

就在装甲掷弹兵们在河东岸建立桥头堡之际，德军的坦克和装甲车穿过敌军据守的森林，一直冲到了顿河上的桥梁处。黎明前，他们已到达这条宽阔的河流。而对"巴巴罗萨"行动而言，这条河流至关重要。

苏军试图炸毁这座桥梁，不幸的是，他们未能成功。只有一小段桥梁被炸坏，而且很快便被德国人修复。再一次，第24装甲师几乎完好无损地夺取了一座重要的桥梁。可是，德军并未尝试渡过河去，踏上顿河与伏尔加河之间的狭窄地带，朝斯大林格勒方向前进。首先，苏军在河西面的强大力量必须予以歼灭，特别是因为在此期间，苏军在顿河东面集中了两个集团军，面对如此强大的敌军，第6集团军薄弱的装甲先头部队不可能靠一己之力取得任何成功。

8月6日，最后一发炮弹在卡拉奇战场上炸开后，第24装甲师的一支装甲战斗群，在第24装甲团团长里贝尔上校的带领下，从奇尔河桥头堡向前推进，他们驱车穿过第297步兵师向北而行的掩护部队，朝卡拉奇方向而去。目标位于22英里外。

俄国人拼死抵抗。他们知道利害攸关：如果德国人取得突破，他们在河西的所有部队将被切断，斯大林格勒的大门也将就此被踢开。

可是，第24装甲师的"铁拳"一路杀过苏军的防御阵地和雷区，击退了敌坦克部队的多次反扑，并护送师里的非装甲部队穿越敌军防线，这些防线，在许多地段依然完好无损。

随后，第24装甲师的多股部队齐头并进，像捕猎那样，隆隆地穿过草原向前扑去。夜幕降临时，他们已到达卡拉奇前方的184高地，进入到敌人的后方。

第14装甲军的战区内，沿着铁钳的左颌，行动同样按计划顺利进行着。

7月23日，在奇尔河上游，胡贝中将来自威斯特法伦的第16装甲师以四个战斗群发起了攻击。苏军第62集团军的一个志愿者师，在罗什卡（Roshka）的山丘上进行了激烈的抵抗：米斯的营用装甲车搭载着装甲掷弹兵，一直冲至敌人的碉堡和阵地前。敌人被德军的机枪火力所压制。掷弹兵们跳下装甲车，用手榴弹和手枪将敌军逐出战壕。

下午前，敌军的防线被打出个宽阔的缺口。冯·维茨莱本率领的战斗群得以向东南方突破，他们搭乘着装甲战车，于第二天（7月24日）到达了卡拉奇西北方的利斯卡河地区（Liska），距离其目标只有12英里了。

施特拉赫维茨伯爵带领的第2装甲团第1营，获得了炮兵、摩托车部队以及搭乘着装甲车的掷弹兵的加强，在拉特曼上校战斗群的指挥下向东疾驰，于拂晓时到达了敌军设在卡拉奇北部的最后一道屏障。经过激烈的战斗，敌人被逐出阵地。施特拉赫维茨伯爵转身向南，席卷了苏军的整个防线。他距离目标只有6英里之遥。

与此同时，来自西北方的第60和第3摩托化步兵师，在第16装甲师与顿河之间向南推进。他们在那里遭遇到极其顽强的防御战——敌人通过卡拉奇和雷乔沃（Rychov）的桥梁，将坦克旅和步兵师调过河来。结果，德军的两股攻击群都已在苏军桥头堡守军的后方作战。包围圈已开始在科尔帕克奇将军所率部队的后方形成。

俄国人意识到这一危险后，调集起所有可用的兵力扑向德军的北部铁钳。这是一场事关生死的搏斗，苏军不仅带着破釜沉舟的决心，还派出了异常强大的坦克部队。

第16装甲师的官方战史提供了这场坦克大战的一幅戏剧性画面。双方都面对着对方强大的装甲力量，都在彼此追逐，试图包围或切断对方。这里根本没有明确的前线。

就像海上的驱逐舰和巡洋舰那样，坦克部队在草原的沙海上机动，争夺有利的射击位置，让敌人陷入困境，坚守村庄几个小时或几天，再度冲出，转身返回，再次追逐敌人。就在这些坦克部队在杂草丛生的草原上相互撕咬之际，万里无云的顿河上空已变成双方空中力量进行激战的现场，彼此都在设法打击众多峡谷中的敌人，炸毁对方的弹药和燃料补给。

单是在"赖尼施"战斗群的作战区域内，苏军便投入了200辆坦克。其中的67辆被击毁，其余的转身逃离。

克鲁姆蓬上校的战斗群遭到苏军包围。师里调集所有可用的兵力赶往事发点。那里已没有通往后方的交通线，作战部队的燃料补给不得不通过空投提供。德军付出了最大的努力，才得以避免了这场危机。

8月8日，第16和第24装甲师的先头部队在卡拉奇会合。包围圈被紧紧地封闭了。构成这一铁环的是第14和第24装甲军，以及第11和第51步兵军。被困在包围圈内的是苏军的9个步兵师，2个摩托化步兵旅和7个坦克旅，分别隶属于第62集团军和坦克第1集团军。共1000辆坦克和装甲车，以及750门大炮被德军摧毁或缴获。

自夏初以来，自哈尔科夫战役以来，德军终于又完成了另一场成功的围歼战。这也是"巴巴罗萨"行动中的最后一次。这场战斗的发生地距离伏尔加河40英里。值得一提的是，在这里，在斯大林格勒的门外，第6集团军的将士再一次证实了他们在机动作战上远胜于兵力占尽优势的敌人。事实证明，只要能获得适合作战条件的物质力量，德军就能打垮苏军的任何抵抗。

鉴于苏军的顽强抵抗，卡拉奇地区的扫荡以及夺取顿河上桥梁及桥头堡的行动

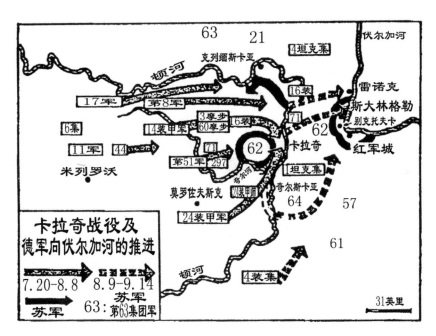

▲ 顿河上的卡拉奇拉之战开了斯大林格勒战役的帷幕。顿河以西的苏军部队被包围，通往顿河与伏尔加河之间狭长地带的道路被肃清。

又持续了两周。在此期间，第24装甲师和第297步兵师从第6集团军重新回到霍特第4装甲集团军的麾下。

俄国人源自绝望的一切勇气都无济于事。8月16日，克莱因约翰少尉带领着第16工兵营第3连，以一个大胆的突袭夺下了卡拉奇的大桥，并扑灭了桥上燃起的大火。桥面和桥梁结构的损坏被迅速修复，而后，德军一个个进展接踵而至。

8月21日，冯·赛德利茨将军的步兵部队——第76和第295步兵师从两个地点渡过顿河，那里的河面约有100码宽，河水奔流于陡峭的河岸间。随即，他们在卢奇涅斯科伊（Luchinskoy）和韦尔佳奇（Vertyachiy）建立起桥头堡。保卢斯的计划很明确：他打算冲过从顿河至伏尔加河的通道，在北面对斯大林格勒加以封锁，从南面夺取这座城市。

胡贝中将是一名由步兵成长起来的出色的装甲部队指挥官。他与第2装甲团团长西克纽斯中校一起，蹲在韦尔佳奇浮桥旁一座农舍的花园里。在他们面前的一片草丘上，摊放着一张地图。

胡贝的右手划过地图。他军装的左衣袖是空的，袖端被塞入军装的口袋里。第一次世界大战中，胡贝失去了他的一条胳膊。这位第16装甲师师长是德国国防军中唯一一位独臂装甲指挥官。

"我们正处于顿河与伏尔加河之间狭长地带的最窄处，这里只有40英里宽。"胡贝说道，"高地的山脊被标注为137高地，集团军给我们下达的命令中，把这里列为我们的进攻路线，对装甲部队来说，这里的地形很理想。我们的前进路线上，没有溪流，也没有沟壑。这是个机会，我们可以利用这一通道，穿过敌军，一举到达伏尔加河。"

西克纽斯点了点头："俄国人肯定会以他们所能调动的一切力量守卫这片狭长地带。将军先生，这实际上是他们一道古老的防御阵地。'鞑靼壕沟'从顿河贯穿至伏尔加河，是一道古老的防御壁垒，专事抵御从北面而来，对准伏尔加河河口的入侵。"

胡贝的食指划过鞑靼壕沟。他说道："毫无疑问，俄国人肯定会把它开发成一条防坦克壕。但我们以前也曾夺取过防坦克壕。重要的是，动作要快，快如闪电。"

就在这时，一名传令兵驾驶着摩托车呼啸而来。他送来了军部关于向伏尔加河推进的最后命令。

胡贝看了看电文，站起身说道："西克纽斯，明晨4点30分发起进攻。"

中校向他敬了个礼。除发起进攻的准确时间外，进攻行动的所有细节早在8月17日便已被军里所确定。现在，他们知道了进攻发起时间——8月23日清晨4点30分。

第16装甲师将以一个连贯的机动向东疾进，直抵伏尔加河，封闭斯大林格勒的北郊。这一大胆的装甲突击，其侧翼掩护由两个师担任：右翼为来自但泽的第60摩步师，左翼是来自勃兰登堡的第3摩步师。这个行动完全合乎胡贝的口味，完全是战争初期装甲部队突击的方式。

明天，他们将到达斯大林格勒。他们将站立在伏尔加河上。胡贝和西克纽斯都意识到，斯大林格勒和伏尔加河将是最终目标，是他们要到达的最东端。德军的攻势将在那里告一段落；"巴巴罗萨"行动将在那里画上句号，以胜利而告终。

"明天见，西克纽斯。"

"明天见，将军先生。"

胡贝的右手举至军帽帽檐处。然后，他转过身补充了一句："明晚在斯大林格勒见。"当晚，第16装甲师庞大的队列进入了第295步兵师在卢奇涅斯科伊所建立的桥头堡。苏军轰炸机不停地攻击着河上重要的桥梁，地面上燃烧的车辆为他们指引了目标。但俄国人的运气不是太好，河上的桥梁完好无损。午夜时刻，德军部队进入到紧贴主战线的阵地中，这里的地面无遮无掩。掷弹兵们立即为自己挖掘散兵坑，装甲车停在散兵坑上方，为他们提供了额外的掩护。这一整夜，苏军的大炮和"斯大林管风琴"以地毯式的火力轰击着这片三英里长、一英里半宽的桥头堡。对他们而言，这是个令人极不愉快的夜晚。

1942年8月23日清晨，第16装甲师的先头部队渡过了韦尔佳奇的浮桥。队伍的最前方呈扇形散开，形成了一个宽阔的楔形。冲在最前方的是"西克纽斯"战斗群，在他身后，呈梯次配置的是"克鲁姆蓬"和"阿伦斯托尔夫"战斗群。

第16装甲师的坦克、装甲车和拖车，以及第3和第60摩步师的装甲部队，并未受到左右山脊上苏军部队的影响，小小的河流和沟壑也未能阻止其前进的步伐，他们一路向东而去。在他们上方，第8航空军的轰炸机和斯图卡编队嗡嗡作响地朝着斯大林格勒飞去。返航时，这些飞机从坦克上方呼啸而过，兴高采烈地拉响了机上的警报。

苏军试图阻止德国人沿"鞑靼壕沟"进行的装甲突击，但却徒劳无益。俄国人的抵抗被打垮，这条古老的壕沟及其高耸的壁垒被德军征服。显然，苏军被这种猛烈的进攻打得晕头转向，而且还（几乎总是在这种情况下）失去了他们的领导，面对德军的进攻已无法组织起有效的防御。

突破通常不超过150至200码宽。胡贝将军搭乘着通信连的装甲车，在最前方带领着进攻。通过这种方式，他能随时掌握前线情况充分的信息。全面的信息是装甲部队实施突击的成功秘诀。

对中士施密特、下士昆特克斯和卢克纳来说，这是大显神通的一天。总之，进攻的胜利中有他们很大的功劳。战斗发起的第一天，师里的通讯部门便处理了456条加密电文。

一个特别的问题是苏军实施抵抗的巢穴，这些巢穴由行事果断的军官和政委指挥，沿着狭窄的突破口进行顽强的抵抗。对付他们必须采用新战术。德军侦察机用无线电或烟雾信号通报对方的位置，然后，单独的战斗群便会从实施主攻的楔形队伍中脱离出来，解决顽抗的苏军。

当天下午早些时候，德军先头坦克的车长，用喉头对讲机对他的部下们喊道："右侧就是斯大林格勒的轮廓线。"坦克车长们纷纷爬上炮塔，搜寻着古察里津漫长的剪影。如今，这座现代化工业城市沿着伏尔加河延伸了大约25英里。矿井口的装置、工厂冒着烟的烟囱、高大的建筑群，以及更南面的旧城区内洋葱头似的教堂顶，这一切都高高地耸立着。烟尘笼罩着城市中被斯图卡轰炸过的路口和兵营。

坦克履带咯咯作响地碾过草原上烧焦的草地。尘埃在这些战车后升起。施特拉赫维茨营里的先头坦克朝着斯巴达科夫卡（Spartakovka）、雷诺克（Rynok）和拉托申卡（Latashinka）的北郊赶去。突然，仿佛接到了某道秘密指令似的，城郊喷发出猛烈的炮火齐射——苏军的重型高射炮打响了斯大林格勒保卫战。

施特拉赫维茨的营一门接一门地消灭着这些火炮，总共干掉了37门高射炮。炮弹一发接一发地直接击中苏军的炮位，那些高射炮及其炮组成员被炸得粉碎。

奇怪的是，施特拉赫维茨的部队几乎没有遭受任何损失。原因很快便弄清了。德军坦克组员进入被击毁的苏军炮位后，惊愕而又恐惧地发现，操纵这些重型高射炮的组员都是"红色街垒"兵工厂的女工人。毫无疑问，她们接受过高射炮防空的一些基本训练，但很显然，她们不知道该如何用高射炮来对付地面目标。

8月23日即将结束时，第一辆德军坦克到达伏尔加河高高的西岸，靠近了雷诺克镇郊。陡峭的岸堤高达300英尺，耸立在河岸处，这里的河面近一英里宽。从高处望去，河水呈黑色。拖船和轮船队朝着上下游而去。河对岸，熠熠生辉的亚洲草原消失进遥远的空间。

在斯大林格勒的北郊，伏尔加河旁，全师构成"刺猬阵地"过夜。师部位于阵地中央，无线电台嗡嗡作响，传令兵来来往往。这一夜，他们继续忙碌着：构建阵地、埋设地雷、维修坦克和装备、加油、为第二天夺取斯大林格勒北郊工业区的战斗补充弹药。

第16装甲师的士兵们对胜利满怀信心，对当天所取得的成功充满自豪，他们当中没人想到，那些郊区及其工矿企业将永远不会被彻底征服，也没有人想到，斯大林格勒战役的第一炮在这里打响，最后一炮也将出现在这里。

该师与后续部队失去了一切联系；第3和第60摩步师的各个团还没有赶上来。这一点不足为奇，因为胡贝的装甲部队一天内向伏尔加河推进了40英里，他们到达了伏尔加河这一目标。顿河与伏尔加河之间的狭长地带，40英里宽的交通线已被切断。俄国人显然被德军的这一进展弄得措手不及。夜间，第16装甲师的阵地只遭到零星炮火的袭扰。也许，到了明天，斯大林格勒就会像个熟透的李子那样落入胡贝的手中。

2

接近地之战

鞑靼壕沟——T-34直接驶离装配线——苏军第35师的反击——赛德利茨的步兵军向前移动——不可逾越的别克托夫卡——霍特的大胆机动——斯大林格勒的防御被撕开

8月24日清晨4点40分，斯图卡实施攻击后，"克鲁姆蓬"战斗群以坦克、掷弹兵、炮兵、工兵和迫击炮，发起了对斯大林格勒最北端工业区斯巴达科夫卡的进攻。

但他们遇到的敌军既未发生混乱，也没有迟疑不决。相反，德军坦克和掷弹兵遭到猛烈的火力打击。城市的北郊戒备森严，每一座建筑都成了堡垒。一座被德军士兵称为"大蘑菇"的重要山丘上，布满了碉堡、机枪巢和迫击炮阵地。担任防御的是步兵营和来自斯大林格勒工厂的民兵，另外还有第62集团军的部队。苏军顽强地守卫着每一寸地面。把他们钉在阵地上的命令说得很清楚："不得后退一步！"

监督这一命令被无情地执行的两个人是东南方面军司令员安德烈·伊万诺维奇·叶廖缅科上将和他的政治委员兼军事委员会委员尼基塔·谢尔盖耶维奇·赫鲁晓夫。那时，二十多年前①，第16装甲师的军官们从苏军战俘那里第一次听到了这个名字。

---

① 本书写作于20世纪60年代，二十多年前则是指20世纪三四十年代。

以德军现有的兵力，显然无法夺取斯巴达科夫卡。苏军的阵地坚不可摧。一个事实进一步证明了俄国人坚守其阵地的决心：他们对胡贝“刺猬阵地”的北翼发起了一次进攻，以此来缓减斯巴达科夫卡的压力。德内曼和冯·阿伦斯托尔夫的战斗群很难抵御苏军越来越猛烈的攻击。

崭新的T-34坦克一次次发起进攻，其中的一些既未涂油漆，也没来得及安装火炮瞄准器。这些坦克驶离“捷尔任斯基”拖拉机厂的装配线，直接投入了战场，车组成员通常就是工厂的工人。一些T-34一直突破至德军第64装甲掷弹兵团的战地指挥部，德国人不得不在近距离内将其击毁。

唯一成功的突袭，由“施特雷尔克”战斗群的工兵、炮兵和反坦克兵获得，他们夺取了伏尔加河上大型铁路轮渡系统的栈桥，从而切断了从哈萨克斯坦经伏尔加河通往斯大林格勒和莫斯科的铁路线。

施特雷尔克的部下们在伏尔加河岸边的葡萄园里掘壕据守。硕大的核桃树和西班牙栗子树遮蔽着他们的大炮，这些火炮被拖入阵地，以对付河中的交通和来自对岸的登陆企图。

尽管他们取得了成功，但第16装甲师的阵地仍处在极其危险的状态下。苏军控制着城市北部的接近地，同时，他们还从沃罗涅日地区调来新锐部队，对第16装甲师构成的“刺猬阵地”施加压力。所有的一切都取决于德军能否确保穿越这片狭长地带的通道。因此，第16装甲师焦急地等待着第3摩步师的到达。

8月23日，第3摩步师的先头部队与第16装甲师一同离开顿河桥头堡，向东而去。可是，到中午时，他们分道扬镳了。第16装甲师继续向斯大林格勒的北部而去，施勒默尔少将的各个团则向北呈扇形散开，以便在库兹米希地区（Kuzmichi）沿轶靼壕沟占据掩护阵地。

施勒默尔少将和先头营走在队伍的最前面。通过望远镜，他看见俄国人的货运列车正忙着在库兹米希西面564公里标杆处卸货。

“进攻！”

第103装甲营的摩托车和装甲车向前冲去。第312陆军高射炮营的炮手们开了几炮。苏军队列四散奔逃。

货车车厢里装载着许多有用的东西。这些美国物资横渡大西洋和印度洋，穿过波斯湾和里海，经伏尔加河运至斯大林格勒，然后再由铁路送至前线，停在了564公里标杆处。现在，这些物资被施勒默尔的第3摩步师心怀感激地全盘接收了——性能出色的崭新福特卡车、履带式牵引车、吉普车、机床设备以及工兵部队的地雷和物资。

先头营的坦克继续前进，突然，五辆T-34坦克出现了，显然是为了重新夺回那些宝贵的美援物资。毫不夸张地说，它们射出的76.2毫米炮弹准确地落入了德军先头部队刚刚盛起的豌豆汤里。师长和师参谋长丢下饭盒，赶紧隐蔽起来。幸运的是，由于履带损坏，先头营的两辆坦克就停在货运列车旁。他们干掉了两辆T-34，剩下的苏军坦克转身逃离。

就在施勒默尔的部队仍跟在第16装甲师身后时，更大的灾难出现了。苏军的一个步兵师——第35师，以强行军的速度从北面插入了这片狭长地带。根据德军俘获的一名传令兵身上的文件显示，该师的目的是封闭德军在顿河上的桥头堡，并为随之而来的后续部队保持狭长地带的畅通。

苏军步兵第35师在德军第3摩步师身后向南推进，进入到冯·维特斯海姆装甲军两个先头师的后方地区，强行插入到德国第8军构建的桥头堡与沿"鞑靼壕沟"展开的德军部队之间，从而阻止了刚刚渡过顿河进入"通道"的德军步兵，使其与前方的快速部队分隔开。

结果，德军两个先头师的后方交通线被切断，不得不靠自己的力量支撑下去。确实，第3摩步师与第16装甲师已成功会合，但这两个师现在不得不构成一个18英里宽、从伏尔加河延伸至"鞑靼壕沟"的"刺猬阵地"，以抵挡苏军来自四面八方的攻击。补给只能依赖德国空军，或是由强大的装甲车队突破苏军防线运来。

这种令人极不满意且险象环生的局面一直持续到8月30日。终于，炮兵上将冯·赛德利茨的第51军，以其右翼的两个师向前移动了。经过激烈的战斗，第60摩托化步兵师同样成功地进入到"通道"前端。

就这样，8月底前，德军从北面封闭了顿河与伏尔加河之间的狭长地带。对斯大林格勒发起正面攻击的条件已经形成，霍特装甲集团军从南面的侧翼包抄防止了从北翼而来的一切突发状况。

自1942年春季以来，冯·赛德利茨-库尔茨巴赫将军就一直佩戴着骑士铁十字勋章的橡叶饰。当时，这位梅克伦堡第12步兵师杰出的师长，带领着他的军级集群突破了杰米扬斯克包围圈，将布罗克多夫–阿勒菲尔特伯爵的六个师从苏军致命的围困中救出。

这就是希特勒将他对斯大林格勒战役的期望放在这位将军的个人勇气和战术技能上的原因所在，赛德利茨出生于汉堡的埃普多夫，一个杰出的普鲁士军人世家。

8月底，赛德利茨麾下的两个师，从第6集团军中央杀过狭窄地带，对斯大林格勒市中心发起了正面攻击。他的第一个目标是斯大林格勒的机场——古姆拉克（Gumrak）。

但德军步兵遭遇到困难。苏军第62集团军早已沿罗索什卡河（Rossoshka）陡峭的河谷建立起强大而又纵深的防御带。这些防御构成了斯大林格勒内环工事带的一部分，这些工事带以20至30英里的间隔环绕着这座城市。

直到9月2日，赛德利茨的部队一直停滞在这道屏障前。9月3日，苏军突然后撤，赛德利茨随即追了上去，突破了苏军在城前最后的阵地。9月7日，他的部队已位于古姆拉克东面，距离斯大林格勒城郊只有5英里了。

这是怎么回事？是什么让苏军放弃了斯大林格勒的内环防御圈，并将这座城市的接近地拱手相让？难道是他们的部队突然间崩溃了吗？这些部队已不再受控制了吗？这些都是令人激动的可能性。

毫无疑问，斯大林格勒战役中这一特别进展对后续行动过程非常重要。这方面的情况并未在德国关于斯大林格勒战役的出版物中得到足够的重视。但在9月2日和3日这四十八小时内，伏尔加河这座大都市的战事确实已岌岌可危。这座城市的命运似乎已被决定。

崔可夫元帅当时还是一名中将，是第64集团军的副司令员。在他的回忆录中解开了苏军在罗索什卡河强大的内环防御工事突然发生崩溃的谜团。其原因在于斯大林格勒这场机动作战中，两个杰出的对手所做出的决定和行动——霍特和叶廖缅科。

叶廖缅科，这位勇敢而又充满活力，且颇具战略天赋的斯大林格勒方面军司令员，在他最近的著作里透露了这场战役中某些令人关注的细节。而崔可夫的回忆录则在各个方面填补了许多空白，并阐述了一些额外的内容。

德国第4装甲集团军司令霍特大将，现居住于戈斯拉尔，战前，与古德里安和隆美尔一样，他曾服役于戈斯拉尔步兵团，他将他的个人记述提供给本书作者，

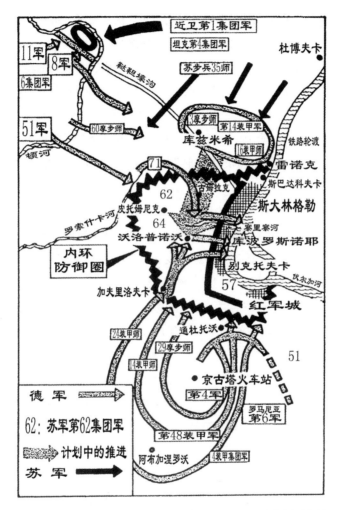

▲ 8月30日，第4装甲集团军撕开了斯大林格勒的内环防御圈。与此同时，保卢斯的部队将从北面杀来。但德军第14装甲军被敌人的进攻所牵制。待霍特的部队与第71步兵师会合时，已经晚了两天：苏军部队在关键时刻撤入到斯大林格勒的城郊。

其中谈到了造成苏军前线崩溃的攻势的策划与执行情况。

7月底，霍特的第4装甲集团军离开了向高加索攻击前进的大方向，从南方穿越卡尔梅克草原，重新调整至斯大林格勒南面的伏尔加河河曲部。这一推进的目的是为了缓解保卢斯第6集团军在顿河河曲部所遭受的压力。

但是，德军最高统帅部又一次搞起了"折中"的把戏。霍特的转进只带了一半的兵力：两个装甲军中的一个，第40装甲军不得不继续留在高加索前线。因此，霍特的实力只有肯普夫的第48装甲军（由一个装甲师和一个摩步师组成）和施韦德勒的第4军（由三个步兵师组成）。随后，第24装甲师也被纳入霍特麾下。德拉加利纳中将带领的，辖四个步兵师的罗马尼亚第6军也隶属于霍特指挥，以掩护第4装甲集团军的侧翼。

俄国人立即意识到，霍特的进攻构成了对斯大林格勒的主要威胁。毕竟，他的坦克已渡过顿河，而保卢斯的第6集团军仍被苏军牢牢地挡在河西岸。

如果从卡尔梅克草原而来的霍特成功夺取伏尔加河河曲部，以及红军城（Krasnoarmeysk）和别克托夫卡（Beketovka）的制高点，斯大林格勒将注定灭亡，而伏尔加河，作为经波斯湾运抵的美援物资的大动脉，也将被切断。

8月19日，霍特到达苏军第64集团军防线的最南端，第一次进攻便在阿布加涅罗沃（Abganerovo）取得了突破。肯普夫的装甲军，以第24和第14装甲师以及第29摩步师向前推进，施韦德勒将军的步兵伴随在其左侧。

24小时后，霍特的坦克和掷弹兵对通杜托沃（Tundutovo）的高地发起了攻击，这是斯大林格勒内环防御圈南端的基石。

叶廖缅科上将已将他所有可用的部队集中到这一有利而又重要的位置上。苏军坦克第1集团军的坦克部队、第64集团军的步兵团、民兵以及工人队伍，利用他们呈梯次配置的铁丝网、碉堡和土木工事，守卫着山脊线。伏尔加河河曲部的红军城离这里只有9英里。

第24装甲师的各个连，在经验丰富的连长和战斗群指挥官的带领下，一次次地发起进攻，但始终未能取得突破。第24装甲团团长里贝尔上校，曾为古德里安担任过多年副官，在这场战斗中阵亡。第21装甲掷弹兵团团长冯·伦格克上校，在对通往红军城的铁路线的进攻中负了致命伤。许多营长、连长以及经验丰富的士官阵亡于苏军凶猛的防御火力下。

面对这种状况，霍特停止了进攻。他是个冷静的战略家，而不是个赌徒。他意识到，自己的进攻力量不够。

设在普洛多维托耶（Plotovitoye）的指挥部中，霍特附身查看着地图。他的参谋长范格尔上校正汇报着最新的战斗态势。就在两个小时前，霍特拜访了肯普夫的军部，并和他一同驱车赶至冯·豪恩席尔德将军的师部，以了解第24装甲师的情况。他还赶到京古塔（Tinguta）火车站拜望了海姆少将。海姆的师部设在一道峡谷中，这种深邃的峡谷在俄国南部非常典型。海姆将军解释了第14装甲师所面临的困难局面。这里的情况与第24装甲师那里一样，继续推进似乎是不可能的。

"范格尔，我们得以不同的办法解决这个问题。"霍特思索着说道，"我们在这些该死的山丘前白白地消耗自己的力量：这里的地形不适合装甲部队。我们必须重组，然后在别的地方发起进攻。现在，仔细听好……"

霍特大将阐述着自己的构想。范格尔上校忙着将其画到地图上，他查看着侦察报告，测量着距离。"这应该是可行的。"他不时地喃喃自语着。但他对霍特的计划并不十分满意，主要是因为部队的重组又要耽误时间。另外，这一转进还需要耗费大量燃料，而此刻，燃料极其缺乏。红军城和别克托夫卡前这些"该死的山丘"最终必须以某种方式夺取，以便控制斯大林格勒的整个南部地区及其接近地。肯普夫将军也对这个重组和转进计划持同样的反对意见。但最后，范格尔和肯普夫被他们的司令官说服了。

霍特打电话给集团军群司令部，与魏克斯将军谈了半个小时。魏克斯同意了，并答应亲自过来商讨行动事宜，尤其是燃料补给问题。

一切都开始忙碌起来：传令兵带着命令飞奔而去，电话铃声此起彼伏。指挥部人员忙得不可开交。部队重组行动开始了。

为了不被敌人发觉，霍特在夜间撤出了他的装甲和摩托化部队，并以来自萨克森州的第94步兵师接替他们。这个大胆的举动很像象棋中的"王车易位"。霍特花了两个晚上，把他的机动部队调至第4军身后，集结于阿布加涅罗沃战线后方30英里处，并让这些部队形成了一个宽大的进攻楔形。

8月29日，这股大军向北突击，攻向苏军第64集团军的侧翼，这完全出乎敌人的意料。霍特没有对伏尔加河河曲部发起正面攻击，没有强攻红军城和别克托夫卡壁垒森严的山丘，那里布满了敌人的坦克和大炮，而是打算绕过这些阵地和敌军，扑向斯大林格勒西面，然后转身，以侧翼包抄的方式对南部的整个高地实施攻击，这一行动同时还将苏军第64集团军的左翼困住。

行动惊人地顺利。与第4军的突击部队相配合，霍特的快速部队于8月30日在加夫里洛夫卡（Gavrilovka）突破了斯大林格勒的内环防御圈，并打垮了后方的苏军炮兵阵地。8月31日傍晚前，豪恩席尔德将军的第24装甲师已到达斯大林格勒——卡尔波夫卡（Karpovka）铁路线，这个意想不到的突破深达20英里。

整个战局就此发生了改变。一个千载难逢的良机出现了。德军的战利品已不再是单单夺取红军城和别克托夫卡的高地，而是包围斯大林格勒西部苏军的两个集团军——第62和第64集团军。这个战利品突然间变得触手可及，只要第6集团军现在以其快速部队向南疾进，与霍特的部队会合，从而封闭包围圈即可。霍特的大胆行动，为歼灭守卫斯大林格勒的两个敌集团军创造了良机。

集团军群司令部立即意识到这个机会。8月30日下午，司令部在用无线电发给保卢斯将军的一道命令中指出：

鉴于第4装甲集团军于今日上午10点在加夫里洛夫卡获得一个桥头堡这一事实，现在，尽管第6集团军正处于极其紧张的防御状态，但一切都取决于该集团军能否集结其最强大的力量……沿大致向南的方向发起进攻，以便与第4装甲集团军配合，歼灭斯大林格勒西面的敌军。这一决定需要无情地削弱次要战线的力量。

随后，集团军群司令部又于8月31日获知了第24装甲师在沃洛普诺沃（Voroponovo）以西实现纵深突破的消息。魏克斯于9月1日又给保卢斯下达了另一道命令，措辞相当详细，无疑是为了提醒对方。命令中指出："第4装甲集团军于8月31日取得的决定性成功，提供了一个给予斯大林格勒——沃洛普诺沃——古姆拉克防线以南及以西的敌军毁灭性打击的良机。两个集团军迅速取得会合至关重要，随后再突入市中心。"

第4装甲集团军反应迅速。当天（9月1日），肯普夫将军率领第14装甲师和第

29摩步师向皮托姆尼克站（Pitomnik）方向挺进，相当无情地暴露了第24装甲师当时所据守的阵地。

但第6集团军却没有赶来。鉴于苏军对其北部战线的猛烈进攻，保卢斯将军发现自己无法腾出麾下的快速部队向南推进。他认为，如果从所辖的第14装甲军的五个装甲营中组建并分离出一个装甲战斗群向南疾进，剩下的少量坦克和突击炮根本无法守住北部防线，哪怕是得到第8航空军的对地支援也无济于事。他担心如果自己这样做的话，他的北部防线将发生崩溃。

也许他是对的。也许其他任何决定都是一场赌博。不管怎么说，一个千载难逢的良机被错过了。24小时后，9月2日清晨，第24装甲师通过侦察发现，德军防线的前方已没有苏军部队。俄国人撤离了南面的防御阵地，正如同一天他们在西面放弃了赛德利茨第51军前方的阵地那样。是什么使俄国人采取了这一令人深感意外的做法呢？

苏军第64集团军副司令员崔可夫将军，意识到霍特这一推进所造成的危险境况。他向叶廖缅科上将发出了警报。叶廖缅科不仅看到了这一危险，还立即对此做出了应对，这与过去苏军指挥员面对这种情况迟缓的反应形成了鲜明的对照。叶廖缅科做出了艰难而又危险的决定——但这也是唯一正确的决定——放弃精心准备的内环防御圈。他牺牲了那些支撑点、铁丝网、防坦克障碍和步兵战壕，以便将自己的部队从遭遇合围的危险中挽救出来，同时，他把两个集团军撤至斯大林格勒城郊一道新的临时防线上。

这一行动再次显示出，苏军是如何始终如一地实施早在今年夏季便已被其最高统帅部认可的新战术的。在任何情况下，他们都绝不会让自己的大股部队再度遭遇合围。为了这个新的原则，他们情愿承担丢失斯大林格勒的风险。

9月2日下午，保卢斯将军最终决定派第14装甲军的快速部队向南推进，9月3日，赛德利茨的步兵部队与霍特的装甲先头部队会合。就这样，集团军群在8月30日所构想的包围圈终于形成并封闭了，但包围圈内空无一人。这一行动的完成比原计划晚了48小时。这种延误将在斯大林格勒付出代价，但在当时，没人想到这一点。

于是，集团军群给保卢斯和霍特下达了命令，利用这一机会，尽快攻入斯大林格勒城内。

3

攻入城内

洛帕京将军想弃守斯大林格勒——崔可夫将军在赫鲁晓夫面前宣誓就职——第71
步兵师攻入斯大林格勒市中心——中央火车站的第24装甲师掷弹兵——崔可夫最
后的一个旅——关键的十个小时——罗季姆采夫的近卫师

奔流的察里察河（Tsaritsa）从斯大林格勒中间穿过，深邃的河谷将这座城
市分成南北两部分。察里津更名为斯大林格勒时，察里察河保持着原来的名字，
如今，斯大林格勒又变成了伏尔加格勒，这条河依然保留着它最初的名称。1942
年，察里察河著名或恶名昭著的河谷构成了霍特与保卢斯集团军之间的结合部。
沿着这条河谷，两个集团军的内翼迅速穿过城市，直抵伏尔加河。所有的一切似
乎都表明，敌人只进行了后卫迟滞战斗，即将要放弃这座城市了。

崔可夫元帅的回忆录中揭示出，斯大林格勒的两个集团军放弃了这座城市的
接近地后，随即发现自己陷入灾难性形势中。即便是经验丰富的指挥员也不觉得守
住斯大林格勒的机会有多大。第62集团军司令员洛帕京将军就认为这座城市无法守
住。因此，他决定弃守斯大林格勒。但当他试图让参谋长落实这一决定时，克雷连
科将军拒不同意，并紧急通知了赫鲁晓夫和叶廖缅科。洛帕京被解除了职务，尽管
他绝不是个懦夫。

如果读过崔可夫所描述的斯大林格勒门前的形势，就不难理解洛帕京的决定。
崔可夫写道："不得不放弃斯大林格勒城外最后的几公里和几米，不得不眼睁睁地
看着敌人在兵力、军事技能和主动权上占据优势，这令人痛苦万分。"

这位元帅描述了国营农场（第64集团军的各指挥部设立在这里）的工人们是如

何偷偷逃往安全处的。他写道:"通往斯大林格勒和伏尔加河的道路上挤满了人。集体农庄的庄员,国营农场的工人,带着他们的牲畜,拖家带口赶往伏尔加河渡口。他们把牲畜赶在前面,包裹背在身后。斯大林格勒已是一片火海。德国人已经进城的谣言增添了人们的恐慌情绪。"

这就是当时的情形。但斯大林不打算轻易放弃这座城市。他派出了自己最可靠的支持者之一,一名忠诚的布尔什维克,作为军事委员会的政治委员赶赴前线,奉命激励军队和平民战斗到最后一刻,他就是尼基塔·谢尔盖耶维奇·赫鲁晓夫。为了斯大林的这座城市,他要求每一个共产党员都拿出自我牺牲的精神。

普拉塔诺夫中将关于第二次世界大战的三集纪录片中,有几个数字说明了当时的情况:50000名平民志愿者加入了民兵组织;75000名居民被分派到第62集团军;3000名年轻姑娘被动员起来,担任护士、电话接线员或是无线电操作员;7000名13至16岁大的共青团员被武装起来,加入到作战部队中。每个人都成了战士。刚刚还在工厂里从事生产的工人们奉命拿起武器投入战场。"红色街垒"兵工厂制造的大炮,刚从装配线上下来,便被投入厂区内的阵地,朝着敌人开炮射击。操纵这些大炮的是厂里的工人。

9月12日,叶廖缅科和赫鲁晓夫委任崔可夫为第62集团军司令员,洛帕京被撤职后,该集团军一直由参谋长克雷连科指挥。崔可夫的任务是:守卫伏尔加河上的这座堡垒。这是个明智的选择。崔可夫严厉、有事业心、具备战略天赋、英勇无畏、极其顽强,是个合适的人选。他没有尝过1941年苏联红军遭遇的惨败,因为那时他还在远东。与许多战友相比,崔可夫是一股尚未动用的力量,过去的灾难对他没有影响。

9月12日10点整,崔可夫赶到亚梅村(Yamy)的方面军司令部,向赫鲁晓夫和叶廖缅科报到。这个小村落位于伏尔加河的对岸。有意思的是,与他会谈的是赫鲁晓夫,而不是军事首长叶廖缅科。

据崔可夫的回忆录记载,赫鲁晓夫说:"第62集团军前任司令员洛帕京将军认为,他的集团军无法守住斯大林格勒。但我们再也不能后撤了。这就是他被解除职务的原因。经最高统帅批准,方面军军事委员会请您,崔可夫同志,担任第62集团军司令员。您如何理解您的任务?"

"这个问题令我感到惊讶。"崔可夫写道,"但没时间仔细考虑自己的答复。于是我说道,'交出斯大林格勒会挫伤人民的士气。我发誓,决不放弃这座城市。我们要么守住这座城市,要么战死在这里。'赫鲁晓夫和叶廖缅科看着我,然后说,我正确地理解了我的任务。"

10小时后,赛德利茨的军发起了对斯大林格勒市中心的进攻。崔可夫设在102高地的集团军司令部被炸弹摧毁,他不得不带着自己的参谋人员、厨师和一些女兵撤至伏尔加河附近、察里察河谷中的一个地下掩体中。

第二天,9月14日,冯·哈特曼将军的第71步兵师已攻入城内。出人意料的是,他们穿过了市中心,甚至还获得了一条通往伏尔加河岸的狭窄通道。

与此同时,进攻察里察河谷南部的第24装甲师的掷弹兵,穿过旧城区的街道,夺取了中央火车站。9月16日,冯·海顿的营同样抵达了伏尔加河。别克托夫卡与斯大林格勒之间,库波罗斯诺耶(Kuporoznoye)的郊区,第14装甲师和第29摩步师的部队,自9月10日以来已从南面切断了这座城市及其河流。这座城市,只有北部仍由崔可夫的部队在坚守。"我们必须争取时间。"他对属下各级指挥员说道,"以此来调集预备队,并消耗德国人。"

"时间就是鲜血!"他这样说道,这句话是从美国人的格言"时间就是金钱"修改而来。的确,时间就是鲜血。整个斯大林格勒战役被概括在这句话中。

崔可夫的厨师格林卡,把自己的战地厨房搬入新的地下掩体时,不禁长长地松了口气。在他上方是30英尺厚、牢固的盖土层。他高兴地看着将军的女服务员说:"塔莎,在这里,再也不会有弹片掉进我们的汤里了。没有炮弹能击穿这么厚的土层。"

"可是,"塔莎答道,她知道格林卡害怕些什么。"一颗一吨重的炮弹就能把这里炸毁,将军同志就是这么说的。"

"一吨重的炮弹,这种炮弹很多吗?"格林卡焦急地问道。

塔莎安慰着他:"这种概率非常小,它必须直接命中咱们的掩体才行。将军同志就是这样说的。"

前线的激战声,传入深深的地下掩体中就变成了遥远的隆隆声。屋顶和墙壁整齐地铺设着木板。这座地下掩体内有几十间房间供集团军司令部人员使用。中间的一间大房间供司令员和参谋长使用。这座被称为"察里津地窟"的掩体是在刚刚过去的夏季期间修建的，当时是作为方面军司令部使用。掩体的一个出口通向察里察河谷，位于伏尔加河陡峭的河岸旁，另一个出口则通往普希金大街。

崔可夫的办公室里，铺了木板的墙壁上钉着一张手绘的斯大林格勒城市平面图，约10英尺高、6英尺宽，这是总参的作战地图。战斗前线已不再位于腹地，作战地图的比例也不再以公里计，而是以米来计算。这是一场争夺街角、街区和独立建筑物的战斗。

崔可夫的参谋长克雷洛夫将军，正将最新的战斗态势填入地图——德军的攻击用蓝色标注，苏军的防御阵地则为红色。地图上，蓝色箭头距离战地指挥部越来越近。

"德军第71和第295步兵师的部队猛攻马马耶夫岗（Mamayev Kurgan）和中央火车站。他们得到了第204装甲团的支援，该团隶属于第22装甲师。德军第24装甲师正在铁路南站外作战。"克雷洛夫汇报道。

崔可夫盯着墙上的态势图问道："我们的反击在哪里？"

"他们失败了。天一亮，德国人的飞机便统治了城市的上空。他们压制了我们在各处的部队。"

一名传令兵跑了进来，送来了步兵第42旅旅长巴特拉科夫上校的战况简报。克雷洛夫拿起铅笔，在指挥部周围划了个半圆。"司令员同志，前线离我们仍有半英里的距离。"他故意用一种正式的方式报告道。

只有半英里！此刻是9月14日12点。崔可夫明白克雷洛夫在暗示些什么。他们还有一个坦克旅，拥有19辆T-34坦克，这是他们最后的预备队。现在，是否该把他们投入战斗呢？

"城市南部，左翼的情况怎样？"崔可夫问道。

克雷洛夫延伸着蓝色的箭头，表明德军第29摩步师已越过库波罗斯诺耶。城郊已经失陷。弗雷梅赖将军麾下，那些来自图林根的士兵继续向前，朝着谷仓的方向推进。锯木厂和食品罐头厂已在德军战线的后方。只有从南部的摆渡渡口至那里高大的谷仓，此时仍在苏军的防线内。崔可夫拿起电话，接通了方面军司令部。他向叶廖缅科汇报了情况。叶廖缅科将军恳求道："您必须不惜一切代价守住中心渡口以及摆渡码头。最高统帅部已将近卫步兵第13师派给您。这是一支强大的精锐部队，有10000人。保持桥头堡的畅通，坚持24小时，另外也要守住城市南部的摆渡渡口。"

崔可夫的额头上渗出了汗珠。地下室里的空气令人窒息。"那好吧，克雷洛夫，把你能找到的一切兵力都拼凑起来，让这里的参谋人员担任战斗群的指挥员。我们必须为罗季姆采夫的近卫师守住渡口！"

最后一个坦克旅及其19辆坦克投入了战斗。一个营位于集团军司令部前，在这里可以掩护中央火车站和中心渡口，另一个营则被投入到谷仓与南部摆渡渡口之间的防线上。

14点，罗季姆采夫少将，这位传奇性的战地指挥员和苏联英雄出现在集团军司令部里，浑身血污和泥土。他在路上遭到德军战斗机的追逐。他报告说，他的师已在河对岸待命，将于今晚渡过伏尔加河。然后，他皱着眉头看着作战态势图上红色和蓝色的线条。

16点，崔可夫再次与叶廖缅科通话。此刻离夜幕降临还有五个小时。在回忆录中，崔可夫描述了自己在这五个小时中的感受："我们那些被打得支离破碎的部队以及中央地区的一些残部能再坚守10到12个小时吗？这是我在当时最为担心的。如果指战员们无法胜任这一几乎可以说是人所不及的任务，那么，近卫步兵第13师就无法渡过河来，只会见证一场令人痛苦的悲剧。"

黄昏前不久，被部署到渡口区的那支最后的预备队，其旅长霍普卡少校来到了指挥部。他报告说："唯一的一辆T-34已无法移动，但还能开炮射击。全旅只剩下100人。"崔可夫冷冷地看着他："把您的部下集结在坦克周围，守住渡口的接近地。要是守不住，我枪毙您！"

霍普卡在战斗中身亡，和他一同阵亡的还有约半数的部下，但剩下的人牢牢地守住了渡口。

夜幕终于降临了。所有的参谋人员都来到渡口。罗季姆采夫近卫师的各个连队刚刚渡过伏尔加河便立即投入了战斗，他们投入到各防御要地，以阻止德军第71步兵师的推进，并在马马耶夫岗这一至关重要的102高地上挡住德军第295步兵师。这是关键的几个小时。罗季姆采夫的近卫师阻止了德军于9月15日夺取斯大林格勒的市中心。

他们的牺牲挽救了斯大林格勒。24小时后，近卫步兵第13师被粉碎，他们被德军的斯图卡炸成碎片，被猛烈的炮弹和机枪火力刈倒。

在城市的南部，还有一个近卫师在战斗——杜比扬斯基上校的近卫步兵第25师。该师的几个预备营被渡船从伏尔加河左岸运至南部的渡口，立即投入到阻挡德军第29摩步师先头部队的战斗中，以守住渡口与谷仓之间的防线。

但菲比希中将第8航空军的斯图卡用炸弹猛轰了这几个营，其残部又在第94步兵师和第29摩步师的颌口中被粉碎。只是在谷仓（里面堆满了小麦）激烈的战斗持续了一段时间：这是个巨大的混凝土建筑，坚固得犹如一座堡垒，每层楼都要经过激烈的争夺。在闷燃的谷物所发出的浓烟和恶臭中，德军第71步兵团的突击队和工兵对苏军近卫步兵第35师的残部发起了攻击。

9月16日早上，崔可夫的作战态势图上，情况再度变得糟糕起来。德军第24装甲师夺取了铁路南站，向西而行，攻破了苏军沿城市边缘和高地布设的防线。但在马马耶夫岗和中央火车站，激烈的战斗仍在继续。

崔可夫打电话给方面军军事委员会委员尼基塔·谢尔盖耶维奇·赫鲁晓夫："这样的战斗再持续几天，我的集团军就将全军覆没。我们的预备队已再次耗尽。这里急需2到3个新锐师。"

赫鲁晓夫联系了斯大林。斯大林从统帅部预备队中拨出两支装备齐全的精锐部队①，一个是海军陆战队旅，其成员都是来自北部海岸坚强的水手，另一个则是坦克旅。坦克旅围绕着中心渡口被部署在城市中央，以保证为前线提供补给的通道畅通。海军陆战队则被部署在城市南部。这两支部队防止了苏军防线在9月17日的崩溃。

同一天，德军最高统帅部授予第6集团军掌管在斯大林格勒方向作战的全部德军部队的权力。这样，第48装甲军便从霍特的第4装甲集团军中脱离出来，被置于保卢斯将军的指挥下。希特勒已越来越不耐烦："赶紧完成这项行动，斯大林格勒

---

① 这两支部队分别是步兵第92旅和坦克第137旅，前者由波罗的海和北海舰队的水兵组成。

必须拿下！"

尽管德军的装甲兵、掷弹兵、工兵、反坦克兵和高炮部队为争夺每一座建筑而顽强奋战，但却没能夺下这座城市，这是为何？下面的数字也许可以解释这其中的原因。由于赫鲁晓夫下定决心要争取到苏联红军最后的储备力量，崔可夫才得以在9月15日至10月3日之间获得了一个又一个的师——他总共得到了六个装备齐全的新锐步兵师。这些部队都获得了充分的休息，其中的两个是近卫师。这些部队被投入到斯大林格勒市中心的废墟，以及城市北部的工厂、车间和工业区定居点中，这些地方都已成了堡垒。

德军对斯大林格勒的进攻，最初阶段投入了7个师，这些疲惫不堪的部队已被顿河与伏尔加河之间数周的战斗所削弱。无论何时，被投入到夺城战中的德军师从未超过10个。

说实在的，就连曾经凶悍无比的西伯利亚第2集团军，在战役的第一阶段中也不再那么勇猛了。他们的体力和士气已被代价高昂的战斗和撤退所削弱。九月初，该集团军在名义上还辖有5个步兵师、5个坦克旅和5个步兵旅，总计约9个师。听上去兵力很多，但是，例如机械化第38旅，只剩下600人，步兵第244师只有1500人。换句话说，该师的实力仅为团级规模。

难怪洛帕京将军认为靠这样的部队根本无法守住斯大林格勒，因而建议交出城市，把部队撤过伏尔加河。但决心决定一切，包括战争的胜负，强有力的指挥官扭转战场态势的情形在历史上数见不鲜。

10月1日前，崔可夫，这位洛帕京的接替者，已经拥有11个师和9个旅，约等于15个半师，还不包括工人队伍和民兵组织。

另一方面，德军拥有空中优势。菲比希将军经受过战火考验的第8航空军平均每天飞行1000架次。崔可夫在回忆录中多次强调了德国空军的斯图卡和战斗轰炸机对守军造成的灾难性影响。为反击所做的集结被粉碎，路障被炸毁，通讯线路被切断，指挥部被夷为平地。

但如果步兵的力量太过虚弱，无法突破敌人最后的抵抗，空军获得的成功又有什么用呢？无可否认，顿河上的形势稳定下来后，第6集团军得以抽出第305步兵师，以接替第51军里一个被消耗殆尽的师。但保卢斯将军从未获得过哪怕是一个新锐师。除了5个从德国空运来的工兵营外，用于接替实力被耗尽的各团的替换部队不得不从集团军的作战区域内抽调。1942年秋季，德军最高统帅部在整个东线没有任何预备队。从列宁格勒到高加索，严重的危机笼罩在各集团军群的头上。

在北方，曼施泰因元帅不得不用他在克里木的老部队对突入德军防线的苏军发起反击。沃尔霍夫河上激烈的防御战一直持续到10月2日。"北方"集团军群不得不在拉多加湖的第一次战役中为自己争取些喘息空间。

在瑟乔夫卡—勒热夫地区，莫德尔大将不得不全力以赴，投入他所有的部队阻挡苏军的突破——他面对的是苏军的3个集团军。

中央战线的中部和南翼，克鲁格元帅同样不得不倾注其全部力量来阻止苏军向斯摩棱斯克的突击。

最后是高加索的各山口和捷列克河，A集团军群的各集团军与严冬的威胁进行着殊死竞赛，他们以最大的努力再次尝试突破这一地区，以便到达黑海海岸和巴库油田。

但另一方面，在法国、比利时和荷兰，德军派驻了许多很好的师。他们把时间花在打牌上。一直低估俄国人的希特勒，相反却犯下了高估盟军的错误。此刻，1942年的秋季，他担心盟军会发起入侵。美国、英国和苏联的情报机构，巧妙地散布了第二战线的谣传，从而增添了希特勒的担心。这一精心操作的虚假入侵，直到20个月后才真正付诸实施，但此刻却牵制了德军的29个师，其中包括装备精良的"警卫旗队"以及第6和第7装甲师。29个师！只要有他们中的四分之一，斯大林格勒和高加索战线的态势可能就会得到扭转。

4

峭壁上最后的防线

崔可夫从察里察河附近的地下通道逃离——城市南部落入德军手中——斯大林
格勒的秘密：陡峭的河岸——谷仓——面包厂——"网球拍"——城市的十分之
九落入德军之手

9月17—18日的夜间，崔可夫不得不撤离了位于察里察河附近的地下掩体。实际上，这就是一次逃窜，因为当天中午，德军第71步兵师（这个来自下萨克森的师，战术徽标是一片三叶草）的掷弹兵突然出现在普希金大街这座掩体的入口处。崔可夫的参谋人员不得不端起了他们的冲锋枪。地下掩体里很快便挤满了伤员和那些与自己部队失散的人员。司机、传令兵和军官们以各种借口逃进了地下掩体的安全处，"以便商讨紧急事宜"。由于地下坑道里没有通风系统，这里很快被充满了烟雾、热气和恶臭。出路只有一条：离开这里。

司令部的警卫们掩护着这一撤退，他们通过第二个出口进入了察里察河谷。可就是这里，也已能看见弗雷德博尔德少校第191步兵团突击队的身影。只带着最重要的文件和作战态势图，崔可夫悄悄地溜过德军防线，来到伏尔加河河岸，借着黑夜和雾色的掩护，与克雷洛夫一同搭船来到了东岸。

崔可夫立即登上一艘装甲快艇，再次渡过伏尔加河，来到城市北部的一处码头。然后，他在高耸于河岸的峭壁上建立起自己的指挥部，就位于"红色街垒"兵工厂后面——650英尺高的峭壁上炸出的几个洞穴处在德军大炮的射击盲角。陡峭的悬崖上，几个掩体由经过精心伪装的交通壕相连接。

格林卡的战地厨房被安排在"红色街垒"兵工厂排污道的检查井中。女服务员塔莎不得不以真正的杂技技巧带着她的锅子和盘子攀上井壁的钢梯，进入到露天，再沿峭壁上的一条窄道，小心翼翼地进入到司令员的掩体内。

当然，司令部里需要被喂饱的人数已大大减少。许多高级军官，包括崔可夫的炮兵、工程兵、坦克兵和机械化兵副主任，都趁着司令部转移，滞留在伏尔加河左岸之际，悄悄地溜走了。"我们没有为失去他们而流泪。"崔可夫写道，"没有了他们，空气更为清新。"

斯大林格勒城防司令员的这一转移具有某种象征意义：战斗的重点已转移至北部。苏军已不再坚守城市的南部和市中心。

9月22日，斯大林格勒南部，最后的战斗拉开了帷幕。第29摩步师的突击队，与第94步兵师及第14装甲师的掷弹兵一起，冲入了被浓烟熏黑的谷仓。工兵们炸开入口后，苏军一个机枪排的几名海军陆战队员，在安德烈·霍兹亚诺夫中士的带领下，步履蹒跚地走出来投降了，他们渴得已处于半疯癫状态。这些人是最后的生还者。

苏军近卫步兵第35师第2营的士兵们倒在混凝土建筑物的废墟里，窒息而死、烧死或被炸成碎片。房门已被砖块封死：指挥员和政委用这种方式杜绝了一切撤退或逃跑的可能性。

伏尔加河的南部渡口同样也被德军占领。普法伊费尔中将的第94步兵师（该师来自萨克森州，其战术徽标是迈森瓷器上两把交叉的宝剑），接管了城市南部边缘沿伏尔加河岸实施掩护的任务。

斯大林格勒市中心，这座城市的心脏地区，苏军的抵抗也崩溃了。只有少数顽强的阵地仍在抵抗，这些阵地由苏军步兵第34和第42团的残部据守，他们坚守在中央火车站的废墟中，坚守在中央渡口大型蒸汽渡轮的栈桥处。

根据巷战惯常的标准，9月27日前，斯大林格勒可以说已被德军征服。例如，第71步兵师已越过全师的整个防御宽度，到达了伏尔加河：第211步兵团到达米宁河谷（Minina）南部，第191步兵团位于米宁河谷与察里察河谷之间，而第194步兵团则到达了察里察河谷的北部。

现在，战斗集中在城市北部的工厂和工人定居点。下面这些名字不仅被记录在这场战争的历史中，也被载入世界历史——"红色街垒"兵工厂、"红十月"冶金厂、"捷尔任斯基"拖拉机厂、"拉祖尔"化工厂及其臭名昭著的"网球拍"，由于该工厂的铁路专用线所构成的形状酷似一个网球拍，故此而得名。这都是斯大林格勒这座工业城市的"堡垒"。

整个战争中，争夺斯大林格勒北部的战斗最为激烈，代价最为高昂。在一片狭小的区域内所展开的战斗，其决心、火力强度以及部队的密集度，只有第一次世界大战期间的消耗战能与之相比，比如凡尔登战役——1916年的6个月时间里，德国和法国军队在那里的阵亡人数超过了50万。斯大林格勒北部爆发的是一场短兵相接的战斗。无论从哪个方面看，苏军在防御战上比德国人打得更加出色，这得益于他们出色的伪装以及对本地地形的熟练利用。另外，在巷战和街垒战方面，他们比德国士兵更具经验，接受过的训练也更好。最后还有一点，崔可夫的一举一动都在赫鲁晓夫的注视下，因此，他将苏军士兵的抵抗激励到炽热状态。渡过伏尔加河进入斯大林格勒的每个连队，都对这三句口号留下了深刻的印象：

每个人都是一座堡垒！
伏尔加河后已无路可退！
要么战斗，要么死亡！

这是一场全面战争，这是对"时间就是鲜血"这一口号的执行。德军第14装甲师师史作者罗尔夫·格拉姆斯，当时是第64摩托车营的少校营长，在他的著作中有一段很有启发性的描述："这是一场可怕的、令人丧魂落魄的激战，地上地下、废墟中、地窖里、城市的下水道以及工厂中，到处都在战斗。坦克爬过碎片和瓦砾堆成的山丘，嘎嘎作响地穿过混乱、被摧毁的厂房，在近距离内朝着瓦砾遍地的街道和狭窄的厂区开炮射击……但这一切尚可以承受。更糟糕的是，风化的砂岩构成的深邃的河谷，陡峭地插入伏尔加河，从这里，苏军随时可以将其新锐部队投入到战斗中。河对岸，下游茂密的森林中，伏尔加河的东岸，敌人潜伏着，根本无从发现他们的步兵和炮兵。但尽管如此，他们就在那里，除了开炮射击外，夜复一夜，数以百计的船只渡过河来，将援兵送入城市的废墟中。"

人员和物资被运过河去，为市内的守军提供了支援，通过伏尔加河这条重要的

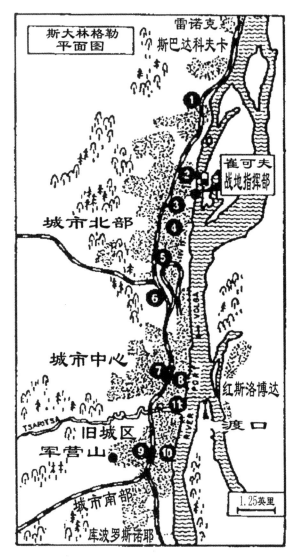

▲ (1)拖拉机厂;(2)"红色街垒"兵工厂;(3)面包厂;(4)"红十月"冶金厂;(5)"拉祖尔"化工厂及其"网球拍"铁路专线;(6)马马耶夫岗;(7)中央火车站;(8)红场及百货商店;(9)铁路南站;(10)谷仓;(11)崔可夫设在察里察河谷中的掩体。

大动脉，新鲜血液被不停地注入这座城市，这构成了这场战役的重要问题。最关键的是伏尔加河河岸风化砂岩构成的河谷。陡峭的悬崖位于德军炮火射程外，那里包括了苏军的指挥部、战地医院和弹药库。这里是个理想的集结点，可供夜间运过河来的人员和物资使用。这里也是发起反击的出发线。这里的下水道中流淌着出现在地表的工业污水——现在，这些空空如也的地下坑道一直通往德军防线的后方。苏军突击队会爬过这些坑道，小心翼翼地顶开一个井盖，架起一挺机枪。他们会在前进中的德军队伍的身后突然开火射击，袭击德国人的战地厨房和后勤补给队。片刻后，井盖再次被盖好，苏军的突击队随即消失不见。

奉命对付这种伏击的德军突击队对此束手无策。伏尔加河陡峭的西岸就像个纵深梯次配置的防弹工事带。作战地带中的德军部队，与伏尔加河通常只隔着几百米。

德尔将军在他撰写的关于斯大林格勒战役的短文中说得非常正确："伏尔加河前最后的一百码，体现着进攻者和防御者的决心。"

在斯大林格勒北部，通往这一重要河岸的道路，穿过经过强化的工人居住地和工业建筑区。它们在陡峭的河岸前形成了一道屏障。这些战斗需要花一整章来描述。我们只用几个典型的例子来证明作战双方展现出的英勇气概。

9月底，保卢斯将军试图对斯大林格勒最后的堡垒发起猛攻，密集的攻击一波接着一波。但他的实力并不足以对整个工业区实施包罗一切的大范围进攻。

来自东普鲁士、久经战火考验的第24装甲师，从南面穿过机场向前推进，猛攻"红十月"和"红色街垒"的住宅区。该师的装甲团和第389步兵师的部队还夺取了"捷尔任斯基"拖拉机厂的住宅区，并于10月18日杀入到砖瓦厂。就这样，这些东普鲁士人到达了陡峭的伏尔加河河岸。至少在这一地区，目标已经实现。该师随即再度转身向南，进入到"拉祖尔"化工厂以及"网球拍"铁路专用线的区域内。

第24装甲师完成了他们的任务，可代价是什么呢？每个装甲掷弹兵团剩余的兵力仅够组成一个营，装甲团的残部不超过一个装甲战车加强连。那些没有了坦克的组员被编入步兵连中。

庞大的"捷尔任斯基"拖拉机厂，是苏联最大的坦克生产厂。10月14日，耶内克将军来自黑森州的第389步兵师和来自萨克森的第14装甲师对其发起了猛攻。穿过厂区遍地的瓦砾，第14装甲师的坦克和掷弹兵向着伏尔加河河岸冲去，他们一路向南，突入到"红色街垒"兵工厂内，随即发现自己就在陡峭的河岸前，接近了崔可夫的战地指挥部。

拖拉机厂巨大的装配车间的废墟中，苏军在这里一次次发起着顽强的抵抗，但却被德军第305步兵师逐渐蚕食。这个来自巴登—符腾堡州的步兵师，被称作"博登湖"师，10月15日，该师从顿河防线调入斯大林格勒，参与拖拉机厂的战斗。来自"博登湖"的这些士兵，与古尔季耶夫上校指挥的苏军步兵第308师的各个连队展开了旷日持久的激战。崔可夫将军在日记中的话对这一战斗做出了最好的说明："总参谋部地图现在已被城市平面图所替代，被一张建筑迷宫的草图所替代，这片迷宫过去曾是个工厂。"

10月24日，第14装甲师到达了目的地——"红色街垒"兵工厂南角的面包厂。冲在最前面的是第64摩托车营。战斗的第一天，绍韦特上尉带领着第36装甲团第1营，为德军对第一座建筑的攻击提供支援。

10月25日，面对苏军猛烈的防御火力，德军对第二座建筑的进攻失败了。埃塞尔中士蹲在一辆被击毁的装甲车后。马路对面，建筑物的角落处，阵亡的德军连长倒在那里。在他身后十步处倒着一名排长，也已身亡。在他身旁，一名分排长轻声呻吟着——穿过他头部的子弹已使他神志不清。

突然间，埃塞尔狂性大发。他一跃而起，高呼着："冲啊！"全排士兵跟着他冲了上去。他们距离建筑物约有六十多码——60码开阔的厂区，无遮无掩。但他们成功了。这些士兵气喘吁吁地贴在墙边，用炸药在墙壁上炸开一个洞，钻入到建筑物内。苏军士兵蹲伏在对面房间的窗户处，朝着建筑外的院落开火射击。德军士兵的冲锋枪在身后打响时，他们根本没有意识到发生了什么状况，这些苏军士兵都被射倒在地。

德军士兵小心翼翼地登上石质楼梯，朝楼上而去。每扇门框处都由一名德军士兵把守。"缴枪不杀！"惊呆了的俄国人举起了双手。通过这种方式，埃塞尔带着12名部下占领了整座建筑，抓获80名俘虏，还缴获了1门反坦克炮和16挺重机枪。面包厂第二座建筑这片可怕的战场上，苏军丢下了数百具尸体。

马路对面，构成面包厂行政楼的建筑物中，多马施克上尉正带第103装甲掷弹兵团的残部进行着战斗。团里所有的连长都已阵亡。

旅里[1]从指挥部人员中派出了施滕佩尔少尉，这样，至少有一名军官可以充当连长了。一名中士将这里的状况向他作了介绍。

片刻后，施滕佩尔带着他的摩托车部队，对一段铁轨与一堵破碎的墙壁之间发起了进攻。在他们前方的斯图卡俯冲轰炸机猛烈轰炸着敌人实施抵抗的据点。德军士兵紧跟着炸弹的炸点，夺取了行政楼的废墟，逼近了陡峭的伏尔加河河岸。

可现在，这群德军只剩下二十来人。而且，从陡峭河岸的河谷中，又有一群苏军士兵涌了上来。这些俄国人中有扎着绷带的伤员，有担任指挥的参谋军官，也有运输单位的司机，甚至还有渡轮上的水手。面对德军猛烈的火力，他们像秋季的枯叶那样倒在地上，但剩下的人仍在不断向前逼近。

施滕佩尔派出了一名传令兵："再不派援兵来，我这里就坚持不住了！"

没过多久，前哨指挥部派出的七十名援兵赶到了，他们在一名中尉的带领下投入了战斗。两天后，这七十个人非死即伤。施滕佩尔和第103装甲掷弹兵团的士兵们不得不后撤，放弃了伏尔加河河岸。

尽管如此，在这些日子里，斯大林格勒城的五分之四已落入德军手中。临近十月底时，第16装甲师和第94步兵师粉碎了苏军步兵第124和第149旅，终于拿下了争夺激烈的斯巴达科夫卡郊区，这里的战斗从8月份一直持续到现在。这样一来，这座城市的十分之九已落入德国人手里。

崔可夫设在峭壁上的指挥部外，苏军步兵第45师只控制着一小段河岸，大约200码宽。在其南面，"红十月"冶金厂内，只有东部建筑的废墟、分拣车间、铸钢车间和制管车间仍在苏军的手中。近卫步兵第39师在古利耶夫少将的指挥下，为争夺每一寸地面而顽强战斗着。每个角落，每个废料堆都使德军第94和第79步兵师的突击队付出了高昂的代价。向北与第14装甲师保持联系的任务交给了第100猎兵师的各个连队，9月底，该师从顿河河曲部被

---

① 这里的"旅"指的是第14装甲师辖内的第14装甲掷弹兵旅。

调至斯大林格勒。这进一步说明，为了夺取斯大林格勒这座该死的城市，漫长的顿河防线上，德军部队是如何被处处削弱的。"红十月"冶金厂南部，只有"拉祖尔"化工厂及其"网球拍"铁路支线，以及中央渡口蒸汽渡轮栈桥周围的一座小型桥头堡仍掌握在苏军手里。

11月初之前，崔可夫总共控制着斯大林格勒十分之一的地区——几座工厂建筑和几英里的河岸。

5

顿河上的灾难

第6集团军侧翼的危险信号——被老鼠破坏的坦克——11月，灾难性的月份——对伏尔加河河岸新的攻击——罗马尼亚人的防线发生崩溃——第6集团军后方的战斗——斯大林格勒南部也遭遇突破——第29摩步师的攻击——俄国人到达卡拉奇——保卢斯落入包围圈中

斯大林格勒与维也纳、巴黎或温哥华处在相同的纬度上。这一纬度在11月初的温度依然相当温和。这就是在顿河河曲部，第11军军长施特雷克尔将军驱车赶往奥地利第44步兵师（"高等德意志骑士"师）时，仍穿着薄大衣的原因。

士兵们在田地里忙着拾捡土豆和甜菜，并收集玉米秸秆和干草以备过冬。

施特雷克尔将军的第11军奉命沿巨大的顿河河曲部掩护斯大林格勒的左翼。但顿河这一弯曲部长达60英里——靠他麾下的三个师，这条60英里长的防线是无法守住的。因此，施特雷克尔将军被迫沿这一弧形的弓弦占据了阵地。这样一来，他的防线缩短了30英里，但这也意味着将克列缅斯卡亚（Kremenskaya）的河岸让给了俄国人。

苏军第65集团军司令员巴托夫中将立即抓住这一机会，率部渡过顿河，在南岸建立起一个较深的桥头堡。巴托夫的部队每天都对施特雷克尔麾下各师的阵地发起进攻，试图造成德军顿河侧翼的崩溃。

但施特雷克尔的几个师都构建了很好的防御阵地。例如，博耶上校在第134步兵团团部迎接军长时就曾指出，他们在河流后方的高地上构设了出色的阵地，他向施特雷克尔自信地保证："将军先生，不会有俄国人从这里通过的。"

但施特雷科尔要求详细的报告，特别是从师观察所已发现的一切情况。自

10月底以来，该师的观察所就设立在锡罗京斯卡亚（Sirotinskaya）西南面一片小树林的边缘。

那片树林的边缘是个绝佳的视角，可以看见顿河对岸的情形。通过战壕镜，甚至能透过伏尔加河辨认出德国第8军的阵地。但最重要的是，敌人的腹地彻底暴露在眼前，就像一幅立体态势图。实际上，苏军许多重要的举动已被德国人发现：通过昼夜不停地运送，俄国人正将大批部队和物资运至顿河，正对着施特雷科尔以及与第11军左侧相连的罗马尼亚第3集团军的防线。

焦急的军部每晚都把这些报告记录下来。这些报告完全证实了第4航空队空中侦察的结果。每天早上，施特雷克尔将报告传送至格卢宾斯卡亚（Golubinskaya），保卢斯将军和他的司令部就在那儿。而保卢斯，自10月底以来，又将这些报告递交给集团军群司令部。

集团军群发给元首大本营的报告中指出：苏军正向第6集团军的纵深侧翼部署兵力。

沿着顿河的这一侧翼上，施特雷克尔第11军的旁边是罗马尼亚第3集团军，他们守卫着一段长达90英里的防线。罗马尼亚人身边是意大利第8集团军，再过去是匈牙利第2集团军。

"将军先生，这么宽阔的地区，为何只用罗马尼亚人守卫？"参谋人员这样问他们的司令官。他们并非对罗马尼亚人有什么意见，这些罗马尼亚人都是勇敢的战士，但众所共知的是，罗马尼亚军队的装备很糟糕，甚至比意大利人的装备还差。他们的武器完全过时，缺乏足够的反坦克装备，物资补给也不够。人人都知道这些情况。

但罗马尼亚首相安东内斯库元帅的固执却与意大利的墨索里尼一样——他坚持提供给东线的作战部队，必须作为一个整体投入使用，而且，应由他们自己的军官指挥。希特勒对此勉强同意了，但他更愿意采纳他那些将领们的建议，使用"束身衣"的办法，也就是说，将盟国军队与德国军队交替部署，后者发挥强化防区的作用。可是，德国的那些盟友出于民族敏感性，否决了这个主意。就这样，德军在斯大林格勒的13个步兵师、3个摩步师和3个装甲师，他们的侧翼掩护都被交给了作战效力并不充分的盟国军队。

当然，希特勒也读到了关于苏军在罗马尼亚军队防线对面进行集结的报告。在形势研讨会上，他听说罗马尼亚的杜米特雷斯库上将对危险的情况提出了警告，并要求为罗马尼亚第3集团军提供反坦克和装甲部队的支援，或者批准该集团军缩短其防线。缩短防线这种建议总是会引起希特勒的怒火。放弃已占领的领土绝不在他的战术范畴内。他希望能守住一切，却忘记了腓特烈大帝的一句格言："想守住一切的人，最后什么也守不住！"

凭借1942年秋季对顿河前线的态势判断，德国陆军总参谋部准备的一份文件使希特勒做出了乐观的评估，这份文件迄今为止尚未广为人知。这份文件是总参谋部"东线外军处"在1942年9月9日所做的情况分析。文件表明，东线战场上，苏军已没有任何值得一提的预备力量可供其作战。这是希特勒唯一乐于相信的。那么，为何要放弃阵地呢？

至于罗马尼亚人需要反坦克和装甲部队支援的要求，希特勒认为这是合理的。但此刻可以投入使用，且位于罗马尼亚第3集团军身后唯一的一支大股部队，除少数高炮部队、装甲和猎兵营以及陆军炮兵单位外，是海姆中将的第48装甲军，该军辖有一个德国和一个罗马尼亚装甲师，另外还有第14装甲师的部分部队。该军暂时脱离第4装甲集团军，被调至谢拉菲莫维奇（Serafimovich）南部地区。

通常情况下，一个德国装甲军代表着一股相当可观的战斗力，所能提供的支援比一个步兵集团军更为充足。这本来能够为罗马尼亚第3集团军受到威胁的防线提供足够的保护。但海姆的"军"根本就不是一个军。该军的核心力量是德国第22装甲师，可这个师自9月份以来便被部署至意大利第8集团军的后方，以进行休整和补充。与陆军总司令部的计划相反，该师只获得了部分德制坦克，以替换师里的捷克坦克，目前他们只有少量的三号和四号坦克。另外，几个月前，该师还把米夏利克上校的第140装甲掷弹兵团派给了位于沃罗涅日地区的第2集团军。在那里，"米夏利克战斗群"被扩编为第27装甲师。最后还有一点，第22装甲师的装甲工兵营，几个星期来一直在斯大林格勒参与激烈的巷战。

记住这些事实，对理解德国最高统帅部希望以怎样的一支"影子部队"去解决罗马尼亚军队在顿河防线上所遭遇的极为明显的威胁非常重要。

希特勒知道这一切吗？他获知了第22装甲师尚未获得重新装备的事实吗？许

多迹象表明，他对此一无所知。

11月10日，第48装甲军军部和第22装甲师都接到了命令，要求该师进入罗马尼亚第3集团军的防区内。11月16日，该师的最后一个单位动身向南，朝顿河河曲部而去。这段穿越冰雪的旅程长达150英里。

但冰或雪都不是主要问题。似乎有某种厄运降临到这个装甲军的头上：意外情况总是一个接着一个。

驻扎在那段"寂静的前线"期间，第22装甲师实际上并未获得可供他们进行训练或测试装备的燃料。所以，该师的第204装甲团，一直散布在顿河防线意大利部队的后方，隐蔽在芦苇下一动不动。他们的坦克被藏在地面上挖出的坑中，并铺盖稻草以使其免遭冰雪的损坏。这些装甲兵一直未能说服他们的上级，即便在休整期间，装甲部队也必须保持其车辆的运转，为了达到这一目的就需要燃料。但他们却没能获得燃料配给，因此，坦克的发动机无法得到测试。这就是奥珀伦-布罗尼科夫斯基上校在即将出发前所了解到的第204装甲团的状况。出发的命令突然下达后，这些坦克必须赶紧从土坑里开出来，104辆坦克中，有39辆无法启动。行进过程中，又有34辆中途退出：引擎发生问题，还有许多坦克的炮塔无法转动。总之，车辆的电气设备出现了故障。

怎么回事？答案惊人的简单：老鼠。这些老鼠在覆盖于坦克坑里的稻草中筑窝，钻入坦克里寻找食物，撕咬了电线的橡胶绝缘层。结果，出现了电气故障，点火器、电池、炮塔和主炮都无法使用。实际上，还有些坦克甚至因为线路短路产生的火花而着火。祸不单行的是，这支装甲部队踏上征途时，气温急剧下降，该装甲团却没有配发冬季作战使用的履带护套。通往顿河的漫长道路上，一些坦克的履带发生了脱落。

结果，在冰封的路面上，坦克从一侧滑到另一侧，进展非常缓慢。由于燃料短缺，第204坦克维修连没有跟随部队一同出发，这就意味着，行军过程中无法进行较大的维修工作。

集团军群关于第22装甲师作战实力的记录上罗列了104辆坦克，而实际上，该师到达第48装甲军集结地的坦克只有31辆，另有11辆稍后会赶到。因此，11月19日，该师自豪地拥有了42辆坦克。这些坦克与装甲车、摩托车以及一个摩步连混编起来，被冠以"奥珀伦战斗群"的名义。

第48装甲军辖内第二股较大的力量是罗马尼亚第1装甲师，11月19日集结时，该师拥有108辆坦克。但这其中有98辆是捷克制造的38-T型坦克，这是一种出色的战车，但在装甲和火力方面远不如苏军的中型坦克。"束身衣"的目的是于11月中旬在顿河中游强化罗马尼亚第3集团军，但实际上，德军的举措毫无"强化"可言。然而，就是在这里，苏军部队正在集结。

1942年11月是个灾难性的月份。11月4日，隆美尔的非洲集团军在阿拉曼遭到蒙哥马利的重创，不得不从埃及撤入的黎波利以求自保。四天后，艾森豪威尔的部队在德军后方的非洲西海岸登陆，开始向突尼斯挺进。

德军的各条战线都感觉到来自非洲战局震荡所造成的远距离影响。现在，希特勒发现自己不得不确保法国的南部，此前，那部分法国领土一直未被占领。因此，四支装备精良的机动部队（本来，这四个师应该被用于东线）被牵制在法国。这四个师是：第7装甲师、武装党卫军"警卫旗队"师、"帝国"师和"骷髅"师。从这四个师的火力和有效战斗力上看，如果他们被投入到斯大林格勒，崔可夫和他的部队在伏尔加河河岸处根本无法坚守48个小时。

11月9日，结束了慕尼黑卢云堡酒馆的聚会，希特勒回到贝希特斯加登。在慕尼黑，他向那些参加过1923年政变的老同志保证："地球上没有什么力量能迫使我们退出斯大林格勒。"

在贝希特斯加登，约德尔向他递交了最新的态势报告。这些报告表明，俄国人不光在斯大林格勒西北方的顿河中游即罗马尼亚第3集团军的对面集结了兵力，他们还在这座争夺激烈的城市的南部投入了大军。那里，罗马尼亚第4集团军的两个军掩护着霍特第4装甲集团军的侧翼。来自各方面的报告表明，苏军的这些举动意味着一场进攻。

希特勒皱着眉头阅读着这些报告，然后俯身于他的地图前。看一眼地图就足以让他弄清楚眼前的危险所在。苏军沿斯大林格勒的两侧部署，意图对第6集团军发起一场钳形合围。

尽管仍倾向于苏军后备兵力已然不足的判断，但希特勒还是意识到沿罗马尼亚人广阔的防区所面临的危险。"要是这段防线由德国部队防守的话，我就能睡个安稳觉了。"他说道，"但这次不同。第6集团军真的需要结束其行动，迅速拿下斯大林格勒剩余的部分。"

希特勒希望的是快速的行动。这么多部队被牵制在一座城市里，在战略上毫无意义，他恨不能立即结束这一切，他想恢复自己的行动自由。"我很清楚斯大林格勒战斗的艰难性以及各部队战斗力的下降。"元首在11月16日发给保卢斯将军的一封电文中说道，"但随着伏尔加河漂流而下的冰块，俄国人遭遇的困难肯定比我们更严重。如果能好好利用这段时间，我们就能为日后保留下大量的有生力量。因此，我希望各级指挥官能再次展示他们经常表现出的精神，这样，士兵们将以他们一贯的勇猛再度进行奋战，从而突破至伏尔加河河岸，至少要到达兵工厂和冶金厂，并拿下斯大林格勒的这些地区。"

希特勒对由于河面结冻使苏军更加困难的判断是正确的。崔可夫中将的记录证实了这一点。对于第62集团军作战态势报告和补给困难的情况，他在日记中写道：

"11月14日。部队的弹药和食物短缺。浮冰已切断了与左岸的交通。"

"11月27日。弹药补给和疏散伤员的行动已不得不暂停。"

于是，苏军指挥部派出波-2飞机，飞过伏尔加河为守军运送弹药和食物。但这些飞机并未起到太大的帮助，因为它们不得不在宽度只有100码的地带上方投下补给物资。丝毫的错误就会使这些物资不是掉进河中就是落入敌人的手里。

11月17日，保卢斯向全体指挥人员宣读了希特勒敦促他迅速结束斯大林格勒战事的电文。11月18日，斯大林格勒城内各个德军师的突击队重新发起了攻击。他们希望这次将会是最后的冲锋。

就这样，第50、第162、第294和第336工兵营那些憔悴的德军士兵，朝着俄国人的阵地发起了凶猛的进攻。第305步兵师的掷弹兵们跃出他们的掩体，弯着腰，端着武器，背包里塞满了手榴弹。他们喘着粗气，拖着机枪和迫击炮越过坑坑洼洼的地面，穿过工厂废墟所构成的迷宫。他们挤在自行高射炮旁，跟在坦克或突击炮身后，在斯图卡的尖啸和敌机枪的咯咯声中，他们向前攻击前进。夹杂着雪花的细雨使他们全身湿透，污秽的军装已破烂不堪。但他们仍在勇猛地进攻——在渡轮码头，在面包厂，在谷仓，在"网球拍"的专用铁路间。第一天，他们"征服"了30码、50码，甚至是100码。他们缓慢而又稳定地获得着进展。再来24小时，也许48

小时，这场战斗大概就要结束了。

可是，第二天早上（11月19日），天色刚刚放亮，正当德军突击队恢复他们步步为营的推进，穿过工厂建筑间的迷宫，冲过俄国人用陈旧的炮管堆砌成的街垒，将炸药包丢进下水道的竖井并缓慢地向着伏尔加河河岸逼近之际，西北方90英里外，苏军在顿河上发起了对罗马尼亚第3集团军的进攻。

指挥第4航空队的冯·里希特霍芬大将，在他的日记中写道："俄国人再次巧妙地利用了恶劣的天气。雨、雪和冻雾使德国空军无法在顿河上空采取任何行动。"

苏军坦克第5集团军从谢拉菲莫维奇地区发起了攻击——正是本应由一个强大的德国装甲军守卫的地方，但实际上，这里只有一个"影子"军，那就是海姆的第48装甲军。苏军的进攻力量包括2个坦克军，1个骑兵军和6个步兵师。位于坦克第5集团军左侧的是苏军第21集团军，该集团军以1个装甲军，1个近卫骑兵军和6个步兵师，从克列茨卡亚（Kletskaya）地区同时向南突击。

俄国人有这么多军，听起来相当可怕。但一般说来，苏军的一个集团军，其战斗力只相当于德国的一个满编军，苏军的一个军，大致相当于一个德国师，而苏军的一个师与德国人的一个旅相当。霍特大将非常正确地指出："我们过高地估计了前线苏军的实力，但我们总是低估他们的预备力量。"

苏军进行了80分钟的炮火准备。然后，第一波次部队穿过浓雾发起了进攻。罗马尼亚部队进行了英勇的抵抗。最重要的是，米哈伊尔·拉斯卡将军麾下的第1骑兵师和第6步兵师的各个团顽强抵抗，守住了他们的阵地。

但罗马尼亚人很快便发现他们面对的是自己无力承受的局面。他们沦为被古德里安称作"坦克恐惧症"的牺牲品，恐慌降临到这些对反坦克作战毫无经验的部队头上。突破了防线的敌军坦克，突然从后方出现，并发起了攻击。有人尖叫起来："敌人的坦克从后面来了！"恐慌接踵而至，防线动摇了。不幸的是，罗马尼亚炮兵多少受到大雾天气的影响，无法对近距离目标实施炮击。

11月19日中午，一场灾难正在形成。罗马尼亚防线上所有的师，特别是第13、第14和第9步兵师，发生了崩溃，惊慌失措地向后方逃窜。

苏军在他们身后推进着，逐步向西面的奇尔河、西南面以及南面推进。但现在，他们的主力正向东南方前进。态势越来越明显了，他们正朝第6集团军的后方而去。

现在，一切都取决于第48装甲军了。可突然间，海姆将军的部队变得不知所措起来。集团军群命令该军朝东北方的克列茨卡亚发起反击，也就是去对付苏军第21集团军的步兵，该集团军辖有100辆坦克。可第48装甲军刚刚开始行动，11点30分，军部又接到了来自元首大本营的命令，取消了前一道命令：进攻将向西北方向展开，以对付布利诺夫（Blinov）缩短佩夏内（Peschanyy）地区苏军坦克第5集团军快速部队更加危险的突破。所有的一切都要掉转方向！为配合这一反击，罗马尼亚第2军的三个师被分派给第48装甲军，这三个师遭受重创后已支离破碎，只剩下小股作战部队。

11月19日夜幕降临前，苏军的坦克先头部队已穿过布利诺夫的缺口，向前渗透了30英里。

德国的装甲军，尤其是冯·奥珀伦–布罗尼科夫斯基上校所指挥的第22装甲师

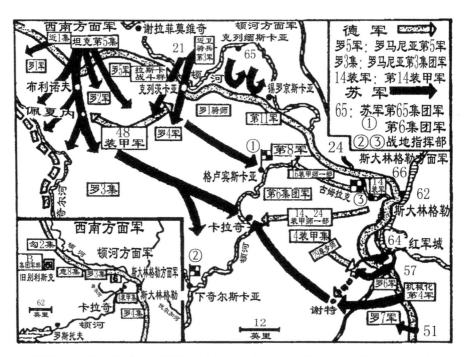

▲ 11月19日，正当第6集团军对苏军最后的阵地再次发起猛攻时，苏军的四个集团军和一个坦克军突破了罗马尼亚军队据守的第6集团军的北翼和南翼，朝卡拉奇扑去。图中的小图显示出苏军突破前，B集团军群的防线。

战斗群，进行了一场堪称示范的转向机动，他们旋转了180度，在佩夏内投入到敌军的前进路线上。但老鼠造成的破坏开始显现出来：强行军穿过冰冻的峡谷，缺乏履带护套，无法阻止坦克打滑，造成了更多的损失。结果，这个英勇但却倒霉的装甲师，抵达佩夏内战场时只剩下12辆坦克，却要对付占尽优势的敌军。幸运的是，一个反坦克营跟随在他们身旁，他们勇猛地投入了战斗，展开了一场反坦克炮对坦克的激烈对决，成功地重创了苏军坦克先头部队。

26辆燃烧着的T–34停在德军仓促构建起的防线前。如果有一个装甲团守在这股德军的左右，只要一个装甲团，苏军的红色大潮可能就无法在这个最危险的地点达成突破。但这道防线的左右，除了仓皇逃窜的罗马尼亚人，什么也没有。苏军就这样汹涌而过。

被剥离了"奥珀伦战斗群"的第22装甲师，除了其反坦克兵、一个装甲掷弹兵营和几个炮兵连外，已经不剩什么实力，现在，该师遭到了包围的威胁，不得不采取规避行动。

拉多将军带领的罗马尼亚第1装甲师，在东面更远处进行着英勇的战斗，现在，他们就这样与第22装甲师走散了。第48装甲军四分五裂，失去了战斗力。集团军群意识到这一危险，立即通过电台给罗马尼亚第1装甲师下达了一道指示，命令该师转向西南，重新与"奥珀伦战斗群"建立联系。可海姆的军不断出现问题，就像遭到了魔咒似的。跟随着罗马尼亚第1装甲师的德军通讯单位被打垮，因而没有接收到军部的命令。结果，这个英勇的师没有转向西南方，而是继续向南冲杀。与此同时，苏军在不受任何抵挡的情况下向着东南方推进。

现在，俄国人的意图清晰地暴露出来。他们的目标是卡拉奇。已经没有什么力量能阻挡他们。罗马尼亚第3集团军的主力处于瓦解和恐慌状态。四天内，该集团军的五个师损失了75000人，34000匹马以及所有的重型装备。

苏军的这一攻势经过精心策划，并模仿了1941年德军围歼战的模式。就在其北部铁钳的两股利刃刺破支离破碎的罗马尼亚第3集团军之际，11月20日，其南部铁钳从别克托夫卡——红军村地区以及更南面的两个集结点，发起了针对斯大林格勒战线南翼的进攻。

在这里，苏军的攻势同样选择在罗马尼亚军队据守的地区。这次是罗马尼亚第6和第7军。叶廖缅科方面军麾下的第57和第51集团军，以2个机械化军、1个骑兵军和6个步兵师发起了进攻。在这两个集团军之间，埋伏着配备了100辆坦克的机械化第4军。一旦达成突破，这个军就将迅速推进，对卡拉奇实施迂回包抄。

苏军第57集团军辖下的坦克和机械化营，在红军城西面遭遇到罗马尼亚第20师，第一次打击便将该师击溃。

危险的形势蔓延开来，因为这一打击非常直接，通过最短的路径，对准的是第6集团军的后方。

但现在可以看到，一个经验丰富且装备精良的德国师可以做到些什么；同时能看出的是，发起进攻的苏军集团军并不能被视为出色的作战部队。

灾难发生时，作为集团军群的预备队，作战经验丰富的德国第29摩托化步兵师正驻守在斯大林格勒西南方30英里处的草原上。9月底时，该师撤出斯大林格勒前线，进行了加强补充后，被元首大本营指定为冲向阿斯特拉罕的专用部队。11月初，鉴于高加索前线的困难局面，该师奉命脱离霍特的第4装甲集团军，准备在11月底出发，赶往高加索地区。一旦到达那里，第29摩步师就将为春季攻势做好准备。尽管斯大林格勒的形势依然胶着，但德军最高统帅部在11月初的态度非常乐观。不久，一列休假专用列车将该师一千来名士兵带回了德国。

11月19日，莱泽少将所率的齐装满员的第29师是个真正的天赐之物。由于无法接通集团军群司令部的电话，霍特大将便自行做出了决定，11月20日上午10点30分，莱泽将军正在进行训练演习的第29师被派出，迎战在斯大林格勒南部达成突破的苏军第57集团军。

第29摩步师火速出发了。第129装甲营的55辆三号和四号坦克排成一个宽大的楔形，隆隆地向前疾驶。在其侧翼担任掩护的是反坦克兵，跟随在身后的则是搭乘着装甲车的掷弹兵，最后面的是炮兵。尽管雾色浓重，但该师仍一路向前，朝着炮声传出的方向而去。

坦克车长们从炮塔内探出身子，此时的能见度仅有100码左右。突然，雾气消散了。就在这些坦克车长猛然投入到战斗中时，正前方，大约400码外，苏军机械化第13军的坦克编队正在逼近。坦克舱盖被猛地关上，熟悉的指令喊了出来："炮塔12点方向——穿甲弹——400码——大批敌军坦克——自由射击！"

一时间，到处都是75毫米坦克炮的闪烁和轰鸣。炮弹命中了目标，车辆起火燃烧。俄国人陷入了混乱中。这种突如其来的遭遇战不是他们的强项。这些苏军坦克来回打转、向后退却、被困住、被击毁。

就在这时，一个新的目标显现出来。不远处的一条铁路线上，停放着两列货运列车，大群苏军士兵正从车上下来。这些苏军步兵被火车送上了战场。

第29摩托化步兵师的炮兵营发现了这一颇有前景的目标，立即开始对其实施炮击。苏军第57集团军的突破被粉碎了。

但对缺口部这一成功的封闭，并不比南面18英里外传出的惊人消息来得更快，罗马尼亚第6军的防区内，沿南翼推进的苏军第51集团军已在中央达成突破，其机械化第4军正向谢特（Sety）挺进。这场战斗的关键时刻到来了。第29摩步师正在全力拼杀。如果该师能保持其攻势防御，冲向西南方，进入苏军机械化军（该军辖有90辆坦克）的侧翼，似乎很有可能将那里的突破也封闭掉。因此，霍特大将准备将这第二次打击落在沃尔斯基少将这个军的侧翼上。

可就在这时，11月21日，集团军群下达了一道命令：取消进攻；占据防御阵地，保护第6集团军的南翼。第29摩步师脱离了霍特的第4装甲集团军，与耶内克将军的第4军一起，被隶属于第6集团军。但直到11月22日早上，保卢斯将军才获悉，第29摩步师现已被置于他的指挥下。

就这样，一个具有相当攻击力的出色部队被叫了回去，像个步兵师那样，在一道掩护防线上实施防御，尽管实际上那里没什么可以防御的。不可否认，正统的军事原则要求，遭受敌军突破威胁的侧翼应该予以掩护。但在目前这种特殊情况下，集团军群应该意识到，苏军攻势的南部铁钳此刻根本就不是针对斯大林格勒，而是卡拉奇，其目的是与顿河上的北部铁钳会合，在第6集团军身后封闭这个大陷阱。

魏克斯的集团军群备受指责，但他们采用零打碎敲的办法，也就是"要事当先"的策略，并非全无道理。当然，做事后诸葛亮很容易。集团军群很可能没有及时认清俄国人的攻击目标。不过，一次正确进行的侦察行动应该能揭示出接下来的几个小时里所发生的事情。在此期间，沃尔斯基少将的机械化第4军已到达谢特。天色甚至还未黑，他们便占据了过夜的阵地。苏军停止了前进，这是为何？

答案很有意思。

德军第29摩托化步兵师出人意料地出现在战场上，让机械化第4军军长沃尔斯基少将慌了手脚，他刚刚通过无线电从第51集团军那里获知了灾难的降临。他害怕自己过度延伸、没有任何保护的侧翼会遭到攻击。实际上，他所担心的正是霍特打算做的事情。因此，他让自己的部队停止前进，尽管集团军司令员愤怒地要求他继续前进。直到22日，德国人没有发起攻击，他又接到了叶廖缅科措辞粗暴的命令，这才恢复了前进。他的部队向着西北方而去，24小时后到达了顿河上的卡拉奇。

这一事件表明，第29摩步师和耶内克第4军的部队目标正确的推进是可以改变局势，并防止第6集团军遭到来自南面的包围。但在这些重要突破发生期间，可靠的侦察报告何时才出现的呢？更糟糕的是，在这些关键的日子里，保卢斯和他的参谋长把大多数时间都用在移动上。

11月21日，保卢斯把集团军司令部从顿河上的格卢宾斯卡亚移至古姆拉克，靠近了斯大林格勒战线。在此期间，在参谋长阿图尔·施密特和行政主管的陪同下，保卢斯曾飞到了下奇尔斯卡亚（Nizhne-Chirskaya），因为在奇尔河汇入顿河的这个地点上，已为集团军建成了一座设备齐全的指挥部，有专线电话通往集团军群、陆军总司令部和元首大本营。

夺下斯大林格勒后，下奇尔斯卡亚将成为第6集团军的冬季指挥部。

保卢斯和他的参谋长打算利用下奇尔斯卡亚这些精良的通信设备，以便在迁至古姆拉克前更全面、更深入地了解战场的情况。直到今天也没有任何人有过丝毫的怀疑——保卢斯打算离开他的指挥部，待在包围圈外。但希特勒显然误解了第6集团军这位司令官的举动和意图。保卢斯刚刚到达下奇尔斯卡亚，希特勒便断然命令他返回包围圈内。

11月22日早上，按集团军群的命令，霍特大将也赶到了下奇尔斯卡亚，以便与保卢斯商讨局势。他发现保卢斯对希特勒发来的羞辱性命令深感恼怒和不安。这位知识型军事统帅的脸上露出了痛苦的表情，这也反映出，他对混乱的形势深感焦虑。但他的参谋长施密特少将却很冷静。他不停地打电话给各战地指挥官，收集信息，理清敌人的意图，并商讨防御措施。他是个典型的总参军官，超然、冷静而又专业。后来在苏联被囚禁的12年中，他也证明了自己的骨气。

通过电话，施密特将听到的情况填写在摊放在他面前的地图上，形势令人担忧。在顿河西岸，第6集团军的后方，情况看起来很糟糕，其西南方的侧翼也不乐观。

6

第6集团军被包围

"赶紧离开这里！"——"我的元首，我要求获得自由行动权！"——戈林和空运补给——陆军总司令部派一名代表飞入包围圈内——冯·赛德利茨将军要求抗命——曼施泰因接手——温克挽救了奇尔河的局势

空中覆盖着昏暗的云层，一股暴风雪从草原而来，遮蔽了地面上的视线和空中侦察，这使得轰炸机和斯图卡都无法投入战斗。天气再一次站到了斯大林那一边。德国空军绝望的行动中，甚至每次出动两架战机扑向突破地带敌军的先头部队都很困难。第6集团军的补给单位、后方机构、陆军铁路连、高炮单位和空军地勤人员被仓促召集起来，沿着奇尔河费力地构建起一道防线，以阻止俄国人的突破向西南方空白地带的罗斯托夫方向延伸。

尤为严峻的消息是，苏军占领了位于卡拉奇的前哨机场，第8航空军的近距离侦察机已被摧毁。卡拉奇北面，德军第44步兵师仍坚守在顿河西岸构建良好的阵地上。诚然，该师与后方补给单位的联系已被切断，现在只能依靠自己，但他们在顿河西岸担当着一个重要的"结晶点"。这本身充满了希望，但这并未能持续太久。

在斯大林格勒，保卢斯将军根据集团军群的命令，于11月19日夜间暂停了一切进攻行动。他们不得不在距离目标只有几百码的地方停顿下来。三个装甲师（第14、第16和第24装甲师）的部队组成了相应的战斗群，被派往顿河，抵御敌军从西北方而来的推进。

但鉴于突破地带态势的迅猛发展，这些微薄的力量根本无法起到任何决定性作用。

11月22日14点，保卢斯和施密特飞过敌军防线，进入包围圈内的古姆拉克。第6集团军的新司令部位于小火车站西面一英里处。

11月22日夜幕降临时，苏军的北部楔子已到达顿河旁的高地，并通过一次突袭夺取了卡拉奇大桥。苏军的南部攻击群也已到达镇外。11月23日，卡拉奇陷落。包围圈在第6集团军身后合拢了。

现在该怎么办？

这个问题在斯大林格勒战役后出现的大批著作中被一次次问及，而做出回答的则是许多互相矛盾的推测。一旦某场战役打输，每个年轻的中尉都知道它是如何获胜的，这是个众所周知的事实。但军事历史学家们感兴趣的是：是什么导致了错误和判断的失误。毕竟，大多数输掉战役是因为错误和判断失误。致使第6集团军陷入斯大林格勒包围圈的错误和失误并不仅仅始于11月初，不能简单地将其归咎于保卢斯，而要源于德军最高统帅部在夏末签发的指令。

11月19至22日这段时间是纠正那些错误和失误的最后机会，这一点可能是正确的。德军最高统帅部也许在11月19日就应该意识到威胁着第6集团军的危险。如果当时命令该集团军离开伏尔加河，放弃斯大林格勒，也许还可以挽救形势。但第6集团军自身的权力无法承担这一决定。保卢斯将军对整体局势并没有一个非常清楚的认识，无法凭自身的权力做出这样一个影响深远的决定，这个决定可能会威胁到整个南部战线，例如将第6集团军从其阵地上撤出，并开始一场突如其来的后撤。另外，对形势冷静的评估会使人们不得不承认，19日、20日，甚至到11月22日，并未出现不可避免的灾难。仔细观察事态便能证明这一点。

在东普鲁士柯尼斯堡，第1军区的总参学院中，阿图尔·施密特和沃尔夫冈·皮克特都是已故的奥斯瓦尔德将军的学生。奥斯瓦尔德是一位战术专家，学生们给他起的绰号是"南十字星"。他很独特的授课技巧是，向学生们介绍一个大致的态势，然后告诉大家："先生们，你们有十分钟时间。我希望你们做出决定，并简述原因。"奥斯瓦尔德的那些学生，没有一个忘记他的这句话。

指挥第9高射炮师的皮克特将军于11月22日抵达下奇尔斯卡亚时，他的老朋友阿图尔·施密特用奥斯瓦尔德将军的老话迎接了他："皮克特请做出决定并简述理由。"

皮克特立刻做出了回答："赶紧离开这里！"

施密特点了点头："这也是我们打算做的，不过……"随后，保卢斯的这位参谋长向自己的老朋友介绍了集团军的正式意见：现在还没有必要采取惊慌的措施；尚未出现必须不顾整体形势而单独做出局部决定的战术情况。最重要的是掩护集团军的后方。任何从斯大林格勒的安全位置所采取的仓促后撤都有可能造成灾难性后果。这些考虑其实是合理的，几天后便证实了这一点。

但11月22日，就在他说这番话的时候，施密特不可能知道，希特勒已决定让第6集团军留在斯大林格勒。因此，施密特与皮克特在下奇尔斯卡亚交谈之际，只有两件事可做：确保集团军受到威胁的后方——西面和南面，建立一道稳固的防线，然后做好向西南方突围的准备。为此需要些什么呢？最重要的是燃料，这也许可以由空军运入。坦克和火炮牵引车所需要的燃料。

这个观点符合魏克斯集团军群的看法，集团军群司令部曾在11月21日夜里下达过命令，"在任何情况下"都要守住斯大林格勒和伏尔加河防线，并做好突围的准备。但皮克特怀疑空军能否为集团军提供补给，哪怕是短期，于是他再次敦促尽早突围。但施密特指出，不能丢下仍守在顿河西岸的第14装甲军和第11军以及10000名伤员。"这将是一场拿破仑式的撤退。"他这样说道。

其实，保卢斯和施密特也下定了决心，经过适当的准备工作，最终将实施突围，接下来几个小时里所发生的事情证明了这一点。11月22日下午，保卢斯通过电台接到了陆军总司令部经集团军群司令部发来的命令："坚守，等待进一步的命令。"很明显，这道命令的目的是为了阻止一切过于草率的突围行动。在此期间，保卢斯已对自己西南侧翼的情况有了清晰的认识，配备着一百多辆坦克的苏军部队正在那里行动，于是，19点时，保卢斯给B集团军群发去一封电报，其中有这样一段话：

> 顿河东面的南部防线依然畅通。顿河已全面结冻，可以渡过。燃料几乎已耗尽。坦克和重型武器很快将动弹不得。弹药短缺。食物尚够支撑六天。集团军打算守住斯大林格勒通往顿河两侧的残余地带，并采取适当的措施。为此，封闭南部防线以及继续通过空运提供补给是绝对必要的。要求自由行动权，以免南面的刺猬阵地发生崩

溃。随后的形势可能会导致被迫放弃斯大林格勒和北部防线，以便集中全部力量，在顿河与伏尔加河之间的南部防线击败敌军，重新恢复与罗马尼亚第4集团军的联系……

这封电报清楚地表明了保卢斯的想法。他已为所有可能发生的情况制定了周密的计划。他打算构建起刺猬阵地，但他也要求自由行动权。也就是说，如果形势需要，他就可以自由行事，迅速突围。

当晚22点，希特勒亲自发来一封电报。他拒绝了保卢斯要求的"自由行动权"，并命令该集团军留在原地。电报中这样说道："第6集团军必须知道，我将尽一切努力来帮助和拯救你们。我将在适当的时候下达相应的命令。"

就这样，从包围圈内突围而出的做法被明确而又坚决地禁止了。保卢斯立即对此做出了反应。11月23日11点45分，他用无线电联络了集团军群："我认为向西南方实施突围，第11军和第14装甲军向东渡过顿河，目前依然是可行的，尽管装备不得不被牺牲掉。"

魏克斯支持保卢斯的这一要求，在发给陆军总司令部的一份电报中，他强调："通过空运来保证足够的补给是无法做到的。"

11月23日23点45分，经过仔细考虑，并与集团军的各级将领进一步商讨后，保卢斯又给希特勒发去了一封电报，迫切要求获得突围的许可。他指出，所有的军长都支持他的观点。保卢斯在电报中写道：

我的元首，自11月22日夜您的电报到达后，这里的形势已急剧恶化。在西南和西面封闭包围圈已不复可能。显然，敌人即将在那里达成突破。弹药和燃料即将耗尽。许多大炮和反坦克武器已没有弹药。及时和充足的补给亦无法做到。集团军面临着即将覆灭的危险，除非能集中起所有可用的兵力，果断击败从南面和西面发起攻击的敌军。这就要求立即从斯大林格勒撤出所有的师，以及北部防线上强大的兵力。然后，一个不可避免的结果是向西南方突围，因为东面和北面的防线由于严重消耗而无法继续坚守。诚然，将损失大量装备，但大批宝贵的作战人员和至少一部分装备能得以挽救。对这一影响深远的态势评估，我将承担全部责任，尽管我希望记录下海茨、冯·赛德利茨、施特雷克尔、胡贝和耶内克将军对这一态势判断的赞同。鉴于目前的形势，我再次要求自由行动权。

11月24日上午8点38分，希特勒发来了回复，电文的标题是"元首命令"——这是级别最高、最严厉的一种。希特勒下达了严格的命令：建立起包围圈防线，集团军仍在顿河西岸的所有部队，立即撤过顿河进入包围圈内。该命令最后指出："目前的伏尔加河防线以及目前的北部防线必须不惜一切代价守住。补给将由空运提供。"

现在，第6集团军被最高指令明确无误地钉在了斯大林格勒，尽管集团军群、集团军和空军指挥官都对空运补给的可行性提出了质疑。怎么会发生这种事情的呢？

被普遍接受的看法是，戈林亲自保证用空运为第6集团军提供补给，因而造成了希特勒灾难性的决定。但历史事实并不能完全证实这种说法。

与所有传闻截然相反的是，在贝希特斯加登"伯格霍夫"与希特勒进行这番决定性商谈的并非戈林，而是他的参谋长耶顺内克，一个可靠而又理智的人。对能否通过空运为第6集团军提供补给这一问题，他向戈林做出了肯定的回答，但附加了一些条件，例如必须守住前线附近的机场，以及可供飞行的气候等。

这个为第6集团军提供空运补给的有条件的承诺，成了希特勒错误决定的唯一理由，它把希特勒应负的责任不合理地转移到戈林头上——也就是德国空军头上。希特勒也准备抓住戈林这根救命稻草，因为他不想放弃斯大林格勒。他仍希望通过征服领土给苏联以致命的打击。

决不允许后撤！他提醒他的将领们记住，1941年冬季，在莫斯科门前，正是他下达的坚守令将"中央"集团军群从崩溃中挽救出来。他忽视了一点，1941年冬季在莫斯科门前的正确决定并不一定适用于1942年冬季的伏尔加河。坚守不退并不是包治百病的灵丹妙药。

另外，冒着整个集团军被歼灭的风险坚守斯大林格勒，毫无战略必要性可言。当然，第6集团军真正的任务是掩护高加索战线的侧翼和后方。至少，这一点被清楚地写在"蓝色行动"的计划安排中。即便不夺取斯大林格勒，这个任务也能完成——例如沿着顿河展开。

战后，在对德国联邦国防军军官的一次演讲中，霍特大将以如下方式阐述了斯大林格勒问题的这一重要方面：

根据第41号指令，1942年夏季战役的主要目标并不是夺取斯大林格勒，而是拿下高加索及其油田。对苏联所进行的这场战争来说，这片地区确实至关重要，对德军统帅部而言，其经济和政治重要性也很明显。1942年7月底，就在德国两个集团军群的先头部队提前逼近顿河下游之际，也即就在苏军西南方面军的部队仓促后撤，渡过顿河中游之时，希特勒于7月23日下达了让A集团军群继续前进，进入高加索地区的命令，为此，该集团军群配属了四个集团军。只有第6集团军被用于继续进攻斯大林格勒。陆军总参谋长从一开始就反对进入高加索这一目标深远的行动，他认为在穿越高加索地区前，有必要在斯大林格勒寻找敌人的重兵集团，并将其歼灭。因此，他呼吁第6集团军应该获得两个装甲师的加强，就这样，从第4装甲集团军中调出了两个师。不久后，尽管夏季战役的重点在A集团军群的作战区域内，但该集团军群还是抽出了第4装甲集团军和罗马尼亚第3集团军，这两个集团军都被派至顿河，加入到B集团军群中。夏季战役的重点就这样被转移到夺取斯大林格勒上。A集团军群因而被削弱，在高加索北部陷入了停顿。

此时，第6集团军在斯大林格勒的行动失去了其战略意义。根据战略规则，该集团军现在应该退出其向东面延伸的阵地，以避开预料中敌军的反击，并获得所需的预备队。9月12日，保卢斯亲自飞赴元首大本营，试图劝说希特勒同意这一决定。但他徒劳无获。希特勒依然固执己见。不幸的是，总参谋部东线外军处的灾难性报告坚定了他的决定，这份报告的大意是，东线的苏军已经没有什么像样的预备力量了。

希特勒坚持自己的命令，斯大林格勒必须夺取，实力已被削弱的第6集团军就这样进入了城内。战斗持续的时间越长，对希特勒来说，拿下最后几座工厂和最后几百码河岸就越是成了关乎他声誉的问题，尤其是他认为，在非洲和高加索地区遭逆转后，绝不能在斯大林格勒再翻船。出于声誉而不是战略上的考虑，他要求部队付出最后的努力。

保卢斯的观点也得到了魏克斯集团军群的赞同，该集团军群精明的参谋长冯·佐登施泰因将军曾说："斯大林格勒已被夺取，作为一个军备中心，它已被消灭；伏尔加河上的航运也已被切断。苏军在城内控制的几个战术桥头堡并非我们的目标，尽管它们牵制并消耗了德军可用力量的主力。实际上，集团军群更加关心的是尽快将部队带入合适的冬季阵地，对快速部队加以补充，使他们能在冬季实施机动；另外，集团军群急于在防御作战几个关键地点的后方组成急需的战术预备队，尤其是顿河上德国盟友的三个集团军的后方。这种预备队只能从第6集团军里抽调。这就是在9月底至10月初，发现初次攻击无法夺取斯大林格勒后，B集团军群司令官就提议应彻底停止进攻斯大林格勒的原因所在。他还提出，撤出斯大林格勒前线的突出部，守住弧线，沿一条掩护着伏尔加河与顿河之间地带的弓弦占据阵地；第4装甲集团军的左翼将向斯大林格勒西南方弯曲，一条新的防线将从西北方朝顿河延伸。陆军总参谋长同意这个建议，但他未能成功说服希特勒予以批准。"

这就是希特勒于11月24日给保卢斯下达灾难性指令的背景，他的命令中有两个关键性要求：坚守并等待空运补给。戈林的保证仅仅是对希特勒反对陆军将领意见的一种支持，绝非希特勒下达命令的决定性因素。这道命令不是源自希特勒"圣骑士"之一的豪言壮语，而是来自他自己的意图。斯大林格勒是他战略头脑的产物，他这场战争，从一开始就是场巨大的赌博，建立在不是胜利就是毁灭的基础上。

今天，经常能听到这样一种观点，因为希特勒关于空运补给的坚守令，对第6集团军来说就是一道明确无误的死刑判决令，所以，保卢斯不应遵从这一命令。

可是，身处古姆拉克的保卢斯和他最亲密的同僚又如何能判断最高统帅部这一决定背后的战略动机呢？另外，去年冬季，近十万名德国士兵被困于杰米扬斯克包围圈约两个半月，只靠空运提供补给，难道他们最终没有脱困吗？难道莫德尔的第9集团军没有根据命令坚守勒热夫包围圈吗？霍尔姆又怎么样？还有苏希尼奇呢？

被包围的第6集团军的作战指挥中心里，自11月25日以来就有一名见证者，他对斯大林格勒的观察报告直到今天都未引起足够的重视。他的名字叫克勒斯汀·冯·齐策维茨，现在是汉诺威的一名商人，但当时他是陆军总司令部的一名少校参谋。11月23日，他和一个通讯分排被陆军总参谋长蔡茨勒将军派入斯大林格勒，作为蔡茨勒的私人观察员，他得到的命令是每天将第6集团军的情况向陆军总司令部做汇报。11月23日上午8点30分，齐策维茨被蔡茨勒将军叫去，获知了自己的这一任务。

齐策维茨从陆军总参谋长那里接受命令的方式揭示出一个有趣的问题：陆军总司令部是如何对形势做出评估的。以下是齐策维茨的记述：

> 没有任何开场白，蔡茨勒将军走到摊放着地图的桌子前："今天早上，第6集团军已被包围。今天，您将跟随作战通讯团的一个通讯分排飞赴斯大林格勒。我希望您直接向我汇报，尽可能全面，也要尽可能快速。您不承担任何作战任务。我们并不担心，因为保卢斯将军统率得非常好。有问题吗？""没有问题，长官！""请转告保卢斯将军，我们正在尽全力恢复联系。谢谢您。"说完，我被允许离开了。

11月24日，冯·齐策维茨少校和他的通讯分排（1名军士和6名士兵）从勒岑起飞，经哈尔科夫和莫罗佐夫斯克进入包围圈。他在这里得到了怎样的看法呢？齐策维茨汇报道：

> 当然，保卢斯将军的第一个问题，陆军总司令部打算如何救援第6集团军。这个问题我无法回答。他说自己最担心的是补给问题。为一个完整的集团军提供空运补给，这是个过去从未完成过的任务。他已告诉集团军群和陆军总司令部，要让集团军生存下去并保持作战能力，他需要每天300吨物资补给，这个数字后来又被他提高至500吨。上级已答应了这个数字。
>
> 这位集团军司令的观点在我看来完全合乎情理：如果在一段可预见的时间里无法期待获救的话，只有获得所需要的补给物资，集团军才能坚持下去，尤其是燃料、弹药和食物。这需要最高统帅部对补给工作和救援任务进行必要的研究和计划，然后再下达恰当的命令。
>
> 保卢斯将军本人的观点是，撤出第6集团军对整体形势将是有利的。他一直强

调，将第6集团军沿沃罗涅日与罗斯托夫之间被突破的战线部署，比留在斯大林格勒地区更为有益。另外还可以腾出铁路、空军以及整个补给机构，服务于整体作战态势。

可是，这不是靠他的权力所能决定的。他也无法预见自己关于补给和救援的要求最终无法获得满足；对此，他缺乏必要的信息。这位集团军司令与他属下的将领们商讨这些问题（他们都和他一样，倾向于突围）然后给他们下达了实施防御的命令。

保卢斯还能怎么做？他是德国总参谋部训练出来的典型产物。换做是赖歇瑙、古德里安或霍普纳，可能会有完全不同的做法。保卢斯没有反抗，他是个纯粹的战略家。

斯大林格勒包围圈内，有一位将领的观点与保卢斯完全不同，他不愿接受元首令所造成的状况，他就是第51军军长、炮兵上将瓦尔特·冯·赛德利茨-库尔茨巴赫。他敦促保卢斯不顾元首的命令，并要求发起一场突围，责任由自己来承担。

在11月25日的一份备忘录中，他向第6集团军司令官陈述了在11月23日一次全体将领会议上他已强烈表达过的观点，当时，他的观点未能获得贯彻。赛德利茨的建议是：立即突围！

备忘录的开头是这样几句话："集团军面临着一个明确的选择：要么向西南方，朝科捷利尼科沃的大致方向突围，要么在几天内被歼灭。"

备忘录关于突围必要性的主要观点，与第6集团军里其他将领的看法没什么不同，甚至与保卢斯本人的想法也完全一致。第51军杰出的参谋长克劳修斯上校拟定的这份备忘录，对形势做出了准确的评估，说出了包围圈内所有指挥部里每一位参谋军官的意见。

赛德利茨提议，打击力量应由从北部和伏尔加河防线上调离的部队组建而成，这些部队应沿南部战线攻击前进，放弃斯大林格勒，朝抵抗最虚弱的方向发起突围——也就是科捷利尼科沃方向。

备忘录写道：

这一决定涉及放弃相当数量的技术装备，但另一方面，它也提供了粉碎敌军包围圈南部铁钳，从灾难中挽救集团军主力及其装备，并使其能用于后续作战的前景。这样，部分敌军兵力仍将被牵制，反之，如果集团军在其刺猬阵地被歼灭，所有被牵制住的敌军将得以腾出。表面上，这一行动在某种程度上意味着避免士气严重受损：将斯大林格勒这一敌军备中心彻底摧毁后，集团军再度从伏尔加河全身而退，并以此粉碎一股敌军集群。突围行动的前景非常好，因为以往的战事表明，敌步兵在开阔地几乎没有什么抵抗力。

这说得都对，既有逻辑又有说服力，任何一名总参军官都会赞同。问题在于备忘录的最后一段。它这样写道：

> 除非陆军总司令部立即撤销其坚守刺猬阵地的命令——这已成为阻挡在我们对集团军和德国人民的良心和责任前不可避免的职责——抓住我们被现有命令所剥夺的行动自由，把握住此刻依然存在的机会，通过我们自己的进攻避免灾难，否则，身处危险中的二十万名作战人员和他们的装备将被彻底歼灭。没有其他选择。

这种高度情绪化的抗命呼吁并未能说服保卢斯这位冷静而又典型的总参军官，也没能说服其他军长。另外，一些争论色彩严重和事实上站不住脚的说法也使得保卢斯不为这份备忘录所动。"整个集团军将在几天内被歼灭"的说法太过夸大，令人遗憾的是，赛德利茨对补给问题的看法也不够正确。他曾说过："即便每天有500架飞机降落，运来的补给物资也不会超过一千吨，这个数量无法满足一个集团军近二十万人的需要，集团军此刻正面临着大规模行动，手上却没有任何物资储备。"

如果第6集团军每天能获得一千吨补给，大概就能逃脱了。

尽管如此，保卢斯还是将这份备忘录上交给集团军群。他还在备忘录中添加了符合自己看法的对军事态势的评估，并再次要求获准，在必要的情况下可以自行突围。不过，他拒绝了违反集团军群和元首大本营命令的突围建议。集团军群司令冯·魏克斯大将把这份备忘录呈交给陆军总参谋长蔡茨勒将军。

保卢斯没有获得突围的许可。赛德利茨会因此而要求抗命吗？先不谈这件事的道德和哲理问题，关键在于这个抗命的建议是否切实可行。

10月初，苏军的洛帕京将军想把他的第62集团军撤离斯大林格勒，因为想到部队遭受的可怕的损失，他所能预见到的只是彻底的毁灭，对此，赫鲁晓夫采取了怎样的措施呢？洛帕京甚至还没部署后撤，已被赫鲁晓夫罢免了职务。

同样，保卢斯根本无法走到公然违抗希特勒命令的地步。在这个无线电和电传打字机，超短波发射机和信使飞机盛行的时代，指望一名将领能像腓特烈大帝麾下的要塞指挥官那样，在自己的权力无能为力之际，做出违反最高统帅意愿的决定，这实属荒谬之极。只要保卢斯敢这样做，不用一个小时，他就不再是集团军司令官。他会被解除职务，他所下达的命令也会被撤销。

实际上，一起影响到赛德利茨本人的事件，展示出斯大林格勒与远在千里之外的元首大本营之间的通讯是多么可靠，多么快捷。另外，这起事件也说明了从伏尔加河安全阵地实施仓促后撤所存在的危险。

11月23到24日的夜间，也就是呈交备忘录之前，赛德利茨将军违抗了明确的命令，把位于伏尔加河第51军的左翼撤回。赛德利茨的目的是将这一举措作为实施突围的一种信号，使之成为全面撤离斯大林格勒的一个导火索。用意是迫使保卢斯就范。

德军第94步兵师，本来已构建了精心打造的防御阵地，而且尚未与其补给单位失去联系，接到赛德利茨的命令后，立即离开了自己的防线。所有无法携带或是沉重的装备都被摧毁或付之一炬——文件、日记、夏季制服等，都被扔进了火堆里。该师的士兵随即放弃了暗堡和掩体，朝城市北郊撤退。雪地和冰冻峡谷中的散兵坑替代了被他们丢在身后的温暖的住所：他们这才发现，自己作为突围先头部队所面临的竟是这样的窘境。但随即，一场更大的灾难接踵而至，该师突然发现苏军在身后紧追不舍。他们被追上，并遭到了攻击，整个第94步兵师全军覆没。

这就是为了实施突围而随意后撤的结果。更要命的是，第6集团军司令部尚未获悉自己左翼所发生的这些情况，希特勒已经知道了。出事地区的一个空军通讯分排已将情况汇报给常驻元首大本营的空军联络官。几个小时后，希特勒发电报给集团军群："立即汇报斯大林格勒北部防线为何后撤！"

保卢斯进行了调查，这才知道了所发生的事情，对元首大本营的质疑，他未作答复。赛德利茨因而没有遭到希特勒的斥责。希特勒并未掌握整起事件的背景，也不知道该对这场灾难负责的是赛德利茨。保卢斯默默地承担了这一责任。有多少司令官会对这种明显违反军纪的行为做出这样的反应？可是，希特勒雷霆般的怒火扑向了保卢斯。自杰米扬斯克包围圈战役以来，希特勒对赛德利茨尊敬有加，并把他视作斯大林格勒包围圈里最顽强的人；他相信，这起缩短战线的行为应由保卢斯负责。于是，11月24日夜里21点24分，他通过电报宣布，斯大林格勒要塞区的北部应该"隶属于单独一位军事领导"，这位领导将亲自对自己负责，以便进行无条件的坚守。

希特勒任命的是谁呢？他选中了冯·赛德利茨-库尔茨巴赫将军。根据"分而治之"的原则，希特勒决定在保卢斯身边设立第二个权威人物，作为某种监视措施，以确保有力的行动。保卢斯亲自将元首的这份电文交给赛德利茨时问他："现在，您打算怎么做？"赛德利茨回答："我想，除了服从，我别无他途。"

被俘期间和获释后，保卢斯将军一次次提到他与赛德利茨的这番谈话。据守斯大林格勒市中心的罗斯科将军[1]回忆，保卢斯在被俘前告诉罗斯科，他曾对赛德利茨说："如果我现在放弃第6集团军的指挥权，毫无疑问，作为受到元首喜爱的人，您将接替我的职务。我问您：您会违抗元首的命令实施突围吗？"沉思了片刻，赛德利茨回答道："不，我会坚守。"

考虑到赛德利茨提交的备忘录，这听起来很奇怪，但他的回答就是证明。熟悉赛德利茨的军官们认为这并非不可能。

"我会坚守！"这正是保卢斯做的。

与防线另一端的崔可夫一样，保卢斯和他的参谋人员也居住在地下。斯大林格勒西面四英里的草原上，靠近古姆拉克火车站，集团军司令部修建了十二座地下掩体。保卢斯大将[2]所住的掩体12英尺见方。这些掩体的顶棚覆盖着厚达6英尺的冻土，所提供的保护足以抵御中型火炮的轰击。掩体内，他们用上了木板和手

---

[1] 罗斯科少将当时为第71步兵师师长。
[2] 保卢斯已于11月20日晋升为大将。

头现有的一切材料。自制的土灶为掩体内提供了温暖，只要有足够的燃料；这些燃料不得不从斯大林格勒市中心运来。掩体的入口处挂着毛毯，既为了防风，也可以防止屋内的热量过快消失。车辆停放在距离掩体一段距离外，这样，从空中观察，草原上的景观几乎没有发生任何变化。所能看见的只是白雪覆盖的土堆上冒起的缕缕轻烟。

11月24日那天发生了许多事情，晚上19点刚过，通讯官舍茨少尉拿着一份来自集团军群的解码电文走进施密特将军的掩体。电文的标题是："绝密——仅供司令官阅"，也就是说，这是一份最高等级的电报。电报上写道："11月26日接掌顿河集团军群。我们将尽全力救你们出去。在此期间，集团军必须按照元首的命令坚守伏尔加河及北部防线，并以手头可用的强大部队尽快向西南方打开一条补给通道，至少能用于暂时性的补给。"电报的署名是"曼施泰因"。保卢斯和施密特长长地松了口气。

曼施泰因元帅所面临的不是个轻松的任务。他没有带来新锐部队，而是接管了被包围的第6集团军、支离破碎的罗马尼亚第3集团军、将奇尔河上的部队拼凑在一起所组成的"霍利特"集团军级支队以及新组建的"霍特"集团军级集群。

新组建的"顿河"集团军群，司令部设于新切尔卡斯克（Novocherkassk），保卢斯的集团军现在隶属于该集团军群。11月27日上午，曼施泰因到达了这里，立即接掌了指挥权。

尽管困难重重，但曼施泰因的计划看起来既大胆又很有希望。他打算从西面发起一次正面进攻，霍利特将军的战斗群从奇尔河防线直接攻向卡拉奇，而霍特将军的战斗群则从西南方的科捷利尼科沃地区发起进攻，打破苏军的包围圈。

要了解整体态势，我们必须回溯一下奇尔河以及科捷利尼科沃地区的情况，这是德军解围行动出发线上的两块基石。顿河与奇尔河之间的局面出人意料地稳定下来。在很大程度上，这要归功于我们前面提到的一个人——温克上校，11月19日时，他仍是第57装甲军参谋长，该军正在高加索前线为争夺图阿普谢进行着激烈的战斗。11月21日，他奉陆军总司令部的命令，搭乘空军提供的一架专机，飞往莫罗佐夫斯克（Morozovskaya）接任罗马尼亚第3集团军参谋长一职。

当天晚上，温克到达了遭到重创的罗马尼亚第3集团军司令部。他作了如下记述：

我向杜米特雷斯库上将报到。通过他的翻译伊万森中尉，我了解了情况。形势看起来极其令人绝望。第二天早上，我搭乘一架'鹳'式轻型飞机飞往奇尔河曲部的前线。这里的罗马尼亚部队已所剩无几。克列茨卡亚西面的某处，拉斯卡将军英勇的部队仍坚守在顿河上。我们盟军的其他部队都已不顾一切地逃窜了。我们想尽办法也无法阻止这种溃逃。因此，我不得不依靠第48装甲军的残部、依靠德国空军的特别部队、依靠被包围的第6集团军的后方人员由强有力的军官所组成的一个个战斗群，倚靠第6集团军和第4装甲集团军逐渐从休假中归队的人员。一开始，沿着顿河—奇尔河弧线，守卫着数百英里地段的只有施庞中将、施塔尔上校、绍尔布鲁赫上尉和亚当上校所率的各个战斗群，还有后方机构的临时编队第6集团军维修厂人员、坦克组员和没有了坦克的装甲连，另外还有几支工兵和高射炮部队。后来，第48装甲军的主力于11月26日杀向西南方，加入到这些部队中。但我一直无法与海姆将军的装甲军取得联系，直到海姆中将设法让麾下的第22装甲师赶至奇尔河南岸。起初，统帅我们的是冯·魏克斯大将的B集团军群，不过，我经常从陆军总参谋长蔡茨勒将军那里直接接受命令和指示，因为魏克斯的集团军群不仅自身事务繁忙，而且对我所在地区的情况不太了解。

我的主要任务首先是选派能干的军官组织起阻击部队，他们将沿着顿河和奇尔河，沿着已存在的"亚当""施塔尔""施庞"战斗群的两侧，与第8航空军的空军部队配合，至少在侦察行动方面，守住漫长的前线。至于我的工作人员，毫不夸张地说，是我在路上'捡来'的。我们的摩托车、工作用车以及通信设备也是这样搞来的。总之，所有这一切都是哪怕最小的指挥部正常运作所必需的。这其中，那些东线作战经验丰富的老资格军士最为宝贵。他们很快就适应了这一切，并能胜任任何任务。

我没有自己的通讯线路。幸运的是，我可以使用第6集团军补给区域内的通讯线，以及德国空军的通讯网。通过这些线路，进行了无数次的通话后，我才逐渐对防区内的情况有了清晰的认识：德军阻击部队在哪里激战，在哪里仍能找到一些罗马尼亚部队。每天，我都跟几个同事一同外出，既能加强自己对战区情况的了解，也可以做出需要当场拍板的决定，例如哪段防线可以实施弹性防御，哪段防线必须坚守等等。

在突破区，我们唯一可指望的预备队是那些休假回来的士兵。他们获得的装备来自集团军群仓库和维修厂，或者，干脆说是"搞来的"东西吧。

为了收集起那些在苏军达成突破后便与自己的部队和长官失去联系的散兵游勇，为了把这些来自三个不同集团军的士兵融入一支新部队中，有时候，我们不得不采取某些最不符合常规、最严厉的措施。

我还记得，例如，我们说服了驻莫罗佐夫斯克一个国防军宣传连的连长，在交通路口放映电影。被电影画面吸引过来的士兵被我们组织起来，重新编组，重新分发装备。他们中的大多数人在后来的战斗中表现得很好。

还有一次，一名战地宪兵中士跑来向我报告，说他在一条主干道旁发现了一个几乎被遗弃的"不属于任何人的燃料仓库"。我们自己并不需要什么燃料，但我们急需车辆来运送新组建的部队。于是我下令在后方区域的各条路上竖起路标，上面写着'通往燃料供应点'。这一招给我们送来了燃料匮乏的司机和他们的卡车、工作用车以及各种类型的车辆。在燃料仓库，由能干的军官所率领的几个特别小组等在那里。驶入这里的车辆得到了他们所需要的燃料，但也遭到了各项功能的彻底检查和筛选。筛选的结果是，我们获得了大批车辆，还包括驾驶员，这些司机只想着驾车开至荒郊野外，离开前线。就这样，我们严重的运输问题得到了解决。

通过这些权宜之计，新部队被组建起来。尽管他们的正式称谓是特别部队，但实际上，他们成了后来新组建的第6集团军的核心力量。在经验丰富的军官和军士的带领下，这些部队在这关键的几个月中表现得非常出色。这些五花八门的队伍，凭着他们的勇气和坚定，挽救了奇尔河上的局势，阻止了苏军的突破，拦住了通往罗斯托夫的道路。

这就是温克上校的记述，后来他升至装甲兵上将。[①]沿顿河和奇尔河展开的战斗中，德军部队的中流砥柱是第22装甲师的装甲战斗群。在这无比艰难的几个星期里，该战斗群快似闪电的反击在步兵中赢得了近乎传奇的声誉。但无可否认的

---

① 温克在罗马尼亚第3集团军参谋长任上只干了一个月，12月底便被调至霍利特集团军级支队，出任参谋长。而霍利特集团军级支队于1943年3月被改编为新的第6集团军。

是，几天后，他们的实力只剩下6辆坦克、12辆装甲车和1门88毫米高射炮。指挥着战斗群的冯·奥珀伦–布罗尼科夫斯基上校，乘坐一辆捷克制造的斯柯达坦克，以骑兵的风格冲在队伍的最前方。这个装甲战斗群在奇尔河防线扮演了名副其实的救火队角色。哪里出现险情，温克便会派他们去哪里。

11月27日，冯·曼施泰因元帅接掌新成立的"顿河"集团军群时，温克赶到新切尔卡斯克向他汇报情况。曼施泰因了解这位上校，因此他直截了当地下达了命令："温克，您必须用性命向我保证，敌人不会从您集团军所在的防区突破至罗斯托夫。顿河—奇尔河防线必须守住。否则，不光斯大林格勒的第6集团军，就连高加索地区的整个A集团军群也将覆灭。"A集团军群意味着100万士兵。在这样的情况下，战地指挥官们经常诉诸非常手段也就不足为奇了。

最要命的是，装甲战术预备队严重短缺，以至于无法对付在各处突然出现、在集团军群后方地带散布恐怖的敌军坦克。因此，温克的工作人员用损坏的坦克、动弹不得的突击炮和装甲车组建了一支装甲部队，这支部队被有效地运用于顿河和奇尔河之间防御作战的重点地区。

当然，这支装甲部队必须得到补充。于是，温克他们想了个办法："截留从自己防区经过，运往A集团军群或第4装甲集团军的少量坦克。经验丰富的坦克组员们驾驶着这些坦克，被编入我们的装甲连中。"就这样，温克渐渐地拼凑起"自己的装甲营"。但某天，温克的作战参谋赫斯特中校在夜里的态势汇报中，不小心提到了敌人在奇尔河上危险的渗透已被"我们的装甲营"肃清，这令陆军元帅和他的参谋长大为吃惊。于是，温克被叫到了集团军群司令部。

"您的集团军以哪支装甲营肃清了险情？"曼施泰因问道，"根据我们的记录，没有这样的一个营。"无奈之下，温克不得不做了交代。他如实汇报了情况，并说："我们别无选择，因为我们要对付各种突发的险情。必要的话，我要求军事法庭调查我的行为。"

曼施泰因元帅惊讶地摇了摇头。然后，他的嘴角浮起了一丝笑容。他决定忽略这件事，但禁止温克他们继续从事"盗窃坦克"的勾当。"我们把部分坦克移交给第6和第23装甲师，从那以后，我们投入战斗的装甲力量从未超过连级规模，这样就不会引起上级的注意了。"

就这样，第6集团军后方，苏军攻势在德军防线上撕开的大缺口被再次封闭起来。这是个领导能力的巨大胜利。几个星期来，这条大约120英里长的防线主要由帝国铁路员工、帝国劳工团成员、托德组织的施工队以及来自高加索和乌克兰哥萨克部落的志愿者坚守着。

与集团军失去联系，被置于德国人指挥下的许多罗马尼亚部队也应被记录下来。在这里，在德国人的领导下，最重要的是，获得了德国的装备后，这些罗马尼亚人往往表现得非常出色。根据他们自己的要求，许多人后来在德国部队中待了很长一段时间。

步兵上将霍利特所率的第17集团军进入罗马尼亚第3集团军的防区时，第一支较大的正规部队于11月底抵达了奇尔河防线。所有人都松了口气。

根据温克的建议，"顿河"集团军群将整个顿河—奇尔河防区以及所有奋战在这里的部队交由霍利特将军统辖；这些部队构成了"霍利特"集团军级支队。因此，组成"温克集团军"的那些五花八门的部队不复存在。他们完成了军事史上少见的一项任务。另外，这一任务的完成，为奇尔河行动的第二幕提供了基础——重新夺回奇尔河西南岸的高地，对任何一场反击来说都是不可或缺的。这个任务在12月初被完成，为了这个任务，德军第336步兵师被调了上来，第11装甲师则尾随在后。

经过激烈的战斗，德军夺取了奇尔河西南岸的高地，并击退了苏军所有的反击。奇尔河上的这些阵地，对曼施泰因解救斯大林格勒的计划至关重要，陆军元帅已安排"霍特"集团军级集群从顿河东面的科捷利尼科沃地区发起一次攻势。奇尔河防线为这次解救第6集团军的行动提供侧翼和后方掩护。更重要的是，一旦情况许可，第48装甲军（该军现在由装甲兵上将冯·克诺贝尔斯多夫指挥[①]）将以第11装甲师、第336步兵师和一个空军野战师向西北方发起进攻，以支持霍特的行动。这一辅助行动的跳板由第6集团军设立在上奇尔斯卡亚（Verkhne-Chirskaya）

---

① 罗马尼亚部队过早溃败，导致第6集团军被围，由于加强罗马尼亚军队的行动不力，第48装甲军军长海姆中将成了替罪羊，他被撤职，并交由军事法庭审判，但最终被希特勒赦免。第48装甲军军长一职由第24装甲军军长克诺贝尔斯多夫接任。

的最后一座顿河桥头堡提供，这里正是奇尔河汇入顿河的地点。保卢斯将军的副官亚当上校，带领第6集团军仓促拼凑起来的临时部队坚守在这里，进行着英勇的"刺猬"防御战。因此，在这危急时刻，凭借勇气和军事才能，纠正希特勒的大错并挽救第6集团军的一切措施和一切力所能及的努力都已被实施。

7

霍特发起解围进攻

"冬季风暴"和"霹雳"——12月19日—还有30英里——关于"霹雳"行动的争论——罗科索夫斯基提供了体面投降的条款

12月12日，霍特发起了进攻。这位经验丰富、足智多谋而又大胆的装甲指挥官所面对的任务非常艰难，但并非毫无希望。

与奇尔河防线一样，经过激烈的战斗，霍特的右翼已获得掩护。德军派驻支离破碎的罗马尼亚第4集团军的联络官德尔上校，依靠临时部队和拼凑起来的部分德国机动部队，与温克上校在北面所采取的措施相同，构建起一道薄弱的防线。绍韦特少校所率的第14装甲师一部组成的战斗群，冯·潘维茨上校所率的哥萨克部队，以及高炮单位和临时部队，在惊慌后撤、散布恐慌的罗马尼亚部队以及德国后方机构中恢复了一定的秩序。

第16摩步师从卡尔梅克草原撤至既设阵地。通过这种方式，该师还证明了在南翼挫败俄国人从东面对高加索集团军群后方发起打击并将其切断的企图的可能性。

大家可能会认为，希特勒现在应该把一切可用的部队都投入到解围进攻中，以便让霍特以最大的气势和速度穿越60英里的敌方领土，实施这次解救行动。可希特勒再次在兵力问题上吝啬起来。除了第23装甲师靠自己的力量赶来外，希特勒没有从高加索前线腾出任何部队。分配给霍特唯一满编的部队是劳斯将军配备着160辆坦克的第6装甲师，该师从法国调来。12月12日，这个师带着136辆坦克赶到了。而第23装甲师到达时携带着96辆坦克。

霍特必须穿越60英里距离——敌军严防死守的60英里土地。但德军的进攻进展顺利。第6装甲师第11装甲团，在冯·许纳斯多夫上校的带领下，在第一天的进攻中，不费吹灰之力便击退了苏军，俄国人朝着东面退去。苏军放弃了阿克赛河（Aksay）南岸，冯·海德布莱克中校带领着第23装甲师的一部在河对岸建立起一座桥头堡。

苏军被打了个措手不及。叶廖缅科上将打电话给斯大林，焦急地报告道："这里存在着一种危险，即，霍特可能会对我们第57集团军的后方发起打击，该集团军封闭着斯大林格勒包围圈的西南边缘。如果包围圈内的保卢斯同时向西南方发起进攻，那么我们将很难阻止他突出包围圈。"

斯大林发怒了。"您会守住的。我们正为你们派去预备队。"他语带威胁地做出了指示，"我给您派去近卫第2集团军，这是我手上最好的部队。"

但在近卫集团军赶到前，叶廖缅科不得不自己想办法了。从包围斯大林格勒的部队中，他调出了坦克第13军，投入到霍特第6装甲师的前进道路上。他还无情地剥夺了方面军最后的预备队，并投入了坦克第235旅和步兵第87师，以此来对付霍特的攻击矛头。争夺阿克赛河北部高地的战斗持续了5天。对霍特来说幸运的是，希特勒最终提供的第17装甲师在关键时刻赶到了。结果，苏军在12月19日被击溃。

经过一番令人难忘的彻夜行军，第6装甲师的装甲战斗群于12月20日清晨在瓦西里耶夫卡（Vasilyevka）抵达了梅什科瓦河（Mishkova）地区。但斯大林的近卫第2集团军已在这里严阵以待。不过，劳斯将军的部队还是成功地构建起一座2英里深的桥头堡。霍特的先头部队与斯大林格勒包围圈的前哨，直线距离只有30至35英里了。

在此期间，包围圈内的情形又是怎样的呢？大约23万名德国和轴心盟国士兵的补给情况相当凄惨。事实很快证明，德国空军无法在严冬中，通过临时机场为身处俄国腹地的一整个集团军提供充足的补给。他们没有足够的运输机，不得不以轰炸机来代替。但这些飞机所携带的货物不超过一吨半。另外，这些飞机从作战任务中撤出，在前线的各个地段造成了令人不快的后果。战役的关键问题再次清楚地表明：对这场战争，德国的物质力量远远不够。

冯·赛德利茨将军曾将每日所需的补给量定为1000吨。这个数字确实太高了。第6集团军认为，600吨比较理想，为使集团军保持某种作战能力，300吨是最低限度。包围圈内的守军，光是每天的面包就需要40吨。

第4航空队试图每天为包围圈送入300吨补给。经验丰富的第8航空军军长菲比希中将被赋予了这个艰巨的任务。起初，这个任务看上去似乎是可以完成的。但很快，霜冻和恶劣的天气被证明是无法克服的敌人，比苏军的战斗机或重型高射炮更加危险。结冰的道路、糟糕的能见度以及由此引发的事故所造成的伤亡比敌人的作战行动所造成的更多。但是，机组人员展现出前所未有的顽强和勇气。在这场飞行史上史无前例的行动中，他们带着对死亡的蔑视和坚定的决心投入到为斯大林格勒实施空运的任务中。大约有550架飞机彻底损毁。这意味着投入行动的飞机中，三分之一遭到损失，连同那些机组人员，成了恶劣天气、敌战斗机和高射炮的受害者。每三架飞机中就有一架损失，世界上没有哪支空中力量能持续承受这种可怕的伤亡率。

　　德国空军只有两次交付了最低限度的300吨补给物资——或者说，非常接近这个数字。据第6集团军军需长的日志记载，12月7日，188架飞机降落在皮托姆尼克机场，交付了282吨货物。12月20日，这个数字达到了291吨。据赫尔胡德·冯·罗登少将出色的文章声称，按照德国空军的记录，空运数量达到最高峰的是12月19日，154架飞机在皮托姆尼克机场卸下289吨补给物资，并运走了1000名伤员。

　　可是，平均起来，11月25日至1月11日，每天空运来的物资只有104.7吨。在此期间，总共有24910名伤员被疏散。按照这种补给率，包围圈内的德军士兵不得不忍受饥饿和弹药的短缺。

　　但德军的各个师仍在坚守。时至今日，苏联方面并未公开德军逃兵的任何确切数字。但根据德国方面的各种资料来源，到1月中旬时，这个数字肯定是微不足道的。实际上，霍特部队已发起解围行动的消息一传入被围部队中，一种真正的战斗意志便在他们当中传播开来。几乎每一名士兵和军官都坚信，曼施泰因会救他们出去。就连最疲惫的营也感到自己的力量足以对包围圈发起攻击，与救兵在中途会合。包围圈里的人几乎都知道存在着这样一个计划。毕竟，两个摩步师和一个装甲师的部队正在包围圈南部防线处待命，准备等霍特的部队靠近后朝援军所来的方向发起进攻，"冬季风暴"的命令已经下达。

　　12月19日的下午，寒冷而又晴朗，是个适合飞行的天气。皮托姆尼克机场上空传来了一连串运输机的轰鸣声。它们着陆，卸下货物，装上伤员，然后再次起飞。汽油桶堆得高高的，货运箱垒在一起，炮弹被逐一分配出去。要是每天都是这样的天气，那该多好！

24小时前，曼施泰因的特使飞入了包围圈内，以便让第6集团军了解曼施泰因元帅的突围构思。这位特使是"顿河"集团军群的情报官艾斯曼少校，当天他又飞了回去。时至今日，没有人怀疑他的这次拜访成了斯大林格勒悲剧中令人恼火的一幕——仅仅是因为所进行的交谈没有文字记录存在，而少校本人在十年后撰写的回忆录中，又出现了许多矛盾的说法。直到今天，尚无法确定保卢斯、施密特和艾斯曼说了些什么，他们的意思是什么。艾斯曼是否清楚而又准确地转达了曼施泰因"目前的状况只能提供残酷的选择，要么尽早突围，要么被歼灭"的观点。他是否清楚地表述了奇尔河上的霍特集群正忙于自身防御，对付苏军的反击，因而毋庸置疑地需要这里发起一次进攻以支援霍特。他是否汇报了苏军投入了越来越强大的部队去对付霍特。最重要的是，他有没有明确指出陆军元帅完全清楚的一件事——无论冠以怎样的名义，突围行动必须分阶段撤离斯大林格勒，以免过早引起希特勒的怀疑。保卢斯和施密特对此的回答是什么？这些问题和更多的问题，至今，他们当中没人能回答，艾斯曼的任务可能会在很长一段时间里引起军事历史学家们的关注。

12月19日可称为决定性的一天，当天，斯大林格勒这出戏达到了高潮。保卢斯和他的参谋长施密特少将站在集团军作战处的掩体内，在他们面前摆放着一台已连接到分米波设备的电传打字机，俄国人无法窃听这种无线电网络。这种方法尽管在技术上有些麻烦，但却让第6集团军获得了一条与新切尔卡斯克"顿河"集团军群司令部直接联系的宝贵线路。

保卢斯等待着与曼施泰因进行约定好的联系。时间到了。电传机滴答作响，吐出一行文字："你们在吗？"

保卢斯命令做出回复："我们在！""请简单评估一下艾斯曼的报告。"曼施泰因发来了消息。

保卢斯简明扼要地陈述了他的看法。

方案1：仅以装甲部队突出包围圈，从而与霍特会合，是有可能做到的。步兵力量不够。要实现这一方案，目前被用于肃清敌军渗透的所有装甲预备队必须离开要塞。

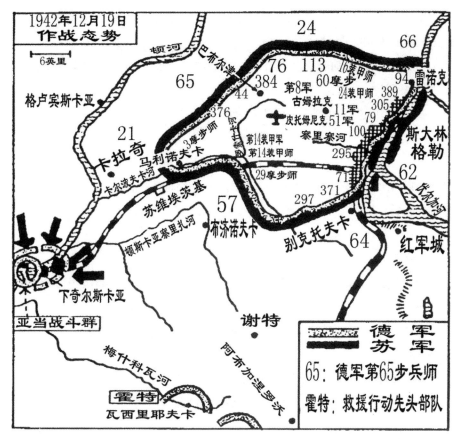

▲ 苏军发起全面进攻前的斯大林格勒包围圈。

　　方案2：在极度紧急的情况下，突出包围圈而不与霍特会合，也是有可能做到的。这将导致技术装备的严重损失。前提条件是事先空运进充足的食物和燃料，以提高部队的状况。如霍特能构成临时的会合，并将牵引车运入，这一方案执行起来会比较容易。目前，各步兵师已举步维艰，由于每天都在杀马充饥，这种状况将越来越糟糕。

　　方案3：在目前状况下，依靠足够规模的空运补给继续坚守。目前的补给规模是杯水车薪。

随后，保卢斯又补充了一句："在目前条件的基础上，继续坚守不可能维持太久。"电传打字机打出了三个十字形。

片刻后，曼施泰因的回复滴答作响地传送过来："最快何时能启动第2方案？"

保卢斯回答："需到3至4天的准备时间。"

曼施泰因问道："需要多少燃料和食物？"

保卢斯回复："27万人，10天的口粮。"

突然，他们的交谈中断了。15分钟后，18点30分，通讯得以恢复，曼施泰因和保卢斯再次通过电传机的键盘交谈起来。以一种奇怪的匿名方式，点击出的文字出现在纸上：

"元帅先生，我是保卢斯大将。"

"保卢斯，晚上好。"

曼施泰因向他通报了霍特救援进攻的情况，基希纳将军的第57装甲军已到达梅什科瓦河。

反过来，保卢斯向他汇报，敌军对集中于包围圈西南角准备实施突围的德军部队发动了进攻。

曼施泰因写道："准备接受一道命令。"

几分钟后，一道命令通过电传打字机发了过来。上面写着：

命令！

送第6集团军。

（1）第4装甲集团军以其第57装甲军已在上库姆斯基（Verkhne-Kumskiy）地域击溃敌军，并到达梅什科瓦河地段。在卡缅卡（Kamenka）地区及其北部，对敌强大集群的进攻已经开始。预料将是一场激战。奇尔河防线的态势不允许顿河西岸的兵力向斯大林格勒推进。奇尔斯卡亚的顿河大桥已为敌军所控制。

（2）第6集团军应尽快发起"冬季风暴"行动。必要时，必须采取措施渡过顿斯卡亚察里扎河，与第57装甲军建立联系，以使运输车队通过。

（3）态势的发展可能会使第2项命令扩展为第6集团军向位于梅什科瓦河地段的第57装甲军实施突围的指令，行动代号为"霹雳"。这种情况下的主要任务是以装甲力量迅速建立与第57装甲军的联系，以使运输车队通过。第6集团军，沿卡尔波夫卡河下游（Karpovka）和切尔夫列纳亚（Chervlenaya）对侧翼实施掩护，然后必须向梅什科瓦河推进，并逐段撤出要塞区。

"霹雳"行动可能不得不紧随"冬季风暴"的进攻而实施。基本上，在没有大量储备的情况下，空中补给目前必须继续进行。皮托姆尼克机场必须尽可能长久地守住。

所有可移动的武器装备，特别是作战行动所需要的火炮，以及弹药耗尽但却难以补充的武器和装备，都应带走。这些武器装备必须及时集中于包围圈的西南部。

（4）为第3项任务做好准备。"霹雳"行动的命令下达后方可付诸实施。

（5）报告第2项进攻任务的发起日期和时间。

这是一份历史性文件。关键时刻已经到来。第6集团军将进行集结，冲向自由。但目前，只有"冬季风暴"生效了，也就是说，将清理出一条与霍特取得联系的通道，但暂时还不能撤出斯大林格勒。

当天下午，曼施泰因再次试图让希特勒批准第6集团军立即执行"霹雳"行动，实施全面突围。可希特勒只批准了"冬季风暴"行动，而拒绝同意主要的解决方案。但正如上述命令所显示的那样，曼施泰因还是给第6集团军下达了准备执行"霹雳"行动的指令，并在第3项任务中明确指出："态势的发展可能会使第2项命令扩展为……"扩展的命令，就是实施突围。

这幕戏已到达高潮。25万名士兵的命运取决于两个代号："冬季风暴"和"霹雳"。

当晚8点30分，两位参谋长再次坐到了各自的电传机前。施密特将军报告说，第6集团军的装甲部队主力和部分步兵兵力正在对付敌人的进攻。他补充道："只有当这些部队不再被牵制于防御作战，才能发起突围行动。最快在12月22日。"也就是说，三天后。

这是一个冰冷的夜晚。古姆拉克的地下掩体内却忙得热火朝天。第二天早上7点，保卢斯已经赶往包围圈出现危机的地点。这一整天，许多地段都爆发了局部战斗。下午，舒尔茨和施密特这两位参谋长再次通过电传打字机交谈时，施密特汇报道："由于过去几天里的损失，西部防线和斯大林格勒城内的兵力状况已极度紧张。只有投入准备用于'冬季风暴'行动的部队才能肃清敌人的渗透。别说发生突破，就连出现大规模渗透，真要守住要塞的话，就必须投入集团军的预备队，尤其是装甲部队。"施密特补充道："如果确定'霹雳'行动紧跟着'冬季风暴'，情况可能会有所不同①。那样的话，只要不危及集团军的整体后撤，部分防线上的渗透可以接受。在这种情况下，我们可以以相当强大的力量向南面发起突围行动，因为我们可以将各条战线上的大批局部预备队集中在南面。"

这是个死循环，只有"霹雳"行动获得批准才能解决这个问题。

舒尔茨将军做出了回复，不幸的是，通过电传打字机这一媒介，他对操作员进行口述时的恳求语气无法体现："亲爱的施密特，陆军元帅认为第6集团军必须尽快发起'冬季风暴'行动。您不能等着霍特杀到布济诺夫卡。我们非常清楚，你们实施'冬季风暴'的进攻力量将是有限的。这正是元帅先生试图让'霹雳'行动获得批准的原因。尽管我们一再敦促，但最高统帅部尚未批准。元帅先生强调指出，不管'霹雳'行动批准与否，'冬季风暴'必须尽快发起。②至于燃料、食物和弹药，三千多吨补给物资已经装车，就在霍特集团军的身后，一旦建立起联系，就将运往你处。除了这些货运车队，还有许多拖车也将被派往你处，以帮助你们拖曳大炮。另外还有30辆大巴车准备帮你们疏散伤员。"

30辆大巴！显然，事无巨细都已被考虑到了。第6集团军与获救之间只相隔着30英里的直线距离，道路距离为40至45英里。

就在这时，正当德国人进行着考虑和计算、策划与准备之际，一场新的灾难降临到德军防线上：12月16日，苏军三个集团军对顿河中游的意大利第8集团军发

---

① 作者并未在本章阐述"冬季风暴"和"霹雳"行动的详情，实际上，所谓的"冬季风暴"就是待包围圈外的霍特靠近包围圈时，包围圈内的保卢斯发起进攻，打开包围圈，与霍特会合，从而得到一条输送补给的陆上通道，但第6集团军主力仍将据守斯大林格勒，并不因这一行动而突出包围圈。而曼施泰因则认为，即便获得这样一条陆上通道，第6集团军也无法继续坚守下去，因此必须就势突围，这就是"霹雳"行动。霹雳行动的关键在于分阶段后撤，以免部队发生崩溃。

② 希特勒只批准了"冬季风暴"行动，禁止进行"霹雳"行动。而保卢斯又迟迟未下定执行"冬季风暴"的决心，因为他认为自己虚弱的部队无力冲出30英里的距离，而一旦突围失败，他的部队将进退不得，只能全军覆没，所以他希望霍特的部队能再靠近些。

起了进攻。俄国人再次选中了德国盟友虚弱的部队所据守的一片防区。

经过短暂而又激烈的战斗，苏军达成了突破。意大利人四散奔逃。俄国人向南面迅速推进。一个坦克集团军和两个近卫集团军冲向德国人沿奇尔河辛苦建立起的薄弱防线。如果他们成功地突破奇尔河防线，就再也没有什么能阻止他们冲向罗斯托夫。一旦罗斯托夫被苏军夺取，那么，不仅曼施泰因的"顿河"集团军群会被切断，冯·克莱斯特位于高加索地区的集团军群也将失去后方交通线。这将是个超级"斯大林格勒"。危在旦夕的将不再是20至30万人的命运，而是150万人。

12月23日，就在第6集团军的士兵们仍满怀希望地等待着他们的救兵时，敌军的坦克先头部队已从北面扑向莫罗佐夫斯克机场，这个机场位于斯大林格勒西面95英里处，被包围的第6集团军的全部补给都倚赖于此。形势的灾难性一清二楚。奇尔河上的霍利特集群已失去了侧翼掩护。

面对这种情况，曼施泰因别无选择，只得命令霍特将三个装甲师中的一个调离，赶往奇尔河下游，以阻止俄国人的进一步突破。霍特没有犹豫，立即派出麾下最强的部队来执行这一任务。

正向斯大林格勒方向攻击前进的第6装甲师接到了调离的命令。霍特手上只剩下两个疲惫不堪的装甲师，已无力向斯大林格勒继续进攻。实际上，面对苏军近卫第2集团军的压力，他甚至不得不在圣诞节前夕撤回到阿克赛河后方。

曼施泰因忧虑万分，他给元首大本营发去一封紧急电文，恳请希特勒：

> 集团军群左翼的形势发展需要立即将兵力调整至那里。这一措施意味着对第6集团军无限期的空投救济，这反过来意味着该集团军不得不在很长一段时间里接受差强人意的补给量。据里希特霍芬看，每天能指望的平均货运量为200吨。除了为第6集团军确保足够的空运补给外，剩下的唯一办法是以集团军群左翼承担相当大的风险为代价，令第6集团军尽早突围。鉴于该集团军的状况，对这一行动所涉及的风险应给予充分认识。

这份军事公文把话说得非常清楚：第6集团军必须突围，否则就将全军覆没。接下来就是在新切尔卡斯克紧张地等待着回复。蔡茨勒用电传打字机将这一

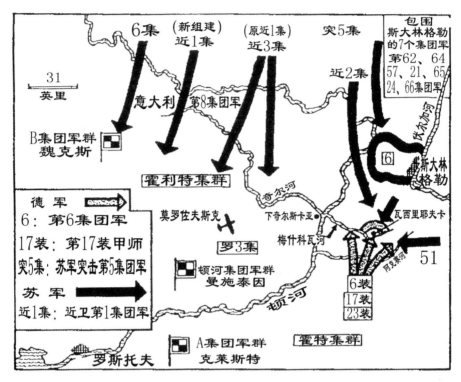

▲ 1942年12月22日，霍特集群的装甲先头部队距离斯大林格勒包围圈已不到30英里。可是，苏军突破了意大利第8集团军守卫的防区，阻止了德军的救援行动。由于苏军的前进目标是罗斯托夫，使曼施泰因和克莱斯特的两个集团军群面临合围的威胁，第6集团军不得不被牺牲掉，以避免更大的危机。

回复发了过来：元首已批准"霍特"集群抽调部队赶往奇尔河，但他命令霍特守住自己的出发线，以便尽快恢复解围行动。

这令人难以理解。无可否认，希特勒拥有令人信服的论据反对批准"霹雳"行动：他辩称，保卢斯根本没有足够的燃料能让他突围到霍特身边。这种观点是基于第6集团军发来的一份报告，大意是他们的坦克所剩的燃料只够12英里作战距离所用。后来，这份报告频频遭到质疑，但施密特将军回忆说，他对燃料实施严格控制，为的是建立起"私下的"汽油储备，保卢斯本人曾公正地指出，没有一支军队会把事关生死的行动建立在是否存在还值得怀疑的"私存"汽油上。

面对这种状况，12月23日下午，曼施泰因再次用电传打字机接通了保卢斯，要求他仔细核实，在别无选择的情况下，究竟能否执行"霹雳"行动。

保卢斯问道："这番谈话是否意味着我已获得发起'霹雳'行动的授权？"

曼施泰因答道："今天我还无法授权给您，但我希望明天能做出决定。"这位陆军元帅又说道："问题的关键是，如果长期补给无法维系的话，您是否认为您的部队有能力突出包围圈赶至霍特那里。"

保卢斯："如果那样的话，我们别无选择。"

曼施泰因："您需要多少燃料？"

保卢斯："1000立方米。"

1000立方米意味着25万加仑或1000吨燃料。

可能有人会问，尽管危险重重，尽管担心不已，但保卢斯此刻为何不发起突围行动？不管怎样，第6集团军的生存已受到严重威胁，他为何不肯遵从命令，不顾燃料和食物的补给情况，发起"冬季风暴"行动呢？

曼施泰因元帅在自己的回忆录中概述了这一命令加诸保卢斯的责任。第6集团军的突围行动将在包围圈的西南角发起，那里的三个师普遍卷入到防御作战中。保卢斯会仅以这些师的部分部队冒险发起进攻，以期突破包围圈强大的铁环吗？另外，苏军的进攻会给他这样做的机会吗？他能守住剩余的防线，直到集团军群下达"霹雳"行动的指令，授权他发起全面突围吗？如果"冬季风暴"行动失败，他的坦克有足够的燃料重新返回包围圈内吗？6000名伤病员又该怎么办？

保卢斯和施密特只相信同时发起"冬季风暴"和"霹雳"行动的可行性，而且只有在获得了足够的燃料补给后才能发起行动。

但是，集团军群却希望只靠"冬季风暴"这一个行动就发起全面突围，他们的看法是，在包围圈防线的各独立地段被逐一打垮前，必须首先沿西南方防线突破敌人的包围，换句话说，就是在"霹雳"行动得以发起前。

除了军事上的考虑，曼施泰因的计划也是基于这样一个念头：只有逐步撤离，才能使希特勒接受放弃斯大林格勒的必然性；只有这样，才能使他无法取消这一行动。冯·曼施泰因元帅非常清楚，如果集团军群从一开始就命令第6集团军发起全面突围并放弃斯大林格勒，毫无疑问，这一命令会立即被希特勒取消。

然而，保卢斯当时被牵制在包围圈里，完全卷入到应付苏军的进攻上，对整体形势并不了解。

显然，在第6集团军或"顿河"集团军群层面上寻找造成斯大林格勒悲剧的原因，或是将责任推给任何个人，是不会有什么收获的。

希特勒的战略错误建立在低估敌人、高估己方实力的基础上，所造成的情况再也无法通过权宜之计、战争谋略或坚守令来纠正。只有在10月份时及时撤出第6集团军，才能避免伏尔加河上这场降临到25万名将士头上的灾难。当然，尽管这样做也无法改变战争的结局。

另外，时至今日，从我们所知道的苏军力量来看，正如苏联军事作家揭示的那样，即便发起"冬季风暴"和"霹雳"行动，也无法挽救出一支战斗力尚存的部队，这一点非常清楚。但将斯大林格勒包围圈内的大多数士兵救出，这一希望还是存在的。霍特的解围行动在圣诞节前被迫取消后，就连这一希望也化为乌有。

德军第64装甲掷弹兵团第2营的防区内，包含着某些不太寻常的东西：一片被积雪所覆盖的麦地，麦穗刚好从积雪中伸出。到了夜里，第2营的士兵们便会贴着地面爬过去，将麦穗割下，然后返回自己的掩体。他们把麦穗剥开，放在水里跟马肉一起煮成汤。这些马肉来自他们的牲畜，不是在战斗中被打死的就是自然死亡的，野地里到处都躺着它们的尸体，在小雪堆下被冻得僵硬。

1月8日，菲舍尔下士刚刚辛苦地收集到一小把麦穗，瑟瑟发抖地爬回到自己的掩体，他发现掩体内的每个人都很兴奋。营部透露出一条消息：俄国人已经提出让德军体面投降的建议。这个消息野火般地传遍了整个包围圈，天知道是通过何种途径。

这一切发生在马利诺夫卡（Marinovka）地区，第3摩步师的防区上。一名苏军上尉打着一面白旗出现在"维利希"战斗群的前哨阵地前。德军士兵们赶紧把他们的指挥官维利希少校找来。苏军上尉彬彬有礼地递交了一封信件，收信人为"装甲兵上将保卢斯或其代表"。

维利希表示感谢后，让这名上尉带着白旗回去。然后，电话响了起来。一名信使把这封信带至古姆拉克。保卢斯亲自用电话下达了命令，任何人不得与任何苏军军官商讨投降事宜。

第二天，所有德军士兵都读到了苏联顿河方面军司令员罗科索夫斯基上将写给第6集团军的劝降信。包围圈的各个地方都被苏军飞机撒上了劝降传单。黑白色传单上，有苏军最高统帅部的一名将领以及罗科索夫斯基的签名，传单上盖了章，显得非常正式：

所有停止抵抗的军官、军士和士兵，我们保证他们的生命和安全，并在战争结束后释放回德国或由战俘选择的任何其他国家。

所有投降的德军士兵可以保留他们的军装、军衔标记、勋章以及个人物品和贵重财物。高级军官可以保留其佩剑和佩刀。

投降的军官、军士和士兵将立即获得正常的口粮配给。所有伤员、病患者和冻伤者都将得到医疗救治。我们期待您将书面答复于莫斯科时间1943年1月9日15点，由您亲自授权的一名代表交付，他可以驾乘一辆带有明显标志、插有白旗的参谋用车，沿从"骑兵"错车环道通往科特卢班车站的道路前行。您的代表将于1943年1月9日15点，在第564号错车环道东南方0.5公里的8号地区遇到获得正式授权的苏军军官。

如果拒绝这一投降的呼吁，我们特此通知您，红军和红空军的部队将被迫着手对被围德军实施消灭。他们被歼灭的责任将归咎于您。

另外，随着劝降信被一同投下的另一份传单上有这样一句充满着威胁意味的话："一切负隅顽抗都将被彻底消灭。"

第6集团军为何没有接受这一劝降？为何不在士兵们的精神和肉体彻底完蛋前结束这种无谓的抵抗？任何一个身体状况良好的人都可以预期在俄国人的囚禁中生还下来。直到今天，这个问题还在被不断提及。

即便在身陷囹圄中，保卢斯仍不断声称，没有主动投降是因为在1月初他仍能看到继续抵抗的战略意义——牵制住强大的苏军部队，从而保护东线受到威胁的南翼。

时至今日，陆军元帅冯·曼施泰因也表达了同样的看法。他明确指出："自12月初以来，第6集团军已牵制了苏军60支主要部队。如果保卢斯在1月初投降，顿河和高加索两个集团军群的形势将发生灾难性变化。"

直到不久前，这种论点一直被视作是他们为自己所做的辩解之词而不被采纳。今天，这种反对意见已不再适用。崔可夫和叶廖缅科元帅在他们的回忆录中都充分证明了曼施泰因的观点。崔可夫证实，一月中旬，保卢斯仍牵制着苏军的7个集团军。叶廖缅科则清楚地表明，1月9日向保卢斯提出了"体面投降"的要求，这种做法不太寻常，其主要动机是希望能借此腾出苏军的7个集团军，投入到夺取罗斯托夫的战斗中，从而粉碎东线德军的整个南翼。第6集团军的抵抗到底挫败了苏军的这一计划。无论现在回想起来这一牺牲是否有意义，在战争的政治评价上，这却是个不同的问题。

但保卢斯的态度也被另一起事件所证实。1月9日，胡贝将军结束了与希特勒的会谈返回到包围圈内，他汇报了元首以及陆军总司令部人员告诉他的情况：他们正计划从西面发起一次新的救援行动。获得补充的装甲部队已调动起来，并已集中在哈尔科夫的东面。空运补给也将彻底重新组织。胡贝认为，就像1941至42冬季，德军在哈尔科夫地区被包围时的危机一样，斯大林格勒也将转变为一场伟大的胜利。当然，其先决条件是重建东线的南翼，并将高加索集团军群成功撤回。出于这个原因，第6集团军必须坚守——必要的话可以将包围圈逐渐缩小至斯大林格勒的市区。这不过是一场与时间的赛跑而已。

胡贝的消息与第71步兵师参谋长冯·贝洛少校带回斯大林格勒的汇报相一致。贝洛，现在是联邦国防军的一名军官，1942年9月，他病倒在斯大林格勒，于是被飞机送回德国；1月9日，他与胡贝一同飞回包围圈。

返回斯大林格勒前，贝洛一直在陆军总司令部工作到12月底。在那里，作战处处长豪辛格少将和总参谋长蔡茨勒将军就从西面发起进攻，在卡拉奇渡过顿河的可能性向他提出广泛的问询。贝洛得到的印象是，陆军总司令部依然对第6集团军的形势持乐观看法，并认为发起一次新的救援行动的机会相当有利。送走贝洛少校时，蔡茨勒将军曾这样说："没错，斯大林格勒包围圈里的总参军官已经够多的了。可如果我不把您派回去，他们会以为我们已经把他们抛弃了呢。"

一方面考虑到整体战略态势，另一方面又想到这一丝希望，谁能为保卢斯在1月9日拒绝苏军的劝降而指责他呢？

8

结　局

苏军最后的进攻——通往皮托姆尼克的道路——南部包围圈的结局——保卢斯
被俘——施特雷克尔继续战斗——最后一次飞过城市——为斯大林格勒运来的
最后的面包

正如罗科索夫斯基在他的传单中宣布的那样，德国人拒绝投降的二十四小时后，苏军对包围圈的全面攻击于1月10日打响了。此刻所发生的情形在军事史上只目睹过两次，一次发生在苏军方面，这次则轮到了德国人：饥饿、装备欠缺的士兵们已被切断了所有的交通线，他们以无与伦比的顽强和勇气抵御着占尽优势的敌人。这种情形过去曾发生过，那是在沃尔霍夫包围圈，苏军突击第2集团军一直战斗到全军覆没。正如沿沃尔霍夫河冰冷的森林中所展开的战斗那样，斯大林格勒最后的战斗同样是冷酷无情。双方的角色发生了变化，但彼此的苦难、困苦、英勇和不幸是一样的。

苏军对包围圈发起的进攻庞大而又猛烈。防线最前方，德国空军的高射炮部队试图用88毫米高射炮打破敌坦克部队的猛攻。他们射光了最后一发炮弹，击毁了数量惊人的坦克。但德军步兵的阵地被粉碎，许多地段都已遭到苏军突破。虚弱不堪的德军部队中，伤亡数字急剧飙升。被冻伤的人数亦是如此。此刻的温度是零下35摄氏度，一股暴风雪正横扫草原。

沿着西面的防线，德军几个师的部队像大海中的孤岛那样实施着抵抗。这些部队中包括奥地利的第44步兵师，他们据守着重要的皮托姆尼克机场的接近地。任何一个只从人类苦难、悲惨、错误、骄傲自大以及愚蠢这些方面看待斯大林格勒的人，都该看看这些部队。第134步兵团第1营就是其中的一个。

该营辖下几个实力大大削弱的连队，据守在巴布尔津（Baburkin）镇外。营长波尔少校在12月中旬刚刚获得了骑士铁十字勋章。随着这枚勋章，保卢斯将军还给了他一个小包裹，包裹上有保卢斯亲笔写的"最美好的祝愿"。包裹里是一条军用面包和一听茄汁鲱鱼——在当时的斯大林格勒，这就是一份珍贵的奖品，是对英勇行为的最高奖励。

波尔和他的部下们一样，端着卡宾枪守在掩体中。北面，他们的最后一挺重机枪一条弹链接着一条弹链地射击着。"没人能让我从这里离开，少校先生！"几天前，机枪班中士这样对波尔说道。又是一个点射，然后，重机枪沉默下来。德军士兵看见俄国人跳进了机枪组的阵地。随即，一场短暂的近战爆发开来，枪托和工兵铲飞舞着，很快，一切都结束了。这一夜，全营坚守着他们的阵地，第46反坦克营用几门20毫米高射炮和三门缴获的苏制76.2毫米火炮为他们提供支援。

第二天早上，他们被迫后撤时，不得不丢下了这些火炮：缴获来的吉普车已没有燃料，无法将这些大炮拖走。因此，对炮手们来说，这一后撤变成了一场"滑铁卢"：他们不得不一门接一门地炸毁这些大炮。但就算他们费尽九牛二虎之力将这些大炮拖走也无济于事，因为他们再也没有炮弹了。

第二天晚上，波尔少校驱车赶往皮托姆尼克机场，想从他的朋友，包围圈内的空军通讯主管弗罗伊登费尔德少校那里了解些情况。这是一段可怕的旅程。为了在白雪皑皑的荒野上标出道路，冻得硬邦邦的马腿（这些马腿是从死去的马匹身上砍下来的）被插在雪地里，蹄子向上，在这片可怕的战场上构成了令人震惊不已的路标。

机场的情况看上去同样糟糕之极。第6集团军这个重要的补给中心一片狼藉。机场上堆放着被击毁或损坏的飞机。急救站的两个帐篷里挤满了伤员。在这片混乱中，新的飞机仍在飞来，着陆、卸载、装机、再次起飞。

两天后的1月14日，皮托姆尼克机场陷落。空运补给和伤员疏散的工作就此结束。从这一刻起，所有的形势急剧恶化。包围圈内各条防线上最后的战斗群向着斯大林格勒城内后撤。波尔少校也带着他的部下经历了这段地狱之旅。路上躺着一群被炮弹击中的德军士兵。那些被炸断了手脚的士兵还活着。他们的鲜血已冻成红色的冰块；没人替他们包扎伤口，也没人把他们从道路上移开。所有的队伍沉闷、冷漠地向前跋涉，自顾自地从这些伤员身边走过。波尔为他们进行了包扎，把他们移至路边，并留下一名医护兵陪伴他们，等待路过的卡车捎上这些不幸的可怜人。但没有卡车驶来。

这就是成千上万名德军士兵体验到的斯大林格勒包围圈最后的日子。强烈的饥饿感和面对苏军全面攻势彻底的无助感，导致德军士兵的战斗力和士气迅速衰落。精神萎靡，伤亡数字急剧上升。急救站和包扎所的人群极其庞大。医疗用品和绷带已经用完。觅食的动物在荒野中逡巡。

1月24日16点45分，第6集团军的作训处长给曼施泰因发去一封电报，电报中毫无感情色彩的文字令人震惊：

> 敌人对整个西面防线势不可挡的进攻已迫使该防线在24日早上向东退至戈罗季谢地区，以便在拖拉机厂构成刺猬阵地。斯大林格勒南部，沿城郊坚守的西部防线直到16点时仍控制着米尼纳的西部和南部边缘。这一地区有些局部渗透。伏尔加河和西北部防线没有变化。城市里的条件非常可怕，约两万名无人照料的伤员在废墟中寻找着栖身之地。挨饿、冻伤和掉队者的数目与伤员差不多，这些人中的大多数在战斗中遗失了武器。敌人的重型火炮轰击着市区。英勇的将领和军官们在前线实施积极有力的领导，但他们身边仍具作战能力的士兵已寥寥无几，沿斯大林格勒南部城郊的最后抵抗将坚持到1月25日。拖拉机厂也许能坚持得更久些。
>
> 第6集团军司令部　作战参谋长[1]

英勇的将领和军官，仍具作战能力的士兵寥寥无几。这就是当时的情形。

察里察河谷南面的铁路路基处，第71步兵师师长冯·哈特曼中将，站直身子，端着卡宾枪朝进攻中的俄国人开枪射击，直到自己被一串机枪子弹扫倒[2]。

---

[1] 第6集团军在最后时刻的参谋长是汉斯·京特·冯·贝洛中校，也就是上一章提到的第71步兵师参谋长贝洛少校。贝洛于1月31日被苏军俘虏，有意思的是，1944年8月，在被俘期间，他仍被晋升为上校。1955年，贝洛上校获释。

[2] 冯·哈特曼阵亡于1月26日，死后被追授步兵上将衔。

读到第6集团军作战参谋长的电文时，冯·曼施泰因元帅意识到，毫无疑问，第6集团军再也无法执行任何军事行动了。曼施泰因写道："鉴于该集团军已不再能牵制任何数量可观的敌军部队，我在1月24日通过电话与希特勒进行了一番长谈，试图让他批准该集团军投降，不幸的是，这完全是徒劳。这一刻，直到这一刻，第6集团军牵制敌军的任务结束了。这一行动挽救了德国的5个集团军。"

曼施泰因试图用电话所做的事情，冯·齐策维茨少校则想通过与希特勒的当面会晤来完成。

按照陆军总司令部的命令，齐策维茨于1月20日飞出了包围圈。1月23日，蔡茨勒将军带他去见希特勒。这次会晤非常重要。以下是齐策维茨本人对此的记述：

"我们到达元首大本营后，蔡茨勒将军立即被叫了进去，我则在接待室里等待。过了一会，门开了，我被叫了进去。我报到后，希特勒走过来迎接我，并用双手紧紧握住我的右手，说道：'您来自一个悲惨的环境。'宽敞的房间里灯光昏暗。壁炉前是一张大大的圆桌，桌子周围摆放着靠背椅，右侧还有一张长桌子，上方点着灯，桌上摊放着一张巨大的东线态势图。后面坐着两名速记员，以便将会议上的每一句话记录下来。除了蔡茨勒将军，在场的只有施蒙特将军和空军及陆军的联络官。希特勒示意我坐在态势图旁的一张凳子上，自己也在我对面坐了下来。其他人则在屋内的黑暗处落座。只有陆军联络官站在地图桌的另一端。希特勒开始说话了，一次次地指着地图。他谈起了一个设想，派一个配备着新式坦克（豹式坦克）的装甲营直接发起进攻，冲向斯大林格勒，用这种方式运送补给，并为第6集团军提供坦克增援。我听得目瞪口呆。一个装甲营将发起一次成功的进攻，跨越数百英里被敌据守的土地，完成一整个装甲集团军都未能完成的壮举。希特勒的话头中断时，我趁机描述起第6集团军的艰苦状况。我列举了事例，读了事先准备好的一张纸条上记录的数字。我谈到了饥饿、冻伤、不充足的补给以及被抛弃感；还谈到了伤员和缺乏医疗用品。最后，我这样说道：'我的元首，请允许我指出，斯大林格勒的士兵们已无法奉命战斗到最后一颗子弹了，因为他们既没有进行战斗的体力，也没有最后一颗子弹了。'希特勒惊讶地注视着我，但我感觉到他已明白了我的意思。然后他说道：'一个人恢复起来非常快。'这番话说完，我就被请了出去。"

但希特勒发给斯大林格勒的电文是："投降不予考虑。部队将抵抗到底。"

可是，夸夸其谈的话语再也起不到任何效果了。即便是最勇敢的军官也丧失了战斗意志和所有的希望。各个团长、连长和参谋军官躺在OGPU（格伯乌，苏联秘密警察）监狱的地下室里，浑身污秽，负了伤，因溃疡和疟疾而发着烧，完全不知道该如何是好。他们的团或营已不复存在，也没有武器；他们没有面包，手枪里往往只剩下一发子弹——这是用于应急的最后一颗子弹。

他们中的一些人将这颗子弹射进了自己的脑袋。一些指挥部和较小的单位，在他们最后阵地的废墟中，用炸药把自己炸上了天。几名参谋军官、飞行员、通信兵，还有些意志顽强的军士，抓住机会突围，投入到一场极不确定的冒险中。但他们中的大多数人只是等待着最后时刻以这样或那样的方式来临。一个著名且被多次提名表彰的步兵团，屡获勋章的团长博耶上校，于1月27日走进了OGPU的这间地下室，说道："我们已没有面包，也没有武器了。我建议投降。"其他人都点头同意，于是，这个负了伤还发着烧的上校带着他们走出了OGPU监狱的废墟。

距离沿铁路路基构成的最前线50码，察里察河谷的路口处，站立着埃德勒·冯·丹尼尔斯中将[1]的残部。他们的师长跟他们在一起。他们当中，没一个还有武器。他们已做好了投降的准备。这是一支悲伤的队列。道路两侧站立着紧握着冲锋枪的红军士兵。德国士兵投降的场面被拍摄进胶片和照片，他们被装上卡车，随即驶离，消失在茫茫的草原上。

与此同时，施特雷克尔将军第11军的部队在被切断的北部包围圈继续坚守着他们最后的阵地。

来自斯大林格勒最糟糕的电文被发送出去："致顿河集团军群。食物状况迫使我们已不再给伤员和病患者配发口粮，以保持作战人员的活力。第6集团军司令部，作战参谋长。"

尽管如此，希特勒还是在1月31日凌晨1点30分命令他的总参谋长又给斯大林格勒发去一份电报："元首要求我指出，斯大林格勒要塞每坚守一天都是至关重要的。"

---

[1] 第376步兵师师长丹尼尔斯将军于1月28日被停，1955年获释。

5个小时后，斯大林格勒红场的百货商店地下室里，第6集团军司令部卫队的一名中尉冲进司令官的小房间，报告说：俄国人就在门外。

前一天晚上，希特勒用无线电传达了晋升保卢斯为陆军元帅的命令。早上6点，保卢斯翻身起床，与他的作训处长冯·贝洛交谈。疲惫的保卢斯已不抱任何希望，他决心结束这一切。但他希望能像自己所说的那样，"毫不张扬"地将之结束，也就是说，不需要投降文件，也不需要正式仪式。

这大概就是保卢斯被俘方式引起激烈讨论和频繁误解的原因。他坚持认为自己的投降并不代表他的整个集团军。他只是和自己的司令部人员一同被俘了。各作战区域的各位指挥官自行安排与俄国人实现停火的事宜。1月31日，斯大林格勒的市中心，一切都结束了。

包围圈北部，臭名昭著的拖拉机厂和"红色街垒"兵工厂内——这里正是夏季期间，斯大林格勒战役打响第一枪的地方——第11军的据点直到2月1日仍在抵抗。这场战役将结束于它开始的地方。

尽管这场废墟间的战斗已没有任何战略意义，但希特勒仍在电报里以一个陈腐的理由要求继续坚守。他发电报给施特雷克尔将军："我希望斯大林格勒的北部包围圈能坚持到最后一刻。每一天，每一个小时，从而使防线的其他地段获得重要的利益。"

但第11军正在慢慢地覆灭。2月1到2日的夜间，施特雷克尔坐在尤里乌斯·米勒中校所指挥的战斗群的指挥部里。拂晓时，施特雷克尔说道："我得走了。"米勒明白，"我将尽我的职责。"他说道。这里没有豪言壮语。天亮后，北部包围圈的战斗也结束了。

8点40分，施特雷克尔[①]发电报给元首大本营，称："第11军及其六个师已尽到其职责。"

在这里，那些同样来自著名且被多次提名表彰的师的士兵们从他们的战壕和废墟中爬出，这些饥饿不堪、眼窝深陷的德军士兵排成灰色的队列。他们朝着草

---

① 施特雷克尔于1月31日晋升为大将，被苏军俘虏后，1955年获释。

原走去，这是一支无尽的队列。他们有多少人？

具体数字直到今天仍有争议，对这个数字经常发生奇怪的歪曲，好像这个数字会使所有的痛苦、死亡和英勇有所不同似的。无论怎样，请看在档案记录的份上，这些都是事实。根据保存在美国的第6集团军作战日志，以及各个军的每日报告，自1942年12月18日至12月22日，包围圈内的德国和盟国士兵总数为23万人，包括13000名罗马尼亚士兵。另外，报告中说，还有19300名苏军俘虏和辅助人员。

截至1943年1月24日，这23万名军官和士兵中，有42000名伤员、病患者和专家被空运出包围圈。据苏联方面的报告声称，1月10日至29日之间，苏军抓获了16800名俘虏。1月31日至2月3日之间，91000名士兵投降。

约80500人死在斯大林格勒战场上——阵亡，更多的是那些重伤者，他们被丢在露天，没有任何照料，最后几天里没有食物，投降后也没有人把他们带至安全处。

迄今为止，107800名战俘中，约有6000人已返回到自己的家乡。

1943年2月3日，第100轰炸机大队的赫伯特·孔茨少尉驾驶着他的He-111成了最后一个飞越斯大林格勒上空的德国飞行员。

"仔细看看是否有什么地方仍在进行战斗，或者找找看是否有逃出来的部队。"贝切尔上尉曾这样告诉他们："然后就把你们的负载丢下去。"他们的飞机上载的是面包、巧克力、绷带和一些弹药。

孔茨在这座城市上空6000英尺处盘旋，没有一门高射炮朝他开火。浓雾笼罩着草原。观测员汉斯·安嫩朝无线电通信员瓦尔特·克雷布斯看了一眼。克雷布斯摇着头说道："什么都没有。"

孔茨下降到300英尺高度，接着又降至250英尺。机械师帕斯克用锐利的目光搜寻着地面。突然，雾气散开了：他们掠过布满了弹坑的战场，离地面几乎只有200英尺高。孔茨将飞机拉升至安全高度，继续着搜寻工作。在那里——那些薄雾后是不是有些人？"卸载！"他喊道。飞机上所载的货物投向地面。一条条面包落入斯大林格勒的积雪中，落在那些战死、冻死以及仍在等待死亡到来的少数幸存者中。

这些面包也许会被那些试图逃出重围的战斗群中的某一个人所发现。许多人已经出发——参谋军官带领着完整的战斗群，例如第4军军部和第71步兵师的那些人。许多少尉和军士，带着他们的排穿过黑暗和雾色。中士、下士、列兵和炮手们偷偷地溜出了城市的废墟，三人一组，四人一群，甚至是单人匹马。个别小组直到2月中旬才被飞行员在草原中发现。后来，他们失踪了。我们所知道的唯一一个逃脱者是尼韦格，他是一个高射炮连的中士。顺利逃生的24小时后，他在第11装甲师的包扎所里，不幸被一发迫击炮弹炸死。